普通高等教育应用型本科规划教材

桥 梁 工 程

王保群　代凤娟　主　编
陈爱萍　菅秀文　周菊芳　副主编

人民交通出版社股份有限公司
北　京

内 容 提 要

本教材是根据21世纪交通版高等学校教材(公路类)编审委员会制订的"桥梁工程"课程教学大纲,并结合现行有关行业标准规范编写的本科教材。本教材共有六篇,分别为总论、配筋混凝土梁(板)桥、拱桥、缆索承重桥梁、桥梁墩台与基础、桥梁结构有限元计算方法。

本教材既可供高等院校土木工程、道路桥梁与渡河工程等专业使用,也可供公路与城市建设部门从事桥梁设计、科研、施工及监理人员学习和应用。

图书在版编目(CIP)数据

桥梁工程/王保群,代凤娟主编. —北京:人民交通出版社股份有限公司,2023.9
ISBN 978-7-114-18792-6

Ⅰ.①桥… Ⅱ.①王… ②代… Ⅲ.①桥梁工程—高等学校—教材 Ⅳ.①U44

中国国家版本馆 CIP 数据核字(2023)第 084517 号

Qiaoliang Gongcheng

书　名：	桥梁工程
著 作 者：	王保群　代凤娟
责任编辑：	崔　建
责任校对：	孙国靖　宋佳时　龙　雪
责任印制：	张　凯
出版发行：	人民交通出版社股份有限公司
地　　址：	(100011)北京市朝阳区安定门外外馆斜街3号
网　　址：	http://www.ccpcl.com.cn
销售电话：	(010)59757973
总 经 销：	人民交通出版社股份有限公司发行部
经　　销：	各地新华书店
印　　刷：	北京虎彩文化传播有限公司
开　　本：	787×1092　1/16
印　　张：	40.75
字　　数：	1010 千
版　　次：	2023 年 9 月　第 1 版
印　　次：	2023 年 9 月　第 1 次印刷
书　　号：	ISBN 978-7-114-18792-6
定　　价：	78.00 元

(有印刷、装订质量问题的图书,由本公司负责调换)

前言

"桥梁工程"是土木工程专业一门专业必修课。本教材根据21世纪交通版高等学校教材(公路类)编审委员会制订的"桥梁工程"课程教学大纲,并结合现行有关行业标准规范编写。

本教材编者在深刻领悟习近平新时代中国特色社会主义思想的基础上,在编写过程中注重学生基本理论的掌握和工程实际应用,力求达到知识传授与工程伦理培养相结合。教材借助大量工程图片进行理论知识的讲授,可进一步增强学生对桥梁工程的感性认识,并由此加深对理论知识的理解和便于工程应用。尤其在各种类型桥梁的构造设计、受力分析与计算等方面,通过典型工程案例和经典计算算例,使学生能掌握设计与计算要领,并在坚持守正创新、坚持系统观念的同时有效解决各种复杂问题;同时本教材及时补充了当今桥梁建设的新理念、新技术和新进展,对先进的桥梁设计计算手段进行介绍。

本课程的先修课程包括"桥涵水力水文""结构力学""结构设计原理"等专业基础课,在此基础上进行本课程的学习,使学生深入理解桥梁工程相关专业知识与技能,重点掌握中小跨径桥梁的结构特点、构造设计与计算,熟悉有关桥梁的施工技术,了解大跨径桥梁的结构特点、构造设计与计算及施工方法。

本教材共六篇二十三章,第一篇介绍了桥梁工程的基本知识和发展动态,以及规划设计的方法和程序;第二篇重点介绍了配筋混凝土梁(板)桥的构造特点、设计计算方法、施工方法和要点;第三篇主要介绍了拱桥的构造特点和上承式拱桥的计算,并介绍了中、下承式拱桥的构造、施工方法和要点;第四篇介绍了缆索承重桥梁的设计计算和施工方法;第五篇介绍了桥梁墩台的设计和计算;第六篇阐述了桥梁结构分析的计算机方法——平面杆系有限元法,通过实例介绍了各种桥型的计算机建模方法。

本教材按照模块化组织教材内容。从桥梁通用知识到不同结构体系桥梁分别介绍,每篇均从介绍不同类型桥梁结构的受力特点入手,再介绍桥梁的构造与设计、受力分析与计算及基本施工方法,尽量做到一个闭合环。每篇知识既系统又独立,学生在学习时易于接受。教材中介绍了许多体现中国智慧、中国方案的特色桥梁和在施工章节补充我国已建成特大桥,展示大国工匠精神,以培养学生爱国情操和艰苦奋斗的精神。教材内容丰富,在教学中可根据实际情况采取重点讲授和学生自学的方法组织教学。

本教材由山东交通学院王保群、代凤娟、陈爱萍、菅秀文、涂向锋、周菊芳、于业栓、崔凤坤共同编写。其中,第二篇第四章、第六篇由王保群编写;第二篇第三章、第三篇第三章、第四篇第二章第三节、第四篇第三章第三节由代凤娟编写;第二篇第一、二、五、六章由陈爱萍编写;第一篇第一、三、四章、第五篇第一章由菅秀文编写;第五篇第二章由周菊芳编写;第二篇第七章、第三篇第四章、第五篇第三章由于业栓编写;第一篇第二章、第三篇第一、二章由涂向锋编写;第四篇第一章、第二章第一、二、四节、第四篇第三章第一、二、四节由崔凤坤编写。

本书编写得到山东交通规划设计研究院集团有限公司、济南城建集团有限公司、山东公路学会等单位众多专家的指导和帮助,在此表示感谢。

由于编者水平有限,对新规范的理解可能还不透彻,加之时间仓促,不妥或疏漏之处在所难免,敬请各位读者批评指正,在此表示衷心的感谢。

编 者
2022 年 5 月

第一篇 总 论

第一章 概述 ... 3
第一节 桥梁发展与现状 ... 3
第二节 桥梁基本组成 ... 12
第三节 桥梁分类 ... 14

第二章 桥梁总体规划和设计要点 ... 20
第一节 桥梁设计程序 ... 20
第二节 桥梁设计原则和设计资料搜集 ... 21
第三节 桥梁布置与纵、横断面设计 ... 22
第四节 桥梁构造要求 ... 30
第五节 桥梁设计方案比选 ... 31

第三章 桥梁上的作用及作用组合 ... 34
第一节 永久作用 ... 35
第二节 可变作用 ... 39
第三节 偶然作用和地震作用 ... 48
第四节 作用效应组合 ... 50

第四章 桥面系 ... 54
第一节 桥面铺装与防排水 ... 55
第二节 桥面伸缩装置 ... 57
第三节 人行道、栏杆(护栏) ... 61

思考题 ... 63

第二篇 配筋混凝土梁(板)桥

第一章 配筋混凝土梁(板)桥选型 ... 67
第一节 结构类型与特点 ... 67
第二节 截面类型与特点 ... 68
第三节 材料 ... 72

第二章 配筋混凝土梁(板)桥设计与构造 ... 75
第一节 简支板桥设计与构造 ... 75
第二节 简支梁桥设计与构造 ... 86
第三节 连续梁桥设计与构造 ... 103
第四节 刚构桥设计与构造 ... 123
第五节 无缝式梁桥 ... 134

第三章 装配式简支梁(板)桥内力计算 ... 136
第一节 概述 ... 136
第二节 行车道板的计算 ... 136
第三节 荷载横向分布计算 ... 148
第四节 主梁内力计算 ... 186
第五节 横隔梁内力计算 ... 194
第六节 挠度与预拱度计算 ... 199

第四章 配筋混凝土连续(刚构)梁桥内力计算 ... 203
第一节 结构自重内力计算 ... 203
第二节 超静定梁桥次内力计算 ... 208
第三节 箱形梁内力分析 ... 222
第四节 活载内力计算 ... 235

第五章 其他梁式桥简介 ... 243
第一节 刚架桥 ... 243
第二节 混凝土斜、弯梁桥 ... 245

第六章 梁式桥支座 ... 250
第一节 概述 ... 250
第二节 支座类型与构造 ... 251
第三节 支座选用与设计 ... 257

第七章 配筋混凝土梁板桥上部结构施工 ... 260
第一节 预制安装施工 ... 260
第二节 有支架现浇施工 ... 267
第三节 移动模架逐孔现浇施工 ... 268
第四节 悬臂浇筑施工 ... 271
第五节 顶推施工 ... 279
第六节 其他施工方法 ... 284

思考题 ... 288

第三篇 拱 桥

第一章 概述 ... 291
第一节 拱桥特点与适用范围 ... 291

| 第二节 | 拱桥组成与分类 | 292 |

第二章　拱桥设计与构造　296
第一节　拱桥总体布置与设计要点　296
第二节　圬工拱桥构造与设计　299
第三节　钢筋混凝土拱桥构造与设计　308
第四节　组合体系拱桥构造与设计　317
第五节　钢管混凝土拱桥构造与设计　327

第三章　拱桥计算　335
第一节　概述　335
第二节　简单体系拱桥计算　336
第三节　组合体系拱桥计算　367
第四节　连拱计算　373
第五节　拱圈强度及稳定性验算　377

第四章　拱桥施工方法简介　387
第一节　钢筋混凝土拱桥施工　387
第二节　圬工拱桥施工　400

思考题　403

第四篇　缆索承重桥梁

第一章　概述　407

第二章　斜拉桥　410
第一节　斜拉桥结构体系　410
第二节　斜拉桥构造　422
第三节　斜拉桥计算　443
第四节　斜拉桥实例　458

第三章　悬索桥　468
第一节　悬索桥结构体系　468
第二节　悬索桥构造　471
第三节　悬索桥计算　478
第四节　悬索桥实例　481

思考题　491

第五篇　桥梁墩台与基础

第一章　墩台设计与构造　495
第一节　概述　495
第二节　梁桥墩台　496
第三节　拱桥墩台　509

第四节 墩台附属结构物	514
第二章　桥梁墩台计算	516
第一节 概述	516
第二节 重力式桥墩计算与验算	521
第三节 桩柱式桥墩计算	526
第四节 柔性排架墩计算	527
第五节 空心薄壁桥墩计算	536
第六节 桥台计算	538
第三章　桥梁墩台施工简介	545
第一节 普通墩台施工	545
第二节 装配式墩台施工	547
第三节 高墩施工	548
思考题	556

第六篇　桥梁结构有限元计算方法

第一章　桥梁结构分析的有限元法	559
第一节 有限元法概述	559
第二节 桥梁结构分析的杆系有限元法	561
第三节 桥梁结构分析的内容和特点	569
第四节 桥梁结构分析的建模方法	572
第二章　有限元计算实例	576
第一节 连续梁桥	576
第二节 拱桥	587
第三节 斜拉桥	597
第四节 悬索桥	611
思考题	621

附　录

附录一　铰接板荷载横向分布影响线竖标表	625
附录二　G-M 法 K_0、K_1、μ_0、μ_1 值的计算用表	636

参考文献	640

第一篇

总论

第一章 概述

第一节 桥梁发展与现状

桥梁一般指架设在江、河、湖、海、山谷及既有交通线路上,使车辆行人等能顺利通行的人工构筑物。当前桥梁泛指各类公路、铁路、轨道交通等沿线设置的桥梁及城市高架桥、人行天桥等。

桥梁建设与国民经济、国防、科技、文化等密切相关。桥梁既是一种功能性的结构物,又是工程技术与自然景观、人文艺术相结合的产物,具有鲜明时代特征,是世界建筑艺术的重要组成部分。

随着科学技术的快速发展,桥梁工程已经发展成融理论分析、结构设计、建造与维养、先进智能制造及项目管理于一体的系统性学科,是土木工程的一个重要分支。

桥梁建设发展历史可划分为古代、近代和现代三个时期。中国古代桥梁建设的辉煌为世界所公认,中国近代桥梁建设落后于当时世界桥梁建设水平,进入21世纪发展到今天中国已从桥梁大国成为桥梁强国。

一、古代桥梁建设

古代桥梁建设所用材料多为木、石、藤、竹之类的天然材料,锻铁出现以后开始建造简单的铁链吊桥。由于受建筑材料、设计理论及修建技术等制约,古代桥梁建设规模相对较小,使用功能单一。古代建造的代表性桥梁为石桥和铁索桥,我国和欧洲现存有当时建造的多座典型桥梁。

据史料记载,我国在距今约3000年的周文王时期,已在渭河上建造大型浮桥。公元35年东汉光武帝时期,在今宜昌和宜都之间建造了长江上第一座浮桥,后期因战争需要,在黄河、长江上曾架设过浮桥数十余次。该时期的浮桥主要在并列的船、筏上面铺木板而建造。

我国是世界上建造吊桥最早的国家,距今约有3000年历史。在唐朝中期开始采用铁链建造吊桥,比西方(16世纪)建造铁链吊桥早了近千年。我国古代典型吊桥有四川泸定县大渡河铁索桥(建于1706年,全长约100m)和安澜竹索桥(建于1803年,全长约340m),见图1.1.1。

a) 大渡河铁索桥　　　　　　　b) 安澜竹索桥

图 1.1.1　我国古代吊桥

我国是古代修建石桥最多的国家,自秦汉时期开始广泛修建石梁桥。公元 1053—1059 年在福建泉州建造的万安桥(也称洛阳桥),桥梁共 47 孔、全长约 800m,是世界上现存规模最大、建造最艰巨的石梁桥,见图 1.1.2a)。公元 1240 年建造的福建漳州虎渡桥,桥长约 335m,单根石梁尺寸(长×宽×高)为 23.7m×1.7m×1.9m,重达 200t,利用潮水涨落浮运架设而成(即今天的桥梁浮运架设技术),见图 1.1.2b)。

a) 万安桥　　　　　　　　　　b) 虎渡桥

图 1.1.2　我国古代典型石梁桥

赵州桥是我国古代先进桥梁建造技术的典型代表。赵州桥又称安济桥,位于现河北省赵县,隋大业初年(约公元 605 年)由李春负责设计建造。该桥是一座空腹式圆弧形石拱桥,跨径 37.02m,桥宽 9.0m,在主拱圈上设有 4 个跨径不等的腹拱。该设计构思减轻了结构自重,增加了桥梁泄洪能力,又具有较好的桥梁造型。赵州桥也是我国古代桥梁建设中"工匠精神"的缩影:精益求精、勇于创新、追求卓越。传承"工匠精神"是当代桥梁人的使命与担当。其他典型的石拱桥还包括北京永定河上的卢沟桥、颐和园内的玉带桥和十七孔桥及苏州的枫桥等,见图 1.1.3。我国该类桥梁的建造比欧洲早一千二百多年。

a) 赵州桥　　　　　　b) 卢沟桥　　　　　　c) 玉带桥

图 1.1.3　我国古代典型石拱桥

在我国古桥建筑中,湘子桥(又名广济桥)是一座集多种桥梁结构形式于一体的桥梁,见图 1.1.4。该桥现位于广东潮安区韩江上,桥梁全长 517.95m,共 19 孔,上部结构采用了石拱桥、木梁和石梁等多种形式;同时利用18条浮船组成长达97.30m的开合式浮梁,既能适应大型商船和上游木排的通过,同时有效避免过多的桥墩阻塞河道影响泄洪。湘子桥是世界上最早的开合式桥,其结构类型之多、施工条件之困难、工程历时之久,为古代桥梁建设史所罕见。

图1.1.4 湘子桥

石拱桥在欧洲的建造始于公元前30年至公元476年罗马帝国全盛时期,其中最著名的是今法国南部尼姆城(Nimes)的加尔德(Gard)石拱桥,如图1.1.5所示。该桥建于公元前18年,全长275m,最大跨径24.4m。其中,上层为宽3m、高7m的输水槽,中层为宽4m、高20m的人行通道,下层为宽6m、高22m的车马通道。

意大利威尼斯的利亚托(Rialto)石拱桥是14—16世纪文艺复兴时期桥梁建设代表作。该桥全长48.2m,跨径27m,桥宽22.5m,采用大理石装饰,雕琢精美,线条流畅;同时桥上建有24家店铺,充分反映了欧洲文艺复兴时期桥梁建造技术与建筑艺术的完美融合,见图1.1.6。

图1.1.5 法国南部尼姆城的加尔德石拱桥　　图1.1.6 意大利威尼斯的利亚托石拱桥

二、近代桥梁建设

近代桥梁建设经历了约三百年的发展历程(从17世纪中叶—20世纪中叶),可分为三个主要阶段:第一阶段(1660—1765年)是桥梁设计理论奠基阶段,第二阶段是(1765—1874年)铸铁拱桥、(熟)铁桁架桥和悬索桥建设阶段,第三阶段(1874—1945年)是钢桥(钢桁架桥、钢拱桥和钢悬索桥)和钢筋混凝土桥梁建设阶段。

1779年英国设计建造了世界上第一座铸铁拱桥——Coalbrookdale桥(跨径30.65m),被称为是古代桥梁的终结和近代桥梁的开始。随后,英国先后修建了多座跨径更大的铸铁拱桥,具有代表性的是1824年建成的跨径45.75m的Eaton Hall桥。与此同时,英国开始了建造悬索桥的尝试,如1820年建成的主跨136.86m的Union桥及1826年建成的主跨176.6m的Menai Straits桥。此后,俄国、美国、巴西等国家建成了多座跨径在100~340m范围的悬索桥,成为19世纪欧美铁桥建设的重要成就。

1874年,美国用钢材代替锻铁建造了第一座钢拱桥,开启了大跨径钢桥建设的新时代。1890年英国建成了跨径达521.2m的英格兰福斯桥,成为近代钢桥的代表作之一,见

图1.1.7。1918年加拿大建成主跨达548.78m的魁北克桥,创造了悬臂桁架桥的最大跨径,见图1.1.8。1883年美国建成了主跨486m的纽约布鲁克林桥,成为近代钢悬索桥的代表作,见图1.1.9。

图1.1.7　英格兰福斯桥　　　　图1.1.8　加拿大魁北克桥　　　　图1.1.9　纽约布鲁克林桥

进入20世纪,悬索桥挠度理论的快速推广,促进了大跨径悬索桥建设步伐。1940年建成的华盛顿州塔克马桥主跨达853m,双车道桥宽11.9m,加劲梁高度仅为1.3m,由于设计时对桥梁抗扭刚度的忽视和抗风设计不足,导致建成后仅四个月就发生"塔克马桥风毁"事故。此后,悬索桥的加劲梁重新回到气动性能较好的空腹桁架结构,并成为第二次世界大战前悬索桥的基本形式。

1875年法国修建了第一座跨径13.8m、宽度4.25m的钢筋混凝土T形梁人行桥(Chazelet Bridge),是钢筋混凝土桥梁建设的先声。1890年奥地利修建了劲性骨架拱桥,使拱桥的跨径超过了100m。1943年修建的瑞典桑多桥,跨径达到178.4m,是近代钢筋混凝土拱桥的代表作,见图1.1.10。

图1.1.10　瑞典桑多桥

我国近代桥梁无论建设数量还是技术水平都落后于世界发达国家。19世纪中叶的鸦片战争,使中国成为帝国主义列强侵略下的半殖民地半封建社会,帝国主义为掠夺中国的资源大量修建铁路、开采矿山,在津浦、平汉等铁路上外国工程师修建了黄河大桥(如兰州黄河大桥、济南黄河大桥),在租界城市中修建了部分桥梁。但此时长江仍为天堑,只能靠轮渡过江。

1935年开始修建的杭州钱塘江大桥,是第一座由中国工程师主持设计建造的近代钢桥,也是中国桥梁史的一座丰碑。该桥由茅以升先生主持设计,为双层公铁两用桥,全长1453m,主桥共16孔,跨径67m,于1937年9月建成通车;同年为阻断侵华日军南下而炸毁,后于1948年成功修复,见图1.1.11。

a) 解放前钱塘江大桥　　　　　　　　b) 现在钱塘江大桥

图 1.1.11　钱塘江大桥

三、现代桥梁建设

1949 年新中国成立后,随着国民经济和交通运输事业的兴起,我国桥梁建设得到了蓬勃发展。我国在第一个五年计划中开始建设第一座长江大桥——武汉长江大桥,在苏联专家的帮助下于 1957 年建成。该桥主桥长 1155.5m,共 9 孔,见图 1.1.12。武汉长江大桥的建成为我国现代大跨径钢桥和深水基础工程的发展奠定了基础。

20 世纪 60 年代,由于受自然灾害影响,我国桥梁建设资金和钢材匮乏,开始大力建设造价低、用钢量少、施工简便的各种形式拱桥,使拱桥成为这一时期我国公路桥梁的主要桥型。1961 年建成跨径超过 100m 的石拱桥——云南长虹桥,见图 1.1.13。1968 年建成主跨 150m 的双曲拱桥——河南前河桥,见图 1.1.14。

图 1.1.12　武汉长江大桥　　　　图 1.1.13　云南长虹桥　　　　图 1.1.14　河南前河桥

20 世纪 70 年代,随着我国经济建设复苏,开始修建连续钢桁架桥和轻型钢筋混凝土桁架拱桥。1972 年建成 4 孔 112m 连续钢桁架桥——山东北镇黄河大桥,见图 1.1.15。1976 年建成主跨 75m 钢筋混凝土桁架拱桥——浙江宁海越溪桥,见图 1.1.16。

20 世纪 80 年代中国桥梁开始崛起。1982 年建成主跨 220m 的济南黄河大桥,见图 1.1.17。此后斜拉桥在全国各地普遍建设,并出现百花齐放的景象,其中独具特色的斜拉桥包括广东南海九江大桥(1988 年,主跨 160m,采用浮式起重机逐段悬臂拼装施工)、重庆石门桥(1988 年,主跨 230m,采用劲性骨架悬臂浇筑施工)、广州海印桥(1988 年,主跨 175m,桥宽 35m)。

图 1.1.15　北镇黄河大桥　　　　图 1.1.16　宁海越溪桥　　　　图 1.1.17　济南黄河大桥

20世纪90年代中国桥梁开始腾飞。1991年上海南浦大桥建成通车,使中国桥梁界实现了从建造200多米跨径的斜拉桥向建造跨径423m结合梁桥面斜拉桥的跃进,见图1.1.18。1993年又自主建成了主跨602m的斜拉桥——上海杨浦大桥,见图1.1.19。

图1.1.18　南浦大桥　　　　　　　　图1.1.19　杨浦大桥

在成功建造斜拉桥的鼓舞下,中国桥梁界开始酝酿建造现代悬索桥以填补该方面的空白。1994年建成主跨452m的悬索桥——汕头海湾大桥,为我国建造更大跨径的悬索桥提供了成功经验。1997年建成主跨888m的悬索桥——虎门大桥,是中国桥梁史的又一里程碑,见图1.1.20。1999年建成主跨1385m的江阴长江大桥,标志着中国进入世界桥梁大国之列,见图1.1.21。

图1.1.20　虎门大桥　　　　　　　　图1.1.21　江阴长江大桥

20世纪90年代我国在拱桥建设方面也取得了重大进展。一是钢管混凝土拱桥开始引入我国,先后建成主跨200m的广东三山西大桥(图1.1.22)和主跨270m的广西三岸大桥等。二是采用劲性骨架的钢筋混凝土箱型拱也取得了发展,先后建成四川宜宾金沙江大桥(主跨240m)、万县长江大桥(今重庆万州长江大桥,主跨420m),见图1.1.23。

图1.1.22　三山西大桥　　　　　　　图1.1.23　万州长江大桥

21世纪中国桥梁进入"创新和超越"的新时期。在超大跨径斜拉桥建设方面,已建成三座跨径超千米的斜拉桥——苏通长江公路大桥(2008年,主跨1088m)、香港昂船洲大桥(2009年,主跨1018m)、沪苏通长江公铁大桥(2020年,主跨1092m),见图1.1.24。在超大跨径悬索桥建设方面,已建成多座超千米的悬索桥,如江苏润扬长江大桥(2005年,主跨1490m)、湖南矮寨大桥(2012年,主跨1176m)、杨泗港长江大桥(2019年,主跨1700m),见图1.1.25。在拱桥建设方面,已建成多座跨径超500m的拱桥,如上海卢浦大桥(2003年,主跨550m)、重庆朝天门长江大桥(2009年,主跨552m)、广西平南三桥(2020年,主跨575m),见图1.1.26。在梁式桥建设方面,建成世界上最大跨径的重庆石板坡长江大桥(2006年,主跨330m),见图1.1.27。

图1.1.24 沪苏通长江公铁大桥

图1.1.25 杨泗港长江大桥

图1.1.26 广西平南三桥

图1.1.27 重庆石板坡长江大桥

我国的海湾大桥建设始于20世纪90年代初的汕头海湾大桥及香港新机场线连岛工程中的三座大桥(青马大桥、汲水门桥和汀九桥),目前已建成杭州湾跨海大桥(2008年,桥梁总长35.7km)、胶州湾跨海大桥(2011年,桥梁总长36.5km)、港珠澳大桥(2018年,桥隧总长55km)等多座跨海大桥,见图1.1.28。其中,港珠澳大桥东连香港,西接澳门、珠海,是中国桥梁建筑史上技术最复杂、环保要求最高、建设标准最高的"超级工程",该桥的建成标志着我国由桥梁大国迈入桥梁强国。

图1.1.28 港珠澳大桥

国外现代桥梁建设兴于20世纪50年代的高速公路建设和城市化发展,出现了许多作为现代桥梁工程标志的创新技术。其中,预应力技术的应用、斜拉桥的复兴及流线型扁平钢箱梁悬索桥的问世,是第二次世界大战后桥梁工程的三项标志性成就。

外国现代桥梁建设中,预应力技术应用的典型桥梁是1977年奥地利建成的跨径达76m的阿尔姆桥。1994年挪威建成当时世界最大跨径的预应力混凝土连续梁桥——伐罗德桥(主跨260m),1998年挪威建成当时世界最大跨径的连续刚构桥——斯托尔马桥(主跨301m),见图1.1.29。

国外现代拱桥建设中,典型桥梁有澳大利亚悉尼港湾大桥(1932年,主跨503m)、克罗地亚克尔克大桥(1980年,主跨390m),见图1.1.30。

国外现代斜拉桥建设中,世界上第一座现代化斜拉桥是瑞典的斯特罗姆海峡桥(1955年,主跨182.6m)。1978年美国建成的P-K桥(主跨299m)是世界上第一座密索体系的预应力混凝土斜拉桥。2012年建成的俄罗斯符拉迪沃斯托克(海参崴)俄罗斯岛跨海大桥主跨1104m,是目前世界上已建成的最大跨径的斜拉桥,见图1.1.31。

图1.1.29 斯托尔马桥

图1.1.30 克尔克大桥

图1.1.31 俄罗斯岛跨海大桥

国外现代悬索桥建设中,1937年建成的美国旧金山金门大桥,主跨1280m,保持了27年的世界纪录,至今金门大桥仍是举世闻名的桥梁经典之作,见图1.1.32。1998年建成的日本明石海峡大桥,主跨为1991m,见图1.1.33。

图1.1.32 旧金山金门大桥

图1.1.33 明石海峡大桥

表1.1.1~表1.1.4分别列出目前各种典型桥梁中,建设规模或跨径位居世界前十位的桥梁。

世界排名前十悬索桥　　　　　　　　表1.1.1

序号	桥名	主跨(m)	国家	建成年份
1	张靖皋长江大桥	2300	中国	在建
2	1915恰纳卡莱大桥(Canakkale 1915 Bridge)	2023	土耳其	2022
3	明石海峡大桥	1991	日本	1998

续上表

序号	桥名	主跨(m)	国家	建成年份
4	南京仙新路长江大桥	1760	中国	在建
5	杨泗港长江大桥	1700	中国	2019
6	南沙大桥	1688	中国	2019
7	深中通道伶仃洋大桥	1666	中国	在建
8	西堠门大桥	1650	中国	2009
9	燕矶长江大桥	1650	中国	在建
10	大贝尔特海峡大桥	1624	丹麦	1998

世界排名前十斜拉桥 表1.1.2

序号	桥名	主跨(m)	国家	建成年份
1	常泰长江大桥	1176	中国	在建
2	马鞍山长江公铁大桥	1120	中国	在建
3	俄罗斯岛跨海大桥	1104	俄罗斯	2012
4	沪苏通长江公铁大桥	1092	中国	2020
5	苏通大桥	1088	中国	2008
6	昂船洲大桥	1018	中国	2009
7	武汉青山长江大桥	938	中国	2021
8	鄂东长江大桥	926	中国	2010
9	嘉鱼长江公路大桥	920	中国	2019
10	多多罗大桥	890	日本	1999

世界排名前十拱桥 表1.1.3

序号	桥名	主跨(m)	国家	建成年份
1	广西天峨龙滩特大桥	600	中国	在建
2	广西平南三桥	575	中国	2020
3	朝天门长江大桥	552	中国	2009
4	卢浦大桥	550	中国	2003
5	傍花大桥	540	韩国	2000
6	秭归长江大桥	531.2	中国	2019
7	波司登大桥	530	中国	2013
8	新河峡大桥	518	美国	1977
9	合江长江公路大桥	507	中国	2021
10	贝永桥	504	美国	1931

世界排名前十预应力混凝土梁桥　　　　表1.1.4

序号	桥名	主跨(m)	国家	建成年份
1	石板坡长江大桥	330	中国	2006
2	斯托尔马桥(Stolma Bridge)	301	挪威	1998
3	尼特洛伊大桥	300	巴西	1974
4	拉脱圣德桥(Raftsundet Bridge)	298	挪威	1998
5	星期日桥(Sunday Bridge)	298	挪威	2003
6	Sandsfjord Bridge	298	挪威	2015
7	水盘高速公路北盘江特大桥	290	中国	2013
8	亚松森桥	270	巴拉圭	1979
9	虎门大桥辅航道桥	270	中国	1997
10	Ujina Bridge	270	日本	1999

四、桥梁发展趋势

桥梁建设在满足安全、经济和耐久的基本前提下，逐渐向新型、大跨、轻质和美观的目标发展。

(1)桥梁结构形式呈现多姿多彩。随着高强度钢、铝合金、碳纤维等高强轻质材料的大量应用，桥梁用材料不断更新，促进了桥梁结构形式的多样化。

(2)大跨径桥梁不断涌现。桥梁主材普遍采用高强度、高韧性钢材或抑振合金材料和高强(超高强)混凝土；钢结构桥梁普遍采用高韧性钢板、耐候钢及镀锌钢板等高性能钢材，有效地减轻结构自重，实现大跨、轻质目标。

(3)桥梁更加注重结构耐久性。混凝土是桥梁结构主要建筑材料之一，水溶性聚合物、有机纤维等材料的加入，使混凝土桥梁结构的韧性和强度得以有效提高，保证了桥梁结构的耐久性。

(4)桥梁结构艺术造型更加美观。桥梁设计与建造将其实用功能与艺术构思融为一体，并充分考虑环境保护，使桥梁成为一个地区或城市的标志性景观。

(5)桥梁向大节段、大块件装配式方向发展。桥梁建设特别是城市桥梁、跨海大桥等，建造时受制于周边环境、施工用地及环境保护等，越来越多的桥梁开始推行装配式施工，以满足安全、环保、快速和优质的新要求。

(6)新一代信息技术在桥梁建设中应用更加广泛。运用智能化制造系统进行桥梁构件工厂化制造，利用遥感技术控制桥梁施工作业，采用卫星定位系统进行工程定位与测量，通过机器人实现结构整体安装和复杂环境施工作业；将计算机技术、人工智能技术、传感器技术与工程力学分析相结合，形成了桥梁设计、施工及养护维修一体化的科学评价体系。

第二节　桥梁基本组成

概括地讲，桥梁一般由上部结构、下部结构和桥面系等组成。图1.1.34为常见梁式桥、拱式桥概貌。

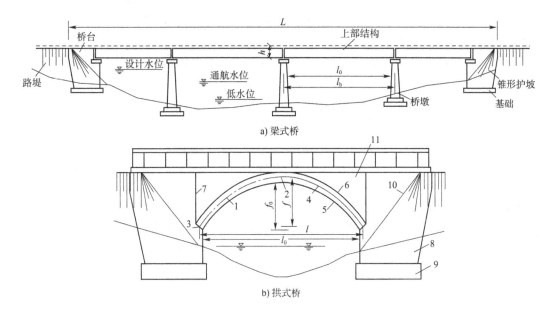

图 1.1.34 桥梁概貌图

1-主拱圈;2-拱顶;3-拱脚;4-拱轴线;5-拱腹;6-拱背;7-桥台前墙;8-桥台侧墙;9-桥台基础;10-桥头锥坡;11-拱上建筑

上部结构又称为桥跨结构,是桥梁跨越各种障碍的主要承重结构,由不同的构件组成。如梁式桥上部结构一般由承重构件(主梁)和一般构件(湿接缝、横隔板等)等组成,拱式桥上部结构一般由承重的主拱圈和拱上结构、桥面板等组成。

下部结构主要指桥墩、桥台及其基础。桥墩设置在桥梁中间部位,支承桥梁上部各桥孔。桥台设置于桥两端,除了起到支承作用外,还与桥两端路堤相衔接,用以抵抗路堤填土压力保证桥头路基稳定。基础是桥墩、桥台的奠基部分,将桥梁承受的各种作用传递给地基。另外,桥梁下部结构还包括桥台翼墙(或耳墙)、桥头锥坡(或护坡)、河床铺砌及河流调治构造物等附属设施。

桥面系是供各种车辆和行人通行的部位,主要由桥面铺装、伸缩缝、人行道、栏杆(护栏)、排水系统和照明与标志等组成。

桥梁支座是设置在上部结构和下部结构之间(桥梁墩台顶面),用于传力和适应变形的装置,一是将上部结构的各种作用传递给下部墩台身,二是实现上部结构在荷载及温度作用下的水平位移和转动。

下面介绍桥梁常用技术术语(尺寸),如图 1.1.34 所示。

净跨径:梁式桥是指相邻两个桥墩(或桥墩与桥台)之间的净距离,拱式桥是指每孔拱跨两个拱脚截面最低点之间的水平距离,用 l_0 表示。净跨径是反映单孔桥孔下泄洪、通航和通车能力的指标。

总跨径:指多孔桥梁中各孔净跨径的总和,用 $\sum l_0$ 表示。总跨径是反映桥下泄洪能力的指标。

计算跨径:设有支座的桥梁,指一孔桥跨结构两个支座中心之间的水平距离;不设支座的拱式桥,指一孔桥跨结构两拱脚截面形心点之间的水平距离,用 l 表示。计算跨径是用于桥梁结构力学计算的指标。

标准跨径:梁式桥指一孔桥跨结构两个桥墩中心之间的水平距离,或桥墩中心至桥台背墙前缘之间的水平距离;拱式桥则指净跨径。《公路工程技术标准》(JTG B01—2014)规定:当桥梁(涵洞)跨径小于或等于 50m 时,宜采用标准化跨径、装配式结构、机械化和工厂化施工,将桥涵标准化跨径规定为 21 种(0.75m、1.0m、1.25m、1.5m、2.0m、2.5m、3.0m、4.0m、5.0m、6.0m、8.0m、10m、13m、16m、20m、25m、30m、35m、40m、45m、50m)。

桥梁全长:有桥台的桥梁指两岸桥台侧墙或八字墙尾端间的距离;无桥台的桥梁,桥梁全长应为桥面系的长度,用 L 表示。桥梁全长是反映桥梁建设规模的指标。

桥梁高度:指桥面与桥下低水位之间的高差或桥面与桥下线路路面(或轨道顶)之间的高差。桥梁高度在一定程度上反映了桥梁施工的难易性。

桥下净空:指为满足桥下规定的通航等级或行车(行人)等级所需要的最小空间界限。

桥梁建筑高度:指桥面与上部结构(梁体)底缘的垂直距离,一般用 h 表示。桥梁建筑高度是影响桥下净空、线路高程和工程造价的指标。

容许建筑高度:指线路定线所确定的桥面高程与桥下通航(或通车、行人)净空界限顶部高程之差。为充分保证桥下净空,要求桥梁建筑高度必须小于容许建筑高度。

桥面净空:指桥上行车道、人行道在宽度和高度上的空间界限。不同用途及不同等级的桥梁,其桥面净空应满足相应的净空要求。

净矢高:指从拱顶截面下缘至两拱脚截面下缘最低点之连线的垂直距离,一般用 f_0 表示。

计算矢高:指从拱顶截面形心至两拱脚截面形心之连线的垂直距离,一般用 f 表示。

矢跨比:指拱桥计算矢高 f 与计算跨径 l 之比,一般用 f/l 表示。矢跨比是反映拱桥受力特性的一个重要指标。

低水位:指桥位处河流在枯水季节的最低水位。

高水位:指桥位处河流在洪峰季节的最高水位。

设计水位:指桥梁设计时根据不同桥梁建设规模,按照相应的设计洪水频率计算得到的高水位。

通航水位:指不同航道等级,能够保证船舶正常航行时的水位。

第三节 桥 梁 分 类

根据桥梁结构受力特点、用途、建设规模、建造材料和施工方法等,桥梁可采用多种分类方法。

一、按结构受力体系划分

桥梁结构构件最基本的受力方式为拉、压、弯,对应的基本桥型可称之为悬索桥、拱式桥和梁式桥,在此基础上进行结构组合而派生出刚架桥、斜拉桥等多种桥梁结构形式。按照桥梁结构受力体系,一般将桥梁分为梁式桥、拱式桥、刚构桥、悬索桥和组合体系桥梁。

1. 梁式桥

梁式桥所承受荷载(结构自重、车辆荷载及人群荷载等)的作用方向与承重结构(主梁)的轴线接近垂直,使得上部主梁主要承受弯矩作用,在支承处仅承受竖向力而无水平反力。因此,梁式桥上部结构一般采用抗弯拉性能好的配筋混凝土(普通钢筋混凝土和预应力混凝土)、钢材或钢-混凝土组合材料来修建;下部结构主要采用配筋混凝土来修建。

梁式桥根据其结构受力体系和构造不同,又可分为简支梁(板)桥、连续梁(板)桥和悬臂梁(板)桥等形式,如图 1.1.35 所示。梁式桥上部结构和下部结构之间需设置支座,以进行传力和适应梁体变形。

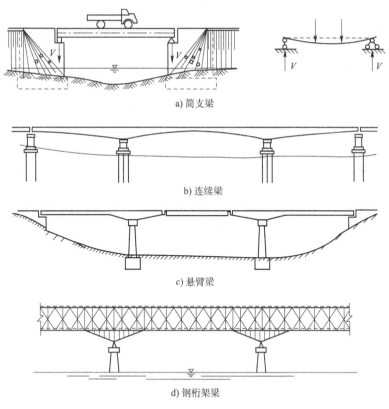

图1.1.35 梁式桥

(1)简支梁(板)桥[图1.1.35a)]

简支梁(板)桥是将桥梁上部梁或板支承在墩、台上,形成单孔受力的静定结构。该结构单孔布载单孔受力,结构受力明确,主要以跨中截面受弯和支点截面受剪为主要受力特征。

目前简支梁(板)桥主要采用标准跨径、装配式施工,常用结构形式包括钢筋混凝土矩形实心板、空心板和T形梁,预应力混凝土空心板、T形梁、箱形梁、工字形组合梁和密排矮T梁等。

装配式简支梁(板)桥梁板间横向联结薄弱,易导致结构整体性差;多孔简支梁(板)桥由于各桥孔间梁体端部存在伸缩缝,易导致桥梁行车不舒适。

(2)连续梁(板)桥[图1.1.35b)]

连续梁(板)桥是将桥梁上部的梁(板)连续不间断地跨越桥孔,多设计成3孔、5孔等为"一联"的连续梁(板)桥。连续梁(板)桥属超静定结构,在地基不均匀沉降、温度变化时,会在结构内部产生附加内力,因此对地基承载力要求较高。连续梁(板)桥跨中截面主要承受正弯矩,支点截面主要承受负弯矩,且由于支点负弯矩的存在,使跨中截面正弯矩比相同跨径的简支梁(板)桥小。

目前较小跨径的连续梁(板)桥一般采用普通钢筋混凝土结构,较大跨径的连续梁(板)桥一般采用预应力混凝土结构。连续梁(板)桥一般采用就地浇筑施工法,与装配式简支梁(板)桥相比,结构整体性好;同时由于"一联"中梁(板)间无伸缩缝,提高了行车的舒适性。

(3)悬臂梁(板)桥[图1.1.35c)]

悬臂梁(板)桥是在简支梁(板)桥的基础上,将梁板伸出支点形成悬臂结构,并通过在悬臂端设置挂梁等方式形成悬臂结构体系。由于挂梁结构稳定性差,且存在较多的伸缩缝影响行车平顺性,目前该结构形式较少采用。

随着梁式桥跨径的增大,为减轻结构自重,目前较多地利用钢材修建钢箱梁或钢桁架梁桥[图 1.1.35d)]。

2. 拱式桥

拱式桥的主要承重结构是主拱圈(或主拱肋),如图 1.1.36 所示。拱式桥在竖向荷载作用下,桥墩和桥台将承受水平推力,该水平推力将显著减小拱圈(拱肋)内由荷载所引起的弯矩,使得拱圈(拱肋)以受压为主。因此,较小跨径的拱式桥可采用抗压性能好的石料、素混凝土等圬工材料来修建(又称为圬工拱桥);较大跨径的拱式桥一般采用钢筋混凝土、钢材或钢管混凝土等材料建造。

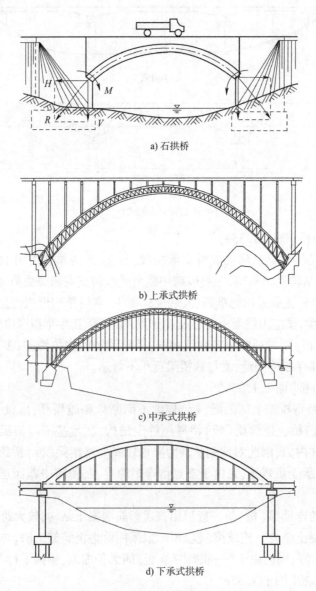

a) 石拱桥

b) 上承式拱桥

c) 中承式拱桥

d) 下承式拱桥

图 1.1.36 拱式桥

拱式桥由于水平推力的存在,对桥梁基础地基承载力要求较高;同时由于其建筑高度高,为适应线路设计、减小道路填土高度,可将拱式桥设计为下承式和中承式等结构形式。

3. 刚构桥

刚构桥是介于梁式桥和拱式桥之间的一种结构体系,简单的刚构桥是由上部梁(或板)与下部立柱(或竖墙)刚性连接而成的刚架结构,如图 1.1.37 所示。梁和柱的刚性连接可承受部分负弯矩以减小梁(板)的跨中正弯矩,同时柱脚处产生的水平推力使上部梁(板)承受一定轴向力。刚构桥上部结构和下部结构之间无须设置支座。

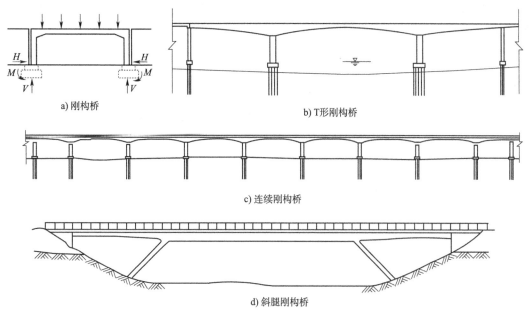

图 1.1.37 刚构桥

在刚构桥的基础上,后期出现了 T 形刚构、连续刚构和斜腿刚构等桥型。T 形刚构桥是将上部主梁和下部桥墩刚性固结形成 T 形单元,各单元间主梁通过铰接或设置挂梁形成桥梁结构体系,如图 1.1.37b)所示。连续刚构桥是连续梁与刚构桥的组合体系,一般用于大跨、高墩桥梁中,其结构特点是中间桥墩采用墩梁固结,下部结构采用柔性墩,以适应温度变化、混凝土收缩徐变等引起的梁体变形,减小由于桥墩约束而产生的次内力;两侧桥墩(台)处设置支座为连续梁支承体系,如图 1.1.37c)所示。斜腿刚构桥的桥墩为斜向支撑,斜腿和主梁所承受的弯矩比相同跨径的门式刚构桥显著减小,而轴向压力有所增加,如图 1.1.37d)所示。

4. 悬索桥(吊桥)

悬索桥是以悬挂在两个索塔上,并锚固于桥梁两端锚固装置的主缆索作为主要承重构件,通过设置在主缆索上的竖向吊索悬挂行车道加劲梁而组成桥跨结构,如图 1.1.38 所示。

图 1.1.38 悬索桥

索塔用于支承主缆索并将各种荷载传递给基础,主要承受压力和水平力,一般采用钢筋混凝土或钢材修建。

锚固装置可采用重力式锚或隧道式锚来锚固主缆索,主要承受拉力并对地基产生水平推力,一般采用钢筋混凝土材料修建。加劲梁是桥面系主要承重结构,一般采用钢桁架或钢箱梁修建。

悬索桥结构刚度较小,属于柔性结构,其抗振稳定性差,在外荷载作用下需通过较大的变形才能达到力的平衡,因此在设计时应重点考虑结构抗振稳定性。

对于跨径较小的悬索桥可以采用自锚式悬索桥,即取消锚碇而将缆索直接锚固在加劲梁上,此时缆索水平分力由加劲梁承受,竖向分力则由梁端配重相平衡,如图1.1.39所示。

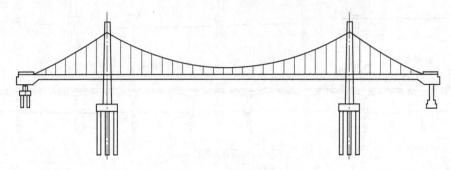

图1.1.39　自锚式悬索桥

5.组合体系桥梁

在以上几种基本桥型的基础上,通过结构组合可设计出多种组合式桥梁,典型的组合式桥梁为斜拉桥和系杆拱桥。

(1)斜拉桥

斜拉桥是由梁式桥和悬索桥组合而成结构体系,其上部结构主要由索塔、斜拉索和主梁组成,如图1.1.40所示。

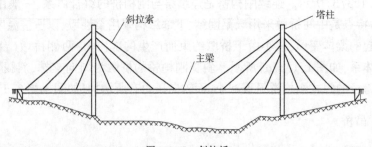

图1.1.40　斜拉桥

索塔是锚固斜拉索和支承主梁的受力构件,主要以受压为主,一般采用钢筋混凝土或钢材修建。

斜拉索属体外预应力,分别锚固在主塔塔顶段和主梁不同部位,主要承受拉力,一般采用高强钢丝或钢绞线制作。

主梁是行车道主要承重构件,在各斜拉索竖向分力作用下,其受力近似多点弹性支承(吊起)的连续梁,相当于增加了多个支承点而减小受力跨径,进而减小各梁段的受力;在斜拉索水平分力作用下,近似对主梁施加纵向预应力,使主梁以偏心受压为主。基于以上结构特点,斜拉桥可大大减小主梁截面尺寸,减轻结构自重,大幅提高跨越能力。主梁一般采用预应力混凝土或钢材修建。

(2)系杆拱桥

系杆拱桥是梁式桥和拱式桥的组合体系,拱端的水平推力可由系杆(纵梁)承受,以减小拱端的水平推力,充分发挥梁的抗弯性能和拱的抗压性能。

二、其他分类

(1)按照用途划分

按照用途的不同,桥梁可分为公路桥、铁路桥、公铁两用桥、人行桥、农用桥、运水桥(渡槽)及其他专用桥梁(输油、管路和电缆等)。

(2)按照建设规模划分

根据桥梁全长和单孔跨径的不同,《公路桥涵设计通用规范》(JTG D60—2015)将桥涵划分为特大桥、大桥、中桥、小桥和涵洞,划分标准见表1.1.5。

桥涵分类标准 表1.1.5

桥涵分类	多孔跨径总长 L(m)	单孔跨径 L_k(m)
特大桥	$L > 1000$	$L_k > 150$
大桥	$100 \leqslant L \leqslant 1000$	$40 \leqslant L_k \leqslant 150$
中桥	$30 < L < 100$	$20 \leqslant L_k < 40$
小桥	$8 \leqslant L \leqslant 30$	$5 \leqslant L_k < 20$
涵洞	—	$L_k < 5$

注:1. 单孔跨径系指标准跨径。
2. 梁式桥、板式桥的多孔跨径总长为多孔标准跨径的总长;拱式桥为两端桥台内起拱线间的距离;其他形式桥梁为桥面系行车道长度。
3. 管涵及箱涵不论管径或跨径大小,孔数多少,均称为涵洞。
4. 标准跨径:梁式桥、板式桥以两桥墩中线间距离或桥墩中线与台背前缘间距为准;拱式桥和涵洞以净跨径为准。

(3)按照建造材料划分

按照建造材料划分,桥梁可分为配筋混凝土桥梁(普通钢筋混凝土、预应力混凝土)、钢桥、钢-混凝土组合桥、圬工桥梁(砖桥、石桥、素混凝土桥)等。木桥一般用于人行桥或修建少数临时性桥梁。

(4)按照跨越障碍划分

按照跨越障碍划分,桥梁可分为跨河桥、跨海桥、跨线桥(公路、铁路等)、立交桥(公路立交、铁路立交等)和城市高架桥等。

另外,按照桥梁行车道位置的不同,分为上承式桥、中承式桥和下承式桥;按照平面布置分为正交桥、斜交桥和弯桥等;按照可移动性分为开启桥、升降桥、旋转桥和浮桥等。

第二章 桥梁总体规划和设计要点

第一节 桥梁设计程序

工程建设项目一般包括项目立项、可行性研究、初步设计、施工图设计、招标、施工准备、施工及验收等阶段。根据公路工程基本建设管理办法的有关规定,公路建设项目一般采用两阶段设计,即初步设计阶段和施工图设计阶段。对于技术复杂的特大梁,应增加技术设计阶段(即三阶段设计);技术较简单的桥梁,可将初步设计阶段和施工图设计阶段合并进行(即一阶段设计)。

一、初步设计

按照基本建设程序要求,初步设计应阐明桥梁在技术上的可行性和经济上的合理性。设计文件一般包括设计依据、设计指导思想、建设规模、技术标准、设计方案、主要工程数量和材料设备供应、征地拆迁面积、主要经济指标、建设程序和期限、总概算等方面的图纸和文字说明等。初步设计文件一般需经交通运输行政主管部门审批。

二、技术设计

针对技术上复杂的特大桥、大型互通式立交桥或新型桥梁结构,需进行技术设计。技术设计需对重大、复杂的技术问题通过科学实验、专题研究及细化勘测设计等手段,进一步完善桥型方案、关键技术指标及施工方案,并修正工程概算。

三、施工图设计

施工图设计是对已批复的初步设计文件进行详细设计,应对桥梁各部分构件进行强度、刚度、稳定性及耐久性等方面计算;编制设计说明,绘制结构构造详图,提供有关设计图表;编制施工组织设计和施工预算等。

以下是某特大桥设计说明主要内容:
(1)概述。
(2)设计依据。
(3)设计标准。
(4)各阶段批复(审查)意见的执行情况。

(5)建设条件。

包括:地理位置、地形和地貌、气象、地质构造、地震、不良地质、水文、既有结构物、桥位处规划、专项评价及结论等内容。

(6)设计要点。

包括:桥梁接线、桥梁总体布置、结构设计、附属工程等内容。

(7)施工组织计划。

包括:总体进度安排、总体施工方案、临时工程、施工重点保证措施等内容。

(8)环境保护与职业健康。

包括:环境保护设计原则、空气污染防治措施、噪声污染防治措施、生态环境保护措施、水污染防治措施等内容。

第二节　桥梁设计原则和设计资料搜集

一、桥梁设计总则

桥梁设计应按照"安全、耐久、适用、环保、经济和美观"的总原则进行设计,应贯彻新设计理念,在保证结构安全和耐久的前提下,优先考虑满足功能需求(适用),并根据具体情况考虑经济和美观的要求;同时,桥梁设计应充分考虑环境保护和节约资源的要求,贯彻新发展理念。

公路桥涵结构的设计基准期为 100 年,其主体结构和可更换部件的设计使用年限不应低于表 1.2.1 的规定。

桥涵设计使用年限(年)　　　　　　　　　　　　　　　表 1.2.1

公路等级	主体结构			可更换部件	
	特大桥、大桥	中桥	小桥涵洞	斜拉索、吊索、系杆等	栏杆、伸缩装置、支座等
高速公路 一级公路	100	100	50	20	15
二级公路 三级公路	100	50	30		
四级公路	100	50	30		

公路桥涵应进行抗风、抗震、抗撞等减灾防灾设计。

二、桥梁设计一般规定

公路桥涵应根据公路功能和技术等级,考虑因地制宜、就地取材、便于施工和养护维修等因素进行总体设计,在设计使用年限内应满足规定的正常交通荷载通行的需要。

公路桥涵线形设计应符合以下规定:中小桥涵线形设计应符合路线设计的总体要求(即桥位服从于路线走向);特大桥、大桥线形应综合考虑路线总体走向、桥位地质、地形、安全通行、通航、已有建筑设施、环境敏感区等因素(即路桥综合考虑);特大桥、大桥宜采用较高的平曲线指标,纵断面不宜设计成平坡或凹曲线(即路线走向服从于桥位)。

公路桥涵结构应按承载能力极限状态和正常使用极限状态进行设计,应根据不同种类的作用及其对桥涵的影响、桥涵所处的环境条件,考虑以下四种设计状态进行极限状态设计:①持久状况应进行承载能力极限状态和正常使用极限状态设计;②短暂状况应作承载能力极限状态设计,可根据需要进行正常使用极限状态设计;③偶然状况应作承载力极限状态设计;④地震状况应作承载能力极限状态设计。

公路桥梁钢结构部分应根据需要进行抗疲劳设计;公路桥梁应按规定进行设计阶段风险评估;公路桥涵应按照设计使用年限和环境条件进行耐久性设计;公路桥涵应考虑养护需要,按照可到达、可检查、可维修和可更换的要求进行设计。

公路桥涵应与自然环境和景观相协调,特殊大桥宜进行景观设计。

三、桥梁设计资料搜集

1. 技术指标

包括:桥梁所处道路性质和等级、桥梁设计荷载标准、桥面净空、桥下净空、设计速度、设计基准期等。

2. 工程地质与地震

包括:桥位处地层、构造、岩石和土壤的物理力学性质、地下水情况及冰冻深度;不良地质现象的成因、分布范围及对桥梁稳定性的影响;地质灾害;桥位处地震效应及桥梁抗震设防标准等。

3. 水文资料

包括:桥梁设计洪水频率、历史洪水资料、河床断面及冲刷、淤积情况、河床变迁等。

4. 气象资料

包括:桥位处年平均气温、年最高温差、极端气候、风力、风向、雨量和湿度等。

5. 建筑材料来源

包括:钢材、水泥、砂石料等主要建筑材料来源。

6. 敏感环境信息

包括:依法设立的各级各类自然、文化保护地,以及对某类污染因子或生态影响因子特别敏感的区域。

另外,资料搜集还包括桥位地形图和施工技术水平资料。

第三节 桥梁布置与纵、横断面设计

一、桥梁布置

(1)桥梁应根据公路功能、等级、通行能力及抗洪防灾要求,结合水文、地质、通航、环境等条件进行综合设计。

①特大桥、大桥桥位应选择在顺直河道段,避免设置在河湾处,以防止冲刷河岸;河槽应稳定,主河槽不宜变迁,大部分设计流量能在所布置桥梁的主河槽内通过;河床地质条件应良好、承载力高、不易冲刷或冲刷深度小,以便于基础设计并降低工程造价。

特大桥、大桥桥位应避开断层、岩溶、滑坡、泥石流等不良地质的河段,不宜选择在河汊、沙洲、古河道、急弯、汇合口、港口作业区及易形成流冰、流木堵塞的河段。

②高速公路、一级公路上的桥梁宜设计为上、下行分离的独立桥梁。

(2)桥梁纵轴线宜与洪水主流流向正交。对通航河流上的桥梁,为保证通航安全,其墩台沿水流方向的轴向应与最高通航水位时的主流方向一致。当斜交不能避免时,交角不宜大于5°。当交角大于5°且斜桥正做时,墩(台)边缘净距离应满足规范规定。

(3)通航海轮的桥梁布置应满足现行《海轮航道通航标准》(JTS 180-3)的规定;通航内河桥梁的布置应满足现行《内河通航标准》(GB 50139)的规定,并应充分考虑河床演变和不同通航水位航迹线的变化。

位于通航水域中的桥梁宜减少在通航水域中设置桥墩,并宜设置于浅水区。可能遭受船舶或漂流物撞击的桥墩,应考虑船舶或漂流物的撞击作用,并应设置警示标志和必要的防撞设施。

(4)桥梁跨越有中央分隔带的多车道公路时,不宜在中央分隔带内设置桥墩。需要设置桥墩时,桥墩结构应考虑汽车的撞击作用,并应在桥墩附近设置必要的防撞设施及警示标志、标线。

跨线桥的桥墩设置在桥下公路的路侧时,不得侵入公路建筑界限。桥墩宜设置在公路路侧净区以外;不能满足时,应设置桥下公路路侧护栏和桥墩保护设施。

(5)为保证桥位附近水流流畅,河槽、河岸不发生严重变形,必要时可在桥梁上、下游修建调治构造物。调治构造物的形式及其布置应根据河流性质、地形、地质、河滩水流情况及通航要求、桥头引道、水利设施等因素综合考虑确定;调治构造物顶面,应高出桥位处设计洪水位至少0.25m以上。

(6)公路桥涵的设计洪水频率应符合表1.2.2的规定。

桥涵设计洪水频率　　　　　　表1.2.2

公路等级	设计洪水频率				
	特大桥	大桥	中桥	小桥	涵洞
高速公路	1/300	1/100	1/100	1/100	1/100
一级公路	1/300	1/100	1/100	1/100	1/100
二级公路	1/100	1/100	1/100	1/50	1/50
三级公路	1/100	1/50	1/50	1/25	1/25
四级公路	1/100	1/50	1/50	1/25	不做规定

图1.2.1为某桥梁桥位平面布置图。

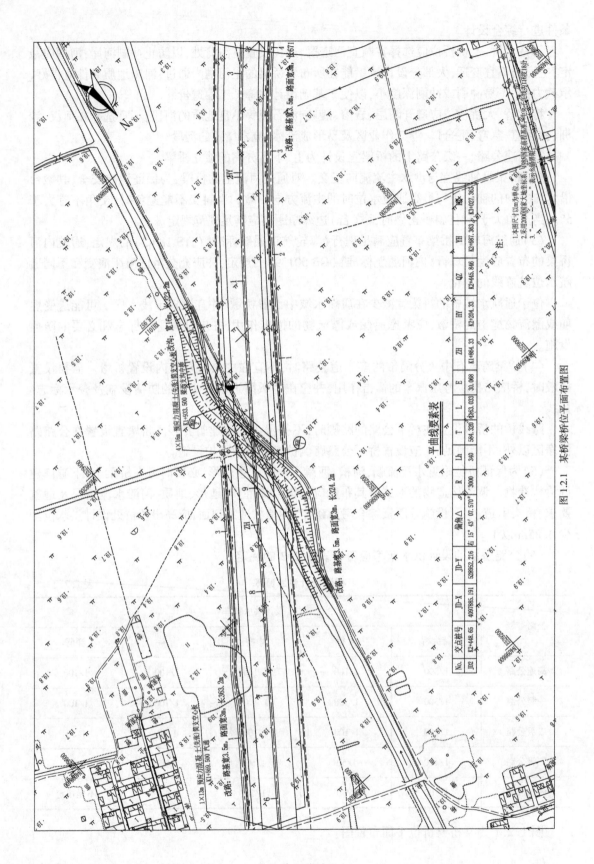

图 1.2.1 某桥梁桥位平面布置图

二、纵断面设计

桥梁纵断面设计包括确定桥涵孔径(总跨径、桥梁分孔)、桥面高程、桥上和桥头引道纵坡以及基础埋置深度等。

1. 桥涵孔径

(1)桥涵孔径的设计必须保证设计洪水位以内的各级洪水及流冰、泥石流、漂流物等安全通过,并应考虑壅水、冲刷对上下游的影响,确保桥涵附近路堤的稳定。

桥涵孔径的设计应考虑桥位上下游已建成或拟建桥涵和水工建筑物的状况及其对河床演变的影响,不宜过分压缩河道、改变水流的天然状态。

(2)特大桥、大桥、中桥的孔径布置应按照设计洪水流量和桥位处河段的特性进行设计计算,并对孔径大小、结构形式、墩台基础埋置深度、桥头引道及调治构造物的布置等进行综合比较。

(3)小桥、涵洞的孔径,应根据设计洪水流量、河床地质、河床和桥头锥坡加固方式等条件确定。

(4)有通航要求的桥梁,其孔径布置应满足桥下通航净空要求;各种跨线桥、立交桥等桥涵孔径布置应满足桥下使用净空的要求。

(5)进行桥梁分孔时,还应考虑地质条件的影响,适当调整孔径以避开不良地层;对某些结构体系的桥梁,为改善结构受力应考虑各孔孔径取一定比例关系,如三孔连续梁中跨和边跨比值一般取1∶0.8,五孔连续梁中跨和边跨比值一般取1∶0.9∶0.65。

2. 桥面高程

桥梁桥面高程的确定取决于公路路线纵断面设计、桥下净空(包括流水净空、通航净空、行车净空等)、桥上线形及桥头引道、桥型与分孔等因素,桥梁纵断面布置如图1.2.2所示。

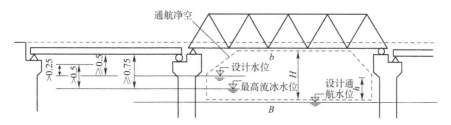

图1.2.2 桥梁纵断面布置图(尺寸单位:m)

河流或海上桥梁桥下净空,应根据计算水位(设计水位计入壅水、浪高等)或最高流冰水位加安全高度确定。

当河流有形成流冰阻塞的危险或有漂浮物通过时,应按实际调查的数据,在计算水位的基础上,结合当地具体情况预留一定富余量,作为确定桥下净空的依据。对于有淤积的河流,桥下净空应适当增加。

通航或流放木筏的河流,桥下净空应符合通航标准或流放木筏的要求。有国防要求和其他特殊要求(如石油钻探船只)的航道,其航道标准应与有关部门具体研究确定。表1.2.3为我国内河通航净空要求。

天然和渠化河流水上过河建筑物通航净空尺度(m)　　　　表1.2.3

航道等级	代表船舶、船队	净高	单向通航孔			双向通航孔		
			净宽	上底宽	侧高	净宽	上底宽	侧高
Ⅰ	(1)4排4列	24.0	200	150	7.0	400	350	7.0
	(2)3排3列	18.0	160	120	7.0	320	280	7.0
	(3)2排2列		110	82	8.0	220	192	8.0
Ⅱ	(1)3排3列	18.0	145	108	6.0	290	253	6.0
	(2)2排2列		105	78	8.0	210	183	8.0
	(3)2排1列	10.0	75	56	6.0	150	131	6.0
Ⅲ	(1)3排2列	18.0* 10.0	100	75	6.0	200	175	6.0
	(2)2排2列	10.0	75	56	6.0	150	131	6.0
	(3)2排1列		55	41	6.0	110	96	6.0
Ⅳ	(1)3排2列	8.0	75	61	4.0	150	136	4.0
	(2)2排2列		60	49	4.0	120	109	4.0
	(3)2排1列		45	36	5.0	90	81	5.0
	(4)货船							
Ⅴ	(1)2排2列	8.0	55	44	4.5	110	99	4.5
	(2)2排1列	8.0或 5.0▲	40	32	5.5或 3.5▲	80	72	5.5或 3.5▲
	(3)货船							
Ⅵ	(1)1拖5	4.5	25	18	3.4	40	33	3.4
	(2)货船	6.0			4.0			4.0
Ⅶ	(1)1拖5	3.5	20	15	2.8	32	27	2.8
	(2)货船	4.5						

注:1. *的尺度仅适用于长江。
　　2. ▲的尺度仅适用于通航拖带船队的河流。

不通航或无流放木筏河流上及通航河流的不通航桥孔内,桥下最小净空应符合表1.2.4的规定。

非通航河流桥下最小净空(m)　　　　表1.2.4

桥梁的部位		高出计算水位	高出最高流冰面
梁底	洪水期无大漂流物	0.50	0.75
	洪水期有大漂流物	1.50	—
	有泥石流	1.00	
支承垫石顶面		0.25	0.50
有铰拱拱脚		0.25	0.25

无铰拱的拱脚允许被设计洪水淹没,但不宜超过拱脚高度的2/3,且拱顶底面至计算水位的净高不得小于1.0m。在不通航和无流筏的水库区域内,梁底面或无铰拱拱顶底面离开水面的高度不应小于计算浪高的0.75倍加上0.25m。

立体交叉跨线桥桥下净空应符合以下规定:公路与公路立体交叉的跨线桥,桥下净空及孔径布置除应符合桥下公路等级所规定的净空外(图1.2.2),尚应满足桥下公路的行车视距和前方信息识别的要求,其结构形式应与周围环境相协调。铁路从公路上跨越通过时,其跨线桥桥下净空及孔径布置除应符合桥下公路等级所规定的净空外,尚应满足桥下公路的行车视距和前方信息识别的要求。

农村道路与公路立体交叉的跨线桥桥下净空应符合以下规定:当农村道路从公路上面跨越时,跨线桥桥下净空应满足桥下建筑界限的规定;当农村道路从公路下面穿过时,其净空可根据当地通行的车辆和交叉情况而定,人行通道的净高应大于或等于2.2m,净宽应大于或等于4.0m;畜力车及拖拉机通道的净高应大于或等于2.7m,净宽应大于或等于4.0m。农用汽车通道的净高应大于或等于3.2m,净宽应大于或等于4.0m。汽车通道的净高应大于或等于3.5m,净宽应大于或等于6.0m。

车行天桥桥面净宽按交通量和通行农业机械类型可选用4.5m或7.0m;人行天桥桥面净宽应大于或等于3.0m。

3. 桥上线形及桥头引道

桥梁纵坡设计应符合以下规定:桥上纵坡不宜大于4%,桥头引道纵坡不宜大于5%;桥头两端引道的线形应与桥梁的线形相匹配。位于城镇混合交通繁忙处的桥梁,桥上纵坡及桥头引道纵坡均不得大于3%。对易结冰、积雪的桥梁,桥上纵坡不宜大于3%。

在洪水泛滥区域以内,特大桥、大桥、中桥桥头引道的路肩高程应高出桥梁设计洪水频率的水位加壅水高、波浪爬高、河湾超高、河床淤积等影响加0.5m以上;小桥涵引道的路肩高程宜高出桥涵前壅水水位(不计浪高)0.5m以上;压力式或半压力式涵洞的路肩高程宜高出桥涵前壅水水位1.0m以上。

4. 基础埋置深度

确定基础埋置深度是桥梁地基与基础设计中的重要步骤,它涉及桥梁建成后的牢固、稳定及正常使用问题。在确定基础的埋置深度时,必须考虑把基础设置在变形较小而强度又比较大的持力层上,以保证地基强度满足要求,且不致产生过大的沉降或沉降差。还要使基础有足够的埋置深度,以保证基础的稳定性,确保基础的安全。必须综合考虑地基的地质和地形条件、河流的冲刷程度、当地的冻结深度、上部结构形式以及保证持力层稳定所需的最小埋深和施工技术条件、造价等因素。

图1.2.3为某桥梁纵断面图。

三、横断面设计(桥涵净空)

桥梁横断面设计主要是确定桥面宽度和桥跨结构横截面布置(详见各章节有关内容)。桥涵净空应符合现行《公路工程技术标准》(JTG B01)中公路建筑界限规定,如图1.2.4所示。

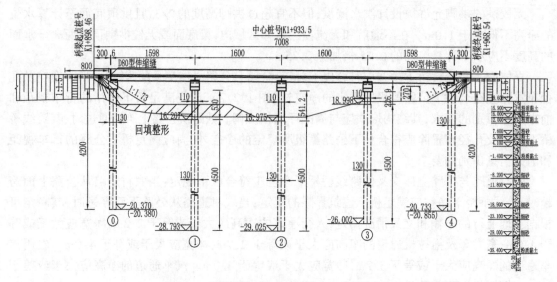

图1.2.3 桥梁纵断面图(尺寸单位:cm;高程单位:m)

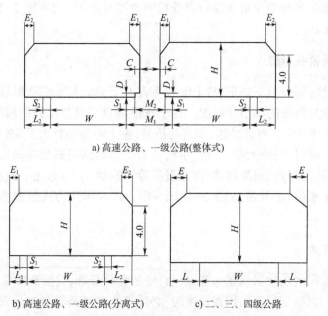

a) 高速公路、一级公路(整体式)

b) 高速公路、一级公路(分离式)　　c) 二、三、四级公路

图1.2.4 各级公路的建筑限界(尺寸单位:m)

图中：W——行车道总宽度，为设计车道数与单个车道宽度的乘积，并计入所设置的加（减）速车道，紧急停车道、爬坡车道、慢车道或错车道的宽度，单个车道宽度应根据公路设计行车速度确定，见表1.2.5；

C——当设计速度大于$100km/h$时为$0.5m$，小于或等于$100km/h$时为$0.25m$；

D——路缘石高度，小于或等于$0.25m$，一般情况下，高速公路可不设路缘石；

S_1——左侧路缘带宽度，一般规定见表1.2.6；

S_2——右侧路缘带宽度，应为$0.5m$；

M_1——中间带宽度；

M_2——中央分隔带宽度；

E——建筑限界顶角宽度,当 $L \leq 1m$ 时,$E = L$;当 $L > 1m$ 时,$E = 1m$;

E_1——建筑限界顶角宽度,当 $L_1 < 1m$ 时,$E_1 = L_1$,或 $S_1 + C < 1m$,$E_1 = S_1 + C$;当 $L \geq 1m$ 或 $S_1 + C \geq 1m$ 时,$E_1 = 1m$;

E_2——建筑限界顶角宽度,$E_2 = 1m$;

H——净空高度,高速公路和一级、二级公路为5.0m,三级、四级公路为4.5m;

L_1——右侧硬路肩宽度,一般规定见表1.2.7;

L_2——左侧硬路肩宽度,一般规定见表1.2.8;

L——侧向宽度,高速公路、一级公路的侧向宽度为硬路肩宽度(L_1 或 L_2),其他各级公路的侧向宽度为路肩宽度减去0.25m。

注:(1)当桥梁设置的人行道宽度大于侧向宽度时,建筑限界应包括所增加的宽度;
(2)人行道、自行车道与行车道分开设置时,其净高一般为2.5m。

车道宽度 表1.2.5

设计速度(km/h)	120	100	80	60	40	30	20
车道宽度(m)	3.75	3.75	3.75	3.50	3.50	3.25	3.00

左侧路缘带宽度 表1.2.6

设计速度(km/h)	120	100	80	60
左侧路缘带宽度(m)	0.75	0.75	0.50	0.50

右侧硬路肩宽度 表1.2.7

公路等级(功能)		高速公路			一级公路(干线功能)	
设计速度(km/h)		120	100	80	100	80
右侧硬路肩宽度(m)	一般值	3.00 (2.50)	3.00 (2.50)	3.00 (2.50)	3.00 (2.50)	3.00 (2.50)
	最小值	1.50	1.50	1.50	1.50	1.50

公路等级(功能)		一级公路(集散功能)和二级公路		三级公路、四级公路		
设计速度(km/h)		80	60	40	30	20
右侧硬路肩宽度(m)	一般值	1.50	0.75	—	—	—
	最小值	0.75	0.25	—	—	—

注:1. 正常情况下,应采用"一般值";在设爬坡车道、变速车道及超车道路段,受地形、地物等条件限制路段及多车道公路特大桥,可论证采用"最小值"。
2. 高速公路和作为干线的一级公路以通行小客车为主时,右侧硬路肩宽度可采用括号内数值。

分离式断面高速公路、一级公路左侧硬路肩宽度 表1.2.8

设计速度(km/h)	120	100	80	60
左侧硬路肩宽度(m)	1.25	1.00	0.75	0.75

高速公路和作为干线的一级公路上特大桥的右侧路肩宽度小于2.50m,且桥长超过

1000m时,宜设置紧急停车带和过渡段。紧急停车带宽度包括路肩在内应为3.50m,有效长度不应小于40m,间距不宜大于500m。

通行拖拉机或畜力车为主的慢车道,其宽度应根据当地行驶拖拉机或畜力车车型及交通量而定;当沿桥梁一侧设置时,不应小于双向行驶要求的宽度。

图1.2.5为某桥梁横断面图。

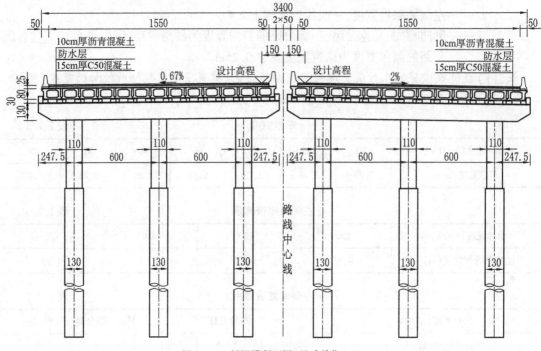

图1.2.5　桥梁横断面图(尺寸单位:cm)

第四节　桥梁构造要求

在完成桥涵布置和纵、横断面设计的基础上,在对桥梁结构及构件进行详细设计时,应符合以下规定。

一、桥梁结构设计构造要求

(1)桥涵结构在制造、运输、安装和使用过程中,应具有规定的强度、刚度、稳定性和耐久性。桥涵结构构造应使其附加应力、局部应力尽量减小,结构形式和构造应便于制造、施工和养护,所用材料的品质及其技术性能应符合相关现行标准的规定。

(2)桥涵上、下部结构应视需要设置变形缝或伸缩缝,并配置适用的伸缩装置。高速公路、一级公路上的多孔梁(板)桥宜分联采用结构连续,也可分联采用桥面连续,以提高行车的舒适性。

(3)小桥涵可在进、出口和桥涵所在范围内整治和加固河床,必要时应在进、出口处设置减冲、防冲设施。

(4)桥梁应有必要的通风、排水和防护措施及维修工作空间。

(5)设置护栏的桥梁,桥梁护栏与桥面板应进行可靠连接。根据护栏形式,可采用直接埋入式、地脚螺栓和预埋钢筋等连接方式。

(6)设置栏杆的桥梁,其栏杆的设计除应满足受力要求外,尚应注意美观;栏杆高度不应小于1.0m。

二、桥梁支座设计要求

(1)桥梁支座可按其跨径、结构形式、反力值、支承处的位移和转角变形值选取不同的支座。桥梁可选用板式橡胶支座或四氟滑板橡胶支座、盆式橡胶支座和球形支座。不宜采用带球冠的板式橡胶支座或坡形板式橡胶支座。

(2)桥梁纵向单个支承点宜设置一排竖向支座;横桥向竖向支座的设置应考虑支座脱空的影响,避免支座局部受压。

(3)支座上、下传力面应保持水平。

(4)桥梁墩台应预留安装、维护、更换支座的工作空间和操作安全防护设施。

三、桥梁养护及其他附属设施

(1)桥涵应设置维修养护通道。特大桥、大桥应根据需要设置必要的检查平台、扶梯、内照明、入口井盖、专用检修车等设施;需借助墩顶作为检修平台时,桥墩应根据需要设置安全设施。

(2)特大桥、大桥应设置永久观测点,便于为后期桥梁技术状况检测评定提供依据;特大桥、大桥、中桥的墩台旁必要时可设置水尺或标志。

(3)斜拉桥、悬索桥、系杆拱桥等桥梁,位于桥面上的拉索、吊杆、拱肋等受力构件,应设置必要的防撞保护设施。较高的索塔应根据相关规范的规定进行防雷设计,设置避雷装置。

(4)特大桥、大桥、中桥可根据需要设置防火、照明和导航设备以及养护工房、库房和守卫房等,必要时可设置紧急电话。

(5)技术复杂的大型桥梁工程可根据需要设置必要的结构监测设施,以便实时监测运营期间桥梁结构技术状况。

(6)桥梁在跨越公路和铁路部分应设置防抛网,位于城市及居民生活区、办公区等位置的桥梁宜设置声屏障。

第五节 桥梁设计方案比选

桥梁设计方案比选,可认为是对同一座桥梁(一般技术复杂、造价高的特大桥、大桥或大型立交桥)进行多种桥型的最优化设计。

桥梁设计方案比选基本思路:根据桥位处地形、地质、通航等要求确定桥梁分孔,拟定2~4种桥型方案;编制各桥型方案的技术经济指标,包括结构受力特点、建筑材料、施工条件、施工工艺、安全、经济、工期等;按照"安全、耐久、适用、环保、经济和美观"的设计总则,对各桥型方案进行比选,确定最优设计方案。图1.2.6是某跨黄河大桥设计方案图,并列表进行综合分析比选,如表1.2.9。

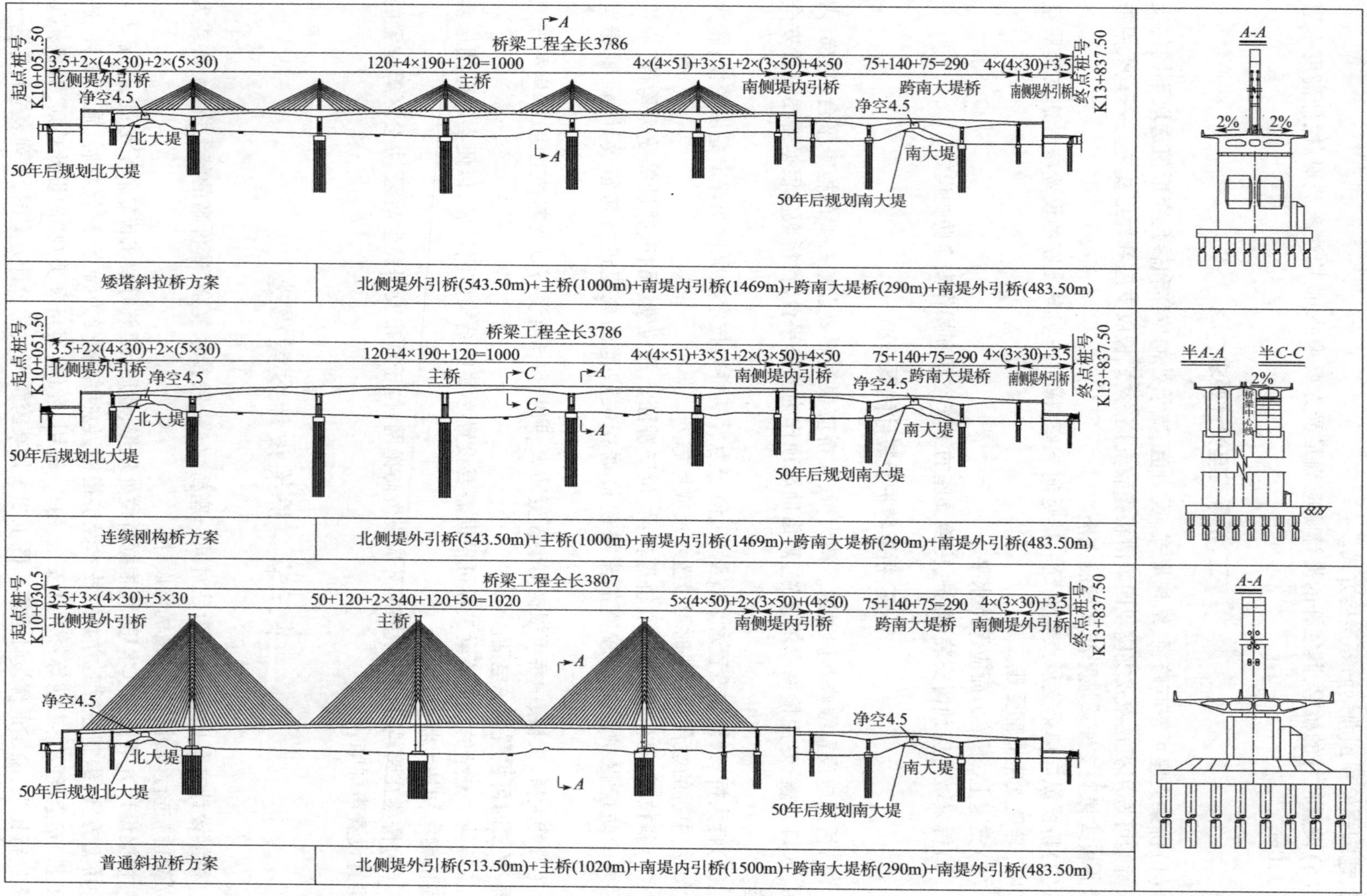

图 1.2.6 某跨黄河大桥设计方案(尺寸单位:m)

方案比较表 表 1.2.9

桥型方案	矮塔斜拉桥	预应力混凝土连续刚构桥	普通斜拉桥
主跨(m)	190	190	340
桥跨布置(m)	85+165+4×190+110	85+165+4×190+110	85+165+2×340+165+85
桥长(m)	1120	1120	1180
桥宽(m)	27.0	25.0	28.0
技术程度	较成熟	成熟	较成熟
施工风险	一般	一般	高
施工难度	一般	一般	较复杂
施工工期	36个月	34个月	42个月
景观效果	有一定景观效果	造型普通,桥上视野通透	造型大气,气势恢宏
耐久性	后期斜拉索维修养护费用略高	跨中易下挠,腹板易出现裂缝	斜拉索维修养护费用高
建安费造价(万元)	41102	37362	41539
经济指标(元/m²)	13511	13141	12572
比选意见			推荐

第三章 桥梁上的作用及作用组合

作用是指施加在结构上的一组集中力(或分布力),或引起结构外加变形或约束变形的原因。前者称为直接作用,后者称为间接作用。

直接作用是指施加于结构上的各种力,如结构自重、车辆、人群等作用于桥梁结构会引起结构效应(如弯矩、剪力等),该类作用又称之为荷载。间接作用不以力的形式直接施加于结构,其产生的效应与结构本身的特性、结构所处环境等有关,如基础变位、混凝土收缩和徐变、温度变化等会在结构内部产生效应(如弯矩、剪力等)。目前国际上普遍将所有引起结构反应的原因统称为"作用",而"荷载"仅限于表达施加于结构上的直接作用。

《公路桥涵设计通用规范》(JTG D60—2015)将公路桥梁上的各种作用按其随时间的变异性分为永久作用、可变作用、偶然作用和地震作用,见表1.3.1。

桥梁作用分类　　　　　　　　　　　　　表1.3.1

序号	分类	名称
1	永久作用	结构重力(包括结构附加重力)
2		预加力
3		土的重力
4		土侧压力
5		混凝土收缩、徐变作用
6		水浮力
7		基础变位作用
8	可变作用	汽车荷载
9		汽车冲击力
10		汽车离心力
11		汽车引起的土侧压力
12		汽车制动力
13		人群荷载
14		疲劳荷载

续上表

序号	分类	名称
15	可变作用	风荷载
16		流水压力
17		冰压力
18		波浪力
19		温度(均匀温度和梯度温度)作用
20		支座摩阻力
21	偶然作用	船舶的撞击作用
22		漂流物的撞击作用
23		汽车撞击作用
24	地震作用	地震作用

施加于桥梁上的各种作用具有变异性,但在结构设计时不可能直接引用作用随机变量或随机过程的各类统计参数,通过复杂的计算进行设计。为方便设计计算,将作用代表值作为结构设计计算的量值,一般分为标准值、组合值、频遇值和准永久值。

作用标准值是结构或结构设计时,采用的各种作用的基本代表值,是结构设计的主要参数,关系到结构安全。作用的标准值反映了作用在设计基准期内随时间的变异,其量值应取结构设计规定期限内可能出现的最不利值,一般按作用在设计基准期内最大值概率分布的某一分位值确定。结构自重标准值可按结构设计尺寸和材料的重度计算确定,其他作用标准值可根据设计规范的有关规定选取。

可变作用的组合值是指在主导可变作用(汽车荷载)出现时段内其他可变作用最大量值,它比可变作用的标准值小。

可变作用的频遇值是指结构上较频繁出现且量值较大的作用取值,它比可变作用的标准值要小。

可变作用的准永久值是指在结构上经常出现的作用取值,它比可变作用的频域值要小。

公路桥涵设计时,对不同的作用应按下列规定采用不同的代表值:

(1)永久作用的代表值为其标准值,可根据统计、计算,结合工程经验综合分析确定。

(2)可变作用的代表值包括标准值、组合值、频遇值和准永久值。组合值、频遇值和准永久值可通过可变作用的标准值分别乘以组合值系数 ψ_c、频遇值系数 ψ_f 和准永久值系数 ψ_q 来确定。

(3)偶然作用取其设计值作为代表值,可根据历史记载、现场观测和试验,并结合工程经验综合分析确定,也可根据有关标准的专门规定确定。

(4)地震作用的代表值为其标准值。地震作用的标准值应根据现行《公路工程抗震规范》(JTG B02)的规定确定。

作用的设计值应为作用的标准值或组合值乘以相应的作用分项系数。

第一节 永久作用

永久作用是指在桥梁设计基准期内,作用的位置、大小和方向始终不变,或虽然发生变化但其量值变化与平均值相比可忽略不计的作用,或者其变化是单调的并趋于某个限值的作用。

桥梁永久作用包括结构重力、预应力、桥台背后土重及土侧压力、混凝土收缩和徐变作用、水的浮力及基础变位影响力等。

一、永久作用标准值

(一)结构重力标准值

结构重力指桥梁结构构件自重及作用在其上的桥面铺装、附属设施(管线、护栏等)等附加重力。结构重力标准值可根据结构设计尺寸和材料,按照下式计算:

$$G_k = \gamma \cdot V \tag{1.3.1}$$

式中:G_k——结构重力标准值(kN);

γ——材料的重度(kN/m³),可查阅现行《公路桥涵设计通用规范》(JTG D60);

V——结构体积(m³)。

(二)预加力标准值

预应力混凝土桥梁,在结构进行正常使用极限状态设计和使用阶段构件应力计算时,预应力应作为永久作用计算其主效应和次效应,并计入相应阶段预应力损失,但不计由于预加力偏心距增大引起的附加效应。

在桥梁结构进行承载能力极限状态设计时,预应力不应作为作用,应将预应力钢筋作为结构抗力的一部分。但在连续梁等超静定结构中,应考虑预加力引起的次效应。

预加力标准值可按照下式计算:

$$\begin{aligned} F_{pe} &= \sigma_{pe} A_p \\ \sigma_{pe} &= \sigma_{con} - \sigma_l \end{aligned} \tag{1.3.2}$$

式中:F_{pe}——预加力标准值(kN);

A_p——预应力钢筋的截面面积(m²);

σ_{pe}——预应力钢筋的有效预应力(kPa);

σ_{con}——预应力钢筋张拉控制应力(kPa);

σ_l——预应力钢筋相应阶段的预应力损失(kPa)。

(三)土的重力及土侧压力标准值

1. 静土压力标准值

静土压力的标准值可按式(1.3.3)计算:

$$\begin{cases} e_j = \xi \gamma h \\ \xi = 1 - \sin\varphi \\ E_j = \dfrac{1}{2} \xi \gamma H^2 \end{cases} \tag{1.3.3}$$

式中:e_j——任一高度 h 处的静土压力(kPa);

ξ——压实土的静土压力系数;

φ——土的内摩擦角(°);

h——填土顶面至任一点的高度(m);

H——填土高度(m);

E_j——高度 H 范围内单位宽度的静土压力标准值(kN/m)。

2. 主动土压力标准值

(1)当土层特性无变化且无汽车荷载时,作用在桥台、挡土墙前后的主动土压力标准值可按式(1.3.4)计算:

$$\begin{cases} E = \dfrac{1}{2} B\mu\gamma H^2 \\ \mu = \dfrac{\cos^2(\varphi - \alpha)}{\cos^2\alpha \cdot \cos(\alpha + \delta)\left[1 + \sqrt{\dfrac{\sin(\varphi + \delta)\sin(\varphi - \beta)}{\cos(\alpha + \delta)\cos(\alpha - \beta)}}\right]^2} \end{cases} \quad (1.3.4)$$

式中:E——主动土压力标准值(kN);

γ——土的重度(kN/m³);

B——桥台的计算宽度或挡土墙的计算长度(m);

H——计算土层高度(m);

β——填土表面与水平面的夹角,当计算台后或墙后的主动土压力时,β 按图 1.3.1a)取正值;当计算台前或墙前主动土压力时,β 按图 1.3.1b)取负值。

α——桥台或挡土墙与竖直面的夹角,俯墙背[图 1.3.1a)]时为正值,反之为负值;

δ——台背或墙背与填土间的摩擦角,可取 $\delta = \varphi/2$。

主动土压力的着力点自计算土层地面算起,$C = H/3$。

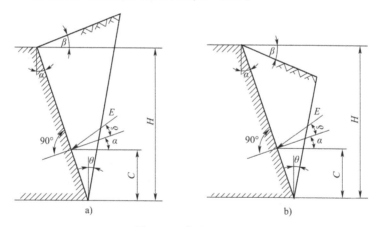

图 1.3.1　主动土压力图

(2)当土层特性无变化但有汽车荷载作用时,作用在桥台、挡土墙后的主动土压力标准值在 $\beta = 0°$ 时可按照式(1.3.5)计算:

$$E = \dfrac{1}{2} B\mu\gamma H(H + 2h) \quad (1.3.5)$$

式中:h——汽车荷载的等代均布土层厚度(m),计算方法见式(1.3.15)。

主动土压力的着力点自计算土层底面算起,$C = \dfrac{H}{3} \times \dfrac{H + 3h}{H + 2h}$。

3. 土的重度和内摩擦角

应根据调查或试验确定;当无实际资料时,可按现行《公路桥涵设计通用规范》(JTG D60)和现行《公路桥涵地基与基础设计规范》(JTG 3363)采用。

4. 承受土侧压力的柱式墩台,作用在柱上的土压力计算宽度

柱的土侧压力计算宽度可按下列规定采用(图1.3.2)。

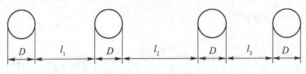

图1.3.2 柱的土侧压力计算宽度

(1)当$l_i \leq D$时,作用在每根柱上的土压力计算宽度可按式(1.3.6)计算:

$$b = \frac{nD + \sum_{i=1}^{n-1} l_i}{n} \tag{1.3.6}$$

式中:b——土压力计算宽度(m);

D——柱的直径或宽度(m);

l_i——柱间净距(m);

n——柱数。

(2)当$l_i > D$时,应根据柱的直径或宽度考虑柱间空隙的折减。

当$D \leq 1.0$m时,作用在每一柱上的土压力计算宽度可按式(1.3.7)计算:

$$b = \frac{D(2n-1)}{n} \tag{1.3.7}$$

当$D > 1.0$m时,作用在每一柱上的土压力计算宽度可按式(1.3.8)计算:

$$b = \frac{n(D+1) - 1}{n} \tag{1.3.8}$$

(四)混凝土收缩及徐变作用标准值

桥梁结构体系属外部超静定的混凝土结构、钢和混凝土的组合结构等,应考虑混凝土收缩及徐变的作用。混凝土的收缩应变终极值可按现行《公路钢筋混凝土及预应力混凝土桥涵设计规范》(JTG 3362)的规定计算;混凝土徐变的计算,可假定徐变与混凝土应力呈线性关系。计算混凝土圬工拱圈的收缩作用效应时,如考虑徐变影响,作用效应可乘以折减系数0.45。

(五)水的浮力标准值

水的浮力指作用在桥梁基础底面由下向上的水压力,等于桥梁结构排开同体积的水重力。水的浮力与地基土的透水性、地基与基础的接触状态以及水压大小(水头高低)和漫水时间等因素有关。水的浮力一般对地基承载力有利,而对结构稳定性不利。

桥梁墩台的基础底面位于透水性地基上,当验算其稳定性时,应考虑设计水位的浮力;当验算地基承载力时,可仅考虑低水位的浮力,或不考虑水的浮力。桥梁墩台基础嵌入不透水地基时,可不考虑水的浮力。

桥梁采用钻孔灌注桩基础,作用在桩基承台底面的浮力,应考虑全部底面积。对桩嵌入不透水地基并灌注混凝土封闭者,不应考虑桩的浮力,在计算承台底面浮力时应扣除桩的截面面积。

当不能确定地基是否透水时,应以透水和不透水两种情况与其他作用组合,取最不利者。

水的浮力标准值可按式(1.3.9)计算:

$$F = \gamma V_w \tag{1.3.9}$$

式中：F——水的浮力标准值(kN);

γ——水的重度(kN/m^3);

V_w——结构排开水的体积(m^3)。

(六)基础变位作用标准值

桥梁为超静定结构,当考虑由于地基压密等引起的长期变形影响时,应根据最终位移量计算构件的效应。

二、永久作用设计值

桥梁永久作用的设计值 = 作用的标准值 × 分项系数。永久作用的分项系数取值见表1.3.2。

永久作用的分项系数　　　　　　　　　　　　表1.3.2

编号	作用类别		永久作用效应分项系数	
			对结构承载能力不利时	对结构承载能力有利时
1	混凝土和圬工结构重力(包括结构附加重力)		1.2	1.0
	钢结构重力(包括结构附加重力)		1.1 或 1.2	
2	预加力		1.2	1.0
3	土的重力		1.2	1.0
4	混凝土的收缩及徐变作用		1.0	1.0
5	土侧压力		1.4	1.0
6	水的浮力		1.0	1.0
7	基础变位作用	混凝土和圬工结构	0.5	0.5
		钢结构	1.0	1.0

注:本表序号1中,当钢桥采用钢桥面板时,永久作用分项系数取1.1;当采用混凝土桥面板时,取1.2。

第二节　可变作用

可变作用是指在桥梁设计基准期内,作用的位置、大小和方向随时间的变化而变化,且其量值变化与平均值相比不可忽略的作用。

桥梁可变作用包括汽车荷载及其引起的冲击力、制动力、离心力、土侧压力、人群荷载、风荷载、流水压力、流冰压力、波浪力、温度作用及支座摩阻力等。

一、汽车荷载

汽车荷载分为公路—Ⅰ级和公路—Ⅱ级两个等级。各级公路桥涵设计的汽车荷载等级应符合表1.3.3的规定。

各级公路桥涵的汽车荷载等级   表1.3.3

公路等级	高速公路	一级公路	二级公路	三级公路	四级公路
汽车荷载等级	公路—Ⅰ级	公路—Ⅰ级	公路—Ⅰ级	公路—Ⅱ级	公路—Ⅱ级

二级公路作为集散公路且交通量小、重型车辆少时,其桥涵的设计可采用公路—Ⅱ级汽车荷载。对交通组成中重载交通比例较大的公路桥涵,宜采用与该公路交通组成相适应的汽车荷载模式进行结构整体和局部验算。

汽车荷载由车道荷载和车辆荷载组成。桥梁结构的整体计算采用车道荷载;桥梁结构的局部加载、涵洞、桥台和挡土墙土压力等的计算采用车辆荷载。车辆荷载与车道荷载的作用不得叠加。

1. 车道荷载

车道荷载由均布荷载和集中荷载组成,如图1.3.3所示。

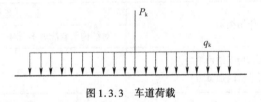

图1.3.3 车道荷载

(1)公路—Ⅰ级车道荷载均布荷载标准值为 $q_k = 10.5 \text{kN/m}$;集中荷载标准值 P_k 取值见表1.3.4。计算剪力效应时,上述集中荷载标准值 P_k 应乘以系数1.2。

集中荷载 P_k 取值   表1.3.4

计算跨径 L_0(m)	$L_0 \leq 5$	$5 < L_0 < 50$	$L_0 \geq 50$
P_k(kN)	270	$2(L_0 + 130)$	360

注:计算跨径 L_0,设支座的为相邻两支座中心间的水平距离;不设支座的为上、下部结构相交面中心间的水平距离。

(2)公路—Ⅱ级车道荷载的均布荷载标准值 q_k 和集中荷载标准值 P_k 按公路—Ⅰ级车道荷载的0.75倍采用。

(3)在进行车辆荷载效应(弯矩、剪力)计算时,车道荷载的均布荷载标准值应满布于使结构产生最不利效应的同号影响线上;集中荷载标准值只作用于相应影响线中一个最大影响线峰值处。

2. 车辆荷载

车辆荷载的立面、平面尺寸见图1.3.4,其主要技术指标见表1.3.5。公路—Ⅰ级和公路—Ⅱ级汽车荷载采用相同的车辆荷载标准值。

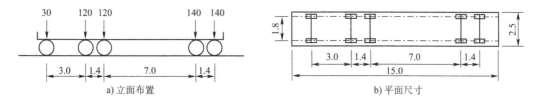

a) 立面布置　　　　　　　　　　　　b) 平面尺寸

图 1.3.4　车辆荷载的立面、平面尺寸(尺寸单位:m;荷载单位:kN)

车辆荷载的主要技术指标　　　　　　　　　　　表 1.3.5

项目	单位	技术指标	项目	单位	技术指标
车辆重力标准值	kN	550	轮距	m	1.8
前轴重力标准值	kN	30	前轮着地宽度及长度	m	0.3×0.2
中轴重力标准值	kN	2×120	中、后轮着地宽度及长度	m	0.6×0.2
后轴重力标准值	kN	2×140	车辆外形尺寸(长×宽)	m	15×2.5
轴距	m	3+1.4+7+1.4	—	—	—

3. 车道荷载横向折减

车道荷载在桥上进行横向布载,车道荷载横向分布系数应按图 1.3.5 所示布置车道荷载进行计算。

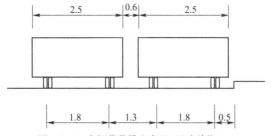

图 1.3.5　车辆荷载横向布置(尺寸单位:m)

公路桥涵设计车道数与桥面宽度和车辆行驶方式有关,在进行车道数布载时应符合表 1.3.6 的规定。

桥涵设计车道数　　　　　　　　　　　表 1.3.6

桥面宽度 W(m)		桥涵设计车道数
车辆单向行驶时	车辆双向行驶时	
$W<7.0$		1
$7.0 \leq W<10.5$	$6.0 \leq W<14.0$	2
$10.5 \leq W<14.0$		3
$14.0 \leq W<17.5$	$14.0 \leq W<21.0$	4
$17.5 \leq W<21.0$		5
$21.0 \leq W<24.5$	$21.0 \leq W<28.0$	6
$24.5 \leq W<28.0$		7
$28.0 \leq W<31.5$	$28.0 \leq W<35.5$	8

在计算桥梁某一截面汽车荷载产生的最不利效应时(例如跨中最大弯矩值、支点最大剪力值),多个车道上的车辆荷载同时处于最不利位置的可能性会随着车道数的增加而减小。因此,对于多车道的桥梁,在计算多个车道的车辆荷载对某一截面的产生的最不利荷载效应时,应随着车道数的增加而对其计算结果进行相应折减修正。

当桥涵设计车道数大于或等于2时,由汽车荷载产生的效应应按表1.3.7规定的多车道折减系数进行折减,但折减后的效应不得小于2条设计车道的荷载效应。

横向车道布载系数　　　　　　　　　　　　　　　表1.3.7

横向布置车道数(条)	1	2	3	4	5	6	7	8
横向车道布载系数	1.20	1.00	0.78	0.67	0.60	0.55	0.52	0.50

4. 大跨径桥梁纵向折减

大跨径桥梁车辆荷载沿桥跨纵向对某一截面进行最不利布载时,考虑车辆实际行驶的安全性及自然堵车等因素,难以达到规范规定的标准加载图式。因此,大跨径桥梁上的汽车荷载效应应考虑纵向折减,且纵向折减系数随跨径的增大而减小。

当桥梁计算跨径大于150m时,应按表1.3.8规定的纵向折减系数进行折减。当为多跨连续结构时,整个结构应按最大的计算跨径考虑汽车荷载效应的纵向折减。

纵向折减系数　　　　　　　　　　　　　　　表1.3.8

计算跨径 L_0(m)	纵向折减系数	计算跨径 L_0(m)	纵向折减系数
$150 < L_0 < 400$	0.97	$800 \leq L_0 < 1000$	0.94
$400 \leq L_0 < 600$	0.96	$L_0 \geq 1000$	0.93
$600 \leq L_0 < 800$	0.95	—	—

二、汽车荷载冲击力

高速行驶的汽车驶过桥面时,由于车体的振动和结构自身的变形与振动,会引起桥梁结构的振动响应,当车辆的振动频率与桥跨结构的自振频率一致时会形成共振。

高速行驶的车辆荷载引起的桥跨结构振动效应比静止车辆荷载引起的效应大,其影响程度与桥梁结构刚度有关,可通过增强桥梁结构的纵、横向联结刚度,来减小汽车荷载的冲击振动影响。因此,应根据不同桥梁结构特点,考虑汽车荷载引起的冲击效应(冲击力),该冲击效应采用静止汽车荷载效应乘以冲击力系数确定。汽车荷载冲击力应按下列规定计算:

(1)钢桥、钢筋混凝土及预应力混凝土桥、圬工拱桥等上部结构和钢支座、板式橡胶支座、盆式橡胶支座及钢筋混凝土柱式墩台,应计算汽车的冲击作用。

(2)填料厚度(包括路面厚度)大于或等于0.5m的拱桥、涵洞以及重力式墩台不计冲击力。

(3)桥梁支座的冲击力,按相应的桥梁取用。

(4)汽车荷载的冲击力标准值为汽车荷载标准值乘以冲击系数 μ。

(5)汽车荷载的冲击力系数可表示为:

$$\mu = \frac{Y_{\text{dmax}}}{Y_{\text{jmax}}} \tag{1.3.10}$$

式中：Y_{jmax}——在效应时间历程曲线上最大静力效应处测得的最大静力效应值；

Y_{dmax}——在效应时间历程曲线上最大静力效应处测得的最大动效应值。

桥梁结构的基频是反映结构尺寸、类型和建筑材料的动力特性指标，它直接反映了冲击力系数与桥梁结构之间的关系。桥梁冲击力系数可根据结构基频按照下式计算：

$$\begin{aligned}&\text{当}\ f < 1.5\,\text{Hz}\ \text{时} && \mu = 0.05 \\ &\text{当}\ 1.5\,\text{Hz} \leqslant f \leqslant 14\,\text{Hz}\ \text{时} && \mu = 0.1767\ln f - 0.0157 \\ &\text{当}\ f > 14\,\text{Hz}\ \text{时} && \mu = 0.45\end{aligned} \tag{1.3.11}$$

式中：f——结构基频(Hz)。

桥梁的自振频率(基频)宜采用有限元方法计算。对于如下常规解结构，当无更精确方法计算时，也可按式(1.3.12)、式(1.3.13)进行估算。

(1)简支梁桥

$$\begin{cases} f = \dfrac{\pi}{2l^2}\sqrt{\dfrac{EI_c}{m_c}} \\ m_c = \dfrac{G}{g} \end{cases} \tag{1.3.12}$$

式中：l——结构的计算跨径(m)；

E——结构材料的弹性模量(N/m²)；

I_c——结构跨中截面的截面惯性矩(m⁴)；

m_c——结构跨中处的单位长度质量(kg/m)，当换算为重力计算时，其单位应为 N·s²/m²；

G——结构跨中处每延米结构重力(N/m)；

g——重力加速度(m/s²)，$g = 9.81\,\text{m/s}^2$。

(2)连续梁桥

$$\begin{cases} f_1 = \dfrac{13.616}{2\pi l^2}\sqrt{\dfrac{EI_c}{m_c}} \\ f_2 = \dfrac{23.651}{2\pi l^2}\sqrt{\dfrac{EI_c}{m_c}} \end{cases} \tag{1.3.13}$$

计算连续梁的冲击力引起的正弯矩效应和剪力效应时，采用基频 f_1；计算连续梁的冲击力引起的负弯矩效应时，采用基频 f_2。

拱桥、斜拉桥、悬索桥等结构基频计算可查阅现行《公路桥涵设计通用规范》(JTG D60)计算确定。

在对桥梁结构进行汽车荷载的局部加载及在T梁、箱梁悬臂板上的冲击系数采用0.3。

三、汽车荷载离心力

汽车荷载离心力是伴随着车辆在曲线桥上行驶时所产生的惯性力，其以水平力的形式作用于桥梁结构，是曲线桥横向受力与抗扭设计计算应考虑的主要因素。

(1)曲线桥应计算汽车荷载引起的离心力。汽车荷载离心力标准值为按车辆荷载(不计冲击力)标准值乘以离心力系数 C 计算。离心力系数按下式计算：

$$C = \frac{v^2}{127R} \qquad (1.3.14)$$

式中：v——设计速度(km/h)，应按桥梁所在路线设计速度采用；
　　　R——曲线半径(m)。

(2)计算多车道桥梁的汽车荷载离心力时，车辆荷载标准值应乘以表 1.3.7 规定的横向车道布载系数。

(3)汽车荷载离心力着力点在桥面以上 1.2m 处；为计算简便也可移至桥面上，不计由此引起的作用效应。

四、汽车荷载引起的土侧压力

汽车荷载作用在桥台后方路基填土范围时，会引起台后土压力的增加，应考虑其对桥台的作用效应。

(1)汽车荷载引起的土侧压力属于局部加载方式，应采用车辆荷载加载。为简化计算，将布置在桥台(或挡土墙)后填土的破坏棱体上车辆荷载换算成等代均布土层厚度，按照式(1.3.3)、式(1.3.4)、式(1.3.5)计算土压力。

车辆荷载等代均布土层厚度按照下式换算：

$$h = \frac{\sum G}{Bl_0\gamma} \qquad (1.3.15)$$

式中：γ——土的重度(kN/m³)；
　　　$\sum G$——布置在 $B \times l_0$ 面积内的车轮的总重力(kN)；
　　　l_0——桥台或挡土墙后填土的破坏棱体长度(m)；
　　　B——桥台横向全宽或挡土墙的计算长度(m)。

挡土墙的计算长度 B(m)可按下列公式计算，但不应超过挡土墙分段长度：

$$B = 13 + H\tan 30°$$

式中：H——挡土墙高度(m)，对墙顶以上有填土的挡土墙，为 2 倍墙顶填土厚度加墙高。

当挡土墙分段长度小于 13m 时，B 取分段长度，并应在该长度内按不利情况布置轮重。

(2)计算涵洞顶上车辆荷载引起的竖向土压力时，车轮按其着地面积的边缘向下作 30°角分布。当几个车轮的压力扩散线相重叠时，扩散面积以最外边的扩散线为准。

五、汽车荷载制动力

汽车荷载制动力是汽车在桥上制动时，为克服其惯性在车轮和路面间产生的滑动摩擦力，与汽车荷载重量、加载车道数、加载长度及行驶方式等有关。汽车荷载制动力主要用于计算对桥梁下部墩台产生的作用效应。

1. 制动力纵向折减

汽车荷载制动力应按同向行驶的汽车荷载(不计冲击力)计算，并应按表 1.3.8 的规定，对桥梁墩台产生最不利纵向力的加载长度进行纵向折减。

2. 制动力标准值

一个设计车道上由汽车荷载产生的制动力标准值，按车道荷载标准值在加载长度上计算的总重力的10%计算,但公路—Ⅰ级汽车荷载的制动力标准值不得小于165kN,公路—Ⅱ级汽车荷载的制动力标准值不得小于90kN。同向行驶双车道的汽车荷载制动力标准值应为一个设计车道制动力标准值的2倍,同向行驶三车道应为一个设计车道的2.34倍,同向行驶四车道应为一个设计车道的2.68倍。

汽车荷载制动力的着力点在桥面以上1.2m处,计算墩台受力时可移至支座铰中心或支座底座面上;计算刚构桥、拱桥时,制动力的着力点可移至桥面上,但不应计因此而产生的竖向力和力矩。

3. 制动力分配

汽车荷载制动力的分配与桥梁结构支承方式、下部结构刚度等有关,对于刚度较大的墩台,认为制动力全部由固定支座传递;但设有板式橡胶支座等活动支座时,制动力按跨径两端支座的抗推刚度进行分配。制动力具体分配原则如下:

(1)设有板式橡胶支座的简支梁、连续桥面简支梁或连续梁排架式柔性墩台,应根据支座与墩台的抗推刚度的刚度集成情况分配和传递制动力。设有板式橡胶支座的简支梁刚性墩台,应按单跨两端的板式橡胶支座的抗推刚度分配制动力。

(2)设有固定支座、活动支座(滚动或摆动支座、聚四氟乙烯板支座)的刚性墩台传递的制动力,按表1.3.9的规定采用。每个活动支座传递的制动力,其值不应大于其摩阻力;当大于摩阻力时,按摩阻力计算。

刚性墩台各种支座传递的制动力　　　　　　　　　　表1.3.9

桥梁墩台及支座类型		应计的制动力	符号说明
简支梁桥台	固定支座	T_1	
	聚四氟乙烯板支座	$0.30T_1$	
	滚动(或摆动)支座	$0.25T_1$	
简支梁桥墩	两个固定支座	T_2	T_1——加载长度为计算跨径时的制动力;
	一个固定支座,一个活动支座	—❶	T_2——加载长度为相邻两跨计算跨径之和时的制动力;
	两个聚四氟乙烯板支座	$0.30T_2$	T_3——加载长度为一联长度的制动力
	两个滚动(或摆动)支座	$0.25T_2$	
连续梁桥墩	固定支座	T_3	
	聚四氟乙烯板支座	$0.30T_3$	
	滚动(或摆动)支座	$0.25T_3$	

❶固定支座按T_4计算,活动支座按$0.30T_5$(聚四氟乙烯板支座)或$0.25T_5$(滚动或摆动支座)计算,T_4和T_5分别为与固定支座或活动支座相应的单跨跨径的制动力,桥墩承受的制动力为上述固定支座与活动支座传递的制动力之和。

六、人群荷载

设有人行道的桥梁,应考虑人群荷载效应。人群荷载标准值应按下列规定采用:

(1)人群荷载的标准值应根据表1.3.10采用,对跨径不等的连续结构,以最大计算跨径为准。

人群荷载标准值 表1.3.10

计算跨径 L_0(m)	$L_0 \leq 50$	$50 < L_0 < 150$	$L_0 \geq 150$
人群荷载(kN/m²)	3.0	$3.25 - 0.005L_0$	2.5

非机动车、行人密集的公路桥梁,人群荷载标准值取上述规定值的1.15倍。专用人行桥梁,人群荷载标准值为3.5kN/m²。

(2)人群荷载在横向应布置在人行道的净宽度内,在纵向施加于使结构产生最不利荷载效应的区段内。

(3)人行道板(局部构件)可以一块板为单元,按标准值4.0kN/m²的均布荷载计算。

(4)计算人行道栏杆时,作用在栏杆立柱顶上的水平推力标准值取0.75kN/m,作用在栏杆扶手上的竖向力标准值取1.0kN/m。

七、疲 劳 荷 载

钢桥、钢混组合桥梁在车辆荷载长期作用下,会产生疲劳损伤影响结构的耐久性,需对该类桥梁进行疲劳设计。公路桥梁疲劳荷载计算模型可采用三种模式,具体规定如下:

计算模型Ⅰ:采用等效的车道荷载(图1.3.3),集中荷载为$0.7P_k$,均布荷载为$0.3q_k$。P_k、q_k按表1.3.4的规定取值;应考虑多车道的影响,横向车道布载系数应按表1.3.7的规定取值。

计算模型Ⅱ:采用双车道模型,两辆模型车轴距与轴重相同,其单车的轴重与轴距布置如图1.3.6所示。计算加载时,两模型车的中心距不得小于40m。

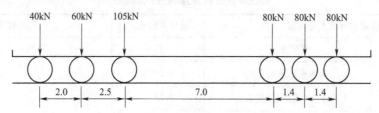

图1.3.6 疲劳荷载计算模型Ⅱ(尺寸单位:m)

计算模型Ⅲ:采用单车模型,模型车轴载及分布规定如图1.3.7所示。

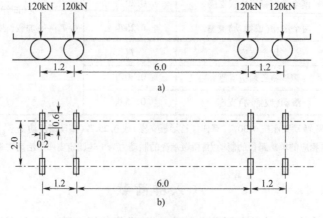

图1.3.7 疲劳荷载计算模型Ⅲ(尺寸单位:m)

当桥梁构件和连接不满足疲劳荷载计算模型Ⅰ验算要求时,应按模型Ⅱ验算。桥面系构件的疲劳验算应采用疲劳荷载计算模型Ⅲ。

八、流 水 压 力

位于水流中的桥墩,其上游迎水面受到流水压力,流水压力的大小与桥墩的平面形状、墩台表面的粗糙率、水流流速、水温及水的黏结性有关。作用在桥墩上的流水压力标准值可按下式计算:

$$F_w = KA\frac{\gamma v^2}{2g} \tag{1.3.16}$$

式中:F_w——流水压力标准值(kN);
  γ——水的重度(kN/m³);
  v——设计流速(m/s);
  A——桥墩阻水面积(m²),计算至一般冲刷线处;
  g——重力加速度,$g = 9.81 \text{m/s}^2$;
  K——桥墩形状系数,见表1.3.11。

桥墩形状系数　　　　　表1.3.11

桥墩形状	K	桥墩形状	K
方形桥墩	1.5	尖端形桥墩	0.7
矩形桥墩(长边与水流平行)	1.3	圆端形桥墩	0.6
圆形桥墩	0.8	—	—

九、流 冰 压 力

我国寒冷地区河流(如黄河)上修建的桥梁,在春季(凌汛期)会受到流冰的威胁,需考虑流冰对桥墩的作用力。冰对桩或墩产生的冰压力标准值可按下式计算:

$$F_i = mC_t bt R_{ik} \tag{1.3.17}$$

式中:F_i——冰压力标准值(kN);
  m——桩或墩迎冰面形状系数,可按表1.3.12取用;
  C_t——冰温系数,0℃时取1.0,-10℃及以下时取2.0;
  b——桩或墩迎冰面投影宽度(m);
  t——计算冰厚(m),可取实际调查的最大冰厚或开河期堆积冰厚;
  R_{ik}——冰的抗压强度标准值(kN/m²),可取当地冰温0℃时的冰抗压强度;当缺乏实测资料时,对海冰可取 $R_{ik} = 750 \text{kN/m}^2$;对河冰,流冰开始时 $R_{ik} = 750 \text{kN/m}^2$,最高流冰水位时可取 $R_{ik} = 450 \text{kN/m}^2$。

桩或墩迎冰面形状系数 m　　　　　表1.3.12

迎冰面形状	平面	圆弧面	尖角形的迎冰面角度				
			45°	60°	75°	90°	120°
m	1.00	0.90	0.54	0.59	0.64	0.69	0.77

桥梁受冰作用的部位宜采用实体结构。对于具有强烈流冰的河流中的桥墩、柱,其迎冰面宜做成圆弧形、多边形或尖角,并做成3:1~10:1(竖:横)的斜度,在受冰作用的部位宜缩小其迎冰面投影宽度。

对流冰期的设计高水位以上0.5m到设计低水位以下1.0m的部位宜采取抗冻性混凝土或花岗岩镶面或包钢板等防护措施。同时,对桥梁附近的冰体采取适宜的、使冰体减小对结构物作用力的措施。

十、温度作用

桥梁结构处于自然环境中受温度作用的影响,常年气温的变化会引起超静定结构产生温度次内力(称均匀温度作用),太阳辐射会导致结构沿高度或宽度方向形成非线性的温度梯度导致结构产生次内力(称温度梯度作用)。计算桥梁结构因均匀温度作用引起的外加变形或约束变形时,应从受到约束时的结构温度开始,考虑最高和最低有效温度的作用效应。计算桥梁结构由于竖向温度梯度引起的效应时,可采用竖向温度梯度曲线确定不同位置温度值。

对无悬臂的宽幅箱梁,宜考虑横向温度梯度引起的效应。计算圬工拱桥考虑徐变影响引起的温差作用效应时,计算的温差效应应乘以折减系数0.7。

十一、支座摩阻力

桥梁上部结构因温度变化引起的伸长或缩短及受其他纵向力作用时,活动支座将产生一个方向相反的力,即支座摩阻力。摩阻力的大小取决于上部结构传给支座的力大小、支座类型及材料等。

活动支座承受的纵向力(制动力、温度和收缩作用),不容许超过支座与混凝土或其他结构材料之间的摩阻力。支座摩阻力标准值可按下式计算:

$$F = \mu W \tag{1.3.18}$$

式中:W——作用于活动支座上由上部结构重力产生的效应;

μ——支座的摩擦系数,宜采用实测数据,无实测数据时可按《公路桥涵设计通用规范》(JTG D60—2015)表4.3.13取用。

十二、风荷载

桥梁的抗风设计应考虑风的静力作用与动力作用,并根据不同的抗风性能要求按承载能力极限状态和正常使用极限状态进行设计和检验。

风荷载标准值应按现行《公路桥梁抗风设计规范》(JTG/T 3360—01)的规定计算。

十三、波浪力

修建在外海、海湾、海峡的桥梁工程,其下部结构在波浪和海流的共同作用下,受到较大强度的波浪力作用,必要时应考虑波浪力的作用影响。

由于不同水域的水文条件不同,波浪和海流的影响因素复杂,且桥梁墩台的结构形式多样,难以规定统一的波浪力标准值,宜开展专题研究确定波浪力的大小。

第三节 偶然作用和地震作用

偶然作用是指在桥梁设计基准期内不一定出现,一旦出现其值很大且持续时间很短的作用,包括船舶、漂流物和汽车的撞击作用。地震作用是一种特殊的偶然作用。

偶然作用和地震作用会对桥梁结构安全产生不利影响,严重时会毁坏桥梁。因此,跨越江、河、海湾的桥梁及跨线桥,应考虑船舶、车辆对桥梁墩台的撞击作用。

一、船舶或漂流物撞击力

1. 船舶撞击力

通航水域的桥梁墩台,设计时应考虑船舶的撞击作用,船舶的撞击作用设计值宜按专题研究确定。四～七级内河航道当缺乏实际调查资料时,船舶撞击作用可按表1.3.13取值,航道内的钢筋混凝土桩墩,顺桥向撞击作用可按表1.3.13所列数值的50%取值。

当缺乏实际调查资料时,海轮撞击作用的设计值可按表1.3.14取值。

内河船舶撞击作用设计值　　　　表1.3.13

内河航道等级	船舶吨级DWT(t)	横桥向撞击作用(kN)	顺桥向撞击作用(kN)
四	500	550	450
五	300	400	350
六	100	250	200
七	50	150	125

海轮撞击作用设计值　　　　表1.3.14

船舶吨级DWT(t)	3000	5000	7500	10000	20000	30000	40000	50000
横桥向撞击作用(kN)	19600	25400	31000	35800	50700	62100	71700	80200
顺桥向撞击作用(kN)	9800	12700	15500	17900	25350	31050	35850	40100

规划航道内可能遭受大型船舶撞击作用的桥墩,应根据桥墩的自身抗撞击能力、桥墩的位置和外形、水流流速、水位变化、通航船舶类型和碰撞速度等因素作桥墩防撞设施的设计。当设有与墩台分开的防撞击的防护结构时,桥墩可不计船舶的撞击作用。

2. 漂流物撞击力

有漂流物的水域中的桥梁墩台,设计时应考虑漂流物的撞击作用,其横桥向撞击力设计值可按下式计算,漂流物的撞击作用点假定在计算通航水位线上桥墩宽度的中点:

$$F = \frac{Wv}{gT} \tag{1.3.19}$$

式中:W——漂流物重力(kN),应根据河流中漂流物情况,按实际调查确定;
　　　v——水流速度(m/s);
　　　T——撞击时间(s),应根据实际资料估计,在无实际资料时,可用1s;
　　　g——重力加速度,$g = 9.81 \text{m/s}^2$。

二、汽车撞击力

立交桥、跨线桥等必要时可考虑汽车的撞击作用,汽车撞击力设计值在车辆行驶方向应取1000kN,在车辆行驶垂直方向应取500kN,两个方向的撞击力不同时考虑。撞击力应作用于行车道以上1.2m处,直接分布于撞击涉及的构件上。

对设有防撞设施的结构构件,可视防撞设施的防撞能力,对汽车撞击力设计值予以折减,但折减后的汽车撞击力设计值不应低于上述规定值的1/6。

三、地震作用

地震作用指地震时强烈的地面运动所引起的结构惯性力,它是随机变化的动力荷载,其值的大小取决于地震强烈程度和结构的动力特性(频率与阻尼等)和质量。地震作用分竖直方向与水平方向,结构抗震验算时主要考虑水平地震作用。

桥梁抗震设防以地震时地面最大水平加速度的统计值——地震动峰值加速度确定。地震动峰值加速度为 $0.05g$ 以上地区的公路桥涵,应进行抗震设计;大于或等于 $0.30g$ 地区的公路桥涵,应进行专门的抗震研究和设计;小于或等于 $0.05g$ 地区的公路桥涵,除有特殊要求外,可采用简易设防。公路桥梁地震作用应符合现行《公路工程抗震规范》(JTG B02)和《公路桥梁抗震设计规范》(JTG/T 2231-01)的规定。

第四节 作用效应组合

一、作用组合原则

公路桥涵结构设计应考虑结构上可能同时出现的作用,按承载能力极限状态、正常使用极限状态进行作用组合,均应按下列原则取其最不利组合效应进行设计:

(1)只有在结构上可能同时出现的作用,才进行组合。当结构或结构构件需做不同受力方向的验算时,则应以不同方向的最不利的作用组合效应进行计算。

(2)当可变作用的出现对结构或结构构件产生有利影响时,该作用不参与组合。实际不可能同时出现的作用或同时参与组合概率很小的作用,按表1.3.15规定不考虑其参与组合。

可变作用不同时组合表　　　　　表1.3.15

作用名称	不与该作用同时参与组合的作用
汽车制动力	流水压力、冰压力、波浪力、支座摩阻力
流水压力	汽车制动力、冰压力、波浪力
波浪力	汽车制动力、流水压力、冰压力
冰压力	汽车制动力、流水压力、波浪力
支座摩阻力	汽车制动力

(3)施工阶段的作用组合,应按计算需要及结构所处条件而定,结构上施工人员和施工机具设备均应作为可变作用加以考虑。组合式桥梁,当把底梁作为施工支撑时,作用组合效应宜分两个阶段计算,底梁受荷为第一个阶段,组合梁受荷为第二个阶段。

(4)多个偶然作用不同时参与组合。

(5)地震作用不与偶然作用同时参与组合。

二、承载能力极限状态组合计算

公路桥涵结构按承载能力极限状态设计时,对持久设计状况和短暂设计状况应采用作用的基本组合,对偶然设计状况应采用作用的偶然组合,对地震设计状况应采用作用的地震组合。

1. 基本组合

基本组合计算是永久作用设计值与可变作用设计值相组合。作用基本组合的效应设计值可按下式计算：

$$S_{ud} = \gamma_0 S(\sum_{i=1}^{m}\gamma_{G_i}G_{ik}, \gamma_{Q_1}\gamma_L Q_{1k}, \psi_c\sum_{j=2}^{n}\gamma_{L_j}\gamma_{Q_j}Q_{jk}) \tag{1.3.20}$$

或

$$S_{ud} = \gamma_0 S(\sum_{i=1}^{m}G_{id}, Q_{1d}, \sum_{j=2}^{n}Q_{jd}) \tag{1.3.21}$$

式中：S_{ud}——承载能力极限状态下作用基本组合的效应设计值；

$S(\ )$——作用组合的效应函数；

γ_0——结构重要性系数，按表1.3.16规定的结构设计安全等级采用，按持久状况和短暂状况承载能力极限状态设计时，公路桥涵结构设计安全等级应不低于表1.3.16的规定，对应于设计安全等级一级、二级和三级分别取1.1、1.0和0.9；

γ_{G_i}——第i个永久作用的分项系数，其值按表1.3.2规定采用；

G_{ik}、G_{id}——第i个永久作用的标准值和设计值；

γ_{Q_1}——汽车荷载（含汽车冲击力、离心力）的分项系数，采用车道荷载计算时取$\gamma_{Q_1}=1.4$，采用车辆荷载计算时，其分项系数取$\gamma_{Q_1}=1.8$；当某个可变作用在组合中其效应值超过汽车荷载效应时，则该作用取代汽车荷载，其分项系数取$\gamma_{Q_1}=1.4$；对专为承受某作用而设置的结构或装置，设计时该作用的分项系数取$\gamma_{Q_1}=1.4$；计算人行道板和人行道栏杆的局部荷载，其分项系数也取$\gamma_{Q_1}=1.4$；

Q_{1k}、Q_{1d}——汽车荷载（含汽车冲击力、离心力）的标准值和设计值；

γ_{Q_j}——在作用组合中除汽车荷载（含汽车冲击力、离心力）、风荷载外的其他第j个可变作用的分项系数，取$\gamma_{Q_j}=1.4$；但风荷载的分项系数取$\gamma_{Q_j}=1.1$；

Q_{jk}、Q_{jd}——在作用组合中除汽车荷载（含汽车冲击力、离心力）外的其他第j个可变作用的标准值和设计值；

ψ_c——在作用组合中除汽车荷载（含汽车冲击力、离心力）外的其他可变作用的组合系数，取$\psi_c=0.75$；

$\psi_c Q_{jk}$——在作用组合中除汽车荷载（含汽车冲击力、离心力）外的第j个可变作用的组合值；

γ_{L_j}——第j个可变作用的结构设计使用年限荷载调整系数。公路桥涵结构的设计使用年限按现行《公路工程技术标准》（JTG B01）取值时，可变作用的设计使用年限荷载调整系数取$\gamma_{L_j}=1.0$；否则，γ_{L_j}取值应按专题研究确定。

公路桥涵结构设计安全等级　　表1.3.16

设计安全等级	破坏后果	适用对象
一级	很严重	1. 各等级公路上的特大桥、大桥、中桥； 2. 高速公路、一级公路、二级公路、国防公路及城市附近交通繁忙公路上的小桥
二级	严重	1. 三、四级公路上的小桥； 2. 高速公路、一级公路、二级公路、国防公路及城市附近交通繁忙公路上的涵洞
三级	不严重	三、四级公路上的涵洞

当作用与作用效应可按线性关系考虑时,作用基本组合的效应设计值 S_{ud} 可通过作用效应代数相加计算。

设计弯桥时,当离心力与制动力同时参与组合时,制动力标准值或设计值按70%取用。

2. 偶然组合

偶然组合为永久作用标准值与可变作用某种代表值、一种偶然作用设计值相组合;与偶然作用同时出现的可变作用,可根据观测资料和工程经验取用频遇值或准永久值。作用偶然组合的效应设计值可按下式计算:

$$S_{ad} = S(\sum_{i=1}^{m} G_{ik}, A_d, (\psi_{f1} 或 \psi_{q1})Q_{1k}, \sum_{j=2}^{n} \psi_{qj}Q_{jk}) \quad (1.3.22)$$

式中: S_{ad}——承载能力极限状态下作用偶然组合的效应设计值;

A_d——偶然作用的设计值;

ψ_{f1}——汽车荷载(含汽车冲击力、离心力)的频遇值系数,取 $\psi_{f1}=0.7$;当某个可变作用在组合中其效应值超过汽车荷载效应时,则该作用取代汽车荷载,人群荷载 $\psi_f=1.0$,风荷载 $\psi_f=0.75$,温度梯度作用 $\psi_f=0.8$,其他作用 $\psi_f=1.0$;

Q_{1k}——汽车荷载的频遇值;

ψ_{q1}、ψ_{qj}——第1个和第j个可变作用的准永久值系数,汽车荷载(含汽车冲击力、离心力)$\psi_q=0.4$,人群荷载 $\psi_q=0.4$,风荷载 $\psi_q=0.75$,温度梯度作用 $\psi_q=0.8$,其他作用 $\psi_q=1.0$;

$\psi_{q1}Q_{1k}$、$\psi_{qj}Q_{jk}$——第1个和第j个可变作用的准永久值。

当作用与作用效应可按线性关系考虑时,作用偶然组合的效应设计值 S_{ad} 可通过作用效应代数相加计算。

作用地震组合的效应设计值应按现行《公路工程抗震规范》(JTG B02)的有关规定计算。

三、正常使用极限状态组合计算

公路桥涵结构按正常使用极限状态设计时,应根据不同的设计要求,采用作用的频遇组合或准永久组合。

1. 频遇组合

频遇组合:永久作用标准值与汽车荷载频遇值、其他可变作用准永久值相组合。作用频遇组合的效应设计值可按下式计算:

$$S_{fd} = S(\sum_{i=1}^{m} G_{ik}, \psi_{f1}Q_{1k}, \sum_{j=2}^{n} \psi_{qj}Q_{jk}) \quad (1.3.23)$$

式中: S_{fd}——作用频遇组合的效应设计值;

ψ_{f1}——汽车荷载(不计汽车冲击力)频遇值系数,取0.7。

当作用与作用效应可按线性关系考虑时,作用频遇组合的效应设计值 S_{fd} 可通过作用效应代数相加计算。

2. 准永久组合

准永久组合:永久作用标准值与可变作用准永久值相组合。作用准永久组合的效应设计值可按下式计算:

$$S_{qd} = S(\sum_{i=1}^{m} G_{ik}, \sum_{j=1}^{n} \psi_{qj} Q_{jk}) \tag{1.3.24}$$

式中:S_{qd}——作用准永久组合的效应设计值;

ψ_{qj}——汽车荷载(不计汽车冲击力)准永久值系数,取 0.4。

当作用与作用效应可按线性关系考虑时,作用准永久组合的效应设计值 S_{qd} 可通过作用效应代数相加计算。

四、其 他 规 定

桥梁钢结构构件抗疲劳设计时,除特殊说明外,各作用应采用标准值,作用分项系数应取为 1.0。

桥梁结构构件当需进行弹性阶段截面应力计算时,除特殊说明外,各作用应采用标准值,作用分项系数应取为 1.0,各项应力限值应按各设计规范规定采用。

验算桥梁结构的抗倾覆、滑动稳定时,稳定系数、各作用分项系数及摩擦系数,应根据不同结构按各有关桥涵设计规范的规定确定。

桥梁结构构件在施工期间进行吊装、运输时,构件重力应乘以动力系数 1.2(对结构不利时)或 0.85(对结构有利时),并可视具体情况作适当增减。

【例 1.3.1】 某预应力混凝土连续梁桥,根据桥梁实际情况,作用在梁上的永久作用包括结构重力和混凝土收缩及徐变作用,分别计为 G_{1k} 和 G_{2k};可变作用包括汽车荷载、汽车冲击力、人群荷载、温度梯度作用,分别记其为 Q_{1k}、Q_{2k}、Q_{3k} 和 Q_{4k};偶然作用包括汽车撞击作用,记其标准值为 A_{1k}。试进行设计时的作用组合设计。

解:

(1)承载能力极限状态设计

基本组合:

$$1.2G_{1k} + G_{2k} + 1.4 \times (Q_{1k} + Q_{2k}) + 0.75 \times 1.4 \times (Q_{3k} + Q_{4k})$$

偶然组合:

$$G_{1k} + G_{2k} + A_{1k} + 0.7 \times (Q_{1k} + Q_{2k}) + 0.4 \times Q_{3k} + 0.8 \times Q_{4k}$$

(2)正常使用极限状态设计

频遇组合:

$$G_{1k} + G_{2k} + 0.7 \times Q_{1k} + 0.4 \times Q_{3k} + 0.8 \times Q_{4k}$$

准永久组合:

$$G_{1k} + G_{2k} + 0.4 \times Q_{1k} + 0.4 \times Q_{3k} + 0.8 \times Q_{4k}$$

第四章 桥面系

桥面系通常包括桥面铺装、伸缩缝、人行道（或安全带及路缘石）、栏杆（护栏）、排水系统、照明与标志等，如图1.4.1所示。

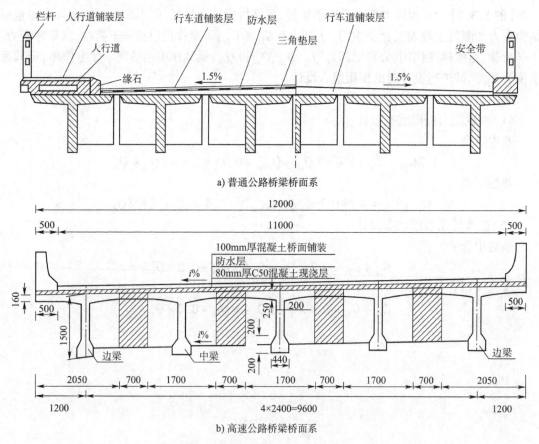

a) 普通公路桥梁桥面系

b) 高速公路桥梁桥面系

图1.4.1 桥面系一般构造（尺寸单位：mm）

桥面系虽然不是桥梁的主要承重结构，但它直接影响到桥梁行车的舒适性，同时对桥梁主要承重结构起到保护作用，应根据道路等级、桥梁宽度及行车要求等条件综合确定。

第一节　桥面铺装与防排水

一、桥面铺装

1. 桥面铺装作用

桥面铺装直接承受车辆轮压的作用,其功能:一是保护行车道板或主要承重结构(主梁)不直接承受车轮的磨耗以及雨雪的侵蚀;二是将集中的车轮荷载通过桥面铺装,均匀分布作用到行车道板上;三是形成平整的桥面,保证高速行车的舒适性。因此,桥面铺装应具有足够的强度、良好的整体性以及抗冲击和耐疲劳特性,同时还应具有防水以及对温度变化的适应性。

桥面铺装一般不单独进行受力计算。设置在沥青混凝土桥面铺装下的现浇混凝土铺装层,与主梁行车道板结合成整体时,则应考虑该部分现浇桥面铺装层与行车道板共同受力。

2. 桥面铺装类型

桥面铺装应与既有道路路面结构(一般采用与路面相同结构)、桥梁的上部结构形式等综合考虑、协调设计,应有完善的桥面防水、排水系统。

桥面铺装一般采用沥青混凝土桥面铺装和水泥混凝土桥面铺装两大类。高速公路和一级公路上特大桥、大桥的桥面铺装宜采用沥青混凝土桥面铺装。

高速公路和一级公路上桥梁的沥青混凝土桥面铺装厚度不宜小于70mm,二级以下公路桥梁的沥青混凝土桥面铺装厚度不宜小于50mm。沥青混凝土桥面铺装尚应符合现行《公路沥青路面设计规范》(JTG D50)的有关规定。

水泥混凝土桥面铺装面层(不含整平层和垫层)的厚度不宜小于80mm,混凝土强度等级不应低于C40。水泥混凝土桥面铺装层内应配置钢筋网,钢筋直径不应小于8mm,间距不宜大于100mm。水泥混凝土桥面铺装尚应符合现行《公路水泥混凝土路面设计规范》(JTG D40)的有关规定。

正交异性板钢桥面沥青混凝土铺装结构应根据桥梁纵面线形、桥梁结构受力状态、桥面系的实际情况、当地气象与环境条件、铺装材料的性能等综合研究选用,通常采用热塑性或热固性沥青混凝土,通过防水黏结层与钢板紧密连接,共同承受车辆荷载、温度及风荷载引起的应力和变形。目前大跨径的悬索桥、斜拉桥等钢桥面多采用沥青混凝土桥面铺装,其结构形式有浇注式沥青混凝土结构、SMA(沥青玛琋脂碎石)结构和环氧沥青混凝土结构等。

二、桥面防排水

桥梁结构暴露于大气环境条件下,处在干燥和湿润反复交替的作用,尤其在寒冷季节渗入结构内部的水分产生反复的冻融,会导致结构病害进一步扩展;同时侵入结构内部的水分会引起钢筋的锈蚀,影响结构的耐久性,降低结构的承载力。沥青混凝土和水泥混凝土桥面铺装不具备完全防水的功能,应在桥面铺装下设防水层;圬工桥台背面及拱桥拱圈与填料间应设置防水层,并设置盲沟将渗水及时排出桥梁范围。

1. 桥面防水(层)

桥面防水层设置在桥面铺装层和桥面板(或现浇混凝土铺装)之间,防止桥面雨水向主梁渗透。目前常用的桥面防水层有以下几种类型:

桥面防水涂层：沥青混凝土桥面铺装施工前，在现浇混凝土铺装上洒布薄层沥青或改性沥青，并在其上撒布一层砂，经碾压形成沥青下封层。

高分子聚合物涂层：沥青混凝土桥面铺装施工前，在现浇混凝土铺装上喷涂聚氨酯胶泥、环氧树脂、阳离子乳化沥青、聚丁胶乳等高分子聚合物材料形成封闭层。

防水卷材：沥青混凝土桥面铺装施工前，在现浇混凝土铺装上铺设沥青或改性沥青防水卷材以及浸渍沥青的无纺土工布等形成防水体系。

目前大跨径钢桥面防水黏结层大致分为三类：第一类为钢桥面板＋环氧富锌漆＋环氧树脂黏结层（两层撒砂）＋沥青砂胶防水体系；第二类为底漆＋2层高性能防水膜＋黏结层防水体系；第三类为环氧沥青防水黏结层铺装防水体系。

特殊环境条件下（干燥少雨地区）桥面铺装可不设防水层，但水泥混凝土铺装应采用防水混凝土，沥青混凝土铺装则应加强排水和养护。

2. 桥面排水（设施）

桥面排水主要通过桥面纵、横坡（包括超高）和设置一定数量的排水管将桥上雨水排出桥外。

1）桥面纵横坡

桥梁纵坡设计应按照桥梁纵断面设计有关规定执行；桥面横坡一般设计为1.5%～3.0%，采用以下几种方式设置：

（1）通过墩台帽调整：根据桥面设计横坡值，将桥梁墩台帽横桥向设计为一定横坡度（一般做成局部台阶式），而上部主梁和桥面铺装为等厚度，如图1.4.2a）所示。该方式可有效减少桥面铺装材料，减轻结构自重。

（2）通过铺装层调整：桥梁墩台帽、上部主梁横桥向水平布置，按照桥面设计横坡值，在主梁上设置不等厚混凝土垫层和等厚度的铺装层，如图1.4.2b）所示。该方式施工方便，但增加桥面铺装材料用量和结构自重。

（3）通过主梁调整：桥梁墩台帽水平设置，按照桥面设计横坡值，将桥面行车道板设计为倾斜式，如图1.4.2c）所示。该方式可节省桥面铺装材料用量，减轻结构自重，但造成主梁构造复杂，施工困难。

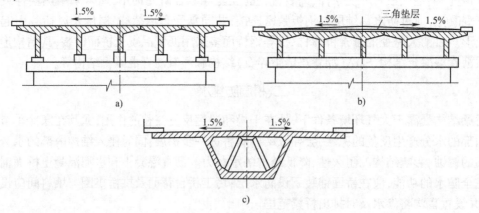

图1.4.2 桥面横坡的设置

2）桥面排水设施

当桥面纵坡大于2%、且桥长小于50m时，可通过桥头引道自然排水，桥上可不设排水设施。当桥面纵坡大于2%、且桥长大于50m时，需在桥上设置专门的排水设施。桥上常见的排水设施为排水管,一般沿桥长每隔 12~15m 设置一个;当桥面纵坡小于 2%时,则沿桥长每隔 6~8m 设置一个。此外,在桥梁伸缩缝的上游方向应增设泄水管,在凹形竖曲线的最低点及其前后 3~5m 各增设一个泄水管。

桥面泄水管可沿桥轴线两侧左右对称排列,也可交错排列,设置在距离路缘石内侧 100~150mm 处。为了防止泄水管堵塞,应在进水口处设置格栅盖板,泄水管周围的桥面板应配置补强钢筋网。

桥面泄水管布设方式可采用竖向泄水管、横向泄水管和封闭式泄水管等形式(图 1.4.3),一般采用铸铁、钢、钢筋混凝土和塑料等制作。

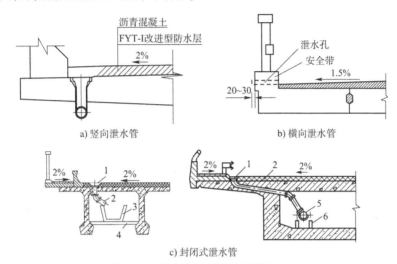

图 1.4.3　泄水管布置图(尺寸单位:mm)
1-泄水漏斗;2-泄水管;3-钢筋混凝土斜槽;4-横梁;5-纵向排水管;6-支撑结构

(1)竖向泄水管道[图 1.4.3a)]:竖向泄水管安装在桥面板预留孔内,伸出桥梁底部自然排水。竖向泄水管直径一般为 100mm,底部伸出梁体底面 150~200mm,以防止雨水沿桥梁表面漫流。

(2)横向泄水管[图 1.4.3b)]:横向泄水管安装在人行道(或安全带、护栏等)下方,横桥向伸出桥外自然排水。横向泄水管直径一般为 100mm,端部伸出梁体侧面 150~200mm,以防止雨水沿桥梁表面漫流。

(3)封闭式排水系统[图 1.4.3c)]:通过桥面横坡和纵坡将雨水汇集到纵向泄水管或排水槽,并在墩台处设置竖向排水管(落水管)将桥面雨水集中排至指定位置。目前跨越公路、铁路、河流、湖泊(特别是水源保护地)的桥梁以及城市高架桥等,需设置封闭式的排水系统。封闭式排水系统的纵向排水管或排水槽的坡度不得小于 0.5%,位于桥梁伸缩缝处应设置可供伸缩的柔性套筒。

第二节　桥面伸缩装置

多孔简支桥梁及其他结构体系桥梁,为适应上部承重结构在温度变化、混凝土收缩徐变及荷载作用下,能够在结构端部自由变形(伸缩、挠曲),需要在各孔梁端间或梁端与桥台背墙间留有一定宽度的缝隙(称为伸缩缝)。为使车辆平顺地驶过伸缩缝,需在伸缩缝上部的桥面铺装范围,设置能够适用结构变形的专用装置,该装置称为伸缩装置,见图 1.4.4。

桥面伸缩装置应保证能自由伸缩,并应满足承载和变形要求,使车辆平稳通过;应具有良好的水密性和排水性,并易于检查和养护。公路桥梁宜根据结构要求选用模数式伸缩装置、梳齿板式伸缩装置和无缝式伸缩装置。

a) 单缝式伸缩装置　　　　b) 模数式伸缩装置

图 1.4.4　桥梁伸缩缝

一、伸缩装置分类与代码

1. 产品分类

伸缩装置按照伸缩体结构的不同分为以下四类。

模数式伸缩装置:伸缩体由中梁和 80mm 的单元橡胶密封带组合而成的伸缩装置,适用于伸缩量为 160~200mm 的公路桥梁工程,如图 1.4.5 所示。

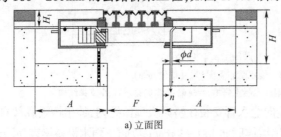

a) 立面图　　　　　　　　　　　　　　b) 产品图

图 1.4.5　模数式伸缩装置

梳齿板式伸缩装置:伸缩体由钢制梳齿板组合而成的伸缩装置,一般适用于伸缩量小于 60mm 的公路桥梁工程,如图 1.4.6 所示。

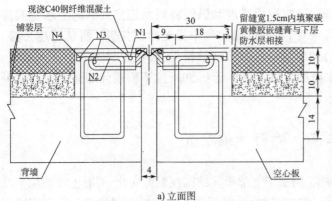

a) 立面图　　　　　　　　　　　　　　b) 产品图

图 1.4.6　梳齿板式伸缩装置(尺寸单位:cm)

橡胶式伸缩装置:分为板式橡胶伸缩装置和组合式橡胶伸缩装置两种。伸缩体由橡胶、钢板或角钢硫化为一体的板式橡胶伸缩装置,适用于伸缩量小于 60mm 的公路桥梁工程;伸缩体由橡胶板和钢托板组合而成的组合式橡胶伸缩缝装置,适用于伸缩量不大于120mm的公路桥梁工程,如图1.4.7所示。橡胶式伸缩装置不宜用于高速公路、一级公路上的桥梁工程。

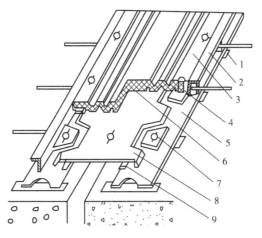

图1.4.7 橡胶式伸缩装置
1-预埋件;2-边角铁;3-橡胶体;4-内六角螺栓;5-底钢板;6-螺栓;7-固定齿板;8-托板;9-限位板

异型钢单缝式伸缩装置:伸缩体完全由橡胶密封带组成的伸缩装置。由单缝钢和橡胶密封带组成的单缝式伸缩装置,适用于伸缩量不大于60mm的公路桥梁工程;由边钢梁和橡胶密封带组成的单缝式伸缩装置,适用于伸缩量不大于80mm的公路桥梁工程,如图1.4.8所示。

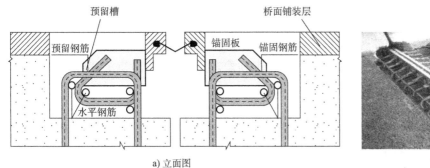

图1.4.8 异型钢单缝式伸缩装置

小跨径桥梁,为提高行车的舒适性,可不在桥面铺装部位设置伸缩装置,而采用无缝式伸缩装置。即在桥梁端部的伸缩缝间隙填入黏弹性复合材料与桥面铺装形成连续体,如图1.4.9所示。

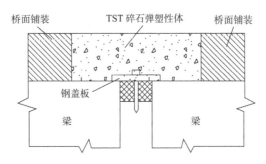

图1.4.9 TST碎石弹性伸缩缝

2. 产品代码

产品代码表示方法如图 1.4.10 所示。

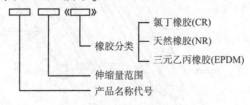

图 1.4.10　伸缩装置代码表示方法

示例 1：产品名称代号为 GQF-C 型，伸缩量为 50mm 的三元乙丙橡胶伸缩装置表示为 GQF-C50(EPDM)。

示例 2：产品名称代号为 GQF-MZL 型，伸缩量为 400mm 的天然橡胶伸缩装置表示为 GQF-MZL400(NR)。

示例 3：产品名称代号为 J-75 型，伸缩量为 480mm 的氯丁橡胶伸缩装置表示为 J-75 480(CR)。

3. 技术要求

桥梁伸缩装置的材料及其成品的技术要求应符合现行《公路桥梁伸缩装置通用技术条件》(JT/T 327)的有关规定。

4. 伸缩装置选型

采用定型生产的各类伸缩装置时，可根据桥梁所在地区的气温条件和施工季节，选择伸缩装置的安装温度，计算桥梁伸缩缝处梁体的伸长量和缩短量（接缝的闭口量和开口量），据此选择伸缩装置的类型和型号。

(1) 伸缩量计算

桥梁伸缩装置安装以后的伸缩量，可考虑温度变化、混凝土收缩和徐变等因素计算。其中温度变化引起的伸缩量，按下列各式计算：

温度上升引起的梁体伸长量：

$$\Delta l_t^+ = \alpha l (T_{max} - T_{set.l}) \tag{1.4.1}$$

温度下降引起的梁体缩短量：

$$\Delta l_t^- = \alpha l (T_{set.u} - T_{min}) \tag{1.4.2}$$

式中：T_{max}、T_{min}——当地最高、最低有效气温值，按现行《公路桥涵设计通用规范》(JTG D60)取用；

　　　$T_{set.u}$、$T_{set.l}$——预设的安装温度范围的上限值和下限值；

　　　l——计算一个伸缩装置伸缩量所采用的梁体长度，视桥梁长度及支座布置情况而定；

　　　α——梁体材料的线膨胀系数，混凝土取 0.00001，钢材取 0.000012。

混凝土收缩和徐变引起的梁体缩短量、汽车制动力引起的板式橡胶支座剪切变形而导致伸缩缝开口量和闭合量等，按现行《公路钢筋混凝土及预应力混凝土桥涵设计规范》(JTG 3362)有关规定计算。

(2) 伸缩装置选型

伸缩装置在安装后的闭口量 C^+：

$$C^+ = \beta(\Delta h^+ + \Delta b^+) \tag{1.4.3}$$

伸缩装置在安装后的开口量 C^-：

$$C^- = \beta(\Delta l_t^- + \Delta l_s^- + \Delta l_c^- + \Delta l_b^-) \tag{1.4.4}$$

伸缩装置的伸缩量 C 应满足：

$$C \geq C^+ + C^-$$

式中：β——伸缩装置伸缩量增大系数，可取 $\beta = 1.2 \sim 1.4$。

伸缩装置的安装宽度（或产品出厂宽度）可按上式计算得到的开口量 C^- 和闭口量 C^- 进行计算，其值可在 $[B_{\min} + (C - C^-)]$ 与 $(B_{\min} + C^+)$ 两者中或两者之间取用，其中 C 为选用的伸缩装置伸缩量，$B_{\min}$ 为选用的伸缩装置的最小工作宽度。

二、桥面连续

多跨简支梁桥，为提高行车的舒适性，将多孔桥跨间伸缩缝取消，而将桥面铺装做成几孔一联的连续式结构——桥面连续结构，如图 1.4.11 所示。

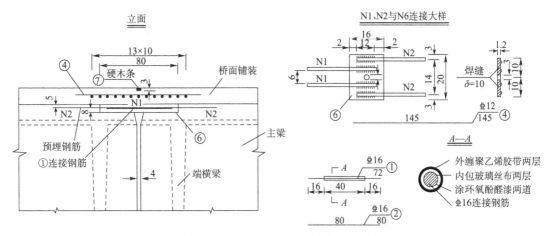

图 1.4.11 简支梁桥桥面连续构造（尺寸单位：cm；钢筋直径：mm）

第三节 人行道、栏杆（护栏）

位于城镇和市郊等人口稠密地区的桥梁均应设置人行道、栏杆及灯柱；在城镇以外行人稀少地区的公路桥梁上，可以不设人行道和灯柱，但必须设置栏杆、安全带或护栏。

一、人 行 道

高速公路上的桥梁不宜设人行道。一、二、三、四级公路上桥梁的桥上人行道和自行车道的设置，应根据需要而定，并应与前后路线布置协调。人行道、自行车道与行车道之间，应设护栏或路缘石等分隔设施。一个自行车道的宽度应为 1.0m，当单独设置自行车道时，不宜小于两个自行车道的宽度。人行道的宽度宜为 1.0m，大于 1.0m 时，按 0.5m 的级差增加。人行道布置如图 1.4.12 所示。

二、安全带（路缘石）

路缘石是为保证车辆在桥上靠边行驶时的安全而设置的带状构造物，如图 1.4.13 所示。路缘石内边缘至栏杆内边缘之间安全距离一般不小于250mm,高度可取用0.25~0.35m。当跨越急流、大河、深谷、重要道路、铁路、主要航道,或桥面常有积雪、结冰时,其路缘石高度宜取用较大值。

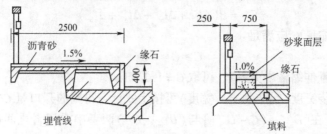

图1.4.12 人行道布置图(尺寸单位:mm)

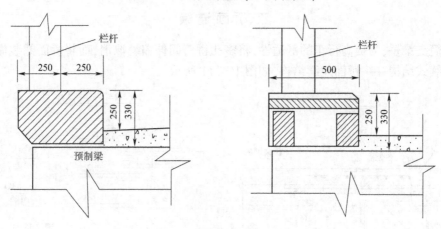

图1.4.13 安全带布置图(尺寸单位:mm)

三、栏杆(护栏)

1. 栏杆

栏杆是设置在桥面两侧以保证行人安全过桥的防护设施,常采用钢筋混凝土、钢材、铸铁或圬工材料制作。栏杆的设计除应满足受力要求外,尚应注意美观,栏杆高度不应小于1.1m。如图1.4.14为常用的节间式栏杆与连续式栏杆。

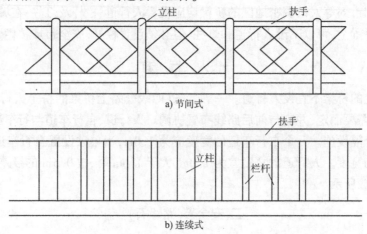

图1.4.14 栏杆的形式

2. 护栏

各等级公路桥梁必须设置路侧护栏。高速公路、作为次要干线的一级公路桥梁必须设置中央分隔带护栏,作为主要集散的一级公路桥梁应设置中央分隔带护栏。桥梁护栏的防护等级应根据车辆驶出桥外或进入对行车道可能造成的事故严重程度等级确定,可采用金属梁柱式护栏、混凝土护栏和组合式护栏等形式。护栏与桥面板应进行可靠连接,根据护栏形式可采用直接埋入式、地脚螺栓和预埋钢筋的连接方式,其设置应符合现行《公路交通安全设施设计规范》(JTG D81)的相关规定。

图 1.4.15 为常用金属梁柱式护栏、混凝土护栏和组合式护栏示意图。

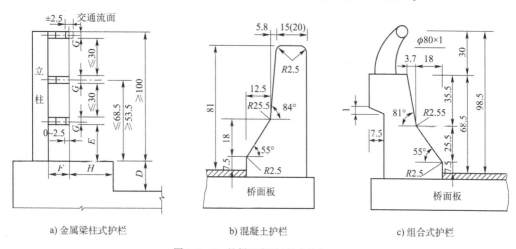

a) 金属梁柱式护栏　　　　b) 混凝土护栏　　　　c) 组合式护栏

图 1.4.15　护栏示意图(尺寸单位:cm)

思考题

1. 桥梁的基本组成包括哪些?
2. 按照结构受力体系,桥梁分为哪几类?各自受力特点?
3. 解释桥梁常用技术术语。
4. 公路桥梁设计的基本原则是什么?
5. 桥梁设计阶段分为几个阶段?各阶段的主要设计内容?
6. 阐述桥梁平、纵、横断面设计的主要内容及要求。
7. 阐述永久作用、可变作用、偶然作用概念及种类。
8. 如何进行公路桥梁荷载等级划分及选取?
9. 阐述汽车荷载及产生的附加作用取值标准。
10. 桥面系组成及各部分的作用是什么?

第二篇

配筋混凝土梁(板)桥

配筋混凝土结构泛指钢筋混凝土结构和预应力混凝土结构。梁桥和板桥目前没有统一的划分标准,一般将桥梁上部承重构件单位宽度的高宽比小于1的称之为板桥,高宽比大于或等于1的称之为梁桥。配筋混凝土梁(板)桥包括钢筋混凝土和预应力混凝土简支梁(板)桥、连续梁(板)桥、连续-刚构桥等梁式桥。

梁式桥上部结构(梁或板)主要以受弯为主,采用配筋混凝土结构,可充分发挥受压区混凝土的抗压性能和受拉区钢筋(预应力筋)的抗拉性能;同时预应力混凝土结构可有效避免受拉区混凝土的开裂,提高结构耐久性。从施工方面看,中小跨径的梁式桥采用标准设计、装配化施工,可有效保证施工质量,提高施工工效;较大跨径的梁式桥采用就地浇筑施工、悬臂施工、转体施工等方法,可保证结构整体性,并体现混凝土结构的适应性。

配筋混凝土梁(板)桥从结构受力体系上,可分为简支体系、连续体系、悬臂体系和连续-刚构体系等;从横截面形式上,可分为板式(实体板、空心板)、肋式(T形梁)、组合梁(箱形梁、I形梁)和异形梁等;从施工方法上,可分为装配式和整体浇筑式两大类。

第一章 配筋混凝土梁(板)桥选型

第一节 结构类型与特点

一、钢筋混凝土桥梁

钢筋混凝土桥梁具有钢筋混凝土结构的特点,即原材料通用性强、施工工业化程度高、结构耐久性好和适应性强等特点。

原材料通用性强指钢筋混凝土结构用钢筋、水泥、砂石等原材料可广泛取得,材料性能技术指标可满足桥梁结构使用要求;施工工业化程度高指桥梁采用标准化装配式设计,施工中采用标准化施工作业,实现了桥梁施工工厂化、专业化;结构耐久性好指桥梁在满足结构耐久性设计的前提下,可保证在设计使用期内安全使用;适用性强指混凝土结构浇筑时的可塑性,可满足各种结构形状和尺寸的设计需要。

钢筋混凝土梁桥存在以下不足:一是结构自重大,在结构设计荷载效应中的占比大,且随着跨径的增大其占比会显著增加,经济技术指标低,制约了钢筋混凝土桥梁的跨越能力;二是结构抗裂性差,特别是位于受拉区混凝土为带裂缝工作,降低了结构刚度,影响了结构的耐久性。

目前钢筋混凝土桥梁普遍应用于跨径小于 10m 的各级公路小桥和涵洞及部分曲线半径较小的现浇连续梁(立交匝道桥)。

二、预应力混凝土梁桥

预应力混凝土结构是在钢筋混凝土结构的基础上,通过对结构受拉区施加有效预加压应力,来抵消外部使用荷载产生的拉应力,避免混凝土开裂,由此提高结构抗裂刚度和耐久性。预应力混凝土桥梁对承重主梁施加预应力,有效抵抗梁体受拉区拉应力,避免混凝土的开裂,与钢筋混凝土结构相比,具有以下特点:

(1)充分利用高强度材料(高强混凝土、高强钢材)性能,可减小构件截面尺寸,显著减轻结构自重,加大跨越能力,促进桥梁结构形式发展。

(2)全预应力混凝土桥梁在使用荷载下不出现裂缝,梁体抗裂刚度大,提高了结构的耐久性。

(3)预应力技术的应用,促进了悬臂施工、顶推施工和转体施工等新技术在桥梁工程中的应用,同时也为装配式桥梁推广应用提供了最有效的接头和拼装手段。

(4)预应力混凝土桥梁由于预应力体系的存在,导致结构构造复杂,施工工序烦琐。

预应力混凝土桥梁广泛应用于各类梁式桥中,其中预应力混凝土简支梁最大跨径达100m,预应力混凝土连续梁最大跨径达250m,预应力混凝土连续-刚构最大跨径达330m。

目前我国公路桥梁中,配筋混凝土桥梁占比最大,表2.1.1是常用(标准跨径≤50m)配筋混凝土梁(板)桥适用范围和结构形式。

配筋混凝土梁(板)桥一览表　　　　　表2.1.1

受力体系	结构类型	梁(板)截面形式	适用跨径范围	标准跨径
简支体系	钢筋混凝土	装配式板桥	不大于10m	5m、6m、8m、10m
		整体式现浇板桥	不大于10m	—
		装配式T形梁桥	不大于16m	10m、13m、16m
		整体式现浇箱形梁桥	不大于20m	—
	预应力混凝土	装配式板桥	不大于20m	10m、13m、16m、20m
		整体式现浇板桥	不大于20m	—
		装配式T形梁	不大于50m	30m、35m、40m、45m、50m
		装配式组合箱形梁桥	不大于40m	30m、35m、40m
连续体系	钢筋混凝土	整体式板桥	不大于16m	—
	预应力混凝土	整体式空心板桥	不大于25m	—

第二节　截面类型与特点

配筋混凝土桥梁按照承重结构横截面形式的不同,可分为板桥、肋板式梁桥(T形梁)和组合式梁桥(箱形梁、I形梁)等。

一、板　桥

板桥的承重结构为矩形截面的钢筋混凝土或预应力混凝土板,具有构造简单,施工方便,建筑高度小等优点。但从结构受力分析:简支板位于受拉区域的混凝土材料,不能发挥其抗压强度高的性能优势,反而增大了结构自重;当跨径增大时结构设计尺寸会显著增加,导致结构经济性差。为减轻结构自重,可将板桥设计为空心式或肋板式,如图2.1.1所示。

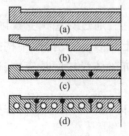

a)常用截面形式

b)空心板桥

图2.1.1　板桥

图 2.1.1(a)为整体式矩形实心板。整体式板桥在荷载作用下,沿桥梁纵、横向均产生挠曲变形,属双向受力的弹性薄板,需配置纵、横向受力配筋。有时为了减轻结构自重,可将截面受拉区稍加挖空做成矮肋式板桥[图 2.1.2b)]。整体式矩形实心板一般采用就地浇筑施工。

图 2.1.1(c)为装配式实心板桥。它由预制的实心板条利用板间的铰接缝(又称混凝土企口缝)横向联结成整体。由于装配式板桥横向连接较薄弱,在荷载作用下以纵向挠曲变形为主,属单向受力板,沿纵向配置受力主钢筋,而横桥向通过横向联系连成整体受力。

图 2.1.1(d)为装配式空心板桥。为减轻结构自重,将矩形实心板中部局部挖孔,并将受力主钢筋集中布置在底板,可有效减轻结构自重,加大跨径。

根据《公路钢筋混凝土及预应力混凝土桥涵设计规范》(JTG 3362—2018)规定:装配式钢筋混凝土板桥跨径不大于10m;整体现浇钢筋混凝土板桥,简支时跨径不大于10m,连续时跨径不大于16m。装配式预应力混凝土空心板桥的跨径不大于20m;整体现浇预应力混凝土板桥,简支时跨径不大于20m,连续时跨径不大于25m。

二、肋板式梁桥(T形梁)

主梁在横截面内呈明显肋形结构的桥梁称为肋板式梁桥(简称肋梁桥、T形梁桥),如图 2.1.2 所示。肋板式梁桥由下部梁肋和上部行车道板(又称翼缘板)组合在一起共同工作,肋与肋之间处于受拉区域的混凝土得到很大程度的挖空,可显著减轻结构自重。对于仅承受正弯矩的简支梁而言,即充分利用了上缘扩展的混凝土桥面板的抗压能力,同时将受力主钢筋集中布置在梁肋底部发挥其抗拉性能。与板桥相比:由于肋梁高度的增加,在结构设计时由混凝土抗压与钢筋抗拉所形成的内力偶显著增大,可有效提高梁体的抗弯能力。

钢筋混凝土T形梁梁肋设计为上下等宽度,而预应力混凝土T形梁由跨中带马蹄形截面向支点逐渐过渡为等宽度截面,目的是将预应力筋集中布置在马蹄内,以增大内力偶臂,提高抗弯能力。装配式T形梁借助梁与梁之间的现浇桥面板(湿接缝)和横向联系(横隔板)联成整体共同受力。

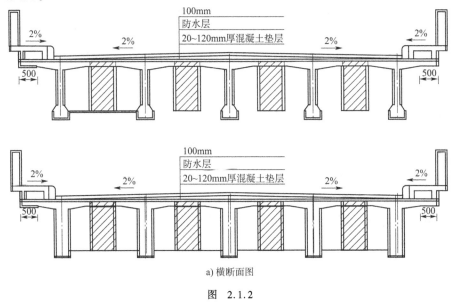

a) 横断面图

图 2.1.2

b) T形梁

图 2.1.2　肋梁桥(尺寸单位:mm)

根据《公路钢筋混凝土及预应力混凝土桥涵设计规范》(JTG 3362—2018)规定:装配式钢筋混凝土 T 梁桥的跨径不大于 16m,装配式预应力混凝土 T 梁桥的跨径不大于 50m。

三、箱形梁桥

箱形梁桥分为装配式组合箱梁桥和整体现浇箱梁桥,如图 2.1.3 所示。主梁横截面由多个小型封闭的箱形截面梁组成的梁桥,称为组合式箱形梁桥;横断面为一个封闭箱形梁(单箱单室或单箱多室)的梁桥称为整体现浇箱形梁桥。

箱形梁桥具有以下特点:一是箱形梁的顶板和底板提供了承受正、负弯矩足够混凝土受压区域,即箱梁上翼缘板混凝土承受正弯矩产生的压力,而底板混凝土承受负弯矩产生的压力(连续体系);二是结构受力均匀,即箱形截面在一定的截面面积下,具有较大的抗弯惯性矩和抗扭刚度,在偏心车辆荷载作用下各梁肋的受力比较均匀。因此,箱形梁除了适用于简支结构体系外,可更好地适用于存在正、负弯矩变化的连续梁桥、连续-刚构等结构体系。

根据《公路钢筋混凝土及预应力混凝土桥涵设计规范》(JTG 3362—2018)规定:整体现浇钢筋混凝土箱形截面梁,简支时跨径不大于 20m,连续时跨径不大于 25m;装配式预应力混凝土组合箱梁的跨径不大于 40m。

图 2.1.3a)为装配式预应力混凝土组合箱梁横断面图,常用于跨径不大于 40m 的简支梁桥,箱梁预制安装后通过现浇桥面板和横隔板连成整体。图 2.1.3b)为常用整体式箱形截面梁,单箱多室截面常用于跨径小于 25m 的整体现浇钢筋混凝土梁桥或跨径小于 50m 的预应力混凝土连续梁;单箱单室截面(或单箱双室)常用于较大跨径的连续梁桥、连续-刚构桥,可采用悬臂施工、转体施工、顶推施工等方法。

图 2.1.4 为组合 I 形梁,由预制 I 形梁肋和现浇桥面板(或预制桥面)组合在一起形成承重结构。该结构可充分发挥小型构件装配式施工优点,但结构整体性及单个 I 形梁稳定性较差,目前应用较少。

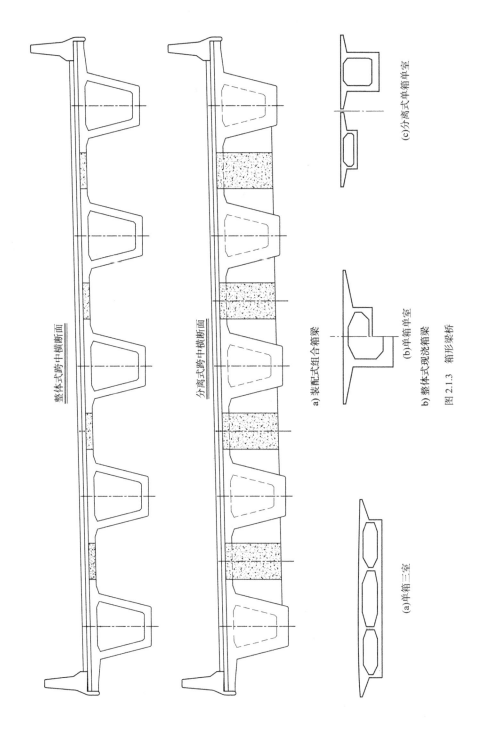

图 2.1.3 箱形梁桥

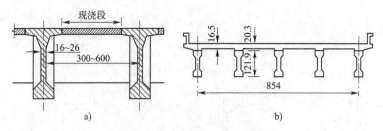

图 2.1.4 组合 I 字梁(尺寸单位:cm)

第三节 材 料

一、钢筋选用

钢筋混凝土及预应力混凝土构件中的普通钢筋宜选用 HPB300、HRB400、HRB500、HRBF400 和 RRB400 钢筋,预应力混凝土构件中的箍筋应选用其中的带肋钢筋;按构造要求配置的钢筋网可采用冷轧带肋钢筋。

预应力混凝土构件中的预应力筋应选用钢绞线、钢丝;中、小型构件或竖、横向用预应力筋,可选用预应力螺纹钢筋。

普通钢筋抗拉强度标准值 f_{sk} 和预应力钢筋抗拉强度标准值 f_{pk} 分别按表 2.1.2 和表 2.1.3 取用。

普通钢筋抗拉强度标准值   表 2.1.2

钢筋种类	符号	公称直径 d(mm)	f_{sk}(MPa)
HPB300	Φ	6~22	300
HRB400	Φ	6~50	400
HRBF400	Φ^F		
RRB400	Φ^R		
HRB500	Φ	6~50	500

预应力钢筋抗拉强度标准值   表 2.1.3

钢筋种类		符号	公称直径 d(mm)	f_{pk}(MPa)
钢绞线	1×7(七股)	ΦS	9.5、12.7、15.2、17.8	1720、1860、1960
			21.6	1860
消除应力钢丝	光面螺旋肋	ΦP	5	1570、1770、1860
			7	1570
		ΦH	9	1470、1570
预应力螺纹钢筋		ΦT	18、25、32、40、50	785、930、1080

普通钢筋的抗拉强度设计值 f_{sd} 和抗压强度设计值 f'_{sd} 应按表 2.1.4 取用。

普通钢筋抗拉、抗压强度设计值 表2.1.4

钢筋种类	f_{sd}(MPa)	f'_{sd}(MPa)
HPB300	250	250
HRB400、HRBF400、RRB400	330	330
HRB500	415	400

注:钢筋混凝土轴心受拉和小偏心受拉构件的钢筋抗拉强度设计值大于330MPa时,应按330MPa取用;在斜截面抗剪承载力、受扭承载力和冲切承载力计算中垂直于纵向受力钢筋的箍筋或间接钢筋等横向钢筋的抗拉强度设计值大于330MPa时,应取330MPa。

预应力钢筋的抗拉强度设计值f_{pd}和抗压强度设计值f'_{pd}应按表2.1.5取用。

预应力钢筋抗拉、抗压强度设计值 表2.1.5

钢筋种类	f_{pk}(MPa)	f_{pd}(MPa)	f'_{pd}(MPa)
钢绞线1×7(七股)	1720	1170	390
	1860	1260	
	1960	1330	
消除应力钢丝	1470	1000	410
	1570	1070	
	1770	1200	
	1860	1260	
预应力螺纹钢筋	785	650	400
	930	770	
	1080	900	

普通钢筋的弹性模量E_s和预应力钢筋的弹性模量E_p宜按表2.1.6取用;当有可靠实验数据时,可按实测数据确定。

钢筋的弹性模量 表2.1.6

钢筋种类	弹性模量E_s(×10^{5}MPa)	钢筋种类	弹性模量E_p(×10^{5}MPa)
HPB300	2.10	钢绞线	1.95
HRB400、HRB500、HRBF400、RRB400	2.00	消除应力钢丝	2.05
		预应力螺纹钢筋	2.00

二、混凝土选用

钢筋混凝土构件混凝土强度不低于C25;当采用强度标准值400MPa及以上钢筋时,混凝土强度不低于C30。预应力混凝土构件混凝土强度不低于C40。

混凝土轴心抗压强度标准值f_{ck}和轴心抗拉强度标准值f_{tk}应按表2.1.7取用。

混凝土轴心抗压、抗拉强度标准值　　　　　　表2.1.7

强度等级	C25	C30	C35	C40	C45	C50	C55	C60	C65	C70	C75	C80
f_{ck}(MPa)	16.7	20.1	23.4	26.8	29.6	32.4	35.5	38.5	41.5	44.5	47.4	50.2
f_{tk}(MPa)	1.78	2.01	2.20	2.39	2.51	2.65	2.74	2.85	2.93	3.00	3.05	3.10

混凝土轴心抗压强度设计值 f_{cd} 和轴心抗拉强度设计值 f_{td} 应按表2.1.8取用。

混凝土轴心抗压、抗拉强度设计值　　　　　　表2.1.8

强度等级	C25	C30	C35	C40	C45	C50	C55	C60	C65	C70	C75	C80
f_{cd}(MPa)	11.5	13.8	16.1	18.4	20.5	22.4	24.4	26.5	28.5	30.5	32.4	34.6
f_{td}(MPa)	1.23	1.39	1.52	1.65	1.74	1.83	1.89	1.96	2.02	2.07	2.10	2.14

混凝土受压或受拉时的弹性模量 E_c 宜按表2.1.9取用；当有可靠试验依据时,可按实测数据确定。混凝土的剪切变形模量 G_c 可按表2.1.9中值的0.4倍取用,混凝土的泊松比 ν_c 可采用0.2。

混凝土弹性模量　　　　　　表2.1.9

强度等级	C25	C30	C35	C40	C45	C50	C55	C60	C65	C70	C75	C80
$E_c(\times 10^4$MPa)	2.80	3.00	3.15	3.25	3.35	3.45	3.55	3.60	3.65	3.70	3.75	3.80

第二章 配筋混凝土梁(板)桥设计与构造

第一节 简支板桥设计与构造

装配式钢筋混凝土简支板桥常用标准跨径为5m、6m、8m、10m,预应力混凝土简支板桥常用标准跨径为10m、13m、16m、20m;整体现浇钢筋混凝土简支板桥跨径不大于10m;整体现浇预应力混凝土简支板桥跨径不大于20m。

一、横截面设计

简支板桥横截面设计包括板的横向布置、板的尺寸及横向联结方式等,应根据桥梁设计荷载等级、桥梁跨径、桥面宽度及施工方法等综合确定。

1. 装配式钢筋混凝土实心板桥

装配式实心板构造简单、施工方便、建筑高度小,跨径不大于10m(目前适用盖板涵包括1.5m、2.0m、3.0m、4.0m);预制板一般取1.0m作为预制单元(实际宽度99cm),边板宽度可根据桥梁宽度适当加以调整;板厚取0.16~0.36m,如图2.2.1所示。

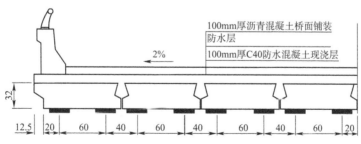

图2.2.1 装配式实心板(尺寸单位:cm)

2. 装配式预应力混凝土空心板桥

为减轻结构自重,将受拉区部分混凝土局部挖空形成空心板,如图2.2.2所示。预制板一般取1.0m作为预制单元(实际宽度99cm),边板宽度可根据桥梁宽度适当加以调整;空心板厚度一般取跨径的 1/23～1/17，不应小于 60mm，顶板和底板厚度均不应小于 80mm，空洞端部应予填封。

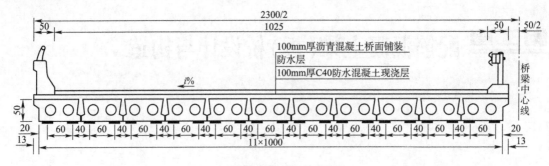

图 2.2.2 装配式空心板（尺寸单位：cm）

3. 整体现浇简支板桥

整体现浇钢筋混凝土和预应力混凝土简支板桥，一般设计为等厚度的矩形实心板，板厚度一般取跨径的 1/16～1/12，不应小于 80mm，如图 2.2.3 所示。

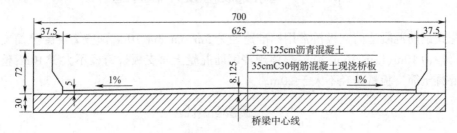

图 2.2.3 整体现浇钢筋混凝土板（尺寸单位：cm）

二、配筋构造要求

简支板根据结构受力和构造要求，需设置纵向主钢筋（预应力筋）、箍筋、分布钢筋、架立钢筋、横向联结钢筋及预埋件等。纵向主钢筋主要承受弯矩作用，部分弯起的钢筋可承担抗剪作用；箍筋主要承受剪力作用；分布钢筋起到分布车辆荷载并防止混凝土开裂作用；架立钢筋用于固定钢筋位置，并将各种钢筋经绑扎（或焊接）形成整体的钢筋骨架；横向联结钢筋设置在铰缝部位，将各装配式板横向连接成整体。

1. 钢筋混凝土板

（1）主钢筋

行车道板内的主钢筋直径不应小于 10mm，人行道板内的主钢筋直径不应小于 8mm。在简支板跨中和连续板支点处，板内主钢筋间距不应大于 20mm，其最小净距不应小于 30mm 并不小于钢筋直径的 1.25 倍（满足混凝土浇筑和插入振捣需要）。行车道板内主钢筋，可在沿板高中心纵轴线的 1/6～1/4 计算跨径处，按 30°～45° 弯起。通过支点的不弯起的主钢筋，每米板宽内不应少于三根，并不应少于主钢筋截面面积的 1/4。

四周支承的双向受力板布置双向受力钢筋时，可将板沿纵向及横向各划分为三部分，靠边部分的宽度均为板的短边宽度 1/4。中间部分的钢筋应按计算数量设置，靠边部分的钢筋按中间部分的半数设置，钢筋间距不应大于 250mm，且不应大于板厚的两倍。

(2)分布钢筋

行车道板内应设置垂直于主钢筋的分布钢筋。分布钢筋设在主钢筋内侧,其直径不应小于 8mm,间距不应大于 200mm,截面面积不宜小于板的截面面积的 0.1%。在主钢筋的弯折处,应布置分布钢筋。人行道板内的分布钢筋直径不应小于 6mm,其间距不应大于 200mm。架立钢筋直径不应小于 8mm。

(3)构造钢筋

由预制板与现浇混凝土结合的组合板,预制板顶面应做成凹凸不小于 6mm 的粗糙面。如结合面配置竖向结合钢筋,钢筋应埋入预制板和现浇层内,其埋置深度不应小于 10 倍的钢筋直径,钢筋纵向间距不应大于 500mm。

2. 预应力混凝土板

预应力混凝土板一般采用先张法施工。先张法预应力混凝土构件宜采用钢绞线、螺旋肋钢丝用作预应力钢筋。当采用光面钢丝作为预应力钢筋时,应采取适当措施,保证钢丝在混凝土中的可靠锚固。在先张法预应力混凝土构件中,预应力钢绞线之间的净距不应小于其公称直径的 1.5 倍,对于 1×7 钢绞线并不应小于 25mm;预应力钢丝间净距不应小于 15mm。

先张法预应力混凝土构件中,对于单根预应力钢筋,其端部应设置长度不小于 150mm 的螺旋筋;对于多根预应力钢筋,在构件端部 10 倍预应力筋直径范围内,应设置 3~5 片钢筋网。

三、斜交板桥受力特性与配筋设计

为适应桥位处地形,需将桥梁设计为与线路斜交的斜交桥梁。斜交板桥的桥轴线与支承线的垂线之间夹角称为斜交角(φ)。

1. 受力特性

斜交板桥与正交板桥相比,具有以下受力特性:

(1)荷载有向两支承之间按最短距离传递的趋势(图 2.2.4)。

斜交板桥中部,最大主弯矩方向(即在垂直于该方向的截面上没有扭矩)接近与支承边正交;两侧主弯矩方向虽接近平行于自由边,但仍有向支承边垂线方向偏转的趋势。

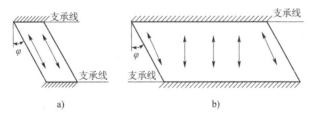

图 2.2.4 斜交板桥最大主弯矩方向

(2)各角点受力情况可用"比拟连续梁"的工作来描述(图 2.2.5)。

斜交板桥板内"Z"形条带不同部位的受力可用三跨连续梁来比拟,即在钝角 B、C 处产生较大的负弯矩,其方向垂直于钝角的二等分线;钝角 B、C 处支承反力较大,锐角 A、D 处支承反力较小,当斜交角与斜的跨宽比较大时,锐角有向上翘起的趋势。

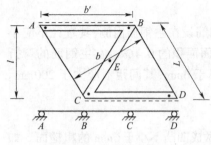

图 2.2.5 比拟连续梁

(3)在均布荷载作用下,当桥轴线方向的跨长相同时,斜交板桥的最大跨内弯矩比正交桥要小,跨内纵向最大弯矩或最大应力的位置,随着斜交角 φ 的变大,而自中央向钝角方向移动。

图 2.2.6a)为斜交板桥最大跨内弯矩与正交桥跨中弯矩的比值随斜交角 φ 的变化曲线,图 2.2.6b)为在满布均布荷载作用下跨内最大弯矩位置沿板宽的变化曲线。由图可知:当斜交角 φ 在15°以内时,可以近似地按正交板桥计算。

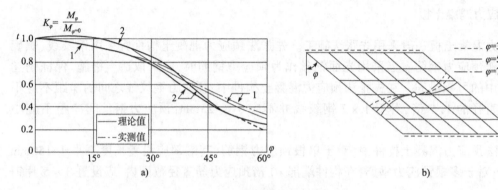

图 2.2.6 弯矩值随斜角的变化
1-板跨中央;2-自由边中点

2. 配筋设计

斜交板桥的钢筋可按以下规定布置:

(1)当整体式斜板的斜交角(支承轴线的垂直线与桥纵轴线的交角)不大于15°时,主钢筋可平行于桥纵轴线方向布置;当整体式斜板的斜交角大于15°时,主钢筋宜垂直于板的支承轴线方向布置,此时在板的自由边上下应各设一条不少于三根主钢筋的平行于自由边的钢筋带,并用箍筋箍牢。在钝角部位靠近顶板的上层,应布置垂直于钝角平分线的加强钢筋,在钝角部位靠近板底的下层,应布置平行于钝角平分线的加强钢筋,加强钢筋直径不宜小于12mm,间距 100~150mm,布置于以钝角两侧 1.0~1.5m 边长的扇形面积内,如图 2.2.7 所示。

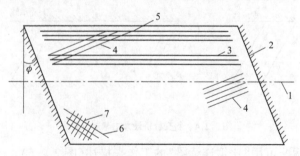

图 2.2.7 斜交板桥钢筋布置
1-桥纵轴线;2-支承轴线;3-顺桥纵轴线钢筋;4-与支承轴线正交钢筋;5-自由边钢筋带;6-垂直于钝角平分线的钝角钢筋;7-平行于钝角平分线的钝角钢筋

(2)斜板的分布钢筋宜垂直于主钢筋方向设置,在斜板的支座附近宜增设平行于支承轴线的分布钢筋;或将分布钢筋向支座方向呈扇形分布,过渡到平行于支承轴线,如图2.2.8所示。

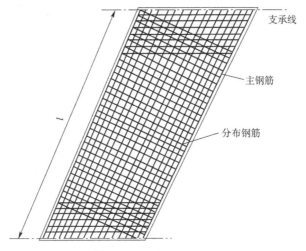

图2.2.8 分布钢筋布置图

(3)预制斜板的主钢筋可与桥纵轴线平行,其钝角部位加强钢筋及分布钢筋按上述(1)、(2)条要求布置,如图2.2.9所示。

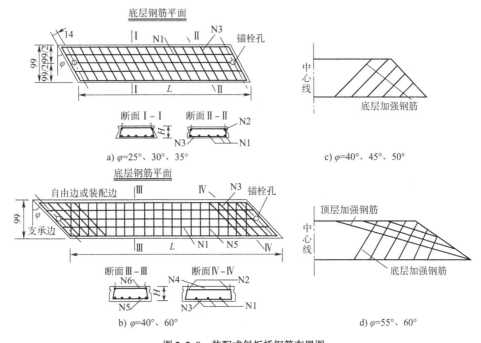

图2.2.9 装配式斜板桥钢筋布置图

四、装配式板横向联系

为使各装配式预制板能够横向连成整体,共同承受车辆荷载作用,需在板与板之间设置横向连接装置——混凝土铰接企口缝(简称铰缝),如图2.2.10所示。

装配式板当采用铰接时,铰的上口宽度应满足施工时使用插入式振捣器的需要,铰槽的深度宜为预制板高的2/3。预制板内应预埋钢筋伸入铰内,待安装时凿除并横向搭接。铰接板顶面应设现浇钢筋混凝土层,其厚度不宜小于80mm,一般应设置双层钢筋网以加强结构整体性,避免出现单板受力现象。

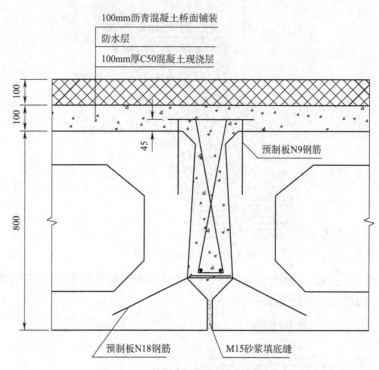

图2.2.10 装配式板铰缝(尺寸单位:mm)

五、设计案例

1. 装配式钢筋混凝土简支板

【案例1】 图2.2.11为标准跨径6m、荷载等级为公路—Ⅰ级的装配式钢筋混凝土实心板构造图。板厚32cm,预制板宽度99cm;混凝土等级C30;纵向主筋①采用ϕ18,架立钢筋②采用ϕ10,铰缝横向连接钢筋⑤采用ϕ12。

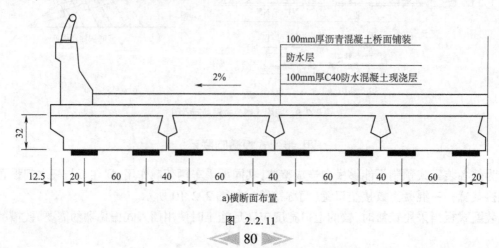

a)横断面布置

图 2.2.11

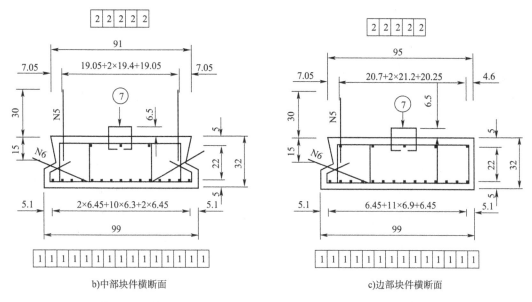

b)中部块件横断面　　　　　　　　　c)边部块件横断面

图 2.2.11　装配式钢筋混凝土简支实心板构造(标准跨径:6m;尺寸单位:cm)

【案例2】　图 2.2.12 为标准跨径 10m、荷载等级为公路—Ⅰ级装配式钢筋混凝土空心板设计图。板厚 50cm,预制板宽度 99cm;混凝土等级 C40,纵向主筋①和①'采用 ⌀18,架立钢筋②采用 Φ10,铰缝横向连接钢筋⑩采用 Φ12。

2. 装配式预应力混凝土空心板

装配式预应力混凝土空心板预应力筋采用直线型配筋,采用先张法长线预制。为适应简支板的弯矩由跨中向支点减小的变化规律,纵向预应力筋在靠近支点附近需做"失效处理"(设置隔离套管与混凝土不产生黏结力,放松时能够自由回缩),同时避免板端过大的预加偏心力导致板顶混凝土开裂。

【案例3】　图 2.2.13 标准跨径 13m、荷载等级为公路—Ⅰ级装配式预应力混凝土空心板设计图。板厚 70cm,预制板宽度 124cm;混凝土强度等级 C50;底板预应力筋采用 12 根 $\phi^s 15.2$ 钢绞线(N1~N4),其中 N2~N4 进行失效处理。

【案例4】　图 2.2.14 为标准跨径 13m,斜交角度 20°的装配式预应力混凝土简支空心板钢筋布置图,荷载等级为公路—Ⅰ级。板厚 70cm,预制板宽度 124cm;预应力钢筋与案例3 处理方法相同。

3. 整体式钢筋混凝土板

【案例5】　图 2.2.15 为标准跨径 10m、荷载等级为公路—Ⅱ级的整体式钢筋混凝土实心板设计图。板厚 50cm,板宽 850cm;混凝土等级 C30;纵向主筋①采用 ⌀25,底板横向分布钢筋②采用 ⌀14,顶板横向分布钢筋④采用 Φ8,架立钢筋③采用 Φ8。

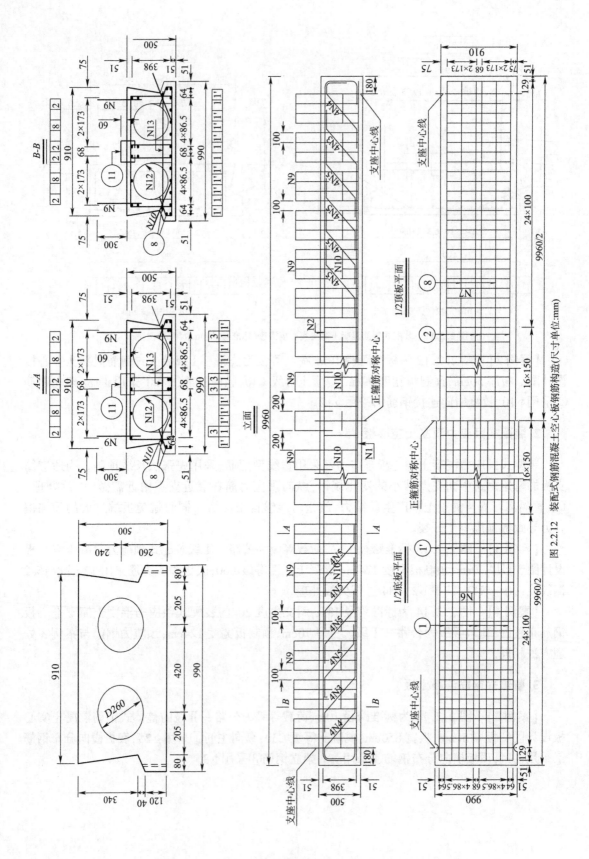

图 2.2.12 装配式钢筋混凝土空心板钢筋构造(尺寸单位:mm)

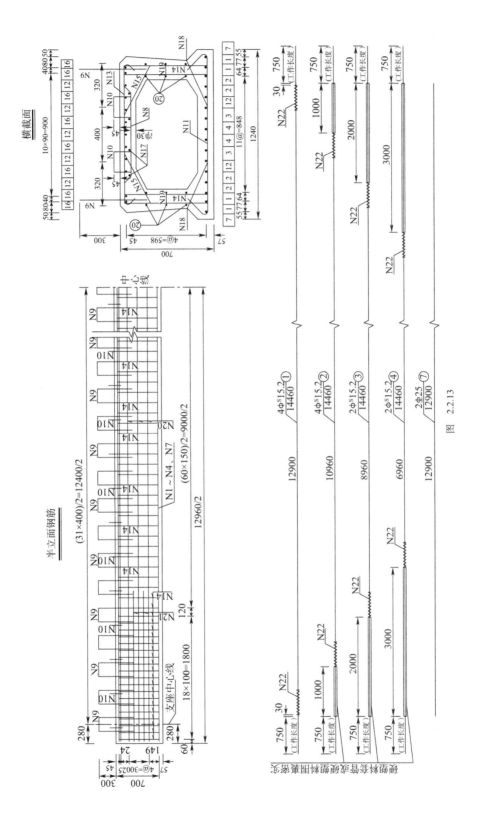

图 2.2.13

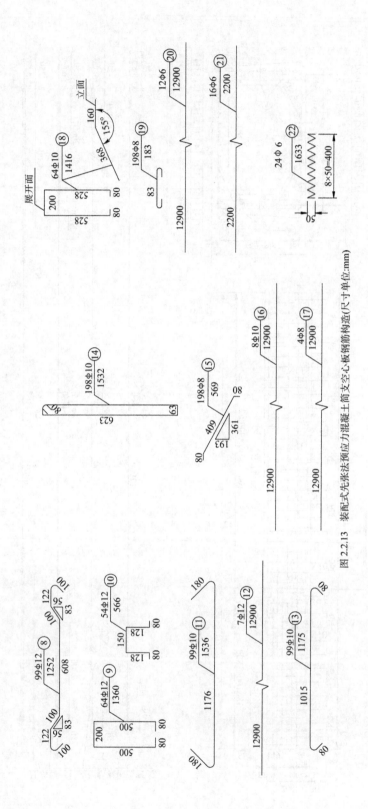

图 2.2.13 装配式先张法预应力混凝土简支空心板钢筋构造(尺寸单位:mm)

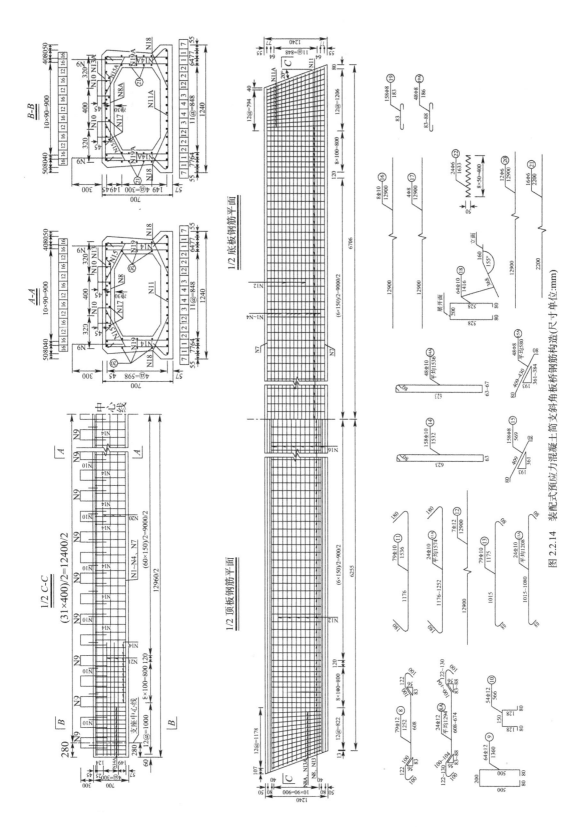

图 2.2.14 装配式预应力混凝土简支斜角板桥钢筋构造(尺寸单位:mm)

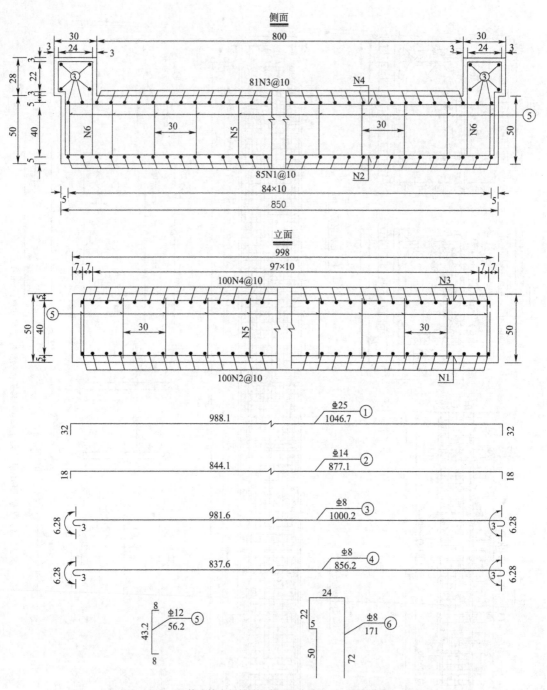

图 2.2.15 整体式简支板构造示例(尺寸单位:cm;钢筋直径:mm)

第二节 简支梁桥设计与构造

简支梁桥按照结构类型分为钢筋混凝土简支梁桥和预应力混凝土简支梁桥,按照施工方法分为装配式简支梁桥和整体浇筑式简支梁桥,按照截面形式分为 T 形梁、组合箱形梁和组合 I 形梁等。目前简支梁桥常用的结构形式为装配式钢筋混凝土和预应力混凝土简支 T 梁、预应力混凝土简支组合箱形梁和组合 I 形梁。

装配式简支梁桥上部结构一般由主梁、横隔梁（板）、现浇湿接缝、现浇混凝土层和桥面系等部分组成，如图 2.2.16 所示（T 形梁）。主梁是主要承重结构，由梁肋和翼缘板（箱形梁顶、底板）组成；上翼缘板与现浇混凝土层组成桥面板，承受汽车和人群荷载的作用；横隔梁（板）沿桥跨布设（中横隔梁、端横隔梁），横桥向通过现浇或钢板连接成整体；现浇湿接缝是将各主梁上翼缘板横向连接成为整体，共同承受各种荷载。桥面系包括桥面铺装、防水层、人行道、栏杆等。

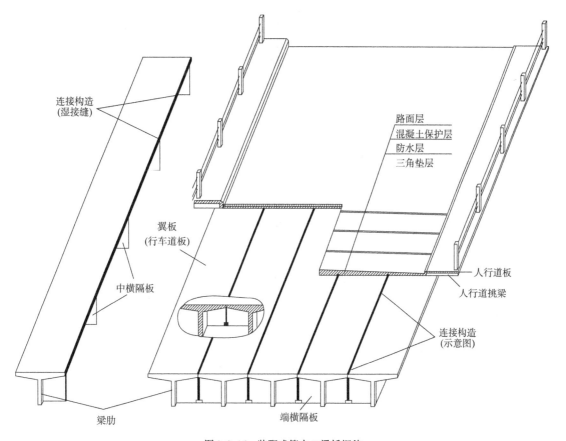

图 2.2.16　装配式简支 T 梁桥概貌

一、横截面设计

简支梁桥横截面设计包括梁的横向布置、梁的尺寸、横向联结方式等，取决于荷载等级、桥梁跨径、桥面宽度及施工方法等。常用的 T 形梁、组合箱形梁和组合 I 形梁横截面如图 2.2.17 所示。

1. 主梁

装配式简支梁桥主梁结构尺寸，主要从满足截面抗弯、抗剪承载力，结构整体受力性能、配筋构造要求及预制、运输、安装的稳定性等方面综合考虑。常见装配式简支梁桥主梁设计尺寸见表 2.2.1。

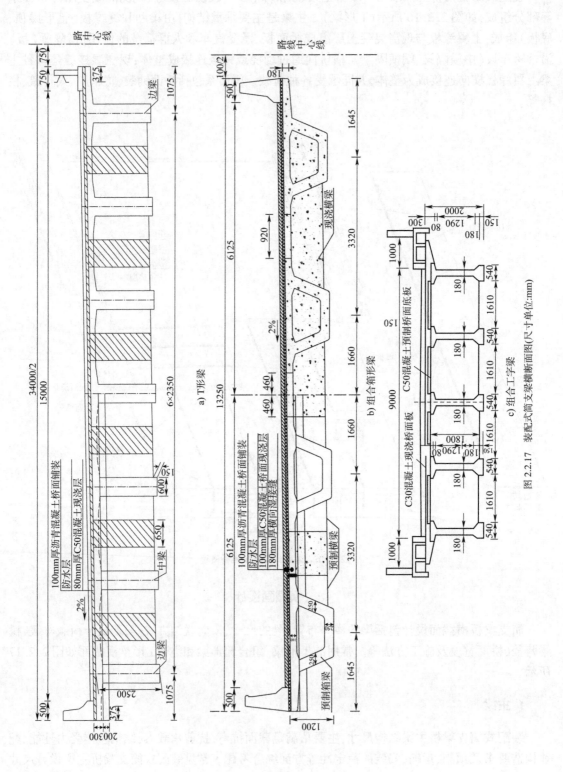

图 2.2.17 装配式简支梁横断面图(尺寸单位:mm)

常见装配式简支梁桥主要尺寸表 表2.2.1

截面形式	结构类型	主梁高度(m)	主梁间距(m)	横隔梁间距(m)	梁肋(腹板)宽度(cm)
T形梁	钢筋混凝土	$\left(\dfrac{1}{18} \sim \dfrac{1}{11}\right)l$	1.5~2.2	5.0~8.0	16.0~22.0
	预应力混凝土	$\left(\dfrac{1}{25} \sim \dfrac{1}{14}\right)l$	1.8~2.5	5.0~8.0	18.0~22.0
箱形梁	预应力混凝土	$\left(\dfrac{1}{25} \sim \dfrac{1}{16}\right)l$	3.0~3.5	5.0~8.0	18.0~32.0
I形梁	预应力混凝土	$\left(\dfrac{1}{25} \sim \dfrac{1}{14}\right)l$	1.8~2.5	5.0~8.0	18.0~22.0

注：1. 各种类型装配式简支梁尺寸选取，可参考《中华人民共和国交通行业公路桥梁通用图》。
2. l 表示桥梁路径。

预制T形截面梁或箱形截面梁翼缘板作为行车道板的组成部分，应能可靠承受车辆荷载作用部分。翼缘板一般设计为变厚度，其悬臂端的厚度不应小于100mm；当预制T形截面梁之间采用横向整体现浇连接时或箱形截面梁设有桥面横向预应力筋时，其悬臂端厚度不应小于140mm。T形和I形截面梁，在与腹板相连处的翼缘厚度，不应小于梁高的1/10，当该处设有承托时，翼缘厚度可计入承托加厚部分厚度。

箱形截面梁顶板与腹板相连处应设置承托；底板与腹板相连处应设倒角，必要时也可设置承托。箱形截面梁顶、底板的中部厚度，不应小于板净跨径的1/30，且不应小于200mm。

T形截面梁、I形截面梁或箱形截面梁的腹板宽度，在满足截面抗弯、抗剪承载力的前提下，应满足配筋构造要求，厚度不应小于160mm。其上下承托之间的腹板高度，当腹板内设有竖向预应力筋时，不应大于腹板宽度的20倍；当腹板内不设竖向预应力筋时，不应大于腹板宽度的15倍。当腹板宽度有变化时，其过渡段长度不宜小于12倍腹板宽度差。

2. 横隔梁(板)

横隔梁(板)是保证各片装配式梁横向连接成整体的有效措施。在装配式T形梁桥中，应设置跨端和跨间横隔梁；当横隔梁采用刚性连接时，横隔梁间距不应大于10m。在装配式组合箱形梁中，应设置跨端横隔梁，跨间横隔梁宜根据结构具体情况设置。预制T形截面梁的横隔梁连接，宜采用现浇混凝土整体连接，如图2.2.18所示；或采用与梁体一起预制，后期通过预埋钢板焊接(或螺栓连接)，如图2.2.19所示。

3. 湿接缝

为进一步加强装配式梁横向联结，将预制T形截面梁和箱形截面梁的梁与梁之间翼缘板预留一定宽度(40~80cm)，待各预制梁安装就位后，通过现浇混凝土连接成整体(湿接缝)，如图2.2.20所示。

4. 现浇混凝土层

T形截面梁、I形截面梁或箱形截面梁，在与预制梁结合处的现浇混凝土层的厚度不宜小于150mm，预制梁顶面应做成凹凸不小于6mm的粗糙面。

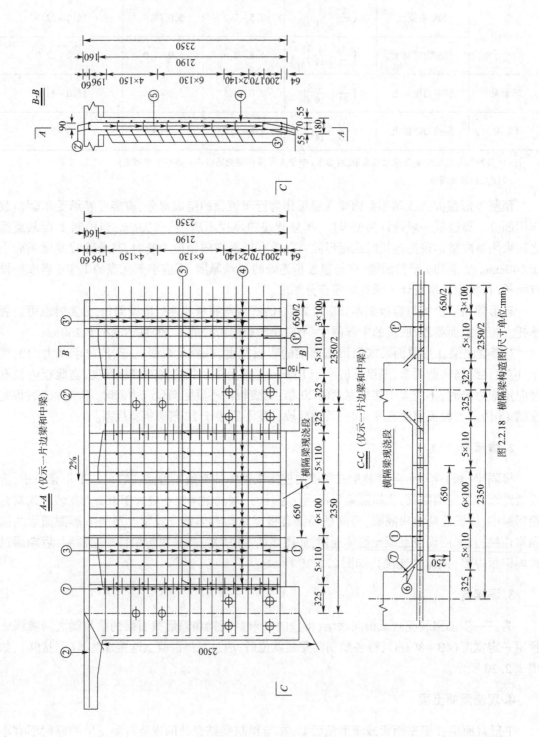

图 2.2.18 横隔梁构造图（尺寸单位：mm）

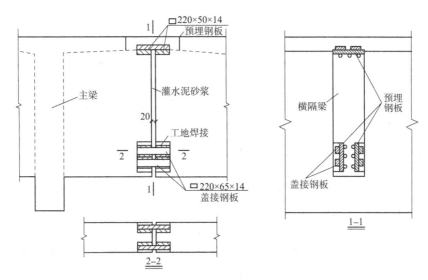

图 2.2.19 横隔梁钢板接头构造(尺寸单位:mm)

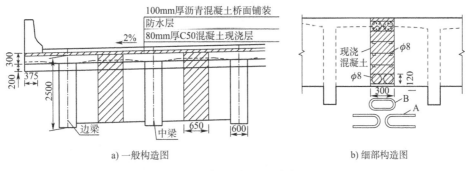

图 2.2.20 湿接缝示意图(尺寸单位:mm)

二、配筋构造要求

1. 钢筋混凝土梁桥

(1)钢筋间距

主梁内钢筋净距应考虑浇筑混凝土时,混凝土顺利塌落和振捣器顺利插入施工需要。各主钢筋间横向净距和层与层之间的竖向净距,当钢筋为三层及以下时,不应小于30mm,并不小于钢筋直径;当钢筋为三层以上时,不应小于40mm,并不小于钢筋直径的1.25倍。对于束筋,此处钢筋采用等代直径,$d_e=\sqrt{n}\cdot d$(其中,n为组成束筋的钢筋根数,d为单根钢筋直径)。

(2)纵向主钢筋

钢筋混凝土梁内纵向受拉钢筋不宜在受拉区截断;在两端支点处应至少有两根且不少于总数1/5的下层受拉主钢筋通过。两外侧钢筋应延伸出端支点外,并弯成直角顺梁高延伸至顶部,与顶层纵向架立钢筋相连。两侧之间的其他未弯起钢筋,伸出支点截面以外的长度不应小于10倍钢筋直径(环氧树脂涂层钢筋为12.5倍钢筋直径);HPB300钢筋应带半圆钩。

钢筋混凝土T形截面梁或箱形截面梁的受力主钢筋,宜设于规定的翼缘有效宽度内;超出分布范围的宽度,可设置不小于超出部分截面面积0.4%的构造钢筋。预应力混凝土T形截面梁或箱形截面梁的预应力钢筋,宜大部分设于有效宽度内。

(3)弯起钢筋

钢筋混凝土梁当设置弯起钢筋时,其弯起角度宜取45°。受拉区弯起钢筋的弯起点,应设在按正截面抗弯承载力计算充分利用该钢筋强度的截面以外不小于$h_0/2$处(h_0为梁的有效高度);弯起钢筋可在按正截面受弯承载力计算不需要该钢筋截面面积之前弯起,但弯起钢筋与梁中心线的交点应位于按计算不需要该钢筋的截面以外。弯起钢筋的末端应留有锚固长度:受拉区不应小于20倍钢筋直径,受压区不应小于10倍钢筋直径,环氧树脂涂层钢筋增加25%;HPB300钢筋尚应设置半圆弯钩。弯起钢筋不得采用浮筋。

(4)箍筋

钢筋混凝土梁中应设置直径不小于8mm且不小于1/4主钢筋直径的箍筋,其配筋率:HPB300钢筋不应小于0.14%,HRB400钢筋不应小于0.11%。箍筋间距不应大于梁高的1/2且不大于400mm。当所箍钢筋为按受力需要的纵向受压钢筋时,不应大于所箍钢筋直径的15倍,且不应大于400mm。在钢筋绑扎搭接接头范围内的箍筋间距,当绑扎搭接钢筋受拉时不应大于主钢筋直径的5倍,且不大于100mm;当搭接钢筋受压时不应大于主钢筋直径的10倍,且不大于200mm。在支座中心向跨径方向长度相当于不小于一倍梁高范围内,箍筋间距不宜大于100mm。近梁端第一根箍筋应设置在距端面一个混凝土保护层距离处。梁与梁或梁与柱的交接范围,靠近交接面的箍筋,与其交接面的距离不宜大于50mm。

具有曲线形的梁腹,近凹面的纵向受拉钢筋应用箍筋固定。箍筋间距不应大于所箍主钢筋的10倍,箍筋直径不应小于8mm。

(5)架立钢筋

钢筋混凝土梁采用多层焊接钢筋时,采用侧面焊缝应形成骨架。侧面焊缝设在弯起钢筋的弯折点处,并在中间直线部分适当设置短焊缝。焊接钢筋骨架的弯起钢筋,除用纵向钢筋弯起外,也可采用专设的弯起钢筋焊接。斜钢筋与纵向钢筋之间的焊接,宜采用双面焊缝,其长度为5倍钢筋直径,纵向钢筋之间的短焊缝应为2.5倍钢筋直径;当必须采用单面焊缝时,其长度应加倍。焊接骨架的钢筋层数不应多于6层,单根钢筋直径不应大于32mm。

(6)分布钢筋

T形截面梁、I形截面梁或箱形截面梁的腹板两侧,应设置6~8mm的纵向钢筋,每腹板内钢筋截面面积宜为(0.001~0.002)bh,其间距在受拉区不应大于腹板宽度,且不应大于200mm,在受压区不应大于300mm。在支点附近剪力较大区段和预应力混凝土梁锚固区段,腹板两侧纵向钢筋截面面积应予增加,纵向钢筋间距宜为100~150mm。

(7)其他构造钢筋

T形截面梁或箱形截面梁的顶板内承受局部荷载的受拉钢筋直径不应小于10mm,钢筋间距不应大于200mm。箱形截面梁顶板承受局部荷载的受拉钢筋,其部分可在近腹板处弯起,通过腹板直伸至悬臂端,并做成弯钩。不弯起钢筋根数不应少于每米三根,并应伸至翼缘悬臂端;当翼缘悬臂长度大于2.5m时,上述不弯起钢筋的截面面积尚应不小于悬臂根部负弯矩钢筋截面面积的60%。

箱形截面梁的底板上、下层,应分别设置平行于桥跨和垂直于桥跨的构造钢筋,钢筋截面面积为:对于钢筋混凝土桥,不应小于配置钢筋的底板截面面积的0.4%;对于预应力混凝土桥,不应小于配置钢筋的底板截面面积的0.3%。

预制T形截面梁的桥面板横向联结主钢筋可采用环形联结。组合梁中预制梁箍筋应伸入现浇桥面板,其伸入长度应不小于10倍箍筋直径。

2. 预应力混凝土梁桥

预应力混凝土梁桥根据截面抗弯、抗剪承载力进行配筋设计,预应力筋按照曲线形布置时,采用后张法施工;按照折线形布置时,采用先张法施工。以下重点介绍后张法预应力混凝土梁桥配筋构造要求。

(1) 预应力管道

后张法预应力管道内径的截面面积不应小于两倍预应力钢筋截面面积。直线形预应力管道间净距不应小于40mm,且不宜小于管道直径的0.6倍;对于预埋的金属或塑料波纹管和铁皮管,在直线管道的竖直方向可将两管道叠加。

曲线形预应力钢筋管道,在曲线平面内相邻管道间的最小净距、在曲线平面外缘相邻外缘间的最小净距及其在曲线平面内、外管道的最小混凝土保护层厚度均应满足规范规定。

(2) 纵向主钢筋

后张法预应力混凝土梁(包括连续梁和连续刚构边跨现浇段)的部分预应力钢筋,应在靠近端支座区段横桥向对称成对弯起,宜沿梁端面均匀布置,同时沿纵向可将梁腹板加宽。

曲线形预应力钢筋的曲线半径应符合:钢丝束、钢绞线的钢丝直径小于或等于5mm时,不宜小于4m;钢丝直径大于5mm时,不宜小于6m。预应力螺纹钢筋的直径小于或等于25mm时,不宜小于12m;直径大于25mm时,不宜小于15m。曲线形钢丝束、钢绞线束的锚下最小直线段长度宜取0.80~1.50m。

部分预应力混凝土梁应采用混合配筋。位于受拉区边缘的普通钢筋宜采用直径较小的带肋钢筋,以较密的间距布置。

(3) 箍筋

预应力混凝土T形截面梁、I形截面梁和箱形截面腹板内应分别设置直径不小于10mm和12mm的箍筋,且应采用带肋钢筋,间距不宜大于200mm;自支座中心起长度不小于一倍梁高范围内,应采用闭合式箍筋,间距不应大于120mm。

T形截面梁、I形截面梁下部的马蹄内,应另设直径不小于8mm的闭合式箍筋,间距不应大于200mm。

(4) 锚下钢筋

后张法预应力混凝土构件的端部锚固区,应配置间接钢筋。当采用平板式锚垫板,应配置不少于4层的方格网钢筋或不少于4圈的螺旋筋;当采用带喇叭管的锚垫板,应配置螺旋筋,其圈数的长度应小于喇叭管长度。

锚下总体区应配置抵抗横向劈裂力的闭合式箍筋,其间距不应大于120mm。梁端截面应配置抵抗表面剥裂力的抗裂钢筋。当采用大偏心锚固时,锚固端面钢筋宜弯起并延伸至纵向受拉边缘。

在预应力施加完毕后,埋封于梁体内的锚具其周围应设置构造钢筋与梁体连接,然后浇筑封锚混凝土。封锚混凝土强度等级不应低于构件本身强度等级的80%,且不低于C30。

三、设 计 案 例

1. 钢筋混凝土简支T形梁

【案例6】 密排矮肋T梁设计案例

考虑装配式简支板桥板与板之间的横向连接(铰缝)较薄弱,结构整体性较差、刚度小等缺点,目前跨径在10~20m的装配式简支板桥,存在逐渐被密排矮肋T梁结构形式所代替的趋势。密排矮肋T梁除了具有装配式构件的基本特点外,与空心板结构相同,通过现浇翼缘板湿接缝将各肋T梁联成整体,结构的整体性好、结构刚度大,可有效避免装配式铰接板桥容易出现的单板受力现象。

标准跨径为16m的钢筋混凝土密排简支矮肋T梁桥一般构造图见图2.2.21,设计荷载标准为公路—Ⅰ级,梁高只有90cm,较普通同等跨径的简支T梁明显减小;梁肋厚度较大,为35cm。图2.2.22为其翼板钢筋布置图,N12为边梁外翼缘加强钢筋,紧靠N1布置。

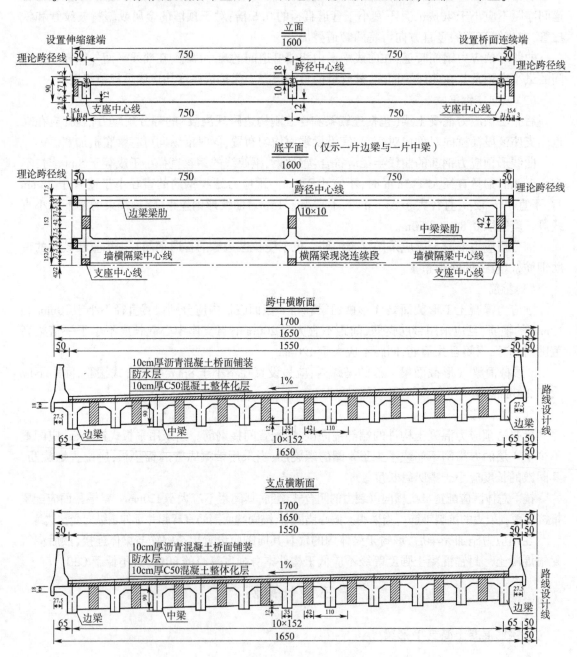

图2.2.21 密排简支矮肋T梁桥一般构造图(标准跨径:16m;尺寸单位:cm)

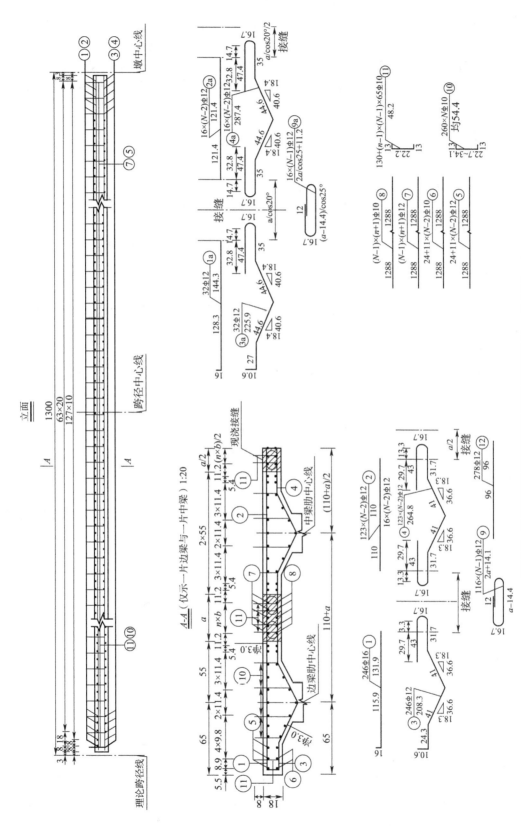

图 2.2.22 简支密排肋T梁翼板钢筋布置图(标准跨径:16m;尺寸单位:cm)

【案例7】 标准跨径20m T形梁。

图2.2.23是一标准跨径20m的钢筋混凝土T形梁主梁钢筋骨架构造图,每根梁内主筋为8 ⚀32的HRB335钢筋。其中最下层的4根N1钢筋将通过梁端支承中心,其余8根则按梁的抗剪要求从不同位置弯起。设在梁顶部的⚀22架立钢筋在梁端向下弯并与主筋N1焊接。箍筋采用ϕ8@140mm,并在支座附近加密。附加斜筋采用⚀16的HRB335钢筋,其位置要通过计算确定。防收缩钢筋采用ϕ8钢筋,按下密上疏的要求布置。所有钢筋的焊缝均为双面焊。

2. 预应力混凝土简支T形梁

(1) 截面特征

为了便于在预应力混凝土简支T形梁设置纵向预应力钢筋,其截面形状在跨中区段为带"马蹄"的T形梁,靠近支点截面将梁肋逐渐加宽至与"马蹄"同宽的等宽度梁肋。目的是便于在跨中截面将预应力钢筋集中布置在马蹄内,以增大截面抗弯内力偶,提高抗弯承载力;局部增大混凝土受压面积,满足预应力钢筋布设构造要求,并防止混凝土开裂;便于预应力钢筋由跨中向支点逐渐弯起,以发挥预应力钢筋的抗剪能力;便于在梁体端部分散张拉锚固预应力钢筋,防止张拉锚固区域混凝土开裂。

"马蹄"宽度一般取肋宽2~4倍,并满足管道保护层厚度要求;全宽部分高度加1/2斜坡区高度为梁高的0.15~0.25倍,斜坡度宜大于45°。

(2) 布筋原则

在保证钢筋保护层厚度及使预应力钢筋位于"索界"内的前提下,应尽量使预应力钢筋重心下移增大内力偶;在满足构造要求的同时,预应力钢筋尽量相互紧密靠拢,减小梁体截面尺寸。

(3) 预应力钢筋锚固

后张法预应力混凝土T形梁,预应力钢筋通过锚具锚固于梁体端部,该锚固区域混凝土承受巨大张拉锚固力的作用,属局部受压状态。在梁端锚固区段不同部位的混凝土,将承受较大的压应力和拉应力(图2.2.24),极易导致混凝土开裂。因此,预应力钢筋锚固区段混凝土,应配置局部加强钢筋或锚垫板等增强构造措施。

预应力混凝土T形梁采用曲线形配筋时,采用后张法施工;预应力混凝土T形梁采用折线形配筋时,采用先张法施工。

【案例8】 预应力混凝土简支T形梁桥构造示例。

图2.2.25为标准跨径为40m的预应力混凝土简支T形梁桥一般构造,计算跨径为38.72m,设计荷载标准为公路—Ⅰ级。图2.2.26为其预应力钢筋布置图,预制梁采用C50混凝土,每片梁配置6束$\phi^s 15.2$低松弛钢绞线,抗拉强度标准值$f_{pk}=1860$MPa,张拉控制应力$\sigma_{con}=0.75 f_{pk}$,单股张拉控制力$P=193.9$kN。N1采用$9-\phi^s 15.2$,共2束;N2采用$8-\phi^s 15.2$,共2束;N3和N4均采用$8-\phi^s 15.2$,分别设置1束,所有钢束均不设平弯。

3. 预应力混凝土组合箱形梁

组合梁桥是一种装配式的桥跨结构,采用纵向水平缝将桥跨结构的梁肋部分与桥面板(翼缘板)分隔开使单梁的整体截面变成板与梁肋的组合截面。装配式箱形梁的典型截面如图2.2.27a)所示,也称作小箱梁,以区别于整体箱梁,多采用预应力混凝土先简支后连续的结构形式。目前我国公路桥涵设计标准图分别编制了跨径20m、25m、30m、35m、40m五种后张法预应力混凝土组合小箱梁梁桥的标准图,在实际工程中已得到较广泛的运用。图2.2.27b)为装配式组合箱形梁的典型截面,也称为槽形组合梁,目前已较少使用。

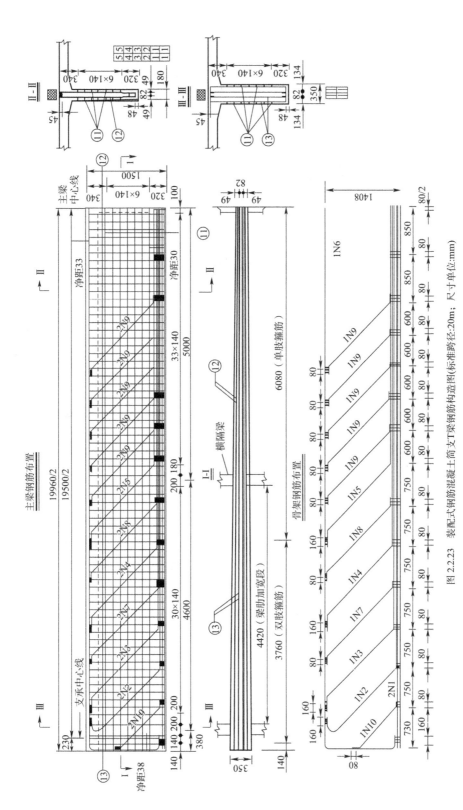

图 2.2.2.23 装配式钢筋混凝土简支T梁钢筋构造图(标准跨径:20m;尺寸单位:mm)

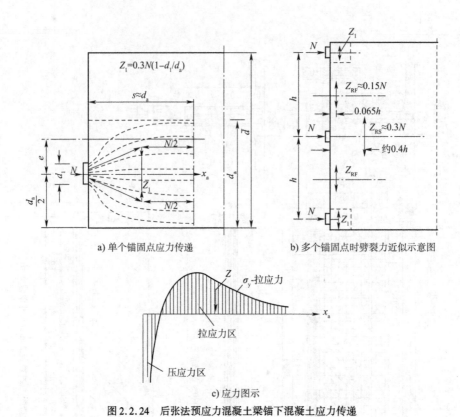

a) 单个锚固点应力传递

b) 多个锚固点时劈裂力近似示意图

c) 应力图示

图 2.2.24 后张法预应力混凝土梁锚下混凝土应力传递

$\frac{d_a}{2}$-锚具中心距边缘距离；d_1-锚具宽度；d-构件截面高度；Z_1、Z_{RF}、Z_{RS}-不同锚具布置方式下的劈裂力(拉应力)

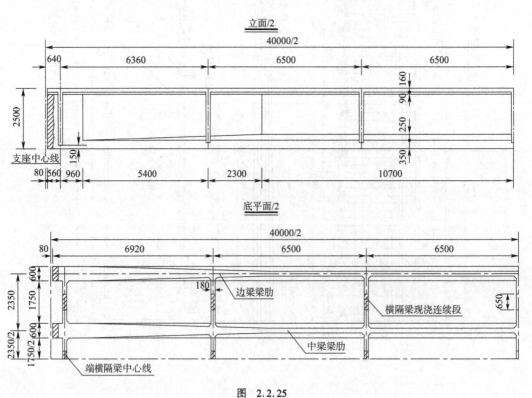

图 2.2.25

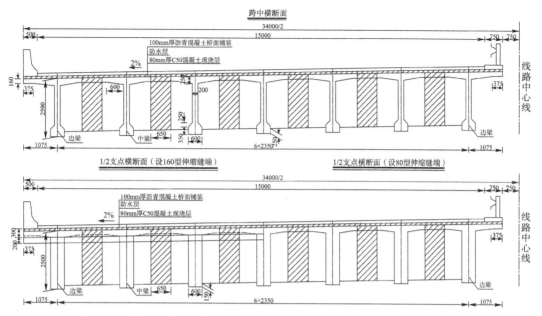

图 2.2.25 装配式预应力混凝土 T 形梁桥一般构造图(标准跨径:40m;尺寸单位:mm)

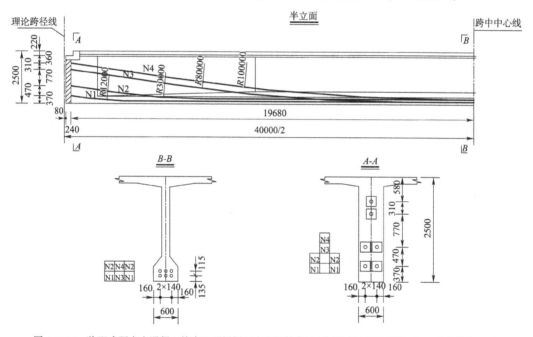

图 2.2.26 装配式预应力混凝土简支 T 形梁桥预应力钢筋布置(中梁)图(标准跨径:40m;尺寸单位:mm)

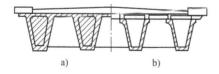

图 2.2.27 装配式箱形梁典型截面

装配式预应力混凝土箱形梁的主梁截面由顶板、两侧翼板和底板构成。主梁高跨比通常为 1/25～1/16,一般采用等高度、等跨径布置。外轮廓尺寸沿跨径方向保持不变,仅在箱内距梁端一倍梁高左右范围内设置变截面加厚端,以适应锚下应力的扩散作用。

为了加强整体性,装配式小箱梁应在梁间设置端横隔板,需要时宜设置中横隔板,厚度不小于20cm。

小箱梁的底板上、下层应分别设置平行于桥跨和垂直于桥跨的构造钢筋。对于钢筋混凝土结构,钢筋截面面积不应小于配置钢筋的底板截面面积的0.4%;对于预应力混凝土结构,钢筋截面面积不应小于配饰钢筋的底板截面面积的0.3%。钢筋直径不宜小于10mm,其间距不宜大于300mm。采用预应力混凝土结构时,预应力主筋采用$\phi^s 15.2$钢绞线,腹板内普通钢筋直径不应小于12mm。

箱形截面具有良好的受力性能,与同等截面面积的肋梁桥和板桥相比,闭口的箱形截面具有很大的抗弯刚度,稳定性比肋梁桥更好,因此对弯桥、斜桥很有利,在修建简支弯桥、斜桥时,箱形梁是很好的备选方案。

【案例9】 图2.2.28为标准跨径30m的预应力混凝土简支小箱梁桥的主梁一般构造图,主梁高1.6m,预制时采用倾斜顶板形成横向坡度。跨中截面腹板厚度为20cm,支点截面的腹板厚度加厚至30cm;跨中截面的底板厚度为18cm,支点截面的底板厚度加厚至30cm;顶板厚度均为18cm,通过10cm的C50混凝土桥面现浇层在横向组合成一个整体。图2.2.29为对应的预应力钢筋布置图。中梁配置10束$\phi^s 15.2$预应力钢筋,采用两端对称张拉,张拉顺序为N1、N3、N2、N5、N4。

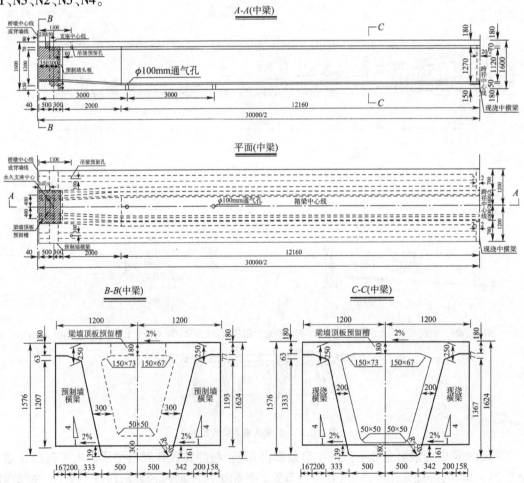

图2.2.28 装配式预应力混凝土简支箱梁一般构造图(标准跨径:30m;尺寸单位:mm)

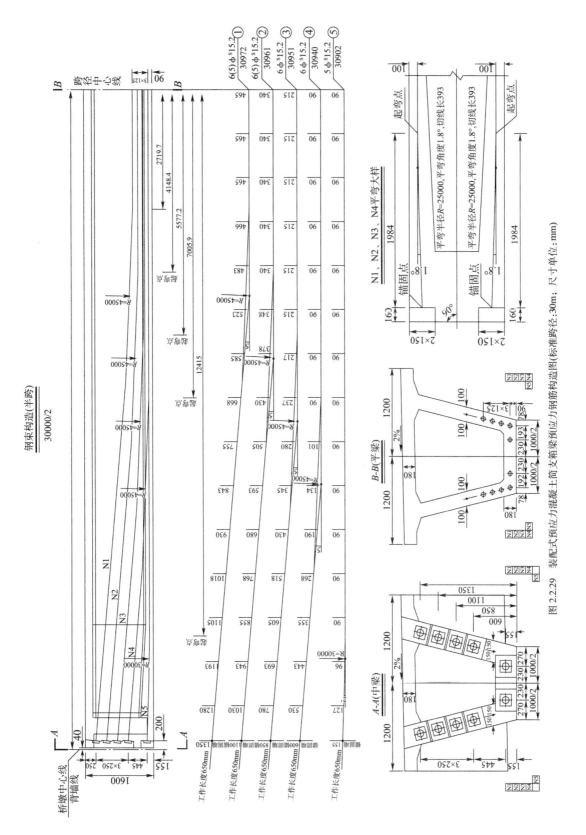

图 2.2.29 装配式预应力混凝土简支箱梁预应力钢筋构造图(标准跨径:30m;尺寸单位:mm)

4. 预应力混凝土组合 I 形梁

组合 I 形梁施工时先架设梁肋,再安装预制板,最后在接缝内或连同板现浇一部分混凝土使结构连成整体,如图 2.2.30 所示。组合梁是分阶段受力的,在梁肋架设后,所有后来安装的预制板和现浇桥面混凝土的重量,连同梁肋本身的重量,都要由预制梁肋承担。这与装配式 T 形梁由主梁全截面承受全部恒载不同,不带翼板的肋部抗弯惯性矩比整体的 T 形梁小得多,这就必然大大增加了梁肋承受全部结构恒载的负担,对此不但要加大梁肋的截面,而且要增加配筋,梁肋混凝土用量的增加又导致了恒载加大。

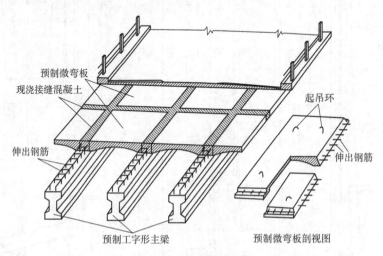

图 2.2.30 组合梁桥概貌

I 形梁的构造要求可参照 T 形梁梁肋的构造。我国公路桥涵设计标准图分别编制了跨径 20m、30m、40m 的后张法预应力混凝土 I 形组合梁桥的标准图,其斜交角分别为 0°、15°、30°、45°等几种。桥宽有净 - 11.5m + 2 × 0.5m、净 - 9.75m + 2 × 0.5m、净 - 9m + 2 × 1.5m、净 - 9m + 2 × 1.0m 和净 - 7m + 2 × 1.0m 五种,除净 - 11.5m 时主梁间距为 2.5m 外,其余均为 2.15m。

【案例 10】 图 2.2.31 为标准跨径 30m,桥宽为净 - 9m + 2 × 1.0m 的预应力混凝土 I 形组合梁桥的一般构造。I 形梁和桥面底板采用 C50 混凝土,现浇横隔板和桥面板采用 C30 混凝土。梁高 2.0m,预制 I 形梁梁高为 1.8m。标准设计图中,所有预制 I 形梁的肋宽为 180mm,下翼缘宽度为 540mm,端部肋宽加厚至与下翼缘同宽。主梁之间用 50mm 厚的预制板作为现浇桥面板的底模。图 2.2.32 为其预应力钢筋布置图。

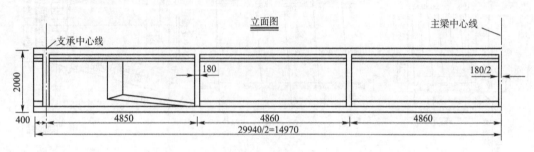

图 2.2.31

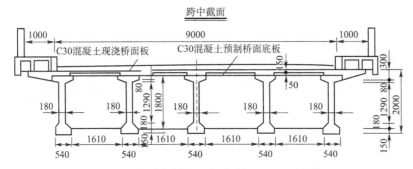

图 2.2.31 I形组合梁桥构造(标准跨径:30m;尺寸单位:mm)

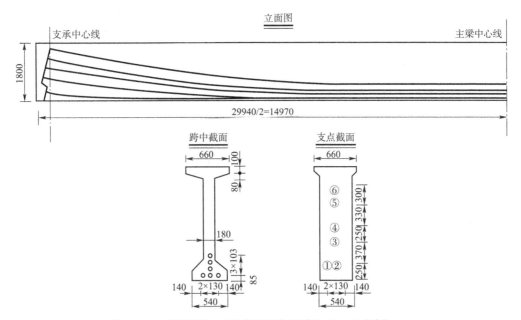

图 2.2.32 I形梁预应力钢筋布置图(标准跨径:30m;尺寸单位:mm)

第三节 连续梁桥设计与构造

配筋混凝土简支梁(板)桥,由于结构受力明确,构造简单,施工方便,在中小跨径桥梁中得到广泛应用。但随着跨径的增大,简支体系桥梁跨中恒载弯矩和活载弯矩将迅速增大,致使上部结构截面尺寸显著增加,显得极不经济,此时应考虑采用受力特性更好的连续体系桥梁。

连续体系桥梁具有结构整体性能好、刚度大、挠曲变形平缓等特点,同时由于桥面伸缩装置的减少,更有利于行车的舒适性。

连续体系桥梁按照结构类型分为钢筋混凝土连续梁桥和预应力混凝土连续梁桥,按照截面变化分为等截面连续梁桥和变截面连续梁桥,按照横截面形式分为连续板桥和连续箱形梁桥。中小跨径的连续梁桥一般采取整体现浇的施工方法,其中整体现浇钢筋混凝土连续板桥跨径不大于16m,整体现浇预应力混凝土连续板桥跨径不大于25m;较大跨径的连续梁可采用悬臂施工、顶推施工、移动模架逐孔施工和转体施工等方法。

一、桥型布置

1. 等截面连续梁(板)桥

连续体系桥梁结构受力与跨径布置有密切关系。中等跨径(40m以下)连续体系桥梁,在恒载和活载作用下,跨中截面正弯矩和支点截面负弯矩相近,可考虑采用等截面形式,主梁(板)的高跨比一般取 $h/l = 1/25 \sim 1/15$;在跨径组合上可采用等跨和不等跨布设方式,其中不等跨布设时,边跨与中跨之比宜取 $0.6 \sim 0.8$,如图2.2.33所示。

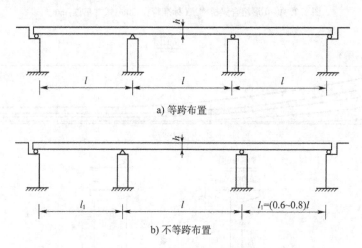

a) 等跨布置

b) 不等跨布置

图2.2.33 等截面连续桥跨布置图

等截面钢筋混凝土连续梁一般采用整体就地浇筑施工;等截面预应力混凝土连续梁可适用于整体就地浇筑、顶推施工、移动模架逐孔施工、整孔预制吊装和分段预制拼装等方法。

2. 变截面连续梁(板)桥

当连续体系桥梁跨径大于40m时,在恒载和活载作用下,主梁支点截面的负弯矩将远远大于跨中截面正弯矩,此时应考虑采用变截面形式,使梁体高度变化与内力变化相适应。

图2.2.34为三跨连续梁在均布荷载($q = 10 \text{kN/m}$)作用下,跨中截面正弯矩和支点截面负弯矩随梁高的变化规律。主梁采用变截面(由跨中截面1.5m变为支点截面3.5m)时支点的负弯矩比等截面(梁高1.5m)支点的负弯矩减小50%以上,大大减小了支点截面的内力;同时增大支点截面的主梁高度,可更好地提高其抗剪承载力,而跨中截面主梁高度的减小可进一步增大桥下净空。

大跨径变截面预应力混凝土梁桥一般采用不等跨奇数孔布置,边跨跨径一般取中跨跨径的 $0.5 \sim 0.7$ 倍,如图2.2.35所示。变截面连续梁支点截面的梁高与最大跨径 l 比值一般取 $1/18 \sim 1/16$,跨中截面梁高通常为支点截面梁高的 $1/2.5 \sim 1/1.5$,梁高的变化一般按照抛物线形变化,其底板、顶板和腹板设计为变厚度,以满足不同截面受力要求。

变截面预应力混凝土连续梁一般适用于整体就地浇筑、悬臂施工和转体施工等方法。

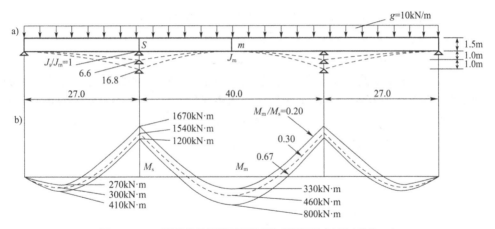

图 2.2.34 三跨连续梁桥截面高度变化对弯矩影响(尺寸单位:m)

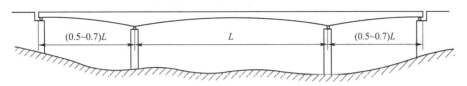

图 2.2.35 变截面连续梁桥的立面布置

二、横截面设计

钢筋混凝土连续梁桥一般采用整体式矩形实心板截面形式,预应力混凝土连续梁桥可采用整体式空心板梁、箱形梁和异形梁等形式,如图 2.2.36 所示。

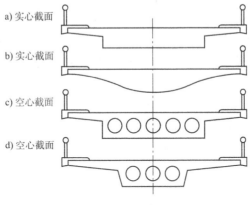

图 2.2.36 板式横截面形式

1. 矩形截面

整体式矩形实心截面板多用于中小跨径曲线形桥梁,支点截面板厚一般为跨径的 1/20 ~ 1/16,变截面板跨中截面厚度为支点的 1/1.5 ~ 1/1.2。整体式矩形空心截面常用于跨径 15 ~ 30m 连续梁桥,板厚一般为 0.8 ~ 1.5m。

2. 箱形截面

连续体系桥梁当跨径超过 40m 时,一般采用整体式预应力混凝土连续梁箱形梁桥。箱形截面为闭口薄壁截面,其抗扭刚度大,顶板和底板提供了足够的承受正、负弯矩混凝土受压面积,并满足配筋的需要;当桥梁承受偏心荷载时,截面内力分布较均匀。

箱形截面形式主要取决于桥面宽度、下部墩台结构形式及施工方法等,常用的箱形截面有单箱单室、单箱双室和分离式双箱单室等形式,如图2.2.37所示。单箱截面整体性好,施工方便,材料用量省,适用于桥面宽度较窄的桥梁;同时单箱截面抗扭刚度大,适宜于弯桥和城市高架桥、立交桥等采用独柱桥墩的下部结构形式。当桥面较宽时,为减小箱室顶板跨径而采用单向多室截面形式,高速公路一般采用分离式箱形截面。等高度箱形梁可采用直腹板和斜腹板形式,变截面箱形梁宜采用直腹板。

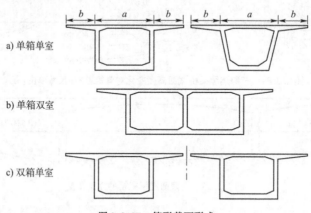

图2.2.37 箱形截面形式

箱形梁顶板宽度$(a+2b)$一般取桥面的宽度,$b/a = 1/3 \sim 1/2.5$;翼缘板悬臂长度一般取$b \leq 5m$,当$b > 3m$时,宜布置横向预应力钢筋。

箱形梁顶板厚度须满足横向抗弯承载力和纵、横向预应力钢筋布置的构造要求,翼缘板悬臂端部厚度一般不小于10cm,当需设置防撞护栏或锚固横向预应力钢筋时,则不小于20cm。

为承受连续梁支点截面较大的负弯矩,底板一般设计为由跨中截面向支点截面逐渐变厚的截面形式。跨中截面底板厚度可按构造要求确定其厚度,支点截面底板厚度一般取跨径的$1/170 \sim 1/140$。

箱形梁腹板宽度须满足抗剪承载力和纵向预应力钢筋布置、混凝土浇筑等要求,一般设计为由跨中截面向支点截面逐渐加厚的变截面形式。其最小厚度一般应满足:腹板内无预应力束筋管道布置时,其最小厚度可采用$t_{min} = 200mm$;腹板内有预应力束筋管道布置时,其最小厚度可采用$t_{min} = 250 \sim 300mm$;腹板内有预应力束筋锚固头时,则其最小厚度可采用$t_{min} = 350mm$。

箱形截面梁在顶板与腹板结合处需设置折角(称为梗腋),可有效提高截面的抗扭刚度和抗弯刚度,减小扭转剪应力和畸变应力;从构造上考虑,可充分利用梗腋所提供的空间,将部分纵向预应力钢筋通过平面和竖向弯曲至该部位进行张拉锚固,以进一步减小底板和顶板的厚度。

三、配筋构造要求

连续梁桥受力主钢筋除了满足结构抗弯、抗剪承载力要求外,还应重点结合桥梁的施工方法确定其配筋方式。下面重点介绍预应力混凝土连续梁桥预应力钢筋的布设特点,其他钢筋的布设可参照简支梁桥相关内容要求。

1. 三向预应力钢筋

整体现浇的中小跨径预应力混凝土连续梁(板)桥,一般只需设置纵向预应力钢筋;而较大跨径的预应力混凝土连续箱形梁桥,为进一步适应结构受力特点,需设置三向预应力钢筋,即纵向预应力钢筋、竖向预应力钢筋和横向预应力钢筋。

(1)纵向预应力钢筋

纵向预应力钢筋为受力主钢筋,主要承受各截面的弯矩值和剪力值,其布置方式与结构受力、施工方法等有关。

整体现浇施工的中小跨径预应力混凝土连续梁桥,其纵向预应力钢筋,是根据各截面弯矩的变化而设置,一般采用曲线形布置,如图2.2.38a)所示。采用该布筋方式,优点是预应力钢筋可更好地适应各截面内力的变化,充分发挥预应力钢筋的抗弯、抗剪能力;缺点是当连续梁一联孔数较多时,纵向预应力钢筋需经历多次反复弯曲,张拉时会产生较大的预应力损失。

顶推施工的等截面预应力混凝土连续梁桥,其纵向预应力钢筋沿箱梁顶板、底板按直线形布设,如图2.2.38b)所示。采用该布筋方式,使主梁各截面接近轴心受压,以抵抗顶推过程中主梁各截面正、负弯矩的交替变化;同时需在跨中截面梁体顶部和支点截面梁体底部,设置施工临时预应力钢筋,以承受顶推过程产生的局部应力,待顶推结束后予以拆除;顶推结束后,在跨中截面梁体底部和支点截面梁体顶部,需设置局部加强预应力钢筋,以满足使用阶段活载内力要求。

悬臂施工的较大跨径变截面预应力混凝土连续梁桥,其纵向预应力钢筋根据悬臂施工各阶段的需要,在每一悬臂施工节段上需分批张拉锚固部分预应力钢筋,该预应力钢筋采用曲线形布筋,既要满足施工节段的悬臂受力状态,还要满足运营阶段连续体系受力需要;跨中合拢段施工完毕,张拉合拢段纵向预应力钢筋,如图2.2.38c)所示。

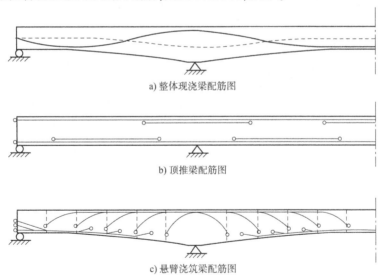

a) 整体现浇梁配筋图

b) 顶推梁配筋图

c) 悬臂浇筑梁配筋图

图2.2.38 预应力混凝土连续梁预应力钢筋设置方式

(2)横向预应力筋

大跨径预应力混凝土箱形梁,较多地采用单向单室截面或单向双室截面。通过增大顶板跨径和外伸翼缘板的悬臂长度,可有效减小箱梁截面尺寸,进而减小下部结构尺寸,节省工程造价。为此,需在箱形梁顶板和翼缘板内配置横向预应力钢筋,以保证桥梁结构的横向整体性、桥面板和翼缘板的抗弯承载力,如图2.2.39所示。

横向预应力钢筋普遍采用高强度低松弛钢绞线,纵向间距 $0.5 \sim 10 \mathrm{m}$;由于箱形梁顶板厚度较小,钢绞线一般采用扁平锚固方式。

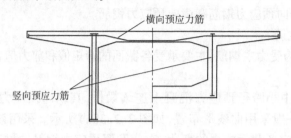

图 2.2.39 箱梁横向及竖向预应力钢筋构造示意图

(3)竖向预应力筋

大跨径预应力混凝土箱形梁,在各种荷载作用下各截面将承受较大的剪应力。为提高箱形梁的抗剪能力,在箱形梁腹板内设置竖向预应力钢筋以提高其抗剪能力,如图 2.2.39 所示。

竖向预应力钢筋在箱形梁腹板内沿纵向的布置间距,可根据抗剪强度计算确定。连续梁桥各截面的剪力值由支点截面向跨中截面逐渐减小,因此竖向预应力钢筋在支点附近配置较密,跨中区段间距可适当增大。竖向预应力钢筋过去较多地采用螺纹钢筋,但由于其长度较短,张拉锚固效果差,极易导致产生较大的预应力损失,无法满足有效预应力的要求。目前施工时一般要求采用二次张拉的控制方法,或考虑采用更高强度的预应力钢棒作为竖向预应力钢筋。

2. 其他构造要求

预应力混凝土连续梁在选用预应力体系和布置预应力钢筋时,应采取措施减少摩阻损失。在连续梁全长上,预应力筋不宜在某个截面或某个区段急剧增加或减少。梁的正、负弯矩交替区,可设置较长的预应力钢筋重叠搭接段,并宜分散布置。在连续梁中间支承处,腹板及其下方翼缘内应设置顺桥向的普通钢筋。

当预应力钢筋需在构件中间锚固时,其锚固点宜设在截面重心轴附近或外荷载作用下的受压区。如因锚固而削弱截面,应用普通钢筋加强,当箱形梁的顶、底板内的预应力钢筋引出板外时,应在专设的齿板上锚固,此时预应力钢筋宜采用较大弯曲半径,并加强箍筋设计。

后张法预应力钢束在齿板内的偏转角不宜大于 15°,锚固尺寸应根据锚具布置、张拉空间等要求选定,锚固面与齿块斜面的交角不宜小于 90°,如图 2.2.40 所示。

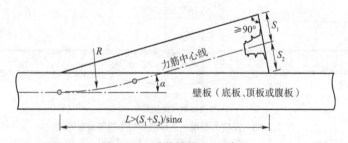

图 2.2.40 齿块锚固区立面布置

后张预应力齿块锚固区应进行配筋计算,普通钢筋应满足(图 2.2.41):①齿块锚下应配置抵抗横向劈裂力的闭合式箍筋或 U 形箍筋,其间距不宜大于 150mm,纵向分布范围不宜小于 1.2 倍齿块高度;②齿块锚固面应配置齿根端面箍筋,伸入至壁板外侧;③壁板内边缘应配置抵抗锚后牵拉的纵向钢筋,当需要配置纵向加强钢筋时,其长度不宜小于 1.5m(以齿块锚固面与壁板交线为中心),横向分布范围宜在力筋轴线两侧各 1.5 倍锚垫板宽度内;④壁板外边缘应配置抵抗边缘局部侧弯的纵向钢筋,当需要配置纵向加强钢筋时,其长度不宜小于1.5m(以距锚固面前方1倍壁板厚位置为中心),横向分布范围宜在力筋轴线两侧各1.5倍锚垫板宽度范围内;⑤预应力钢筋径向力作用区,应配置竖向箍筋及沿预应力管道的U形防崩钢筋,与壁板内纵筋钩接,纵向分布范围宜取曲线预应力段的全长。

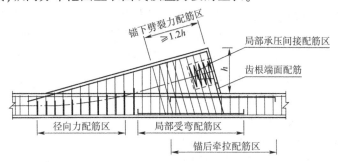

图2.2.41 三角齿块锚固区普通钢筋示意图

四、先简支后连续结构体系

为改善简支结构体系的受力特性,减少桥面伸缩装置数量,可采用先简支后连续的结构体系,即先按照简支结构完成梁体的制作,将预制梁体安装到墩台的临时支座上;设置永久支座,对梁体端部进行施工缝处理,安装梁体连续湿接头模板、绑扎连接钢筋、制作负弯矩区段预应力孔道,浇筑湿接头混凝土并养护;张拉支点负弯矩区段预应力钢筋并进行孔道压浆;最后更换支座完成后由简支体系向连续体系转换,如图2.2.42所示。

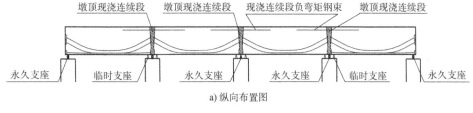

a) 纵向布置图

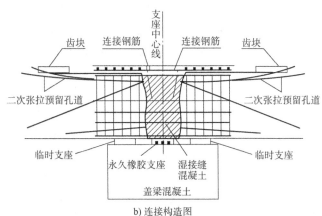

b) 连接构造图

图2.2.42 先简支后连续结构体系

先简支后连续结构体系使用较多的是T形梁和箱形梁,主要由主梁、横隔梁(板)、现浇连续段梁体、横隔板与翼缘板现浇湿接缝及桥面现浇层等组成。为配合现浇连续段梁体局部纵向预应力筋的设置,需在翼缘板的下缘设置张拉锚固预应力筋用的齿块。

五、设 计 案 例

【案例11】 整体现浇等截面钢筋混凝土连续梁

互通式立交桥的匝道曲线段一般采用整体现浇等截面钢筋混凝土连续梁。图2.2.43为某互通立交的2号匝道桥的桥型布置图(局部),其中第5、6联为普通钢筋混凝土现浇连续箱梁桥,图2.2.43中示出第5联(3×1800cm普通钢筋混凝土现浇箱梁)的立面和平面布置图。图2.2.44为其箱梁一般构造图(平面图只示出第一跨),箱梁采用C40混凝土。每一个箱室设置2个直径8cm的泄水孔,位于底板最低处;腹板上顺桥向每5m设置一个通风孔,直径为8cm,距顶板上缘70cm,当孔位与钢筋冲突时可适当调整孔位。箱梁梁底平行于箱梁梁顶,中腹板等高铅直,横坡同路面设计横坡。

【案例12】 整体现浇等截面预应力混凝土连续梁

图2.2.45为一座整体现浇等截面预应力混凝土连续箱梁桥桥型布置图,跨径组成为25m+30m+30m+25m,荷载等级为公路—Ⅰ级,桥面净宽为1×18m。全桥共一联,上部结构采用预应力混凝土现浇连续箱梁,下部结构采用柱式墩,墩台采用桩基础。图2.2.46为箱梁一般构造图(第1、2跨立面图和主要截面横截面图),主梁采用C50混凝土,梁高为1.6m,箱梁梁底平行于箱梁梁顶,中腹板等高铅直,横坡同路面设计横坡。图2.2.47为其第一跨和第二跨的预应力钢束立面布置图,预应力钢束采用$\phi^s15.2$低松弛钢绞线,抗拉强度标准值f_{pk}=1860MPa,锚下张拉控制应力$\sigma_{con}=0.75f_{pk}$。待混凝土强度达到设计强度90%且弹性模量不小于设计值的90%,混凝土龄期不小于7d,方可张拉预应力。腹板钢束张拉顺序为F2→F1→F3,各腹板钢束同时对称均匀张拉。

【案例13】 先简支后连续T形梁

图2.2.48为标准跨径40m,荷载等级为公路—Ⅰ级先简支后连续预应力混凝土T形梁一般构造图。预制梁混凝土强度等级C50,每片主梁配置5束$\phi^s15.2$低松弛钢绞线,抗拉强度标准值f_{pk}=1860MPa,锚下张拉控制应力$\sigma_{con}=0.75f_{pk}$;N1采用9-$\phi^s15.2$钢绞线,对称于截面中心线左右各设置1束,并向梁端逐渐竖向弯起;N2、N3和N4均采用8-$\phi^s15.2$钢绞线,依次自下而上设置在截面对称中心线上,并向梁端逐渐竖向弯起,如图2.2.49所示。

装配式预应力混凝土先简支后连续T形梁,通过横向连接构造和纵向连接构造形成整体。横向连接构造主要是翼缘板和横隔板的现浇湿接缝连接,如图2.2.50所示;纵向连接主要是纵向预应力筋和现浇段混凝土,如图2.2.51所示。

【案例14】 大跨径变截面预应力混凝土连续箱梁桥(悬臂浇筑施工)

图2.2.52为一座跨河的预应力混凝土连续箱梁桥的立面布置图,跨径布置为50m+80m+50m,主梁采用变高度截面,支点梁高为5m,跨中梁高2m,采用悬臂浇筑施工。施工时先立0号、1号梁段的临时支架,立模、绑扎钢筋,浇筑0号、1号梁段,进行墩梁临时固结。待混凝土强度达到90%且混凝土龄期不小于7d后,开始对称张拉0号、1号梁段顶板及腹板预应力钢束,张拉顶板横向预应力、腹板竖向预应力筋及横隔板的横、竖向预应力筋。张拉完拼装挂篮并进行预压,以消除非弹性变形,对称浇筑2号梁段、张拉本梁段预应力钢筋,移动挂篮,重复进行每一节段梁的施工和预应力钢筋的张拉,直至第11号梁段完成,同时安装好边跨现浇支架,进行现浇段的施工,完成后移动挂篮进行边跨合龙,最后进行中跨合龙。图2.2.53为左半联纵向预应力钢束的立面布置图,对应施工节段,分节段进行纵向预应力钢筋的对称张拉,预应力钢筋采用$\phi^s15.2$低松弛钢绞线。

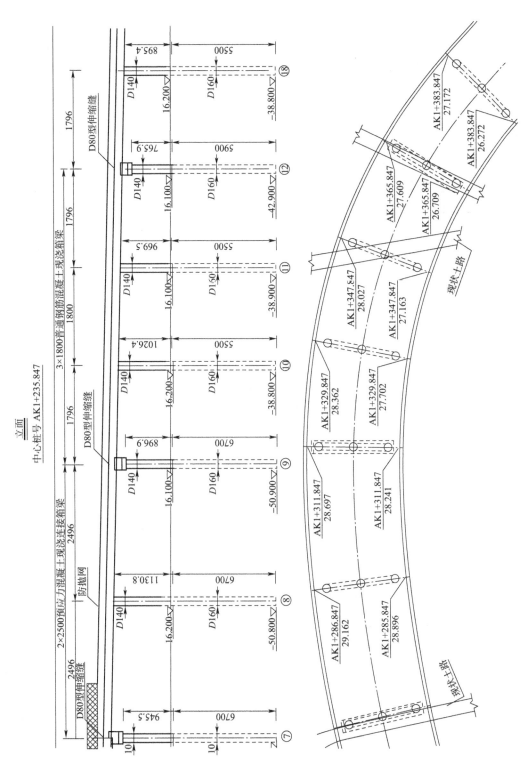

图 2.2.43 某互通立交匝道桥桥型布置图(立面+平面)(尺寸单位:cm;高程单位:m)

第1跨立剖面
沿路线设计线展开

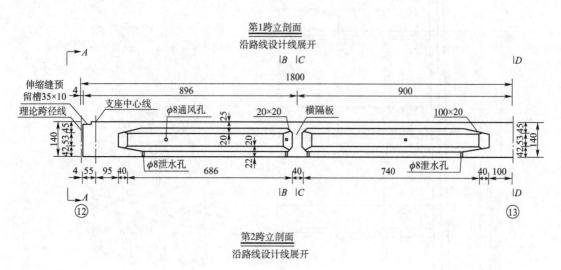

第2跨立剖面
沿路线设计线展开

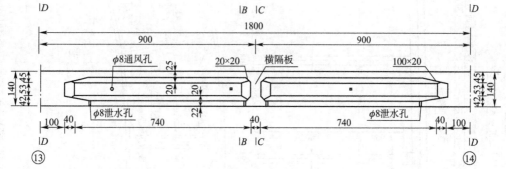

第3跨立剖面
沿路线设计线展开

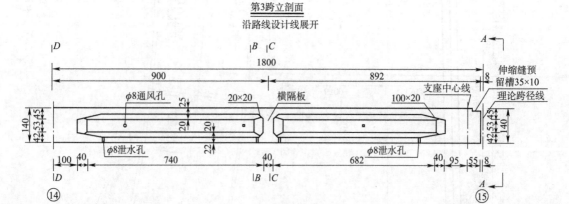

图 2.2.44

第1跨顶板平面

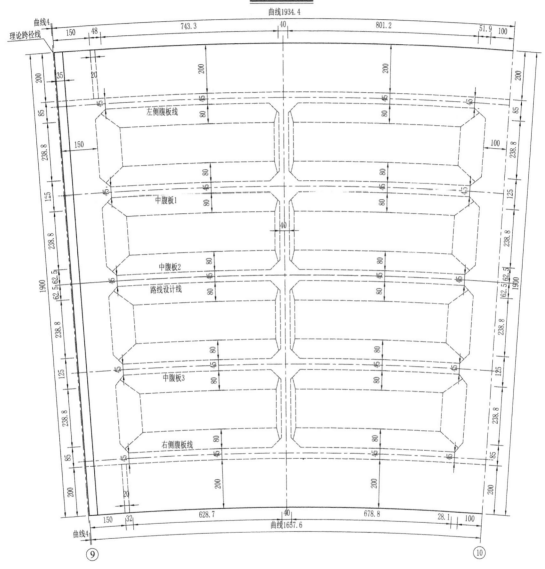

图 2.2.44

第1跨底板平面

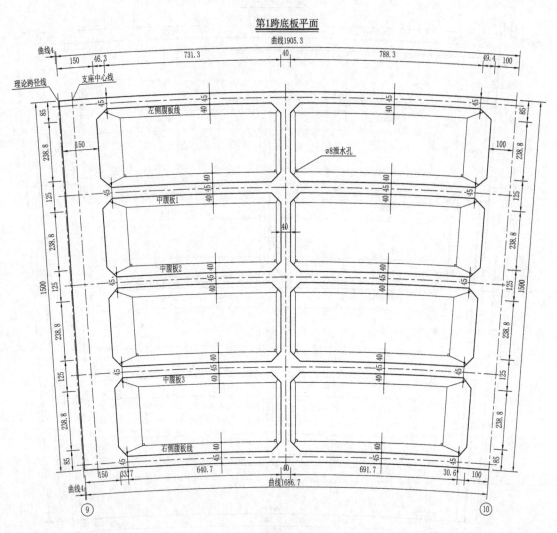

图 2.2.44

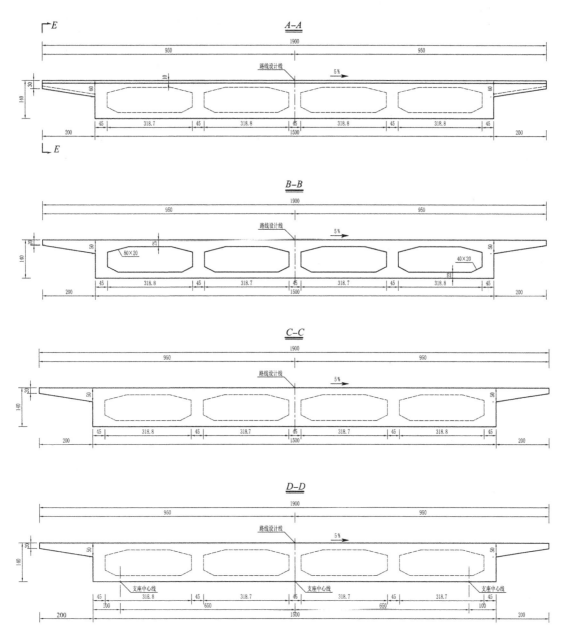

图 2.2.44　箱梁一般构造图(尺寸单位:cm)

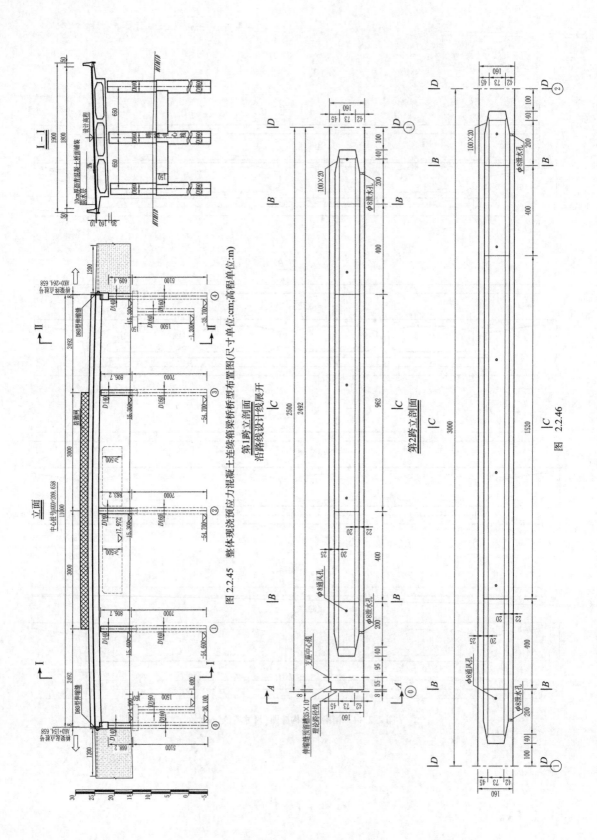

图 2.2.45 整体现浇预应力混凝土连续箱梁桥型布置图(尺寸单位:cm;高程单位:m)

图 2.2.46

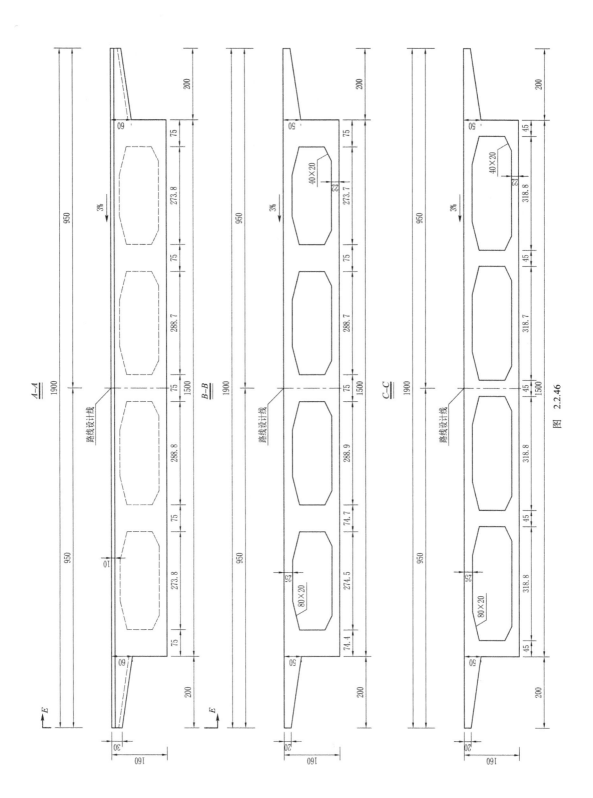

图 2.2.46

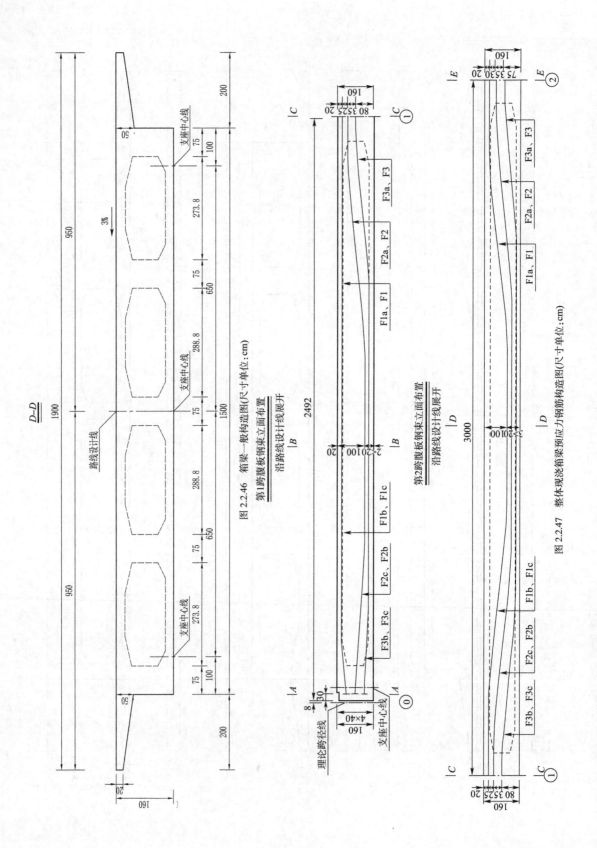

图2.2.46 箱梁一般构造图(尺寸单位:cm)

图2.2.47 整体现浇箱梁预应力钢筋构造图(尺寸单位:cm)

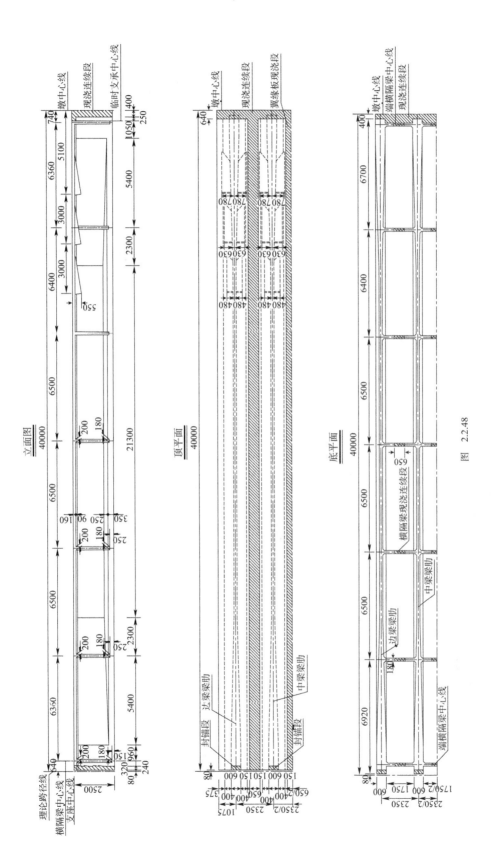

图 2.2.48

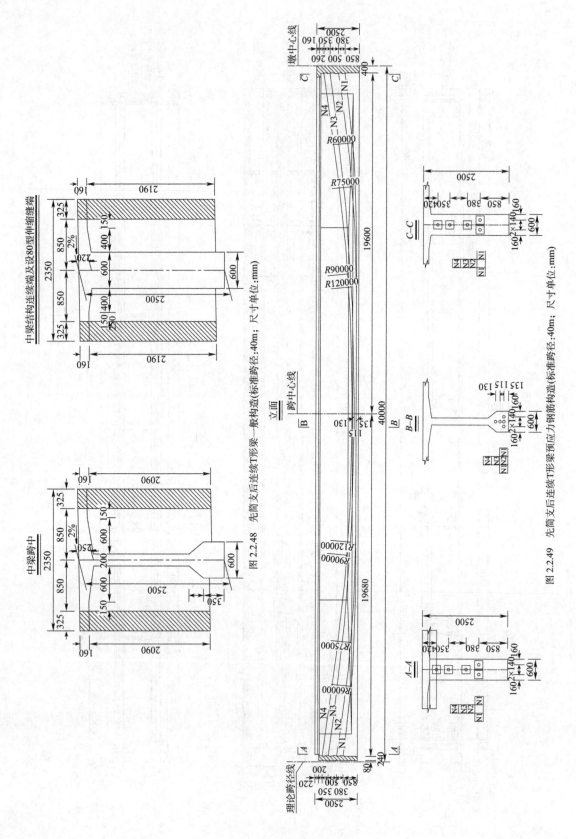

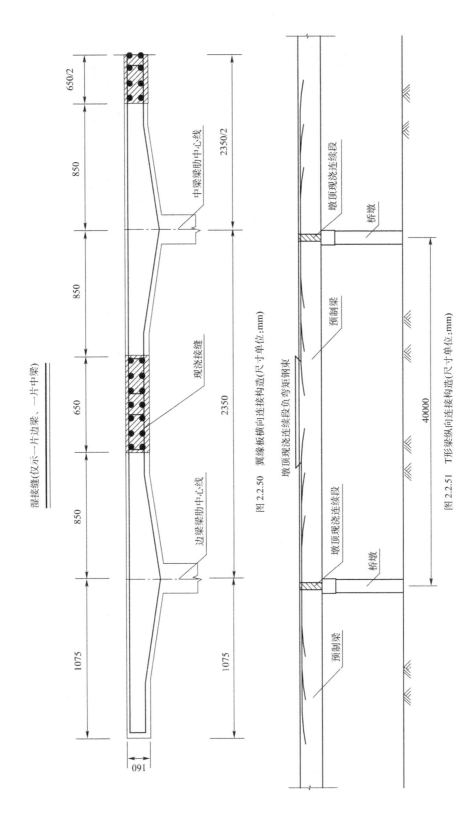

图 2.2.50 翼缘板板横向连接构造(尺寸单位:mm)

图 2.2.51 T形梁纵向连接构造(尺寸单位:mm)

立面

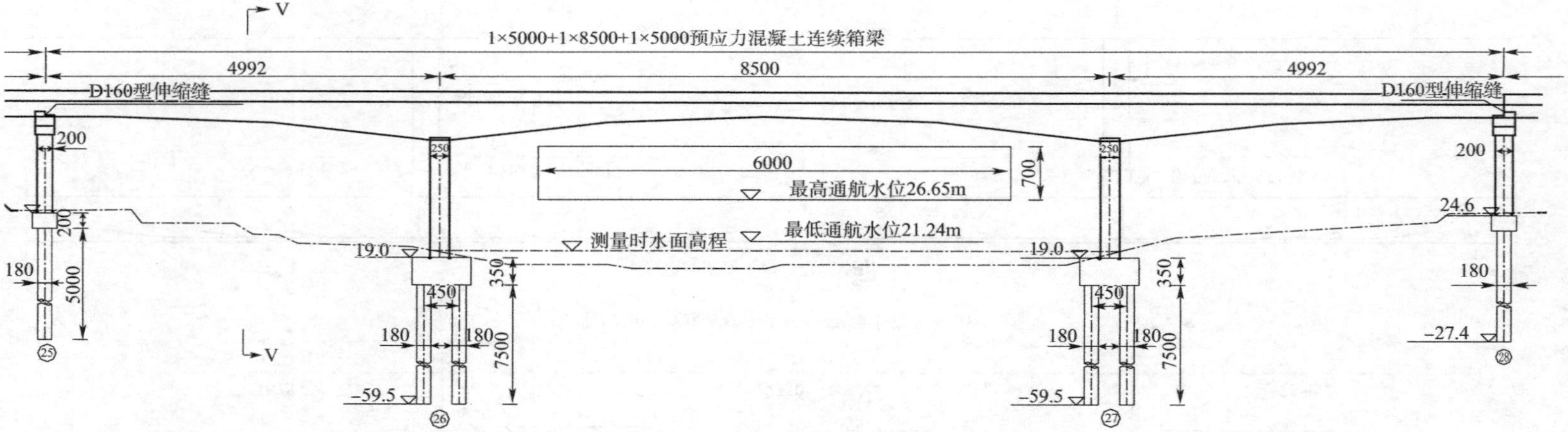

图 2.2.52　变截面预应力混凝土连续箱梁桥桥型布置图(尺寸单位:cm；高程单位:m)

纵向钢束立面图

纵向钢束立面图

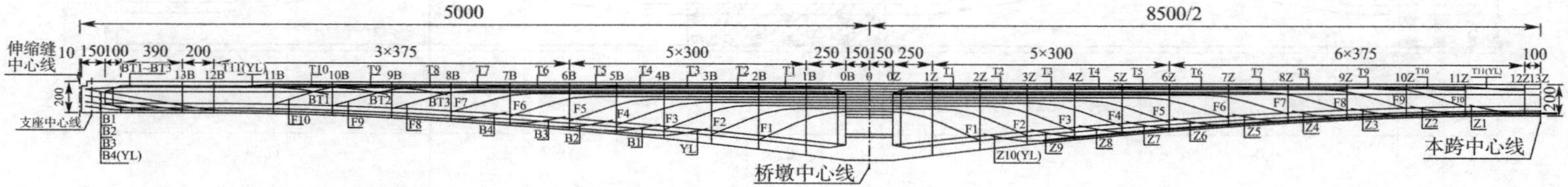

图 2.2.53　纵向预应力钢束立面布置图(尺寸单位:cm；高程单位:m)

第四节 刚构桥设计与构造

刚构桥是一种下部桥墩与上部主梁固结、具有悬臂受力特点的梁式桥,因桥墩向两侧伸出悬臂形同"T"字,故又称为T形刚构。刚构桥一般设计为预应力混凝土结构,可采用跨中设挂梁、跨中带剪力铰和连续三种基本类型,如图 2.2.54 所示。目前刚构桥常采用的桥型为连续刚构和 T 形刚构桥(适用于跨铁路的转体施工)。

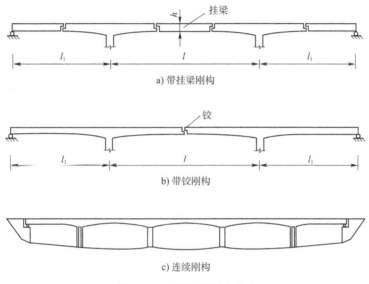

图 2.2.54 刚构式桥基本类型

一、连续刚构桥

1. 受力特点

预应力混凝土连续刚构桥是连续梁桥与 T 形刚构桥的组合体系,也称墩、梁固结的连续梁桥,如图 2.2.55 所示。大跨径预应力混凝土连续刚构桥具有以下结构与受力特点:

(1)属墩、梁固结体系。上部梁体与下部桥墩刚性固结成整体共同受力。

(2)结构受力优于连续体系。在恒载作用下,相同跨径的连续刚构桥与连续梁桥,跨中截面正弯矩、支点截面负弯矩和跨中竖向挠度基本一致;在活载作用下,连续刚构桥主梁跨中截面正弯矩及支点截面负弯矩均小于同等跨径的连续梁桥,因此连续刚构桥比连续梁桥可适应更大跨径。

(3)桥墩属柔性推力墩。连续刚构桥由于温度变化、混凝土收缩等因素,使梁体产生较大的纵向变形,并在墩顶产生较大的水平推力。为进一步适应梁体变形,在保证桥墩抗压和抗弯刚度的前提下,应尽量减小桥墩的水平抗推刚度。

2. 适用跨径范围

预应力混凝土连续刚构桥一般适用于 100~240m 范围,最大跨径可到 300m。跨径组合一般采用 3~5 跨布置,当采用连续-刚构组合体系时,可采用更多跨布置。边跨与中跨的跨径之比一般为 0.5~0.7。

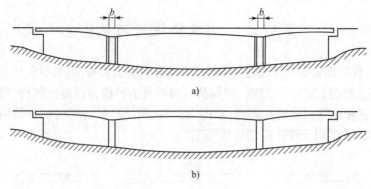

图 2.2.55 连续刚构桥

3. 截面设计

预应力混凝土连续刚构桥一般采用变截面箱形梁,支点截面主梁高度取跨径的 1/20 ~ 1/16,跨中截面主梁高度取支点截面的 1/3.5 ~ 1/2.5。其他细部尺寸与预应力混凝土连续梁桥基本相同。

4. 配筋设计

预应力混凝土连续刚构桥一般设计为三向预应力混凝土结构,其配筋及构造要求同预应力混凝土连续梁桥。

5. 桥墩设计

连续刚构桥桥墩设计为柔性墩,以减小其抗推刚度,适用上部主梁纵向水平位移。目前常用的柔性墩包括竖直双薄壁墩、竖直单薄壁墩和 V 形墩等形式。

(1)竖直双薄壁墩[图 2.2.55a)]

采用两个平行的薄壁与主梁固结,可有效提高桥墩的竖向抗压刚度,同时减小水平抗推刚度,以最大限度地适应上部主梁的纵向变形;同时双臂墩可起到消减支点负弯矩峰值作用,进一步减小主梁截面尺寸。薄壁墩可综合考虑采用空心墩和实心墩结构形式,对有通航要求的河段,采用双薄壁墩应考虑船只的撞击作用,确保其承载力和稳定性。

(2)竖直单薄壁墩[图 2.2.55b)]

竖直单薄壁墩一般适用于深谷和深水河流中的桥墩,当采用箱形截面单薄壁墩时,其抗扭刚度大、稳定性好。单薄壁墩与双薄壁墩相比,其柔性较大,但随着墩身高度的增加,其柔性也将逐渐增大,因此在大跨径高墩连续刚构桥中较多地采用箱形单薄壁墩。

(3)V 形墩(图 2.2.56)

为进一步减小刚构桥支点处的负弯矩峰值,将墩柱做成 V 形可使主梁支点负弯矩峰值降低一倍以上。

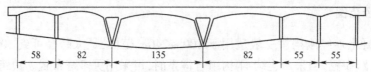

图 2.2.56 V 形墩连续刚构桥(尺寸单位:m)

近几年我国修建的大跨径预应力混凝土连续梁、连续刚构桥,普遍出现梁体开裂和跨中下挠超限等病害,严重影响桥梁正常使用。因此,需要从设计理论、施工控制等方面综合考虑进行设计。

二、T 形刚构桥

近几年,随着我国高速铁路和高速公路的建设提速,许多桥梁需跨越既有运营的铁路线路。为减小对运营铁路的影响,普遍将上跨铁路桥梁设计为 T 形刚构桥,采用转体施工的方法,最大限度地减小对既有铁路的运营影响。

1. 受力特点

T 形刚构桥是一种墩、梁固结(支座较少),带挂梁或带铰的结构,具有悬臂受力特点,比简支梁跨越能力大。普通钢筋混凝土 T 形刚构桥,跨径一般不超过 60m,因为跨径过大时悬臂根部在墩顶处的裂缝就很严重。因此现代的 T 形刚构桥广泛采用预应力混凝土结构,而且采用悬臂施工方法,其施工阶段的受力与结构运营阶段的受力基本保持一致,是比较经济的桥型方案。

2. 总体设计

图 2.2.57 为 T 形刚构的几种布置形式,主要可分为带铰的 T 形刚构和带挂梁的 T 形刚构。多跨预应力混凝土 T 形刚构桥的桥型选择和布置,除应考虑一般桥型设计所遵循的共同原则外,还应考虑以下几点:

(1)对于多个 T 形刚构,全桥的各 T 形单元尺寸尽可能相同,以简化设计、方便施工。

(2)T 形刚构桥的纵向布置尽可能对称,以防止 T 形刚构桥的桥墩承受不平衡的恒载弯矩。

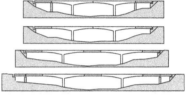

图 2.2.57 T 形刚构的几种布置形式

(3)带挂梁的 T 形刚构桥,桥型布置以每个 T 形刚构单元与两侧配置等跨长的挂梁为宜,在此情况下,刚构两侧结构自重是对称的,墩柱中无不平衡恒载弯矩。对于钢筋混凝土 T 形刚构桥,挂梁的合理长度一般在跨径的 0.5~0.7 倍范围内;而预应力混凝土 T 形刚构桥的挂梁合理长度一般在跨径的 0.22~0.50 倍范围内。主孔跨径大时,取较小比值,并应使挂梁跨径不超过 35~40m,以便于安装。

预应力混凝土 T 形刚构桥的悬臂梁在纵桥向一般采用变高度梁,通常采用箱形截面,也可以做成桁架结构。

3. 主梁构造与设计

(1)截面形式

钢筋混凝土 T 形刚构桥一般采用多室箱形截面、T 形截面等,预应力混凝土 T 形刚构桥一般采用箱形截面。

(2)梁高

跨中截面梁高视挂梁跨径和设铰的需要而定,带挂梁 T 形刚构桥的梁端高度一般与挂梁同高,当挂梁跨径在 30m 以下时,跨中梁高通常不大于 2.0m。带铰 T 形刚构桥的跨中梁高一般为支点梁高的 1/5~1/2。梁高由支点至跨中的变化,跨径小于 100m 时多采用二次抛物线;跨径大于 100m 时多采用三次曲线。

预应力混凝土 T 形刚构桥挂梁长度、梁高与跨径的关系如表 2.2.2 所示。

T形刚构桥梁高与跨径关系 表2.2.2

桥型	挂梁跨径	跨径与支点梁高的关系	跨中梁高
带挂梁T形刚构	$l_g = (0.25 \sim 0.50)l$ 且 $\leqslant 35 \sim 40$m	$l > 100$m 时,$H = (1/21 \sim 1/17)$	与挂梁同高
带铰T形刚构		$l < 100$m 时,$H = (1/18 \sim 1/14)$	$h = (0.2 \sim 0.4)H$,且$\geqslant 2.0$m

(3) 预应力钢筋

T形刚构桥一般采用悬臂施工,预应力钢筋应该结合施工情况配置。

带挂梁的T形刚构桥悬臂部分只承受负弯矩,因此,预应力钢筋可集中布置在桥面板内和梁肋的顶部,从而获得最大的作用力臂。预应力钢筋分为直束和下弯束两大类,其中一部分直束锚固在梁块接缝处的端面上,另一部分则作为通长束直接锚固在悬臂端的牛腿端面上;梁肋内的下弯束随着施工的推进逐步下弯锚固在梁块接缝处,而位于梁肋外承托内的下弯束必须作适当的平弯再下弯锚固。下弯力筋可以增加梁体的抗剪能力,必要时,可通过设置竖向预应力钢筋来提高梁肋的抗剪能力。

带剪力铰的T形刚构桥的悬臂部分,在悬臂施工中(一期恒载作用下)只承受负弯矩作用,合龙后的施工(二期恒载作用下)和运营期间(活载作用下)将承受正、负弯矩的作用,因此,除了布置上述预应力钢筋外,还应根据受力要求在梁底布置承受正弯矩的纵向预应力钢筋。

三、设 计 案 例

【案例15】 连续刚构桥

图2.2.58为一座预应力混凝土连续刚构桥立面布置图,跨径为50m+85m+50m,主桥上部采用挂篮悬臂浇筑施工。设计荷载等级为公路—Ⅰ级,按三车道加载计算。图2.2.59为箱梁一般构造图,主梁采用变截面箱梁,单箱单室截面,箱梁顶板宽13.25m,悬臂长3.0m,底板宽7.25m,中支点梁高5.0m,端支点梁高2.0m,墩顶底板厚0.7m,跨中底板厚0.3m,梁高和底板厚均采用1.8次抛物线变化。箱梁顶板厚28cm,悬臂端厚20cm,悬臂根部厚65cm,箱梁底板水平,顶板为2%的单面坡,采用C50混凝土。桥梁内外侧均设防撞护栏。

主桥箱梁采用纵、横、竖三向预应力体系。纵向预应力钢绞线腹板束采用19ϕ^s15.2型,顶板束采用15ϕ^s15.2型和17ϕ^s15.2型,底板束采用15ϕ^s15.2型和17ϕ^s15.2型;锚具分别采用M15-19、M15-17、M15-15型;钢束管道采用D100、D90型塑料波纹管,真空压浆施工工艺,钢束锚下张拉控制应力1395MPa,采用两端张拉。图2.2.60所示为箱梁纵向预应力钢束布置图。

【案例16】 T形刚构桥

图2.2.61是一座上跨铁路的预应力混凝土T形刚构桥的立面布置图,跨径为2×80m,采用转体施工方法。设计汽车荷载等级为1.3倍公路—Ⅰ级,双向六车道。转体系统由转体支座、上转盘、下转盘、撑脚、滑道、牵引系统组成,转体系统以转体支座为主,撑脚起控制转体稳定的作用。图2.2.62为其左跨箱梁立面一般构造图,主梁采用单箱双室变截面箱梁,中支点根部梁高8.5m,边支点梁高3.6m,梁高及底板厚度采用抛物线变化,梁顶顶宽19.8m,悬臂长3.9m,腹板厚50~95cm,底板厚30~95cm,顶板厚30cm,顶、底板内侧分别设置齿块用以张拉锚固预应力钢筋,主梁采用C55混凝土。图2.2.63为箱梁纵向预应力钢筋立面构造图,采用三向预应力体系,纵向预应力钢筋按照全预应力构件设计,预应力钢筋采用ϕ^s15.2低松弛钢绞线。

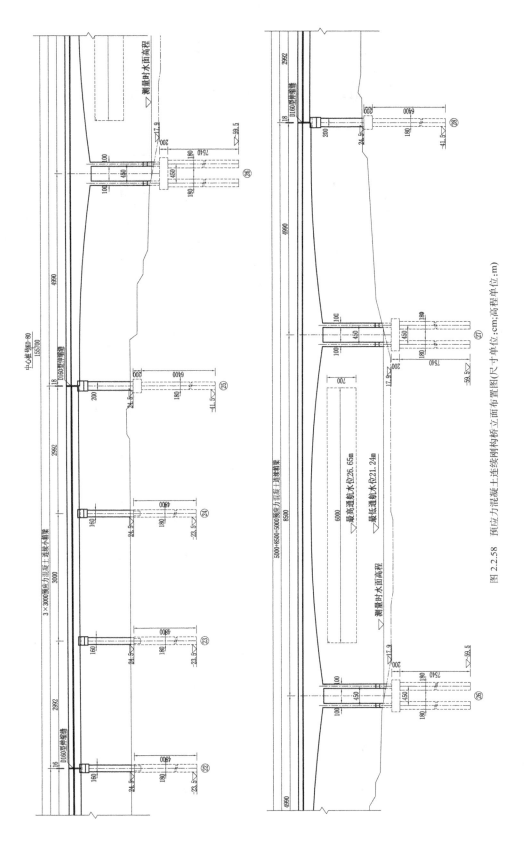

图 2.2.58 预应力混凝土连续刚构桥立面布置图(尺寸单位:cm;高程单位:m)

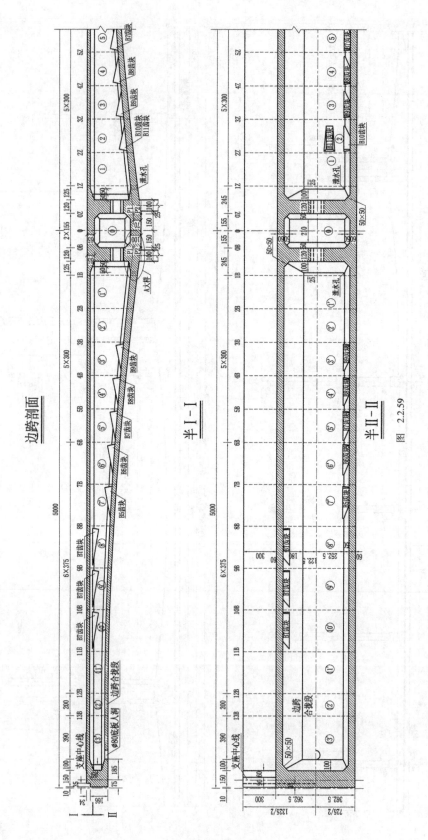

图 2.2.59

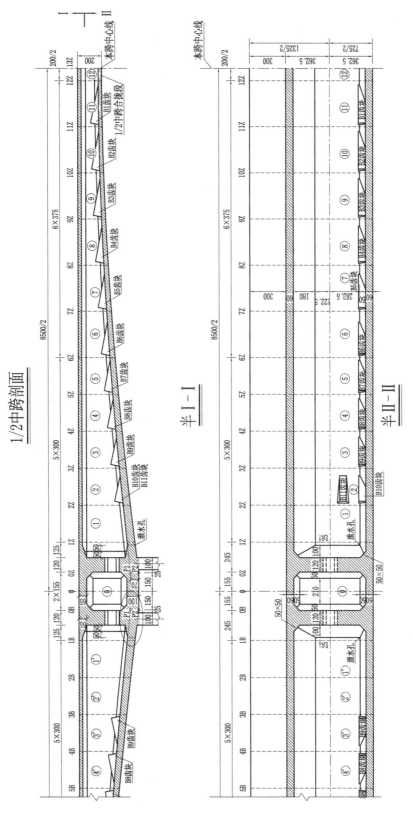

图 2.2.59 预应力混凝土连续刚构桥箱梁一般构造图(尺寸单位:cm)

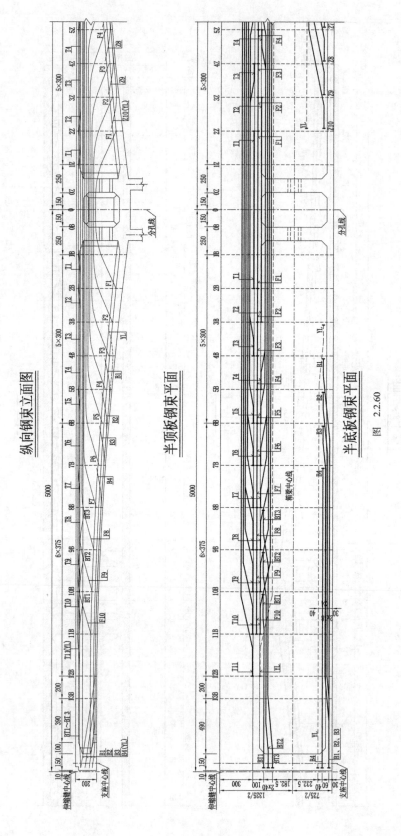

图 2.2.60

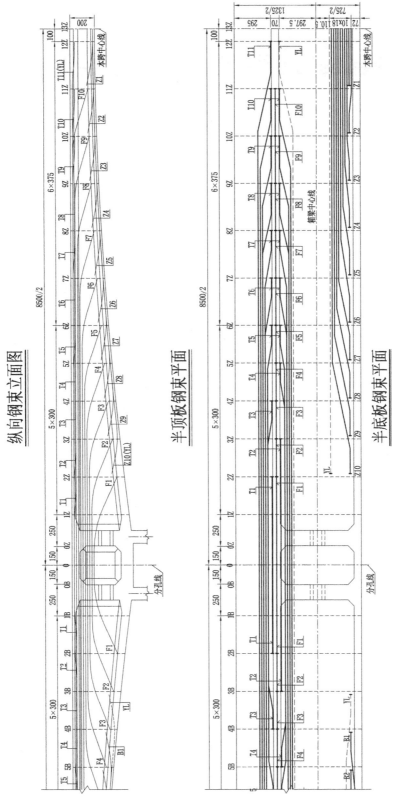

图 2.2.60 预应力混凝土连续刚构箱梁纵向预应力钢束布置图(尺寸单位:cm)

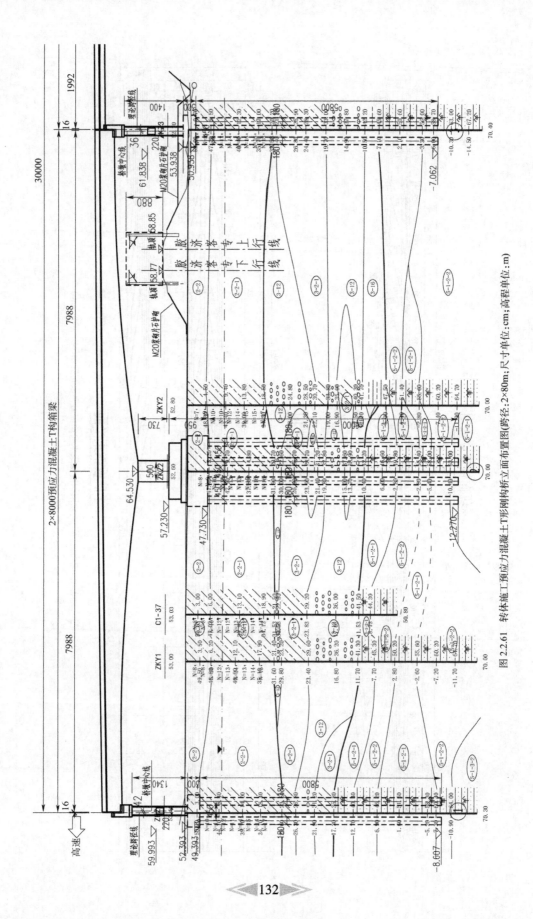

图 2.2.61 转体施工预应力混凝土T形刚构桥立面布置图(跨径:2×80m;尺寸单位:cm;高程单位:m)

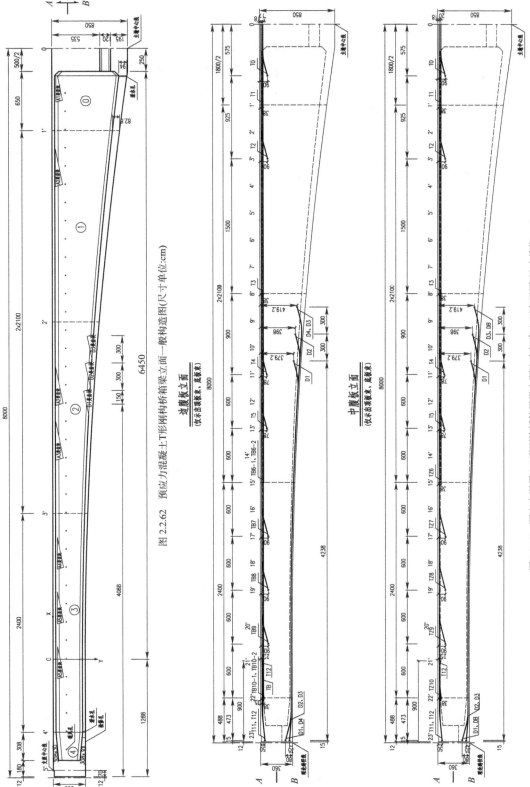

图 2.2.62 预应力混凝土T形刚构桥箱梁立面一般构造图(尺寸单位:cm)

图 2.2.63 预应力混凝土T形刚构桥箱梁纵向预应力钢束立面布置图(尺寸单位:cm)

第五节　无缝式梁桥

随着桥梁建设技术日益发展,采用全无缝桥梁技术取代伸缩装置技术,可解决桥面和梁结构的不平坦,减少车辆对桥梁的冲击,行驶性能好,抗震性能强,降低桥梁养护、维修等费用。对于中小跨径的简支桥梁,为提高行车的舒适性,减少伸缩缝装置后期养护维修费用,可将伸缩缝装置取消而设计为无缝式桥梁。

无缝式桥梁一般包括整体式桥台和半整体式桥台两种。

整体式桥台无缝式桥梁的上部结构与桥台刚性连接,梁与桥台形成整体,桥梁任何位置（包括桥头）不设置伸缩缝,无活动支座,如图 2.2.64 所示。

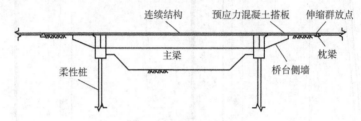

图 2.2.64　整体式桥台桥梁结构

半整体式桥台无缝式桥梁一般设置支座,不设置伸缩缝,上部结构与桥台铰接连接,如图 2.2.65 所示。

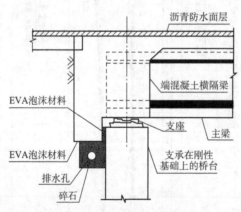

图 2.2.65　半整体式桥台横断面

由于整体式桥台桥梁要求桥墩的桩基础具有足够的柔性,但在我国北方寒冷地区冬季土层冻深达到 2~3m,这极大地限制了下部结构的柔度;同时由于寒冷地区的极限温差较大,造成上部结构收缩量变化较大,所以对下部结构与道路连接处的处理提出了较高要求。因此如何解决好上述两个问题,对于整体式桥台桥梁这一新技术的推广至关重要。

无缝桥的出现给我国中小桥梁提供了一个新的选择,但从技术与适应性上并没有取代传统的有缝桥。目前,整体式和半整体式桥台在我国还未全面推广使用,在中小跨径桥梁中,一般通过设置无缝式伸缩缝的形式来达到桥面连续,消除桥头跳车的目的。如图 2.2.66 为单孔小桥的无缝式伸缩缝构造图,通过填充弹性性能良好的高分子聚合物满足桥梁结构的变形。如图所示,502 弹塑性体中的集料是特别精选的黑色花岗岩,按特定级配混合均匀,加倍清洗、干燥,用作集料,与 502 拌和,增大密实度和承载力。米石是特别精选的黑色花岗岩,用作表面磨耗层。跨缝板采用厚1mm,宽150mm的铝板,防止集料落入缝隙并保证均匀伸缩。

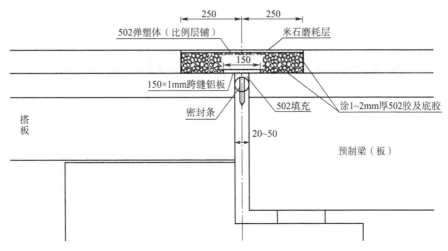

图2.2.66 无缝式伸缩缝构造图(尺寸单位:mm)

施工工艺及步骤:①整理安装就位预制板梁端部;②立模浇筑伸缩缝两边的水泥混凝土、混凝土现浇层及桥面铺装;③清除所有杂物和尘土,用水冲洗晾干,并用火焰枪清洁、干燥槽口;④在槽底、槽边涂底胶,晾干10~15min;⑤在伸缩缝间隙处嵌入密封条,浇入熔化的502胶填满间隙;⑥放置跨缝铝板,对中压紧;⑦在槽底、槽边涂一层熔化的502胶,厚1~2mm;⑧在搅拌机中将集料加热到150℃左右,在熔化炉中将502胶加热到将近190℃;⑨将集料和502胶进行拌和;⑩将拌和料按比例分层摊铺、捣实,最后一层填料比桥面略高一些,最后在热黏结剂上撒一层米石,用压路机压实。

第三章 装配式简支梁(板)桥内力计算

第一节 概　　述

装配式简支梁(板)桥是目前中小跨径桥梁最常用的结构形式。第一篇介绍了桥梁作用的类型及取值标准,在本篇第二章介绍了装配式简支梁(板)桥的结构类型、截面设计和配筋构造等相关知识,本章重点介绍装配式简支梁(板)桥的行车道板、主梁和横隔梁的内力计算。

装配式简支梁(板)桥内力计算包括结构构件各控制截面的弯矩值和剪力值。其中恒载内力(结构自重)需根据拟定的结构尺寸和选用材料,确定恒载集度后按简支受力体系计算各截面的内力值;活载内力(车辆荷载、人群荷载等)需根据桥梁确定的设计荷载等级,在结构构件各截面内力影响上进行最不利布载,计算最大内力值;最后根据荷载组合原则,确定各截面最不利组合内力控制设计值。

确定简支梁(板)各截面控制设计内力值后,可根据"结构设计原理"课程的有关知识,进行结构构件的强度、刚度和稳定性的验算。

第二节　行车道板的计算

装配式简支梁(板)桥行车道板主要指T形梁、箱形梁和I形梁等肋板式梁桥的上翼缘板,行车道板直接承受车轮荷载作用,通过横向联系等构造措施传递给主梁梁肋。

一、行车道板类型

目前装配式简支梁桥(T形梁、箱形梁)行车道板,普遍采用现浇湿接缝将各片主梁联成整体共同受力,可认为行车道板支承在主梁梁肋(或内纵梁)和横隔梁(板)上,属于周边支承的行车道板,如图2.3.1所示。

对于周边支承的行车道板(一般指内梁间的行车道板),当在板的中央作用一竖向集中力P时,荷载向四个支承边传递,当板沿长跨(l_a)和短跨(l_b)相对刚度不同时,二者传递的荷载不同。根据对周边支承的弹性薄板受力分析得出:当板的长边与短边之比$l_a/l_b \geqslant 2$时,绝大部分荷载沿短跨方向传递,而沿长跨方向传递的荷载不足6%;且l_a/l_b比越大,向长跨方向传递的荷载也越少。

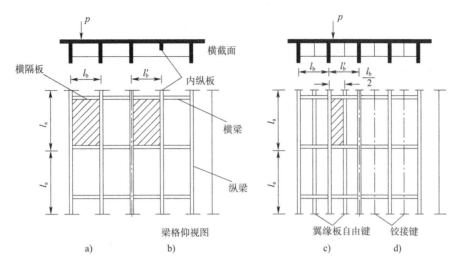

图 2.3.1 梁格系构造和行车道板支承方式

基于以上分析,可将周边支承的行车道板分为单向受力板和双向受力板。单向受力板是指长宽比大于或等于 $2(l_a/l_b \geq 2)$ 的周边支承板,此时行车道板所承受的荷载主要沿短跨方向传递,需按照短跨方向的内力进行结构配筋计算,长跨方向只需设置一定数量的分布钢筋。双向受力板是指长宽比小于 $2(l_a/l_b < 2)$ 的周边支承板,此时行车道板所承受的荷载沿短跨方向和长跨方向都传递,需按照两个方向的内力进行结构配筋计算。

装配式简支梁边梁外侧翼缘板,属三向支承的行车道板,可看作沿短跨方向一端嵌固于主梁梁肋,而另一端为自由端的悬臂梁。

二、车轮荷载在行车道板分布

作用在桥面上的车轮荷载,通过桥面铺装层传递到行车道板。为了计算方便,通常将车轮与桥面的接触面看作矩形受力面 $a_1 \times b_1$(图 2.3.2),a_1 为车轮沿行车方向的着地长度,b_1 为车轮横桥向着地宽度,a_1、b_1 取值见表 1.3.5。

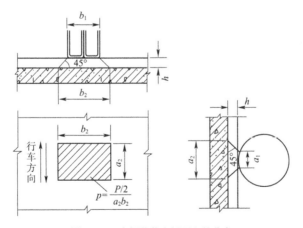

图 2.3.2 车辆荷载在板面上的分布

根据试验研究,对于沥青混凝土桥面铺装,车轮荷载可偏安全地按 45°角向下扩散。经桥面铺装扩散后,作用在行车道板上的荷载作用面积分别为:

纵桥向：$a_2 = a_1 + 2h$
横桥向：$b_2 = b_1 + 2h$ (2.3.1)

式中：h——桥面铺装层的厚度。

车轮荷载经过桥面铺装扩散后，作用在行车道板上的荷载可看作局部分布荷载，荷载集度为：

$$p = \frac{P/2}{a_2 b_2} \quad (2.3.2)$$

式中：P——车辆重轴的轴重(kN)，见表1.3.5。由于汽车每个车轴有两组车轮，则单组车轮的重量为$P/2$。

三、板的有效工作宽度(荷载分布宽度)

行车道板在局部分布荷载p的作用下，不仅直接承压部分(宽度为a_2)的板宽参加工作，与其相邻的其他板宽也会承受一部分荷载共同受力。为此，需合理确定行车道板在车轮荷载作用下的有效工作宽度(或称为荷载分布宽度)，并针对有效工作宽度内的行车道板进行结构计算。

(一)单向受力板

图2.3.3为一单向受力板，板中央作用一分布面积为$a_1 \times b_1$的局部分布荷载，在该荷载的作用下，板除了沿计算跨径(短跨)x方向产生挠曲变形w_x外，在长跨y方向也产生挠曲变形w_y，由此说明在局部分布荷载的作用下，不仅直接着力的板条(宽度a_2)受力，与其相邻的板也参与受力。从长跨方向(y方向)各板条的弯矩(m_x)分布图形看，在荷载着力点处的板条产生的弯矩最大($m_{x\max}$)，距荷载着力点越远，板条所产生的弯矩越小。

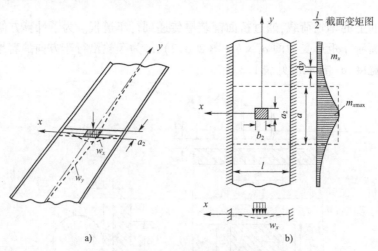

图2.3.3 行车道板受力状态

现引入有效工作宽度a，以$a \times m_{x\max}$表示的矩形弯矩值来替代实际的曲线形弯矩值：

$$a \times m_{x\max} = \int m_x \mathrm{d}y = M \quad (2.3.3)$$

则有效工作宽度为：

$$a = \frac{M}{m_{x\max}} \tag{2.3.4}$$

式中:M——车轮荷载产生的跨中总弯矩;

$m_{x\max}$——荷载着力处的最大单宽弯矩值,可按弹性薄板的理论求得。

行车道板有效工作宽度内,当作用一车轮荷载时,每1m宽板条上的荷载集度为:

$$p = \frac{P}{2ab_2} \tag{2.3.5}$$

式中:P——汽车的轴重。

图2.3.4为跨径为l的单向受力板,在不同支承条件、不同荷载性质及不同荷载位置情况下,板的有效工作宽度与计算跨径比值(a/l)变化图示(图中数值是按$a_2 = b_2$算得的)。从图中可以看出:两边固结的行车道板,其有效工作宽度比两边简支的小30%～40%,全跨满布条形荷载的有效分布宽度比局部分布荷载要小;荷载越靠近支承边时,其有效工作宽度也越小。

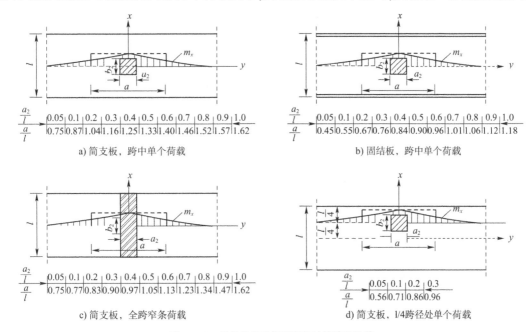

图2.3.4 板的有效工作宽度与计算跨径比值

由于行车道板的支承条件既不是固结,也不是铰接,而是近似于弹性支承体系。为了计算方便,《公路钢筋混凝土及预应力混凝土桥涵设计规范》(JTG 3362—2018)规定:整体单向板计算时,通过车轮传递到板上的荷载分布宽度宜按下列规定计算。

1. 平行于板的跨径方向的荷载分布宽度

$$b_2 = b_1 + 2h$$

2. 垂直于板的跨径方向的荷载分布宽度

(1)单个车轮在板的跨径中部时[图2.3.5a)]:

$$a = (a_1 + 2h) + \frac{l}{3} \geq \frac{2l}{3} \tag{2.3.6-1}$$

(2)多个相同车轮在板的跨径中部时,当各单个车轮按式(2.3.6)计算的荷载分布宽度有重叠时[图2.3.5b)]：

$$a = (a_1 + 2h) + d + \frac{l}{3} \geqslant \frac{2l}{3} + d \quad (2.3.6-2)$$

(3)车轮在板的支承处时[图2.3.5c)]，有：

$$a' = (a_1 + 2h) + t \quad (2.3.6-3)$$

(4)车轮在板的支承附近，距支点的距离为 x 时，有：

$$a_x = (a_1 + 2h) + t + 2x \quad (2.3.6-4)$$

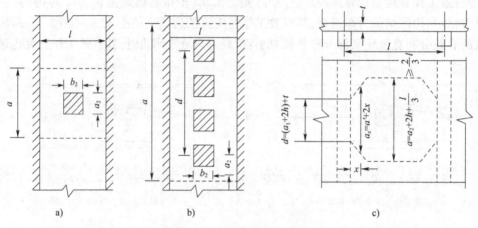

图 2.3.5 车轮荷载有效分布宽度

但不大于车轮在板的跨径中部的分布宽度。

(5)按本规定计算的所有分布宽度，当大于板全宽时取板全宽。

(6)彼此不相连的预制板，车轮在板内分布宽度不大于预制板宽度。

上式中：l——板的计算跨径；
　　　　h——桥面铺装层厚度；
　　　　t——板的跨中厚度；
　　　　d——多个车轮时外轮之间的中距；
　　　　a_1、b_1——垂直于板跨和平行于板跨方向的车轮着地尺寸。

由图2.3.5看出：当荷载由支承处向跨中方向移动时，相应的有效分布宽度可近似地按45°线过渡。即荷载越靠近跨中，荷载作用分布范围越大，参与受力的板宽度越大。

(二)悬臂板

图2.3.6为悬臂长度为 l_0 的悬臂板，在局部分布荷载作用下，除了直接着力的板条(宽度 a_1)沿悬臂方向产生挠曲变形(w_x)外，其相邻板条也发生挠曲变形(w_y)；悬臂板在纵桥向(y方向)不同位置的悬臂根部弯矩值(m_x)，直接着力部位的板条所产生的负弯矩值最大($m_{x\max} \approx -0.465P$)。

考虑悬臂板在外荷载作用下产生的总弯矩为 $M_0 = -Pl_0$，可按照最大负弯矩值换算确定有效工作宽度：

$$a = \frac{M}{m_{x\max}} = \frac{-Pl_0}{-0.465P} \approx 2.15l_0 \qquad (2.3.7)$$

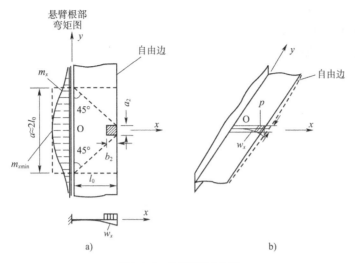

图 2.3.6 悬臂板受力状态

由此可见,悬臂板的有效工作宽度接近于 2 倍悬臂长度,荷载近似按 45°角由悬臂端部向支承处分布,如图 2.3.7 所示。

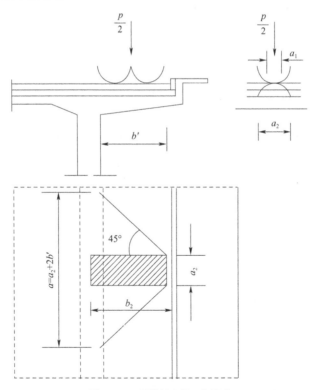

图 2.3.7 悬臂板有效工作宽度

《公路钢筋混凝土及预应力混凝土桥涵设计规范》(JTG 3362—2018)规定:当 $l_c \leq 2.5$m 时,悬臂板垂直于其跨径方向的车轮荷载分布宽度可按下列规定计算:

$$a = (a_1 + 2h) + 2l_c \qquad (2.3.8)$$

式中：a——垂直于悬臂板跨径的车轮荷载分布宽度；

a_1——垂直于悬臂板跨径的车轮着地尺寸；

l_c——平行于悬臂板跨径的车轮着地尺寸的外缘，通过铺装层45°分布线的外边线至腹板外边缘的距离(图2.3.8)；

h——桥面铺装层厚度。

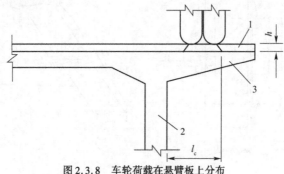

图2.3.8 车轮荷载在悬臂板上分布
1-桥面铺装；2-腹板；3-悬臂板

四、行车道板内力计算

目前，装配式简支梁桥(T形梁、箱形梁、I形梁)行车道板均为实体矩形截面，在车轮荷载作用下以截面抗弯设计为主。为设计方便，通常选取行车道板有效工作宽度内1米宽板条进行计算。

(一)多跨连续单向板内力计算

行车道板与主梁梁肋(横隔梁)组成整体共同受力，当行车道板与主梁梁肋相对刚度不同时，将直接影响行车道板的受力状态，如图2.3.9所示。如果主梁的抗扭刚度极大，行车道板接近于两端固结的固端梁，属刚构受力体系；如果主梁抗扭刚度极小，行车道板接近于在梁肋处为自由转动的铰支承，属于连续梁受力体系。实际上行车道板和主梁梁肋的支承条件，既不是固结支承体系，也不是铰接支承体系，可视为弹性固结支承体系。

a) 固结体系　　　b) 铰接体系　　　c) 弹性固结体系

图2.3.9 主梁扭转对行车道板受力的影响

为简化计算，车轮荷载作用下行车道板内力计算，先按照相同跨径的简支板计算，然后根据板厚t与梁肋高度h的比值进行修正。

1. 弯矩计算

与梁肋整体连接的行车道板，计算弯矩时其计算跨径可取为两肋间的净距加板厚，但不大于两肋中心之间的距离。此时，弯矩可按以下简化方法计算：

(1)支点弯矩

$$M = -0.7M_0 \tag{2.3.9-1}$$

(2)跨中弯矩

板厚与梁肋高度比大于或等于1/4时

$$M = +0.7M_0 \quad (2.3.9\text{-}2)$$

板厚与梁肋高度比小于1/4时

$$M = +0.5M_0 \quad (2.3.9\text{-}3)$$

式中：M_0——与计算跨径相同的简支板跨中弯矩。

图2.3.10为单向受力板在车轮荷载作用下最不利布载图，将车轮荷载布置在跨中部位截面产生最大弯矩值[图2.3.10a)]，将车轮荷载布置在支承部位截面产生最大剪力值[图2.3.10b)]。

车轮荷载作用下，每米宽简支板跨中弯矩为：

$$M_{0p} = (1+\mu) \cdot \left(\frac{P}{4a} \div \frac{l}{2} - \frac{P}{4a} \times \frac{b_2}{4} \right) = (1+\mu) \cdot \frac{P}{8a} \cdot \left(l - \frac{b_2}{2} \right) \quad (2.3.10)$$

式中：P——重车后轴的轴重；

a——板的有效工作宽度；

l——板的计算跨径，当梁肋宽度较小时（如窄肋T形梁）取梁肋中距；当主梁肋部宽度较大时（如箱形梁肋），可取梁肋间净距 + 板厚，即 $l = l_0 + t \geqslant l_0 + b$，此处 l_0 为板的净跨径，b 为梁肋宽度；

$1+\mu$——汽车荷载冲击力系数，对于桥面板取1.3。

当装配式肋梁桥主梁间距较大时，行车道板计算跨径范围内可能会布置第二个车轮荷载，此时按照最不利布载原则计算跨中最大弯矩。

恒载作用下，每米板宽简支板跨中弯矩为：

$$M_{0g} = \frac{1}{8} g l^2 \quad (2.3.11)$$

式中：g——恒载集度，即1m宽板条每延米的恒载重量。

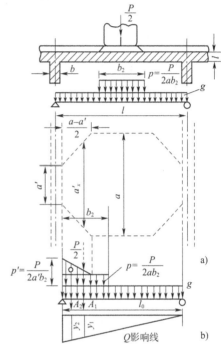

图2.3.10 单向受力板内力计算布载图

2. 剪力计算

与梁肋整体连接的板，计算剪力时其计算跨径可取两肋间净距，剪力按该计算跨径的简支板偏安全计算。

计算单向板的支点剪力时，可不考虑板和主梁的弹性固结作用，此时荷载必须尽量靠近梁肋边缘布置。考虑相应的有效工作宽度后，每米板宽承受的分布荷载如图2.3.10b)所示。对于跨径内只有一个车轮荷载的情况，支点剪力 Q_s 的计算公式为：

$$Q_s = \frac{gl_0}{2} + (1+\mu)(A_1 y_1 + A_2 y_2) \quad (2.3.12\text{-}1)$$

其中，矩形部分荷载的合力为：

$$A_1 = pb_2 = \frac{P}{2ab_2} b_2 = \frac{P}{2a} \quad (2.3.12\text{-}2)$$

三角形部分荷载的合力为：

$$A_2 = \frac{1}{2}(p-p') \cdot \frac{1}{2}(a-a') = \frac{P}{8aa'b_2}(a-a')^2 \tag{2.3.12-3}$$

式中：p、p'——对应于有效工作宽度 a 和 a' 处的荷载强度；
$\quad y_1$、y_2——对应于荷载合力 A_1 和 A_2 的支点剪力影响线竖标值；
$\quad l_0$——板的净跨径。

如跨径内不止一个车轮进入时，尚应计及其他车轮的影响。

(二)悬臂板内力

对于沿纵缝不连接的悬臂板或边梁外侧翼缘板，在计算悬臂根部最大弯矩时，应将车轮荷载靠板外边缘布置，此时 $b = b_1 + h$（车轮荷载只能向内侧方向分布）。则恒载和活载弯矩可由一般公式求得：

活载弯矩：

$$M_{sp} = -(1+\mu)\frac{1}{2}pl_0^2 = -(1+\mu)\frac{P}{4ab_2}l_0^2 \quad (b_1 \geq l_0 \text{ 时}) \tag{2.3.13-1}$$

或

$$M_{sp} = -(1+\mu)pb_2\left(l_0 - \frac{b_2}{2}\right) = -(1+\mu)\frac{P}{2a}\left(l_0 - \frac{b_2}{2}\right) \quad (b_2 < l_0 \text{ 时}) \tag{2.3.13-2}$$

恒载弯矩：

$$M_{sg} = -\frac{1}{2}gl_0^2 \tag{2.3.14}$$

以上活载内力计算公式，均对应于轮重为 $P/2$ 的汽车荷载推导得出。

(三)内力组合

计算出行车道板各截面结构自重和汽车荷载产生的内力后，按照承载能力极限状态组合原则[式(1.3.20)]，可计算出每 1m 宽板条各截面最大组合内力值，见表 2.3.1。

每 1m 宽板内力组合　　　　　表 2.3.1

承载能力极限状态	基本组合	结构重力对结构的承载能力不利时	$S_{ud} = 1.2G_{自重} + 1.8Q_{汽} + 0.75 \times 1.4Q_{人}$
		结构重力对结构的承载能力有利时	$S_{ud} = 1.0G_{自重} + 1.8Q_{汽} + 0.75 \times 1.4Q_{人}$
	偶然组合	频遇值	$S_{ud} = G_{自重} + 0.7Q_{汽} + 1.0Q_{人}$
		准永久值	$S_{ud} = G_{自重} + 0.4Q_{汽} + 0.4Q_{人}$
正常使用极限状态		频遇组合	$S_{ud} = 1.0G_{自重} + 0.7Q_{汽(不计冲击力)} + 0.4Q_{人}$
		偶然组合	$S_{ud} = G_{自重} + 0.4Q_{汽(不计冲击力)} + 0.4Q_{人}$

五、计算实例

【例 2.3.1】 计算图 2.3.11 所示 T 梁翼板间湿接缝连接所构成的多跨弹性支承连续单向板的设计内力。荷载为公路—I 级。桥面铺装为 10cm 厚沥青混凝土面层（重度为 23kN/m³）和平均8cm厚的C50混凝土现浇层(重度为24kN/m³)。T梁翼板钢筋混凝土的重度为25kN/m³。

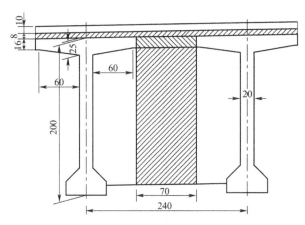

图2.3.11 单向板行车道板(尺寸单位:cm)

(一)结构自重及其内力(以纵向1m宽的板条进行计算)

1. 每延米板上的结构自重 g

板的结构自重 g 见表2.3.2。

板的结构自重 g　　　　表2.3.2

沥青混凝土面层 g_1	$0.1 \times 1.0 \times 23 = 2.3 (kN/m)$
C50混凝土垫层 g_2	$0.08 \times 1.0 \times 24 = 1.92 (kN/m)$
T梁翼板自重 g_3	$\left[0.16 + \frac{1}{2} \times 0.6 \times (0.25 - 0.16) \div (0.5 + 0.6) \right] \times 0.1 \times 25 = 4.61 (kN/m)$
合计	$g = \sum g_i = 8.83 kN/m$

2. 每米宽板条的恒载内力计算

先计算简支板的跨中和支点剪力。

简支板跨中弯矩:$M_0 = \frac{1}{8}gl^2 = \frac{1}{8} \times 8.83 \times 2^2 = 4.42 (kN \cdot m)$

简支板支点剪力:$Q_0 = \frac{1}{2}gl_0 = \frac{1}{2} \times 8.83 \times (2 - 0.2) = 7.95 (kN)$

根据《公路钢筋混凝土及预应力混凝土桥涵设计规范》(JTG 3362—2018)第4.2.2条规定,与梁肋整体相连接的板,其内力如下。

支点弯矩:$M_{sg} = -0.7M_0 = -0.7 \times 4.42 = -3.09 (kN \cdot m)$
跨中弯矩:$M_{sg} = 0.5M_0 = 0.5 \times 4.42 = 2.21 (kN \cdot m)$(板厚与梁肋高度比小于1/4)
支点剪力:$Q_{sg} = Q_0 = 7.95 (kN)$

(二)汽车荷载产生的内力

根据《公路桥涵设计通用规范》(JTG D60—2015)第4.3.1-5条规定的车辆荷载布置形

式,当加载车辆的一侧车轮作用于桥面板跨中时,可分为图 2.3.12b)、c)两种加载情形进行讨论。由于中、后轮轴重较大,且其两重轮的有效分布区域发生重合,显然图 2.3.12b)的布载形式将使桥面板产生最大的弯矩效应。

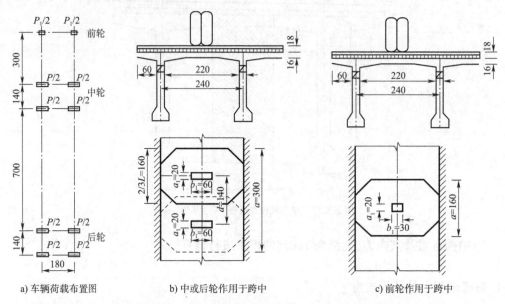

a) 车辆荷载布置图　　b) 中或后轮作用于跨中　　c) 前轮作用于跨中

图 2.3.12　桥面板车辆荷载的计算图式(尺寸单位:cm)

按《公路桥涵设计通用规范》(JTG D60—2015)第 4.3.1-5 条,后轮轴重 140kN,着地的宽度与长度为 $b_1 \times a_1 = 0.6\text{m} \times 0.2\text{m}$,作用于桥面板上的区域为 $(b_1+2h) \times (a_1+2h) = b_2 \times a_2$。

车轮作用于板跨径中部时的有效分布宽度如下。

计算弯矩时:

$$a = \max \begin{cases} (a_1+2h)+d+\dfrac{l}{3} = (0.2+2\times0.18)+1.4+\dfrac{2.4}{3} = 2.76(\text{m}) \\ d+\dfrac{2l}{3} = 1.4+\dfrac{2\times2.4}{3} = 3.0(\text{m}) \end{cases}$$

计算剪力时:

$$a = \max \begin{cases} (a_1+2h)+d+\dfrac{l}{3} = (0.2+2\times0.18)+1.4+\dfrac{2.2}{3} = 2.76(\text{m}) \\ d+\dfrac{2l}{3} = 1.4+\dfrac{2\times2.2}{3} = 2.87(\text{m}) \end{cases}$$

轮作用于板支撑处时的有效分布宽度为(两重轴的分布区域未重合):
$a' = (a_1+2h)+t = (0.2+2\times0.18)+0.16 = 0.72(\text{m})$

(偏安全考虑,板厚取小值)为了便于计算,这里将板跨径中部的有效分布宽度等效到单轴的情况,计算弯矩时 $a=1.5\text{m}$,计算剪力时 $a=1.435\text{m}$。

经过比较得知,当一车轮作用于板正中时产生最大的弯矩效应,虽然计算跨径大另一个车轮也进入跨径内;当一侧车轮作用于紧靠板的支点处(此时另一个车轮也部分作用于该跨板)产生最大剪力效应。车轮荷载分布宽度及加载图式如图 2.3.13 所示。

作用于每米宽简支板条上的跨中弯矩最大值为:

$a_x = a'+2x = 0.72+2\times0.38 = 1.48(\text{m})$

$$M_{sp0} = (1+\mu)\left[\frac{P}{8a}\left(l - \frac{b_2}{4}\right) + A_1 y_1 + A_2 y_2\right]$$

$$= 1.3 \times \left[\frac{140}{8 \times 1.5} \times \left(2.4 - \frac{0.96}{4}\right) + \frac{140}{2 \times 1.48 \times 0.96} \times 0.38 \times 0.095 + \frac{1}{2} \times\right.$$

$$\left.\left(\frac{140}{2 \times 0.72 \times 0.96} - \frac{140}{2 \times 1.48 \times 0.96}\right) \times 0.38 \times 0.063\right]$$

$$= 32.26 (\text{kN} \cdot \text{m})$$

作用于每米宽简支板条上的支点剪力最大值为：

$$q = \frac{P}{2ab_2} = \frac{140}{2 \times 1.435 \times 0.96} = 50.81(\text{kN/m}^2)$$

$$q' = \frac{P}{2a'b_2} = \frac{140}{2 \times 0.72 \times 0.56} = 101.27(\text{kN/m}^2)$$

$$Q_{sp0} = (1+\mu)(A_1 y_1 + A_2 y_2 + A_3 y_3 + A_4 y_4)$$

$$= 1.3 \times \left[50.81 \times 0.96 \times 0.782 + \frac{1}{2} \times (101.27 - 50.81) \times 0.357 \times (0.946 + 0.054) + \right.$$

$$\left. 50.81 \times 0.90 \times 0.205\right]$$

$$= 73.45(\text{kN})$$

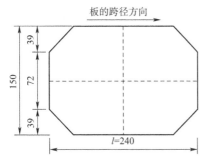

图 2.3.13　车轮荷载分布宽度及加载图式(尺寸单位:cm)

作用于每米宽连续板条上的活载内力为：
跨中弯矩最大值：$M_{sp} = 0.5 M_{sp0} = 0.5 \times 32.26 = 16.13(\text{kN} \cdot \text{m})$
支点弯矩最大值：$M_{sp} = -0.7 M_{sp0} = -0.7 \times 32.26 = -22.58(\text{kN} \cdot \text{m})$
支点剪力最大值：$Q_{sp} = Q_{sp0} = 73.45 \text{kN}$

(三)内力组合

根据《公路桥涵设计通用规范》(JTG D60—2015)的规定,分别对桥面板进行承载能力极限状态设计和正常使用极限状态设计,并进行不同的作用效应组合。

1. 承载能力极限状态内力组合计算(表 2.3.3)

内力组合计算　　　　　　　　　　　　　　　表 2.3.3

桥面板板跨中	弯矩	$M_{ud} = 1.2 M_{sg} + 1.8 M_{sp} = 1.2 \times 2.21 + 1.8 \times 16.13 = 31.69 (\text{kN} \cdot \text{m})$
桥面板板支点处	弯矩	$M_{ud} = 1.2 M_{sg} + 1.8 M_{sp} = 1.2 \times (-3.09) + 1.8 \times (-22.58) = -44.35 (\text{kN} \cdot \text{m})$
	剪力	$Q_{ud} = 1.2 Q_{sg} + 1.8 Q_{sp} = 1.2 \times 7.95 + 1.8 \times 73.45 = 141.75 (\text{kN})$

2. 正常使用极限状态内力组合计算

在不考虑汽车荷载外的其他可变作用的前提下,频遇组合的效应设计值显然大于准永久组合,仅选用频遇组合进行计算(表 2.3.4)。

频遇组合计算　　　　　　　　　　　　　　　表 2.3.4

桥面板板跨中	弯矩	$M_{sd} = M_{sg} + \psi_{f1} M_{sp}/(1+\mu) = 2.21 + 0.7 \times 16.13/1.3 = 10.90 (\text{kN} \cdot \text{m})$
桥面板板支点处	弯矩	$M_{sd} = M_{sg} + \psi_{f1} M_{sp}/(1+\mu) = -3.09 + 0.7 \times (-22.58)/1.3 = -15.29 (\text{kN} \cdot \text{m})$
	剪力	$Q_{ud} = Q_{sg} + \psi_{f1} Q_{sp}/(1+\mu) = 7.95 + 0.7 \times 73.45/1.3 = 47.5 (\text{kN})$

有了控制设计的计算内力,就可按照钢筋混凝土或预应力混凝土结构设计原理和方法来设计板内的钢筋,并进行相应的验算。

第三节　荷载横向分布计算

一、概　　述

作用在桥梁承重主梁上的荷载包括恒载与活载。恒载的计算相对简单,除了考虑主梁结构自重外,通常近似地将桥面铺装、人行道、栏杆等重量平均分摊给各片主梁来承担。考虑人行道、栏杆等构件,是在桥梁连成整体后安装在边梁上的,为精确计算,也可将该部分恒载按照以下荷载横向分布的方法来计算。

下面通过装配式简支梁单片主梁内力计算,阐述作用在桥上荷载的横向分布规律及荷载横向分布的概念。

图 2.3.14 是由 5 片 T 形梁组成的装配式简支梁桥,桥上作用一集中荷载 P,$\eta_1(x)$ 表示主梁某一截面的内力影响线,则在荷载 P 的作用下,该截面的内力值为 $S = P \cdot \eta_1(x)$。对于单片主梁而言,$\eta_1(x)$ 是一个单值函数,反映了主梁在 xoz 平面内受力和变形,属于简单的平面受力问题。

对于由多片主梁组成的装配式桥梁,各主梁通过桥面板和横隔梁组成空间梁格体系,当桥上作用荷载 P 时,由于各片主梁横向联成整体,荷载将在 x 和 y 方向同时发生传递,使各片主梁不同程度地参与受力,属于空间受力问题。按照结构力学分析方法,以 $\eta(x,y)$ 表示结构某点的内力影响面(双值函数),则该点的内力值为 $S = P \cdot \eta(x,y)$。由于空间结构的复杂性,导致各梁板的内力精确计算非常烦琐。

为便于实用计算,可将复杂的空间问题简化为简单的平面问题来求解,即将空间影响面函

数 $\eta(x,y)$ 分离成两个单值函数的乘积——$\eta_1(x) \cdot \eta_2(y)$。此时,对于主梁某一截面的内力值可表示为:

$$S = P \cdot \eta(x,y) \approx P \cdot \eta_2(y) \cdot \eta_1(x) \qquad (2.3.15)$$

上式中,$\eta_1(x)$ 为某片梁沿计算跨径方向某一截面的内力影响线;$\eta_2(y)$ 看作单位荷载 $P=1$ 沿横桥向作用在不同位置时,某片梁所分配的荷载比值变化曲线(又称为该梁的荷载横向分布影响线),则 $P \cdot \eta_2(y)$ 就是当 P 作用于 $a(x,y)$ 点时,沿横向分布给某片梁的荷载值 P',即 $P' = P \cdot \eta_2(y)$。基于以上分析,要想计算横向一排多个荷载(车轮)分配给某片主梁的最大荷载值,可将该车轮荷载在该片主梁的荷载横向分布影响线上进行最不利布载,求得分配到的最大荷载。

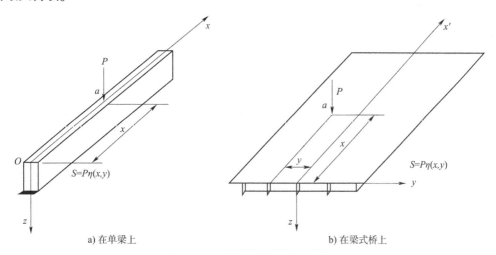

a) 在单梁上　　　　　　　　　　b) 在梁式桥上

图 2.3.14　荷载作用下的内力计算

下面阐明汽车荷载横向分布系数的概念。图 2.3.15 表示桥上作用着一辆前后轴轴重为 P_1 和 P_2 的车辆荷载,相应的车轮组重量为 $P_1/2$ 和 $P_2/2$。如欲求 3 号梁 k 点的截面内力,可先在 3 号梁的荷载横向分布影响线上进行横向最不利布载,得到横桥向各车轮组分配给该梁的最大荷载;然后通过 3 号梁 k 点截面的内力影响线来计算最大内力值。显然,当桥梁结构一定、车轮组在桥上的位置也确定后,则分布给 3 号梁的最大荷载也是一个定值。此时,引入一个表征荷载横向分布程度的系数 m,则分配给 3 号梁的荷载可分别表示为 mP_1 和 mP_2,该系数 m 就称为荷载横向分布系数。它表示汽车荷载作用在桥上某一位置时,某片主梁(这里是指 3 号梁)所分配到的最大荷载占各个轴重的倍数(通常小于 1)。装配式简支梁桥,各主梁控制截面一般取跨中截面、$L/4$ 截面和支点截面,因此在计算各截面在汽车荷载作用下的最大截面内力时,需首先确定这些控制截面的汽车荷载横向分布系数 m,再由 m 值确定分配给该片主梁的最大荷载 mP。

荷载(包括汽车、人群、部分桥面系恒载等)横向分布系数与结构形式、荷载类型及作用位置有关,下面主要分析桥梁结构具有不同的横向连接刚度时,对荷载横向分布系数的影响。

图 2.3.16 表示由 5 片主梁组成的装配式简支梁桥,在跨中截面 3 号梁位作用一集中荷载 P。当各主梁间没有任何联系时[图 2.3.16a),$EI_H \to 0$],该集中力 P 则完全由 3 号梁承受,其他主梁不参与受力,则 3 号主梁的横向分布系数 $m=1$;当各主梁间横向连接刚度接近无穷大时[图 2.3.16c),$EI_H \to \infty$],该集中力 P 则由 5 片主梁共同承担,则 3 号主梁的横向分布系数 $m=0.2$;对于实际桥梁结构,横向连接刚度介于以上二者之间[图 2.3.20b),$0 < EI_H < \infty$],则

3号主梁的横向分布系数 $0.2<m<1.0$。由此可见,桥梁荷载横向分布与结构的横向连接刚度有着密切关系,横向连接刚度越大,荷载横向分布作用越显著,各主梁受力也越趋均匀。

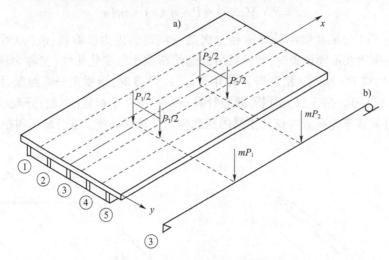

图 2.3.15 车轮荷载在桥上的横向分布

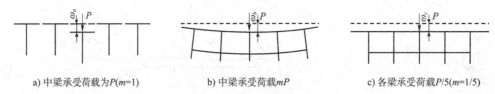

a) 中梁承受荷载为 $P(m=1)$　　　b) 中梁承受荷载 mP　　　c) 各梁承受荷载 $P/5(m=1/5)$

图 2.3.16 不同横向刚度下主梁的受力与变形

根据桥梁结构特点、荷载作用位置等,目前常采用以下几种荷载横向分布计算方法:

杠杆原理法:把横向联系视作非常薄弱,认为桥面板或横隔梁在主梁上断开而简支在其上的简支梁(板),适用于荷载作用在支承位置的横向分布计算。

偏心压力法:把横向联系视作刚性无穷大,认为整个横截面为刚梁参与受力,适用于荷载作用在跨中位置的横向分布计算。

横向铰接板(梁)法:把装配式桥梁相邻板(梁)之间视为铰接,铰缝间只传递竖向剪力,适用于荷载作用在跨中位置的横向分布计算。

横向刚接梁法:把相邻主梁之间视为刚性连接,铰缝间可传递剪力和弯矩,适用于荷载作用在跨中位置的横向分布计算。

比拟正交异性板法(G-M 法):将主梁和横隔梁的刚度换算成纵、横向刚度不同的比拟弹性平板来求解,并由实用曲线图表进行荷载横向分布计算,适用于荷载作用在跨中位置的横向分布计算。

以上前四种方法采用梁格系模型,G-M 法为平板模型。横向分布系数计算的基本思路:首先绘制各梁板的荷载横向分布影响线(即单位荷载 $P=1$ 位于桥上不同横向位置时分配给该梁板的荷载大小);然后将横向一排多个车轮组在横向分布影响线上进行最不利布载,得到最不利位置对应的影响线竖坐标;最后计算汽车荷载、人群荷载的横向分布系数 m。

$$\begin{cases} m_q = \dfrac{1}{2} \sum \eta_{qi} \\ m_r = \eta_r \end{cases} \quad (2.3.16)$$

式中:m_q——汽车荷载横向分布系数;

　　m_r——人群荷载的横向分布系数;

　　η_{qi}——各主梁荷载横向分布影响线上最不利布载时,各车轮组对应的竖坐标;

　　η_r——各主梁荷载横向分布影响线上,人群荷载合力重心对应的竖坐标。

桥梁不同控制截面位置的荷载横向分布系数确定后,可在各主梁内力影响线上进行最不利布载,确定最不利位置时分配给该主梁的最大荷载(即 $m_i P_i$,m_i 指 i 号主梁对应截面位置的荷载横向分布系数,P_i 指对应位置的汽车荷载轴重),然后按照结构力学方法计算各控制截面的内力值。

二、杠杆原理法

(一)计算原理与适用场合

杠杆原理法计算荷载横向分布系数,适用于荷载作用于支点部位,由于桥梁在支点处设置支座,绝大部分荷载可通过支座直接传递给下部的墩台,而横向传递的荷载较小。因此,可忽略主梁之间横向联系作用,假设桥面板在各主梁上断开,看作简支在其上的简支梁或悬臂梁(对边主梁)。

图 2.3.17a)为由 4 片 I 形梁组成的装配式简支梁,认为行车道板在主梁梁肋部位断开(边梁连续),直接支承在 I 形主梁梁肋上的简支板。由图中看出,位于左侧的车轮组的轮重 $P_1/2$、$P_2/2$ 只传递至 1 号梁和 2 号梁,位于右侧的车轮组的轮重 $P_1/2$、$P_2/2$ 只传递给 2 号和 3 号梁,各梁号在支点处所分配到的荷载 R_i,是按照简支板受力体系进行分配的,此时可按照简支板的静力平衡条件求得 R_i(杠杆原理)。当某片主梁所支承的相邻板跨上均有车轮组荷载时,则该梁所分配的荷载是两个支承反力之和,如 2 号梁所分配的荷载为 $R_2 = R_2' + R_2''$。

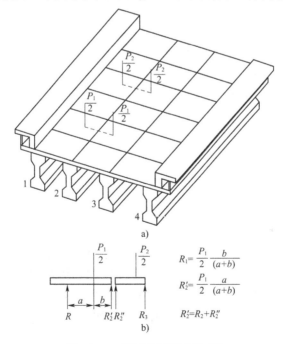

图 2.3.17　按杠杆原理受力图式图

为求得横向一排多个车轮组分配给某片主梁的最大荷载,可利用其支点反力影响线进行横向最不利布载计算。将横向车轮组按照规定的车辆荷载横向布置(图1.3.5),在各主梁反力影响线上进行最不利布载(图2.3.18),得出分配到的最大荷载为:

$$P'_{qmax_x} = \sum \frac{P}{2}\eta_{qi} = \left(\frac{1}{2}\sum \eta_{qi}\right)P = m_{0q}P$$

$$P_r = p_{0r}\eta_r = m_{0r}p_{0r}$$

(2.3.17)

式中:m_{0q}——汽车荷载位于支点截面时,某片主梁的荷载横向分布系数,$m_{0q} = \frac{1}{2}\sum \eta_{qi}$;

η_{qi}——汽车荷载位于支点截面时,各车轮组对应某片主梁荷载横向分布影响线的竖坐标;

m_{0r}——人群荷载位于支点截面时,某片主梁的荷载横向分布系数,$m_{0r} = \eta_r$;

η_r——人群荷载位于支点截面时,人群合力重心对应的某片主梁荷载横向分布影响线的竖坐标。

p_{0r}——每延米人群荷载的强度,$p_{0r} = p_r \cdot a$。

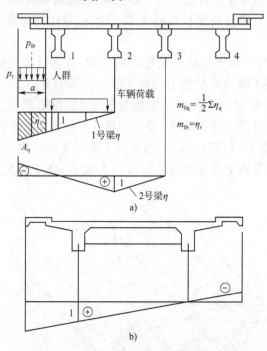

图2.3.18 按杠杆原理法计算荷载横向分布系数

《公路桥涵设计通用规范》(JTG D60—2015)规定:桥梁结构的整体计算采用车道荷载,车道荷载横向分布系数按设计车道数布置车辆荷载进行计算。对于由多片主梁组成的装配式桥梁,应选取荷载横向分布系数最大的主梁,作为截面控制设计内力的计算依据。

杠杆原理法也可近似地应用于横向联系较弱的无中间横隔梁的装配式桥梁,此时荷载横向分布系数计算结果,对于中间主梁偏大,而对于边梁则偏小。对于无横隔梁的装配式箱形梁桥,可认为荷载横向分布影响线在箱形截面内保持不变,而中间行车道板按照简支板分布荷载,如图2.3.19所示。

对于装配式铰接空心板桥,计算荷载位于支点处的横向分布系数时,偏安全地采用杠杆原理法进行计算。位于空心板中线处桥面板上的荷载全部传递给该板,在各板中线之间的荷载按线性分配。

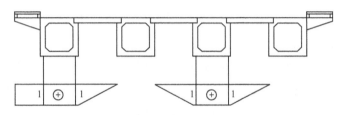

图 2.3.19 无横隔梁装配式箱梁桥的主梁横向影响线

(二)计算实例

【例 2.3.2】 图 2.3.20 为一装配式钢筋混凝土 T 梁桥,横截面布置五片主梁,主梁间距 2.4m,桥面净空为净 −10.5m + 2×1.1m 人行道的宽度。试求荷载位于支点处时,1 号梁、2 号梁汽车荷载和人群荷载的横向分布系数 m_{0q} 和 m_{0r}。

解:当荷载位于支点处时,应按杠杆原理法计算荷载横向分布系数。

(1)绘制各片主梁荷载横向分布影响线。

当单位荷载作用在 1 号梁位时,分配给 1 号梁的荷载为 1,分配给 2 号梁的荷载为 0;1 号梁外侧悬臂板,按照悬臂板受力直接延长即得到其影响线,如图 2.3.20b)、c)所示。

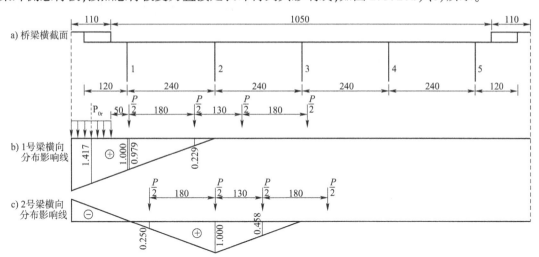

图 2.3.20 杠杆原理法计算横向分布系数(尺寸单位:cm)

(2)在荷载横向分布影响线上按最不利布载。

《公路桥涵设计通用规范》(JTG D60—2015)规定:车辆荷载横向车轮组间距为 1.80m,两列汽车轮组的横向最小间距为 1.30m,车轮组距离人行道缘石最小距离 0.50m。据此按照最不利布载原则,确定车轮组最不利位置如图 2.3.20b)、c)所示。

(3)计算荷载横向分布系数。

根据最不利位置各车轮组和人群荷载所对应的影响线竖坐标,得出各主梁荷载横向分布系数。

1 号梁:

汽车荷载:$m_{0q} = \frac{1}{2}\sum \eta_{qi} = \frac{1}{2} \times (0.979 + 0.229) = 0.604$

人群荷载：$m_{0r} = \eta_r = 1.417$

2 号梁：

汽车荷载：$m_{0q} = \frac{1}{2}\sum\eta_{qi} = \frac{1}{2}\times(1.000+0.250+0.458) = 0.854$

人群荷载：$m_{0r} = \eta_r = 0$

3 号梁的横向分布系数与 2 号梁相同，并由于结构的对称性，4 号主梁的荷载横向分布系数与 2 号梁相同，5 号主梁的荷载横向分布系数与 1 号梁相同。另外，在计算 2 号主梁荷载横向分布系数时，由于人群荷载对其分布的荷载为负值（对结构有利），可偏安全地不考虑人群荷载作用。

三、偏心压力法

装配式钢筋混凝土和预应力混凝土梁桥，通常除在桥的两端设置端横隔梁外，还在跨中、$L/4$ 等截面处设置中横隔梁，以提高结构的整体性，使各片主梁共同受力。

根据试验结果和理论分析：对具有较强横向联结的装配式桥梁，当其宽跨比 B/l 小于或接近于 0.5（称为窄桥）时，在车辆荷载作用下，中间横隔梁的弹性挠曲变形与主梁的挠曲变形 w（w 为主梁纵桥向跨中挠度）相比很小。此时可将中间横隔梁看作刚度无穷大的刚性梁保持直线的形状。当桥上作用车辆荷载时，刚性中间横隔梁的挠曲变形类似于材料力学中杆件偏心受压情况，此时可按照偏心受压原理计算各片主梁的荷载横向分布系数，即偏心压力法（刚性横梁法）。

(一)偏心压力法计算原理

图 2.3.21 为跨中设置刚性横隔梁的装配式简支梁桥挠曲变形图。

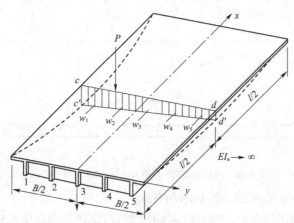

图 2.3.21 刚性横梁挠曲变形

1. 偏心荷载 P 对各主梁的横向分布

在偏心荷载 P 作用下，刚性的中间横隔梁将从原来的 cd 位置变位至 $c'd'$，其挠曲变形呈一倾斜的直线；即最靠近 P 的 1 号边梁跨中挠度 w_1 最大，最远离 P 的 5 号边梁跨中挠度 w_5 最小（可能出现上翘），其他位置主梁的跨中挠度均按 $c'd'$ 线呈直线规律分布。

根据弹性力学理论，主梁所分配到的荷载 R_i 与该荷载作用下产生的弹性挠度 w_1 成正比例,即1边梁分配的荷载最大,5号边梁分配的荷载最小(也可能承受反向荷载)。由此可以得出结论:在中间横隔梁刚度相当大的窄桥上,在沿横向偏心布置的活载作用下,总是靠近活载一侧的边梁受力最大。

为便于绘制各主梁荷载横向分布影响线,现将单位荷载 $P=1$ 作用在1号边梁梁轴上(偏心距为 e),分析单位力在横桥向的荷载分布情况,如图2.3.22所示。

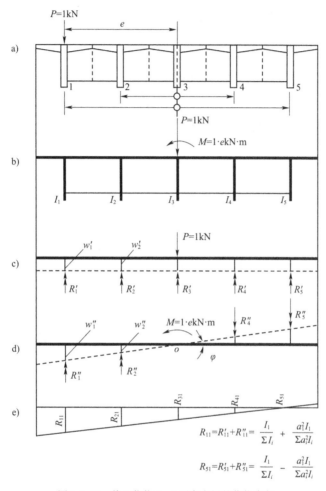

图 2.3.22　偏心荷载 $P=1$ 对各主梁的荷载分布

对于具有近似刚性连接的装配式桥梁,刚性的中间横隔梁在偏心荷载 $P=1$ 作用下横向分布,可采用作用于桥轴线的中心荷载 $P=1$ 和偏心力矩 $M=1\cdot e$ 来等效替代。分别计算上述两种荷载分配到各片主梁的力,将二者相加便得到偏心荷载 $P=1$ 作用下分配给各片主梁的荷载大小。

(1)中心荷载 $P=1$ 的作用[图2.3.22c)]

由于假定中间横隔梁刚性、且横截面对称于桥轴线,各片主梁将产生相同挠度:

$$w'_1 = w'_2 = \cdots = w'_n \tag{2.3.18}$$

根据材料力学,简支梁跨中荷载(即主梁所分担的荷载)与挠度的关系为:

$$w'_1 = \frac{R'_i l^3}{48EI_i} \text{ 或 } R'_i = \alpha I_i w'_i \tag{2.3.19}$$

式中：$\alpha = \dfrac{48E}{l^3} =$ 常数；

E——梁体材料的弹性模量；

I_i——桥梁横截面内各主梁的惯性矩。

由静力平衡条件可得：

$$\sum_{i=1}^{n} R'_i = \alpha w'_i \sum_{i=1}^{n} I_i = 1 \tag{2.3.20}$$

则

$$\alpha w'_i = \dfrac{1}{\sum\limits_{i=1}^{n} I_i} \tag{2.3.21}$$

将上式代入式(2.3.19)，即得中心荷载 $P=1$ 在各梁间的荷载分布为：

$$R'_i = \dfrac{I_i}{\sum\limits_{i=1}^{n} I_i} \tag{2.3.22}$$

当各主梁截面相同时($I_1 = I_2 = \cdots = I_n = I$)，上式简化为：

$$R'_i = \dfrac{1}{n} \tag{2.3.23}$$

(2)偏心力矩 $M = 1 \cdot e$ 的作用[图2.3.22d)]

在偏心力矩 $M = 1 \cdot e$ 作用下，桥梁横截面将绕中心点 o 产生转角 φ，此时各主梁跨中挠度为：

$$w''_i = a_i \tan\varphi \tag{2.3.24}$$

式中：a_i——各片主梁梁轴线到横截面形心的距离。

根据力矩平衡条件：

$$\sum_{i=1}^{n} R''_i \cdot a_i = 1 \cdot e \tag{2.3.25}$$

再根据反力与挠度成正比关系：

$$R''_i = \alpha I_i w''_i \tag{2.3.26}$$

$$R''_i = \alpha I_i a_i \tan\varphi = \beta \cdot a_i I_i \tag{2.3.27}$$

得到：

$$\beta = \alpha \tan\varphi$$

将式(2.3.27)代入式(2.3.25)，则得：

$$\beta = \dfrac{e}{\sum\limits_{i=1}^{n} a_i^2 I_i} \tag{2.3.28}$$

将式(2.3.28)代入式(2.3.27)，则得：

$$R''_i = \dfrac{a_i e I_i}{\sum\limits_{i=1}^{n} a_i^2 I_i} \tag{2.3.29}$$

注意：当上式中的荷载位置 e 和梁位 a_i 位于形心轴同侧时，取正号，反之应取负号。

当各片主梁截面相同时($I_1 = I_2 = \cdots = I_n = I$)，上式简化为：

$$R''_i = \dfrac{a_i e}{\sum\limits_{i=1}^{n} a_i^2} \tag{2.3.30}$$

(3)偏心荷载 $P=1$ 对各片主梁的总作用[图2.3.22e)]

将式(2.3.22)和式(2.3.29)相叠加,并假设偏心荷载 $P=1$ 位于 k 号梁轴线上($e=a_k$)时,则任意 i 号梁所分配到的荷载为:

$$R_{ik} = \frac{I_i}{\sum_{i=1}^{n} I_i} + \frac{a_k a_i I_i}{\sum_{i=1}^{n} a_i^2 I_i} \tag{2.3.31}$$

式中,R_{ik} 的第一个脚标表示荷载引起反力的梁号,第二个脚标表示荷载作用的位置(梁号)。

由式(2.3.31)可得到各片主梁分配到的荷载值 R_{ik},即可绘制 $P=1$ 作用于 k 号梁位时对各片主梁的荷载分布图式。

注意:R_{ik} 表示单位荷载位于 k 号梁位时,分配给各片主梁的荷载大小,并不是荷载横向分布影响线的荷载值。荷载横向分布影响线表示单位荷载位于横桥向不同位置时,分配给某片主梁荷载的大小。

2. 荷载横向分布影响线绘制

基于以上分析,当单位荷载 $P=1$ 作用在任意梁轴线上时,分布到 k 号主梁的荷载 R_{ki} 为:

$$R_{ki} = R_{ik} \frac{I_k}{I_i} \tag{2.3.32}$$

式中:R_{ki}——单位荷载 $P=1$ 位于任一梁号(i)位置时,k 号主梁分配到荷载值,即荷载横向分布影响线的竖坐标值。

荷载横向分布影响线坐标值习惯上采用 $\eta_{ik}(i=1,2,\cdots,n)$ 表示,则上式变为:

$$\eta_{ki} = R_{ki} = \frac{I_k}{\sum_{i=1}^{n} I_i} + \frac{a_k a_i I_i}{\sum_{i=1}^{n} a_i^2 I_i} \tag{2.3.33}$$

考虑荷载横向分布影响线呈直线分布,在应用上式求解时,可只需计算两片主梁影响线的竖标值即可。当各片主梁截面相同时($I_1 = I_2 = \cdots = I_n = I$),上式简化为:

$$\eta_{ki} = \frac{1}{n} + \frac{a_k a_i}{\sum_{i=1}^{n} a_i^2} \tag{2.3.34}$$

以 1 号边梁为例,其荷载横向分布影响线的两个控制竖标值为:

$$\begin{cases} \eta_{11} = R_{11} = \dfrac{I_1}{\sum_{i=1}^{n} I_i} + \dfrac{a_1^2 I_1}{\sum_{i=1}^{n} a_i^2 I_i} \\ \eta_{15} = R_{51} = \dfrac{I_1}{\sum_{i=1}^{n} I_i} - \dfrac{a_1^2 I_1}{\sum_{i=1}^{n} a_i^2 I_i} \end{cases} \tag{2.3.35}$$

当各片主梁的截面尺寸相同时,上式可简化为:

$$\begin{cases} \eta_{11} = R_{11} = \dfrac{1}{n} + \dfrac{a_1^2}{\sum_{i=1}^{n} a_i^2} \\ \eta_{15} = R_{51} = \dfrac{1}{n} - \dfrac{a_1^2}{\sum_{i=1}^{n} a_i^2} \end{cases} \tag{2.3.36}$$

3. 荷载横向分布系数计算

绘制出各片主梁荷载横向分布影响线后,即可在横向分布影响线上进行最不利布载,计算各片主梁跨中的汽车荷载、人群荷载的横向分布系数 m_{cq}、m_{cr}。

$$m_{cq} = \frac{1}{2}\sum \eta_i$$

$$m_{cr} = \eta_r$$

(二)偏心压力法适用范围

(1)荷载位于桥梁跨中部位(一般指跨中)。
(2)桥梁跨中设置横隔梁,横向联结刚度趋于无穷大的窄桥($B/l \leq 0.5$)。

【例 2.3.3】 图 2.3.23 为一座计算跨径 $l = 28.80\text{m}$ 的钢筋混凝土简支 T 形梁桥,跨径内设有 5 道横隔梁,桥面净宽 10.5m + 2×1.1m 人行道。试求荷载位于跨中时,1 号边梁汽车荷载和人群荷载的横向分布系数 m_{cq}(汽车荷载)和 m_{cr}(人群荷载)。

解:此桥在跨径内设有 5 横隔梁,具有可靠的横向联系,且承重结构的长宽比为:

$$\frac{B}{l} = \frac{2.4 \times 5}{28.8} = 0.416 < 0.5 \quad (窄桥)$$

故当荷载位于跨中时,可按偏心压力法来绘制横向影响线,并计算荷载横向分布系数 m_c。

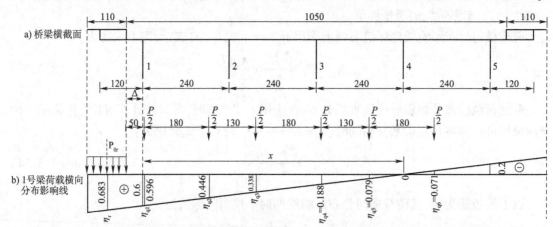

图 2.3.23 偏心压力法计算荷载横向分布系数(尺寸单位:cm)

绘制 1 号梁荷载横向分布影响线。本桥各根主梁的横截面均相等,梁数 $n = 5$,梁间距为 2.4m,则:

$$\sum_{i=1}^{5} a_i^2 = a_1^2 + a_2^2 + a_3^2 + a_4^2 + a_5^2$$
$$= [(2 \times 2.4)^2 + 2.4^2 + 0 + (-2.4)^2 + (-2 \times 2.4)^2] = 57.6(\text{m}^2)$$

由式(2.3.36),计算 1 号梁横向分布影响线的竖标值为:

$$\eta_{11} = \frac{1}{n} + \frac{a_1^2}{\sum_{i=1}^{n} a_i^2} = \frac{1}{5} + \frac{(2 \times 2.4)^2}{57.6} = 0.2 + 0.4 = 0.6$$

$$\eta_{15} = \frac{1}{n} - \frac{a_1^2}{\sum_{i=1}^{n} a_i^2} = \frac{1}{5} - \frac{(2 \times 2.4)^2}{57.6} = 0.2 - 0.4 = -0.2$$

由 η_{11} 和 η_{15} 绘制的 1 号梁横向分布影响线,见图 2.3.23b);按照《公路桥涵设计通用规范》(JTG D60—2015)规定确定了汽车荷载和人群荷载的最不利荷载位置。

进而由 η_{11} 和 η_{15} 计算横向分布影响线的零点位置。在本例中,设零点至 1 号梁位的距离为 x,则:

$$\frac{x}{0.6} = \frac{4 \times 2.4 - x}{0.2}$$

解得:$x = 7.2 \text{m}$

零点位置已知后,就可求出各类荷载相应于各个荷载位置的横向影响线竖标值 η_{qi} 和 η_r。设人行道缘石至 1 号梁轴线的距离为 Δ,则:

$\Delta = (10.5 - 0.4 \times 2.4)/2 = 0.45(\text{m})$

于是,1 号梁的活载横向分布系数可计算如下(以 x_{qi} 和 x_r 分别表示影响线零点至汽车车轮和人群荷载集度的横坐标距离):

汽车荷载:
按三列布载:

$$m_{cq} = \frac{1}{2}\sum \eta_q = \frac{1}{2} \times (\eta_{q1} + \eta_{q2} + \eta_{q3} + \eta_{q4} + \eta_{q5} - \eta_{q6})$$

$$= \frac{1}{2} \times \frac{\eta_{11}}{x}(x_{q1} + x_{q2} + x_{q3} + x_{q4} + x_{q5} - x_{q6})$$

$$= \frac{1}{2} \times \frac{0.6}{7.2}(7.15 + 5.35 + 4.05 + 2.25 + 0.95 - 0.85) = 0.788$$

按两列布载:

$$m_{cq} = \frac{1}{2}\sum \eta_q = \frac{1}{2} \times (\eta_{q1} + \eta_{q2} + \eta_{q3} + \eta_{q4} + \eta_{q5} - \eta_{q6})$$

$$= \frac{1}{2} \times \frac{\eta_{11}}{x}(x_{q1} + x_{q2} + x_{q3} + x_{q4})$$

$$= \frac{1}{2} \times \frac{0.6}{7.2}(7.15 + 5.35 + 4.05 + 2.25) = 0.783$$

人群荷载:

$$m_{cr} = \eta = \frac{\eta_{11}}{x} \times x_r = \frac{0.6}{7.2}\left(7.2 + 0.45 + \frac{1.1}{2}\right) = 0.684$$

求得 1 号梁的各种荷载横向分布系数后,就可得到各类荷载分布至该梁的最大荷载值。

四、考虑主梁抗扭刚度的修正偏心压力法

偏心压力法计算荷载横向分布系数,是基于桥梁横向抗弯刚度趋于无穷大的窄桥这一假定进行计算,具有概念清楚,公式简明和计算方便等优点。但桥梁横向连接无法达到刚性连接,且在公式推导中忽略了主梁抗扭刚度的影响,会导致边梁受力计算结果偏大。因此在实际计算时,也可将按偏心压力法求得的边梁横向分布系数乘以 0.9 进行折减考虑;或考虑主梁抗扭刚度的影响,采用修正偏心压力法进行计算。

以 1 号梁为例,按照偏心压力法计算荷载横向影响线坐标公式为:

$$R_{1i} = \frac{I_1}{\sum\limits_{i=1}^{n} I_i} + \frac{ea_1 I_1}{\sum\limits_{i=1}^{n} a_i^2 I_i} \qquad (2.3.37)$$

上式中第一项是中心荷载 $P=1$ 分配的荷载,此时各片主梁只发生竖向挠曲而无转动,与主梁的抗扭刚度无关。第二项是偏心力矩 $M=1\cdot e$ 分配的荷载,没有计入主梁的抗扭刚度的影响;在偏心力矩作用下,各片主梁不仅产生竖向挠曲,而且会产生扭转,此时应考虑各片主梁自身抗扭刚度对荷载横向分布的影响。

如图 2.3.24 所示,桥梁跨中横截面在力矩 $M=1\cdot e$ 作用下,每片主梁除了产生不同的竖向挠度 w_i'' 外,尚产生一个相同的转角 φ 角。假设横隔梁为刚性体,取其作为隔离体来分析,可得到各片主梁对横隔梁的反作用为竖向力 R_i'' 和抗扭力矩 M_T。

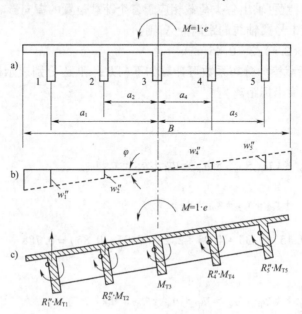

图 2.3.24 考虑主梁抗扭刚度受力图

根据静力平衡条件:

$$\sum_{i=1}^{n} R_i'' a_i^2 + \sum_{i=1}^{n} M_{Ti} = 1 \cdot e \qquad (2.3.38)$$

由材料力学可知:简支梁考虑自由扭转时,跨中截面扭矩与扭角、竖向力与挠度的关系为:

$$\varphi = \frac{lM_{Ti}}{4GI_{Ti}}$$

$$w_i'' = \frac{R_i'' \cdot l^3}{48EI_i} \qquad (2.3.39)$$

式中: l ——简支梁计算跨径;

I_{Ti} ——梁体抗扭惯性矩;

G ——梁体材料剪切模量。

根据梁体产生扭转几何关系得出:

$$\varphi = \tan\varphi = \frac{w_i''}{a_i} \qquad (2.3.40)$$

将上式代入式(2.3.39)得出:

$$\varphi = \frac{R_i'' \cdot l^3}{48 a_i EI_i} \qquad (2.3.41)$$

$$M_{Ti} = R_i'' \cdot \frac{l^2 GI_{Ti}}{12 a_i EI_i} \qquad (2.3.42)$$

为了计算任意 k 号梁的荷载,利用几何关系和式(2.3.39),得出:

$$\frac{w_i''}{w_k''} = \frac{a_i}{a_k} = \frac{R_i''/I_i}{R_k''/I_k} \qquad (2.3.43)$$

此时

$$R_i'' = R_k'' \cdot \frac{a_i I_i}{a_k I_k} \qquad (2.3.44)$$

再将式(2.3.42)和式(2.3.44)代入平衡条件式(2.3.38),则得:

$$\sum_{i=1}^{n} R_k'' \cdot \frac{a_i^2 I_i}{a_k I_k} + \sum_{i=1}^{n} R'' \cdot \frac{a_i I_i}{a_k I_k} \cdot \frac{l^2 GI_{Ti}}{12 a_i EI_i} = e$$

$$R_k'' \cdot \frac{1}{a_k I_k} \left(\sum_{i=1}^{n} a_i^2 I_i + \frac{Gl^2}{12E} \sum_{i=1}^{n} I_{Ti} \right) = e$$

$$R_k'' = \frac{e a_k I_k}{\sum_{i=1}^{n} a_i^2 I_i + \frac{Gl^2}{12E} \sum_{i=1}^{n} I_{Ti}} = \frac{e a_k I_k}{\sum_{i=1}^{n} a_i^2 I_i} \left(\frac{1}{1 + \frac{Gl^2}{12E} \cdot \frac{I_{Ti}}{\sum a_i^2 I_i}} \right) = \beta \cdot \frac{e a_k I_k}{\sum_{i=1}^{n} a_i^2 I_i}$$

最后可得考虑主梁抗扭刚度影响后,在偏心荷载 $P=1$ 的作用下,任一 k 号梁荷载横向分布影响线竖标值为:

$$\eta_{ki} = \frac{I_k}{\sum_{i=1}^{n} I_i} + \beta \frac{e a_k I_i}{\sum_{i=1}^{n} a_i^2 I_i} \qquad (2.3.45)$$

式中, $\beta = \dfrac{1}{1 + \dfrac{Gl^2}{12E} \cdot \dfrac{I_{Ti}}{\sum a_i^2 I_i}} < 1$,称为主梁抗扭修正系数,它与梁号无关,取决于结构的几何尺寸和材料特性。

但各片主梁截面尺寸相同($I_i = I$、$I_{Ti} = I_T$)、且跨中荷载 $P=1$ 作用在 1 号梁位时($e = a_1$),1 号主梁横向分布影响线的两个坐标值为:

$$\begin{cases} \eta_{11} = R_{11} = \dfrac{1}{n} + \beta \dfrac{a_1^2}{\sum_{i=1}^{n} a_i^2} \\[2ex] \eta_{15} = R_{51} = \dfrac{1}{n} - \beta \dfrac{a_1^2}{\sum_{i=1}^{n} a_i^2} \end{cases} \qquad (2.3.46)$$

$$\beta = \frac{1}{1 + \dfrac{nGl^2 I_T}{12EI \sum a_i^2}}$$

当主梁的间距相同时:

$$\frac{n}{12 \sum_{i=1}^{n} a_i^2} = \frac{\xi}{B^2} \qquad (2.3.47)$$

式中:n——主梁片数;
  B——桥宽;

ξ——与主梁片数有关的系数,见表2.3.5。

与主梁根数有关的系数 表2.3.5

n	4	5	6	7
ξ	1.067	1.042	1.028	1.021

此时:

$$\beta = \frac{1}{1+\xi \frac{GI_T}{EI}\left(\frac{l}{B}\right)^2} \quad (2.3.48)$$

从上式看出: $\frac{l}{B}$ 越大的桥,主梁抗扭刚度对横向分布系数的影响也越大。

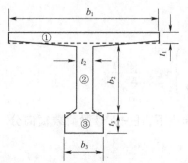

图2.3.25 I_T 计算图式

在具体计算时,混凝土的剪切模量G可取$0.4E$。对于T形梁或I形梁等组合截面,其抗扭惯性矩I_T可近似等于矩形截面的抗扭惯性矩之和(图2.3.25):

$$I_T = \sum_{i=1}^{m} c_i b_i t_i^3 \quad (2.3.49)$$

式中:b_i、t_i——相应的单个矩形截面宽度和厚度(图2.3.25);

c_i——矩形截面抗扭刚度系数,根据t/b比值按表2.3.6计算;

m——组合梁截面划分单个矩形截面的块数。

矩形截面的抗扭刚度系数 c 表2.3.6

t/b	1	0.9	0.8	0.7	0.6	0.5	0.4	0.3	0.2	0.1	<0.1
c	0.141	0.155	0.171	0.189	0.209	0.229	0.250	0.270	0.291	0.312	1/3

以上分析针对等截面简支梁跨中截面,对于其他体系梁桥以及荷载位于桥跨跨内其他位置时,可根据其横隔梁相应的扭角与扭矩、竖向力与挠度的关系推导β值。

五、铰 接 板 法

对于用现浇混凝土纵向企口缝连接的装配式铰接板桥,以及仅在翼缘板间用焊接钢板或伸出交叉钢筋连接的无中间横隔梁的装配式梁桥(目前已较少采用,以下主要介绍铰接板桥),由于板间横向连接刚度较薄弱,在计算跨中荷载横向分布时,前面介绍的"杠杆原理法"和"偏心压力法"均不适用。

鉴于这类结构的受力状态接近于数根并列,而相互间横向铰接的狭长板条,可采用横向铰接板理论来计算荷载的横向分布。

(一)基本假定

图2.3.26为装配式铰接板铰缝横向传力示意图。当在2号板上作用有荷载P时,铰接板的接缝处将产生:竖向剪力$g(x)$、纵向剪力$t(x)$、法向力$n(x)$和横向弯矩$m(x)$。其中,$t(x)$、$n(x)$与$g(x)$相比对板的影响极小,可忽略;同时由于铰接缝横向连接刚度较小,其传递的$m(x)$也很小,可忽略。基于此,假设铰接板桥在竖向荷载作用下,横向铰缝内只传递竖向剪力,不传递弯矩。

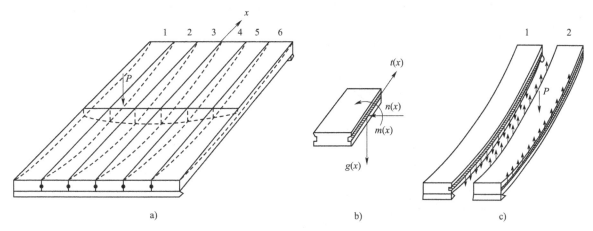

图 2.3.26 装配式铰接板铰缝横向传力示意图

为简化计算,将桥梁结构空间计算问题,借助铰接板横向挠度分布规律,简化为平面问题处理。即在荷载 P 的作用下,任意相邻两片板产生的挠度 $W(x)$ 比值、弯矩 $M(x)$ 比值、剪力 $Q(x)$ 比值与所分配的荷载 $P(x)$ 比值相同。

即

$$\frac{w_1(x)}{w_2(x)} = \frac{M_1(x)}{M_2(x)} = \frac{V_1(x)}{V_2(x)} = \frac{P_1(x)}{P_2(x)} = 常数$$

根据材料力学挠曲微分方程,可知每片板力与位移关系:

$$M(x) = -EIw''(x)$$

$$V(x) = \frac{\mathrm{d}M(x)}{\mathrm{d}x} = -EIw'''(x)$$

则:

$$\frac{w_1(x)}{w_2(x)} = \frac{w''_1(x)}{w''_2(x)} = \frac{w'''_1(x)}{w'''_2(x)} = \frac{p_1(x)}{p_2(x)} = 常数 \quad (2.3.50)$$

实际上,在 P 作用下,2 号板和 1 号板承受不同性质的荷载[集中力 P 和剪力 $g(x)$]。此时,引入一种半波正弦荷载 $p(x) = p_0 \sin\frac{\pi x}{l}$ 代替集中力 P,各板产生的挠曲线为半波正弦曲线,分配到的荷载也是具有不同峰值的半波正弦荷载 $p_i(x) = p_i \sin\frac{\pi x}{l}$。该正弦荷载可更好模拟结构受力模式,减小计算误差。

(二)荷载横向分布

装配式铰接板桥,在半波正弦荷载 $p(x) = p_0 \sin\frac{\pi x}{l}$ 作用下,各铰缝内产生正弦分布铰接力 $g_i(x) = g_i \sin\frac{\pi x}{l}$,如图 2.3.27 所示。鉴于荷载、铰接力和挠度三者的谐调性,为便于分析荷载横向分布,割取跨中截面单位长度切割段进行分析,此时各板条间铰接力可用正弦分布铰接力的峰值 g_i 表示。

对于由 n 片板组成的装配式铰接板桥,具有 $n-1$ 条铰缝,沿铰缝切开,则在每一铰缝内作用着一对大小相等、方向相反的正弦分布铰接力(假设只传递竖向剪力),即存在 $n-1$ 个未知

铰接力峰值 g_i。如果求得各铰缝的 g_i，则根据力的平衡原理，可得荷载作用在某片板时，分配到各片板的竖向荷载的峰值 p_{i1}。

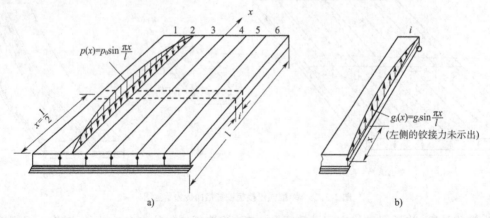

图 2.3.27　铰接板桥受力图式

图 2.3.28 为由 5 片板组成的装配式铰接板桥横截面图，当单位正弦荷载作用在 1 号板轴线时，各片板所分配到的铰缝剪力为：

1 号板：$p_{11} = 1 - g_1$

2 号板：$p_{21} = g_1 - g_2$

3 号板：$p_{31} = g_2 - g_3$

4 号板：$p_{41} = g_3 - g_4$

5 号板：$p_{51} = g_4$

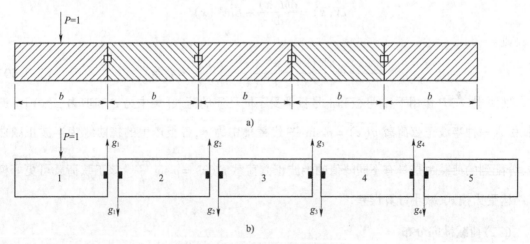

图 2.3.28　铰接板剪力传递图式

根据结构力学力法原理，考虑相邻两片板铰缝处相对竖向位移为零（未发生剪切破坏）的变形协调条件，建立位移方程：

$$\begin{cases} \delta_{11}g_1 + \delta_{12}g_2 + \delta_{13}g_3 + \delta_{14}g_4 + \delta_{1p} = 0 \\ \delta_{21}g_1 + \delta_{22}g_2 + \delta_{23}g_3 + \delta_{24}g_4 + \delta_{2p} = 0 \\ \delta_{31}g_1 + \delta_{32}g_2 + \delta_{33}g_3 + \delta_{34}g_4 + \delta_{3p} = 0 \\ \delta_{41}g_1 + \delta_{42}g_2 + \delta_{43}g_3 + \delta_{44}g_4 + \delta_{4p} = 0 \end{cases} \quad (2.3.51)$$

式中：δ_{ik}——铰缝 k 内作用单位正弦铰接力时，在铰缝 i 处引起的相对竖向位移；

δ_{ip}——外荷载 p 在铰缝 i 处引起的竖向位移。

以下介绍 δ_{ik} 和 δ_{ip} 的求解：

将铰接缝 i 截开，并在板的跨中取单位长度进行分析，如图 2.3.29 所示。图中当 δ_{ik} 与 g_i 方向一致取正号，反之取负号。

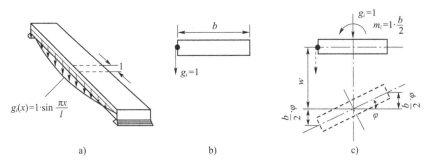

图 2.3.29　板梁的典型受力图式

在铰缝 i 处：
$$\delta_{ii} = 2\left(w + \varphi \cdot \frac{b}{2}\right) \quad (\delta_{ii} \text{与} g_i \text{同向})$$

在铰缝 $(i-1)$ 和铰缝 $(i+1)$ 处：
$$\delta_{(i-1)i} = \delta_{i(i+1)} = -\left(w - \varphi \cdot \frac{b}{2}\right) \quad (\delta_{(i-1)i} \text{和} \delta_{i(i+1)} \text{与} g_i \text{反向})$$

在铰缝 $(i-2)$ 和铰缝 $(i+2)$ 处：
$$\delta_{(i-2)i} = \delta_{i(i+2)} = 0, \text{且} \delta_{(i-2)i} = \delta_{i(i-2)}, \delta_{(i+2)i} = \delta_{i(i+2)}$$

外荷载 p 在铰接缝 i 处引起的竖向位移 δ_{ip}：
$$\delta_{1p} = -w$$
$$\delta_{2p} = \delta_{3p} = \delta_{4p} = 0$$

将上述求得的 δ_{ik} 和 δ_{ip} 代入式(2.3.51)，并取刚度系数 $\gamma = \dfrac{\varphi \cdot \dfrac{b}{2}}{w}$，则得：

$$\begin{cases} 2(1+\gamma)g_1 - (1-\gamma)g_2 = 1 \\ -(1-\gamma)g_1 + 2(1+\gamma)g_2 - (1-\gamma)g_3 = 0 \\ -(1-\gamma)g_2 + 2(1+\gamma)g_3 - (1-\gamma)g_4 = 0 \\ -(1-\gamma)g_3 + 2(1+\gamma)g_4 = 0 \end{cases} \quad (2.3.52)$$

由此可见，只要确定了板的刚度参数、板块数量 n 和荷载作用位置，可求解 $n-1$ 个未知铰接力的峰值，然后根据 g_i 得到分配到各板块的竖向荷载的峰值。

(三) 荷载横向分布影响线

以上分析了沿桥的横向作用一单位正弦荷载的横向分布问题。为了计算横向一排多个车轮荷载对某片板的总影响，需绘制该板的荷载横向分布影响线，在其上进行最不利布载计算横向分布系数。

图 2.3.30 表示荷载作用在 1 号板轴线上，各块板产生的挠度和分配的荷载图式。对于弹

性板,荷载与挠度成正比关系,即:

$$p_{i1} = \alpha_1 w_{i1}$$

$$p_{1i} = \alpha_2 w_{1i}$$

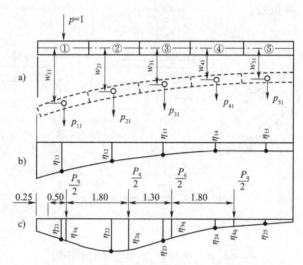

图 2.3.30 跨中荷载横向影响线(尺寸单位:m)

由变位互等定理 $w_{i1} = w_{1i}$,且每块板的截面相同(比例常数 $\alpha_1 = \alpha_2$)时,可得:

$$p_{1i} = p_{i1}$$

上式表明:单位荷载作用在 1 号板轴线时,任一板号所分配的荷载,等于单位荷载作用于任意板号轴线上时,1 号板梁所分配到的荷载,即 1 号板荷载横向分布影响线的竖标值,通常用 η_{1i} 来表示。

1 号板各板块轴线位置的影响线竖标值为:

$$\begin{cases} \eta_{11} = p_{11} = 1 - g_1 \\ \eta_{12} = p_{21} = g_1 - g_2 \\ \eta_{13} = p_{31} = g_2 - g_3 \\ \eta_{14} = p_{41} = g_3 - g_4 \\ \eta_{15} = p_{51} = g_4 \end{cases} \quad (2.3.53)$$

把各个 η_{1i} 按比例描绘在相应板的轴线位置,用光滑的曲线(或近似地用折线)连接这些竖标点,得到 1 号板的荷载横向分布影响线[图 2.3.30b)]。同理,将单位荷载作用在 2 号板轴线上,可得 2 号板的荷载横向分布影响线[图 2.3.30c)]

在实用计算时,可利用板块数目 $n = 3 \sim 10$ 所编制的铰接板荷载横向分布影响线竖标计算用表(见附录Ⅰ),根据板的刚度参数 $\gamma = 0.00 \sim 2.00$,查表计算 η_{ik} 值。

铰接板各板荷载横向分布影响线绘制后,在其上进行最不利布载,计算跨中截面荷载横向分布系数:

$$m_{cq} = \frac{1}{2} \sum \eta_{qi}$$

$$m_{cr} = \eta_r$$

(四)刚度参数 γ 值的计算

刚度参数 γ 的计算,取决于铰接板在偏心正弦荷载作用下,跨中竖向挠度 w 和扭角 φ,如图 2.3.31 所示。

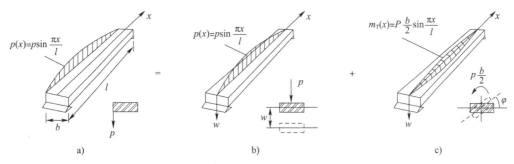

图 2.3.31 γ 的计算图式

(1)跨中挠度 w 的计算

简支板跨中挠度 w,可通过对其挠曲线微分方程 $EIw''''(x) = p\sin\dfrac{\pi x}{l}$ 逐次积分,并根据边界条件求得挠度方程为:

$$w(x) = \frac{pl^4}{\pi^4 EI} p\sin\frac{\pi x}{l} \tag{2.3.54}$$

当 $x = \dfrac{l}{2}$ 时,跨中挠度为:

$$w = \frac{pl^4}{\pi^4 EI} \tag{2.3.55}$$

(2)跨中扭角 φ 的计算

简支板跨中扭角 φ,可通过对其扭转微分方程 $GI\varphi''(x) = -\dfrac{b}{2} \cdot p\sin\dfrac{\pi x}{l}$ 逐次积分,并根据边界条件求得挠度方程为:

$$\varphi(x) = -\frac{pbl^2}{2\pi^2 GI_T} \cdot \sin\frac{\pi x}{l} \tag{2.3.56}$$

当 $x = \dfrac{l}{2}$ 时,跨中扭角为:

$$\varphi = \frac{pbl^2}{2\pi^2 GI_T} \tag{2.3.57}$$

(3)刚度参数 γ 的计算

将 w、φ 代入刚度参数计算公式可得:

$$\gamma = \frac{\varphi \cdot \dfrac{b}{2}}{w} = \frac{b}{2} \cdot \left(\frac{pbl^2}{2\pi^2 GI_T}\right) \Big/ \left(\frac{pl^4}{\pi^4 EI}\right) = \frac{\pi^2 EI}{4GI_T}\left(\frac{b}{l}\right)^2 \approx 5.8 \frac{I}{I_T}\left(\frac{b}{l}\right)^2 \tag{2.3.58}$$

式中,混凝土取用 $G = 0.4E$。

(五)抗扭惯性矩 I_T 的计算

对于矩形面或多个矩形组成的开口截面,可利用本节式(2.3.49),并查表 2.3.6 计算抗

扭惯性矩 I_T。对于封闭的薄壁截面或箱形截面,其截面内抗扭剪应力分布规律与开口截面存在本质区别,应按以下各式进行计算。

(1)不带"翼翅"的封闭截面

$$I_T = \frac{4\Omega^2}{\oint \frac{ds}{t}} \tag{2.3.59}$$

(2)带"翼翅"的封闭截面

$$I_T = \frac{4\Omega^2}{\oint \frac{ds}{t}} + \sum_{i=1}^{m} c_i b_i t_i^3 \tag{2.3.60}$$

下面以图 2.3.32 所示的箱形截面为例,计算抗扭惯性矩 I_T。

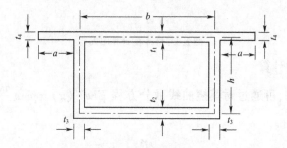

图 2.3.32 箱形截面示意图

$$\Omega = b \cdot h$$

$$\oint \frac{ds}{t} = \frac{b}{t_1} + \frac{b}{t_2} + \frac{2h}{t_3}$$

$$I_T = \frac{4\Omega^2}{\oint \frac{ds}{t}} + \sum_{i=1}^{m} c_i b_i t_i^3$$

$$= \frac{4b^2 h^2}{b\left(\frac{1}{t_1} + \frac{1}{t_2}\right) + \frac{2h}{t_3}} + 2c \cdot a t_4^3 \tag{2.3.61}$$

式中:Ω——封闭截面薄壁轴线围成的面积;

t——封闭截面四周薄壁厚度;

a、b——封闭截面四周薄壁宽度。

(六)铰接板计算示例

【例2.3.4】 图 2.3.33 为跨径 $l = 12.60m$ 的铰接空心板桥横截面图,桥面净空为净 $-7m + 2 \times 0.75m$ 人行道,全桥跨由 9 块预应力混凝土空心板组成,计算 1 号、3 号和 5 号板在跨中汽车荷载和人群荷载横向分布系数。

解:装配式铰接板桥,当荷载位于跨中截面时,采用铰接板法计算荷载横向分布系数。

(1)计算空心板截面几何特性

①抗弯惯性矩 I

$$I = \frac{99 \times 60^3}{12} - 2 \times \frac{38 \times 8^3}{12} - \left[0.00686 \times 38^4 + \frac{1}{2} \times \frac{\pi \times 38^2}{4} \times \left(\frac{8}{2} + 0.2122 \times 38\right)^2\right]$$

$$= 1782000 - 3243 - 4 \times 96828 = 1391 \times 10^3 (cm^4)$$

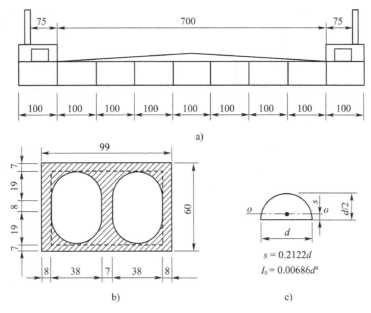

图 2.3.33 空心板桥横断面图(尺寸单位:cm)

②抗扭惯性矩 I_T

$$I_T = \frac{4 \times (99-8)^2 \times (60-7)^2}{(99-8) \times \left(\frac{1}{7}+\frac{1}{7}\right)+\frac{2\times(60-7)}{8}} = \frac{93045000}{26+13.25} = 2.37 \times 10^6 \text{ (cm}^4\text{)}$$

(2)计算刚度参数 γ

$$\gamma = 5.8 \frac{I}{I_T}\left(\frac{b}{l}\right)^2 = 5.8 \times \frac{1391 \times 10^3}{2370 \times 10^3} \times \left(\frac{100}{1260}\right)^2 = 0.0214$$

(3)绘制荷载横向分布影响线

该桥由 9 块空心板组成,查附录 I 表中所属铰接板 9-1、铰接板 9-3 和铰接板 9-5 可得 1 号板、3 号板和 5 号板的荷载横向分布影响线竖坐标。$\gamma = 0.0214$ 对应的坐标值可在 $\gamma = 0.02$ 与 0.04 之间按线性关系内插计算,计算结果见表 2.3.7。

铰接板荷载横向分布影响线计算用表　　　　　　　　　　表 2.3.7

板号	γ	单位荷载作用位置(i号板中心)									$\Sigma\eta_{bi}$
		1	2	3	4	5	6	7	8	9	
1	0.02	236	194	147	113	088	070	057	049	046	约1000
	0.04	306	232	155	104	070	048	035	026	023	
	0.0214	241	197	148	112	087	068	055	047	044	
3	0.02	147	160	164	141	110	087	072	062	057	约1000
	0.04	155	181	195	159	108	074	053	040	035	
	0.0214	148	161	166	142	110	086	071	060	055	

续上表

板号	γ	单位荷载作用位置(i号板中心)									$\Sigma\eta_{bi}$
		1	2	3	4	5	6	7	8	9	
5	0.02	088	095	110	134	148	134	110	095	088	约1000
	0.04	070	082	108	151	178	151	108	082	070	
	0.0214	087	094	110	135	150	135	110	094	087	

将表中 η_{1i}、η_{3i} 和 η_{5i} 值按一定比例尺绘于各号板的轴线下方,连接成光滑曲线后得到1号、3号和5号板的荷载横向分布影响线,如图2.3.34b)、c)、d)所示。

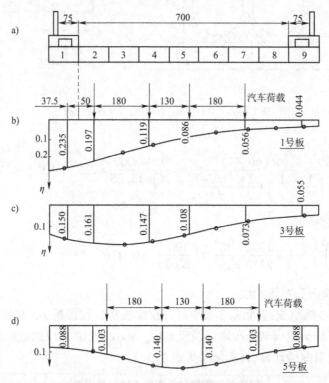

图2.3.34 1号板、3号板、5号板的荷载横向分布影响线(尺寸单位:cm)

(4)计算荷载横向分布系数

桥面行车道宽度7.0m,横桥向可布置2列车,在各块板荷载横向分布影响线上进行最不利布载,得到各车轮组对应的影响线竖坐标,计算各块板对应的横向分布系数。

1号板:

汽车荷载: $m_{cq} = \frac{1}{2}(0.197 + 0.119 + 0.086 + 0.056) = 0.229$

人群荷载: $m_{cr} = 0.235 + 0.044 = 0.279$

3号板:

汽车荷载: $m_{cq} = \frac{1}{2}(0.161 + 0.147 + 0.108 + 0.073) = 0.245$

人群荷载: $m_{cr} = 0.150 + 0.055 = 0.205$

5号板:

汽车荷载: $m_{cq} = \dfrac{1}{2}(0.103 + 0.140 + 0.140 + 0.103) = 0.243$

人群荷载: $m_{cr} = 0.088 + 0.088 = 0.176$

分别计算出各板荷载横向分布系数,最后选取最大值作为控制内力设计的横向分布系数取值。

装配式铰接板桥,当横向连接刚度较大时(目前普遍通过加铺桥面现浇混凝土层增强横向联系),各板的受力比较均匀,可采用以下公式初步估算汽车荷载的横向分布系数。

$$m_c = C \cdot \dfrac{k}{n} \tag{2.3.62}$$

式中: n——横截面内板的块数;

k——车辆荷载列数;

C——修正系数,对于汽车荷载取 $C = 1.15$。

六、比拟正交异性板法

前面介绍几种荷载横向分布系数计算方法的共同点,即把全桥视作一系列并排放置的主梁所构成的梁系结构进行力学分析;不同点是对不同桥梁结构的横向连接刚度做了不同程度的假设。然而,由于桥梁结构的多样性,以上方法尚不足以全面反映不同结构的受力情况。例如:对于由主梁、连续桥面板和多道横隔梁组成的梁桥,当其宽度与跨径之比较大时(宽桥),采用以上方法将无法精确分析各梁受力情况。

为了较精确地反映实际结构的受力情况,可把此类结构简化成纵横相交的梁格系,按杆件系统的空间结构来求解;或将其比拟简化为一块矩形平板,按照弹性薄板的古典弹性理论进行分析计算。目前较常用方法为"比拟正交异性板法"(G-M法)。

"比拟正交异性板法"是在各向同性板挠曲微分方程的基础上,将桥梁实际的梁格系比拟为正交异性板,根据正交异性板的挠曲微分方程分析荷载横向分布。

(一)弹性板挠曲微分方程

1. 正交均质弹性板微分方程

图 2.3.35 为正交均质弹性薄板,根据弹性薄板古典理论中,存在以下应力与应变关系:

$$\begin{cases} \sigma_x = \dfrac{E}{1-\nu^2}(\varepsilon_x + \nu\varepsilon_y) \\ \sigma_y = \dfrac{E}{1-\nu^2}(\varepsilon_y + \nu\varepsilon_x) \\ \tau_{xy} = G\gamma_{xy} = \dfrac{E}{2(1+\nu)}\gamma_{xy} \end{cases} \tag{2.3.63}$$

$$\begin{cases} \varepsilon_x = -z\dfrac{\partial^2 w}{\partial x^2} \\ \varepsilon_y = -z\dfrac{\partial^2 w}{\partial y^2} \\ \gamma_{xy} = -2z\dfrac{\partial^2 w}{\partial x \partial y} \end{cases} \tag{2.3.64}$$

$$\begin{cases} M_x = -\left(D_x \dfrac{\partial^2 w}{\partial x^2} + D_1 \dfrac{\partial^2 w}{\partial y^2}\right) \\ M_y = -\left(D_y \dfrac{\partial^2 w}{\partial y^2} + D_1 \dfrac{\partial^2 w}{\partial x^2}\right) \\ M_{xy} = -D_{xy} \dfrac{\partial^2 w}{\partial x \partial y} \end{cases} \tag{2.3.65}$$

式中：D——板的单宽抗弯刚度，$D = \dfrac{Eh^3}{12(1-\nu^2)}$。

内力与荷载平衡关系：

$$\dfrac{\partial^2 M_x}{\partial x^2} + 2\dfrac{\partial^2 M_{xy}}{\partial x \partial y} + \dfrac{\partial^2 M_y}{\partial y^2} = -p \tag{2.3.66}$$

将式(2.3.63)各项代入上式，得到正交均质弹性板挠曲微分方程为：

$$\dfrac{\partial^4 w}{\partial x^4} + 2\dfrac{\partial^4 w}{\partial x^2 \partial y^2} + \dfrac{\partial^4 w}{\partial y^4} = \dfrac{p}{D} \tag{2.3.67}$$

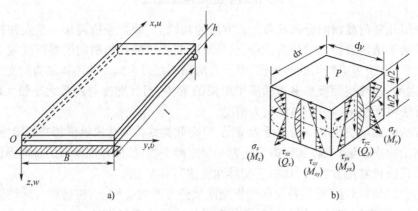

图 2.3.35　弹性薄板计算图式

2. 正交异性弹性板微分方程

正交异性板指结构材料在 x 和 y 两个方向的弹性性质不同，如以弹性性质的对称面作为坐标面，其应力与应变关系为：

$$\begin{cases} \varepsilon_x = \dfrac{1}{E_x}(\sigma_x - \nu_x \sigma_y) \\ \varepsilon_y = \dfrac{1}{E_y}(\sigma_y - \nu_y \sigma_x) \\ \gamma_{xy} = \dfrac{\tau_{xy}}{G} \end{cases} \tag{2.3.68-1}$$

式中：E_x、E_y——材料沿 x 和 y 两个方向的弹性模量；

ν_x、ν_y——引起 ε_x、ε_y 的泊松比。

式(2.3.68-1)也写成：

$$\begin{cases} \sigma_x = E'_x \varepsilon_x + E''\varepsilon_y \\ \sigma_y = E'_y \varepsilon_y + E''\varepsilon_x \\ \tau_{xy} = G\gamma_{xy} \end{cases} \tag{2.3.68-2}$$

上式中的常量为：

$$E'_x = \frac{E_x}{1-\nu_x\nu_y}; E'_y = \frac{E_y}{1-\nu_x\nu_y}; E''_x = \frac{\nu_x E_y}{1-\nu_x\nu_y} = \frac{\nu_y E_x}{1-\nu_x\nu_y}。$$

归纳分析得出正交异形板应力、应变关系：

$$\begin{cases} M_x = \int_{-\frac{h}{2}}^{+\frac{h}{2}} \sigma_x z \mathrm{d}z = -\left(D_x \frac{\partial^2 w}{\partial x^2} + D_1 \frac{\partial^2 w}{\partial y^2}\right) \\ M_y = \int_{-\frac{h}{2}}^{+\frac{h}{2}} \sigma_y z \mathrm{d}z = -\left(D_y \frac{\partial^2 w}{\partial y^2} + D_1 \frac{\partial^2 w}{\partial x^2}\right) \\ M_{xy} = \int_{-\frac{h}{2}}^{+\frac{h}{2}} \tau_{xy} z \mathrm{d}z = -D_{xy}\frac{\partial^2 w}{\partial x \partial y} \end{cases} \quad (2.3.69)$$

式中：D_x、D_y——x 和 y 方向的单宽抗弯刚度，$D_x = \frac{E'_x h^3}{12}$，$D_y = \frac{E'_y h^3}{12}$；

D_{xy}——单宽抗扭刚度，$D_{xy} = \frac{Gh^3}{6}$；

D_1——单宽相关抗弯刚度，$D_1 = \frac{E''_x h^3}{12}$。

将式(2.3.69)做相应微分后，代入平衡方程(2.3.66)，经整理后可得：

$$D_x \frac{\partial^4 w}{\partial x^4} + 2H \frac{\partial^4 w}{\partial x^2 \partial y^2} + D_y \frac{\partial^4 w}{\partial y^4} = p(x,y) \quad (2.3.70)$$

其中，$H = D_1 + D_{xy}$。

式(2.3.70)即为正交各向(材料)异性板的挠曲面微分方程。式中如设 $E_x = E_y = E$ 和 $\nu_x = \nu_y = \nu$，就可得到各向同性板的方程(2.3.67)。

下面阐述如何将由多片纵向主梁和横向横隔梁组成的梁格系，比拟成正交各向异性弹性板来分析其挠曲问题。

(二)比拟正交异性板挠曲微分方程

图2.3.36a)表示实际桥梁纵横向梁格结构图式。纵向主梁中心距离为 b，每片主梁截面抗弯惯性矩和抗扭惯性矩分别为 I_x 和 I_{Tx}；横隔梁中心距离为 a，其截面抗弯惯性矩和抗扭惯性矩为 I_y 和 I_{Ty}。如果间距 a 和 b 相对桥跨结构的宽度或长度相当小的，且桥面板与梁肋之间具有有效连接时，可将主梁的截面惯性矩 I_x 和 I_{Tx} 平均分摊在宽度 b，将横隔梁的截面惯性矩 I_y 和 I_{Ty} 平均分摊于宽度 a，把实际的纵横梁格系比拟成一块假想的平板，如图2.3.36b)所示，图中将沿 x 方向的板厚表示成虚线，说明所比拟的板在 x 和 y 两个方向的换算厚度是不相同的。此时，比拟板在纵向和横向每米宽度的截面抗弯惯性矩和抗扭惯性矩相应为：

$$J_x = \frac{I_x}{b} \quad J_{Tx} = \frac{I_{Tx}}{b}$$

$$J_y = \frac{I_y}{b} \quad J_{Ty} = \frac{I_{Ty}}{a}$$

为了简化理论分析，近似忽略混凝土的泊松比 ν 的影响，梁格系比拟为一块在 x 和 y 两个正交方向截面单宽刚度为 EJ_x、GJ_{Tx} 和 EJ_y、GJ_{Ty} 的正交异性板。考虑 $E_x = E_y = E$ 和 $\nu_x = \nu_y = 0$，则内力与挠曲变形关系为：

$$\begin{cases} M_x = -EJ_x \dfrac{\partial^2 w}{\partial x^2}, M_y = -EJ_y \dfrac{\partial^2 w}{\partial y^2} \\ M_{xy} = -GJ_{Tx} \dfrac{\partial^2 w}{\partial x \partial y}, M_{yx} = -GJ_{Ty} \dfrac{\partial^2 w}{\partial x \partial y} \end{cases} \qquad (2.3.71)$$

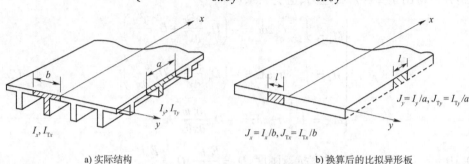

a) 实际结构　　　　　　　　　b) 换算后的比拟异形板

图 2.3.36　实际结构与换算后的比拟异形板

把上列关系式代入板挠曲面微分方程平衡方程(2.3.66)，可得到比拟正交异性板的挠曲微分方程：

$$EJ_x \dfrac{\partial^4 w}{\partial x^4} + G(J_{Tx} + J_{Ty}) \dfrac{\partial^4 w}{\partial x^2 \partial y^2} + EJ_y \dfrac{\partial^4 w}{\partial y^4} = p(x,y) \qquad (2.3.72\text{-}1)$$

或

$$EJ_x \dfrac{\partial^4 w}{\partial x^4} + 2\alpha E \sqrt{J_x J_y} \dfrac{\partial^4 w}{\partial x^2 \partial y^2} + EJ''_y \dfrac{\partial^4 w}{\partial y^4} = p(x,y) \qquad (2.3.72\text{-}2)$$

求解比拟正交异性板的挠曲微分方程，可得到荷载作用下任意点的挠度值 w，根据挠度值计算相应的内力值。

式(2.3.72-2)中的常数 α 称为扭弯参数，它表示比拟板两个方向的单宽抗扭刚度代数平均值与单宽抗弯刚度几何平均值之比。对于常用的 T 形梁或 I 字形梁，α 在 0～1 之间变化。

1946 年居翁(Guyon)引用正交异性板理论，解决了无扭梁格($\alpha=0$)荷载横向分布计算问题；1950 年麦桑纳特(Massonnet)在保留参数 α 的情况下，进一步分析了荷载横向分布计算问题，使居翁理论得到了推广。因此，习惯地把这两个方法合称为"G-M 法"。

为计算方便，可借助"G-M 法"有关图表进行荷载横向分布的实用计算。

(三)荷载横向分布实用计算

1. 荷载横向分布影响线的绘制

图 2.3.37a)表示一块纵向、横向截面单宽惯性矩分别为 J_x、J_{Tx} 和 J_y、J_{Ty} 的简支比拟板。当板上在任意横向位置 k 作用单位正弦荷载 $p(x) = 1 \cdot \sin \dfrac{\pi x}{l}$ 时，板在跨中产生弹性挠曲变形，如图中 $o'e'$ 线所示。

为了便于分析，将全板按不同位置分作许多纵向板条 1、2、3、4、…、n，并且以单位板宽来考虑。当 k 处有单位正弦荷载作用时，任一板条沿 x 方向的挠度为：

$$w_i(x) = w_i \sin \dfrac{\pi x}{l}$$

式中：w_i——与荷载峰值 $p=1$ 对应的第 i 板条的挠度峰值。

通过分析各板条跨中(即 $x = l/2$)的挠度和受力关系,得到荷载和挠度分布图形,如图 2.3.37b)、c)所示。图中 η_{1k}、η_{2k}、η_{3k}、…、η_{ik} 表示 k 点有单位荷载作用时各板条所分担的荷载。

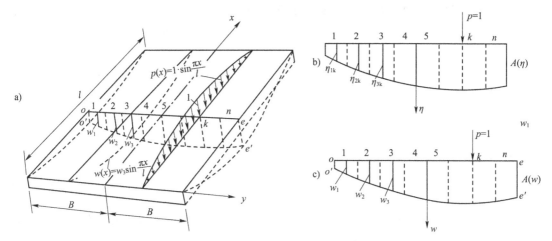

图 2.3.37　比拟板横向挠度 w 和横向影响线竖标 η

根据荷载与挠度成正比例比关系,得出:

$$\eta_{1k} = Cw_1$$
$$\eta_{2k} = Cw_2$$
$$\eta_{3k} = Cw_3$$
$$\vdots$$
$$\eta_{nk} = Cw_n$$

式中:C——与跨径和截面刚度相关的常数。

将等号左边所有的 η_{ik} 相加并乘以板条宽度,再由平衡条件可得:

$$(\eta_{1k} + \eta_{2k} + \eta_{3k} + \cdots + \eta_{nk}) \cdot 1 = \sum_{i=1}^{n} \eta_{ik} \cdot 1 = A(\eta) \cdot 1$$

同样将等号右边所有的 Cw_i 相加并乘以板条宽度,可得:

$$(Cw_1 + Cw_2 + Cw_3 + \cdots + Cw_n) \cdot 1 = C \cdot \sum_{i=1}^{n} w_i \cdot 1 = C \cdot A(w)$$

式中:$A(\eta)$、$A(w)$——跨中荷载横向分布图形的面积。

由于上述两式相等,由此可得:

$$C = \frac{1}{A(w)}$$

显然,在荷载 $p(x) = 1 \cdot \sin\dfrac{\pi x}{l}$ 作用下的挠度图面积,也可以用每一板条承受等分荷载 $\dfrac{1}{n} \cdot \sin\dfrac{\pi x}{l}$ 时的平均挠度 $\overline{w}$ 来表示,则:

$$A(w) = 2B \cdot \overline{w}$$

式中:B——桥宽的一半。

由此得出:

$$C = \frac{1}{2B \cdot \overline{w}}$$

即当 $P=1$ 作用在跨中截面 k 点时,任一板条所分配的荷载峰值可写成:

$$\eta_{ik} = Cw_{ik} = \frac{w_{ik}}{2B \cdot \overline{w}}$$

根据变位互等定理和反力互等定理,上式可写成:

$$\eta_{ki} = \frac{w_{ki}}{2B \cdot \overline{w}}$$

荷载作用在任意位置 i 时,将 k 点的挠度值 w_{ki} 与同一荷载下设想的平均挠度值 $\overline{w}$ 之比定义为影响系数 K_{ki} 后,即:

$$K_{ki} = \frac{w_{ki}}{\overline{w}}$$

代入上式得:

$$\eta_{ki} = \frac{K_{ki}}{2B} \tag{2.3.73}$$

这里 η_{ki} 为 $P=1$ 作用在任意位置 i 时分配至 k 点的荷载,即 k 点荷载横向影响线的坐标值,它等于影响系数 K_{ki} 除以桥宽 $2B$。

由求解 w_{ki} 不难看出,K_{ki} 是欲计算的板条位置 k、荷载位置 i、扭弯参数 a 以及纵向、横向截面抗弯刚度之比 θ 的函数。居翁和麦桑纳特根据理论分析编制了 $K_0 = f(a=0,\theta,k,i)$ 和 $K_1 = f(a=1,\theta,k,i)$ 的曲线图表(见附录Ⅱ)。对于一般从肋式结构所比拟成的正交各向异性板,其 a 的变化范围在 $0 \sim 1$ 之间,K_a 可足够精确地由下式内插求得:

$$K_a = K_0 + (K_1 - K_0)\sqrt{a}$$

其中,$\theta = \frac{B}{l} \cdot \sqrt[4]{\frac{J_x}{J_y}}$;$a = \frac{G(J_{Tx} + J_{Ty})}{2E \sqrt{J_x \cdot J_y}}$。

这里需要说明的是,附录Ⅱ中 K_0 和 K_1 的图表是将桥的全宽分为 8 等分共 9 个点的位置来计算的,即以桥宽中间点为 0,向左(或向右)依次为正的(或负的) $\frac{1}{4}B$、$\frac{1}{2}B$、$\frac{3}{4}B$ 和 B,如图 2.3.38 所示。当主梁位置不是正好位于这 9 个点上时,例如欲求图 2.3.38 中 1 号梁(梁位 $f=\xi B$ 处的 K 值时,则需根据相邻两个点的 K_{B_i} 和 $K_{\frac{3}{4}B_i}$ 值(由图表查得)进行内插,最后得到 $K_{\xi B_i}$ 值,如图 2.3.38 中虚线所示。尚需指出的是,由于结构的对称性,K 值是可以互换的,即 $K_{ki} = K_{ik}$,适当利用这一关系,还可缩减查表计算的工作量。

以上是针对比拟板上某点位置(或某一板条)荷载横向分布影响线坐标值的计算方法。如果想计算某片主梁荷载横向分布影响线坐标值,需首先计算出该主梁轴线 K 位置的影响线坐标值,然后乘以主梁间距 b(主梁比拟成的板宽),即可得到该主梁影响线的坐标值,即:

$$R_{ki} = \eta_{ki} \cdot b = \frac{K_{ki}}{2B} \cdot b$$

式中:R_{ki}——当荷载位于任一位置 i 时,分配给第 K 号主梁的荷载,即 K 号主梁荷载横向影响线竖坐标 η_{ki}。

考虑全桥宽共有 n 片主梁,即 $b = \frac{2B}{n}$,可得:

$$\eta_{ki} = R_{ki} = \frac{K_{ki}}{2B} \cdot \frac{2B}{n} = \frac{K_{ki}}{n} \tag{2.3.74}$$

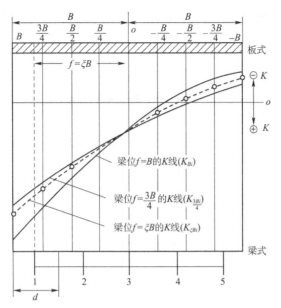

图 2.3.38 梁位 $f=\xi B$ 的 K 值计算

由此可见，对于横截面对称布置的梁桥，只要将影响系数 K 除以主梁片数 n，即可绘制出某片主梁的荷载横向分布影响线，如图 2.3.39c) 所示。然后将荷载在横向分布影响线上进行最不利布载，计算荷载横向分布系数。

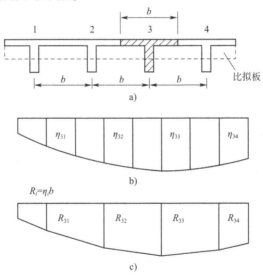

图 2.3.39 主梁荷载横向影响线的计算

尚须指出的是，根据附录 Ⅱ 中的 K_0 和 K_1 曲线发现，当弯曲刚度参数 $\theta<0.3$ 时，曲线沿 K 轴方向的间隔基本上相等，横断面的挠曲线接近于直线。这与"刚性横梁法"中假定横向刚度无穷大的计算结果趋于一致。为了计算方便，认为当 $\theta\leqslant 0.3$ 时属于窄桥，当 $\theta>0.3$ 时属于宽桥，这样规定所产生的误差在 5% 左右。因此，用 θ 值作为"窄桥"与"宽桥"的划分界限，要比简单按照"宽跨比"来划分更加合理。

2. 关于 K 值的校核

为了简捷校验查表、内插计算等的正确性，可对所得的各个 K 值进行快速检查。

图 2.3.40 表示比拟板跨中横截面在 $P=1$ 作用下和将 $P=1$ 均分为作用于 $1\sim9$ 点上时的挠曲图形,很明显,后者产生平均挠度 $\overline{w}$。

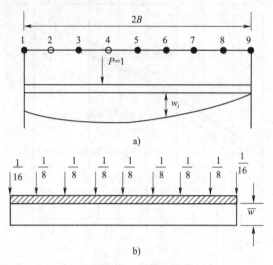

图 2.3.40 跨中截面的挠曲图式

根据功的互等定理:

$$1 \cdot \overline{w} = \frac{1}{8}\sum_{i=2}^{8} w_i + \frac{1}{16}(w_1 + w_9)$$

则得:

$$\sum_{i=2}^{8}\frac{w_i}{\overline{w}} + \frac{1}{16}\left(\frac{w_1}{\overline{w}} + \frac{w_9}{\overline{w}}\right) = 8$$

或

$$\sum_{i=2}^{8} K_i + \frac{1}{2}(K_1 + K_2) = 8 \qquad (2.3.75)$$

式(2.3.75)即可用来校核所计算 K 值的准确性。

3. 截面抗弯惯性矩和抗扭惯性矩的计算

利用"G-M"法的图表计算荷载横向分布影响线坐标时,需要预先计算参数 θ 和 α,此时需计算横截面纵、横向的单宽惯性矩值(图 2.3.36):

$$J_x = \frac{I_x}{b} \quad J_{Tx} = \frac{I_{Tx}}{b}$$

$$J_y = \frac{I_y}{b} \quad J_{Ty} = \frac{I_{Ty}}{a}$$

(1) 截面抗弯惯性矩

对于纵向主梁的抗弯惯性矩 I_x,按前述翼缘板宽为 b 的 T 形截面计算。

对于横隔梁的抗弯惯性矩 I_y,由于梁肋的间距较大,在荷载作用下翼缘板内的压应力沿宽度 a 的分布很不均匀,不再符合平截面假设,如图 2.3.41 所示。

为了较精确地分析受力,引入受压翼缘板有效宽度概念。即将每侧翼缘板有效宽度 a,用相当于把实际应力图形换算成以最大应力 σ_{max} 为基准的矩形图形的长度 λ 代替。根据理论分析结果,λ 值可按 c/l 的比值由表 2.3.8 计算。此时可按翼缘板宽度为 $2\lambda + \delta$ 的 T 形截面来计算 I_y 值。

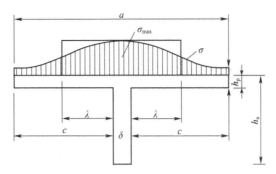

图 2.3.41 沿桥纵向翼板内的应力分布

λ 取值　　　　　　　　　　　　　　　　表 2.3.8

c/l	0.05	0.10	0.15	0.20	0.25	0.30	0.35	0.40	0.45	0.50
λ/c	0.983	0.936	0.867	0.789	0.10	0.635	0.568	0.509	0.459	0.416

注: l 为横梁的长度,可取两片边主梁的中心距计算。

（2）抗扭惯性矩

纵向和横向单宽惯性矩 J_{Tx} 和 J_{Ty},可分成梁肋和翼缘板两部分来计算。梁肋部分的抗扭惯性矩按前面式(2.3.49)和表2.3.6来计算。

对于翼板部分,按图2.3.42所示分为两种情况。

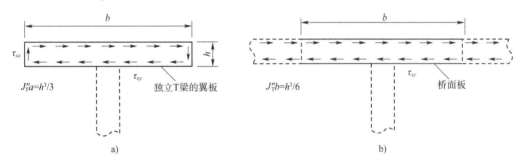

图 2.3.42　翼板抗扭惯性矩计算图式

图2.3.42a)表示独立的宽扁矩形截面($b \geqslant h$),按一般公式计算其抗扭惯性矩为:

$$J_T'' = \frac{I_T''}{b} = \frac{1}{b} \times \frac{1}{3} bh^3 = \frac{h^3}{3}$$

图2.3.42b)所示连续桥面板,需根据弹性薄板理论,计算其抗扭惯性矩为:

$$GJ_T = (1-\nu)D$$

将 $G = \dfrac{E}{2(1-\nu)}$ 和 $D = \dfrac{Eh^3}{12(1-\nu^2)}$ 代入上式,可得:

$$J_T'' = \frac{h^3}{6}$$

由此可见,连续桥面板的单宽抗扭惯性矩只有独立宽扁板者的一半。这一点可以解释为:独立板沿短边的剪力 τ_{xz} 也参与抗扭作用,而连续板的单宽部分则不出现此种剪应力。

为此,对于连续桥面板的整体式梁桥以及对于翼缘板刚性连接的装配式梁桥,在应用"G-M"法时,计算扭弯参数 a 时为翼缘板的纵横向截面单宽抗扭惯性矩之和:

$$J_{Tx} + J_{Ty} = \frac{h^3}{3} + \frac{1}{b}I'_{Tx} + \frac{1}{a}I'_{Ty} \tag{2.3.76}$$

式中： h——桥面板的厚度；

I'_{Tx}、I'_{Ty}——主梁肋和内横梁肋的截面抗扭惯性矩。

(四)计算示例

【例2.3.5】 图2.3.43为一座五梁式装配式钢筋混凝土简支梁桥，计算跨径 $l = 28.80\text{m}$。横桥向由5片T形梁组成，纵桥向设置5道横隔梁，主梁翼缘板刚性连接。求各片主梁汽车荷载和人群荷载的横向分布系数。

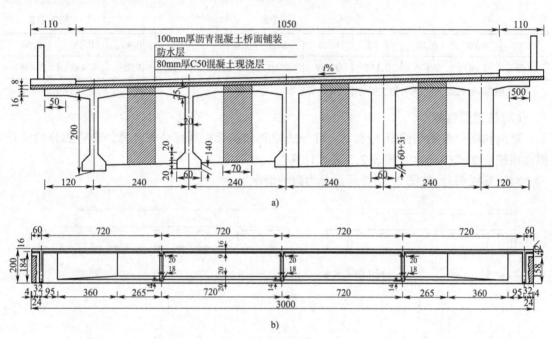

图2.3.43 主梁和横隔梁布置图(尺寸单位:cm)

解：

(1)计算几何特性

①主梁抗弯惯性矩(采用分块法)计算结果见表2.3.9，分块图见图2.3.44。

毛截面面积： $A_m = \sum A_i$

各分块对上缘的面积矩： $S_i = A_i y_i$

毛截面重心至梁顶的距离： $y_s = \sum S_i / A_i$

毛截面惯性矩计算用移轴公式：

$$I_m = \sum [I_i + A_i(y_i - y_s)^2] = \sum I_i + \sum [A_i(y_i - y_s)^2]$$

式中： A_i——分块面积；

y_i——分块面积的重心至梁顶边的距离；

y_s——毛截面重心至梁顶的距离；

I_i——分块面积对其自身重心轴的惯性矩。

主梁几何特性　　表 2.3.9

分块号	A_i (cm²)	y_i (cm)	S_i (cm²)	y_s (cm)	$y_i - y_s$ (cm)	I_i (cm⁴)	$A_i(y_i - y_s)^2$ (cm⁴)
①	3840	8	30720		-63.0	81920.0	15221612.5
②	3280	98	321440		27.0	7351573.3	2398210.0
③	1200	190	228000		119.0	40000.0	17004625.9
④	540	19	10260		-52.0	2430.0	2915828.9
⑤	400	166.67	66668		95.7	8888.9	7328323.3
Σ	9260		657088	71.0		7484812.2	44868600.7

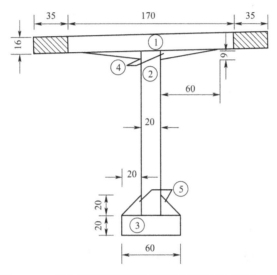

图 2.3.44　跨中成桥阶段主梁横截面及分块图(尺寸单位:cm)

$$I_x = \sum[I_i + A_i(y_i - y_s)^2] = \sum I_i + \sum[A_i(y_i - y_s)^2] = 52353412.94(\text{cm}^4)$$

主梁抗弯惯性矩:$I_x = 52353412.94 \text{ cm}^4$

主梁比拟单宽抗弯惯性矩:$J_x = \dfrac{I_x}{b} = \dfrac{47231336.84}{240} = 218139(\text{cm}^4/\text{cm})$

②横隔梁抗弯惯性矩。

每片中横隔梁的尺寸,如图 2.3.45 所示。

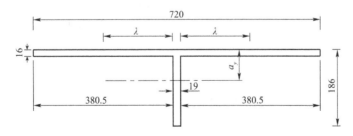

图 2.3.45　横隔梁截面图(尺寸单位:cm)

按前面表 2.3.8 确定翼板的有效作用宽度 λ。横隔梁的长度取为两片边梁的轴线距离,即:

$$l = 4 \times b = 4 \times 240 = 960 (\text{cm})$$

$$c/l = \frac{380.5}{960} = 0.396$$

查表 2.3.8 得:$c/l = 0.396$ 时,$\lambda/c = 0.514$

得:$\lambda = 0.514 \times 380.5 = 195.5 (\text{cm})$

求横隔梁截面重心位置 a_y:

$$a_y = \frac{2 \times 195.5 \times 16 \times \frac{16}{2} + 19 \times 186 \times \frac{186}{2}}{2 \times 195.5 \times 16 + 19 \times 186} = 56.8 (\text{cm})$$

故横隔梁抗弯惯性矩为:

$$I_y = \frac{1}{12} \times 2 \times 195.5 \times 16^3 + 2 \times 195.5 \times 16 \times \left(56.8 - \frac{16}{2}\right)^2 + \frac{1}{12} \times 19 \times 186^3 + 19 \times 186 \times$$

$$\left(\frac{186}{2} - 56.8\right)^2 = 29868 \times 10^3 (\text{cm}^4)$$

横隔梁比拟单宽抗弯惯性矩为:

$$J_y = \frac{I_y}{a} = \frac{29868 \times 10^3}{720} = 41483 (\text{cm}^4/\text{cm})$$

③主梁和横隔梁抗扭惯性矩。

主梁梁肋:

主梁梁肋翼板平均厚度:

$$h_1 = \frac{60 \times 9}{2 \times 110} + 16 = 18 (\text{cm})$$

$t_1/b_1 = 20/(200 - 18 - 30) = 0.132$,由表 2.3.6 查得 $c_1 = 0.305$。

$t_2/b_2 = 30/60 = 0.5$,查得 $c_2 = 0.229$。

则:

$$I_{Tx} = \sum c_i b_i t_i^3 = 0.305 \times (200 - 18 - 30) \times 20^3 + 0.229 \times 60 \times 30^3 = 7.419 \times 10^5 (\text{cm}^4)$$

横隔梁梁肋:

$t/b = 19/(186 - 18) = 0.113$,查得 $c = 0.309$,则:

$$I_{Ty} = cbt^3 = 0.309 \times (186 - 18) \times 19^3 = 3.561 \times 10^5 (\text{cm}^4)$$

最后得:

$$J_{Tx} + J_{Ty} = \frac{h_1^3}{3} + \frac{1}{b} I_{Tx} + \frac{1}{a} I_{Ty} = \frac{1}{3} \times 18^3 + \frac{7.419 \times 10^5}{240} + \frac{3.561 \times 10^5}{720}$$

$$= 5530 (\text{cm}^4/\text{cm})$$

(2)计算参数 θ 和 a

$$\theta = \frac{B}{l} \cdot \sqrt[4]{\frac{J_x}{J_y}} = \frac{600}{2880} \sqrt[4]{\frac{218139}{41483}} = 0.315$$

其中:B 为桥梁承重结构的半宽,即 $B = \frac{5 \times 240}{2} = 600 (\text{cm})$

$$a = \frac{G(J_{Tx} + J_{Ty})}{2E \sqrt{J_x \cdot J_y}} = \frac{0.4E \times 5530}{2E \times \sqrt{218139 \times 41483}} = 0.01163$$

则：$\sqrt{a} = \sqrt{0.01163} = 0.1078$

(3) 计算各主梁横向影响线坐标

已知 $\theta = 0.315$，查附录Ⅱ"G-M"计算图表可查得影响系数 K_1 和 K_0 的值，见表2.3.10。

影响系数 K_1 和 K_0 表2.3.10

影响系数	梁位	荷载位置									校核
		B	$3/4B$	$B/2$	$B/4$	0.00	$-B/4$	$-B/2$	$-3/4B$	$-B$	
K_1	0	0.95	0.96	1.01	1.02	1.05	1.02	1.01	0.96	0.95	$7.98 \approx 8.00$
	$B/4$	1.07	1.07	1.07	1.07	1.02	1.00	0.93	0.86	0.82	$7.97 \approx 8.00$
	$B/2$	1.23	1.19	1.16	1.06	1.00	0.92	0.84	0.78	0.76	$7.95 \approx 8.00$
	$3/4B$	1.45	1.32	1.20	1.08	0.98	0.88	0.78	0.72	0.64	$8.01 \approx 8.00$
	B	1.64	1.41	1.23	1.05	0.93	0.85	0.76	0.68	0.60	$8.03 \approx 8.00$
K_0	0	0.82	0.92	0.98	1.11	1.15	1.11	0.98	0.92	0.82	$7.99 \approx 8.00$
	$B/4$	1.63	1.50	1.33	1.24	1.06	0.88	0.65	0.39	0.21	$7.97 \approx 8.00$
	$B/2$	2.47	2.10	1.74	1.48	0.98	0.62	0.24	-0.18	-0.52	$7.96 \approx 8.00$
	$3/4B$	3.31	2.72	2.08	1.50	0.92	0.40	-0.12	-0.58	-1.10	$8.03 \approx 8.00$
	B	4.25	3.25	2.42	1.62	0.81	0.19	-0.53	-1.08	-1.70	$7.96 \approx 8.00$

根据图2.3.46中实际梁位与表2.3.10中梁位的关系，根据内插法计算实际梁位处的 K_1 和 K_0 值。

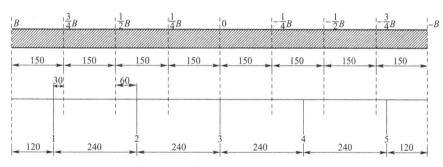

图2.3.46 梁位关系图(尺寸单位:cm)

对于1号梁：

$$K' = K_{\frac{3}{4}B} + (K_B - K_{\frac{3}{4}B}) \times \frac{30}{150} = 0.2K_B + 0.8K_{\frac{3}{4}B}$$

对于2号梁：

$$K' = K_{\frac{1}{2}B} + (K_{\frac{1}{4}B} - K_{\frac{1}{2}B}) \times \frac{60}{150} = 0.6K_{\frac{1}{2}B} + 0.4K_{\frac{1}{4}B}$$

对于3号梁：

$$K' = K_0 \text{（这里 } K_0 \text{ 是指表列梁位在 0 点的 } K \text{ 值）}$$

现将 1~3 号梁的荷载横向影响线坐标值列表计算，见表2.3.11。

1~3 号梁荷载横向影响线坐标值　　　　表 2.3.11

梁号	算式	荷载位置								
		B	3/4B	B/2	B/4	0.00	-B/4	-B/2	-3/4B	-B
1	$K'_1 = 0.2K_{1B} + 0.8K_{1\frac{3}{4}B}$	1.488	1.338	1.206	1.074	0.970	0.874	0.776	0.712	0.632
	$K'_0 = 0.2K_{0B} + 0.8K_{0\frac{3}{4}B}$	3.498	2.826	2.148	1.524	0.898	0.358	-0.202	-0.680	-1.220
	$K'_1 - K'_0$	-2.010	-1.488	-0.942	-0.450	0.072	0.516	0.978	1.392	1.852
	$(K'_1 - K'_0)\sqrt{a}$	-0.217	-0.160	-0.102	-0.049	0.008	0.056	0.105	0.150	0.200
	$K'_a = K'_0 + (K'_1 - K'_0)\sqrt{a}$	3.281	2.666	2.046	1.475	0.906	0.414	-0.097	-0.530	-1.020
	$\eta_{1i} = \dfrac{K'_a}{5}$	0.656	0.533	0.409	0.295	0.181	0.083	-0.019	-0.106	-0.204
2	$K'_1 = 0.6K_{1\frac{1}{2}B} + 0.4K_{1\frac{1}{4}B}$	1.160	1.136	1.124	1.064	1.008	0.952	0.876	0.812	0.784
	$K'_0 = 0.6K_{0\frac{1}{2}B} + 0.4K_{0\frac{1}{4}B}$	2.13	1.86	1.58	1.38	1.01	0.72	0.40	0.05	-0.23
	$K'_1 - K'_0$	-0.974	-0.724	-0.452	-0.320	-0.004	0.228	0.472	0.764	1.012
	$(K'_1 - K'_0)\sqrt{a}$	-0.105	-0.078	-0.049	-0.034	0.000	0.025	0.051	0.082	0.109
	$K'_a = K'_0 + (K'_1 - K'_0)\sqrt{a}$	2.029	1.782	1.527	1.350	1.012	0.749	0.455	0.130	-0.119
	$\eta_{1i} = \dfrac{K'_a}{5}$	0.406	0.356	0.305	0.270	0.202	0.150	0.091	0.026	-0.024
3	$K'_1 = K_{10}$	0.95	0.96	1.01	1.02	1.05	1.02	1.01	0.96	0.95
	$K'_0 = K_{00}$	0.82	0.92	0.98	1.11	1.15	1.11	0.98	0.92	0.82
	$K'_1 - K'_0$	0.130	0.040	0.030	-0.090	-0.100	-0.090	0.030	0.040	0.130
	$(K'_1 - K'_0)\sqrt{a}$	0.014	0.004	0.003	-0.010	-0.011	-0.010	0.003	0.004	0.014
	$K'_a = K'_0 + (K'_1 - K'_0)\sqrt{a}$	0.834	0.924	0.983	1.100	1.139	1.100	0.983	0.924	0.834
	$\eta_{1i} = \dfrac{K'_a}{5}$	0.167	0.185	0.197	0.220	0.228	0.220	0.197	0.185	0.167

(4)计算各片梁荷载横向分布系数

利用表 2.3.11 中计算所得的荷载横向影响线坐标值绘制横向影响线图,在影响线上最不利布载,确定各车轮组所对应的影响线坐标值,如图 2.3.47 所示(图中带小圈点的坐标都是表列各荷载点的数值),计算荷载横向分布系数。

①对于 1 号梁

按三列布载:

汽车荷载: $m_{cq} = \dfrac{1}{2}\sum \eta = \dfrac{1}{2} \times (0.554 + 0.405 + 0.306 + 0.171 + 0.086 - 0.034) = 0.744$

按两列布载:

$m_{cq} = \dfrac{1}{2}\sum \eta = \dfrac{1}{2} \times (0.554 + 0.405 + 0.306 + 0.171) = 0.718$

人群荷载:

$m_{cr} = \eta_r = 0.640$

②对于 2 号梁:

按三列布载:

汽车荷载:$m_{cq} = \frac{1}{2}\sum\eta = \frac{1}{2}\times(0.365+0.304+0.275+0.196+0.152+0.08)=0.686$

按两列布载:

$m_{cq} = \frac{1}{2}\sum\eta = \frac{1}{2}\times(0.365+0.304+0.275+0.196)=0.57$

人群荷载:$m_{cr}=\eta_r=0.40$

③对于3号梁:

按三列布载:

汽车荷载:$m_{cq} = \frac{1}{2}\sum\eta = \frac{1}{2}\times(0.183+0.198+0.218+0.228+0.221+0.194)=0.621$

按两列布载:

$m_{cq} = \frac{1}{2}\sum\eta = \frac{1}{2}\times(0.228+0.218+0.221+0.194)=0.451$

人群荷载:$m_{cr}=2\times\eta_r=2\times0.170=0.340$

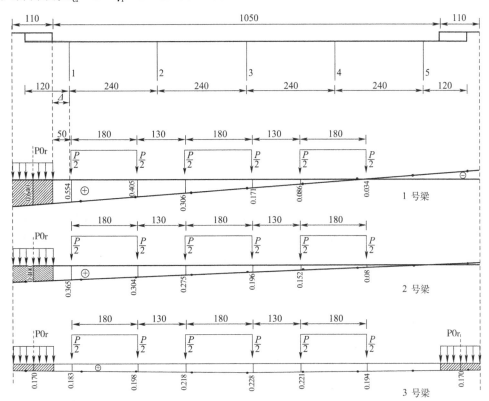

图 2.3.47 荷载横向分布系数计算(尺寸单位:cm)

七、荷载横向分布系数沿桥跨的变化

基于以上分析与计算,当荷载位于桥跨不同位置时,荷载横向分布规律发生变化:当荷载位于桥跨中间部位时,由于桥梁横向联系(桥面板和横隔梁)的传力作用,使所有主梁都参与受力,荷载的横向分布比较均匀;当荷载位于支点某片主梁时,如果不考虑支座弹性变形的影响,荷载将直接由该主梁传至其支座,其他主梁基本不参与受力。

以上荷载横向分布系数计算方法中,"杠杆原理法"计算荷载位于支点处的横向分布系数 m_0,其他方法适用于计算荷载位于跨中的横向分布系数 m_c。当荷载位于跨内其他部位时,要精确计算 m 值沿桥跨的连续变化规律相当冗繁。目前在实用设计中,一般按照图2.3.48所示的方法处理:

(1)对于无中间横隔梁或仅有一根中横隔梁的情况,跨中部分采用不变的 m_c,从距支点 $l/4$ 处起至支点的区段内,m_x 由 m_c 向支点 m_0 按直线形过渡[图2.3.48a)]。

(2)对于具有多根内横隔梁的情况,跨中部分采用不变的 m_c,从第一根内横隔梁起 m_x 由 m_c 向支点 m_0 按直线形过渡[图2.3.48b)]。

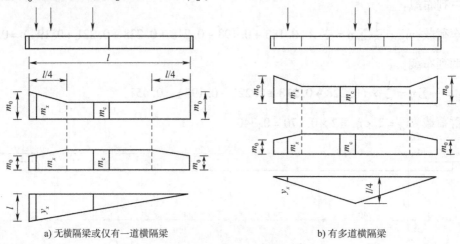

a) 无横隔梁或仅有一道横隔梁　　　　b) 有多道横隔梁

图2.3.48　荷载横向分布系数沿跨长的变化

当荷载位于桥上不同部位时,其荷载横向分布系数将发生不同变化,导致 m_0 可能大于 m_c,也可能小于 m_c。

在实际应用中,当计算简支梁跨中最大弯矩时,鉴于荷载横向分布系数沿跨内部分的变化不大,可近似按不变化的 m_c 来计算。当计算支点截面最大剪力时,由于需将荷载集中布置在内力影响线竖坐标较大值区段,此时应考虑荷载横向分布系数的变化对计算结果的影响;对位于靠近支点远端的荷载,鉴于相应影响线坐标值显著减小,可近似取用不变的 m_c 来计算。

以上桥梁荷载横向分布系数的计算,是基于相关力学理论进行推导计算,基本满足结构设计的精度要求。随着计算手段发展,特别是专业设计软件的广泛应用,各种桥梁结构的荷载横向分布系数,可通过空间网格建模方法进行桥梁结构实用精细化分析,建模具体要求可参见《公路钢筋混凝土及预应力混凝土桥涵设计规范》(JTG 3362—2018)附录A。

第四节　主梁内力计算

简支梁桥主梁内力计算主要包括永久作用和可变作用的内力计算,需分别计算二者对不同截面产生的内力值,然后按照荷载组合原则进行组合计算,确定各截面控制设计内力值;最后根据结构设计原理有关知识,进行主梁各截面的配筋设计或验算。

对于较小跨径($l \leq $ m)的简支梁(板)桥,通常只需计算跨中截面最大弯矩、支点与跨中截面剪力。其中,跨中与支点截面间的剪力可近似按直线规律变化,弯矩可假设按二次抛物线规律变化,即:

$$M_x = \frac{4M_{max}}{l^2}x(l-x) \tag{2.3.77}$$

式中：M_x——主梁在离支点 x 处任一截面的弯矩值；

M_{max}——主梁跨中最大设计弯矩；

l——主梁计算跨径。

对于较大跨径的简支梁桥,一般还应计算 $L/4$ 截面的弯矩和剪力；对于沿主梁桥轴线方向截面尺寸发生变化时,尚应计算变截面处的内力。

一、永久作用计算

配筋混凝土桥梁,永久作用(结构自重)在总作用效应中占比较大,且随着桥梁跨径的增大,永久作用所占的比重越大。因此,在进行桥梁结构设计时,应合理选定桥梁结构形式和结构尺寸。

计算桥梁永久作用效应时,为简化计算,习惯上将沿桥跨分点作用的横隔梁重力、沿桥横向不等分布的铺装层重力,以及作用于两侧人行道和栏杆等重力,均匀分摊给各片主梁共同承受。对于等截面主梁而言,其永久作用可简单地按均布荷载考虑；对于组合式梁桥,则应按实际施工组合情况,分阶段计算其永久作用效应。

确定了永久作用恒载集度 g 后,则可计算出简支梁各截面的弯矩 M 和剪力 Q。当永久作用分阶段计算时,则应按各阶段的恒载集度 g_i 来计算内力,以便进行内力或应力效应组合。

【例2.3.6】 计算本章例5中图2.3.43所示五梁式装配式预应力混凝土简支梁桥主梁的自重内力。已知每侧的栏杆及人行道构件重力的作用力为 5kN/m,预应力混凝土和沥青混凝土的重度分别为 25kN/m³ 和 23kN/m³。

解：

(1)计算恒载集度

①主梁预制时的自重(第一期恒载)g_1

此时翼板宽 1.7m。

a. 按跨中截面计算,主梁每延米自重(即先按等截面计算)

中主梁：$g_1' = (1.7 \times 0.16 + 1.64 \times 0.2 + 0.6 \times 0.09 + 0.2 \times 0.2 + 0.6 \times 0.2) \times 25 = 20.35$ (kN/m)

边主梁：$g_1' = (2.05 \times 0.16 + 1.64 \times 0.2 + 0.6 \times 0.09 + 0.2 \times 0.2 + 0.6 \times 0.2) \times 25 = 21.75$ (kN/m)

b. 由梁端加宽所增加的重量折成每延米重量

梁肋加宽长度为 3.6m,增加部分的形状为棱锥体,以及 0.95m 等截面的增加重量,均摊到整片上,简化计算如下：

$g_2' = [0.6 \times 1.84 + 0.4 \times 0.06 - (1.64 \times 0.2 + 0.6 \times 0.09 + 0.2 \times 0.2 + 0.6 \times 0.2)] \times$

$\left(\frac{1}{3} \times 3.6 + 1.41\right) \times 25/29.2 \times 2$

$= 1.31$ (kN/m)

c. 横隔梁折算成每延米重量

边主梁：

$$g_3' = \left\{\begin{array}{l}\left[\dfrac{1.7-0.2}{2}\times(2.00-0.16-0.14)-0.6\times0.09-\dfrac{1}{2}\times(0.06+0.26)\times0.2\right]\times4+\\ \left[\dfrac{1.7-0.2}{2}\times(2.00-0.16-0.06)-0.4\times0.06\right]\times2\end{array}\right\}\times$$

$(0.2+0.18)/2\times25/29.2=1.20(\mathrm{kN/m})$

中主梁：$g_3'=1.2\times2=2.4(\mathrm{kN/m})$

d. 每延米自重总和

中主梁：$g_1=\sum_{i=1}^{3}g_i'=20.35+1.31+2.4=24.06(\mathrm{kN/m})$

边主梁：$g_1=\sum_{i=1}^{3}g_i'=21.75+1.31+1.2=24.26(\mathrm{kN/m})$

②湿接缝重量 g_2 计算(二期恒载)

半片跨中横隔梁湿接缝的重量换算成每延米的重量。

$g_1''=[(2.00-0.16-0.14)\times0.35\times4+(2.00-0.16-0.06)\times0.35\times2]\times0.19\times25/29.2=0.59(\mathrm{kN/m})$

边主梁：$g_2''=0.16\times0.35\times25=1.4(\mathrm{kN/m})$

中主梁：$g_2''=1.4\times2=2.8(\mathrm{kN/m})$

每延米的自重总和如下。

中主梁：$g_2=\sum_{i=1}^{2}g_i''=2.8+0.59\times2=3.98(\mathrm{kN/m})$

边主梁：$g_2=\sum_{i=1}^{2}g_i''=1.4+0.59=1.99(\mathrm{kN/m})$

③栏杆、人行道、桥面铺装 g_3(第三期恒载)

桥面铺装：$g_1'''=(0.1\times10.5\times23+0.08\times10.5\times25)/5=9.03(\mathrm{kN/m})$

栏杆和人行道：$g_2'''=5\times2/5=2.00(\mathrm{kN/m})$

g_3 合计为：$g_3=\sum_{i=1}^{2}g_i'''=2+9.03=11.03(\mathrm{kN/m})$

作用于中主梁的恒载强度为：$g=\sum_{i=1}^{3}g_i=24.06+3.98+11.03=39.07(\mathrm{kN/m})$

作用于边主梁的恒载强度为：$g=\sum_{i=1}^{3}g_i=24.26+1.99+11.03=39.28(\mathrm{kN/m})$

(2)计算各截面恒载内力

在恒载集度 g 作用下，简支梁各截面的弯矩和剪力力学计算模型见图 2.3.49。

$$M_x=\dfrac{gl}{2}x-gx\times\dfrac{x}{2}=\dfrac{gx}{2}(l-x)$$

$$Q_x=\dfrac{gl}{2}-gx=\dfrac{g}{2}(l-2x)$$

各计算截面的剪力和弯矩计算值汇总见表 2.3.12。

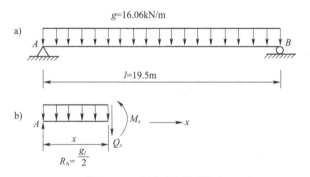

图 2.3.49　恒载内力计算图式

各截面自重荷载作用下的剪力和弯矩图　　　　表 2.3.12

截面位置 x		内力	
		剪力 $Q(\text{kN})$	弯矩 $M(\text{kN}\cdot\text{m})$
$x=0$	中梁	$Q=\dfrac{39.07}{2}\times 28.8=562.61$	$M=0$
	边梁	$Q=\dfrac{37.28}{2}\times 28.8=536.83$	$M=0$
$x=\dfrac{l}{8}$	中梁	$Q=\dfrac{39.07}{2}\times(28.8-2\times\dfrac{28.8}{4})=421.96$	$M=\dfrac{39.07}{2}\times\dfrac{28.8}{8}\times(28.8-\dfrac{28.8}{8})=1772.2$
	边梁	$Q=\dfrac{39.28}{2}\times(28.8-2\times\dfrac{28.8}{8})=424.22$	$M=\dfrac{39.28}{2}\times\dfrac{28.8}{8}\times(28.8-\dfrac{28.8}{8})=1781.7$
$x=\dfrac{l}{4}$	中梁	$Q=\dfrac{39.07}{2}\times(28.8-2\times\dfrac{28.8}{4})=281.30$	$M=\dfrac{39.07}{2}\times\dfrac{28.8}{4}\times(28.8-\dfrac{28.8}{4})=3038.08$
	边梁	$Q=\dfrac{39.28}{2}\times(28.8-2\times\dfrac{28.8}{4})=282.82$	$M=\dfrac{39.28}{2}\times\dfrac{28.8}{4}\times(28.8-\dfrac{28.8}{4})=3054.41$
$x=\dfrac{l}{2}$	中梁	$Q=0$	$M=\dfrac{1}{8}\times 39.07\times 28.8^2=4050.78$
	边梁	$Q=0$	$M=\dfrac{1}{8}\times 39.07\times 28.8^2=4072.55$

二、可变作用效应计算

公路桥梁可变作用主要包括汽车荷载和人群荷载,根据结构力学:简支梁在活载作用下,各截面最大内力值的计算,需将活载在各片主梁内力影响上进行纵向最不利布载,根据最不利位置计算内力值。

考虑到作用在桥上的车辆荷载为横向一排多个车轮组荷载,当其最不利位置确定后,则横向一排多个车轮荷载分配给某片梁的荷载值为 $m_i P_i$(m_i 为各车轮组在内力影响线最不利位置所对应的荷载横向分布系数;P_i 为各车轮组的轴重),同时考虑汽车荷载冲击作用、桥梁纵、横向折减等因素,简支梁在活载作用下截面内力计算表达式为:

$$S=(1+\mu)\cdot\xi\cdot\eta\cdot\sum m_i P y_i \tag{2.3.78}$$

对于车道荷载,将集中荷载直接布置在内力影响线数值最大的位置,其计算公式为:

$$S_{\text{车}}=(1+\mu)\cdot\xi\cdot\eta\cdot(m_c q_k \Omega + m_i P_k y_i) \tag{2.3.79}$$

对于人群荷载,则计算公式为:
$$S = m_c q_r \Omega \tag{2.3.80}$$

上式中:S——控制截面的弯矩或剪力;

μ——汽车荷载的冲击系数;

ξ——汽车荷载横向车道布载系数;

η——汽车荷载纵向折减系数,见表1.3.8;

m_c——跨中横向分布系数;

q_k——汽车车道荷载中,每延米均布荷载标准值;

Ω——弯矩、剪力影响线的面积;

m_i——沿桥跨纵向与集中荷载位置对应的横向分布系数,见图2.3.48;

P_k——车道荷载中的集中荷载标准值,计算剪力效应时,P_k值尚应乘以1.2的系数;

q_r——纵向每延米人群荷载标准值。

公路—Ⅱ级车道荷载的q_k值和P_k值按公路—Ⅰ级相应值的0.75倍采用。

利用式(2.3.78)和式(2.3.79)或式(2.3.80)计算支点截面的剪力或靠近支点截面的剪力时,尚应计入由于荷载横向分布系数在支点区段内发生变化所产生的影响。以支点截面为例,其计算公式为:
$$Q_A = Q'_A + \Delta Q_A \tag{2.3.81}$$

式中:Q'_A——由式(2.3.79)或式(2.3.80)按不变的m_c计算的内力值,即由均布荷载$m_c q_k$计算的内力值;

ΔQ_A——计及靠近支点处荷载横向分布系数变化而引起的内力增(或减)值,其计算图式如图2.3.50所示。

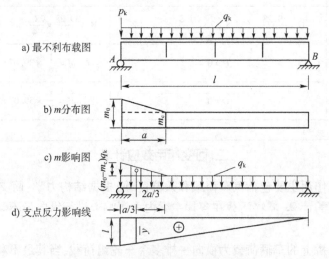

图2.3.50 支点剪力力学计算模型

对于车道均布荷载,在荷载横向分布系数变化区段内所产生的三角形荷载对内力的影响,可采用下式计算:
$$\Delta Q_A = (1+\mu) \cdot \xi \cdot \frac{a}{2}(m_0 - m_c) \cdot q_k \cdot \bar{y} \tag{2.3.82}$$

对于人群均布荷载,在荷载横向分布系数变化区段内所产生的三角形荷载对内力的影响,可采用下式计算：

$$\Delta Q_A = \frac{a}{2}(m_0 - m_c) \cdot q_r \cdot \bar{y} \quad (2.3.83)$$

式中：a——荷载横向分布系数 m 过渡段长度；

$\bar{y}$——m 变化区段附加三角形荷载重心位置对应的内力影响线坐标值；

其余符号意义同前。

【例 2.3.7】 仍以本章例 5 所述五梁式装配式预应力混凝土简支梁桥为例，计算边主梁在公路—Ⅱ级和人群荷载 $q_r = 3.0\text{kN/m}^2$ 作用下跨中最大弯矩、最大剪力及支点截面的最大剪力。

解：

(1) 荷载横向分布系数汇总（表 2.3.13）

荷载横向分布系数　　　　　　　　　　表 2.3.13

梁号	荷载	公路—Ⅱ级	人群荷载	备注
边主梁	跨中 m_c	0.783	0.684	按偏心压力法计算，见本章例 3；
	支点 m_0	0.604	1.417	按杠杆原理法计算，见本章例 2

(2) 均布荷载和内力影响线面积计算（表 2.3.14）

均布荷载和内力影响线面积　　　　　　　　表 2.3.14

弯矩、剪力	公路—Ⅱ级均布荷载（kN/m）	人群（kN/m）	影响线面积（m² 或 m）	影响线图式
$M_{l/2}$	$10.5 \times 0.75 = 7.875$	$3 \times 1.1 = 3.3$	$\omega = \frac{1}{8} \times l^2 = \frac{1}{8} \cdot 28.8^2 = 103.68$	
$Q_{l/2}$	7.875	3.3	$\omega = \frac{1}{2} \times \frac{1}{2} \times 28.8 \times 0.5 = 3.6$	
Q_0	7.875	3.3	$\omega = \frac{1}{2} \times 28.8 \times 1 = 14.4$	

(3) 公路—Ⅱ级中集中荷载 P_k 计算

计算弯矩效应时：

$$P_k = 0.75 \times \left[270 + \frac{360-270}{50-5} \times (28.8-5)\right] = 0.75 \times 317.6 = 238.2\text{(kN)}$$

计算剪力效应时：

$$P_k = 1.2 \times 238.2 = 285.84\text{(kN)}$$

(4) 计算冲击系数 μ

依据《公路桥涵设计通用规范》(JTG D60—2015)，简支梁的基频可按下式计算：

$$f = \frac{\pi}{2l^2}\sqrt{\frac{EI_c}{m_c}}$$

其中,截面抗弯惯性矩为 $I = 52353412.94(\text{cm}^4) = 0.5235341294(\text{m}^4)$(见本章例5)。

由于边主梁全部恒载集度为 $G = 39.28 \times 10^3 (\text{N/m})$(见本章例6),重力加速度 $g = 9.81\text{m/s}$,可得结构跨中处单位长度质量为: $m_c = \frac{G}{g} = \frac{39.28 \times 10^3}{9.81} = 4004.1(\text{N} \cdot \text{s}^2/\text{m}^2)$,C50 混凝土的弹性模量为 $E = 3.45 \times 10^{10}(\text{N/m}^2)$,则:

$$f = \frac{3.14}{2 \times 28.8^2}\sqrt{\frac{3.45 \times 10^{10} \times 0.52353412}{4004.1}} = 4.02(\text{Hz})$$

冲击系数为: $\mu = 0.1767\ln f - 0.0157 = 0.23$

(5)跨中截面弯矩 $M_{l/2}$、跨中剪力 $Q_{l/2}$ 计算

因双车道不折减,故 $\xi = 1$。跨中弯矩 $M_{l/2}$、跨中剪力 $Q_{l/2}$ 见表2.3.15。

表2.3.15 跨中截面弯矩 $M_{l/2}$、跨中剪力 $Q_{l/2}$

截面	荷载类型	q_k 或 q_r (kN/m)	P_k(kN)	$1+\mu$	m_c	Ω 或 y	S(kN·m 或 kN)	
							S_1	S
$M_{l/2}$	公路—Ⅱ级	7.875	238.2	1.23	0.783	103.68	786.34	2438.08
						$y = l/4 = 7.2$	1651.74	
	人群	3.3			0.684	103.68	234.03	
$Q_{l/2}$	公路—Ⅱ级	7.875	285.84	1.23	0.783	3.6	27.30	164.94
						0.5	137.64	
	人群	3.3			0.684	3.6	8.13	

(6)计算支点截面汽车荷载最大剪力

绘制荷载横向分布系数沿桥纵向的变化图形和支点剪力影响线如图2.3.51所示。

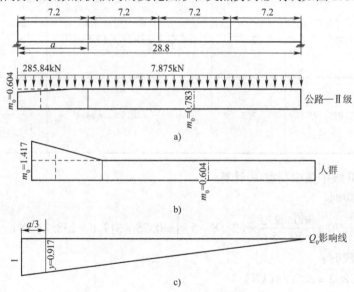

图2.3.51 支点剪力计算图式(尺寸单位:m)

横向分布系数变化区段的长度：

m 变化区段荷载重心处的内力影响线坐标为 $\bar{y} = 1 \times \left(28.8 - \dfrac{1}{3} \times 7.2\right) \Big/ 28.8 = 0.917$

利用式(2.3.79)和式(2.3.82)计算则得

$$Q'_{\text{支,汽}} = (1+\mu) \cdot \xi \cdot (m_c q_k \Omega + m_i P_k y_i)$$

$$= 1.23 \times 1 \times (0.783 \times 7.875 \times \dfrac{1}{2} \times 28.8 \times 1 + 0.684 \times 285.84 \times 1)$$

$$= 349.69(\text{kN})$$

$$\Delta Q_{\text{支,汽}} = 1.23 \times 1 \times \dfrac{7.2}{2} \times (0.684 - 0.783) \times 7.875 \times 0.917$$

$$= -3.17(\text{kN})$$

则公路—Ⅱ级作用下，边主梁支点的最大剪力为：

$$Q_{\text{支,汽}} = Q'_{\text{支,汽}} + \Delta Q_{\text{支,汽}} = 349.69 - 3.17 = 346.52(\text{kN})$$

(7) 计算支点截面人群荷载最大剪力

人群荷载引起的支点剪力按式(2.3.80)和式(2.3.83)计算：

$$Q'_{\text{支,人}} = m_c q_r \Omega = 0.604 \times 3.3 \times \dfrac{1}{2} \times 28.8 = 28.70(\text{kN})$$

$$\Delta Q_{\text{支,汽}} = \dfrac{7.2}{2} \times (1.417 - 0.604) \times 3.3 \times 0.917 = 8.86(\text{kN})$$

则人群荷载引起的边主梁支点的最大剪力为：

$$Q_{\text{支,人}} = Q'_{\text{支,人}} + \Delta Q_{\text{支,人}} = 28.70 + 8.86 = 37.56(\text{kN})$$

三、主梁内力组合与包络图

在进行钢筋混凝土及预应力混凝土梁桥设计时，需要确定主梁沿桥跨方向各截面的计算内力值(或称为作用效应组合设计值)，按承载能力极限状态和正常使用极限状态进行作用效应组合计算，取其最不利效应组合形成包络图进行结构设计。

表 2.3.16 分别计算得到主梁的恒载作用效应和可变作用效应后，按照承载能力极限状态，分别对作用的标准值乘以相应分项系数，经组合后作为截面控制设计值，进行构件设计和截面验算。

荷载效应组合表　　　　　　表 2.3.16

序号	荷载类别	弯矩 M(kN·m)			剪力 Q(kN)	
		梁端	四分点	跨中	梁端	跨中
1	结构自重	0	3054.4	4072.55	282.82	0.00
2	汽车荷载	0	1828.56	2438.08	346.52	164.94
3	人群荷载	0	175.52	234.03	37.56	9.13
4	1.2×(1)	0	3665.28	4887.06	339.38	0.00
5	1.4×(2)	0	2559.98	3413.31	485.13	230.92
6	0.75×1.4×(3)	0	184.30	245.73	39.44	9.59
7	合计 = (4)+(5)+(6)	0	6409.56	8546.10	863.95	240.51

如果沿梁轴的各截面处，将所采用控制设计的内力值按适当的比例尺绘成纵坐标，其中右半跨的弯矩值(M_{max})对称于左半跨，右半跨的剪力值(Q_{min})反对称于左半跨(Q_{max})，连接这些坐标点而绘成的曲线，就称为主梁内力包络图，如图 2.3.52 所示。对于小跨径梁(板)，如仅计算$M_{l/2}$以及$Q_支$，则弯矩包络图可绘成二次抛物线，而剪力包络图绘成直线形。对于较大跨径的桥梁，则应该根据具体情况，每隔 3~5m 求出相应截面的作用效应组合设计值，连接各截面内力值绘制包络图。

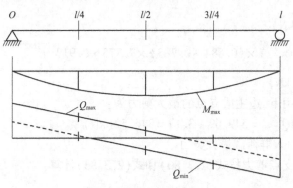

图 2.3.52　简支梁内力包络图

作用效应组合设计值的包络图确定后，则按照钢筋混凝土或预应力混凝土结构设计原理的方法，进行主梁的纵向主钢筋、斜筋和箍筋等设计。

第五节　横隔梁内力计算

装配式简支梁桥，为加强横向整体性，保证各片主梁共同受力，要求横隔梁本身及其连接接头应具有足够的强度。对于具有多根横隔梁的桥梁，通常取受力最大的跨中横隔梁进行内力计算，其他横隔梁可偏安全地按中横隔梁进行设计。中间横隔梁可按偏心压力法的基本原理进行实用计算。

一、作用在横隔梁上的计算荷载

汽车荷载作用下，横隔梁的计算应采用车辆荷载进行局部加载。对于跨中横隔梁，除了直接作用在其上的车轮组外，其前后的车轮组也对其分配荷载。计算时可假设车轮荷载在相邻横隔梁之间按杠杆原理法传递，如图 2.3.53 所示。因此，纵向一列车轮荷载分布给中间横隔梁的计算荷载为：

$$P_{0q} = \frac{1}{2} \times \left(\frac{P_1}{2} \times y_1 + \frac{P_2}{2} \times y_2 + \frac{P_3}{2} \times y_3 \right) = \frac{1}{2} \sum P_i y_i \quad (2.3.84)$$

同理，对于人群荷载，其计算荷载相应为：

$$P_{0r} = q_r \cdot \Omega_r = q_r l_a (影响线上满布荷载) \quad (2.3.85)$$

式中：P_i——对应影响线不同位置车轮组的轴重，需将最大轴重的车轮组位于中间横隔梁处；

y_i——对应于中间横隔梁按杠杆原理法计算的纵向荷载分布影响线竖标值；

Ω_r——对应于人群荷载范围的影响线面积；

P_{0r}——一侧人行道每延米的人群荷载；
l_a——横隔梁的纵向间距。

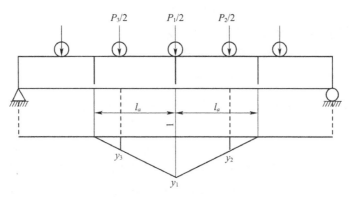

图 2.3.53　中间横隔梁布载图式

二、横隔梁的内力影响线

将桥梁的中横隔梁近似地视作竖向支承在多根弹性主梁上的多跨弹性支承连续梁，如图 2.3.54 所示。当桥梁在跨中有单位荷载 $P=1$ 作用时，各主梁所受的荷载将为 R_1、R_2、R_3、…、R_n，即横隔梁的弹性支承反力。因此，取 r 截面左侧为隔离体，由力的平衡条件得出横隔梁任意截面 r 的内力计算公式。

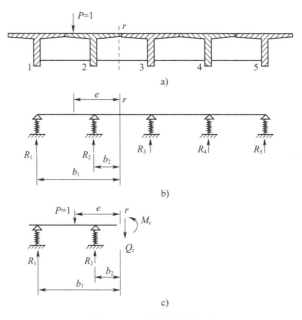

图 2.3.54　横隔梁计算图式

荷载 $P=1$ 位于截面 r 左侧时：

$$\begin{cases} M_r = R_1 \cdot b_1 + R_2 \cdot b_2 - 1 \cdot e = \overset{左}{\sum} R_i \cdot b_i - e \\ Q_r = R_1 + R_2 - 1 = \overset{左}{\sum} R_i - 1 \end{cases} \quad (2.3.86)$$

荷载 $P=1$ 位于截面 r 的右侧时：

$$\begin{cases} M_{\mathrm{r}} = R_1 \cdot b_1 + R_2 \cdot b_2 = \overset{左}{\sum} R_i \cdot b_i \\ Q_{\mathrm{r}} = R_1 + R_2 = \overset{左}{\sum} R_i \end{cases} \qquad (2.3.87)$$

式中：M_{r}、Q_{r}——横隔梁任意截面 r 的弯矩和剪力；

e——荷载 $P=1$ 至所求截面的距离；

b_i——支承反力 R_i 至所求截面的距离；

$\overset{左}{\sum} R_i$——表示涉及所求截面以左的全部支承反力 R_i 的总和。

由此，可直接利用求得的 R_i 的横向分布影响线，绘制横隔梁上某个截面的内力影响线。图 2.3.55 示出按偏心压力法计算的横隔梁支承反力 R、弯矩 M 和剪力 Q 影响线。鉴于 R_i 影响线呈直线变化，故绘制内力影响线时只需要标出几个控制点的竖坐标值即可。对于非直接作用于横隔梁上的荷载，在计算内力时应考虑其间接传力的影响，图 2.3.55 中 M_{3-4} 影响线在 3 号梁和 4 号梁之间区段应取虚线的值。考虑主要荷载作用于横隔梁上，为了简化起见，可偏安全地忽略间接传力的影响。

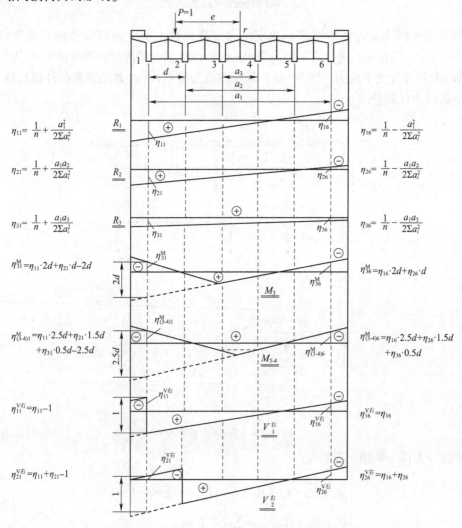

图 2.3.55 按偏心压力法计算的横隔梁的 R、M、Q 影响线

三、横隔梁内力计算

确定了作用在横隔梁上的荷载后,在横隔梁某截面的内力影响线上按最不利位置布载,可求得横隔梁在该截面上的最大(或最小)内力值。计算时应计入汽车荷载冲击作用、桥梁纵、横向折减等因素影响。

汽车荷载引起的横隔梁内力计算公式:

$$S_q = (1+\mu) \cdot \xi \cdot \eta \cdot P_{0q} \sum \eta_q \qquad (2.3.88)$$

人群荷载引起的横隔梁内力计算公式:

$$S_r = P_{0r} \sum \eta_r \qquad (2.3.89)$$

式中:η_q、η_r——对应于汽车车轮和人群荷载集度的横隔梁内力影响线竖标值;

μ、ξ、η——取值同主梁内力计算取值。

【例 2.3.8】 计算本章例 5 中所示五梁式装配式预应力混凝土简支梁桥跨中横梁在 2 号和 3 号主梁之间 rr 截面上的弯矩 $M_{2\text{-}3}$ 和靠近 1 号主梁处截面的剪力 $Q_1^{右}$。荷载等级为公路—Ⅱ级。

解:

(1) 确定作用在中横隔梁上的计算荷载

跨中横隔梁车辆荷载的最不利荷载,如图 2.3.56 所示。

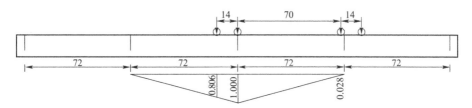

图 2.3.56 跨中横隔梁的布载图(尺寸单位:cm;轴重力单位:kN)

纵向一列车轮组分配给中横隔梁的计算荷载为:

$$P_{0q} = \frac{1}{2} \sum P_i y_i = \frac{1}{2} \times (140 \times 1 + 140 \times 0.806 + 120 \times 0.028) = 128.1 (\text{kN})$$

(2) 绘制中横隔梁的内力影响线

参照本章例 3,按偏心压力法求得 1 号梁的荷载横向分布影响线竖坐标值为:

$\eta_{11} = 0.6, \eta_{15} = -0.2$

同理,可得 2 号梁和 3 号梁的荷载横向分布影响线竖坐标值为:

$\eta_{21} = 0.4, \eta_{25} = 0$

$\eta_{31} = 0.2, \eta_{35} = 0.2$

① 弯矩影响线

2 号梁和 3 号梁之间的弯矩 $M_{2\text{-}3}$ 影响线:

当 $P=1$ 作用在 1 号梁轴上时:

$$\eta_{(2\text{-}3)1}^M = \eta_{11} \times 1.5d + \eta_{21} \times 0.5d - 1 \times 1.5d$$
$$= 0.60 \times 1.5 \times 2.40 + 0.40 \times 0.5 \times 2.40 - 1.5 \times 2.40$$
$$= -0.96$$

当 $P=1$ 作用在 5 号梁轴上时：
$$\eta^M_{(2\text{-}3)5} = \eta_{15} \times 1.5d + \eta_{25} \times 0.5d$$
$$= (-0.2) \times 1.5 \times 2.40 + 0 \times 0.5 \times 2.40$$
$$= -0.72$$

当 $P=1$ 作用在 3 号梁轴上时：
$$\eta^M_{(2\text{-}3)3} = \eta_{13} \times 1.5d + \eta_{23} \times 0.5d$$
$$= 0.2 \times 1.5 \times 2.40 + 0.2 \times 0.5 \times 2.40$$
$$= 0.96$$

根据此 3 个竖标值和已知影响线折点位置(即计算截面位置)，即可绘制出 $M_{2\text{-}3}$ 影响线，如图 2.3.57a)所示。

②剪力影响线

1 号主梁处截面的 $Q_1^{右}$ 影响线：

当 $P=1$ 作用在计算截面以右时，$Q_1^{右} = R_1$，即 $\eta_{1i}^{右} = \eta_{1i}$（即 1 号梁荷载横向分布影响线坐标值）。

当 $P=1$ 作用在计算截面以左时，$Q_1^{右} = R_1 - 1$，即 $\eta_{1i}^{右} = \eta_{1i} - 1$。

由此绘制 $Q_1^{右}$ 影响线，如图 2.3.57b)所示。

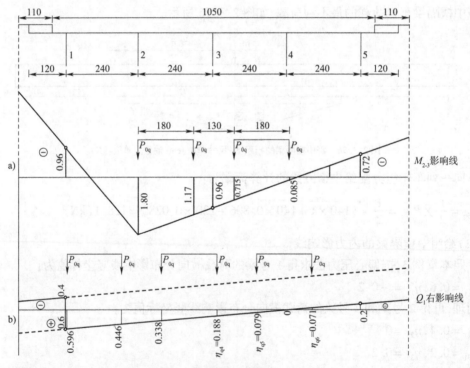

图 2.3.57　中横隔梁内力影响线(单位尺寸:m)

(3)截面内力计算

将中横隔梁分配到的计算荷载 P_{0q}，在相应截面内力影响线上进行最不利布载，引入相关系数后得出内力值，汽车荷载计入冲击影响 $(1+\mu)$（按相连的主梁冲击系数采用），计算结果见表 2.3.17。

截面内力计算 表 2.3.17

弯矩 $M_{2\text{-}3}$		$M_{2\text{-}3} = (1+\mu)\cdot\xi\cdot P_{0q}\sum\eta_q = 1.23\times1\times128.1\times(1.8+1.17+0.715+0.085) = 594.01(\text{kN}\cdot\text{m})$
剪力 $Q_1^{右}$	三列车	$Q_1^{右} = (1+\mu)\cdot\xi\cdot P_{0q}\sum\eta_q$ $= 1.23\times0.78\times128.1\times(0.596+0.446+0.338+0.188+0.079-0.071) = 193.69(\text{kN})$
	两列车	$Q_1^{右} = (1+\mu)\cdot\xi\cdot P_{0q}\sum\eta_q = 1.23\times1\times128.1\times(0.596+0.446+0.338+0.188) = 247.06(\text{kN})$

(4) 内力组合

考虑横隔梁结构自重与车辆荷载相比较小,在进行荷载组合计算时可不考虑结构自重影响,只考虑车辆荷载产生的内力值。

(1) 承载能力极限状态内力组合:

$M_{\max,2\text{-}3} = 0 + 1.8\times594.01 = 1069.22(\text{kN}\cdot\text{m})$

$Q_{\max,1}^{右} = 0 + 1.8\times247.06 = 444.71(\text{kN})$

(2) 正常使用极限状态内力组合:

$M_{\max,2\text{-}3} = 0 + 0.7\times594.01 = 415.81(\text{kN}\cdot\text{m})$

$Q_{\max,1}^{右} = 0 + 0.7\times247.06 = 172.94(\text{kN})$

第六节 挠度与预拱度计算

桥梁在各种荷载作用下,上部承重结构将会产生不同程度的竖向挠曲变形(简称挠度)。当竖向挠曲变形过大时,会影响车辆行驶的舒适性,同时会导致路面结构层及附属设施的损坏,严重时会影响到桥梁结构安全。因此,要求桥梁结构应具有足够的刚度,以抵抗各种荷载作用下的竖向挠曲变形。桥梁结构挠曲变形主要包括永久作用产生的挠曲变形和可变荷载作用产生的挠曲变形。

永久作用(包括结构自重、桥面铺装和附属设施的重力、预应力、混凝土徐变和收缩作用等)产生的挠度与其持续时间有关(可分为短期挠度和长期挠度),该挠度可通过施工时设置反向挠度(简称预拱度)加以抵消,使竣工后的桥梁达到理想的设计线形。

可变作用(汽车荷载)的挠度虽然是临时出现的,但是随着车辆在桥上移动而挠度不断变化,当汽车位于最不利位置时,桥梁挠度达到最大值;一旦汽车驶离桥梁,挠度自行恢复。因此在桥梁设计中,需要验算桥梁结构抵抗可变荷载变形能力的刚度特性。

《公路钢筋混凝土及预应力凝土桥涵设计规范》(JTG 3362—2018)规定:①钢筋混凝土受弯构件,当由荷载频遇组合并考虑长期效应影响产生的长期挠度,不超过计算跨径的 1/1600 时,可不设预拱度;当不符合上述规定时,其值可按结构自重和 1/2 可变荷载频遇值计算的长期挠度值之和采用。②预应力混凝土受弯构件,当预加应力产生的长期反拱值大于按荷载频遇值组合计算的长期挠度时,可不设预拱度;当预加应力的长期反拱值小于按荷载频遇值组合计算的长期挠度时应设预拱度,其值应按该荷载的挠度值与预加应力长期反拱值之差采用。

对于结构自重相对于活载较小的预应力混凝土受弯构件,应考虑预加应力反拱值过大可能造成的不利影响(如跨中现浇桥面层厚度不足),必要时采取反预拱或设计和施工上的其他措施,避免桥面隆起直至开裂破坏。目前设计和施工中,常采用的措施是严格控制施加预应力时混凝土强度和弹性模量(或推算龄期),一般要求混凝土强度不低于设计强度等级的 85%,龄期不短于 7d。

一、受弯构件刚度计算

钢筋混凝土和预应力混凝土受弯构件的挠度,可根据给定的构件刚度采用结构力学的方法计算。其中,受弯构件的刚度可按下式计算:

1. 钢筋混凝土构件

当 $M_s \geq M_{cr}$ 时:

$$B = \frac{B_0}{\left(\frac{M_{cr}}{M_s}\right)^2 + \left[1 - \left(\frac{M_{cr}}{M_s}\right)^2\right]\frac{B_0}{B_{cr}}} \quad (2.3.90)$$

当 $M_s < M_{cr}$ 时:

$$B = B_0 \quad (2.3.91)$$

$$M_{cr} = \gamma f_{tk} W_0 \quad (2.3.92)$$

式中:B——开裂构件等效截面的抗弯刚度;

B_0——全截面的抗弯刚度,$B_0 = 0.95 E_c I_0$,I_0 为全截面换算截面惯性矩;

B_{cr}——开裂截面的抗弯刚度,$B_{cr} = E_c I_{cr}$,I_{cr} 为开裂截面换算截面惯性矩;

M_s——按作用频遇组合计算的弯矩值;

M_{cr}——开裂弯矩;

γ——构件受拉区混凝土塑性影响系数,按式(2.3.97)计算;

f_{tk}——混凝土轴心抗压强度标准值。

2. 预应力混凝土构件

(1)全预应力混凝土和 A 类预应力混凝土构件

$$B_0 = 0.95 E_c I_0 \quad (2.3.93)$$

(2)允许开裂的 B 类预应力混凝土构件

在开裂弯矩 M_{cr} 作用下:

$$B_0 = 0.95 E_c I_0 \quad (2.3.94)$$

在 $(M_s - M_{cr})$ 作用下:

$$B_{cr} = E_c I_{cr} \quad (2.3.95)$$

开裂弯矩 M_{cr} 按下式计算:

$$M_{cr}(\sigma_{pc} + \gamma f_{tk}) W_0 \quad (2.3.96)$$

$$\gamma = \frac{2 S_0}{W_0} \quad (2.3.97)$$

式中:S_0——全截面换算截面重心轴以上(或以下)部分面积对重心轴的面积矩;

σ_{pc}——扣除全部预应力损失预应力钢筋和普通钢筋合理 N_{p0} 在构件抗裂边缘产生的混凝土压应力;

W_0——换算截面抗裂边缘的弹性抵抗矩。

二、简支梁(板)跨中挠度计算

根据结构力学挠度计算方法,简支梁(板)跨中挠度可按下式计算:

$$f = \frac{5}{48} \cdot \frac{M_s l^2}{B} \tag{2.3.98}$$

式中,符号意义同上。

受弯构件在使用阶段的挠度应考虑长期效应的影响,即按荷载频遇组合和前述规定的刚度计算的挠度值,乘以挠度长期增长系数,此时简支梁(板)跨中挠度值计算公式为:

$$f_c = \eta_\theta \cdot f \tag{2.3.99}$$

式中:f_c——长期挠度值。

η_θ——挠度长期增长系数,当采用 C40 以下混凝土时,$\eta_\theta = 1.60$;当采用 C40~C80 混凝土时,$\eta_\theta = 1.45 \sim 1.35$;中间强度等级可按直线内插取用。

f——按荷载频遇组合计算的跨中挠度值。

预应力混凝土受弯构件,计算使用阶段预加力反拱值时,预应力钢筋的预加力应扣除全部预应力损失,长期增长系数取用 2.0。

钢筋混凝土和预应力混凝土受弯构件,按上述计算的长期挠度值,由汽车荷载(不计冲击力)和人群荷载频遇组合,在梁式桥主梁产生的最大挠度不应超过计算跨径的 1/600,在梁式桥主梁悬臂端产生的最大挠度不应超过悬臂长度的 1/300。

三、计 算 示 例

【例 2.3.9】 验算本章例 5 所示装配式预应力混凝土简支梁桥的主梁变形。已知:混凝土强度等级 C50,主梁为全预应力混凝土构件,截面抗弯刚度 $B = 0.95 E_c I_0$,预加力所引起的反挠度为 33.27mm。

解:由例 6 可知:主梁跨中截面自重产生的最大弯矩值为 4072.55kN·m,汽车产生的最大弯矩值(不计冲击力)为 1982.11kN·m,人群产生的最大弯矩值为 234.03kN·m。

1. 验算主梁变形

按《公路钢筋混凝土及预应力混凝土桥涵设计规范》(JTG 3362—2018)规定:验算主梁变形时,不计入结构自重产生的长期挠度,汽车不计入冲击力。

则可变荷载频遇值在跨中截面产生的挠度为:

$$f = \eta_\theta \cdot \frac{5}{48} \cdot \frac{M_s l^2}{B} = 1.425 \times \frac{5}{48} \times \frac{(0.7 \times 1982.11 + 0.4 \times 234.03) \times 10^3 \times 28.8^2}{0.95 \times 3.45 \times 10^{10} \times 0.523534}$$

$$= 0.0106(\text{m}) = 1.06\text{cm} < \frac{l}{600} = \frac{28.8}{600} = 4.8(\text{cm})$$

2. 判断是否设置预拱度

根据《公路钢筋混凝土及预应力混凝土桥涵设计规范》(JTG 3362—2018)规定:当预加应力产生的长期反拱值大于按荷载频遇组合计算的长期挠度时,可不设预拱度,否则应设置预拱度。

按频遇组合计算的长期挠度值为:

$$f_c = 1.425 \times \frac{5(M_{GK} + M_{可变频遇})l^2}{48B}$$

$$= 1.425 \times \frac{5}{48} \times \frac{[4072.55 + (0.7 \times 1982.11 + 1.0 \times 234.03)] \times 10^3 \times 28.8^2}{0.95 \times 3.45 \times 10^{10} \times 0.523534}$$

$$= 0.0409(\text{m}) = 40.9\text{mm}$$

预加应力产生的长期反拱值为：$f'_c = \eta_\theta \cdot f = 2 \times (-33.27) = -66.54(\text{mm})$

两者之差为：$f_c + f'_c = 40.9 - 66.54 = -25.64(\text{mm})$

由于预加应力产生的长期反拱值大于按荷载频遇组合计算的长期挠度，不设预拱度。

第四章 配筋混凝土连续(刚构)梁桥内力计算

第一节 结构自重内力计算

桥梁结构自重内力计算与施工方法密切相关。对于简支体系桥梁,施工阶段和成桥阶段结构受力体系不发生变化,均按简支体系进行内力计算。对于连续(刚构)体系桥梁,当采用不同施工方法时,其结构自重内力计算需根据施工方法的不同,而采用不同的受力体系进行计算。下面主要针对连续(刚构)体系桥梁,在施工期间其结构受力体系是否发生变化,介绍其自重内力计算方法。

一、施工过程中结构体系不发生变化情况

连续体系桥梁采用有支架现浇施工,需在桥位处搭设支架,在支架上完成模板安装、钢筋绑扎、预应力筋(束)设置、混凝土浇筑及预应力筋(束)张拉锚固等作业,最后拆除支架形成连续受力体系。采用该施工方法,施工期间桥梁结构受力方式未发生变化,则其自重内力按照连续梁进行计算。

对于等截面连续梁桥,其自重荷载集度 g 沿桥跨均匀分布,可按均布荷载乘以主梁内力影响线面积计算其内力值;对于变截面连续梁,其自重荷载集度 $g(x)$ 沿桥跨范围发生变化,可按下式计算:

$$S_{g1} = \int_L g(x) \cdot y(x) \mathrm{d}x$$

式中:S_{g1}——主梁自重内力(弯矩或剪力);

$g(x)$——主梁自重荷载集度;

$y(x)$——相应主梁内力影响线坐标,可查阅相关图表。

当变截面连续梁最大和最小截面惯性矩之比不大于 2.5 倍时,可近似按等截面连续梁进行计算。

二、施工过程中结构体系发生变化情况

较大跨径预应力混凝土连续体系桥梁,可采用移动模架逐孔施工法、悬臂施工法、顶推施

工、转体施工法等方法(详见第二篇第七章内容),当采用不同施工方法时,施工期间和成桥后结构受力体系会发生较大变化。

1. 逐孔施工法

连续梁桥采用逐孔施工法,可采用先简支后连续或先悬臂梁后连续梁的施工工艺,其自重内力需根据具体的施加顺序采用不同计算方法。

(1)先简支后连续施工。各孔主梁先按照简支梁进行预制安装,待各孔梁体安装就位后完成连续体系转换。预制梁体安装阶段,主梁自重内力按照简支受力体系计算$\left(\text{例跨中弯矩 } M_{g1} = \frac{1}{8}g_1 l^2\right)$;当桥梁形成连续体系再施工桥面铺装等二期恒载时,二期恒载M_{g2}则按照连续梁体系计算。如果各孔主梁完成架设后,同时进行该孔桥面铺装等二期恒载施工,二期恒载内力M_{g2}则按简支结构体系进行分析,如图2.4.1所示。

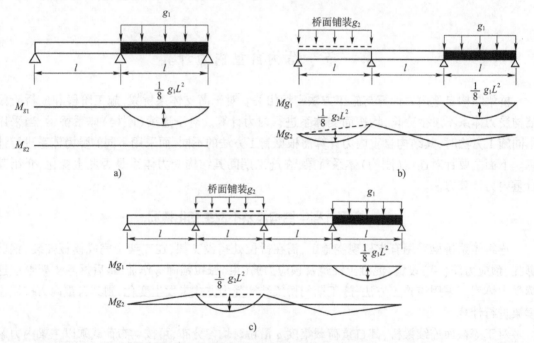

图2.4.1 先简支后连续结构自重内力计算图式

先简支后连续施工,应考虑墩顶负弯矩区段预应力筋(束)张拉后,将在梁体内部产生次内力,此时荷载内力应为两部分内力之和。

(2)单悬臂梁变连续梁逐孔架设法。按照单悬臂梁结构体系,先预制安装形成单悬臂梁;然后连续架设后续梁孔,进而形成带悬臂的连续梁体系,此时各施工阶段主梁自重内力应按实际受力状态计算,如图2.4.2所示。

采用该施工方法,一般将结合段设置在弯矩较小截面处(或正负弯矩变化处,此时弯矩为零),以使最终成桥状态截面弯矩与有支架施工弯矩基本相同。

2. 悬臂施工法

连续梁采用悬臂施工,是以桥墩部位梁体(一般称0号块)为基准块,采用悬臂浇筑或悬臂拼装的方式,由桥墩部位向两侧对称悬臂逐段接长梁体,最后在跨中(边跨)合龙为连续梁。

图 2.4.3 为一座三跨连续梁采用悬臂浇筑施工受力图,其主要受力可分为以下几个阶段:

(1)墩梁锚固与悬臂浇筑阶段。由于连续梁为铰接支承体系(设置支座),为保证悬臂施工阶段结构稳定性,需将 0 号块梁体与桥墩临时固结(有支架现浇施工),悬臂施工期间桥墩将承受竖向支承力(R_1、R_2);其他悬臂段梁体普遍采用挂篮悬臂浇筑,当悬臂浇筑至最大悬臂节段时,支点处承受最大负弯矩,如图 2.4.3b)所示。

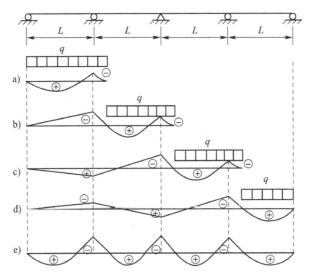

图 2.4.2 单悬臂梁变连续梁结构自重内力计算图式

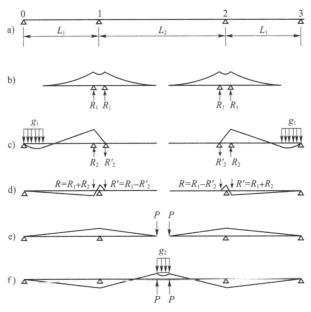

图 2.4.3 悬臂施工主梁自重内力计算图式

(2)边跨合龙阶段。悬臂浇筑施工结束,边跨合龙段梁体一般采取有支架现浇,其受力如图 2.4.3c)所示,此时边跨合龙段梁体自重主要由支架承受。

(3)体系转换阶段(临时固结体系拆除)。当边跨合龙段梁体施工完毕,拆除支架后结构变为单悬臂梁,此时临时固结体系的锚固力被"释放",相当于对主梁施加一对方向相反的力(R、R'),它们将在单悬臂结构体系上引起结构内力,如图 2.4.3d)所示。

(4)跨中合龙阶段。体系转换完成后,可通过吊架(或挂篮)进行跨中合龙段梁体施工。当跨中合龙段梁体混凝土尚未达到设计强度时,合龙段梁体自重通过吊杆(或挂篮)传至单悬臂梁的悬臂端,承受竖向集中力 P(P 包括合龙段自重与吊架模板等重力),如图 2.4.3e)所示。

(5)成桥阶段,当合龙段梁体混凝土达到设计强度,并与两侧单悬臂梁形成连续体系,拆除吊架(或挂篮),此时相当于对梁体施加一对方向相反的力 P,同时合拢段梁体自重也作用于梁体上,如图 2.4.3f)所示。

将以上各个阶段主梁恒载内力相叠加,即得到连续梁悬臂浇筑施工阶段各截面恒载内力。

3. 顶推施工法

顶推施工法是沿桥轴线在桥台后方,分段预制或拼装梁体节段,并逐段向前顶推、逐段连接梁体的施工方法,适用于等跨、等截面连续梁桥。当梁体全部顶推就位后,其恒载内力按照连续体系进行内力计算。

连续梁采用顶推施工,在顶推过程中梁体反复经历悬臂体系和连续体系的转换,各截面将承受正负弯矩交替变化和剪力变化,受力状态较为复杂。为准确分析计算梁体在不同顶推过程的受力,一般将梁体划分为若干控制截面(间距 3~5m),计算每一顶推阶段各截面的内力值,将各截面内力图叠置在同一基准线上,得到各截面最不利内力包络图,如图 2.4.4 所示。

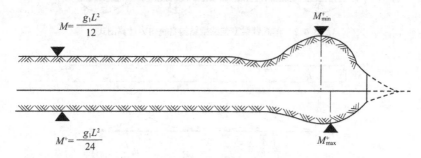

图 2.4.4 顶推施工连续梁自重内力包络图

由图 2.4.4 看出:连续梁顶推施工最不利受力截面,位于顶推的先导梁段,此时梁体承受 M_{min}^{-} 与 M_{max}^{+},其余梁段截面自重内力,与固端梁的最大正、负弯矩值接近。

为减小连续梁顶推施工过程结构自重产生的悬臂负弯矩,通常在梁体前端设置钢导梁来减轻结构自重。此时,主梁最大正弯矩发生在钢导梁刚顶出前方支点时,最大正弯矩截面位置约在第一跨的 $0.4L$ 处,如图 2.4.5 所示。

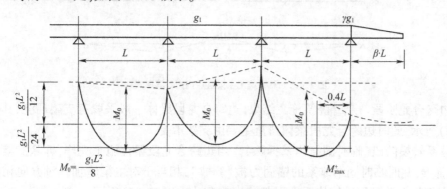

图 2.4.5 顶推初期主梁自重内力图

假设主梁自重为 g_1，钢导梁自重为 γg_1，钢导梁长度为 βL，则 $M_{\max}^+$ 可近似按以下公式计算：

$$M_{\max}^+ = \frac{g_1 L^2}{12}(0.933 - 2.96\gamma\beta^2) \tag{2.4.1}$$

式中：g_1——主梁自重荷载集度；
  L——连续梁顶推跨径；
  γ——钢导梁与主梁自重荷载集度比值；
  β——钢导梁与顶推跨径比值，一般取 0.6。

当 $\gamma = 0.1, \beta = 0.65$ 时：

$$M_{\max}^+ = 0.81\frac{g_1 L^2}{12} = 1.62 M_0 \tag{2.4.2}$$

顶推施工产生最大负弯矩的工况可能有两种，如图 2.4.6 所示。

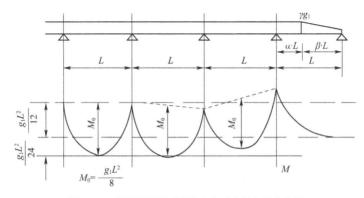

图 2.4.6 钢导梁刚接近前方支点时主梁自重内力图

情况一：当钢导梁刚接近前方支点时（未支承在前方桥墩），主梁顶推出的悬臂最长，此时结构自重产生的最大负弯矩 $M_{\min}^-$，可近似按以下公式计算：

$$M_{\min}^- = -\frac{g_1 L^2}{2}[\alpha^2 + \gamma(1-\alpha^2)] \tag{2.4.3}$$

式中：α——主梁伸出部分长度的比值。

当 $\gamma = 0.1, \alpha = 0.35, \beta = 0.65$ 时：

$$M_{\min}^- = -1.262\frac{g_1 L^2}{12} = -1.262 M \tag{2.4.4}$$

情况二：钢导梁越过前方支点，此时弯矩为：

$$M_{\min}^- = -\mu\frac{g_1 L^2}{12} \tag{2.4.5}$$

式中：μ——计算系数，它是 K 与 α 的函数，可按图 2.4.7 取值；
  K——钢导梁与主梁的刚度比值，$K = E_s/E_c$，其中，E_s、I_s 为钢导梁的弹性模量与截面惯性矩，E_c、I_c 为混凝土主梁的弹性模量与截面惯性矩。

连续梁桥采用顶推法施工时，虽然顶推过程中结构体系发生多次转换，但如果忽略混凝土徐变影响，则最终成桥状态截面内力与一次落架时截面内力相同。顶推施工结束后，桥面铺装等二期恒载的内力计算,则按照连续体系进行计算。

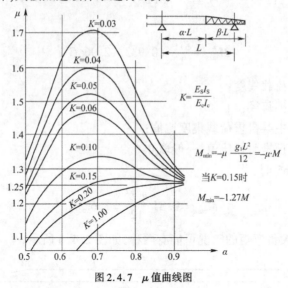

图 2.4.7 μ 值曲线图

第二节 超静定梁桥次内力计算

连续体系(刚构)桥梁属于超静定结构,在预加力、混凝土收缩、徐变及基础变位等因素影响下,结构将产生强迫变形而在多余约束处产生约束力,进而引起结构的附加内力,该附加内力统称为结构次内力(或称为二次力)。因此,计算连续梁或其他超静定结构的作用效应时,应根据情况考虑温度、混凝土收缩和徐变、基础不均匀沉降等作用影响;对于预应力混凝土连续梁等超静定结构,尚应考虑预加力引起的次效应。

本节以预应力混凝土连续梁为例,简要介绍结构次内力计算的基本原理和方法。

一、预加力引起的次内力

预应力混凝土简支梁属静定结构,在偏心预加力作用下,梁体将自由挠曲变形,结构不产生次力矩,如图 2.4.8a) 所示。预应力混凝土连续梁桥属超静定结构,多余约束限制了梁体自由变形,不仅在多余约束处产生垂直次反力,而且在梁体内产生次力矩,如图 2.4.8b) 所示。

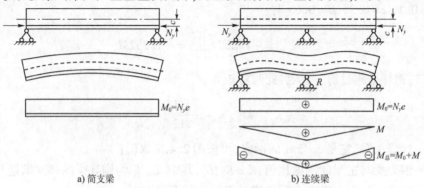

a) 简支梁 b) 连续梁

图 2.4.8 预加力引起的挠曲变形和次内力

考虑次内力影响,由预加力引起的总弯矩为:

$$M = M_0 + M' \tag{2.4.6}$$

式中：M_0——预加力产生的初始力矩，$M_0 = N_y e$；

M'——预加力引起的次力矩，可用力法或等效荷载法求解。

以下是关于等效荷载法有关内容。为简化分析，假定预应力筋的摩阻损失忽略不计(或按平均分布计入)；同时认为预应力筋贯穿构件的全长，曲线形预应力筋(束)近似按二次抛物线变化。

(一)等效荷载法基本原理

图 2.4.9 为配置曲线形预应力筋的简支梁，预应力筋在梁左端弯起锚固角为 $-\theta_A$、偏心距为 e_A，梁右端弯起锚固角为 θ_B、偏心距为 e_B，预应力束在跨中垂度为 f。

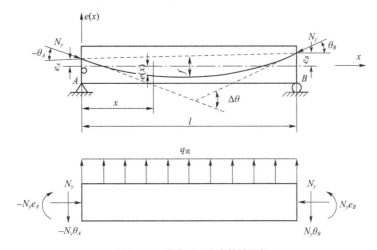

图 2.4.9 曲线预应力束等效荷载

注：图中偏心距 e_i 以向上为正，向下为负；荷载以向上为正，向下为负。

建立曲线预应力束坐标表达式：

$$e(x) = \frac{4f}{l^2}x^2 + \frac{e_B - e_A - 4f}{l}x + e_A \tag{2.4.7}$$

预加力引起的偏心力矩为：

$$M(x) = N_y e(x) = N_y \left(\frac{4f}{l^2}x^2 + \frac{e_B - e_A - 4f}{l}x + e_A \right) \tag{2.4.8}$$

根据《材料力学》荷载挠曲变化关系：

$$q(x) = \frac{\mathrm{d}^2 M(x)}{\mathrm{d}x^2} = \frac{8f}{l^2} N_y = 常数 \tag{2.4.9-1}$$

$$\theta(x) = e'(x) = \frac{8f}{l^2}x + \frac{e_B - e_A - 4f}{l} \tag{2.4.9-2}$$

$$\theta_A = e'(0) = \frac{e_B - e_A - 4f}{l} \tag{2.4.9-3}$$

$$\theta_B = e'(l) = \frac{1}{l}(e_B - e_A + 4f) \qquad (2.4.9\text{-}4)$$

经整理得：

$$q(x) = \frac{N_y}{l}(\theta_B - \theta_A) = \frac{N_y \Delta\theta}{l} = 常数 = q_{等效} \qquad (2.4.9\text{-}5)$$

式(2.4.9-5)中 $q_{等效}$ 即为预加力对该梁的等效荷载,沿全跨总荷载为 $q_{等效}l$,恰与两端预加力的垂直向下分力 $N_y = (\theta_A - \theta_B)$ 相平衡。

(二)等效荷载的确定

下面以图 2.4.10 所示的两跨连续梁为例,说明等效荷载计算步骤：

(1)计算初始预加力弯矩

根据预加力偏心距 e_i 及预加力 N_y,绘制初始预加力弯矩图($M_0 = N_y e_i$),此时不考虑所有支座对梁体的约束影响,如图 2.4.10b)所示。

(2)计算等效荷载值

根据式(2.4.8)、式(2.4.9)确定等效荷载值,如图 2.4.10c)所示。

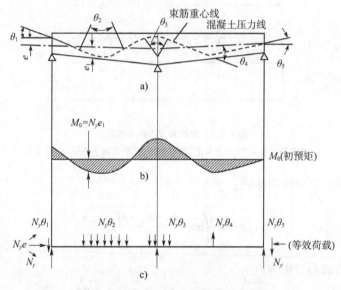

图 2.4.10 初始预加力弯矩和等效荷载图

(3)计算截面总弯矩

根据力法(或有限元法)求解连续梁在等效荷载作用的截面内力,得出总弯矩 $M_{总}$。

(4)计算截面次力矩

$$M_{次} = M_{总} - M_0 \qquad (2.4.10)$$

(三)计算示例

某两等跨等截面连续梁,曲线预应力筋布置如图 2.4.11 所示,各梁段预应力筋偏心距 $e(x)$ 的方程见表 2.4.1,梁端张拉锚固力 $N_y = 1158$ kN,试求中支点 B 截面总弯矩 $M_{总}$ 和次力矩 $M_{次}$。

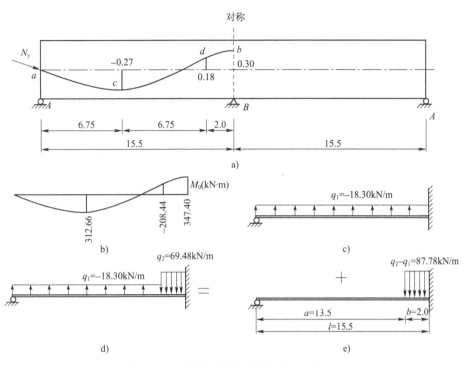

图 2.4.11 两跨连续梁等效荷载(尺寸单位:m)

预应力筋曲线方程 表 2.4.1

分段号	坐标原点	预应力筋曲线方程 $e_i(x)$
$a \sim d$ 段	a 点	$e_1(x) = 0.0079x^2 - 0.0933x$
$d \sim b$ 段	d 点	$e_1(x) = 0.18 + 0.12x - 0.03x^2$

解:

(1) 计算预加力的等效荷载

$a \sim d$ 段转角为:

$e_1'(x) = 2 \times 0.0079x - 0.0933$

$e_1'(0) = \theta_a = -0.0933 \text{rad}$

$e_1'(13.5) = \theta_d = 0.12 \text{rad}$

应用式(2.4.9)得 $a \sim d$ 段等效荷载:

$q_1 = N_y \cdot \dfrac{\theta_d - \theta_a}{l_1} = 1158 \times \dfrac{0.0933 + 0.12}{13.5} = 18.2964 \approx 18.30 (\text{kN/m})$ （向上）

$d \sim b$ 段转角:

$e_2'(x) = 0.12 - 0.06x$

$e_2'(0) = \theta_d = 0.12 (\text{rad})$

$e_2'(2) = \theta_b = 0 (\text{rad})$

$d \sim b$ 段等效荷载:

$q_2 = N_y \cdot \dfrac{\theta_b - \theta_d}{l_2} = 1158 \times \dfrac{0 - 0.12}{2} = -69.48 (\text{kN/m})$ （向下）

(2)计算 B 支点预加力力矩 $M_\text{总}$

计算图式如图 2.4.11c)所示,它可分解为图 2.4.11d)和图 2.4.11e)两种简单工况,分别计算后进行叠加。

图 2.4.11d)中 B 支点弯矩:

$$M_B = -\frac{ql^2}{8}$$

此时,q 以向下为正,向上为负,将 $q_1 = -18.3\text{kN/m}$ 代入上式,得:

$$M_B' = -\frac{(-18.3) \times 15.5^2}{8} = 549.57(\text{kN} \cdot \text{m})$$

图 2.4.11e)中悬臂根部弯矩:

$$M_B'' = -\frac{qb^2}{8}\left(2 - \frac{b}{l}\right)^2 = -\frac{87.78 \times 2^2}{8}\left(2 - \frac{2}{15.5}\right)^2 = -153.64(\text{kN} \cdot \text{m})$$

则 B 支点总弯矩:

$$M_\text{总} = M_B' + M_B'' = 549.57 - 153.64 = 395.93(\text{kN} \cdot \text{m})$$

(3)计算支点次力矩 $M_\text{次}$

由式(2.4.10)计算 B 支点次力矩:

$$M_\text{次} = M_\text{总} - M_0 = 395.93 - 347.4 = 48.53(\text{kN} \cdot \text{m})$$

二、混凝土徐变引起次内力

混凝土徐变是指混凝土构件在应力不变时,其产生的应变随时间持续增长的特性,其终值可达初始弹性变形的几倍。混凝土收缩是构件随内部水分的蒸发而产生的体积收缩,收缩变形与构件的应力状态无关。混凝土的徐变和收缩,不仅会引起预应力损失,而且会在超静定结构中产生附加内力。

设混凝土构件的加载龄期为 τ(即混凝土从浇筑完毕至加载受力的时间),加载时混凝土产生瞬时弹性应变 $\varepsilon_\text{e}\left(\varepsilon_\text{e} = \dfrac{\sigma}{E}\right)$,在长期荷载(持续)作用下,混凝土随时间增加而产生附加应变 ε_c(徐变应变),将混凝土徐变系数定义为:

$$\varphi(t,\tau) = \frac{\varepsilon_\text{c}}{\varepsilon_\text{e}} \tag{2.4.11}$$

混凝土徐变系数 $\varphi(t,\tau)$ 与计算时间 t 及加载龄期 τ 有关,可简写为 $\varphi_{t,\tau}$ 或 φ(可查阅现行规范)。

考虑弹性变形和徐变变形,其总变形为:

$$\varepsilon_\text{b} = \varepsilon_\text{c} + \varepsilon_\text{e} = \varepsilon_\text{e}(1 + \varphi) = \frac{\sigma}{E}(1 + \varphi) \tag{2.4.12}$$

即考虑混凝土徐变影响,构件总变形为弹性变形的 $1 + \varphi$ 倍。

下面介绍常见连续体系桥梁采用悬臂施工时,混凝土徐变对主梁变形的影响和次内力计算。

1. 混凝土徐变对变形影响

连续体系桥梁在悬臂施工阶段,由于结构自重和预加力的共同作用,各悬臂段将产生不同变形(下挠或上翘),需设置与变形方向相反的反挠度(即预拱度)。在计算各施工阶段挠曲变形时,不仅要考虑弹性变形,同时要考虑混凝土徐变的影响。

混凝土构件挠曲变形与其材料性能(如弹性模量)、环境温度和湿度等因素有关,要想精确计算挠曲变形较困难。为分析问题方便,在悬臂施工的每一个节段,可通过合理地利用预加力来平衡因结构自重产生的弯矩,并辅以其他措施适当设置预拱度。

下面以图 2.4.12 所示的悬臂浇筑施工为例,说明考虑混凝土徐变影响,悬臂挠度估算的近似方法。

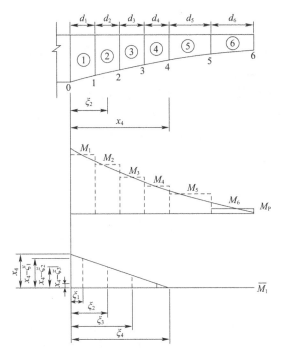

图 2.4.12 悬臂施工混凝土徐变对挠度影响

图中悬臂施工分为 6 个节段,利用结构力学中的图乘法或共轭梁(虚梁)法,可得在施工第 6 节段时,由结构自重、预加力等荷载所产生的弯矩 M,以及起节点 4(第 4 节段和第 5 节段的接缝 x_4 处)的挠度:

$$f_4 = \sum_{i=1}^{4} \frac{M_i d_i (x_4 - \xi_i)}{E_i I_i} \tag{2.4.13}$$

式中:M_i——由 M 引起的第 i 梁段的弯矩平均值,可近似地取该段始末截面弯矩的算数平均值;

I_i——第 i 梁段截面惯性矩,可近似取该段始末截面惯性矩的平均值;

E_i——第 i 梁段混凝土弹性模量;

d_i——第 i 段梁段长度;

ξ_i——第 i 梁段截面特性平均值处(一般可取该截面中心)的 x 坐标。

由此推断,在某施工阶段由结构自重、预加力等荷载,引起任意截面 x_j 处挠度为:

$$f_j = \sum_{i=1}^{j} \frac{M_i d_i (x_j - \xi_i)}{E_i I_i} \quad (i \leq j) \tag{2.4.14}$$

其中,M_i 为截至当前阶段所累计的弯矩值,$M_i = \sum_{j=1}^{i} M_j^i$,如 M_1 为第 1~6 梁段自重、预加力等荷载对第 1 块梁段产生的弯矩值，M_2 为第 2~6 梁段自重、预加力等荷载对第 2 块节段产生的弯矩值。

设 M_1^1 为截面 ξ_1 处（在节段 1 的中点）由节段 1 上自重荷载以及此时施加的预加力所产生的弯矩，加载时混凝土的龄期为 τ，相应的弹性模量为 E_1，由此弯矩引起的 x_4 点的瞬时挠度为：

$$M_1^1(x_4-\xi_1)\frac{d_1}{E_1I_1} \qquad (2.4.15)$$

考虑混凝土徐变影响，当其龄期为 t 时，x_4 点处的总挠度为

$$M_1^1(x_4-\xi_1)\frac{d_1}{E_1I_1}[1+\varphi(t,\tau)] \qquad (2.4.16\text{-}1)$$

式中：$\varphi(t,\tau)$ ——加载龄期等于 τ 至计算时刻（从开始浇筑 1 号节段时算起）时的徐变系数，其值可按相应规范或试验曲线确定。

设 M_2^1 为截面 ξ_1 处由节段 2 上自重荷载以及此时施加的预加力所产生的弯矩，加载时节段 2 混凝土的龄期仍为 τ，但此时节段 1 混凝土的龄期是 2τ（这里假设每个梁段悬臂施工周期相同，同为 τ），由于混凝土的弹性模量随时间是变化的，此时节段 2 相应的弹性模量是 E_1，节段 1 则是 E_2。所以，考虑混凝土徐变后，在计算时刻 t 时，由弯矩 M_2^1 引起 x_4 点的总挠度为：

$$M_2^1(x_4-\xi_1)\frac{d_1}{E_2I_1}[1+\varphi(t,2\tau)] \qquad (2.4.16\text{-}2)$$

设 M_2^2 为截面 ξ_2（在节段 2 的中点）处由节段 2 上自重荷载以及此时施加的预加力所产生的弯矩，考虑混凝土徐变后，在计算时刻 t 时，也就是对节段 2 来说其计算时刻 $(t-\tau)$ 时，由弯矩 M_2^2 引起的 x_4 点的总挠度为：

$$M_2^2(x_4-\xi_1)\frac{d_2}{E_1I_2}[1+\varphi(t-\tau,\tau)] \qquad (2.4.16\text{-}3)$$

在截面 ξ_2 处，由节段 3 上荷载以及此时施加的预加力所产生的弯矩为 M_3^2，节段 3 的混凝土龄期为 τ，此时节段 2 混凝土的弹性模量为 E_2，龄期为 2τ，节段 1 的混凝土龄期为 3τ。所以，考虑混凝土徐变影响后，在计算时刻 t 时，由弯矩 M_3^2 所引起的 x_4 点的总挠度为：

$$M_3^2(x_4-\xi_2)\frac{d_2}{E_2I_2}[1+\varphi(t-\tau,2\tau)] \qquad (2.4.16\text{-}4)$$

依此类推，在计算时刻 t 时，由节段 1~6 各段上的荷载以及各阶段施加的预加力作用，所产生的 x_4 点的总挠度为（设每一阶段的施工周期均为 τ 天）：

$$\begin{aligned}f_4 =& \frac{x_4-\xi_1}{I_1}d_1\left\{\frac{M_1^1}{E_1}[1+\varphi(t,\tau)]+\frac{M_2^1}{E_2}[1+\varphi(t,2\tau)]+\cdots+\frac{M_6^1}{E_6}[1+\varphi(t,6\tau)]\right\}+\\ & \frac{x_4-\xi_2}{I_2}d_2\left\{\frac{M_2^2}{E_1}[1+\varphi(t-\tau,\tau)]+\frac{M_3^2}{E_2}[1+\varphi(t-\tau,2\tau)]+\cdots+\frac{M_6^2}{E_6}[1+\varphi(t-\tau,5\tau)]\right\}+\cdots+\\ & \frac{x_4-\xi_4}{I_4}d_4\left\{\frac{M_4^4}{E_1}[1+\varphi(t-3\tau,\tau)]+\frac{M_5^4}{E_2}[1+\varphi(t-3\tau,2\tau)]+\cdots+\frac{M_6^4}{E_6}[1+\varphi(t-3\tau,3\tau)]\right\}\end{aligned}$$

$$(2.4.17)$$

基于以上分析，若需计算施工过程中某接缝处的挠度，且此时有的节段尚未悬臂施工，则在上式中应扣除由这些荷载产生的弯矩的影响。例如，欲求在节段 5 建成后节点 4 的挠度，则式中 M_6^1、M_6^2、$\cdots$、M_6^4 $\cdots$ 均应删去。

式(2.4.17)不但计入了施工过程中各梁段的龄期差异，还考虑了混凝土弹性模量随时间

的变化,为了得到较精确的结果,还应考虑 t 时刻相应的预应力损失值。

2. 混凝土徐变产生的次内力计算

当混凝土应力不超过其极限强度的 40% ~ 50% 时,可按线性理论计算徐变对构件变形(位移或转角)影响,根据结构变形协调条件,计算徐变对超静定结构产生的次内力。为分析问题方便,考虑混凝土徐变产生的次内力时,一般采用以下基本假定:

(1)不考虑结构配筋影响,将结构视为素混凝土结构。该假定适用于预应力混凝土结构配筋率较小的情况,但不适合由不同材料或相同材料(弹性模量相差较大)组成的复合结构。

(2)将混凝土弹性模量视为常数。混凝土的弹性模量随时间变化而变化,一般可增加 10% ~ 15%,由于徐变系数计算时已考虑部分因素,故可按常值计算。

(3)假定徐变产生的应变与应力成正比关系,"力的独立作用原理"和"应力与应变叠加原理"均适用。

下面以三跨连续梁为例,说明徐变对超静定结构内力的影响。

图 2.4.13 为先简支后连续的三跨连续梁。在简支体系下,结构自重及预加力产生的弹性挠曲变形如图 2.4.13a)所示。当混凝土龄期为 τ_1 时,在各中间墩上将梁体连接形成三跨连续梁,如图 2.4.13b)所示。连续体系形成后,各中间墩上相邻梁端的角变位不等,但由于徐变的影响,会使这些角变位差继续增大。

根据变形协调条件,两相邻梁端的角变位差的变化应为零。此时在各中间支承处,梁体内部将产生附加弯矩 M_{Bt}、M_{Ct},以满足变形条件,如图 2.4.13d)所示。

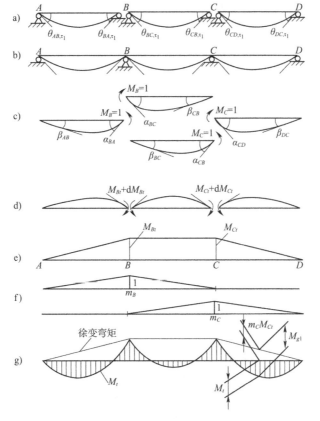

图 2.4.13 混凝土徐变对连续梁内力的影响

假设混凝土龄期为 τ 时,在中间支承 B 处,AB 梁 B 端角变位的弹性部分为：

$$\theta_{BA,t} = \theta_{BA,\tau_1} + M_{Bt}\alpha_{BA} \tag{2.4.18}$$

BC 梁 B 端角变位的弹性部分为：

$$\theta_{BC,t} = \theta_{BC,\tau_1} + M_{Bt}\alpha_{BC} + M_{Ct}\beta_{BC} \tag{2.4.19}$$

两相邻梁端的角变位差为：

$$(\theta_{BA,\tau_1} + \theta_{BC,\tau_1}) + (\alpha_{BA} + \alpha_{BC})M_{Bt} + M_{Ct}\beta_{BC} \tag{2.4.20}$$

由于混凝土徐变的影响,在瞬时 $\mathrm{d}t$ 内角变位差的变化为：

$$\mathrm{d}\theta_B = (\theta_{BA,\tau_1} + \theta_{BC,\tau_1})\mathrm{d}\varphi_t + (\alpha_{BA} + a_{BC})M_{Bt}\mathrm{d}\varphi_t + M_{Ct}\beta_{BC}\mathrm{d}\varphi_t \tag{2.4.21}$$

因为梁端已连续,不再发生角变位差的变化,故必然产生 M_{Bt}、M_{Ct} 以消除由徐变引起的角变位的变化。设 B 点的弯矩增加 $\mathrm{d}M_{Bt}$，C 点的弯矩增加 $\mathrm{d}M_{Ct}$，则满足变形协调方程：

$$(\theta_{BA,\tau_1} + \theta_{BC\tau_1})\mathrm{d}\varphi_t + (\alpha_{BA} + \alpha_{BC})(M_{Bt}\mathrm{d}\varphi_t + \mathrm{d}M_{Bt}) + \beta_{BC}(M_{Ct}\mathrm{d}\varphi_t + \mathrm{d}M_{Ct}) = 0 \tag{2.4.22}$$

式中： $\mathrm{d}\varphi_t$——混凝土龄期为 t 时,徐变系数 φ_t 的变化率;

α_{BA}、α_{BC}、β_{BC}——梁端角变位。

在中间支承 C 处,同理可得：

$$(\theta_{CB,\tau_1} + \theta_{CD,\tau_1})\mathrm{d}\varphi_t + (\alpha_{CB} + \alpha_{CD})(M_{Ct}\mathrm{d}\varphi_t + \mathrm{d}M_{Ct}) + \beta_{CB}(M_{Bt}\mathrm{d}\varphi_t + \mathrm{d}M_{Bt}) = 0 \tag{2.4.23}$$

联解式(2.4.22)及式(2.4.23),可得：

$$M_{Bt}\mathrm{d}\varphi_t + \mathrm{d}M_{Bt} = -\frac{(\theta_{BA,\tau_1} + \theta_{BC,\tau_1})(\alpha_{CB} + \alpha_{CD}) - \beta_{BC}(\theta_{CB,\tau_1} + \theta_{CD,\tau_1})}{(\alpha_{BA} + \alpha_{BC})(\alpha_{CB} + \alpha_{CD}) - \beta_{BC}^2}\mathrm{d}\varphi_t$$

$$M_{Ct}\mathrm{d}\varphi_t + \mathrm{d}M_{Ct} = -\frac{(\theta_{CB,\tau_1} + \theta_{CD,\tau_1})(\alpha_{BA} + \alpha_{BC}) - \beta_{BC}(\theta_{BA,\tau_1} + \theta_{BC,\tau_1})}{(\alpha_{BA} + \alpha_{BC})(\alpha_{CB} + \alpha_{CD}) - \beta_{BC}^2}\mathrm{d}\varphi_t$$

令

$$M_B = -\frac{(\theta_{BA,\tau_1} + \theta_{BC,\tau_1})(\alpha_{CB} + \alpha_{CD}) - \beta_{BC}(\theta_{CB,\tau_1} + \theta_{CD,\tau_1})}{(\alpha_{BA} + \alpha_{BC})(\alpha_{CB} + \alpha_{CD}) - \beta_{BC}^2}\mathrm{d}\varphi_t$$

$$M_C = -\frac{(\theta_{CB,\tau_1} + \theta_{CD,\tau_1})(\alpha_{BA} + \alpha_{BC}) - \beta_{BC}(\theta_{BA,\tau_1} + \theta_{BC,\tau_1})}{(\alpha_{BA} + \alpha_{BC})(\alpha_{CB} + \alpha_{CD}) - \beta_{BC}^2}\mathrm{d}\varphi_t$$

则得：

$$\begin{cases} M_{Bt}\mathrm{d}\varphi_t + \mathrm{d}M_Bt = M_B\mathrm{d}\varphi_t \\ M_{Ct}\mathrm{d}\varphi_t + \mathrm{d}M_{Ct} = M_C\mathrm{d}\varphi_t \end{cases} \tag{2.4.24}$$

上列线性微分方程组的通解：

$$\begin{cases} M_{Bt} = M_B + C_B\mathrm{e}^{-(\varphi_t - \varphi_{\tau_1})} \\ M_{Ct} = M_C + C_C\mathrm{e}^{-(\varphi_t - \varphi_{\tau_1})} \end{cases} \tag{2.4.25}$$

当结构体系由简支体系转换为连续体系时，$t = \tau_1$，$M_{B\tau_1} = 0$，$M_{C\tau_1} = 0$。

代入上式得：

$$C_B = -M_B \quad C_C = -M_C$$

$$\begin{cases} M_{Bt} = M_B(1 - \mathrm{e}^{-(\varphi_t - \varphi_{\tau_1})}) \\ M_{Ct} = M_C(1 - \mathrm{e}^{-(\varphi_t - \varphi_{\tau_1})}) \end{cases} \tag{2.4.26}$$

从式(2.4.26)看出：M_B、M_C 是作用在先期简支结构体系上的荷载(自重和预加应力等作用)，按后期连续结构体系计算所得的支点弯矩。若设 $\varphi_{t\to\infty} = 3$，$\varphi_{\tau_1} = 0.8$，代入式(2.4.26)，则得：
$$M_{Bt} = 0.889 M_B$$
$$M_{Ct} = 0.889 M_C$$

由此可见：考虑混凝土徐变的影响，使初始弯矩为零的支点弯矩最终趋近于 M_B、M_C，即趋近于按后期结构计算的结果。

若设梁自重及预加力等在结构体系转换后才起作用，则在 $t = \tau_1$ 时，$M_{B\tau_1} = M_B$、$M_{C\tau_1} = M_C$，代入式(2.4.26)，得 $C_B = 0$，$C_C = 0$。

此时
$$M_{B\tau_1} = M_B$$
$$M_{C\tau_1} = M_C$$

由此说明：混凝土徐变变形并不引起无体系转换的超静定结构内力变化。

考虑混凝土徐变的影响，龄期为 t 时梁内各截面的徐变弯矩，如图 2.4.13e)所示。将其与先期简支结构的弯矩 M_0 叠加，得到龄期为 t 时梁内任意截面的弯矩为：

$$\begin{aligned} M_t &= M_0 + m_B M_{Bt} + m_C M_{Ct} \\ &= M_0 + m_B M_B [1 - \mathrm{e}^{-(\varphi_t - \varphi_{\tau_1})}] + m_C M_C [1 - \mathrm{e}^{-(\varphi_t - \varphi_{\tau_1})}] \\ &= M_0 + m_B M_B + m_C M_C + [M_0 - M_0 - m_B M_B - m_C M_C] \mathrm{e}^{-(\varphi_t - \varphi_{\tau_1})} \end{aligned} \quad (2.4.27)$$

式中：M_0——作用在先期结构上的荷载，按先期结构体系计算的弯矩（表示为 M_{g1}）；

m_B——由 $M_B = 1$ 引起，按先期结构体系计算的弯矩，如图 2.4.13f)所示；

m_C——由 $M_C = 1$ 引起，按先期结构体系计算的弯矩，如图 2.4.13f)所示。

作用在先期结构上的荷载，按后期结构体系计算的弯矩（表示为 M_{g2}）：

$$M_{g2} = M_0 + m_B M_B + m_C M_C = M_{g1} + m_B M_B + m_C M_C \quad (2.4.28)$$

则

$$M_t = M_{g2} + (M_{g1} - M_{g2}) \mathrm{e}^{-(\varphi_t - \varphi_{\tau_1})} = M_{g1} + (M_{g2} - M_{g1})[1 - \mathrm{e}^{-(\varphi_t - \varphi_{\tau_1})}] \quad (2.4.29)$$

上式为混凝土龄期为 t 时，梁内各截面的弯矩，如图 2.4.13g)所示。

关于混凝土收缩对连续梁内力的影响，假如支座对梁的收缩变形没有约束，则在梁中不致引起挠曲，一般可不予考虑。

三、温度变化引起的次内力

1. 温度对结构的影响

桥梁暴露在大气环境中，其受温度影响包括年温差影响与局部温差影响。

年温差影响是指气温随季节发生周期性变化时对结构引起的作用，一般假定温度沿结构截面方向以均值变化。对无水平约束的结构如简支梁、连续梁等，年温差只引起结构的均匀伸缩，并不导致结构内温度次内力（或温度应力）；当结构的均匀伸缩受到约束时，年温差将引起结构内温度次内力，如拱式结构、框架结构及部分斜拉桥结构。

局部温差影响一般指日照温差或混凝土水化热等影响。混凝土水化热引起的结构内部温度变化，可通过施工中采取温度控制措施予以调节，可不考虑此因素的影响。日照温差对结构的影响，会因辐射强度、桥梁方位、日照时间、地理位置、地形地貌等因素变化，使结构表面、内部温差、热辐射和热传导等方式，形成瞬时的不均匀分布（一般称为结构的温度场）。桥梁结构温度场属三维热传导,结构内任一点的温度 T_i 是结构三维方向及时间 d 的函数。为分析问题的方便,认为桥梁在沿长度方向温度变化是一致的,将三维热传导问题分别简化为以桥梁横向和竖向(沿梁截面高度)的一维热传导问题。对于公路混凝土桥梁而言,由于设置人行道(护栏),一般是桥面板直接受日光照射,而腹板因悬臂的遮阴,两侧温差变化不大,因此对梁式结构通常只考虑沿截面高度方向的日照温差的影响。

温度梯度模式及温度设计值大小是否接近实际状态,是正确计算桥梁结构温度应力的关键。温度梯度模式一般可分为线性与非线性分布两种情况,如图2.4.14a)、c)、d)所示。国内外大量实测资料与理论研究表明:箱形梁沿梁高的温度梯度是非线性分布的。我国公路桥梁设计规范采用非线性温度变化,其竖向温度梯度曲线,如图2.4.15所示。

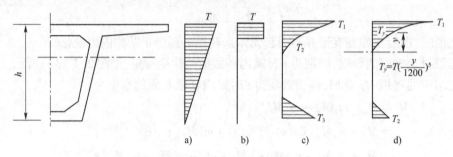

图 2.4.14 温度梯度模式

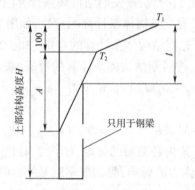

图 2.4.15 竖向梯度温度(尺寸单位:mm)

图 2.4.15 中,桥面板表面的最高温度 T_i 取值见表 2.4.2。对混凝土结构,当梁高 $H < 400\text{mm}$ 时,图中 $A = H - 100(\text{mm})$;梁高 H 大于或等于 400mm 时,$A = 300\text{mm}$;带混凝土桥面板的钢结构,$A = 300\text{mm}$,图中的 t 为混凝土桥面板的厚度(mm)。

竖向日照正温差计算的温度基数 表 2.4.2

结构类型	$T_1(℃)$	$T_2(℃)$
混凝土铺装	25	6.7
50mm 沥青混凝土铺装层	20	6.7
100mm 沥青混凝土铺装层	14	5.5

混凝土上部结构和带混凝土桥面板的钢结构,其竖向日照温差为正温差乘以 -0.5。

对于无悬臂的宽幅箱梁,宜考虑横向温度梯度引起的效应。计算圬工拱桥考虑徐变影响引起的温差作用效应时,计算的温差效应应乘以折减系数0.7。

2. 温度应力计算

(1) 基本假定

在确定了温度梯度模式及温度设计值后,温度应力可按结构力学或有限元方法进行计算。计算时基于以下基本假定:沿桥长的温度分布是均匀的;混凝土是匀质弹性材料;梁的变形服从平截面假定;竖向温度应力和横向温度应力可分别计算,最后叠加。

(2) 温度效应及温度应力组成

图 2.4.16 为一两孔等跨径连续梁,分析不同温度变化时,对结构内力影响。

当温度梯度为零(均匀升降温)时,结构只有纵向位移,无温度应力,如图 2.4.16a)所示。

当温度梯度呈线性变化时,梁式结构将发生挠曲变形(产生上拱),而且梁在变形后仍然服从平截面假定。在静定结构中,线性变化的温度梯度只引起结构的位移不产生温度次内力;在超静定结构中,不但引起结构的位移,而且因多余约束的存在,会产生结构内温度次内力,如图 2.4.16b)所示。

当温度梯度呈非线性变化时,即使是静定梁式结构,梁在挠曲变形时,因梁要服从平截面假定,截面上的纵向纤维因温差的伸缩将受到约束,从而产生纵向约束应力(这部分在截面上自相平衡的约束应力称为温度自应力 σ_s),如图 2.4.16c)所示。超静定梁式结构,因随温度变化而产生的拱变形受支承条件约束,应考虑多余约束阻止结构挠曲产生的温度次内力 σ_s',如图 2.4.17 所示。

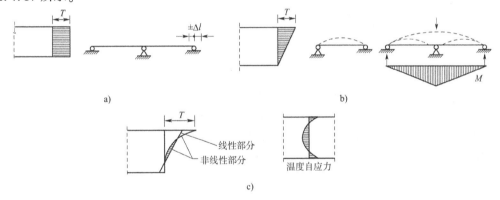

图 2.4.16 不同温度梯度模式下的结构效应

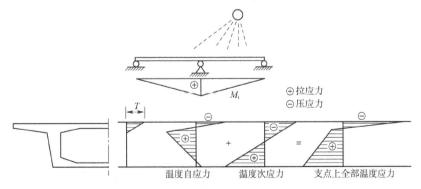

图 2.4.17 非线性分布温度梯度引起的温度应力状态

(3) 温度应力计算

①箱形梁温度自应力 σ_s。如图 2.4.18 所示,设温度梯度沿梁高按任意曲线 $T(y)$ 分布,取

单位梁长 $ds=1$ 的微分段,当纵向纤维之间不受约束且自由伸缩时,沿梁高各点的自由变形为:

$$\varepsilon_T(y) = aT(y) \tag{2.4.30}$$

式中:a——材料线膨胀系数。

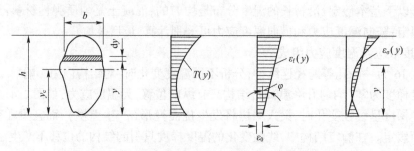

图 2.4.18　温度梯度沿梁高按任意曲线 $T(y)$ 分布时梁的变形

由于纵向纤维之间的相互约束,梁的变形服从平截面假定,梁截面上的最终变形应为直线分布,即:

$$\varepsilon_f(y) = \varepsilon_0 + \psi y \tag{2.4.31}$$

式中:ψ——截面变形曲率。

梁体自由变形与实际最终变形之差,即图上阴影部分应由纤维之间的约束产生,称为温度自应变,其值为:

$$\varepsilon_\sigma(y) = \varepsilon_T(y) - \varepsilon_f(y) \tag{2.4.32}$$

将式(2.4.30)和式(2.4.31)代入上式,即得:

$$\varepsilon_\sigma(y) = aT(y) - (\varepsilon_0 + \psi y) \tag{2.4.33}$$

由应变 $\varepsilon_\sigma(y)$ 产生的应力称为温度自应力 $\sigma_s(y)$,其值为:

$$\sigma_s(y) = E\varepsilon_\sigma(y) = E[\alpha T(y) - (\varepsilon_0 + \psi y)] \tag{2.4.34}$$

由于在单元梁段上无外荷载作用,自应力在截面上是自平衡状态的,可利用截面上应力总和(构成轴力 N)为零,以及对截面重心轴的力矩为零的条件,求得 ε_0 与 ψ 值。

轴力:

$$\begin{aligned}
N &= E\int_h \varepsilon_\sigma(y)b(y)\mathrm{d}y \\
&= E\int_h [aT(y) - (\varepsilon_0 + \psi y)]b(y)\mathrm{d}y \\
&= E\left\{\int_h T(y)b(y)\mathrm{d}y - \varepsilon_0 A - Ay_c\psi\right\} \\
&= 0
\end{aligned} \tag{2.4.35}$$

力矩:

$$\begin{aligned}
M &= E\int_h \varepsilon_\sigma(y)b(y)(y-y_c)\mathrm{d}y \\
&= E\int_h [\alpha T(y) - (\varepsilon_0 + \psi y)]b(y)(y-y_c)\mathrm{d}y \\
&= E\left\{\alpha\int_h T(y)b(y)(y-y_c)\mathrm{d}y - \psi I\right\} \\
&= 0
\end{aligned} \tag{2.4.36}$$

其中，$A = \int_h b(y)\mathrm{d}y$；$S = \int_h yb(y)\mathrm{d}y = Ay_c$；$I = \int_h b(y)y(y-y_c)\mathrm{d}y$；$y_c$ 为截面重心轴高度。

从而可以得到截面变形曲率为：

$$\psi = \frac{\alpha}{I}\int_h T(y)b(y)(y-y_c)\mathrm{d}y \tag{2.4.37}$$

沿梁高 $y = 0$ 处的变形为：

$$\varepsilon_0 = \frac{\alpha}{A}\int_h T(y)b(y)\mathrm{d}y - y_c\psi \tag{2.4.38}$$

将式(2.4.37)和式(2.4.38)代入式(2.4.34)，即得箱形梁的温度自应力值 $\sigma_s(y)$。

② 连续梁温度次内力及温度次应力 σ'_s。在预应力混凝土超静定结构中，上述温度变形 ε_0 及曲率 ψ，受到超静定结构多余约束的制约而引起温度次内力，可根据结构力学中位移矩阵法求解。下面以两跨连续梁为例，取简支梁为基本结构，力法典型方程为：

$$\delta_{11}\chi_{1T} + \Delta_{1T} = 0 \tag{2.4.39}$$

式中：δ_{11}——$\chi_{1T} = 1$ 时在赘余力方向上引起的变形；

Δ_{1T}——温度变化在赘余力方向引起的变形，为中间支座上截面的相对转角，如图 2.4.19 中所示。

$$\Delta_{JT} = \psi \cdot l_1 + \psi \cdot l_2 = \psi(l_1 + l_2)$$

把以上值代入式(2.4.39)，即解得 χ_{1T}。

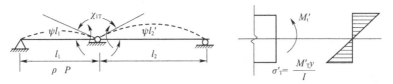

图 2.4.19 连续梁在温差作用下的挠曲变形

梁上作用的温度次内力为：

$$M'_T = \chi_{1T} \cdot M_1 \tag{2.4.40}$$

式中：M_1——$\chi_{1T} = 1$ 时基本结构的弯矩。

温度次应力为：

$$\sigma'_T = \frac{M'_T y}{I} \tag{2.4.41}$$

综合考虑温度自应力和温度次力矩，得连续梁总的温度应力为：

$$\sigma(s) = E[\alpha T(y) - (\varepsilon_0 + \psi y)] + \frac{M'_T y}{I} \tag{2.4.42}$$

由以上分析可知：温度梯度曲线与温度附加力的计算有很大的关系，如果温度梯度曲线选用不当，即使增大温度设计值，也不能保证结构的抗裂性。这是由于温度自应力会导致在任意截面上的温度应力达到一定数值后，会增大腹板的主拉应力，恶化斜截面的抗裂性。

四、基础不均匀沉降引起的次内力

连续梁墩台基础的沉降与地基土的力学性能有关，初期随时间而递增，当经过相当长的时间后，达到沉降总终极值。为简化分析，假定沉降变化规律与徐变变化规律相似，其基本表达式为：

$$\Delta_d(t) = \Delta_d(\infty)[1 - e^{-p(t-\tau)}] \tag{2.4.43}$$

式中:$\Delta_d(t)$——t 时刻墩台基础沉降值;
　　　$\Delta_d(\infty)$——$t=\infty$ 时刻墩台基础沉降终极值;
　　　p——墩台沉降增长速度,其值应根据实地土壤的试验资料确定,砂质与砂质土壤, $p=36$;亚砂土与亚砂质黏土,$p=4\sim14$;黏土,$p=1$。

根据墩台沉降规律,即可求出超静定结构相应的内力。如果假定墩台基础的沉降瞬时完成,则其产生的沉降内力可用结构力学方法求得。

假设上述连续梁由于支承不均匀的瞬时沉降,在支点 B、C 引起的附加弯矩分别为 ΔM_B 和 ΔM_C,分别代替微分方程(2.4.26)中的 M_B 和 M_C,则可求得混凝土徐变对支承不均匀沉降引起的附加内力:

$$\Delta M_{Bt}=\Delta M_B(1-e^{-(\varphi_1-\varphi_{\tau_1})})$$
$$\Delta M_{Ct}=\Delta M_C(1-e^{-(\varphi_1-\varphi_{\tau_1})}) \tag{2.4.44}$$

考虑徐变影响后,龄期 t 时的附加弯矩为:

$$\Delta M_B-\Delta M_{Bt}=\Delta M_B e^{-(\varphi_1-\varphi_{\tau_1})}$$
$$\Delta M_C-\Delta M_{Ct}=\Delta M_C e^{-(\varphi_1-\varphi_{\tau_1})} \tag{2.4.45}$$

式中:τ_1——发生支承不均匀沉降时混凝土的龄期。

当 $\varphi_1-\varphi_{\tau_1}=1.5$ 时,附加弯矩为初始值的 22.3%;当 $\varphi_1-\varphi_{\tau_1}=2.0$ 时,附加弯矩为初始值的 13.5%;当 $\varphi_1-\varphi_{\tau_1}=3$ 时,附加弯矩为初始值的为 5%。由此可见,混凝土徐变对支承不均匀沉降的影响是有利的。只要瞬时沉降量不是太大,不至于造成结构受拉区发生有害的裂缝,或者使受压区的混凝土应力过大的话,不均匀沉降的影响可以不予考虑。

由此可知:在预应力混凝土连续梁中,采用支座瞬时位移进行人工调整内力,其后期效果并不大。因此,在工程实践中,常常采用连续梁(已转换为最终连续体系)上施加压重或平衡重来调整结构的内力分布,这时混凝土徐变基本不引起结构次内力。

第三节　箱形梁内力分析

箱形截面梁具有良好的结构性能,在现代各种桥梁中得到广泛应用。中等跨径及大跨径预应力混凝土桥梁,普遍采用薄壁箱形截面,其主要优点是:

(1)截面抗扭刚度大,结构在施工与使用过程中具有良好的稳定性。
(2)顶板和底板都具有较大的混凝土面积,能有效地抵抗正负弯矩,并满足配筋的要求。
(3)可更好地适应悬臂施工法、顶推施工法、转体施工法等,丰富了桥梁施工技术手段。
(4)对于宽桥和曲线桥,由于抗扭刚度大,在偏心荷载作用下全截面受力较均匀,可有效减小横向联系。
(5)适合预应力束的空间布置,截面效率高,具有较好的经济指标。

一、箱形梁截面受力特性

作用在箱形梁上的荷载主要是恒载与活载。恒载通常是对称作用的,而活载会存在非对称作用,需重点加以考虑。箱型截面梁在偏心荷载作用下,既产生对称弯曲,又产生扭转,作用于箱形梁的外力,可综合采用偏心荷载进行结构分析。

图 2.4.20 为一箱形梁在偏心荷载作用下的变形与位移情况可分成 4 种基本状态:纵向弯

曲、横向弯曲、扭转及扭转变形(即畸变)。

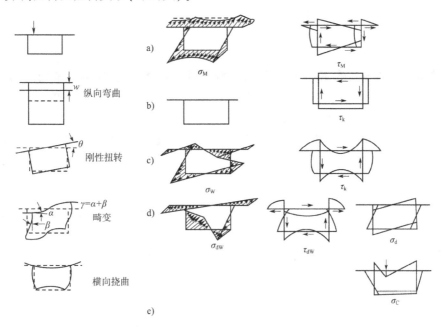

图 2.4.20　箱形梁在偏心荷载作用下的变形与应力图

箱形梁在偏心荷载作用下,因纵向弯曲将在横截面上将产生纵向正应力和剪应力;横向弯曲和扭转变形,将在箱形梁各板中产生横向弯曲应力与剪应力。

1. 纵向弯曲变形与应力

箱形梁的纵向弯曲产生竖向变位 w,此时在横截面上产生纵向正应力 σ_M 及剪应力 τ_M,如图 2.4.20a)所示。图中虚线所示应力分布,是按照初等梁理论计算所得,对于梁肋间距不大的箱形梁是适用的;但对梁肋间距较大的箱形梁,由于翼板中剪力存在滞后现象,其应力分布是不均匀的,即近肋处翼板中产生应力峰值,而远肋板处则产生应力谷值,如图 2.4.20a)中实线所示应力图,该现象称为箱形梁"剪力滞效应"。对于梁肋间距较大的宽箱梁,剪应力峰值可达到相当大比例,必须引起重视,可通过设置承托(又称为梗腋)和增设局部加强钢筋进行补强设计。

2. 横向扭转变形与应力

箱形梁扭转变形(指刚性扭转,即受扭时箱形的周边不变形)分为自由扭转与约束扭转。箱形梁自由扭转时,截面各纤维的纵向变形是自由的,杆件端面虽出现凹凸,但纵向纤维无伸长缩短,指发生自由翘曲,因而不产生纵向正应力,只产生自由扭转剪应力 τ_k,如图 2.4.20b)所示。

当箱形梁受扭时纵向纤维变形不自由,受到拉伸或压缩,截面不能自由翘曲,则为约束扭转。约束扭转在截面上将产生翘曲正应力 σ_W 和约束扭转剪应力 τ_W,如图 2.4.20c)所示。产生约束扭转的原因有:固结支承条件约束了梁体的纵向纤维变形;受扭时截面形状及其沿梁纵向的变化,使截面各点纤维变形不协调产生约束扭转。

3. 畸变变形与应力

箱形梁受扭时,其周边将产生不规则的变形——畸变(无法保持矩形),其主要变形特征

是畸变角 γ。畸变将产生翘曲正应力 σ_{dW} 和畸变剪应力 τ_{dW}，同时由于畸变引起箱形截面各板横向弯曲，在板内将产生横向弯曲应力 $\sigma_{d\tau}$，如图 2.4.20d) 所示。

4. 局部变形与应力

箱形梁承受偏心荷载作用时，除了按弯扭构件进行整体分析外，尚应考虑局部荷载的影响。车辆荷载作用于顶板，除直接受荷载部分产生横向弯曲外，由于整个截面形成超静定结构，会引起其他部分产生横向弯曲，如图 2.4.20e) 所示。箱形梁的横向弯曲，可按图 2.4.21a) 计算图式进行计算，此时单箱梁作为超静定框架，解析各板内的横向弯曲应力 σ_c，其弯矩图如图 2.4.21b) 所示。

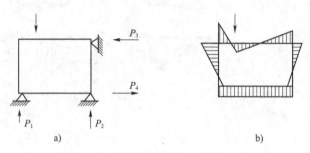

图 2.4.21　箱形梁横向弯曲计算图式与内力图

箱形梁在偏心荷载作用下，基于以上 4 种基本变形与位移状态引起的应力状态为：

(1) 横截面上纵向正应力和剪应力

$$\sigma_{(Z)} = \sigma_M + \sigma_W + \sigma_{dW}$$
$$\tau = \tau_M + \tau_K + \tau_W + \tau_{dW} \tag{2.4.46}$$

(2) 纵截面上弯曲迎来

$$\sigma_{(s)} = \sigma_C + \sigma_{d\tau} \tag{2.4.47}$$

大跨径预应力混凝土桥梁，恒载占总荷载的比值越大，箱梁内对称挠曲的纵向弯曲应力是主要的，而偏心荷载引起的扭转应力是次要的。当箱壁较厚并沿梁的纵向布置一定数量横隔板，可有效限制箱形梁的扭转变形，进而减小畸变应力。箱形梁由于横向弯曲应力作用，对于箱壁厚度较薄情况，应验算顶板、顶板及腹板的构造配筋。

二、箱形梁对称挠曲时弯曲应力

1. 弯曲正应力

箱梁发生对称挠曲时，仍认为服从平截面假定，即梁截面上某点的应力与距中性轴的距离成正比，此时箱形梁弯曲正应力为：

$$\sigma_M = \frac{M_y}{I_x} \tag{2.4.48}$$

应当指出，如同 T 梁或 I 梁一样，箱形梁顶、底板中的弯曲正应力，是通过顶、底板与腹板相接处的受剪面传递的，因而在顶、底板上的应力分布也是不均匀的，该不均匀分布现象由剪力滞效应引起。

2. 弯曲剪应力

根据一般梁理论，弯曲剪应力计算公式为：

$$\tau = \frac{Q_y}{bI_x}\int_0^s y\mathrm{d}A = \frac{Q_y S_x}{bI_x} \tag{2.4.49}$$

式中：b——计算剪应力处的梁宽；

S_x——由截面的自由表面(剪应力等于零处)积分至所计算剪应力处的面积矩(静矩)。

三、箱形梁剪力滞效应

图 2.4.22 为 T 形梁弯曲变形图。当 T 形梁弯曲时,在翼缘的纵向边缘上(在梁肋切开处)存在板平面内的横向力和剪力流,翼缘在横向力与偏心的边缘剪力流作用下,将产生剪切扭转变形,此时不能服从平面理论的假定。剪切扭转变形与翼缘在平面内的形状,以及沿纵向边缘剪力流的分布有关。对于狭窄翼缘,其剪切扭转变形不大,受力性能接近于简单梁理论的假定;对于较宽翼缘,由于剪切变形较大,致使远离梁肋的翼缘将不参与受弯工作(或忽略),即受压翼缘上的压应力,随着离梁肋距离的增加而减小,该现象就是箱形梁截面内剪力滞后,简称剪力滞效应。为能够采用简单梁理论(即平面假定)分析剪力滞效应,引入"翼缘有效分布宽度"概念进行等效处理。

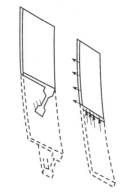

图 2.4.22 T 形梁弯曲变形图

在计算截面承载力和应力时,T 形、I 形和箱形截面梁的受压翼缘应取有效宽度,有效宽度的确定可按照以下规定取用。

T 形、I 形截面梁受压翼缘的有效宽度 b_i' 应按下列规定采用：

(1)内梁取下列三者的最小值：

①对于简支梁,取计算跨径的 1/3。对于连续梁,各中间跨正弯矩区段,取该计算跨径的 0.2 倍;边跨正弯矩区段,取该计算跨径的 0.27 倍;各中间支点负弯矩区段,取该支点相邻计算跨径之和的 0.07 倍。

②相邻两梁的平均间距。

③$b + 2b_h + 12h_t'$,此处,b 为梁腹板宽度,b_h 为承托长度,h_t' 为受压翼缘悬出板的厚度。当 $h_h/b_h < 1/3$ 时,上式 b_h 应以 $3h_h$ 代替,此处 h_h 为承托根部厚度。

(2)外梁取相邻内梁翼缘有效宽度的一半,加上腹板宽度的 1/2,再加上外侧悬臂板平均厚度的 6 倍或外侧悬臂板实际宽度二者中的较小者。

箱形截面梁在腹板两侧上、下翼缘的有效宽度 b_{mi} 可按下列规定计算：

(1)简支梁和连续梁各跨中部梁段,悬臂梁中间跨的中部梁段。

$$b_{mi} = \rho_f b_i$$
$$\rho_f = -6.44(b_i/L_i)^4 + 10.10(b_i/L_i)^3 - 3.56(b_i/L_i)^2 - 1.44(b_i/L_i) + 1.08 \tag{2.4.50}$$

简支梁支点,连续梁边支点及中间支点,悬臂梁悬臂段。

$$b_{mi} = \rho_s b_i$$
$$\rho_s = 21.86(b_i/L_i)^4 - 38.01(b_i/L_i)^3 + 24.57(b_i/L_i)^2 - 7.67(b_i/L_i) + 1.27 \tag{2.4.51}$$

式中：b_{mi}——腹板两侧上、下翼缘板的有效宽度；

b_i——腹板两侧上、下翼缘板的有效宽度；

$\rho_f \sqrt{\rho_s}$——不同结构相应翼缘有效宽度计算系数;

L——理论跨径,简支梁取计算跨径 $L_i = L$;连续梁边跨边支点或跨中部分梁段 $L_i = 0.8L$;连续梁中间跨跨中部分梁段 $L_i = 0.6L$,中间支点 L_i 取 0.2 倍两相邻跨径之和;悬臂梁 $L_i = 1.5L$。

(2)当梁高 $h \geq b_i/0.3$ 时,翼缘有效宽度应采用实际宽度。

箱形梁在对称荷载作用下的弯曲也同样存剪力滞现象,特别是大跨径预应力混凝土宽箱梁剪力滞效应更为明显。导致该原因是箱梁上下翼板的剪切扭转变形,使翼板远离箱肋板处的纵向位移滞后于肋板边缘处,使在翼板内的弯曲应力呈曲线分布。此时,梁的简单弯曲理论已不适用于宽箱梁的翼板受力分析;同样 T 形梁翼缘有效分布宽度的计算方法也不能直接应用,需研究宽箱梁的剪力滞效应,寻求符合实际情况的计算方法。

1. 矩形箱形梁剪力滞

图 2.4.23 为对称带悬臂板的单箱单室预应力混凝土箱形梁桥常用截面形式。宽箱梁发生对称挠曲时,因翼板不符合简单梁平面假定,应用一个广义位移 $w(x)$ 已无法描述箱形梁的挠曲变形。此时,应用最小势能原理分析箱形梁的挠曲时,引入两个广义位移,即梁的竖向挠度 $w(x)$ 与纵向位移 $\mu(x,y)$,且假定翼板内的纵向位移沿横向按二次抛物线分布,对此假定按三次抛物线进行修正,得:

$$\begin{cases} w = w(x) \\ \mu(x,y) = h_i \left[\dfrac{\mathrm{d}w}{\mathrm{d}x} + \left(1 - \dfrac{y^3}{b^3}\right)\mu(x) \right] \end{cases} \quad (2.4.52)$$

式中:$\mu(x)$——翼板最大纵向位移差函数;

b——1/2 翼板净跨;

h_i——竖向 z 坐标(板厚或梁高)。

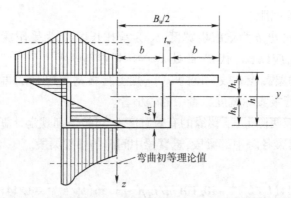

图 2.4.23 单箱单室箱形截面的弯曲应力分布(考虑剪力滞效应)

根据最小势能原理,即有:

$$\delta \Pi = \delta(\overline{V} - \overline{W}) = 0 \quad (2.4.53)$$

式中:$\overline{V}$——体系的应变能;

$\overline{W}$——外力势能。

梁受弯曲时的外力势能 $\overline{W} = -\int M(x)\dfrac{\mathrm{d}^2 w}{\mathrm{d}x^2}\mathrm{d}x$,梁的应变能为梁腹板部分与上、下翼板部分

的应变能之和。腹板部分仍采用简单梁理论计算其弯曲应变能,对上、下翼板按板的受力状态计算应变能,并认为板的竖向纤维无挤压,$\varepsilon_z = 0$,板平面外剪切变形 γ_{xz} 与 γ_{yz} 及横向应变 ε_y 均可略去不计,此时腹板部分应变能为:

$$\overline{V} = \frac{1}{2} \int EI_w \left(\frac{d^2 w}{dx^2}\right)^2 dx \tag{2.4.54}$$

梁上、下翼板应变能为:

$$\begin{cases} \overline{V}_{su} = \frac{1}{2} \iint t_u (E\varepsilon_{xu}^2 + G\gamma_u^2) dxdy \\ \overline{V}_{sb} = \frac{1}{2} \iint t_b (E\varepsilon_{xb}^2 + G\gamma_b^2) dxdy \\ \varepsilon_{xu} = \frac{\partial u_u(x,y)}{\partial x} = -h_u \left[w'' + \left(1 - \frac{y^3}{b^3}\right)u'\right] \\ \gamma_u = \frac{\partial u_u(x,y)}{\partial y} = \frac{3y^2}{b^3} h_u u \\ \varepsilon_{xb} = \frac{\partial u_b(x,y)}{\partial x} = -h_b \left[w'' + \left(1 - \frac{y^3}{b^3}\right)u'\right] \\ \gamma_b = \frac{\partial u_b(x,y)}{\partial y} = \frac{3y^2}{b^3} h_b u \end{cases} \tag{2.4.55}$$

式中:E——弹性模量;

G——剪切模量;

t_b、t_u——上、下翼板的厚度;

I_w——腹板惯性矩。

由变分法可得剪力滞效应求解的基本微分方程(包括变分所要求的边界条件),即:

$$\begin{cases} \mu'' - k^2 \mu = \frac{7nQ(x)}{6EI} \\ \left[\frac{4M_f}{3EI_s} - \frac{5nM(x)}{4EI}\right]_{x_1}^{x_2} = 0 \end{cases} \tag{2.4.56}$$

其中,$n = \dfrac{1}{1 - \dfrac{7}{8}\dfrac{I_s}{I}}$;$k = \dfrac{1}{b}\sqrt{\dfrac{14Gn}{5E}}$;$M_f = \dfrac{3}{4}EI_s u'$;箱形梁惯性矩 $I = I_w + I_s$;翼板惯性矩 $I_s = I_{su} + I_{sb}$;M_f 为剪力滞效应产生的附加弯矩。

M_f 是纵向最大位移差值 $\mu(x)$ 的一阶导数的函数,且与翼板的弯曲刚度成正比关系。因而,箱形梁考虑剪力滞效应的挠曲微分方程变为:

$$\overline{w''} = -\frac{1}{EI}[M(x) + M_f] \tag{2.4.57}$$

考虑剪力滞效应的翼板中应力为:

$$\sigma_x = Eh_i \left[\frac{M(x)}{EI} - \left(1 - \frac{y^3}{b^3} - \frac{3I_s}{4I}\right)u'\right] \tag{2.4.58}$$

根据求解剪力滞效应的基本微分方程和箱梁结构体系的不同边界条件,可以求得简支梁、悬臂梁、连续梁的剪力滞效应。

应当指出,对超静定结构可采用叠加法求解。例图 2.4.24 所示的两跨连续梁,可应用简支梁的解析结构,通过三种简支梁的受力状态的解析结果叠加,求解两孔连续梁的剪力滞效应。

为了更简便地描述与讨论箱形梁剪力滞效应的影响,可引入剪力滞系数 λ:

$$\lambda = \frac{\text{考虑剪力滞效应所求得的翼板正应力 } \sigma}{\text{按简单梁理论所求得的翼板正应力 } \overline{\sigma}} \qquad (2.4.59)$$

箱形梁翼板与腹板交角处的剪力滞系数为 $\lambda^e = \sigma^e / \overline{\sigma}$。当 $\lambda^e \geqslant 1$ 时,为正剪力滞;当 $\lambda^e < 1$ 时,则为负剪力滞,如图 2.4.25 所示。

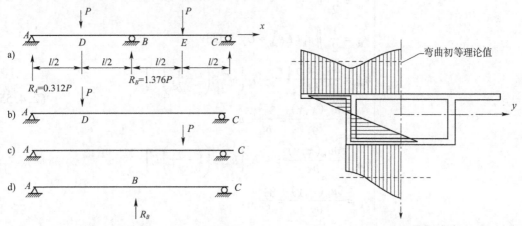

图 2.4.24　叠加法求解剪力滞效应计算图式　　图 2.4.25　受负剪力滞影响典型弯曲应力分布

2. 剪力滞效应分析与讨论

(1) 横向效应

图 2.4.26、图 2.4.27 为两跨连续梁受均布荷载时,跨中截面和内支点截面剪力滞系数 λ 沿箱形梁截面上、下翼板的分布情况。由图中看出:跨中截面上、下翼板均存在剪力滞效应,正负剪力滞系数接近相等;内支点截面存在较大的正剪力滞系数,在结构配筋设计时应重点考虑。

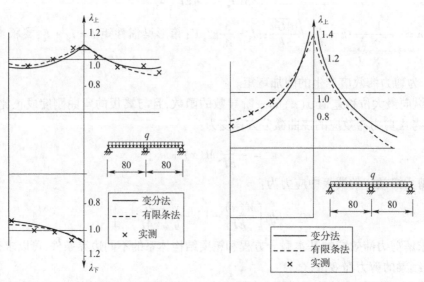

图 2.4.26　连续梁跨中截面(尺寸单位:m)　　图 2.4.27　连续梁内支点截面(尺寸单位:m)

(2) 纵向效应

图 2.4.28 为简支梁在不同位置受集中力时,剪力滞系数沿桥跨纵向变化图。由图中看出:简支梁在集中力作用下,其剪力滞纵向影响范围很窄,而且变化剧烈;且荷载越接近于支点,剪力滞影响程度越大。

图 2.4.29 为简支梁在均布荷载作用下,剪力滞系数沿桥跨纵向变化图。由图中看出:简支梁在均布荷载作用下,其剪力滞纵向变化可看作是无限个集中力作用效应的叠加,越靠近支点剪力滞系数越大。

图 2.4.30 为连续梁在均布荷载作用下,剪力滞系数在纵向正弯矩区段的变化。由图中看出:连续梁剪力滞系数要比相应同跨径的简支梁大;且在负弯矩区段变化剧烈,并出现负剪力滞效应。

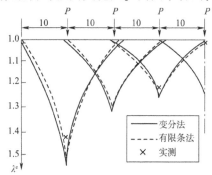

图 2.4.28 简支梁受集中力剪力滞纵向变化
(尺寸单位:m)

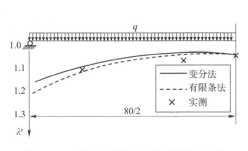

图 2.4.29 简支梁受均布力剪力滞纵向变化
(尺寸单位:m)

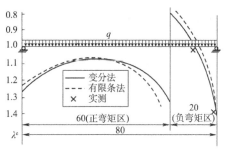

图 2.4.30 连续梁受均布荷载时 λ^e 在纵向的变化
(尺寸单位:m)

(3) 参数影响

从式(2.4.56)看出:当结构约束条件与荷载形式确定后,剪力滞效应随 n、kl 而变化。此处 n 是箱形梁翼板总惯性矩与箱形梁总惯性矩的比值(I_s/I),参数 kl 是箱形梁的跨宽比[$L/(2b)$]的函数(当 n 为一定值时)。

图 2.4.31~图 2.4.34 为不同结构、不同加载方式,剪力滞系数 λ 与 I_s/I 或 $L/(2b)$ 的关系图。由图中看出:箱形梁跨宽比越小或 I_s/I 比值越大,剪力滞影响越严重。实际上,在桥梁结构中 I_s/I 的变化幅度不是很大(一般在 0.7~0.8),而跨宽比的变化幅度较大。因而,在短与宽的箱梁桥中,对剪力滞效应要加以注意。

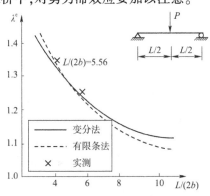

图 2.4.31 剪力滞效应随宽跨比变化
(跨中截面)

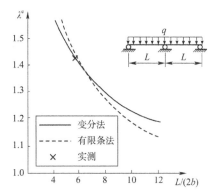

图 2.4.32 剪力滞效应随宽跨比变化
(内支点截面)

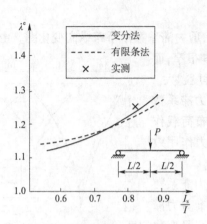
图 2.4.33 剪力滞效应随惯性矩比变化
（跨中截面）

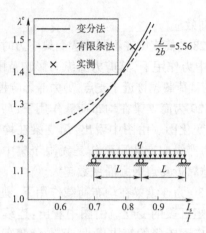
图 2.4.34 剪力滞效应随惯性矩比变化
（内支点截面）

图 2.4.35 为悬臂梁在受均布荷载作用下，翼板附加弯矩（M_f）随宽跨比（$I_s/I=0.75$，宽跨比 =3、4、5）变化曲线。由图中看出：当箱形梁的跨宽比越小时，不仅在固定端附近受剪力滞影响严重，而且在负剪力区域受负剪力滞的影响也较严重。

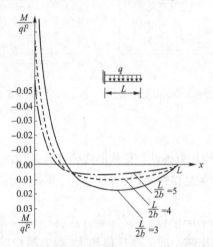
图 2.4.35 不同宽跨比的悬臂梁 M_f 沿跨长的分布曲线

四、箱形梁自由扭转应力

等截面箱形梁在无纵向约束而仅受扭矩作用下，截面可自由凸凹时的扭转称为自由扭转，也即圣-维南（St. Venat）扭转。箱形截面因板壁厚度较大，或具有加梗腋的角隅使截面在扭转时保持截面周边不变形，自由扭转即是一种无纵向约束的刚性转动。此时可认为，在扭矩作用下只引起扭转剪应力，而不引起纵向正应力，梁在纵向有位移而没有变形。

图 2.4.36 为一单个箱形梁在外扭矩 M_k 作用下，剪力流 $q=\tau_x t$ 沿箱壁是等值的，建立内外扭矩平衡方程，即得：

$$M_k = \oint_s q\rho ds = q\oint_s \rho ds = q\Omega \quad (2.4.60)$$

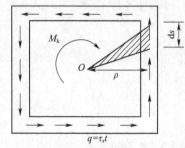
图 2.4.36 单箱梁自由扭转

或

$$\tau = \frac{M_k}{\Omega t} \tag{2.4.61}$$

式中：Ω——箱形梁薄壁中线所围面积的2倍；
ρ——截面扭转中心至箱壁任一点的切线垂直距离。

图2.4.37中，假设z为梁轴方向，u为纵向位移，v为箱周边切线方向位移，则可得剪切变形计算式为：

$$\gamma = \frac{\tau}{G} = \frac{\partial u}{\partial s} + \frac{\partial v}{\partial s} \tag{2.4.62}$$

$$v = \rho \theta(z)$$

式中：$\theta(z)$——截面扭转角。

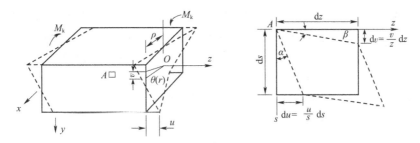

图2.4.37 单箱梁自由扭转的截面凸凹

对式(2.4.62)积分，可得纵向位移计算式：

$$u(z) = u_0(z) + \int_0^s \frac{\tau}{G} ds - \theta'(z) \int_0^s \rho ds \tag{2.4.63}$$

式中：$u_0(z)$——积分常数，为初始位移值。

引用封闭条件，对上式积分一周，由于始点纵向位移与终点位移u是相同的，则：

$$\oint_s \frac{\tau}{G} ds = \theta'(z) \oint_s \rho ds \tag{2.4.64}$$

将式(2.4.61)代入式(2.4.64)，得：

$$\theta'(z) = \frac{M_k}{GJ_d} \tag{2.4.65}$$

其中，抗扭刚度$GJ_d = G\Omega^2 / \oint \frac{ds}{t}$，说明箱梁在自由扭转时，扭率$\theta'$为常数。

将式(2.4.65)代入式(2.4.63)，纵向位移计算式可简化如下：

$$u(z) = u_0(z) - \theta'(z) \overline{w} \tag{2.4.66}$$

其中，$\overline{w} = \int_0^s \rho ds - \dfrac{\Omega \int_0^s \dfrac{ds}{t}}{\oint \dfrac{ds}{t}}$，称为广义扇形坐标。

至此，箱形梁自由扭转时的应力、变形和位移均可求解。

如为单箱多室截面，则可根据式(2.4.66)，考虑箱壁中相邻箱室剪力流所引起的剪切变形，则可对每室写出各自的方程，其一般形式为：

$$q_i \oint_i \frac{ds}{t} - \left(q_{i-1,i} \oint_{i-1,i} \frac{ds}{t} + q_{i,i+1} \oint_{i,i+1} \frac{ds}{t} \right) = G\theta' \Omega_i \tag{2.4.67}$$

式中:q_i——第 i 箱室的剪力流,$\tau = \dfrac{q_i}{t_i}$;

Ω_i——第 i 箱室周边中线所围面积的 2 倍。

箱形梁内外扭矩平衡方程为:

$$\sum \Omega_i q_i = M_k \tag{2.4.68}$$

解上述联立方程,即可求得 q_1、q_2 和 q_3,而各箱形梁壁处的自由扭转剪应力 $\tau = \dfrac{q_i}{t_i}$ 也可求出,在所求得 $\theta'(z)$ 的关系式中,令 $\theta'(z) = 1$ 时所需的 MK 值,即为该箱梁的抗扭刚度。

五、箱形梁约束扭转应力

当箱形梁端部设有刚度较大的横隔板,其扭转时截面自由凸凹受到约束,使纵向纤维受到拉伸或压缩,从而产生约束扭转正应力与约束扭转剪应力。此正应力在断面上的分布是不均匀的,由此引起杆件弯曲并伴有弯曲剪应力流。因此,箱形梁在约束扭转时除了有自由扭转的剪应力外,还有因弯曲而产生剪应力。

箱形梁截面约束扭转实用理论基于以下基本假设:

(1)箱形梁扭转时,假设周边不变形,切线方向位移为:

$$\begin{cases} v = \rho \theta(z) \\ \dfrac{\partial v}{\partial z} = \rho \theta'(z) \end{cases} \tag{2.4.69}$$

(2)箱壁上的剪应力与正应力均沿壁厚方向均匀分布。

(3)约束扭转时沿梁纵轴方向的纵向位移(即截面的凸凹),假设同自由扭转时纵向位移的关系式存在相似规律变化,即:

$$u(z) = u_0(z) - \beta'(z)\overline{\omega} \tag{2.4.70}$$

式中:$u_0(z)$——初始纵向位移,为一积分常数;

$\beta'(z)$——截面凸凹程度的某个函数;

$\overline{\omega}$——扭转函数。

1. 约束扭转正应力

由式(2.4.70),箱形梁纵向应变与正应力为:

$$\begin{cases} \varepsilon_\omega(z) = -\beta''(z)\overline{\omega} \\ \sigma_\omega(z) = -E\beta''(z)\overline{\omega} \end{cases} \tag{2.4.71}$$

由此可见,截面上的约束扭转正应力分布和广义扇形坐标 $\overline{\omega}$ 成正比。为确定截面计算扇形坐标的极点(也即扭转中心)和起始点,可应用截面上的合力平衡条件(因只有外扭矩 M_k 的作用):

$$\sum N = \oint \sigma_\omega t \mathrm{d}s = 0$$

$$\sum M_x = \oint \sigma_\omega y t \mathrm{d}s = 0$$

$$\sum M_y = \oint \sigma_\omega x t \mathrm{d}s = 0$$

即：

扇形静力矩 $S_\omega = \int_F \overline{\omega} \mathrm{d}F = 0$

扇性惯性积：$\int_F \overline{\omega} x \mathrm{d}F = 0, \int_F \overline{\omega} y \mathrm{d}F = 0$

令 $J_{\overline{\omega}}$ 为主扇形惯性矩，$B_\omega(z)$ 为约束扭转双力矩，即：

$$\begin{cases} J_{\overline{\omega}} = \oint_F \overline{\omega}^2 \mathrm{d}F \\ B_\omega(z) = \int_F \sigma_\omega \overline{\omega} \mathrm{d}F = -EJ_\omega \beta''(z) \end{cases} \quad (2.4.72)$$

则正应力计算式可表示为：

$$\sigma_\omega(z) = \frac{B_\omega(z)\overline{\omega}}{J_{\overline{\omega}}} \quad (2.4.73)$$

这一形式与一般梁的弯曲正应力计算式 $\sigma = \frac{Mz}{I}$ 相似。

2. 约束扭转剪应力

见图 2.4.37，取箱壁上 A 点的微分单元 $\mathrm{d}s \cdot \mathrm{d}z$，根据力的平衡得到方程式（图 2.4.38）：

$$\frac{\partial \sigma_\omega}{\partial z} + \frac{\partial \tau_\omega}{\partial s} = 0 \quad (2.4.74)$$

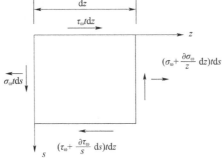

图 2.4.38 微单元上的应力关系

将式(2.4.73)代入上式，并积分得：

$$\tau_\omega = \tau_0 + \int_0^s E\beta'''(z) \mathrm{d}s \quad (2.4.75)$$

根据内外力矩平衡条件，可确定初始剪应力值 τ_0（积分常数）为：

$$\tau_0 = \frac{M_k}{\Omega t} - \frac{E\beta'''(z)}{\frac{M_k}{\Omega t}} \oint S_{\overline{\omega}} \rho \mathrm{d}s \quad (2.4.76)$$

式中：$S_{\overline{\omega}}$——扇形静矩，$S_{\overline{\omega}} = \int_0^s \overline{\omega} t \mathrm{d}s$。

将式(2.4.76)代入式(2.4.75)，即可得约束扭转时的剪应力：

$$\tau_\omega = \frac{M_k}{\Omega_t} + E\beta''(Z)\frac{\overline{S_{\overline{\omega}}}}{t} \quad (2.4.77)$$

其中，$\overline{S_{\overline{\omega}}} = S_{\overline{\omega}} - \frac{\oint S_{\overline{\omega}} \rho \mathrm{d}s}{\Omega}$。

从式(2.4.77)可见:约束扭转时截面上的剪应力为两项剪应力之和。第一项是自由扭转剪应力 $\tau_n = \dfrac{M_k}{\Omega t}$;第二项是由于约束扭转正应力沿纵向的变化而引起的剪应力,其计算式为:

$$\tau_{\bar{\omega}} = E\beta'''(z)\frac{\bar{S}_{\bar{\omega}}}{t} \tag{2.4.78}$$

或可表示为:

$$\tau_{\bar{\omega}} = -\frac{B'_\omega(z)\bar{S}_{\bar{\omega}}}{J_{\bar{\omega}} t} \tag{2.4.79}$$

此式在形式上与一般梁的弯曲剪应力公式 $\tau_y = \dfrac{Q_y S_x}{J_x b}$ 相似。

为确定约束扭转正应力及剪应力,需首先确定扭转函数 $\beta(z)$。为此,根据假设得到的剪应变公式(2.4.62),再应用内外扭矩平衡方程,可得到微分方程:

$$\frac{M_k}{GJ_\rho} = \theta'(z) - \beta'(z)\mu \tag{2.4.80}$$

式中: J_ρ——截面极惯性矩, $J_\rho = \oint \rho^2 t \mathrm{d}s$;

μ——截面约束系数(或称翘曲系数), $\mu = 1 - \dfrac{J_d}{J_\rho}$。

截面约束系数 μ 反映了截面受约束的程度。对圆形截面,$J_d = J_\rho$,$\mu = 0$,上式即为自由扭转方程,即圆形截面只作自由扭转。事实上,任何正多角形等厚度闭口断面对其中的扭转时都不发生翘曲。对箱形截面,箱梁的高宽比较大时,J_d 与 J_ρ 差别也越大,μ 值就大,截面上约束扭转应力也相应要大一些。

引用封闭条件,即式(2.4.62)中代入 τ_ω 的关系式,沿周边积分一圈,利用 $\mu(z) = \mu_0(z)$ 的条件,可导得另一微分方程:

$$EJ_{\bar{\omega}}\beta'''(z) - GJ_d\theta'''(z) = -m \tag{2.4.81}$$

其中,$m = \dfrac{\mathrm{d}M_k}{\mathrm{d}z}$。

联立求解式(2.4.80)与式(2.4.81)是一组联立微分方程组,可以解出 $\beta(z)$ 与 $\theta(z)$。如在外扭矩 M_k 是 z 的二次函数的条件下,式(2.4.80)对 z 微分三次,可得 $\beta'''(z) = \dfrac{1}{\mu}\theta'''(z)$,代入式(2.4.81),得:

$$\frac{1}{\mu}EJ_{\bar{\omega}}\theta'''(z) - GJ_d\theta''(z) = -m \tag{2.4.82}$$

或写成:

$$\theta'''(z) - K^2\theta''(z) = -\frac{\mu m}{EJ_{\bar{\omega}}} \tag{2.4.83}$$

式中:K^2——约束扭转的弯扭特性系数,$K^2 = \mu \dfrac{GJ_d}{EJ_{\bar{\omega}}}$。

此四阶微分方程的全解是:

$$\theta(z) = C_1 + C_2 z + C_3 \mathrm{sh}kz + C_4 \mathrm{sh}kz - \frac{\mu m}{2k^2 EJ_{\bar{\omega}}} z^2 \tag{2.4.84}$$

函数 $\theta(z)$ 的各阶导数也可求出。积分常数 C_1、C_2、C_3、C_4 的值，可根据箱梁边界条件确定，如：固端 $\theta=0$（无扭转）；$\beta'=0$（截面无翘曲）；铰端 $\theta=0$（无扭转）；$B_i=0$（可自由翘曲）；自由端 $B_i=0$（可自由翘曲），$\beta'''=0$（无约束剪切）。

显然，$\beta(z)$ 也可随之解出，约束扭转正应力与剪应力都可解出。如箱梁为变截面梁，可以把梁分成阶段常截面梁求解，或用差分法求解。

应该指出，在一般应用于预应力混凝土桥梁中的对称箱形截面中，由偏载引起的约束扭转正应力占活载弯曲正应力的 15% 左右；而大跨径预应力混凝土桥梁中，恒载引起的弯曲正应力占总正应力的 70% 以上，因此偏载引起的应力占总应力比值较小，在一般的设计中可不予考虑。当采用不对称的箱形截面，如单边挑出较长悬臂板的箱梁，此项应力所占比值就可能增加较大，在设计中应予以重视。

六、箱形梁畸变应力

前面假定了箱形梁在扭转时截面周边保持不变形，根据截面几何特性和边界约束条件，箱形梁的扭转分为自由扭转和约束扭转。当箱壁较厚或横隔板设置间距较密时，该假定接近实际变形情况，设计时可不必考虑扭转变形（即畸变）引起的应力状态。但当箱壁较薄，横隔板间距设置较大时，截面不能满足周边不变形的假设，此时在反对称荷载作用下，截面不但扭转而且要发生畸变，从而产生畸变翘曲正应力 $\sigma_{d\omega}$ 和剪应力 $\tau_{d\omega}$；同时箱壁上将引起横向弯曲应力 σ_{dt}，如图 2.4.39 所示。因此，对于横向联系刚度较小的箱形截面梁，需考虑畸变引起的附加应力。

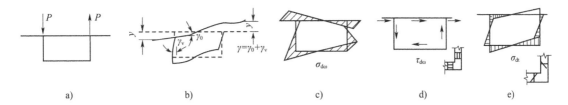

图 2.4.39 箱梁畸变翘曲正应力、剪应力、横向弯曲应力

第四节 活载内力计算

连续体系梁桥的活载内力计算与简支梁桥内力计算公式完全相同，其一般公式为：

$$S_{活} = (1+\mu) \cdot \xi \cdot (m_c q_k \Omega + m_i P_k y_i)$$

上式中有关汽车荷载的冲击系数 μ、横向折减系数 ξ 以及车道荷载 q_k、P_k 等取值，均按第一篇第四章有关规定取用。考虑连续体系与简支体系结构受力的不同，本节主要介绍非简支体系箱形梁桥，如何采用等代简支梁法确定荷载横向分布系数 m 和内力影响线竖标 y_i。

一、荷载横向分布计算的等代简支梁法

1. 基本原理与解析步骤

（1）假想将多室箱形梁从各室顶、底板中点切开，使之变为由 n 片 T 形梁（或 I 形梁）组成的桥跨结构，然后应用本篇第三章第三节所介绍的修正偏压法公式（2.3.45）计算其荷载横向

分布系数 m，如图 2.4.40 所示。

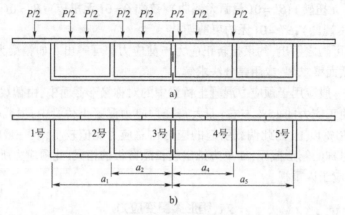

图 2.4.40　多室箱梁的划分

（2）根据跨中挠度 w 相等原理，通过跨中作用相同集中荷载 $P=1$，反算截面抗弯惯性矩换算系数 C_w。

图 2.4.41 为三跨变截面连续梁，中跨跨中截面作用一单位集中荷载 $P=1$。假设跨中截面抗弯惯性矩为 I_c，在 $P=1$ 作用下跨中挠度为 $w_连$；现用同等跨径的等截面简支梁来代替该跨，当该等代梁的截面抗弯惯性矩调整到某个 $C_w I_c$ 值时，便可以达到与实际连续梁相等的跨中挠度，即 $w_代 = w_连$，如图 2.4.41b）、d）所示。

（3）按照类似原理，令实际梁与等代梁在集中扭矩 $T=1$ 作用下扭转（自由扭转）角相等（$\theta_代 = \theta_连$）的条件，反求连续梁中跨的截面抗扭惯性矩换算系数 C_θ，此处实际梁的跨中截面抗扭惯性矩为 I_{Tc}，如图 2.4.41a）、e）、g）所示。

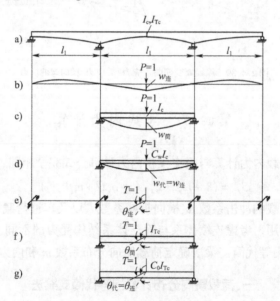

图 2.4.41　等代简支梁原理图

同理，对于连续梁的边跨在其跨中施加 $P=1$ 和 $T=1$，分别反算该跨的换算系数 C_w 和 C_θ。当求出各跨的换算系数后，利用上一章主梁抗扭修正系数计算公式，得到修正的抗扭系数为：

$$\beta = \cfrac{1}{1 + \cfrac{l^2}{12} \cdot \cfrac{G}{E} \cdot \cfrac{C_\theta I_{Tc}}{(C_w I_c/n) \cdot \sum a_i^2}}$$

或
(2.4.85)

$$\beta = \cfrac{1}{1 + \cfrac{nl^2}{12} \cdot \cfrac{G}{E} \cdot \cfrac{C_\theta}{C_w} \cdot \cfrac{I_{Tc}}{I_c} \cdot \cfrac{1}{\sum a_i^2}}$$

式中：I_c、I_{Tc}——整个箱形截面的抗弯惯性矩和抗扭惯性矩；

其余各符号意义同前。

2. C_w 的计算

(1) C_w 的表达式

这里仍然用图 2.4.41d) 所示的中跨等代梁来阐述。在 $P=1$ 作用下，跨中挠度 $w_{代}$ 为：

$$w_{代} = \frac{Pl^3}{48EC_w I_c} \tag{2.4.86}$$

令截面抗弯刚度为 EI_c 的普通简支梁跨中挠度为 $w_{简}$，则有：

$$w_{简} = \frac{Pl^3}{48EI_c} \tag{2.4.87}$$

以上两式相比，得到：

$$C_w = \frac{w_{简}}{w_{非}} \tag{2.4.88}$$

式中：$w_{非}$——非简支体系梁桥中，需分析的某跨跨中截面挠度；

$w_{简}$——与实际梁跨截面抗弯惯性矩 I_c 相同的等截面简支梁跨中截面挠度。

(2) 连续体系梁桥 C_w 计算

连续体系梁桥包括连续梁桥和连续刚构桥，均为超静定结构，其截面形式多为变截面，故其 $w_{非}$ 可借助平面杆系有限元法计算程序来完成，$w_{简}$ 可按式(2.4.87)求算；再由式(2.4.88)计算相应的换算系数 C_w。

3. C_θ 的计算

(1) C_θ 的表达式

根据上述推导 C_w 的原理并参考图 2.4.41e)、f)、g)，可以直接写出 C_θ 的表达式：

$$C_\theta = \frac{\theta_{简}}{\theta_{非}} \tag{2.4.89}$$

式中：$\theta_{非}$——非简支体系梁桥，欲分析某跨自由扭转时跨中截面扭转角；

$\theta_{简}$——与实际梁跨截面抗弯惯性矩 I_c 相同的等截面简支梁跨中截面扭转角，$\theta_{简} = \cfrac{Tl}{4GI_{Tc}}$；

T——外力扭矩。

(2) 悬臂体系梁桥悬臂跨 C_θ 计算

根据杆件自由扭转的特点，如果悬臂梁的支点截面无横向转动，则锚固跨对悬臂梁自由端的扭转角 θ 不产生影响，这样就可以简化计算。显然，当全梁为等截面时，则其抗扭惯性矩换算系数 $C_\theta = 1$。对于变截面悬臂梁则应用总和法进行近似计算。

现以图 2.4.42 和图 2.4.43 中的两种悬臂梁为例,说明 C_θ 的推导过程。以下两种悬臂结构的等代梁结构形式基本相同,如图 2.4.44 所示。由于结构与荷载均为对称的,故可取其半跨结构进行分析。

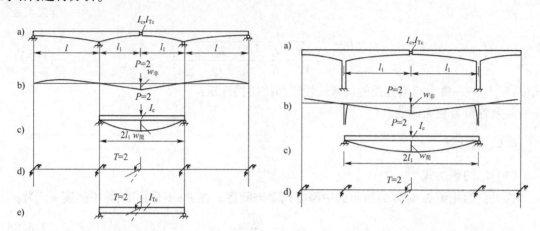

图 2.4.42　单悬臂梁桥的等代简支梁计算图式　　图 2.4.43　T形刚构桥的等代简支梁计算图式

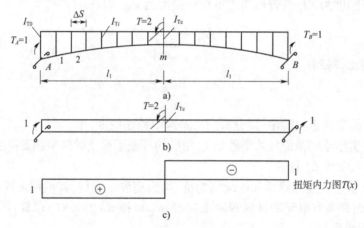

图 2.4.44　变截面悬臂梁的节段划分与内力图

无论是实际的连续梁结构还是简支梁结构,它们的支点反力扭矩均等于1,其扭矩内力分布图也是相同的,如图 2.4.44c)所示。对于等截面简支梁跨中扭转角 $\theta_{简}$ 可由式 $\theta_{简} = \dfrac{Tl}{4GI_{Tc}}$ 得出:

$$\theta_{简} = \frac{2 \times 2l_1}{4GI_{Tc}} = \frac{l_1}{GI_{Tc}}$$

对于实际的变截面连续结构[图 2.4.44a)],可以根据精度的要求,将左半跨等分为 m 段,共有 $m+1$ 个节点截面。然后逐一计算这些节点截面的抗扭惯性矩 $I_{Ti}(i=0,1,2,\cdots,m)$,每个节段的长度 $\Delta S = \dfrac{l_1}{m}$。于是,跨中扭转角 θ_e 为:

$$\theta_e = \theta_{非} = \int_0^{l_1} \frac{T(x)}{GI_T(x)} \approx \frac{\Delta S}{G} \left[\frac{1}{2}\left(\frac{1}{I_{T0}} + \frac{1}{I_{Tc}}\right) + \sum_{i=1}^{m-1} \frac{1}{I_{Ti}} \right]$$

式中的 $T(x)$ 为杆件的扭转内力分布,而不是外力扭矩。对于本例 $T(x)=1$,将上两式代入式(2.4.89),便得到悬臂梁抗扭惯性矩换算系数:

$$C_\theta = \frac{2m}{\left(\frac{1}{I_{T0}} + \frac{1}{I_{Tc}} + 2\sum_{i=1}^{m-1}\frac{1}{I_{Ti}}\right) \cdot I_{Tc}} \tag{2.4.90}$$

不难看出,当为等截面梁时,I_{Ti} = 常数,则 $C_\theta = 1$。

(3)连续梁桥 C_θ 计算

连续梁中跨一般为对称于跨径中点的截面形式,故它的 C_θ 计算公式与式(2.4.89)完全相同。对于其他非对称形式的中跨或者边跨,其计算公式则应另作推导,并应将全跨等分为偶数的 n 个节段,而且它们的支点反力扭矩也不相等($T_A \neq T_B$),如图 2.4.45 所示。对于等截面简支梁[图 2.4.45b)],跨中扭转角 $\theta_{简}$ 可直接写出。

$$\theta_{简} = \frac{l}{4GI_{Tc}} \tag{2.4.91}$$

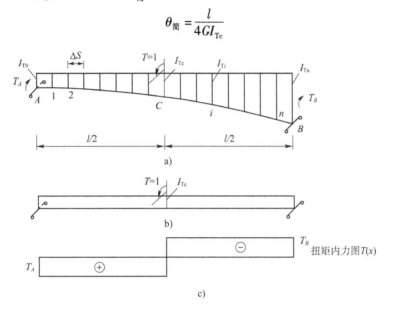

图 2.4.45 非对称变截面边跨梁的节段划分与内力图

对于图 2.4.45a)的结构,由于截面是连续的,故自 A 端起算至中点的扭转角 θ_{CA} 应等于自 B 端起算至中点的扭转角 θ_{CB},即 $\theta_{CA} = \theta_{CB}$。它们的计算公式如下:

$$\theta_{CA} = \int_0^{l/2} \frac{T(x)}{GI_T(x)}dx \approx \frac{\Delta S}{G}\left[\frac{1}{2}\left(\frac{1}{I_{T0}} + \frac{1}{I_{Tc}}\right) + \sum_{i=1}^{\frac{n}{2}-1}\frac{1}{I_{Ti}}\right] \cdot T_A \tag{2.4.92}$$

$$\theta_{CA} = \int_{l/2}^{l} \frac{T(x)}{GI_T(x)}dx \approx \frac{\Delta S}{G}\left[\frac{1}{2}\left(\frac{1}{I_{T0}} + \frac{1}{I_{Tn}}\right) + \sum_{i=\frac{n}{2}+1}^{n-1}\frac{1}{I_{Ti}}\right] \cdot T_B \tag{2.4.93}$$

利用以下关系式:

$$\theta_{CA} = \theta_{CB} = \theta_C$$
$$T_A + T_B = 1$$

联立求解和简化后,可以得到:

$$\theta_c = \theta_{非} = \frac{\Delta S\left(\frac{1}{I_{T0}} + \frac{1}{I_{Tc}} + 2\sum_{i=1}^{\frac{n}{2}-1}\frac{1}{I_{Ti}}\right)\left(\frac{1}{I_{Tc}} + \frac{1}{I_{Tn}} + 2\sum_{i=\frac{n}{2}+1}^{n-1}\frac{1}{I_{Ti}}\right)}{2G\left(\frac{1}{I_{T0}} + \frac{1}{I_{Tn}} + 2\sum_{i=1}^{n-1}\frac{1}{I_{Ti}}\right)} \tag{2.4.94}$$

最后可得截面呈任意形式变化的桥跨结构抗扭换算系数 C_θ,即:

$$C_\theta = \frac{n}{2I_{Tc}} \frac{\frac{1}{I_{T0}} + \frac{1}{I_{Tn}} + 2\sum_{i=1}^{n-1}\frac{1}{I_{Ti}}}{\left(\frac{1}{I_{T0}} + \frac{1}{I_{Tc}} + 2\sum_{i=1}^{\frac{n}{2}-1}\frac{1}{I_{Ti}}\right)\left(\frac{1}{I_{Tc}} + \frac{1}{I_{Tn}} + 2\sum_{i=\frac{n}{2}+1}^{n-1}\frac{1}{I_{Ti}}\right)} \tag{2.4.95}$$

以上各式的符号定义同前。其中任意截面抗扭惯性矩 I_{Ti} 的计算公式可参考《桥梁设计与计算》(第2版)和《桥梁结构力学》进行计算。

4. 荷载增大系数

以上公式的推导是把箱形截面梁近似地视作开口截面梁,经过刚度等效和修正后,再应用修正偏压法公式和活载的最不利横向布置,分别计算每根主梁的荷载横向分布系数 m_i,一般情况下具有最大值 m_{max} 应是边主梁。然而我们从前面图 2.4.40a) 可以看出,箱形截面是一个整体构造,若将它分开为若干单片梁进行结构受力分析和截面配筋设计是不合理的,而且设计也比较麻烦。工程上为了计算的简化和偏安全取值,可假定图 2.4.40b) 中每片梁均达到了边梁的荷载横向分布系数 m_{max},于是引入荷载增大系数 ξ 的概念,它可表示为:

$$\xi = n \cdot m_{max} \tag{2.4.96}$$

式中 n 为腹板数。在对非简支体系桥跨结构进行受力分析时,用相应桥跨的荷载增大系数 ξ 直接乘以各跨上的车道荷载 P_k 和 q_k(图 2.4.46),按此图式计算出来的内力值便是箱形截面梁由全截面承担的内力。

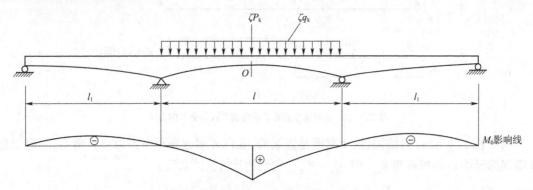

图 2.4.46 变截面连续梁中跨跨中截面的内力计算图式

综上所述,在对非简支体系变截面梁桥进行内力计算时,可按照以下思路进行:

(1) 采用合适方法(一般采用有限元法)分别求出实际梁各跨跨中(或悬臂端)在 $P=1$ 作用下的挠度 $w_{非}$。

(2) 利用公式 $w_{简} = \frac{Pl^3}{48EI_c}$ 计算等代简支梁跨中挠度 $w_{简}$。

(3) 利用公式 $C_w = \frac{w_{简}}{w_{非}}$ 计算等代简支梁的截面抗弯惯性矩换算系数 C_w。

(4) 利用公式 $C_\theta = \frac{\theta_{简}}{\theta_{非}}$ 或公式 $C_\theta = \frac{n}{2I_{Tc}} \cdot \frac{\frac{1}{I_{T0}} + \frac{1}{I_{Tn}} + 2\sum_{i=1}^{n-1}\frac{1}{I_{Ti}}}{\left(\frac{1}{I_{T0}} + \frac{1}{I_{Tc}} + 2\sum_{i=1}^{\frac{n}{2}-1}\frac{1}{I_{Ti}}\right)\left(\frac{1}{I_{Tc}} + \frac{1}{I_{Tn}} + 2\sum_{i=\frac{n}{2}+1}^{n-1}\frac{1}{I_{Ti}}\right)}$ 计算截面抗扭惯性矩换算系数 C_θ。

(5)将 C_w 和 C_θ 代入公式 $\beta' = \dfrac{1}{1+\dfrac{l^2}{12}\cdot\dfrac{G}{E}\cdot\dfrac{C_\theta I_{Tc}}{(C_w I_c/n)\cdot\sum a_i^2}}$ 或 $\beta' = \dfrac{1}{1+\dfrac{nl^2}{12}\cdot\dfrac{G}{E}\cdot\dfrac{C_\theta}{C_w}\cdot\dfrac{I_{Tc}}{I_c}\cdot\dfrac{1}{\sum a_i^2}}$，计算抗扭修正系数 β'。

(6)将 β' 代入公式 $\eta_{ki} = \dfrac{I_k}{\sum_{i=1}^{n}I_i} + \beta\dfrac{ea_k I_i}{\sum_{i=1}^{n}a_i^2 I_i}$，绘制中、边腹板的荷载横向分布影响线；在横向分布影响线上进行最不利布载，计算荷载横向分布系数的最大值 m_{max}。

(7)利用公式 $\xi = n\cdot m_{max}$，计算相应桥跨的荷载增大系数 ξ_i，根据 ξ_i 值确定相应桥跨车道荷载 $\xi_i P_k$ 和 $\xi_i q_k$。

(8)在截面内力影响线上进行最不利布载，利用公式 $S_{汽} = (1+\mu)\cdot\xi\cdot(m_c q_k \Omega + m_i P_k y_i)$ 计算内力值。

二、常见连续体系梁桥内力影响线

1. 连续梁桥

连续梁桥属于超静定结构，各种内力影响线的基本特点是呈曲线分布，计算公式较复杂，尤其是当跨径不等且截面呈变高度时，手算十分困难，此时只能应用计算机求数值解。对于等截面连续梁桥可直接借助《桥梁设计与计算(第2版)》得到计算截面的内力影响线竖标值。但是，不论是等截面还是变截面连续梁，在跨径相同的情况下，其内力影响线的分布形式大体相同，应用《结构力学》中的机动法，可以较快地得到各种内力影响线分布规律，据此进行最不利布载或者判断计算机计算结果准确性。

图 2.4.47 是一四跨连续梁几个典型截面的内力影响线示意图，其他类似连续梁可参考该图绘制内力影响线示意图。

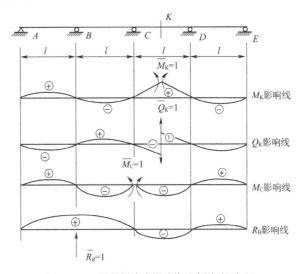

图 2.4.47 连续梁内力影响线示意图(机动法)

2. 连续刚构桥

连续刚构桥内力影响线比连续梁桥更为复杂，主要由于墩梁固结共同参与受力，应用机动法很难准确地绘制内力影响线示,只能借助计算机程序来完成。图 2.4.48 是一座连续刚构桥三个典型截面的弯矩影响线图。其中有的影响线在同一跨内出现正负变化,与相同跨径的连续梁桥存在一定的差异。

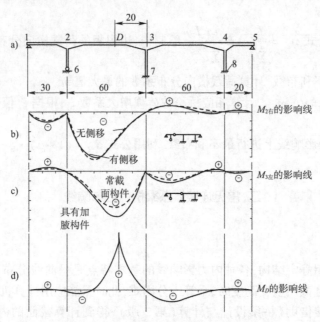

图 2.4.48　某连续刚构桥内力影响线图(尺寸单位:m)

第五章 其他梁式桥简介

本章主要介绍常用的刚架桥及斜、弯梁桥的结构特点,其设计计算可参考相关手册。

第一节 刚 架 桥

刚架桥属墩梁固结超静定结构,其主要受力特点是在恒载作用下,桥墩两侧梁体结构的受力状态接近平衡,桥墩接近中心受压,主梁以受弯为主;另外大跨径刚构桥采用悬臂施工时,无需进行临时锚固和进行体系转换,施工方便;可减少大型支座用量,节省造价和后期养护费用。

本篇第二章第四节中介绍了大跨径连续刚构桥有关内容,本节主要介绍中小跨径桥梁中常用的门式刚架桥和斜腿刚架桥。

一、门式刚架桥

目前门式刚架桥主要用于跨线桥,如图 2.5.1 所示。它的主要特点是将桥台台身与主梁固结,可省掉主梁与桥台之间的伸缩缝,改善桥头行车的平顺性,同时提高了结构的刚度。在竖向荷载作用下,利用固结端的负弯矩可部分降低梁的跨中正弯矩,进而减小桥梁建筑高度,降低桥头引道纵坡,降低工程造价。门式刚架桥较多适用于城市立交桥或桥下净空受限的桥梁中。

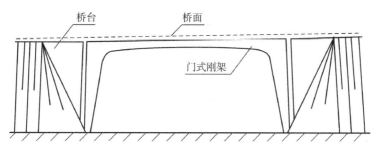

图 2.5.1 门式刚架桥示意图

门式刚架桥在使用中存在以下不足:

(1)薄壁台身(或立柱)除承受轴向压力外,还承受横向弯矩,并且在基脚处产生水平推力。因此,对地基的要求比较高,需采用较深的基础或特殊的构造措施来抵抗水平推力的作用。

(2)基脚无论采用固接或者铰接构造,都会因预应力、混凝土徐变与收缩、温度变化以及基础变位等因素,而产生较大的次内力。

(3)为了改善基底的受力状态,使地基应力趋于均匀,有时基脚会采用铰接构造(图2.5.2),但是铰的构造较复杂、施工困难,而且易于腐蚀,养护和维修难度大。

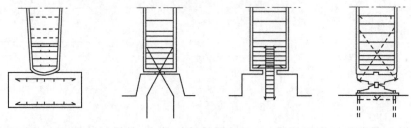

图2.5.2　铰接构造

(4)角隅节点(台身与主梁连接处)截面承受较大的负弯矩,节点内缘的混凝土会产生很大的压应力;节点外缘承受较大的拉应力,易导致混凝土开裂,需设置加强钢筋予以加强,如图2.5.3所示。

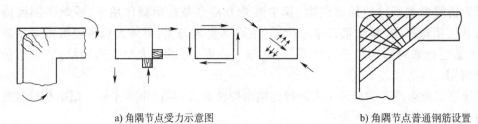

a) 角隅节点受力示意图　　　　　　　　b) 角隅节点普通钢筋设置

图2.5.3　角隅节点受力与防劈钢筋构造

(5)普遍采用有支架现浇施工方法,施工工期较长。

基于以上原因,目前门式刚架桥修建较少。

二、斜腿刚架桥

由一对斜置的撑杆与梁体固结后来承担车辆荷载的桥梁称之为斜腿刚架桥,如图2.5.4所示。

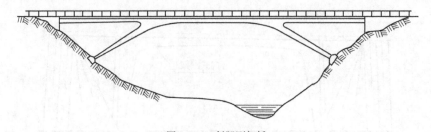

图2.5.4　斜腿刚架桥

斜腿刚架桥结构特点如下:

(1)斜腿刚架桥的主跨相当于一座折线形拱式桥,其压力线接近于拱桥的受力状态,斜腿以受压为主,比门式刚架桥的立墙或立柱受力更合理,故其跨越能力大。

（2）斜腿刚架桥的两端具有较长的伸臂长度,通过调整边跨与中跨的跨长比,可以使两端支座成为单向受压铰支座而不致向上翘起,从而改善行车条件;同时在恒载作用下边跨对主跨的跨中弯矩也能起到卸载作用,有利于减小主梁高度。

（3）斜腿下端的铰支座一般坐落在岸边坚硬岩石上或者桥台上,不会被水淹没或者被土堤掩埋,施工和维护保养方便。

斜腿刚架桥一般适用于跨越深谷地带或跨越其他线路(公路或铁路)的立交桥,在使用中存在与门式刚架桥相类似的不足:

（1）主梁恒重和车辆荷载通过主梁与斜腿相交处的横隔板,再经过斜腿传至地基土上,导致横隔板处(单隔板或三角形隔板)主梁截面产生较大的负弯矩峰值,结构配筋密集,导致构造复杂复杂,施工困难,如图2.5.5所示。

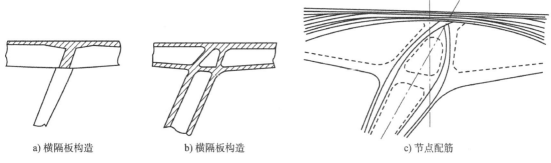

图 2.5.5　斜腿与主梁相交节点构造

（2）预加力、混凝土徐变收缩、温度变化以及基础变位等因素,导致斜腿刚架桥产生次内力,结构受力复杂。因此,为了减少超静定次数,同时使斜腿基脚处地基受力均匀,一般将斜脚基脚处设计成铰支座。

（3）斜腿一般与地面呈40°~50°夹角,导致一定施工难度。

第二节　混凝土斜、弯梁桥

一、斜梁桥受力特点

前面章节已介绍简支斜梁桥的受力特点和构造要求,下面简单介绍连续斜梁桥的受力特点。

如果把连续斜梁桥中所有中间支座反力都视作外荷载,则桥两端的受力与简支斜梁桥受力有相同之处。例如钝角处的支座反力比锐角处的大,有时会出现支座脱空现象;钝角处承受较大的负弯矩,且随斜交角的增大而增大。针对该特点,需对梁体两端的钢筋构造和支座布置采取特殊措施。

影响连续斜梁桥受力特性的因素比简支斜梁桥要复杂得多,例如连续跨数、支座布置形式、荷载形式、斜交角 φ 以及截面扭弯刚度比 $k = \dfrac{EI}{GI_T}$ 等。下面说明三跨连续斜梁桥在均布荷载 p 作用下,截面内力值随 φ、k 的变化规律,如图2.5.6所示。

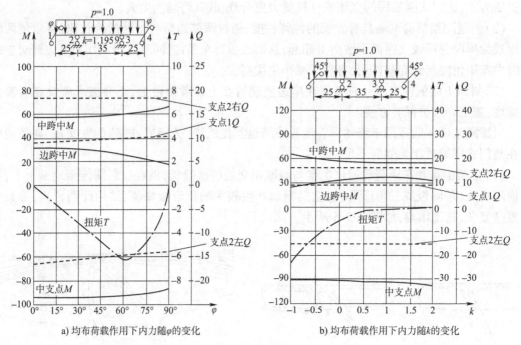

a) 均布荷载作用下内力随 φ 的变化   b) 均布荷载作用下内力随 k 的变化

图 2.5.6 连续梁桥内力与 φ、k 的关系（尺寸单位：m）

1. 斜交角 φ 的影响

当斜交角 $\varphi \leq 45°$ 时，随着斜交角 φ 的增大，边跨跨中和中支点的弯矩绝对值逐渐减小，而中跨跨中弯矩逐渐增大；同时截面的扭矩绝对值也逐渐增大；对中支点处的截面剪力影响较小。

2. 弯扭刚度比 k 的影响

当 $k = 0.5 \sim 2.0$ 时，随着 k 值的增大，边跨跨中和中支点处的弯矩绝对值逐渐增大，而中跨跨中的弯矩值逐渐减小；当斜交角一定时，扭矩的绝对值逐渐减小；对中支点处的截面剪力影响较小。

二、混凝土弯梁桥

1. 受力特点

平面弯曲的曲线梁桥又称弯梁桥，其受力特点主要表现为：

(1) 在外荷载作用下，梁截面内产生弯矩的同时，伴随产生"耦合扭矩"效应，即"弯-扭"耦合作用。

(2) 在结构自重作用下，除支点截面以外，弯梁桥外边缘的挠度一般大于内边缘的挠度，而且随曲率半径减小，该差异越明显。

(3) 对于两端均有抗扭支座的弯梁桥，其外弧侧的支座反力一般大于内弧侧，曲率半径较小时，内弧侧还可能出现负反力。

产生以上现象的原因主要是荷载作用和结构静力平衡所致：

(1)荷载作用。

荷载作用主要表现在梁体重心偏移、桥面横坡设置和汽车离心力影响,如图2.5.7所示。

梁体重心偏移影响,可以等厚度矩形截面实心板为例加以说明。当在桥中心轴线上截取单位弧长,再从弯曲中心 $\varphi_0=\varphi$ 引出两根辐射线与该弧长两端相连,便构成两个扇形面积,如图2.5.7a)所示。由于外弧侧的扇形面积大于内弧侧面积,全截面的体积重心将偏离轴线向外弧的一侧,其偏心距离为 e。基于此,即使结构自重为均布荷载,对弯梁桥的作用也分解为一个作用于桥中心线的垂直分力和向外弧侧倾翻的扭矩。

桥面横坡的影响,主要是由于桥面铺装不等厚设置(为了形成桥面横坡),造成梁体自重的偏心。该影响可通过调整上部结构布置,将桥面铺装做成等厚度方式。

车辆荷载离心力影响,是由于车辆在桥面上行驶时,除了产生垂直力 P_V 外,还有指向外弧且距离桥面高度为 h_c 的离心力 P_H,该力对结构产生向外倾覆的扭矩 $T=P_H \cdot h_c$。

(2)力平衡。

从图2.5.7c)看出:对于两端具有抗扭支座的单跨弯梁桥,当跨中 C 点有集中力 P 作用时,由于 A、B、C 三点不在同一直线上,且荷载点 C 距 AB 连线的垂距为 e,故支点除支反力 R_A、R_B 外,还有支点扭矩 T_A、T_B。因此,在桥跨内每个截面上除承受弯矩外,还承受扭矩作用,桥梁曲率半径越小,则扭矩越大。如果将每个支点上的支反力和反力扭矩先分解再合成后,会出现外侧支座反力比内侧支座反力小,甚至会出现负反力的现象。

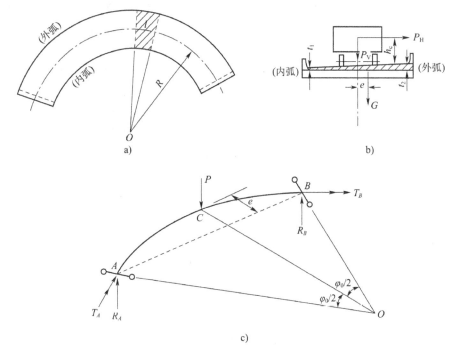

图2.5.7 弯梁桥受力图式

2. 变形特点

引起弯梁桥在水平面内产生位移的因素,主要是温度变化(混凝土收缩)和混凝土徐变(预加力)。

温度变化(混凝土收缩)引起梁体的水平位移,属于弧线段膨胀或收缩性质的位移,如图 2.5.8 所示。该类位移只涉及曲率半径的变化,而圆心角不发生改变(即 $r_0 \to r$、$\varphi_0 = \varphi$),图 2.5.8a)中曲线梁的左端为固定支座,其余为多向活动支座,当温降或者混凝土收缩时,位于 1号、2 号、3 号支座处的桥面将分别产生 δ_1、δ_2 和 δ_3 的水平位移。虽然它们的位移方向并不相同,但均指向固定支座。

预加力(混凝土徐变)引起的梁体水平位移,这类位移属于切线方向的位移。图 2.5.8b)是在截面形心处施加预应力时,由于混凝土的弹性压缩和徐变变形所引起的水平位移,此时曲率半径不发生改变,而圆心角却发生改变(即 $r_0 = r$、$\varphi_0 \neq \varphi$)

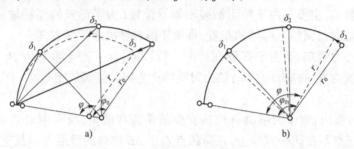

图 2.5.8　连续弯梁桥平面内变形

3. 支座布置

由于弯梁桥受力和变形的特殊性,导致桥梁使用时产生不利影响。例如在运营中常出现内弧侧的支座脱空,端部桥面向外弧侧偏移现象。导致该现象的原因:桥台处双支座因不具有抗扭功能,当气温升高时,桥面朝径向起拱,桥面中轴线朝外弧一侧偏移,加大了恒载偏心产生的扭矩,最后使整个桥面朝外弧侧产生不同程度的倾斜;另外由于中间桥墩上一般布置单点活动支座,不具有限制桥面径向位移的功能,过大的变形易导致墩身开裂,如图 2.5.9 所示。

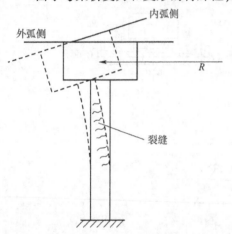

图 2.5.9　中墩倾侧示意图

基于以上分析,对于连续弯梁桥在进行支座布设时,应注意以下几点:

(1)一般宜在两端的桥台上设置能使桥面结构作切线方向位移的抗扭支座,而在正中桥墩上设置固定的抗扭支座应,一方面满足因混凝土收缩和徐变等因素产生的变位,另一方面可以保证伸缩缝免遭破坏。

(2)抗扭支座可以每间隔 3~4 跨布置一个,除了固定支座以外,其余抗扭支座均能作切向位移,并将其固定在具有足够横向(径向)抗弯刚度的桥墩上(双柱式墩或薄壁墩);其余各支点可采用在独柱式墩上布置单点铰支座,以增加桥下的景观,如图 2.5.10a)所示。

(3)可将其中的一个支点设计成墩梁固结的形式,其余各支点采用单点铰支座,但此时两端桥台上的抗扭支座应具有作切向位移的功能,如图 2.5.10b)所示。

(4)为了使梁内扭矩分布均匀,对于中间各个单点铰支座,可事先设置一定的预偏心,以期实现人为调整目的,如图 2.5.11 所示。

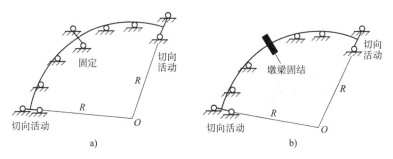

图 2.5.10 连续弯梁桥支座布置方式

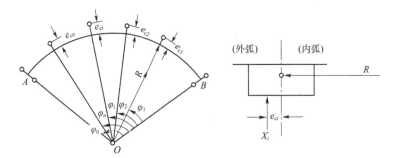

图 2.5.11 单点铰支座预偏心布置

第六章 梁式桥支座

第一节 概 述

支座是梁式桥重要组成部分,它在满足桥梁上部结构受力、变形要求同时,还应满足自身构造和受力上要求。

一、支座作用

支座是位于桥梁上部结构和下部结构之间,用于传力和适用梁体变形的装置。它的作用一是将上部结构的支承反力(包括恒载和活载引起的竖向力和水平力)传递给下部墩台;二是保证结构在荷载、温度变化、混凝土收缩和徐变等因素作用下,梁体产生变形(竖向挠曲和水平伸缩),以使上、下部结构的实际受力状况符合其静力图式,如图 2.6.1 所示。

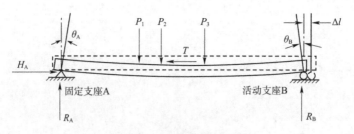

图 2.6.1 简支梁的静力图式

梁式桥支座按其功能一般分成固定支座和活动支座两种。固定支座允许梁体在支座处自由转动,以适用梁体的竖向挠曲变形(转角),但不能产生水平移动(伸缩);活动支座允许梁体在支座处既能自由转动又能水平移动,以适用梁体的竖向挠曲变形和水平伸缩。固定支座由于限值了梁体的水平移动,导致其除承受竖向力外,还承受因车辆制动力、支座摩阻力等引起的水平力;活动支座则主要承受竖向力作用。

桥梁支座应符合下列要求:

(1)支座应具有将上部结构承受的结构自重、汽车荷载等竖向作用有效传递到下部结构的能力,且保证在风荷载、地震作用等水平荷载作用下上部结构的安全。

(2)支座类型及规格应根据上部结构形式、支座反力及水平力设计值、支座处位移量确定。

(3)支座反力设计值应按竖向荷载(汽车荷载应计入冲击力)标准值进行组合设计。

(4)支座水平力设计值应按水平向作用的标准值进行组合计算。

(5)计算支座处梁的相对位移量时应考虑以下因素:

①因温度变化、汽车制动力等引起的位移;

②因梁挠曲引起的位移;

③因施加预应力引起的主梁位移;

④因混凝土收缩徐变引起的位移;

⑤因地震等偶然作用引起的位移。

二、支座布置

按照结构静力图式,简支体系桥梁一般在每跨的一端设置固定支座,另一端设置活动支座;悬臂体系桥梁的锚固跨在一端设置固定支座,另一端设置活动支座;连续体系桥梁一般在每联中的一个桥墩(或桥台)上设置固定支座,其余墩台上设置活动支座。此外,宽桥及悬臂体系和连续体系桥梁在某些特殊情况下,支座承受竖向拉力时,还应设置抗拉支座。

固定支座和活动支座的布置,应以有利于墩台传递纵向水平力为原则。

(1)多孔简支梁桥,相邻两孔简支梁的固定支座不宜集中布置在同一个桥墩上;当桥墩较高时,为减小水平力作用,可在其上布置相邻两跨的活动支座。

(2)坡桥宜将固定支座布置在高程较低的墩台上。

(3)连续梁桥为使梁体的纵向变形向两端分散,宜将固定支座设置在靠中间的支点处。

(4)特别宽的梁桥,尚应设置沿纵向和横向均能移动的活动支座;对于弯桥则应考虑活动支座沿弧线方向移动的可能性。

(5)位于地震地区的梁桥,其支座应设置防震和减震措施,通常能保证多个桥墩分担水平地震力。

第二节 支座类型与构造

一、支座类型

支座可按变形功能、材料和结构形式等进行分类。

1. 按变形功能划分

桥梁支座按其容许变位方式分为固定支座与活动支座,活动支座又分为单向活动支座、双向活动支座和多向活动支座。

2. 按材料划分

桥梁支座按制作材料主要分为钢支座和橡胶支座。钢支座包括平板支座、弧型支座、摇轴支座、辊轴支座等,如图2.6.2所示;橡胶支座包括板式橡胶支座、聚四氟乙烯板式橡胶支座、盆式橡胶支座、球型支座等,如图2.6.3所示。目前公路桥梁应用最多的是橡胶支座。

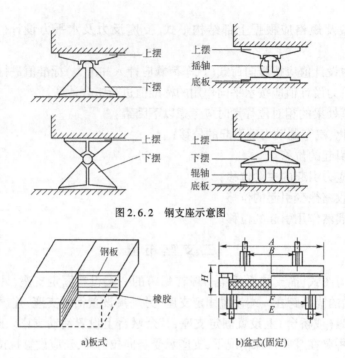

图 2.6.2　钢支座示意图

图 2.6.3　橡胶支座示意图

3. 其他划分

按照支座是否承受拉力、是否具有减震功能,还分为抗拉支座、抗震支座等。

二、常用支座构造

(一)简易垫层支座

跨径小于 5m 的涵洞,可不设专门的支座,而采用由几层油毛毡或石棉网做成的简易支座,如图 2.6.4 所示。为了防止墩、台顶部前缘与上部结构相抵触,通常应将墩、台顶部的前缘削成斜角;同时为增强受压面抗压性能,需在板或梁端底部以及墩、台顶部内增设 1~2 层钢筋网予以加强。

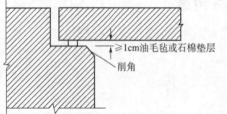

图 2.6.4　简易垫层支座

(二)橡胶支座

橡胶支座除了具有构造简单、加工方便、造价低、结构高度小、安装方便和使用性能良好等特点外;还能较好地适应任意方向的变形,特别适用于宽桥、曲线桥和斜交桥;同时橡胶的弹性能有效削减上、下部结构所受动力作用,对于结构抗震十分有利。

橡胶支座主要包括板式橡胶支座(包括聚四氟乙烯滑板式橡胶支座、球冠圆板式橡胶支座)和盆式橡胶支座。

1. 板式橡胶支座

(1)普通板式橡胶支座

普通板式橡胶支座分为纯橡胶支座和设置加劲板的橡胶支座。设置加劲板的橡胶支座一一般由几层橡胶和薄钢片叠合而成,目的是通过橡胶与钢板的黏结作用,约束橡胶的压缩变形(相当于对橡胶施加了侧向压缩变形的环箍效应),进而提高其抗压强度,如图2.6.5所示。

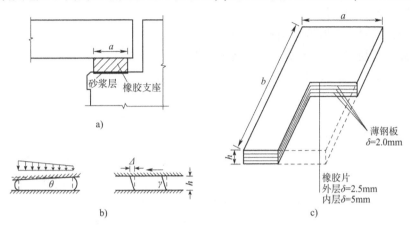

图2.6.5 板式橡胶支座

板式橡胶支座的活动机理:通过橡胶的不均匀弹性压缩实现梁体的转角θ,通过其剪切变形实现梁体的水平位移Δ。

普通板式橡胶支座同时兼顾固定支座和活动支座功能,可将水平力较均匀传递给各墩台。其平面形状分为矩形和圆形,矩形板式橡胶支座常用平面尺寸包括$0.12m \times 0.14m$、$0.14m \times 0.18m$、$0.15m \times 0.20m$(宽度方向为横桥向)等。橡胶片的厚度一般为5mm,中间加劲薄钢板厚一般为2mm,支座厚度可根据其剪切位移而采用不同层数组合而成,一般从14mm(两层钢板)开始,以7mm为一个台阶递增;对于斜桥或圆形柱墩的桥梁可采用圆形板式橡胶支座。

(2)聚四氟乙烯滑板橡胶支座

聚四氟乙烯滑板橡胶支座是在普通板式橡胶支座表面黏附一层聚四氟乙烯板(厚度一般为2~4mm)支座而成,如图2.6.6所示。它除了具有普通板式橡胶支座的优点外,还能利用聚四氟乙烯板与预埋在上部梁底不锈钢板之间较小的摩擦系数(通常$\mu = 0.06$),实现梁体纵桥向水平位移(相当于活动支座)。

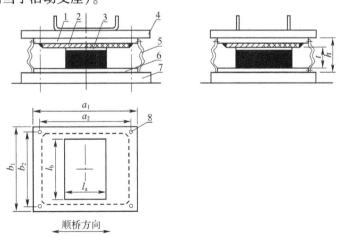

图2.6.6 聚四氟乙烯滑板橡胶支座结构示意图
1-上钢板;2-不锈钢板;3-滑板;4-预埋钢板;5-防尘罩;6-下钢板;7-支座垫石;8-锚固螺栓

聚四氟乙烯滑板式橡胶支座一般适用于较大跨径的简支梁桥、桥面连续的梁桥和连续桥梁等。

(3)板式橡胶支座代码

公路桥梁板式橡胶支座按结构形式分类如下。

①普通板式橡胶支座：矩形板式橡胶支座，代号 J；圆形板式橡胶支座，代号 Y。

②滑板橡胶支座：矩形滑板橡胶支座，代号 JH；圆形滑板橡胶支座，代号 YH。

按支座适用温度分为：

①常温型橡胶支座：适用温度为 -25 ~ 60℃，采用氯丁橡胶生产，代号 CR。

②耐寒型橡胶支座：适用温度为 -40 ~ 60℃，采用天然橡胶生产，代号 NR。

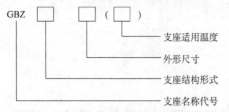

图 2.6.7 板式橡胶支座型号表示方法

板式橡胶支座表示方法如图 2.6.7 所示。其中尺寸外形为矩形时，表示为长度×宽度×厚度；当为圆形时，表示直径×厚度。

【案例1】 公路桥梁普通矩形板式橡胶支座，常温型，采用氯丁橡胶，支座平面尺寸为 300mm×400mm，总厚度 47mm，则该型号支座表示为 GBZJ300×400×47(CR)。

【案例2】 公路桥梁圆形滑板板式橡胶支座，耐寒型，采用天然橡胶，支座直径为 300mm，总厚度 54mm，则该型号支座表示为 GBZYH300×54(NR)。

板式橡胶支座的基本设计数据，及其产品分类、技术要求、试验方法、检测规则等，应符合根据《公路桥梁板式橡胶支座》(JT/T 4—2019)的规定。其中力学性能要求见表2.6.1。

板式橡胶支座力学性能要求　　　　　　　表 2.6.1

项目		指标
极限抗压强度 R_u(MPa)		≥70
实测抗压弹性模量 E_1(MPa)		$E_1 ± E_1 × 20\%$
实测抗剪弹性模量 G_1(MPa)		$G_1 ± G_1 × 15\%$
实测老化后抗剪弹性模量 G_2(MPa)		$G_2 ± G_2 × 15\%$
抗剪黏结性能(τ = 2MPa 时)		无橡胶开裂和脱胶现象
实测转角正切值 $\tan\theta$	混凝土桥	≥1/300
	钢桥	≥1/500
实测滑板与不锈钢板表面摩擦系数 μ_f(加硅脂时)		≤0.03

支座抗压弹性模量(E)按式(2.6.1)计算。

$$E = 5.4GS^2 \tag{2.6.1}$$

式中：E——支座抗压弹性模量(MPa)；

G——支座抗剪弹性模量(MPa)，一般取值 1.0MPa；

S——支座形状系数，应在 5~12 范围内，矩形支座按式(2.6.2)计算，圆形支座按式(2.6.3)计算：

$$S = \frac{l_{0a} \cdot l_{0b}}{2t_1(l_{0a} + l_{0b})} \tag{2.6.2}$$

$$S = \frac{d_0}{4t_1} \tag{2.6.3}$$

式中:l_{0a}——矩形加劲钢板短边尺寸(mm);
l_{0b}——矩形加劲钢板长边尺寸(mm);
t——支座中间单层橡胶片厚度(mm);
d_0——圆形加劲钢板直径(mm)。

2. 球冠圆板式橡胶支座

该类型支座为改进后的圆形板式橡胶支座,其中间层橡胶和加劲钢板布置与圆形板式橡胶支座完全相同;不同点是在支座顶面用纯橡胶制成球形表面,球面中心橡胶最大厚度为4~10mm,如图2.6.8所示。

板式橡胶支座顶部增设纯橡胶球冠(高4~13mm),使其与上部梁体接近于"点接触支承",可利用顶部橡胶球冠调整受力的中心位置,可明显改善或避免支座底面产生偏压、局部脱空等不良现象。

该类型支座特别适应于纵横坡度较大(3%~5%)的立交桥和高架桥,但公路桥梁在纵坡较大时不宜使用。

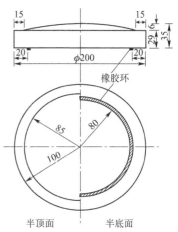

图2.6.8 球冠圆板橡胶支座
(尺寸单位:mm)

3. 盆式橡胶支座

当桥梁需传递的竖向力较大时宜采用盆式橡胶支座,按其工作特性分为固定支座、多向活动支座和单向活动支座3种。图2.6.9为双向活动支座构造示意图,它由不锈钢滑板、聚四氟乙烯板、盆环、氯丁橡胶块、钢密封圈、钢盆塞及橡胶防水圈等组成。

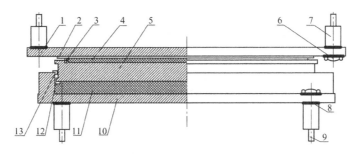

图2.6.9 双向活动支座构造示意图

1-顶板;2-不锈钢冷轧钢板;3-高性能滑板密封圈;4-高性能滑板;5-中间钢板;6-锚固螺栓;7-套筒;8-垫圈;9-螺杆;10-钢盆;11-橡胶板;12-黄铜密封圈;13-橡胶密封圈

盆式橡胶支座工作机理:利用设置在钢盆中的橡胶板,实现对上部结构具有承压和转动的功能;利用聚四氟乙烯板和不锈钢板之间的平面滑动来适应桥梁的水平位移要求。

盆式橡胶支座由于钢盆内的橡胶处于三向约束变形状态(环箍作用),可进一步提高橡胶的抗压能力,提高其承载力;利用钢盆中三向受力的弹性橡胶块的不均匀压缩,实现上部梁体的转角;利用中间衬板上的聚四氟乙烯板与顶板上不锈钢板间较小的摩擦系数,实现上部梁体的较大水平位移。

《公路桥梁盆式支座》(JT/T 391—2019)规定了盆式橡胶支座主要技术指标如下:

(1)竖向设计承载力

盆式橡胶支座竖向设计承载力从1M~80MN,共分为33级。要求在竖向设计承载力作用下,支座压缩变形不应大于支座总高度的2%,钢盆盆环上口径向变形不应大于盆环外径的0.05%。

(2)水平设计承载力

固定支座、纵向活动支座和横向活动支座,在非滑移方向的水平设计承载力分两级,分别为支座竖向设计承载力的10%和15%。

减震型固定支座、减震型纵向活动支座和减震型横向活动支座,在非滑移方向水平设计承载力为支座竖向设计承载力的20%。

(3)活动支座摩擦系数

在5201-2硅脂润滑条件下,活动支座摩擦系数μ应满足下列要求。

常温型支座:在-25~+60℃范围内,$\mu \leq 0.03$。

耐寒型支座:在-40~+60℃范围内,$\mu \leq 0.05$。

(4)转角

盆式橡胶支座竖向设计转动角度不小于0.02rad。

(5)位移

盆式双向活动支座和纵向活动支座,顺桥向设计位移量分5级(分别为±50mm、±100mm、±150mm、±200mm、±250mm);双向活动支座和横向活动支座的横桥向设计位移量为±50mm。当有特殊需要时,可按实际需要调整位移量,调整位移级差为:±50mm。

三、特殊功能支座

1. 球型钢支座

为了适应多向转动且转动量较大的情况,可选择使用球型钢支座。球形支座具有受力均匀、转动量大(设计转角可达0.05rad以上)且各向转动性能一致等优点,特别适于曲线桥和宽桥。同时球型支座不再使用橡胶承压,不存在橡胶变硬或老化等不良影响,因而特别适用于低温地区。

球型钢支座有固定支座、单向活动支座和多向活动支座之分。活动支座主要由下支座凹板、中间球形钢衬板、上支座滑板、不锈钢位移板、聚四氟乙烯滑板(平面和球面各一块,也简称四氟板)及橡胶密封圈和防尘罩等部件组成,如图2.6.10所示。

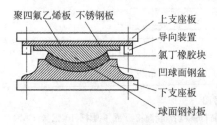

图2.6.10 球型钢支座构造示意图

目前球型钢支座已在国内独柱支承连续弯板结构、独柱支承的连续弯箱梁结构、双柱支承连续T构及大跨径斜拉桥中广泛应用。

2. 拉力支座

在连续梁桥、悬臂梁桥、斜桥、长悬臂翼缘箱形梁桥及小半径曲线桥,在某些情况下支点处会产生上翘现象(拉力),此时需设置拉力支座,以承受拉拔力并适应相应的转动和水平位移。

球型支座、盆式橡胶支座和板式橡胶支座均可改变功能作为拉力支座。板式橡胶支座一般适用于拉力较小的桥梁,对于反力较大的桥梁,更适合采用球型钢支座或盆式拉力支座。

3. 抗震支座

地震地区的桥梁应使用具有抗震和减震功能的支座。减(隔)震支座的作用是尽可能将结构或部件与可能引起破坏的地面运动分离开来,以减小传递到上部结构的地震力和能量。目前国内减震支座类型有抗震型球型钢支座(图 2.6.11)、铅芯橡胶支座和高阻尼橡胶支座等。

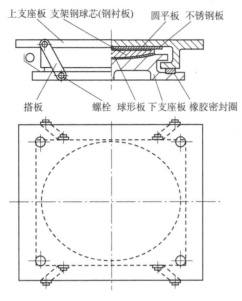

图 2.6.11 抗震型球型钢支座结构

第三节 支座选用与设计

本节主要介绍板式橡胶支座设计内容和方法,其他类型支座可参照执行。

一、板式橡胶支座的选择

(1)有效承压面应符合下列规定:

$$A_e \geqslant \frac{R_{ck}}{\sigma_c} \quad (2.6.4)$$

式中:A_e——支座有效承压面积(承压加劲钢板面积);

R_{ck}——支座反力设计值,汽车荷载应计入冲击系数;

σ_c——使用阶段支座平均压应力限值(MPa),取 10MPa,当支座形状系数小于 7 时,取 8MPa。

(2)橡胶层总厚度应符合下列规定:

①从满足剪切变形考虑,应符合系列条件:

不计制动力时:

$$t_e \geqslant 2\Delta_t \quad (2.6.5)$$

计入制动力时:

$$t_e \geqslant 1.43\Delta_t \quad (2.6.6)$$

当板式橡胶支座在横桥向平行于墩台帽或盖梁顶横坡设置时,支座橡胶总厚度应符合下列规定:

不计制动力时:

$$t_e \geq 2\sqrt{\Delta_l^2 + \Delta_t^2} \tag{2.6.7}$$

计入制动力时:

$$t_e \geq 1.43\sqrt{\Delta_l^2 + \Delta_t^2} \tag{2.6.8}$$

式中:t_e——支座橡胶层总厚度;

Δ_l——由上部结构温度变化、混凝土收缩和徐变等作用标准值引起的支座剪切变形和纵向力标准值(计入制动力标准值)产生的支座剪切变形,以及支座直接设置于不大于1%纵坡的梁底面下、在支座顶面由支座反力设计值顺纵坡方向分力产生的剪切变形之和;

Δ_t——支座在横桥向平行于不大于2%的墩台帽或盖梁顶横坡上设置,由支座反力设计值平行于横坡方向分力产生的剪切变形。

②从保证受压稳定性考虑,应符合下列条件:

矩形支座:

$$\frac{l_a}{10} \leq t_e \leq \frac{l_a}{5} \tag{2.6.9}$$

圆形支座:

$$\frac{d}{10} \leq t_e \leq \frac{d}{5} \tag{2.6.10}$$

式中:l_a——矩形支座短边尺寸;

d——圆形支座直径。

(3)板式橡胶支座竖向平均压缩变形应符合下列规定:

$$\delta_{c,m} = \frac{R_{ck} t_e}{A_e E_e} + \frac{R_{ck} t_e}{A_e E_b} \tag{2.6.11-1}$$

$$\theta \frac{l_a}{2} \leq \delta_{c,m} \leq 0.07 t_e \tag{2.6.11-2}$$

式中:$\delta_{c,m}$——支座竖向平均压缩变形;

E_e——支座抗压弹性模量,按《公路桥梁板式橡胶支座》(JT/T 4—2019)取用;

E_b——橡胶弹性体体积模量,按《公路桥梁板式橡胶支座》(JT/T 4—2019)取用;

l_a——矩形支座短边尺寸或圆形支座直径;

θ——由上部结构挠曲在支座顶面引起的倾角,以及支座直接设置于不大于1%纵坡的梁底面下,在支座顶面引起的纵坡坡角(rad)。

(4)板式橡胶支座加劲钢板应符合下列规定,且其最小厚度不应小于2mm。

$$t_s \geq \frac{K_p R_{ck}(t_{es,u} + t_{es,l})}{A_e \sigma_s} \tag{2.6.12}$$

式中: t_s——支座加劲钢板厚度;

K_p——应力校正系数;

$t_{es,u}$、$t_{es,l}$——一块加劲钢板上、下橡胶层厚度;

σ_s——加劲钢板轴向拉应力限值,可取钢材屈服强度的0.65倍。

加劲钢板与支座边缘的最小距离不应小于5mm,上、下保护层厚度不应小于2.5mm。

二、板式橡胶支座抗滑稳定性

板式橡胶支座抗滑稳定性应符合下列规定：

不计汽车制动力时：

$$\mu R_{GK} \geq 1.4 G_e A_g \frac{\Delta t}{t_e} \quad (2.6.13\text{-}1)$$

计入汽车制动力时：

$$\mu R'_{GK} \geq 1.4 G_e A_g \frac{\Delta t}{t_e} + F_{bk} \quad (2.6.13\text{-}2)$$

式中：R_{GK}——由结构自重引起的支座反力；

R'_{GK}——由结构自重标准值和0.5倍汽车荷载标准值（计入冲击系数）引起的支座反力；

μ——支座与接触面的摩擦系数，按《公路桥梁板式橡胶支座》(JT/T 4—2019)取用；

G_e——支座剪切模量，按《公路桥梁板式橡胶支座》(JT/T 4—2019)取用；

Δt——由上部结构温度变化、混凝土收缩和徐变等作用标准值引起的支座剪切变形和纵向力标准值（计入制动力标准值）产生的支座剪切变形，以及支座直接设置于不大于1%纵坡的梁底面下、在支座顶面由支座反力设计值顺纵坡方向分力产生的剪切变形之和；

F_{bk}——由汽车荷载引起的制动力标准值；

A_g——支座平面毛面积。

三、聚四氟乙烯滑板式橡胶支座摩阻力

聚四氟乙烯滑板式橡胶支座摩阻力应符合下列规定：

不计汽车制动力时：

$$\mu_f R_{GK} \leq G_e A_g \tan\alpha \quad (2.6.14\text{-}1)$$

计入汽车制动力时：

$$\mu_f R_{ck} \leq G_e A_g \tan\alpha \quad (2.6.14\text{-}2)$$

式中：μ_f——聚四氟乙烯与不锈钢板的摩擦系数，按《公路桥梁板式橡胶支座》(JT/T 4—2019)取用；

$\tan\alpha$——橡胶支座剪切角正切值的极限，按《公路桥梁板式橡胶支座》(JT/T 4—2019)取用；

R_{ck}——由结构自重标准值和汽车荷载标准值（计入冲击系数）引起的支座反力；

A_g——支座平面毛面积。

采用定型生产的盆式橡胶支座、球型支座应分别符合《公路桥梁盆式支座》(JT/T 391—2019)和《桥梁球型支座》(GB/T 17955—2009)的技术要求。

第七章 配筋混凝土梁板桥上部结构施工

配筋混凝土梁、板桥包括普通钢筋混凝土梁、板桥和预应力混凝土梁、板桥。根据不同结构形式,配筋混凝土梁、板桥上部结构可采用预制安装施工、有支架现浇施工、移动模架逐孔现浇与拼装施工、悬臂施工、顶推施工、转体施工等方法。

本章主要介绍梁式桥上部结构施工方法和施工控制要点,关于模板与支架、钢筋与预应力筋、混凝土浇筑等通用施工作业内容,可参考《桥梁施工技术》教材。

第一节 预制安装施工

预制安装施工适用于装配式简支梁、板桥、先简支后连续梁桥、整孔预制安装及分段预制整孔拼装连续梁桥等结构形式。该方法是将桥梁上部结构划分为纵(横)向预制单元,在预制场完成构件制作并临时存放在预制场;待混凝土强度达到规定要求或完成预应力筋相关作业后,通过运输和吊装作业安装就位;最后完成横(纵)向连接构造的施工作业(干接缝或湿接缝),使各预制梁、板连接成为整体共同受力。

预制安装施工具有以下特点:①桥梁上、下部结构平行施工,施工速度快、施工工期短;②梁、板预制实施标准化作业,专业化、机械化施工程度高,施工质量易于控制;③需设置专门预制场,占用临时用地;④需要大型运输、吊装设备完成梁、板的移运和吊装,安装费用高;⑤与有支架现浇桥梁相比,结构整体性差;当横向连接薄弱时,容易出现单梁、单板受力情况,影响结构的承载力和耐久性。

一、预制场地

1. 普通梁、板构件预制场

普通梁、板构件预制场布置应满足预制、移运、存放及架设安装等施工作业要求。场地应平整、坚实,根据地基情况和气候条件,应设置必要的防排水设施,并应采取有效措施防止场地沉陷。常见梁、板预制场布置见图2.7.1。

2. 整孔预制箱形梁预制场

整孔预制箱形梁属大型预制构件,其预制场地应进行专门设计,以利于制梁、存梁、运梁和架梁等施工作业;要求制梁台座、存梁台座及运梁线路的地基应具有足够的承载能力。

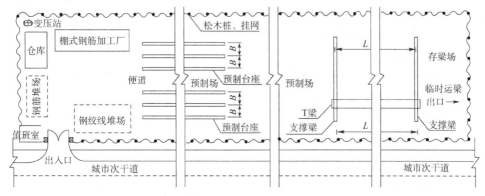

a) 桥梁预制场平面布置示意图

b) 施工现场图

图 2.7.1 桥梁预制场布置示意图

对于水域中架设的箱梁,应在预制场地设置箱梁出运码头,从河岸的一侧开始延伸至水域中或在陆上架设安装的箱梁,预制场应设置必要的提梁设施和装置。图 2.7.2 为某跨海大桥 70.0m 先简支后连续预应力混凝土预制箱梁预制场、出运码头及海上吊装施工图。

a) 总体效果图　　b) 箱梁存放　　c) 箱梁出运码头

d) 码头取梁　　e) 海上运梁　　f) 海上吊装

图 2.7.2 整孔预制箱梁预制场、出运码头及海上吊装

二、梁、板预制台座

桥梁预制台座的数量应考虑梁、板构件制作周期、工程量及外部环境因素的影响,确保按期完成制作;预制台座的间距应能满足施工作业要求。

桥梁预制台座应采用适宜的材料和方式制作,且应保证其坚固、稳定、不沉陷;预制台座表面应光滑、平整,在2.0m长度上平整度允许偏差不超过2.0mm,且应保证底座或底模挠度不大于2.0mm。先张法台座表面可采用水磨石处置或铺设钢板,后张法台座底模板宜采用厚度不小于6.0mm的钢板。

预应力混凝土梁、板应根据设计提供的理论拱度值,结合施工实际情况,正确计算梁体拱度的变化,在预制台座上按梁、板构件跨径设置相应的预拱度;当后张预应力混凝土梁预计的上拱度值较大时,可考虑在预制台座上设置反拱,以保证预制梁安装时满足桥面铺装的质量要求。

图2.7.3为预应力混凝土简支板先张法长线预制台座和简支箱梁后张法单个预制台座。

a) 简支板先张法长线预制台座　　　　b) 简支箱梁后张法单个预制台座

图2.7.3　预应力混凝土板、梁预制台座

三、梁、板制作

1. 普通梁、板制作

普通预制梁、板的制作除满足通用作业的有关规定外,应采取措施保证构件特殊部位混凝土的浇筑质量。

腹板底部为扩大的T形梁,混凝土浇筑宜采用斜向分段、水平分层等方法一次浇筑完成。在浇筑马蹄部分时由于混凝土振捣困难,易导致混凝土不密实、表面气泡多、外观质量差等缺陷,应先浇筑扩大马蹄部位并振实后,再浇筑其上部腹板。T形梁腹板、扩大马蹄和锚垫板等部位,混凝土振捣以附着式振捣为主,辅以小型插入式振捣器振捣为辅。

组合箱形梁、宽幅空心板等U形梁,混凝土浇筑宜由梁两端同时向跨中,按照8.0~10.0m间距,阶梯式、全截面一次浇筑底板、腹板、顶板混凝土。浇筑底板混凝土时应从顶板预留工作孔下料,浇筑至底板与腹板结合处,底板浇筑完成一段后可采用木板或3.0mm厚钢板封底,再浇筑腹板、顶板混凝土。浇筑底板、腹板混凝土时不应正对预应力孔道和外模翼板下料,并应对空心内模采取有效措施防止发生上浮和偏位,避免造成顶板和腹板厚度不足、钢筋外露等质量问题。

预制梁、板混凝土浇筑完成后,应及时对混凝土进行养护。梁、板箱内应蓄水养护,水深应不小于50.0mm;顶面可采用土工布覆盖养护;腹板侧面应采用自动喷淋养护,喷淋系统应具备足够水压,确保淋湿所有外露面。混凝土构件养护时间不应小于7d。

先张法预制梁、板预应力筋放松后方可进行梁端的封端施工,以防止内腔空气不流通,导致温度梯度过大引起混凝土开裂。

2. 整孔预制箱梁制作

整孔预制箱梁钢筋宜在专用胎架上绑扎,制作成整体骨架后再进行整体起吊安装;采用拼装式内模时,钢筋宜分片制作,分片起吊安装。图2.7.4为某跨海大桥70.0m先简支后连续预应力混凝土预制箱梁钢筋安装施工图。

a) 底板、腹板钢筋绑扎台架　　b) 底板、腹板钢筋整体吊装　　c) 底板、腹板钢筋安装就位

d) 顶板钢筋绑扎台架　　e) 顶板钢筋绑扎　　f) 顶板钢筋安装就位

图 2.7.4　整孔预制箱梁钢筋安装

整孔预制箱梁宜采用定型钢模板,模板应具有足够强度和刚度,并应能满足多次重复使用不变形的要求。钢模板加工制作时,模板的全长和跨径应考虑箱梁反拱度的影响,并考虑预留箱梁张拉压缩量;模板外侧安装的附着式振捣器应交错布置、安设牢固,使振捣力先传向模板的骨架,再由骨架传向面板。图 2.7.5 为某跨海大桥 70.0m 先简支后连续预应力混凝土预制箱梁模板安装与拆卸施工图。

a) 外模与翼模安装　　b) 内模安装

c) 外模与翼模拆除　　d) 内模拆除

图 2.7.5　整孔预制箱梁模板安装与拆卸

整孔预制箱梁混凝土宜一次连续浇筑完成,且宜采取水平分层、斜向推进的方式浇筑,水平分层厚度不得大于300.0mm,各层间混凝土间隔浇筑时间不应超过其初凝时间。梁体腹板下部的底板混凝土宜采用设于底模处的附着式振捣器振捣,腹板混凝土宜采用插入式振捣器与附着式振捣器辅助振捣;对钢筋和预应力管道密布区域的混凝土,应提前按一定间距设置混凝土溜槽和插入式振捣器辅助导向等装置,保证该区域混凝土振捣密实。

整孔预制箱梁按规定及时进行覆盖和养生。当采用蒸汽养护时,宜分为静停、升温、恒温、降温及自然养护五个阶段。静停期间应保持养生棚的温度不低于5℃,混凝土浇筑完成4h后方可升温,且升温速度不应大于10℃/h;恒温时应将温度控制在50℃以下,恒温时间宜由试验确定;降温速度不应大于5℃/h,蒸汽养护结束后,应立即进入自然养护阶段,且养护时间不宜少于7d。蒸汽养护期间、拆除保温设施和模板时,梁体混凝土表层温度与环境温度之差不得大于15℃。

整孔预制箱梁采用自然养护时,对暴露于大气环境中的混凝土表面应采取适宜的材料进行覆盖并洒水养护;拆模后尚未达到养护时间的梁体混凝土表面,宜采用喷淋方式养护或采用养护剂喷洒养护。当环境相对湿度小于60%时,自然养护时间不宜少于28d;相对湿度大于或等于60%时,不宜少于14d。

为解决整孔预制箱梁大体积混凝土开裂问题,在梁体混凝土抗压强度达到设计强度的1/3以上、弹性模量不低于设计值的50%时,可对部分预应力钢束进行初张拉,张拉力不应超过设计张拉控制应力的1/3;箱梁预应力钢束的终张拉应符合设计规定,设计未规定时应在其混凝土抗压强度达到设计强度的80%、弹性模量不低于设计值的90%后进行。

梁体预应力孔道压浆应符合通用作业的规定。压浆结束后应将锚具外部清理干净,并应对梁端混凝土进行凿毛,对锚具进行防锈处理,按设计要求设置钢筋网,浇筑封端混凝土;封端应采用无收缩混凝土,其强度应符合设计要求。

四、梁、板移运

1. 普通梁、板移运

装配式桥梁预制梁、板在脱底模、移运、存放和吊装时,混凝土强度应不低于设计规定的吊装强度;设计未规定时,应不低于设计强度的80%。后张法预应力混凝土梁、板,在孔道压浆后进行移运的,其压浆浆体强度应不低于设计强度的80%。

桥梁预制梁、板移运时吊点位置应符合设计要求;设计未规定时,应根据计算确定。梁、板吊环必须采用未经冷拉的HPB300钢筋制作,且吊环应顺直;吊绳与起吊梁、板的交角小于60°时,应设置吊架或起吊扁担,使吊环垂直受力。

2. 整孔预制箱梁移运

整孔预制箱梁在预制场内的移运可采用门式起重机或轮胎式移梁机,且应预设相应的移运通道。

整孔预制箱梁采用滑移方式移梁时,滑道应设在坚固稳定的地基基础上;滑道应保持平整,滑移时四个支点的相对高差不得超过4.0mm,两滑道之间的高差不得超过50.0mm。滑移的动力设施应经计算及试验确定,滑移过程中应采取有效措施,保证梁体不受损伤。图2.7.6为某跨海大桥70.0m先简支后连续预应力混凝土预制箱梁滑移施工。

a) 箱梁横向滑移　　　　　b) 箱梁纵向滑移

图 2.7.6　整孔预制箱梁滑移施工

整孔预制箱梁梁体预应力钢束初张拉后进行吊运或滑移时,箱梁顶面严禁堆放重物或施加其他额外荷载;终张拉后吊运或滑移箱梁时,应在预应力孔道压浆浆体达到设计规定强度后方可进行。

五、梁、板存放

梁、板存放台座应坚固稳定,且宜高出地面 200mm 以上。存放场地应有相应的防排水设施,并应保证梁、板在存放期间不致因支点沉陷而受到损坏;雨季或春季融冻期间,应采取有效措施,防止因地面软化下沉而造成梁、板构件断裂、损坏及倾覆等。

梁、板存放时,其支点应符合设计规定的位置或设置于支座位置,支点处应采用垫木或其他适宜的材料进行支承,支承接触面积不宜小于 $0.15m^2$;不得将梁、板直接支承在坚硬的存放台座上,或使梁、板端部承受较大的悬臂负弯矩而导致梁体开裂或断裂。

梁、板多层叠放时,层与层之间应以垫木隔开,各层垫木的位置应设在设计规定的支点处,上下层垫木应在同一条竖直线上;叠放的高度宜按梁、板构件强度、台座地基承载力、垫木强度及叠放的稳定性等计算确定,大型梁、板宜为 2 层,小型梁、板宜为 6~10 层。

预制梁、板应按其安装的先后顺序编号存放,预应力混凝土梁、板的存放时间不宜超过 3 个月,特殊情况下不应超过 5 个月。为防止梁、板由于制作龄期的不同而导致产生过大的拱度差,进而影响桥面铺装施工质量,要求安装在同一孔跨的梁、板,其预制施工龄期差不宜超过 10d。

六、梁、板运输

普通预制板运输时应按高度方向竖立放置,宜采用特制的固定架和防止倾覆的固定措施,保证运输过程梁体的稳定。水上运输梁、板时,应有相应的封舱加固措施,并应根据天气状况安排装卸和运输作业时间,同时应满足水上(海上)作业的相关安全规定。

七、梁、板安装

1. 简支梁、板安装

预制梁、板安装时,应采用经国家技术质量监督部门产品认证的专用架桥机或吊车,架桥机或吊车的选型应满足起吊位置处最大起重量 1.2 倍的安全系数,严禁采用人字桅杆架设。采用架桥机进行安装作业时,其抗倾覆稳定系数应不小于 1.3;架桥机过孔时,应将其小车置于对稳定最有利的位置,且抗倾覆稳定系数应不小于 1.5。图 2.7.7 为梁板安装图。

a) 架桥机架梁

b) 吊车架梁

图 2.7.7 预制梁板吊装图

2. 先简支后连续梁安装

先简支后连续结构体系的施工顺序是先按照简支结构完成梁体的制作,然后将预制梁体安装到墩台的临时支座上;设置永久支座,对梁体端部进行施工缝处理,安装梁体连续湿接头模板、绑扎连接钢筋、制作负弯矩区段预应力孔道,浇筑湿接头混凝土并养护;张拉支点负弯矩区段预应力筋并进行孔道压浆;最后更换支座完成后由简支体系向连续体系转换。先简支后连续施工见图 2.7.8。

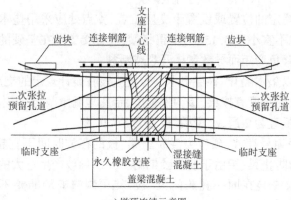
a) 墩顶连续示意图

b) 负弯矩区施工图

图 2.7.8 先简支后连续施工图

先简支后连续梁体安装程序应符合设计规定,且应在一联梁体全部安装完成后,方可进行湿接头混凝土的浇筑,湿接头处混凝土结合面应按施工缝的要求进行凿毛处理。湿接头处的模板应具有足够的强度和刚度,与梁体的接触面应密贴并具有一定的搭接长度,各接缝应严密不漏浆。湿接头混凝土宜在一天中气温相对较低的时段浇筑,使混凝土浇筑完成处于升温受压状态,避免接头混凝土的开裂;在一联中的全部湿接头应一次浇筑完成,接头混凝土的养护时间应不少于 14d。

湿接头按设计要求完成施加预应力、孔道压浆且浆体达到规定强度后,应立即拆除临时支座,按设计规定的顺序完成体系转换。体系转换时同一片梁的临时支座应同时拆除。

3. 整孔预制箱梁安装

整孔预制箱梁海上安装应采用由海事部门颁发船舶证书及起重检验证书的起重船进行架设安装,且起重参数应满足架梁的要求,起重船的锚泊系统应满足作业水域的条件。

采用起重船安装作业时,起重船在进入安装位置后应根据流速、流向、风向和浪高等情况抛锚定位,定位时不得利用桥墩墩身带缆;在起重船定位和箱梁安装过程中,船体和梁体均不得对桥墩或承台产生碰撞。

箱梁架设安装时,箱梁的起落过程应保持水平,起落梁时梁体两端应同步缓慢起落,并不得冲击临时支座;箱梁就位时,应设置必要的装置对梁体的空间位置进行精确调整。

第二节 有支架现浇施工

有支架现浇施工一般适用于整体式配筋混凝土连续梁桥。该方法是在桥梁下部结构施工完毕后,在桥位处搭设支架并在支架上依次完成模板安装、钢筋绑扎、预应力孔道制作、混凝土浇筑等施工作业;待混凝土强度达到规定强度及对梁体施加预应力作业后拆除模板、支架,完成上部梁体的制作。

有支架现浇施工具有以下特点:①桥梁上部结构整体现浇,受力钢筋未切断,结构整体性好;②施工中无须设置桥梁预制场,可少占临时用地;③无大型预制构件的移运和吊装作业,所需大型起重和运输设备少;④需搭设大量的支架和模板,施工费用高;⑤施工作业面大,工序交叉,对混凝土浇筑质量和施工组织要求高;⑥施工受气候、环境等影响大,施工工期相对较长。

一、支架搭设

梁式桥的现浇可采用满布式支架或梁式支架,其适用范围可参考表2.7.1选用。

桥梁现浇施工支架适用范围 表2.7.1

支架类型	适用范围
满布式支架[图2.7.9a)]	用于陆地或不通航河道的桥梁施工,支架最大高度不宜超过20m,高宽比不宜大于2,地基承载力不宜低于100kPa,地基处理后宜采用厚度不小于100mm的C20混凝土进行硬化处理
梁式支架[图2.7.9b)]	梁式支架可采用工字钢、钢板梁和钢桁梁。其中,工字梁适用于跨径小于10m的情况,钢板梁适用于跨径小于20m的情况,钢桁梁适用于跨径大于20m的情况,地基承载力满足设计计算要求。 多跨连续梁,为适应梁体在施加预应力和温度发生变化时的变形,可在其边跨支架处设置水平位移机构,以实现梁体的自由变形

a) 满布式钢管支架　　　　　　　b) 梁式支架

图2.7.9 桥梁常用现浇支架

支架应稳定、牢固,其地基应具有足够的承载力。支架位于水中时,其基础宜采用桩基础;

对弯、坡、斜梁式桥,其支架的设置应适应梁体相应几何线形的变化,且应采取有效措施,以保证支架的稳定性。

满布式支架地基表面应平整,并应设有排水沟、集水井等防、排水设施,避免地基被雨水浸泡影响承载力;满布式支架位于坡地上时,宜将地基的坡面挖成台阶;在软弱地基上设置满布式支架时,应采取措施对地基进行处理,使其承载力满足要求。

梁式支架各支点的基础应设置在可靠的地基上,当地基沉降过大或承载力不能满足要求时,宜设置桩基础或采取其他有效措施进行处理。梁式支架不宜采用拱式结构,但必须采用时,应按拱架的要求进行施工。

梁式桥现浇支架的预压应根据支架类型、结构形式、地基沉降量和承载能力以及施工荷载大小等因素确定。

梁式桥跨越需要维持正常通行(航)的道路(水域)时,对其现浇支架应采取防碰撞的安全措施,并应设置必要的交通导流标志,保证施工安全和交通安全。

二、现浇梁体

梁式桥现浇施工时,混凝土浇筑宜采用水平分层连续浇筑,在顺桥向宜从低处向高处进行浇筑,在横桥向宜对称进行浇筑。

梁式桥现浇施工混凝土宜采用一次性浇筑成型。对于箱形梁同一截面,浇筑混凝土时应先浇筑腹板,再从预留工作口处浇筑底板,最后浇筑顶板混凝土。箱梁分两次浇筑时,两次浇筑的间歇期不应超过7d,浇筑分界点宜设在顶板与腹板的交界处,并适当浇高20.0mm左右,在第二次浇筑前将此20.0mm混凝土凿除,以保证结合面混凝土质量。

现浇梁施工在直线段一次浇筑长度超过70.0m时,宜分段浇筑,以防止混凝土因收缩和温度变化等因素引起开裂;纵向分段接缝应设置在弯矩零点附近(约$L/5$处)。

混凝土浇筑过程中,应对支架的变形、位移、节点和卸架设备的压缩及支架地基的沉降进行观测,如发现超过允许值的变形、变位时,应及时采取措施予以处理。

第三节 移动模架逐孔现浇施工

移动模架逐孔现浇施工(图2.7.10)采用沿桥墩纵向移动的支架(简称移动模架),在其上逐跨完成模板安装、钢筋绑扎、混凝土浇筑及施加预应力等作业。移动模架逐孔现浇施工一般适用于桥位地质条件差、地基承载力小或深水、高墩等不适宜采用有支架施工的等截面预应力混凝土简支梁桥、连续梁桥等。

a) 纵断面图　　　　b) 横断面图　　　　c) 模架过墩图

图2.7.10 移动模架逐孔现浇施工

移动模架逐孔现浇施工具有以下特点:①集梁体制作与架设于一体化,无需预制场地,无需大型运输和吊装设备;②移动模架结构受力明确,承载力大,施工作业安全性高;③环境适应性强,不受桥下地形、地质条件限制;④施工机械化程度高,依靠自身动力装置,安装、拆卸方便;⑤一次性投入大,但设备周转次数多,能更好地体现多跨现浇桥梁施工经济效益。

一、移动模架组成

移动模架主要由承重主梁、鼻(导)梁、横梁(吊梁)、平衡梁、模板系统以及支承牛腿等组成,见图2.7.11;同时配置液压动力系统,用于模架的行走及模板的组装、拆卸。

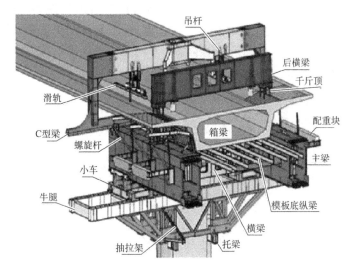

图2.7.11 移动模架组成示意图

1. 牛腿

牛腿主要作用是支撑主梁,并将主梁承受的施工荷载传递到墩身(或承台)上,要求其应具有足够的承载力、刚度和稳定性。牛腿一般由钢箱梁和斜腿支撑组合而成,即可支承于墩身预埋件上,也可直接支承在承台上,见图2.7.12。

a) 牛腿支承在墩身上

b) 牛腿支承在承台上

图2.7.12 牛腿安装示意图

为实现模架前移,需在牛腿上设置推进平车,用于支承主梁并实现其纵向前移。推进平车与牛腿之间、牛腿与主梁之间设有滑动装置,通过三向液压系统使主梁在横桥向、顺桥向及竖向正确就位。

2. 主梁与鼻(导)梁

主梁是模架主要承重构件,一般采用钢箱梁分节制作拼装而成;为减轻模架前移时结构自

图 2.7.13 鼻(导)梁示意图

重并引导主梁前移,一般在其前后端设置鼻(导)梁支承于前后桥墩,见图 2.7.13。

3. 横梁

中横梁铺设在主梁上用于支撑箱梁底模板和侧模板,可采用型钢或箱形钢构件制作而成;横梁纵、横向位置通过支承螺旋顶调节,螺旋顶底座安装在主梁上,顶面设有滑道实现横梁的横桥向滑动。后吊点横梁设置在模架后端,通过吊杆将模架主梁吊起,使模板与已浇筑梁段的悬臂端梁体紧密贴合,防止新、旧混凝土接缝处出现错台或漏浆。平衡梁主要用于平衡外模板开模前后产生的横向倾覆弯矩,保证模板稳定性。横梁布置见图 2.7.14。

a) 中横梁

b) 平衡梁

图 2.7.14 横梁安装图

4. 模板系统

箱梁外模板由底板、腹板、肋板、翼缘板及内模等组成,能随主梁打开(图 2.7.15)、合龙和行走。

5. 液压动力系统

移动支架配有多套液压系统,分别为推进(滑移)小车液压系统、后横梁液压系统、内模小车液压系统等,每套液压系统都配有完善的电力驱动与电气控制系统,实现模架行走的自动控制。

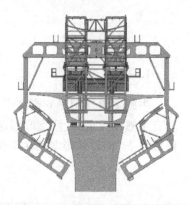

图 2.7.15 模架模板系统打开状态

二、移动模架的拼装

移动模架可采用以下几种拼装方法:

(1)在地面上拼装成整体,在墩顶上设计专用起重设备整体吊升固定。

(2)主梁在地面上拼装成整体,用大型起重设备将主梁逐一吊装,再将鼻梁、内模板、外模板等先后拼装。

(3)在首孔中间设置临时支墩,在设计高程位置将主梁拼装成整体,再将鼻梁、内模板、外模板等先后拼装。

移动模架拼装完成后应对其拼装质量进行检验,应在首孔梁浇筑位置就位后进行荷载试验,检验和试压合格后方可正式施工。

模架安装就位后应进行预压,以消除模架结构的各种非弹性变形,检验承重主梁和支撑系统的承载能力、刚度和安全性;观测结构的弹性变形,了解其挠度变化情况,分别确定首跨、中间跨、末跨3种不同工况的预拱度。

预压结束根据变形实测数据合理设置预拱度,预拱度设置主要包括混凝土自重产生的挠度值、后悬臂吊杆集中力产生的挠度值、预应力钢束张拉产生的反拱值、牛腿间钢板层间压缩产生的挠度值、后悬臂吊杆伸长产生的挠度值。

三、箱梁混凝土浇筑

模架安装完毕,调整好主梁预拱度,即可在其上进行模板、钢筋、预应力筋、混凝土等通用作业的施工,完成梁段的制作。在梁体混凝土浇筑过程中,应随时对模架的关键受力部位和支承系统进行检查,有异常时应及时采取有效措施进行处理。

首孔混凝土浇筑前,应做好施工前各项准备工作,制定详细的施工方案、施工工艺、各项保障措施和应急预案;浇筑施工时,应对模架进行挠度监测,监测数据及分析结果作为修正模架预拱度的依据。

首孔梁混凝土浇筑在顺桥向宜从桥台(或过渡墩)开始向悬臂端进行,中间孔梁宜从悬臂端开始向已浇梁段推进浇筑,末孔宜从一联中最后一个墩位处向已浇筑梁段推进浇筑,最终与已浇梁段合龙。浇筑底板与腹板时,应注意控制浇筑时间差,避免出现腹板根部拉裂现象;浇筑顶板前可对腹板顶部的表面做二次振捣。

连续梁逐孔浇筑纵向分段接缝位置应符合设计要求;设计未规定时,宜设在1/5跨的弯矩零点附近。为保证模架底模与箱梁底板密贴,模架底模后横梁在箱梁底板处的吊点应采用千斤顶紧固,施加力应达到该吊点的全部施工荷载。接缝处宜采用工具进行凿毛,凿毛时应在混凝土保护层外侧保留1cm宽的完整边界。

任一孔梁混凝土浇筑完成后,内模中的侧模板应在混凝土抗压强度达到2.5MPa后方可拆除,顶面模板应在混凝土抗压强度达到设计强度的75%后方可拆除,外模架应在梁体建立预应力后方可拆除。

四、模架横移与行走

模架横移和纵移过孔前,应及时张拉预应力束,并解除作用于模架上的全部约束。纵向移动时两侧的承重主梁应保持同步,且应设置限位和紧急制动装置,防止模架移动时失控;移动到下一孔位置后,应立即对模架进行准确就位并固定。模架在移动过孔时的抗倾覆稳定系数应不小于1.5,并应对模架的运行状态进行监控。

五、移动模架拆除

移动模架的拆除应根据不同的施工环境确定相应的拆除方案,并应有可靠的起吊和拆除安全措施,防止发生事故。

第四节 悬臂浇筑施工

悬臂浇筑施工是以桥墩为中心,采用专用设备(简称挂篮)顺桥向由桥墩向两侧对称、平衡逐段向跨中浇筑梁体混凝土,并逐段施加预应力,最后在跨中(边跨)合龙后形成连续结构体系(图2.7.16)。悬臂浇筑施工广泛应用于预应力混凝土连续梁桥、连续-刚构桥和预应力混凝土斜拉桥等较大跨径桥梁上部梁体的施工。

a) 悬臂浇筑　　　　　　　　b) 跨中合龙　　　　　　　　c) 边跨合龙

图 2.7.16　悬臂浇筑施工图

悬臂浇筑施工具有以下特点：①主梁施工无需搭设支架，不受地形、地质条件限制，且不影响桥下通航、泄洪和行车；②多孔桥跨结构可同时施工，施工速度快；③施工设备（挂篮）构造简单，安装拆卸方便，且可重复使用，降低施工费用；④主梁分段悬臂浇筑，可逐节调整施工误差，易于施工控制；⑤对连续体系桥梁，支点处梁体施工阶段受力状态与运营阶段受力状态相接近，便于结构设计；⑥对于铰接支承体系梁体，悬臂施工时需将桥墩和梁体临时固结保证结构稳定性；待梁体合龙后再撤销临时固结装置，使梁体支承在永久支座上完成体系转换。

预应力混凝土连续梁桥、连续-刚构桥等采取悬臂浇筑施工，根据结构体系的不同可按照逐跨连续悬臂施工法、T构-单悬臂梁-连续梁施工法和T构-双悬臂梁-连续梁施工法，如图 2.7.17 所示。

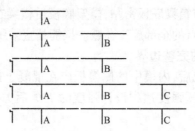

施工顺序：①A墩临时固结，悬臂浇筑形成T形单元；②边跨合龙，A墩放松临时固结形成单悬臂梁；③B墩临时固结，悬臂浇注形成T形单元；④A、B跨中合龙，形成单悬臂梁；⑤依次循环悬臂施工，最后边跨合龙

a) 逐跨连续悬臂施工法

施工顺序：①A、B墩临时固结，悬臂浇筑形成T形单元；②两边跨合龙，A、B墩放松临时固结形成单悬臂梁；③A、B墩跨中合龙，形成三孔连续梁

b) T构-单悬臂梁-连续梁施工法

施工顺序：①A、B墩临时固结，悬臂浇筑形成T形单元；②A、B墩跨中合龙，形成双悬臂梁；③两边跨合龙，形成三孔连续梁

c) T构-双悬臂梁-连续梁施工法

图 2.7.17　悬臂浇筑施工顺序

悬臂浇筑施工主要工序包括墩顶梁段现浇(墩、梁临时固结)、安装施工挂篮、悬臂浇筑梁段与施加预应力、拆除临时固结、合龙段施工及施工控制等环节。图 2.7.18 为某预应力混凝土三孔连续梁悬臂浇筑主梁节段示意图,主梁采用挂篮悬臂浇筑法施工,除 0 号块外分为 12 对梁段,对称平衡悬臂逐段浇筑施工。其中墩顶 0 号块长 10.0m,其余梁段分段长度为(4 × 3.0m + 8 × 4.0m),边跨合龙段长度为 2.0m,边跨现浇段长度为 5.8m。

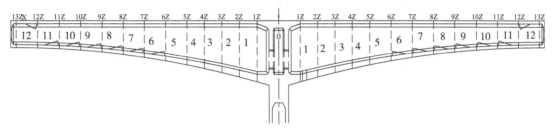

图 2.7.18 悬臂浇筑主梁节段示意图

悬臂浇筑施工一般分为 0 号块现浇、标准段悬臂浇筑和跨中(边跨)合龙三个作业内容。

一、墩顶梁段现浇

采用悬臂施工需首先完成墩顶及墩顶附近梁段(0 号块或 0 号块与 1 号块合并,以下简称墩顶梁段)的施工,以便在其上安装施工挂篮进行悬臂施工。对于设置支座的铰接支承体系桥梁,墩顶梁段施工时应在支座处设置临时锚固装置,将 0 号块梁体与桥墩固结为整体,以承受桥墩两侧悬臂施工产生的不平衡力矩,保证施工安全。

墩顶及墩顶附近梁段可采用落地支架或托架施工,分别见图 2.7.19 和图 2.7.20。施工托架可采用万能杆件、贝雷梁、型钢等构件拼装而成。

a) 钢管桩支架

b) 满布式钢管支架

图 2.7.19 墩顶梁段有支架现浇施工

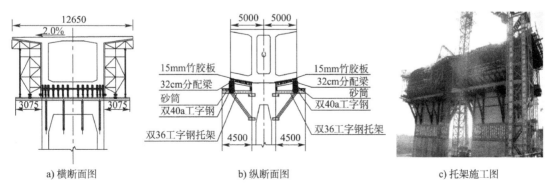

a) 横断面图　　　　　b) 纵断面图　　　　　c) 托架施工图

图 2.7.20 墩顶梁段施工托架(尺寸单位:mm)

墩顶 0 号块是悬臂浇筑的起始块,应保证其位置准确,需根据施工时的合龙气温与设计提供的标准温度的差值,计算确定 0 号块底部永久支座安装时的预留偏移量。

墩顶梁段采用有支架施工时,支架的变形对梁体质量影响较大,要求支架应具有足够的强度、刚度和稳定性;支架应按要求进行预压,以消除非弹性变形;并获取高程控制数据,通过预抛高措施减小支架变形的影响。

当梁高过高、一次浇筑难以保证质量时,可沿高度方向分两次浇筑,但宜将两次浇筑混凝土的龄期差控制在 7d 以内,以避免由于较大的龄期差使混凝土的收缩和徐变不一致而引起梁体开裂。

墩顶梁段施工完成后要尽快安装、调试挂篮,缩短现浇段与悬臂浇筑梁段的混凝土龄期差,避免接缝处混凝土开裂。

二、墩梁临时固结

预应力混凝土连续梁桥、悬臂梁桥等设置支座的铰接支承体系,在悬臂浇筑施工时,由于两侧梁体施工的不平衡将产生不平衡力矩,此时仅靠支座支承难以保证施工安全稳定性。因此,在墩顶梁段施工时,应按设计规定设置墩梁临时固结装置,以满足不平衡力矩导致的拉压双重荷载工况的要求。临时固结装置宜使用易于拆装的钢结构或高强度混凝土结构(抗压)配合穿心精轧螺纹钢(抗拉)。

桥梁悬臂浇筑施工可采用图 2.7.21 所示墩梁临时固结措施:

(1)采用钢筋混凝土临时支座与竖向力预应力筋联合固结[图 2.7.21a)]。在墩顶和 0 号块之间设置钢筋混凝土临时支座支承 0 号块梁体,待 0 号块梁体施工完毕,将预埋在墩身内部的粗螺纹钢筋或钢绞线在 0 号块梁体顶板张拉锚固。此时,临时支座承受悬臂施工不平衡力矩产生的压力,预应力筋承受悬臂施工不平衡力矩产生的拉力,使临时支座和力筋承受的拉力、压力形成的力偶抵抗不平衡力矩。

临时支座顶部可设置硫黄砂浆垫层,拆除时通过内设的电阻丝高温熔化后实现体系转换。采用硫黄砂浆作为临时支承的卸架设备,在高温熔化拆除支承时,需采取隔热措施以免损伤支座。

(2)采用增加临时支撑承受不平衡力矩[图 2.7.20 和图 2.7.21b)]。在墩身周围搭设临时支架或在墩身设置托架,利用砂筒、千斤顶等作为支承点,将桥墩处由单点支承变为多点支承,增加悬臂浇筑施工过程稳定性。砂筒、千斤顶等临时支承在悬臂浇筑完成后可作为体系转换的卸架设备。

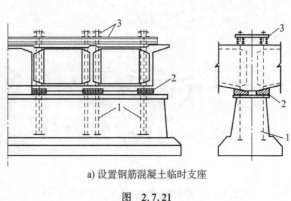

a) 设置钢筋混凝土临时支座

图 2.7.21

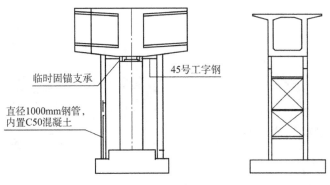

b) 增设临时支承

图 2.7.21 悬臂浇筑墩梁临时固结措施
1-预埋临时锚固预应力筋;2-临时支座;3-型钢

墩梁临时固结或支承构造设计时,应考虑不平衡悬臂施工状态所产生的最大不平衡力矩,验算临时构件的强度、刚度和稳定性及桥墩强度等指标,安全稳定系数应不小于1.5。

三、施工挂篮

施工挂篮是悬臂浇筑施工中用于承受梁体自重及施工荷载,并能逐段向前移动、经特殊设计的工艺设备。它起到移动脚手架的作用,锚固在已完成的梁段上,进行下一梁段模板安装、钢筋绑扎、混凝土浇筑、预应力筋张拉及孔道压浆等作业;待悬臂浇筑梁段完成后,拆除锚固装置沿着轨道行走至下一节段进行梁体节段的循环施工作业。

1. 一般规定

挂篮既是悬臂浇筑施工设备,又是梁体预应力筋未张拉前的临时承重设备,需对其进行专门设计,以满足强度、刚度和稳定性要求。挂篮的总重应控制在悬臂浇筑设计规定的限值内,与悬臂浇筑梁段混凝土的重量比宜不大于0.5;挂篮的最大变形(包括吊带变形总和)应不大于20.0mm;挂篮在悬臂浇筑状态和行走时的抗倾覆安全系数、自锚固安全系数及斜拉水平限位系统等装置的安全系数均不应小于2.0。

2. 挂篮构造

施工挂篮根据结构的不同,可分为梁式挂篮、斜拉式挂篮、菱形桁架式挂篮和牵索式挂篮等形式,见图 2.7.22。各类施工挂篮主要组成部分包括承重系统、悬挂与提升系统、锚固系统、行走系统、模板与支撑系统等。

a) 梁式挂篮

b) 斜拉式挂篮

图 2.7.22

c) 菱形桁架式挂篮

d) 牵索式挂篮

图 2.7.22 挂篮类型

(1)承重系统:承重系统是挂篮主要受力部件,由主梁和横梁组成主桁架。早期挂篮主桁架一般采用万能杆件、贝雷梁等构件拼装而成;目前较多的采用型钢焊接或钢板制成的箱形梁,借助前、后上横梁横向连接成整体。挂篮前上横梁是悬挂系统的支撑梁,将前吊杆施工荷载传递给主桁架;下横梁通过吊杆悬挂在上横梁上,是底托架平台的承重梁。

(2)悬挂与提升系统:悬挂与提升系统用于悬挂和提升模板并将施工荷载传递给承重系统,可采用圆钢或扁钢作为受力吊杆。前吊杆悬挂在前上横梁上,后吊杆锚固在已浇筑完成的梁段上,通过调整吊杆长度来调整模板的高程。吊杆连接采用万向节,保证能自由转动,避免吊杆挠曲发生断裂事故。

(3)锚固系统:锚固系统是防止挂篮在行走状态和浇筑混凝土时发生倾覆失稳的安全装置。锚固装置一般采用精压粗螺纹钢筋,利用箱梁顶板预留孔进行锚固,以承受悬臂浇筑状态产生的倾覆力矩;挂篮行走系统应采用自锚行走机构,不宜使用配重行走系统,自锚行走机构及轨道应满足局部应力集中的极端工况验算。桥梁纵坡大于或等于2%时,挂篮应设置限位装置,防止其纵向滑移。

(4)行走系统:行走系统是挂篮前移装置,由牵引设备和滑道组成。牵引设备可采用手拉葫芦、千斤顶顶推(或反拉)或倒链牵引挂篮前移;滑道可采用工字钢,挂篮前移时滚轮始终锚固于轨道上,防止纵向倾覆。

(5)模板与支撑系统:模板与支撑系统是钢筋绑扎、混凝土浇筑的作业场所,主要包括底托架平台和模板系统。底托架平台前端支撑在前下横梁上,后端锚固于已浇筑箱梁底板,通过分配梁支撑底托架;模板系统包括底模板、外侧模板、翼缘底模板、内侧模板、内顶模板和压脚模板等。外模板一般采用大块整体钢模板;内模可采用钢木组合模板;内侧模板与顶模板设置收分铰,以便于拆模。

为保证梁段结合处平顺,挂篮底托架后横梁在梁体底板处的吊点采用千斤顶紧固,以保证底模板与已浇筑梁段底板密贴,施加力应达到该吊点的全部施工荷载;挂篮前移时放下底托架,所有模板系统随挂篮共同前移。

(6)附属设施:挂篮应设计有可靠的通向各个工作面的安全通道、临边防护栏杆、照明接入点、喷淋养护水管接入点、张拉吊具吊点、小型机具及材料存放等配套设施。

菱形挂篮组成如图 2.7.23 所示。

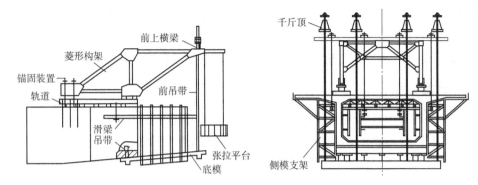

图 2.7.23 菱形挂篮构造图

四、悬臂浇筑梁段

悬臂浇筑各节段梁体,在满足通用作业的规定外,应重点注意以下方面:

(1) 挂篮安装就位,组拼模板应严格控制高程和轴线位置,通过设置合理的预抛高值使桥梁悬臂施工完毕后符合设计线形要求。

(2) 箱梁底板钢筋与腹板钢筋连接应牢固,且宜采用焊接;底板上、下两层钢筋网应采用两端带弯钩的竖向筋进行连接,使之形成整体;顶板底层的横向钢筋宜采用通长筋;钢筋与预应力管道相互影响时,钢筋仅可移动,不得切断。

(3) 梁体悬臂浇筑节段结合面应严格凿毛,保证混凝土整体性;相邻节段混凝土接缝应平整密实,无明显错台。

(4) 混凝土悬臂浇筑应对称、平衡地进行,两端悬臂不平衡施工荷载不得超过设计规定值;设计未规定时,不宜超过梁段重量的 1/4;悬臂梁段应全断面一次浇筑完成,并应从悬臂端开始,向已完成梁段分层推进浇筑。

(5) 悬臂浇筑各节段梁体预应力筋需分段、分批张拉锚固,要求预应力管道的安装定位应准确,以保证满足张拉控制应力和伸长值的要求;节段间孔道接头应严密,防止浇筑混凝土时堵塞孔道导致后期安装预应力筋困难。

(6) 设置三向预应力筋的箱梁,其竖向和横向预应力筋可在混凝土浇筑前安装就位,纵向预应力筋宜在混凝土浇筑完成后再穿束;三向预应力筋的张拉顺序应符合设计要求,设计未规定时可按先纵向、横向,最后竖向的顺序进行。

(7) 梁体节段悬臂施工完毕,挂篮前移时应在其后方设置控制其滑动的装置或在滑道上设置止动装置;前移就位后,应立即将后锚点锁定,防止倾覆。

五、梁体合龙与体系转换

梁体悬臂浇筑至跨中(边跨桥台)需通过浇筑跨中合龙段(边跨合龙段),使梁体形成连续结构体系。合龙段施工顺序应符合设计要求,根据结构体系的不同,可采用先边跨合龙后中跨合龙顺序、先中跨合龙后边跨合龙顺序和全桥一次性合龙顺序等方式。

1. 边跨现浇段施工

边跨合龙前,需提前完成边跨现浇段梁体施工。边跨现浇段梁体一般采用有支架施工,支架基础应保证能承受现浇段和合龙段施工荷载。为保证梁体在施加预应力及温度作用下不产生位移,在混凝土浇筑后,将梁段与支承桥台临时固结,待边跨合龙后再解除固结,使支座发挥作用。

边跨合龙前的临时固结可在桥台顶预留锚固点,将精轧螺纹钢筋插入锚固点作为锚固钢筋,边跨现浇段混凝土浇筑前,用连接套筒接长,上端张拉锚固在梁体端横梁顶。

2. 跨中合龙段施工

跨中合龙段可采用吊架法或利用挂篮完成合龙段梁体混凝土浇筑(图2.7.24)。吊架法是在两悬臂梁端吊挂底托架并安装底模板和侧模板形成合龙段混凝土浇筑模架;采用挂篮合龙时,一个挂篮前移作为合龙段混凝土浇筑模架,另一侧挂篮拆除或临时后移至桥墩部位存放。

a) 吊架合龙

b) 挂篮合龙

图 2.7.24　跨中合龙施工

悬臂浇筑合龙段施工是梁体由悬臂体系变为连续体系的关键工序,施工中受昼夜温差、现浇混凝土的早期收缩和水化热差异、已浇筑梁段混凝土的收缩徐变、结构体系转换及施工荷载等因素影响,容易导致合龙段梁体结合面整体性差、混凝土开裂等问题,施工中应采取特殊措施保证合龙段梁体质量。

(1)线形控制:合龙前应对两端悬臂梁段的桥轴线、高程和梁长受温度影响的偏移值进行观测,并根据实际观测值进行合龙的施工计算,在满足设计合龙温度范围内确定准确的合龙温度、合龙时间和合龙程序。

(2)合龙长度:合龙段长度一般采用1.5~2.0m,在满足钢筋搭接及施工操作的前提下,应尽量缩短合龙段长度,加快合龙作业时间。

(3)临时锁定:合龙段混凝土浇筑前,应采取措施约束两悬臂端在浇筑混凝土及混凝土硬化期间的不协调变形,避免混凝土早期开裂。

一是采取临时固结措施。通过在两悬臂梁段间设置劲性骨架或焊接型钢,将两端梁体临时锁定为一个整体,实现两悬臂端的协同变形,消除由于不协调变形而导致混凝土开裂。

二是采取临时配重措施。通过在两悬臂端预先加载与合龙段所浇筑混凝土相同重量的临时荷载,其后随混凝土的浇筑而等量逐级卸载,保证混凝土浇筑期间不致因荷载的变化导致梁体产生挠曲变形,引起混凝土开裂。临时配重可采取水箱配重法,需首先计算出合龙段梁体混凝土在两悬臂梁段上的分配重量,再根据所分配的重量计算出两悬臂端部的挠度,按挠度等效原则设置水箱并确定加水量。施工时根据合龙段混凝土的浇筑重量而等量卸载。

图 2.7.25 为跨中合龙段临时配重与临时锁定示意图。

(4)应力调整。悬臂浇筑合龙后即形成连续体系,此时受预应力筋张拉、混凝土收缩和徐变、梁体温差变化等影响,桥墩将产生一定的相对位移,使连续梁体产生附加拉应力而对结构不利。根据设计要求或需对梁体进行应力调整时,可采用千斤顶在两梁端截面施加水平推力,千斤顶施力应对称、均匀。

(5)合龙温度。合龙温度范围应满足设计要求,一般取桥位处年平均气温(15~20℃)。

浇筑合龙段混凝土宜在一天中气温最低且稳定的时段内进行(一般在夜间),并应及时覆盖洒水养护,使混凝土浇筑完毕处于升温受压状态,避免混凝土产生收缩裂缝。

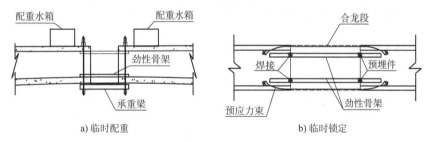

图 2.7.25 跨中合龙临时配重与临时锁定

(6)混凝土选择。合龙段混凝土宜采用收缩补偿混凝土,以提高其抗裂性;混凝土强度达到设计要求后,应尽早张拉预应力筋以建立预加压应力,防止梁体混凝土开裂。

3. 边跨合龙段施工

边跨合龙温度、合龙时间、预加载(卸载)平衡施工荷载等要求与跨中合龙段施工相同,应特别注意在边跨混凝土浇筑完成并施加预应力后,应及时拆除边跨现浇段临时锚固措施,使梁体在支座上自由变形,减小梁体附加应力。

4. 体系转换

为保证由悬臂状态向连续体系的施工稳定性,结构体系转换应严格按照设计要求进行,并应注意以下几点:

(1)墩梁临时固结的解除应均衡、对称逐渐释放。在放松过程中注意观测高程变化,如出现异常情况应立即停止作业,查找原因并采取措施确保施工安全。

(2)结构由悬臂浇筑的双悬臂状态变为合龙后的单悬臂状态和连续状态,梁体受力状态将发生变化,在拆除墩梁固结措施前,应按设计要求张拉部分或全部预应力筋;同时应采取措施限制单悬臂梁发生过大的纵向水平位移,保证活动支座的稳定性。

(3)结构转化为超静定结构需考虑预应力筋张拉、支座变形、温度变化等因素引起的结构次内力,综合考虑高程、反力等因素调整内力;临时支座解除后,将梁体落于永久支座上,并按高程调整支座高度和反力。

第五节 顶推施工

顶推施工是沿桥梁轴线在桥台后方设置预制台座(或拼装台座),梁体在台座上逐段浇筑(或拼装);在梁前端安装导梁,待梁体强度达到规定要求后,采用千斤顶等设备纵向顶推(拉)或牵引,使梁体依次通过各墩顶临时滑动支座,待全部梁体顶推就位后,落梁至永久支座,完成梁体施工作业,如图 2.7.26 所示。顶推施工一般适用于整体式等截面预应力混凝土连续梁桥和斜拉桥钢箱梁的安装作业。

顶推施工具有以下特点:①顶推梁体节段在桥台后方制作(或集中预制),可节省施工现场临时用地;②梁体节段工厂化制作,受环境影响小,施工质量易于控制;③顶推施工设备简便,无需大型运输和吊装设备,且施工平稳无噪声;④桥下无需搭设支架,不影响桥下通航、行车和泄洪;⑤可减少高空作业,降低施工难度,保证施工安全;⑥受顶推悬臂弯矩的影响,最大顶推跨径受到一定限制(一般不超过50m);⑦顶推过程中的梁体承受交替出现的正、负弯矩,需增大梁体高度、增设临时预应力筋,这导致梁体构造复杂,施工烦琐。

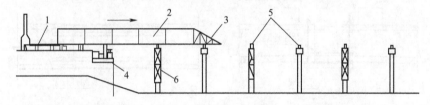

图2.7.26 顶推施工示意图
1-梁体预制场;2-顶推梁段;3-前导梁;4-顶推装置;5-滑动装置;6-临时墩

一、顶推施工主梁受力特点与预应力束布设

1. 受力特点

连续梁桥采用顶推施工,其施工阶段与运营阶段受力存在较大差异。连续梁在运营状态下,支点截面出现最大负弯矩峰值,跨中截面出现最大正弯矩峰值;连续梁在顶推状态下,梁体各截面内力不断变化,且正、负弯矩会交替出现,使得梁体控制截面的位置不断变化。

顶推施工一般在梁体顶出第一孔至最大悬臂状态下出现较大负弯矩峰值,到达第一个支承墩时出现较大正弯矩峰值;之后各孔正、负弯矩值相对稳定,在顶推至末尾几孔时弯矩值相对较小。

2. 预应力束布设

为适应梁体在顶推阶段和运营阶段内力变化,在进行预应力束设计时应满足不同阶段受力要求。一般将预应力束分为三类:第一类预应力束应同时兼顾运营阶段和顶推阶段受力需要,属于永久性预应力束;第二类预应力束仅满足顶推阶段受力需要,属于临时性预应力束;第三类预应力束仅满足运营阶段受力需要,属于永久性预应力束。

第一类、第二类预应力束称为前期预应力束,在梁体顶推前完成其施工作业。该预应力束要求构造简单,施工方便;且尽可能在梁体顶板和底板采用直线形布置,使梁体在预加力的作用下接近轴心受压,以承受顶推过程中各截面产生的正、负弯矩,使控制截面上下缘不出现拉应力或不超过抗弯强度要求。第二类预应力束需在顶推就位后拆除。

第三类预应力束称为后期预应力束,该预应力束可采用直线形与曲线形布置,弯出梁体张拉锚固在齿板上。该预应力束在梁体顶推就位后进行施工作业。

预应力束布置应满足以下要求:

(1)同一截面上的预应力束,应对称、均匀布置,避免应力集中导致梁体开裂。

(2)曲线形预应力束应尽量避免平面弯曲,宜竖向弯曲后伸出梁体,锚固在梁体横梁的竖向齿板上。

(3)纵向预应力束在同一截面不宜截断过多,以防应力集中;也不能过于分散,导致锚固其齿板的数量增加,增加施工难度。

(4)为尽量重复利用第二类临时预应力束,后期预应力束可设计成比前期预应力束较短。

二、顶推工艺

1. 顶推分类

顶推施工宜根据梁体长度、顶推跨径、桥墩所能承受的水平推力等条件,选择适宜的顶推方式。根据顶推设备布置方式的不同,分为单点顶推和多点顶推。

单点顶推是指将顶推设备集中布置在梁体预制场附近的桥台(或桥墩)上,前方桥墩上只设置滑动支承,依靠单点顶推力完成梁体的顶推就位,见图2.7.27a)。单点顶推需配置较大吨位的顶推设备,且顶推反力装置应具有可靠的承载力。

多点顶推是指在每个墩台上设置顶推(拉)设备,将较大的集中顶推(拉)力分散到各个墩台上,依靠多点顶推(拉)力完成梁体的顶推就位,见图2.7.27b)。多点顶推多采用拉杆式,利用水平千斤顶传递给桥墩的反力,来平衡梁体滑移时在墩顶产生的滑动摩阻力,减小桥墩承受的水平推力。

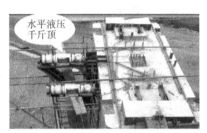

a) 单点顶推施工　　　　　　b) 多点顶推施工

图2.7.27　顶推施工示意图

2. 顶推工艺

根据顶推设备传力方式的不同,将顶推工艺分为推头式和拉杆式两种,见图2.7.28。

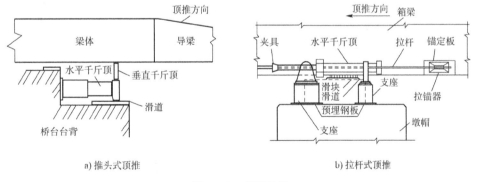

a) 推头式顶推　　　　　　b) 拉杆式顶推

图2.7.28　顶推工艺

推头式又称水平-竖直千斤顶法,由水平千斤顶和竖向千斤顶联合使用,利用竖向千斤顶将梁体顶起,启动水平千斤顶推动竖向千斤顶(推头),进而顶推梁体前移;水平千斤顶完成一个顶进行程后回缩,竖向千斤顶油缸回油落梁,梁体支承在临时垫板上;竖向千斤顶回位,水平千斤顶顶推,依次循环顶推梁体。

拉杆式顶推将水平千斤顶通过传力架固定在桥墩(台)顶部靠近梁体的外侧,装配式的拉杆用连接器接长后与锚固在梁体上的锚固连接器相连接,驱动水平千斤顶拉动拉杆,使梁借助梁底滑动装置向前滑动;千斤顶完成一个张拉行程后,卸下一节拉杆,水平千斤顶油缸回位,再连接拉杆进行下一个顶推循环。

三、减小顶推内力措施

当顶推跨径较大时,可通过设置前导梁、跨中临时墩、临时拉索、双向顶推等措施,减小梁体顶推过程弯矩值,见图2.7.29。

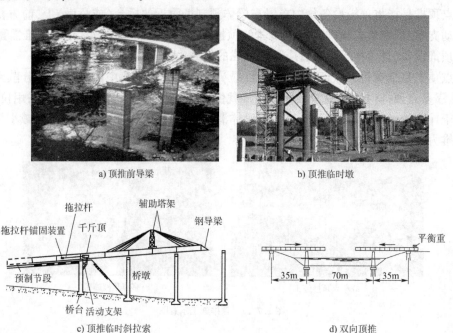

图2.7.29 减小顶推内力几种措施

钢导梁可充分利用其自重轻的优点,减小顶推过程梁体截面内力。由于梁体与钢导梁连接处存在较大的应力集中,两者连接处的刚度应协调;预埋件的连接强度应满足梁体顶推时的受力要求,导梁前端的最大挠度应不大于设计规定值(一般应小于1/300悬臂长度)。导梁全部节间的拼装应平整,其中线的允许偏差应不大于5.0mm,纵、横向底面高程的允许偏差应为±5.0mm。

跨中临时墩可将顶推跨径缩短一半,大大减小顶推过程梁体截面内力。临时墩的施工应符合通用作业技术要求,梁体顶推施工完成并落位到永久支座后,应及时将其拆除。

临时索塔是在梁体上方设置临时塔架,通过锚固于后端梁体的斜拉索对顶推梁体悬臂部分施加斜向拉力,减小悬臂状态弯矩值。由于临时塔架对梁体产生较大的竖向剪切力,容易导致梁体开裂甚至断裂,应对临时索塔和梁体进行强度验算。

双向顶推一般适用于中孔跨径较大,同时无法在桥跨内设置临时墩的顶推施工,此时可将单向顶推变为双向顶推,以减小顶推弯矩值。

四、顶推施工验算

1. 主梁各截面内力计算和强度验算

为准确计算主梁在顶推过程所承受的弯矩值,需将每跨梁体分为10~15等份,计算各截面在不同施工状态的内力并验算截面强度。

2. 顶推稳定性验算

抗倾覆稳定验算:顶推施工产生倾覆的最不利状态发生在顶推初期,前导梁或梁体尚未进入前方桥墩(或临时墩),此时梁体呈最大悬臂状态。当悬臂状态的倾覆力矩大于桥台后方预制台座上梁体的稳定力矩时,会导致梁体产生纵向倾覆。顶推施工抗倾覆稳定系数一般不小于1.2。

抗滑动稳定验算:顶推初期,由于顶推滑动装置摩擦系数很小,抗滑能力很弱,在较大水平顶推力的作用下,可能产生滑动失稳。顶推施工滑动稳定系数一般不小于1.2。

3. 顶推临时设施验算

较大跨径桥梁顶推施工采用前导梁、临时墩、临时拉索等措施减小顶推内力值,需对钢导梁、临时墩、临时拉索等进行设计和内力计算,验算其结构稳定性。

五、顶推施工要点

1. 预制台座

顶推施工梁体制作与顶推是在沿桥轴线桥台后方引道或引桥上的预制场完成,预制场地的长度、宽度应满足梁段预制施工作业的需要。

预制场地的长度应考虑梁段预制长度与浇筑工艺、前方导梁拼装长度、首段梁体顶推出时的反压梁体长度以及机具设备材料等作业区间所需长度。当梁体节段采用全断面一次浇筑时,预制台座长度可取顶推梁体节段长度;梁体采用二次浇筑时,需在一个预制台座上完成箱梁底板混凝土浇筑后,张拉部分预应力筋后顶推至第二个预制台座,浇筑箱梁腹板和顶板混凝土,此时预制台座需两个顶推梁段长度。从顶推初期梁体稳定性考虑,在导梁或梁体尚未进入前方桥墩时,主梁呈最大悬臂状态,需后方一定重量的梁段平衡其力矩,防止发生倾覆失稳;对于地震区桥梁和较大纵坡的桥梁,还应防止在水平顶推力作用下发生滑移失稳。因此,预制场一般取3倍顶推梁体节段长度。

2. 梁段预制

为提高机械化施工程度,预制梁段模板宜采用钢模板。底模板与底架宜连成一体且可升降,侧模板宜采用旋转式的整体模板,内模板宜采用可移动台车加升降旋转式的整体模板。

梁段混凝土的浇筑除满足通用作业要求外,对梁体支座处横隔梁宜在整联梁体顶推到位并完成解联后再进行浇筑,浇筑时应避免振捣器碰撞预应力管道和预应力筋;梁段工作缝为多联连续梁的解联断面时,宜设为干接缝并采用临时预应力束张拉使之连接紧密,干接缝断面尺寸应准确、表面平整,解联时方便分开;梁体前端与导梁连接的端部混凝土应振捣密实,不得出现空洞等缺陷,以承受较大的局部应力。

3. 预应力束张拉

梁体预应力的施工除应符合通用作业技术要求外,预应力钢束的布置、张拉顺序、临时束的拆除次序等,应符合设计规定。各种因顶推施工需要所设置的临时预应力束,在顶推施工过程中应予以妥善保护。

4. 梁体顶推

顶推滑道的长度应大于水平千斤顶行程加滑块的长度,宽度应为滑板宽度的1.2~1.5倍;

相邻墩滑道顶面高程的允许偏差宜为±2.0mm,同墩两滑道高程的允许偏差宜为±1.0mm;滑动装置的摩擦系数宜经试验确定。

采用单点或多点水平千斤顶方式顶推时,实际总顶推力应小于计算顶推力的2倍;采用单点或多点拉杆式顶拉时,拉杆的截面面积和根数应满足顶拉力的要求,拉锚器的锚固和放松应方便、快捷,设置在各墩顶的反力台应牢固且应满足顶拉反力的要求。多点顶推(拉)时,各点的水平千斤顶应同步运行。

顶推施工宜在墩台上设置导向装置,防止梁体在顶推过程中产生偏移。顶推过程中,宜对梁体的轴线位置、墩台的变形、主梁及导梁控制截面的挠度和应力变化等进行施工监测;发现异常情况时,应停止顶推,查明原因并进行处理后方可继续施工。

顶推时至少应在两个墩上设置保险千斤顶。如遇顶推故障时,需采用竖向千斤顶将梁体顶高,最大顶升高度不得超过设计规定或不得大于10.0mm,顶起的反力值不得大于计算反力的1.1倍。

平曲线连续梁顶推施工时,预制台座的平面及梁体均应按设计线形设置成圆弧形;导梁宜设置成直线形,但与梁体连接处应偏转一定角度,使导梁前端的中心落在设计线形的中线上。顶推应使梁体沿圆弧曲线前进。

竖曲线连续梁顶推施工时,预制台座的底模板顶面应符合设计竖曲线的曲率;所需水平顶推力的大小,应考虑正负纵坡的影响。

顶推施工所需顶推力,可参考以下公式确定:

总顶推力:
$$P = W(\mu \pm i)k_1 \tag{2.7.1}$$

单个千斤顶顶推力:
$$P_T = \frac{k_2 P}{n} \tag{2.7.2}$$

式中:P——总顶推力;
$\quad\ W$——顶推梁体自重;
$\quad\ \mu$——滑动装置摩擦系数;
$\quad\ i$——桥梁纵坡;
$\quad k_1$——总顶推力安全系数,一般取1.2;
$\quad k_2$——千斤顶安全系数,一般取1.2~1.25。

5. 落梁

梁体顶推就位落梁前,应按设计规定的顺序对预应力束进行张拉、锚固和压浆,拆除全部临时预应力束。拆除墩、台上的滑动装置时,梁体的各支点应均匀顶起,其顶力应按设计支点反力的大小进行控制,顶起时相邻墩各顶点的高差不得大于5.0mm,同墩两侧梁底顶起时高差不得大于1.0mm。

永久支座应在落梁前进行安装。落梁时,应按设计规定的顺序和每次的下落量分步进行,同一墩、台的千斤顶应同步运行;落梁反力的允许偏差应为±10%的设计反力。

第六节 其他施工方法

一、悬臂(逐跨)拼装施工法

悬臂拼装施工是以桥墩为中心,采用专用设备(简称悬拼吊机)顺桥向由桥墩向两侧对称、平衡逐段向跨中(边跨)拼装混凝土梁体预制块,并逐段施加预应力,最后在跨中(边跨)合龙后形成连续结构体系,见图2.7.30。悬臂拼装施工法可用于预应力混凝土连续梁桥和连续-刚构桥等结构。

a) 连续梁悬臂拼装　　　　　　　　b) 连续梁逐跨拼装

图2.7.30　悬臂(逐跨)拼装

悬臂拼装梁体节段间可采用湿接缝、胶接缝、干接缝或干湿交替接缝,拼装就位后通过纵向预应力钢束将梁体节段连接为整体。悬臂拼装连续梁节段间设置剪力键,节段间剪力通过剪力键和预应力钢束传递。

悬臂拼装施工包括梁体节段预制、梁体节段起吊、移运、存放和悬臂拼装等。

1. 梁体节段预制

悬臂拼装施工梁体节段预制可采用长线法或短线法进行,预制场地的布置应便于节段的预制、移运、存放及装车(船)出运;预制台座应稳定、坚固,在荷载作用下其顶面沉降应控制在2.0mm以内。

由于梁体节段的预制质量直接影响到后期拼装质量,因此在梁体节段预制前应在预制场地建立精密测量的平面控制网和高程控制网,并设置测量控制点、测量塔及靶标。测量控制点应设在远离热源和振动的位置,且具有良好的通视条件,必要时应设置测量控制点。

梁体节段预制时,应对其预制线形进行控制,使成桥后的线形符合设计要求。梁体节段预制测量控制宜采用专用线形控制软件进行,便于对各梁体节段的预制偏差进行修正,避免产生累计误差。

梁体节段预制宜采用专门设计的钢模板,钢模板及其支撑除应满足强度、刚度和稳定性的要求外,尚应满足多次重复使用不变形及保证预制节段精度的要求。内模系统应是可调节,且采用台车实现机械化组拼与拆卸;端模板应垂直、牢固;外模板与底模板应能适应节段的线形变化要求。

梁体节段混凝土应符合设计对其弹性模量、收缩和徐变等性能的要求,根据环境温度、水泥品种、外加剂、施工进度及对混凝土性能要求等制定养护方案,总体养护时间不宜少于14d,对节段的外立面混凝土宜采用喷湿或其他适宜的方式进行养护。

梁体节段的脱模时间应符合设计规定;设计未规定时,应在混凝土强度达到设计强度等级的75%后方可脱模并拆除。在脱模、拆除或移动节段时,应采取措施防止损伤节段混凝土的棱角和剪力键。

(1)长线预制法

长线预制法是指将连续梁体的一跨或至少半跨在预制台座上按照相互匹配原则分段预制,利用先期预制节段的端面作为后期预制节段的一侧模板。在完成若干节段制作后,将先期制作的节段利用吊装设备移运至存梁台座临时存放,依次循环制作剩余梁体节段。

预制台座的结构形式可根据梁体节段形状和预制场地情况合理确定。对于纵向变截面梁体节段,台座可采用土牛或石砌的方式;对于纵向等截面梁体节段及台座周转次数较多的工程,可采用混凝土支撑、钢底模板,以便于调整台座顶面高程及线形。长线预制台座见图 2.7.31。

(2)短线预制法

短线预制法是采用单个预制台座循环制作不同梁体节段。梁体预制从第 1 个节段(起始节段)开始,第 1 阶段在固定模板和移动模板之间浇筑,该节段制作完毕后前移作为匹配节段,利用其端面作为第二阶段的端模板;重复以上过程,将第 i 节段作为第 i+1 节段的端模板,循环完成各节段的预制。短线预制台座见图 2.7.32。

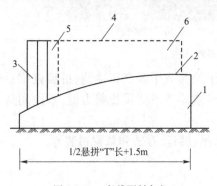
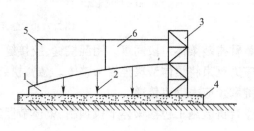

图 2.7.31 长线预制台座
1-长线台座;2-台座底模;3-第一节段梁体;
4~6-顺序拼装节段

图 2.7.32 短线预制台座
1-短线台座;2-可调底模;3-封闭式端模;4-基础;5-匹配梁段;6-待浇梁段

短线法预制梁体节段,只有相邻两个梁体节段相互匹配,容易导致梁体整体在几何线形和空间位置的差异,使后期悬臂拼装困难。因此,施工中应根据桥梁设计线形及施工预拱度确定梁体节段制造线形,在预制过程中对每一节段进行线形控制。

2. 梁体节段起吊、移运和存放

梁体节段从预制台座起吊时,混凝土强度应符合设计规定;节段的移运应满足运输安全和施工安全的要求,在移运时应采取措施防止对节段产生冲击或碰撞。

梁体节段在存放台的叠放层数不宜超过 2 层,并应对存放台座及其地基的承载力进行验算;节段支点的位置应符合设计规定,且宜采用垫木或橡胶板等弹性支撑物进行支承。

梁体节段的存放时间应符合设计要求;设计未要求时不宜少于 28d,以完成混凝土收缩和徐变。

3. 悬臂拼装

悬臂拼装是从墩顶梁段开始逐段对称悬臂拼装各节段,为保证悬臂拼装施工精度,应确保基准块的位置准确。墩顶 0 号块梁体采用现浇时,将 1 号块作为悬臂拼装的基准块;墩顶 0 号块梁体采用预制安装时,将 0 号块作为悬臂拼装的基准块。对于连续梁,墩顶的现浇梁段与墩之间应按设计要求临时固结。

悬臂拼装预制节段时,桥墩两侧的节段应对称起吊,且应保证桥墩两侧平衡受力,最大不平衡力应符合设计规定。

悬臂拼装梁体节段间的接缝可采用湿接缝拼接和胶接缝拼接。胶接缝拼接涂胶前应就位试拼,节段的匹配面应平整、洁净,涂胶前应进行干燥处理。胶黏剂宜采用机械拌和,且在使用过程中应连续搅拌并保持其均匀性。胶黏剂应涂抹均匀,覆盖整个匹配面,涂抹厚度不宜超过 3.0mm。对胶接缝施加临时预应力进行挤压时,挤压力宜为 0.2MPa,胶黏剂应在梁体的全断面挤出,且胶接缝的挤压应在 3h 以内完成。

采用胶接缝拼接施工结束后,应立即施加预应力对接缝进行挤压;采用湿接缝拼接的节段,应在接缝混凝土强度达到设计强度的 80% 以上时方可施加预应力。

悬臂拼装临时预应力钢束的布置和张拉控制应力应符合设计规定,并应满足多次重复张拉的作业要求,临时预应力钢束在结构永久预应力施工完成后方可拆除。

悬臂拼装完成并施加预应力后,方可放松起吊吊钩并立即对预应力孔道进行压浆和封锚;对梁体顶面明槽内已张拉的预应力钢束应加以保护,严禁在其上堆放物体或抛物撞击。

悬臂拼装梁体的合龙与体系转换的程序应符合设计要求,施工具体要求同悬臂浇筑施工。

二、连续梁转体施工

连续梁转体施工是将墩身、上部主梁首先在非设计桥轴线位置制作,然后通过设置在上下承台间的转盘或滑道等转动装置将主梁转体至设计桥轴线位置,最后进行跨中(边跨)合龙形成连续梁,见图 2.7.33。

a) 转体施工　　　　　　　　b) 转体牵引装置

图 2.7.33　连续梁转体施工

连续梁转体施工一般用于桥梁上跨既有线路(铁路、公路等),对施工作业安全、作业时间和作业空间等有特殊要求或受地形地质条件的限值,其他方法难以满足施工要求时。

连续梁转体施工转动装置一般由下转盘、支承球铰与环道、上转盘、转体牵引系统等组成,见图 2.7.34。

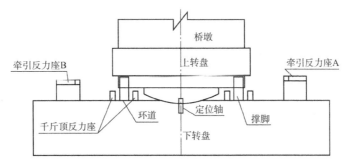

图 2.7.34　转体施工转动装置

下转盘支承转体结构全部重量,转体完成后与上转盘固结,形成桥梁下部结构;支承球铰由上、下球铰组成,是转体施工的支承点和转动轴心,由球铰间聚四氟乙烯板、固定上下球铰的钢销、下球铰钢骨架等组成；环道设置在下转盘顶面，由定位钢骨架和滑道面板组成，是转体运行轨迹线；上转盘与待转体结构固结，用以实现梁体的转动；转动牵引系统包括牵引千斤顶及反力座、撑脚等，用于转体的启动、止动和姿态微调等。

连续梁转体施工基本步骤为：基础与承台施工（安装下转盘及滑道）→墩身施工（安装上球铰及上转盘）→墩顶0号块施工→其他梁段施工（有支架现浇或悬臂浇筑）→搭设转体梁端临时接受墩→梁体转体就位→墩与承台固结→浇筑两端现浇段梁体→桥面系施工。

思考题

1. 名词解释：单向板；板的有效分布宽度；荷载横向分布；预拱度。
2. 混凝土梁桥如何分类？
3. 整体式板桥的受力、配筋特点是什么？
4. 装配式板桥横向联结方式有哪些？
5. 简支斜板桥的主要受力特点及配筋特点是什么？
6. 简支梁桥的上部构造由哪些部件构成？各有什么作用？
7. 装配式梁桥横向联结主要有哪些方法？
8. 变截面连续体系梁桥边主跨比、箱梁的梁高及各种板厚应如何拟定？
9. 箱形横截面布置应考虑哪些因素？
10. 变截面连续箱梁桥三向预应力的作用分别是什么？应如何布置？
11. 如何确定行车道板中板的有效分布宽度？
12. 梁式桥支座有哪些基本类型？各自的适用范围如何？
13. 刚架桥有哪几种基本类型？请阐述各自的受力特点及适用范围。
14. 简支梁计算荷载横向分布系数的方法有哪些？
15. 杠杆法计算荷载横向分布系数的基本假定是什么？
16. 偏心压力法计算荷载横向分布系数的基本假定是什么？
17. 杠杆法和偏心压力法的适用范围各是什么？
18. 荷载横向分布系数沿梁跨是如何分布的？
19. 怎样进行主梁的内力计算？
20. 简支T梁的横隔梁应如何计算？
21. 如何计算主梁的挠度和预拱度？
22. 悬臂施工时连续梁主梁内力如何计算？
23. 顶推施工时连续梁主梁内力如何计算？
24. 将预应力效应变为等效荷载的要点是什么？如何等效？
25. 什么叫作吻合索？设置吻合索后，梁的受力有何特点？
26. 什么叫作混凝土的徐变？徐变系数是如何定义的？
27. 什么叫作混凝土的收缩？收缩效应如何计算？
28. 为什么日照温差会使箱梁产生横桥向次内力？
29. 在桥梁结构内力分析中，如何计入箱梁剪力滞效应的影响？

第三篇

拱桥

第一章 概述

第一节 拱桥特点与适用范围

拱桥是常用的桥型之一。拱桥与梁桥除了在外形上不同外,在受力上也存在较大差别。梁桥在竖向荷载作用下,支承处只产生竖向反力,而拱桥在竖向荷载作用下,支承处不仅产生竖向反力,而且产生水平推力(图3.1.1)。由于水平推力的存在,拱桥的承重结构(拱圈或拱肋)主要承受轴向压力,而拱的弯矩比相同跨径的梁式桥要小得多。因此,拱桥不仅可以利用钢材、钢筋混凝土等材料来修建,而且还可以充分利用抗压性能好、抗拉性能较差的圬工材料(如石料、素混凝土等)来修建,即圬工拱桥。

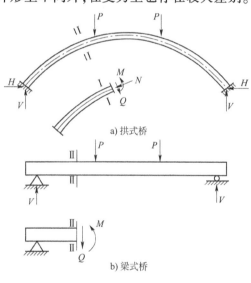

图3.1.1 拱和梁的受力图示

拱桥具有以下主要优点:

(1)跨越能力大。如1997年建成的重庆万州长江大桥,为主跨跨径420m的钢筋混凝土拱桥;2003年建成的上海卢浦大桥,为主跨跨径550m的钢拱桥;2020年建成的广西平南三桥,为主跨跨径575m的钢管混凝土拱桥。

(2)圬工拱桥构造较简单,施工方便,且节省钢材和水泥。

(3)圬工拱桥耐久性能好,养护维修费用少。

(4)拱桥采取不同的结构形式,可较好地适应地形,且外形美观。

拱桥的主要缺点如下:

(1)圬工拱桥结构自重大,导致水平推力增大,需加大下部结构尺寸,相应增加工程造价,且对地基承载力要求较高。

(2)由于水平推力的存在,修建多孔拱桥时需每隔3~5孔设置1个单向推力墩,或采取其他抗推措施,以承受不平衡推力,防止因一孔破坏而导致全桥破坏。

(3)拱桥采用有支架施工时,施工支架和其他辅助设备的施工费用较高,且施工工序复杂,劳动强度大。

(4)与梁桥相比,上承式拱桥的建筑高度较高,不适用于城市立体交叉及平原区桥梁。

第二节　拱桥组成与分类

一、拱桥组成

拱桥主要由桥跨结构(上部结构)、下部结构(墩台、基础)和附属工程等组成。图3.1.2为常见实腹式石拱桥组成图。

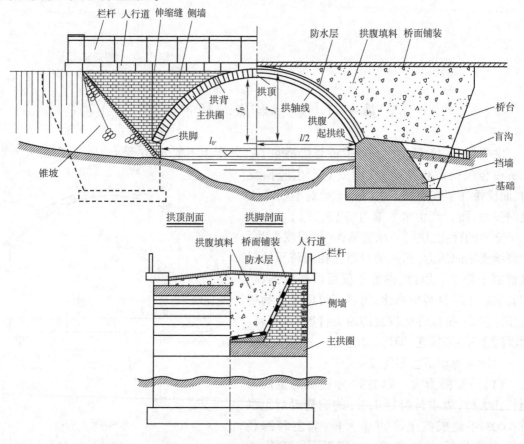

图3.1.2　实腹式石拱桥的主要组成部分

拱桥桥跨结构主要由主拱圈及拱上建筑组成。主拱圈是拱桥的主要承重结构,承受全部恒载和活载作用;拱上建筑是在主拱圈上设置的传力构件或填充物,以形成平顺的桥面系;桥面系包括行车道、人行道、路缘石、栏杆及排水系统等。

拱桥下部结构由桥墩、桥台和基础组成,用以支承桥跨结构,并将桥跨结构的荷载传至地基;桥台还与两岸路堤相连接,起到抵抗路基填土作用。

拱桥附属工程包括桥头护坡(锥坡)、护岸及调治构造物等。

二、拱桥分类

按照结构体系的类型,分为简单体系拱桥和组合体系拱桥。

按照主拱圈截面形式,分为板拱桥、肋拱桥、双曲拱桥和箱形拱桥等。
按照建筑材料,分为圬工拱桥、钢筋混凝土拱桥和钢拱桥等。
按照拱上建筑形式,分为实腹式拱桥和空腹式拱桥。
按照主拱圈拱轴线线形,分为圆弧拱、抛物线拱和悬链线拱等。
按照行车道位置不同,分为上承式拱桥、中承式拱桥和下承式拱桥等。

(一)按结构体系分类

按照主拱圈与桥面系结构之间相互作用的性质和影响程度不同,分为简单体系拱桥和组合体系拱桥两大类。

简单体系拱桥是指拱上建筑(拱上结构或拱下悬吊结构)与主拱圈之间无刚性联结或联结较薄弱,其不参与主拱圈共同受力或与主拱圈的共同作用可忽略不计,主拱圈以裸拱的形式作为主要承重结构。

组合体系拱桥是将桥面结构与主拱圈按不同的方式组成一个整体,共同承担荷载。

1. 简单体系拱桥

按照不同的静力图式,简单体系拱桥可以分为三铰拱、两铰拱和无铰拱,如图 3.1.3 所示。

图 3.1.3 简单体系拱桥

三铰拱[图 3.1.3a)]属静定结构。温度变化、混凝土收缩徐变、支座沉降等引起的变形不会在主拱圈内产生附加内力。但是由于铰的存在,使拱圈构造复杂,施工困难,且降低了结构整体刚度,铰处的变形会影响行车的舒适性。因此,三铰拱一般不用于主拱圈,常被用作为空腹式拱上建筑的腹拱圈。

两铰拱[图 3.1.3b)]属一次超静定结构,它的特点介于三铰拱与无铰拱之间。由于取消了拱顶铰,使结构整体刚度比三铰拱大,在地基条件较差而不宜修建无铰拱时,可考虑采用两铰拱。

无铰拱[图 3.1.3c)]属三次超静定结构。在自重及外荷载作用下,拱的内力分布较均匀,可有效地减小截面尺寸,节省材料用量;同时结构整体刚度大,构造简单、施工方便,普遍用于主拱圈。由于无铰拱属超静定结构,在温度变化、混凝土收缩徐变及墩台产生位移时,主拱圈会产生较大的附加内力,对地基承载力要求较高。

2. 组合体系拱桥

组合体系拱桥一般由拱肋、系杆、吊杆(或立柱)、行车道梁(板)及桥面系等组成。根据不同的组合方式和受力特点,可分为无推力和有推力两种类型。

1)无推力组合体系拱桥

无推力组合体系拱桥属外部静定结构,依靠系杆承受水平推力,消除了墩台处的水平位移,如图 3.1.4 所示。根据拱肋和系杆(梁)刚度比及吊杆布置形式不同,无推力组合体系拱又分为:系杆拱——具有竖直吊杆的柔性系杆刚性拱[图 3.1.4a)];蓝格尔拱——具有竖直吊杆的刚性系杆柔性拱[图 3.1.4b)];洛泽拱——具有竖直吊杆的刚性系杆刚性拱[图 3.1.4c)]。以上三种拱,当用斜吊杆来代替竖直吊杆时,称之为尼尔森拱[图3.1.4d)~图3.1.4f)]。无推力组合体系拱桥具有较大跨越能力,且对地基承载力要求较低。

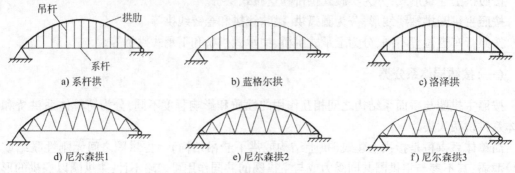

图3.1.4 无推力组合体系拱桥

2)有推力组合体系拱桥

有推力组合体系拱桥属外部超静定结构,由单独的梁和拱共同受力,由于没有系杆,拱的推力仍由墩台承受,又分为倒蓝格尔拱[刚性梁柔性拱,图3.1.5a)]和倒洛泽拱[刚性梁刚性拱,图3.1.5b)]。

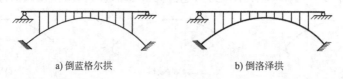

图3.1.5 有推力组合体系拱桥

(二)按主拱圈截面形式分类

拱桥主拱圈沿桥跨方向可设计为等截面或变截面。中小跨径拱桥一般采用等截面形式,较大跨径无铰拱为适应拱脚处较大的轴向力,一般采用由跨中向拱脚逐渐增大的变截面形式(变厚度或变宽度)。

圬工拱桥或钢筋混凝土拱桥,根据主拱圈横截面形式不同,分为板拱桥、肋拱桥、双曲拱桥和箱形拱桥,如图3.1.6所示。

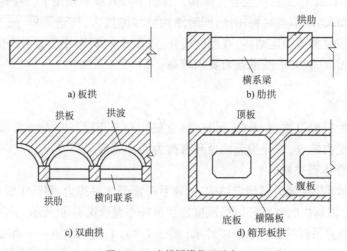

图3.1.6 主拱圈横截面形式

1. 板拱桥(图 3.1.7)

板拱桥主拱圈采用矩形实体截面,具有构造简单、施工方便等特点。但实体矩形截面比其他形式截面的抵抗矩小,当要增大截面抵抗矩时,需大幅度增大截面尺寸,而降低其经济性。因此,板拱桥通常适用于地质条件较好的中小跨径拱桥。

2. 肋拱桥(图 3.1.8)

肋拱桥主拱圈由两条(或多条)分离的、高度较大的拱肋组成,肋与肋间通过横系梁连成整体共同受力。肋拱桥可以利用较小的截面面积获得较大的截面抵抗矩,从而节省材料、减轻结构自重,可适用于大中跨径拱桥。

图 3.1.7　板拱桥　　　　　　　　　图 3.1.8　肋拱桥

3. 双曲拱桥(图 3.1.9)

双曲拱桥主拱圈横截面是由一个或数个小拱组成,由于主拱圈在纵向及横向均呈曲线形,故称之为双曲拱。

双曲拱桥具有"化整为零、集零为整"的构造特点,即将主拱圈划分为拱肋、拱波和拱板,先预制重量较轻的拱肋和拱波,安装后通过现浇拱板形成整体。该类型拱桥在我国 20 世纪 60～70 年代得到广泛应用,但由于其施工工序多、结构整体性差、易开裂等缺点,目前已不再设计使用。

4. 箱形拱桥(图 3.1.10)

箱形拱桥可分为箱形板拱和箱形肋拱。由于截面挖空,使箱形拱的截面抵抗矩比相同材料用量的其他拱桥大,可节省材料,减轻结构自重;同时由于它是闭口截面,截面抗扭刚度大,横向整体性和结构稳定性好,特别适用于大跨径无支架施工的钢筋混凝土拱桥。

图 3.1.9　双曲拱桥　　　　　　　　　图 3.1.10　箱形拱桥

第二章 拱桥设计与构造

随着桥梁技术的发展，目前中小跨径拱桥仍可采用石拱桥，但随着跨径的增大，普遍采用钢筋混凝土拱桥、钢管混凝土拱桥和钢拱桥。本章主要介绍拱桥设计要点及目前常用的石拱桥、钢筋混凝土拱桥的构造，其他类型的双曲拱桥、桁架拱桥、刚架拱桥由于较少采用，只做简单介绍。

第一节 拱桥总体布置与设计要点

在经过桥位选址和桥型方案比选，确定采用拱桥结构形式后，根据桥位处水文、地质等条件，合理确定桥梁长度、跨径、孔数、桥面高程等，是拱桥总体布置主要内容。

一、设计高程和矢跨比确定

1. 设计高程的确定

拱桥设计高程主要有四个：桥面高程、拱顶底面高程、起拱线高程和基础底面高程，如图 3.2.1 所示。

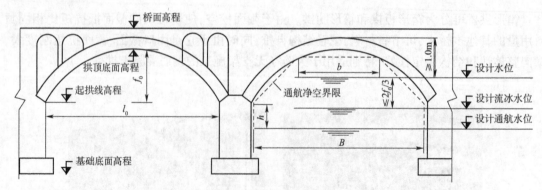

图 3.2.1 拱桥主要设计高程

拱桥桥面高程的确定，一方面取决于桥两岸线路的纵断面设计，另一方面要保证桥下净空满足泄洪、通航或行车要求。设计时需按有关规定并与有关部门（如水利、航运、交通等）商定确定。

拱顶顶面高程为桥面高程减去拱顶处拱上建筑高度。拱顶处建筑高度包括拱顶填充剂厚度和主拱圈厚度,根据跨径大小、荷载等级及主拱圈材料规格等,可估算出主拱圈厚度。

起拱线高程确定时,应考虑尽量减小桥墩(台)基础底面的弯矩、节省墩台工程数量,宜采用低拱脚方案。但同时应考虑拱脚位置对通航净空、排洪、流冰等影响,以及结构体系和相关桥梁设计规范的有关规定。

基础底面高程的确定,主要根据桥位处地质情况、地基承载力及河床冲刷深度等因素综合确定。

2. 矢跨比的确定

当拱桥各孔跨径确定后,可根据跨径及拱顶底面高程、拱脚高程确定主拱圈的矢跨比(f/l)。拱桥主拱圈矢跨比是拱桥设计的主要参数之一,它的大小不仅影响主拱圈内力,而且影响到拱桥的构造形式和施工方法。

力学分析表明:拱脚水平推力与矢跨比成反比。对于简单体系拱桥,随着水平推力的增大,拱内轴向力也越大,此时对拱圈自身受力有利(受压为主),但对墩台基础不利。同时,当主拱圈受压后因其弹性压缩变形或因温度变化、混凝土收缩及墩台位移等原因,在无铰拱的主拱圈内会产生附加内力;且矢跨比越小(坦拱),附加内力越大,对主拱圈越不利。对于多孔拱桥,矢跨比越小,拱的连拱作用越显著,对主拱圈受力越不利。当拱的矢跨比过大时,拱脚区段过陡,会给主拱圈的砌筑或混凝土浇筑带来一定困难。因此,拱桥矢跨比的大小应经过综合比较后合理选择。

通常,圬工拱桥矢跨比宜取 1/8～1/4,钢筋混凝土拱桥的矢跨比宜取 1/8～1/4.5。对矢跨比大于或等于 1/5 的拱桥,称为陡拱;矢跨比小于 1/5 的拱桥,称为坦拱。

二、拱轴线形选择

拱桥主拱圈拱轴线的形状,不仅直接影响着主拱圈的内力分布和截面应力大小,而且与结构的耐久性(开裂影响)、经济合理性和施工安全性等都有密切的关系。因此,在拱桥设计中,选择合适的拱轴线形是一个需要解决的重要问题。

1. 拱轴线形选择原则

拱轴线形选择的基本原则是要尽可能减小由荷载产生的弯矩值。一般讲,最理想的拱轴线是采用拱上各种荷载作用下的压力线,即拱轴线与压力向相吻合,此时主拱圈各截面只承受轴向压力,而无弯矩作用,可以充分发挥圬工材料的抗压性能。

实际设计中,理想的拱轴线无法获得。因为作用在主拱圈的荷载,除恒载外还包括活载(车辆、人群等)、温度变化和材料收缩徐变等因素的作用。当恒载压力线与拱轴线吻合时,增加活载作用就不再吻合。考虑公路拱桥恒载占全部荷载的比重较大,将恒载压力线作为设计拱轴线,是一种较理想的拱轴线。但是,在恒载作用下,拱圈本身的轴线会因材料的弹性压缩而变形,致使主拱圈的实际压力线与原设计的拱轴线发生偏离。因此,在实际设计中,要选择一条能够使恒载作用下各截面弯矩均为零的拱轴线,也是不可能的。

一般来讲,拱桥设计中所选择的拱轴线应满足以下要求:(1)尽量减小拱圈截面的弯矩,使主拱圈在计入弹性压缩、均匀温降、混凝土徐变、收缩等影响下各主要截面的应力相差不大,且最大限度地减小截面拉应力,最好是不出现拉应力。(2)对于无支架施工的拱桥,应能满足各施工阶段的受力要求,并尽可能少用或不用临时性施工措施。(3)线形美观,便于施工。

2. 常用拱轴线形

1)圆弧线

圆弧拱线形简单,主拱圈构造简单,施工方便。但在一般情况下,圆弧形拱轴线与恒载压力线偏离较大,使主拱圈各截面受力不够均匀。因此,圆弧线常用于20m以下中小跨径拱桥。

2)悬链线

实腹式拱桥的恒载集度(单位长度的重力)从拱顶到拱脚逐渐增加,在该荷载图示作用下,主拱圈的压力线为条悬链线。因此,实腹式拱桥采用悬链线作为拱轴线,如果不考虑恒载作用下主拱圈弹性压缩变形的影响,主拱圈各截面只承受轴压力、而无弯矩作用。

空腹式拱桥的恒载从拱顶到拱脚不再是连续分布。由于腹孔墩集中力的作用,使其恒载压力线不再是平滑的悬链线,而是在腹孔墩处有转折的多段曲线,此时仍采用悬链线作为拱轴线,会导致恒载压力线与拱轴线发生一定偏离。通过理论分析证明:该偏离对主拱圈控制截面的内力是有利的,而且悬链线拱已有现成的计算图表可供使用。为方便设计,我国大、中跨径拱桥普遍采用悬链线拱轴线。

3)抛物线

拱桥在均布荷载作用下,其合理拱轴线为二次抛物线。因此,对于恒载分布接近均匀的拱桥,例如矢跨比较小的空腹式钢筋混凝土拱桥、钢筋混凝土桁架拱和刚架桥等,可采用二次抛物线作为拱轴线。

基于以上分析,拱桥设计应优选拱轴线,使拱在作用组合下,轴向力的偏心距较小。一般情况下,上承式小跨径拱桥可采用实腹圆弧拱或实腹悬链线拱;大、中跨径上承式拱桥可采用空腹式悬链线拱;轻型拱桥、矢跨比较小的大跨径上承式拱桥、中承式和下承式拱桥及各种组合式拱桥,可采用抛物线拱。

对大跨径拱桥,如某些截面的自重压力线与拱轴线偏离较大,或在结构重力及其所引起的弹性压缩和温度下降、混凝土收缩等作用下轴向力偏心距较大时,应作适当调整,且应考虑拱轴线偏离结构重力压力线引起的偏离弯矩。

三、多孔连续拱桥布置

简单体系拱桥和部分组合体系拱桥,对下部结构产生水平推力。为使多孔连续拱桥(简称连拱)的恒载水平推力相互抵消,减小下部结构所承受的不平衡水平推力,最好选用等跨分孔的布置方案。

桥孔布置受地形、地质、通航等条件限制时,或考虑线路纵坡协调一致时,或对桥梁美观有特殊要求(如城市或风景区的桥梁)时,可考虑采用不等跨分孔方案。图3.2.2所示为一座跨越水库的拱桥,全长376m,谷底至桥面最高处达80m左右。根据地形、地质条件和技术经济比较等综合考虑后,采用不等跨分孔方案。其中,跨越深谷的主孔跨径采用116m,而两边的边孔跨径均采用72m,可有效减小中间高墩数量,减小施工难度,降低工程造价。

多孔拱桥采用不等跨布置方式,导致相邻两孔的恒载推力不相等,使桥墩和基础承受由两侧拱圈传来的恒载不平衡推力。该不平衡推力对桥墩和基础的受力极为不利,对采用柔性墩的多孔连续拱桥,需考虑不平衡推力产生连拱作用,导致结构计算和构造较为复杂。为减小该不平衡推力,改善桥墩、基础的受力状况,节省材料和工程造价,可采用以下措施。

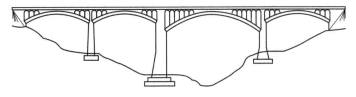

图 3.2.2 拱桥不等跨分孔

1. 采用不同的矢跨比

利用拱桥跨径一定时,矢跨比与推力大小成反比的关系,在相邻两孔中,大跨径采用较陡的拱(即矢跨比大),小跨径采用较坦的拱(即矢跨小),使两相邻孔在恒载作用下的不平衡推力尽量减小。

2. 采用不同的拱脚高程

由于采用了不同的矢跨比,致使两相邻孔的拱脚高程不在同一水平线上。大跨径孔的矢跨比大,拱脚降低,进一步减小了拱脚水平推力对基底的力臂,使大跨径孔与小跨径孔的恒载水平推力对基底产生的弯矩得到平衡(图 3.2.3)。同时,大跨径孔可采用轻质的拱上填充剂或空腹式拱上建筑,小跨径孔则采用重质拱上填充剂或实腹式拱上建筑,通过改变恒载重量来调整拱桥的恒载水平推力。

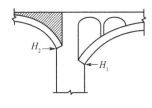

图 3.2.3 拱脚高程调整

3. 采用不同类型的拱跨结构

小跨径孔可采用板拱结构,大跨径孔则采用分离式肋拱结构,以减轻大跨径孔的恒载重量,减小恒载水平推力。同时,可通过加大大跨径拱肋的矢高,而做成中承式肋拱桥,以减小大跨径孔的恒载推力。

在具体设计时,可采用上述一种或几种方式相结合。如果仍不能达到完全平衡恒载推力的目的,则需设计成体形不对称或加大桥墩和基础的尺寸来承受不平衡推力。

第二节 圬工拱桥构造与设计

一、主 拱 圈

(一)主拱圈尺寸拟定

1. 主拱圈宽度

实腹式石拱桥主拱圈的宽度主要取决于桥面的宽度。当桥面系栏杆(宽度为 150～250mm)布置在帽石的悬出部分时,主拱圈的宽度接近于桥面系宽度,如图 3.2.4a)所示;当人行道布置在钢筋混凝土悬臂梁上时,可有效减小主拱圈宽度和桥梁下部尺寸,节省材料用量,如图 3.2.4b)所示。

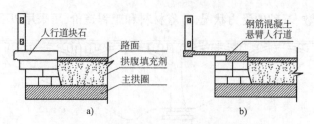

图 3.2.4 实腹式主拱圈横截面布置形式

对于空腹式石拱桥,主拱圈宽度与腹孔布置形式有关。当采用拱式腹孔时,主拱圈宽度可参照以上实腹式拱桥的方法确定;当采用梁式腹孔时,其构造类似于在主拱圈上修建多孔梁式桥,通过盖梁的悬挑作用,可有效减小主拱圈宽度,如图 3.2.5 所示。

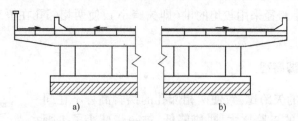

图 3.2.5 空腹式主拱圈布置形式

公路拱桥的主拱圈宽度一般应大于跨径的 1/20。《公路钢筋混凝土及预应力混凝土桥涵设计规范》(JTG 3362—2018)规定:当板拱的宽度小于计算跨径的 1/20 时,应验算拱圈的横向稳定性。计算以横系梁连接的肋拱横向稳定时,可将其视为长度等于拱轴线长度的平面桁架,根据其支承条件,按受压组合构件确定其计算长度和长细比。

2. 主拱圈高度

主拱圈高度与跨径、矢高、建筑材料、荷载大小等因素有关。中小跨径等截面石拱桥拱圈高度可按下列经验公式进行估算:

$$h = \beta k \sqrt[3]{l_0} \tag{3.2.1}$$

式中:h——拱圈高度(cm);

l_0——拱圈净跨径(cm);

β——系数,一般为 4.5~6.0,取值随着矢跨比的减小而增大;

k——荷载系数,公路-Ⅰ级取 1.4,公路-Ⅱ级取 1.2。

石拱桥跨径小于 50m 时,可采用等截面主拱圈;当跨径增大时或很陡是拱桥,可采用由拱顶向拱脚增厚的变截面形式,如图 3.2.6 所示。

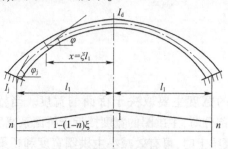

图 3.2.6 变截面拱圈的截面变化规律

变截面主拱圈可按下式变化：

$$\frac{I_d}{I\cos\varphi} = 1 - (1-n)\xi \tag{3.2.2}$$

式中：I——拱圈任意截面惯性矩；

I_d——拱顶截面惯性矩；

φ——拱圈任意截面的拱轴线切线与水平的倾角；

n——厚度变化系数，公路空腹式石拱桥一般取 0.3~0.5，实腹式石拱桥一般取 0.4~0.6。

(二)主拱圈构造

1. 石砌主拱圈

石拱桥主拱圈宜采用粗料石、块石砌筑。石料应石质均匀，不易风化，无裂缝；强度等级不得小于 MU30，砌筑用的砂浆，对中等跨径拱桥不得低于 M7.5，对于小跨径拱桥不得低于 M5。主拱圈的构造应满足以下要求：

(1)拱石的受压面砌缝呈辐射状，即与拱轴线相垂直。这种砌缝一般可做成通缝，不必错缝。

(2)当拱圈厚度较小时，可采用单层拱石砌筑；当拱厚较大时，宜采用 2~4 层砌筑，并应纵、横错缝(图 3.2.7)，错缝间距≥10cm。其目的是提高拱圈的抗剪强度和整体性，避免在纵向或横向剪力作用下，仅有砂浆砌缝承受其剪力。砌缝宽度宜≤2cm。

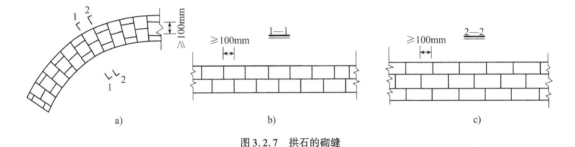

图 3.2.7 拱石的砌缝

(3)拱圈与墩台及空腹式的腹拱墩连接处，应采用特制的五角石[图 3.2.8a)]，以改善连接处的受力情况，也可采用现浇混凝土拱座取代五角石[图 3.2.8b)]。

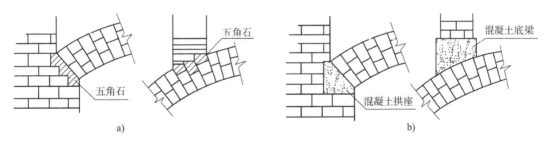

图 3.2.8 五角石及混凝土拱座、底梁

采用粗料石砌筑主拱圈时，拱石需根据拱轴线形进行编号砌筑，如图 3.2.9 所示。等截面圆弧拱因其截面相等，编号相对简单[图 3.2.9a)]；变截面悬链线拱，由于截面曲

率变化,拱石编号较为复杂[图3.2.9b)];等截面悬链线拱,截面曲率相同,内外弧线与拱轴线平行,其拱轴线与多心圆弧线相接近,为计算与放样方便,可采用多心圆弧线取代悬链线[图3.2.9c)]。

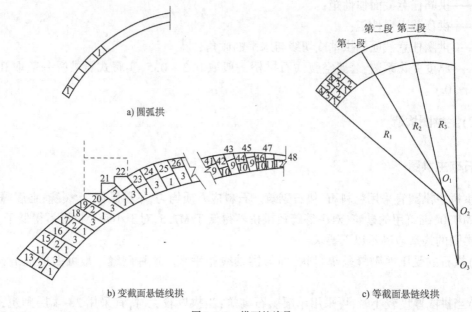

图3.2.9 拱石的编号

2. 混凝土拱圈

中小跨径的拱桥,主拱圈也可采用现浇混凝土或混凝土预制块砌筑而成。整体现浇混凝土拱圈,拱内收缩应力大,对主拱圈受力不利;同时耗用大量拱架、模板,工期长,质量不易控制,故较少采用。

二、拱上建筑

中小跨径的石拱桥,一般采用实腹式拱上建筑;当跨径大于20m时,为减轻结构自重,节省拱腹填充剂用量,一般采用空腹式拱上建筑。

(一)实腹式拱上建筑

实腹式拱上建筑由主拱圈上侧墙、拱腹填充剂、护拱以及变形缝、防水层、泄水管和桥面系等组成,如图3.2.10所示。

实腹式拱上建筑可采用填充和砌筑两种方式。填充式拱上建筑是以主拱圈两侧砌筑的侧墙为支挡结构物,其内填筑填充剂形成平顺桥面系。侧墙主要承受拱上填充剂的侧压力,一般采用块石或片石砌筑,用粗料石或细料石镶面以保证美观。侧墙厚度一般按构造要求确定,顶宽为50~70cm,向下逐渐加厚,至墙脚处厚度取墙高的0.4倍。拱上填充剂应尽量就地取材,一般采用砾石、碎石、粗砂或砂卵石等透水性材料,或轻质材料(如炉渣、石灰、黏土等混合料)分层填实;也可采用干砌圬工或浇筑贫混凝土作为拱腹填充剂。

多孔拱桥,为便于敷设防水层和排除积水,一般在拱脚处设置护拱。护拱一般采用现浇混凝土或砌筑片石修建,同时可起到加强拱圈作用。

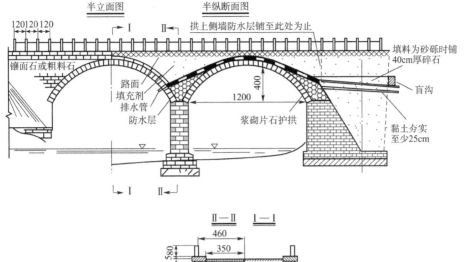

图 3.2.10 实腹式拱上建筑(尺寸单位:cm)

实腹式拱桥拱上填充剂,一方面起到填充作用,同时可扩散车辆荷载分布面积的作用,当填充剂达到一定厚度时,可有效减小汽车荷载的冲击作用。因此,《公路桥梁设计通用规范》(JTG D60—2015)规定:填充剂厚度(包括路面厚度)大于或等于0.5m的拱桥、涵洞以及重力式墩台不计汽车荷载冲击力。

(二)空腹式拱上建筑

1. 拱上建筑设计原则

空腹式拱上建筑除具有实腹式拱上结构相同的构造外,空腹部分设有腹孔和腹孔墩。腹孔的形式、构造、范围应结合主拱圈的类型、构造、几何尺寸以及施工方法和桥位处的具体情况综合考虑。拱上腹孔设计注意以下几点:

(1)拱上腹孔可设置为梁式腹孔或拱式腹孔。前者一般采用钢筋混凝土结构,重量轻,但用钢量大;后者构造简单、外形美观,但结构整体性和耐久性较差。

(2)拱上腹孔通常布置在主拱圈两侧结构高度允许的范围内,孔数以3~6孔为宜,跨中设置一段实腹段[图3.2.11a)];也可采用全空腹形式[图3.2.11b)],采用奇数孔布置。

(3)腹孔跨径不宜过大,以免腹孔墩承受较大的集中力,对主拱圈受力不利。跨径一般不大于主拱圈跨径的1/15~1/8。

(4)靠近墩台的腹孔可采用两种做法:一种是直接支承在墩台上[图3.2.12a)、图3.2.12b)、图3.2.12d)];另一种是跨过墩顶,使桥墩两侧的腹孔相连[图3.2.12c)]。由于拱圈受力后变形较大,而墩台变形较小,容易造成第一个腹拱因拱脚变位而开裂。为此,对于拱式腹孔,一般将靠近墩台的第一个腹拱做成三铰拱形式,而梁式腹孔宜在墩(台)顶处设缝分开。

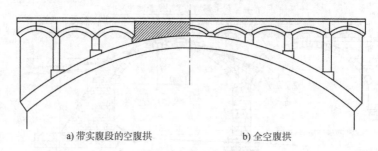

a) 带实腹段的空腹拱　　　　　　b) 全空腹拱

图 3.2.11　空腹式拱上建筑

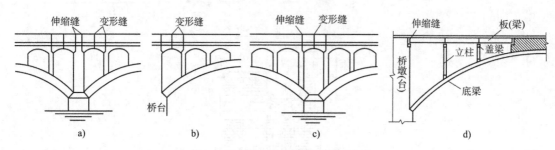

图 3.2.12　桥墩(台)上腹拱的布置方式

空腹式拱桥的拱上建筑应能适应主拱圈的变形,其构造应符合下列要求:

(1)拱上建筑的板或梁宜采用简支结构,其支座可采用具有弹性约束的橡胶支座,桥跨两端应设置滑动支座和伸缩缝。

(2)拱上建筑的立柱,需要时可设置横系梁。

(3)立柱钢筋按结构受力要求配置,并应具有足够的锚固长度。

(4)板拱上的立柱底部应设横向通长的垫梁,其高度不宜小于立柱间净距的 1/5。箱式板拱在拱上建筑的立柱或墙式墩下方应设箱内横隔板。

2. 腹孔

1) 拱式腹孔

拱式腹孔,每半跨内腹孔的布置范围一般不超过主拱跨径的 1/4~1/3;对于全空腹式,考虑到美观及便于拱顶截面受力的要求,一般采用奇数腹孔布置方式。

拱式腹孔跨径一般选用 2.5~5.5m,同时不宜大于主拱圈跨径的 1/15~1/8。腹孔圈可采用板拱、双曲拱、微弯板等形式,其尺寸需根据跨径和荷载等级合理选用。

2) 梁式腹孔

大跨径钢筋混凝土拱桥或采用无支架施工的拱桥,采用钢筋混凝土梁式腹孔,可有效减轻结构自重;同时拱上恒载接近均布荷载,可有效减小拱轴系数,改善拱圈在施工期间的受力状况。

梁式腹孔可采用简支体系、连续体系和框架体系等形式。

图 3.2.13a)所示为简支体系腹孔(行车道板纵铺),主要由底梁(座)、立柱、盖梁和纵向简支板(梁)组成。该结构形式构造简单,受力明确,主拱圈与拱上结构不存在联合作用,可有效避免由于主拱圈变形而导致拱上建筑开裂现象发生,是大跨径拱桥拱上建筑常用结构形式。

目前,大跨径拱桥拱上建筑一般都取消拱顶实腹段,而采用全空腹式拱上建筑。全空腹式腹孔宜采用奇数跨,避免在拱顶设置立柱,以利于拱顶受力。

图 3.2.13b)所示为连续体系腹孔(行车道板横铺),主要由立柱、纵梁、实腹段垫墙及简支板(梁)组成。该结构通过在拱上立柱设置连续纵梁和在拱顶段设置垫墙,将预制板(梁)横向铺设在其上形成传力机构。预制板(梁)横向铺设,在拱顶部位只有一个板厚(含垫墙)及桥面铺装厚,建筑高度小,适合于建筑高度受限制的拱桥。

图 3.2.13c)所示为框架体系腹孔,通过在横桥向设置多片框架,每片框架通过横系梁联成整体,共同支承上部行车道板。

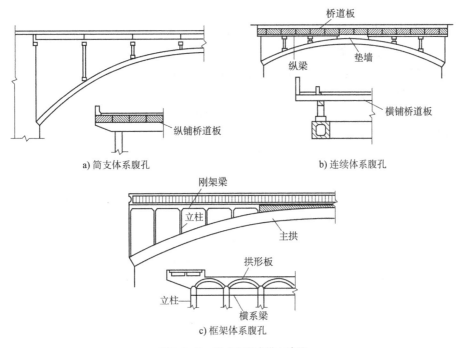

图 3.2.13 梁式空腹式拱上建筑

3. 腹孔墩

腹孔墩常采用横墙式或立柱式。横墙式构造简单、施工简便、节省钢材,一般用圬工材料砌筑或现浇;同时为节省材料、减轻自重,可做成局部挖空形式[图 3.2.14a)]。浆砌块、片石横墙厚度一般不小于60cm,现浇混凝土时厚度一般应大于腹拱圈厚度。立柱式腹拱墩[图 3.2.14b)]是由立柱和盖梁组成的钢筋混凝土排架或框架结构,立柱一般由3~5根立柱组成,间距不宜超过6m,否则应设置横系梁进行横向连接。立柱的钢筋应向上伸入盖梁轴线以上、向下伸入主拱圈(肋)拱轴线以下,并满足锚固长度要求。

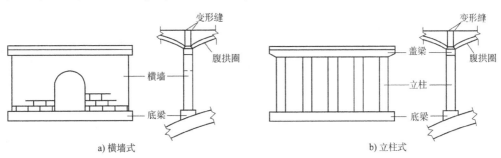

图 3.2.14 腹孔墩构造形式

305

为分散横墙或立柱传递给主拱圈(肋)的压力,一般在横墙或立柱下面应设置底梁,底梁厚度一般不小于横向柱距的1/5。横墙的底梁可采用圬工砌筑,立柱的底梁需配置构造钢筋,并与立柱和主拱圈的钢筋相连接。

三、其他细部构造

1. 伸缩缝与变形缝

拱桥拱上建筑与主拱圈在构造和受力上具有密切关系。当拱上建筑参与主拱圈共同作用时,可有效提高主拱圈的承载力;但同时也对主拱圈的变形产生一定的约束作用,导致在拱上建筑和主拱圈内产生附加内力,严重时会导致结构开裂而影响桥梁正常使用。

为使桥梁结构计算图示尽量与实际受力状态相符合,保证结构安全性和耐久性,避免拱上建筑不规则开裂,除在设计时充分考虑外,还应采取必要的构造措施适应结构变形。一般在相对变形(位移或转角)较大的位置设置伸缩缝,而在相对变形较小的位置设置变形缝。

实腹式拱桥伸缩缝通常设置在主拱圈两拱脚上方,并应在横桥向贯通,向上延伸至侧墙全高及人行道、栏杆。伸缩缝按直线形布置如图3.2.15a)所示。

空腹式拱桥的拱式腹拱,一般将紧靠墩(台)的第一个腹拱圈做成三铰拱,并在靠近墩(台)拱铰上方的侧墙、人行道和栏杆处设置伸缩缝;而在其余铰上方的侧墙、人行道和栏杆处设置变形缝(断开而无缝宽)。在较大跨径的拱桥中,根据温度变化情况和跨径大小,必要时还需将靠近主拱圈拱顶的腹拱圈或其他腹孔也做成两铰拱或三铰拱形式,拱铰上方的侧墙相应的设置变形缝,使拱上建筑更好地适应主拱圈变形,如图3.2.15b)所示。

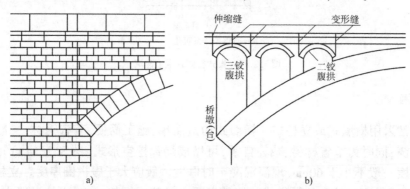

图3.2.15 拱桥伸缩缝及变形缝的布置

空腹式拱桥的梁式腹孔,可采用连续桥面结构,但在拱脚上方应通过腹孔墩等措施,使其能相对墩(台)伸缩变形,在近拱顶处的连续桥面也应设置伸缩装置。梁(板)支承在墩(台)上,应设置合理的支座形式。

伸缩缝宽度一般取2~3cm,缝内可采用锯末屑和沥青按1:1比例配合,压制成预制板条嵌入砌体或埋入现浇混凝土中。变形缝不留缝宽,可用干砌通缝或用油毛毡隔开即可。

2. 排水与防水层

拱桥桥面雨、雪水会透过桥面铺装进入拱上建筑,一是增加拱腹填充剂含水率,增大结构自重,降低填充剂承载力,影响路面性能;同时渗入结构内部裂缝或伸缩缝(变形缝),在冬季易产生冻胀破坏,影响结构耐久性。因此,在做好路面排水设计的同时(图3.2.16),应设置必要的排水设施及时将渗水排出桥外。

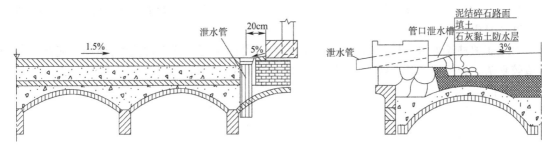

图 3.2.16 桥面排水设施

对于渗透到拱腹内的水,应由防水层汇集,通过预埋在拱腹内的泄水管排出。防水层和泄水管的敷设,应结合上部结构形式设置。

对于实腹式拱桥,防水层应沿拱背、护拱、侧墙铺设。如果是单孔,可不设泄水管,积水沿防水层流至两个桥台后面的盲沟,然后通过盲沟排出桥外。多孔拱桥可在 1/4 跨处设泄水管,将汇水排出桥外,如图 3.2.17a)所示。空腹式拱桥,防水层应沿腹拱上方与主拱圈跨中实腹段的拱背设置,泄水管宜布置在 1/4 跨处,如图 3.2.17b)所示。

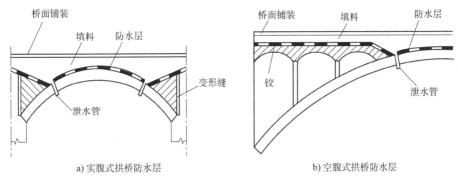

a) 实腹式拱桥防水层　　　　　　b) 空腹式拱桥防水层

图 3.2.17 防水层与拱腹泄水管的布置

防水层在全桥范围内不宜断开,当通过伸缩缝或变形缝处时应妥善处理,使其既能防水又可以适应变形,如图 3.2.18 所示。防水层可采用粘贴式或涂抹式。粘贴式一般由 2~3 层油毛毡与沥青胶交替贴铺而成,涂抹式是将沥青或柏油直接涂抹在砌体表面。

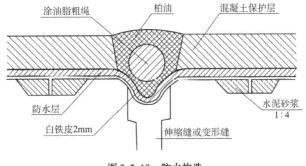

图 3.2.18 防水构造

3. 拱铰设置

拱桥中设置铰的情况主要有 3 种:①主拱圈设计为两铰拱或三铰拱;②空腹式拱桥拱上腹

拱需设置为两铰拱或三铰拱,或高度较小的腹孔墩的上、下端分别与盖梁、底座设铰连接;③施工过程中,为消除或减小主拱圈部分附加内力,以及对主拱圈内力进行调整时,在拱顶或拱脚处设置临时铰。

上述前两种铰为永久性铰,必须满足设计要求,并能保证长期正常使用,使用性能要求高,构造较复杂。施工用临时性铰在施工结束或基础变形趋于稳定后予以封闭,构造较简单。

拱铰的形式,应按照铰所处的位置、作用、受力大小、使用材料等条件综合考虑选用。目前常用的有弧形铰、铅垫铰、平铰和不完全铰等形式。

1) 弧形铰[图 3.2.19a)]

弧形铰一般用钢筋混凝土、混凝土、石料等做成。它是由两个具有不同半径弧形表面的块件合成而成,凹面与凸面的半径比值一般为:$R_2/R_1 = 1.2 \sim 1.5$,铰的宽度等于构件的全宽,沿拱轴线的长度一般取拱圈厚度的 1.15~1.20 倍。弧形铰一般用于主拱圈的铰,要求接触面应紧密结合。

2) 铅垫铰[图 3.2.19b)]

中小跨径板拱或肋拱,可采用铅垫铰。铅垫铰用厚度 1.5~2.0cm 的铅垫板,外部包以锌、铜(1.0~2.0cm)薄片。垫板宽度为拱圈厚度的 1/4~1/3,可在主拱圈的全部宽度上分段设置。铅垫铰一般作为临时铰。

3) 平铰[图 3.2.19c)]

平铰的结合面直接密贴,缝间可铺设一层低强度等级的砂浆,也可垫衬油毛毡或直接干砌。平铰一般用于空腹式拱桥的腹拱圈。

4) 不完全铰[图 3.2.19d)]

不完全铰是将构件截面急剧减小,以实现在该断面处既不断开,又能适用转动目的。由于截面的急剧减小,截面内应力较大,需通过配筋加强设计。

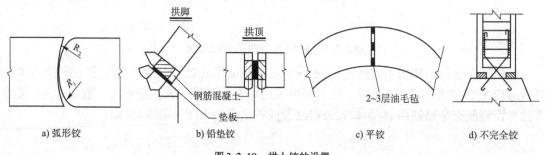

a) 弧形铰　　　b) 铅垫铰　　　c) 平铰　　　d) 不完全铰

图 3.2.19　拱上铰的设置

第三节　钢筋混凝土拱桥构造与设计

本节主要介绍钢筋混凝土拱桥主拱圈的构造和设计,其拱上建筑可参照第二节及第二篇梁式桥有关内容设计。

一、钢筋混凝土肋拱桥

肋拱桥是由两条以上的分离的平行肋拱,以及在肋间设置横系梁并在其上设置立柱、横梁等支承的行车道部分组成的,如图 3.2.20 所示。由于肋拱大大减轻了主拱圈自重,恒载内力较小,而活载内力较大,故宜用钢筋混凝土结构。钢筋混凝土肋拱桥一般适用于大、中跨拱桥。

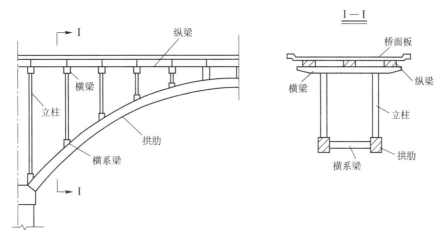

图3.2.20 肋拱桥立面布置图

1. 拱肋尺寸拟定

肋拱桥拱肋截面形式,在中、小跨径中一般采用矩形[图3.2.21a)],肋高为跨径的1/60~1/40,肋宽为肋高的0.5~2.0倍。中等跨径拱肋常做成工字形截面[图3.2.21b)],肋高为跨径的1/35~1/25,肋宽为肋高的0.4~0.5倍,其腹板厚度常采用0.3~0.5m。随着跨径增大,拱肋也可采用箱形截面[图3.2.21c)],具体构造要求见箱形拱。

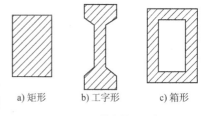

图3.2.21 拱肋截面形式

2. 拱肋构造要求

拱肋是肋拱桥的主要承重结构,拱肋的数目、间距及截面形式等,应根据使用要求进行经济比较后确定。通常,桥宽在20m以内时可考虑采用双肋式;当桥宽大于20m时,宜采用分离的双幅双肋拱,以避免由于拱肋中距增大而使肋间横系梁、拱上结构横向跨径与尺寸增大太多。拱肋两侧最外缘的距离应小于跨径的1/20,以保证肋拱的横向整体稳定性。

拱肋的主钢筋应伸入墩台内锚固,其锚固长度在满足最小锚固长度的前提下,对于矩形截面,不小于拱脚截面高度的1.5倍;对于T形、I形或箱形截面,不小于拱脚截面高度的一半。三铰拱或双铰拱在设铰的墩台内和拱肋内设置不少于三层的钢筋网。

拱肋的肋间应设置横系梁。在三铰拱、双铰拱设铰处和拱上建筑的立柱下方,拱肋间必须设置横系梁。横系梁高度可取0.8~1.0倍拱肋高度,宽度可取0.6~0.8倍拱肋高度。横系梁四角应设置直径不小于16mm的纵向钢筋,并设直径不小于8mm的箍筋,其间距不应大于横系梁短边尺寸或400mm。

拱桥的横系梁、K形撑和剪刀撑的截面短边尺寸,不宜小于支承点或交点间长度的1/5。杆件内应设置直径不小于16mm的纵向钢筋,并设置直径不小于8mm的箍筋。横系梁、K形撑和剪刀撑与拱肋相连处,应设置配有斜向钢筋的倒角。

二、钢筋混凝土箱形拱桥

大跨径拱桥的主拱圈宜采用箱形截面,主要有以下特点:

(1)截面挖空率可达50%~70%,可有效减轻结构自重,节省材料用量。

(2)截面中性轴基本居中,提供足够混凝土受压面积,有效承受主拱圈各截面正负弯矩的变化。

(3)闭合箱形截面抗弯、抗扭刚度大,主拱圈的整体性好,截面受力均匀。

(4)主拱圈横截面由几个闭合箱室组成,可以单箱成拱,便于无支架吊装,施工安全性好。

1. 箱形拱尺寸拟定

箱形拱截面尺寸拟定包括主拱圈高度、宽度、箱肋宽度以及顶、底板和腹板尺寸等。

主拱圈高度主要取决于跨径、荷载等级和材料强度等,初步拟定主拱圈高度时,可取跨径的1/55~1/75,或者按以下经验公式估算:

$$h = \frac{l_0}{100} + \Delta \tag{3.2.3}$$

式中:h——拱圈高度(mm);

l_0——拱圈净跨径(mm);

Δ——多室箱取600mm,单室箱取700mm。

当桥面结构采用外悬臂结构形式(悬臂长度一般取1.5~4.0m)时,箱形拱圈宽度一般为桥面宽度的0.6~1.0倍。当拱圈宽度小于跨径的1/20时,需进行横向稳定性验算。

目前常用的箱形拱是由几条闭口箱肋组成(图3.2.22),其顶、底板及腹板各部分尺寸与跨径和荷载大小有关。顶、底板厚度一般取15~22cm,两外箱肋外腹板厚一般取12~15cm,内箱肋腹板厚一般取5~7cm。组合填缝宽度需根据受力确定(主要考虑轴力大小),一般取20~35cm;同时为保证填缝混凝土浇筑质量,上口宽度不宜小于15cm,下口宽度为安装缝宽度,通常宽度取4cm。

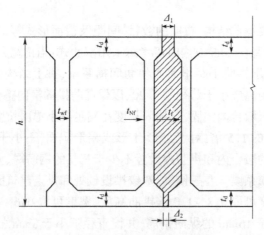

图3.2.22 常用箱形拱截面构造

箱形拱一般采取预制安装施工方法,当拱圈宽度确定后,可根据吊装能力(如缆索式起重机)在横向划分几个箱肋,进而确定箱肋宽度。装配式箱形拱为减轻吊装重量,可适当减小构件截面尺寸,但应注意防止顶板、底板和腹板过薄,导致应力集中出现压溃现象。

2. 箱形拱构造要求

箱形拱分为单箱单室截面和单箱多室截面。单箱单室截面一般适用于窄桥,由不同预制构件组合而成,单向多室截面一般适用于较宽桥梁,采用整体预制方式。

图 3.2.23a)为由多条 U 形肋组成的多室箱形截面,图 3.2.23b)为由多条工字形肋组成的多室箱形截面,图 3.2.23c)为由多条闭合箱肋组成的多室箱形截面,图 3.2.23d)为整体式单箱多室截面。

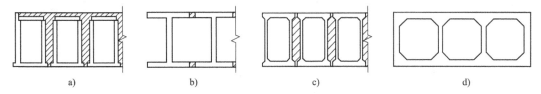

图 3.2.23 箱形截面组成

箱形拱构造与施工方法有密切的联系。目前大跨径箱形拱桥普遍采用预制安装(缆索吊装)施工方法,当吊装能力较大时,可以采用封闭式预制拱形箱,以增加拱形箱在施工过程中整体稳定性,并减少施工步骤,保证施工安全。

3. 箱形拱肋构造要求

箱形肋拱由双肋或多肋组成,拱肋间设置系梁使之形成整体。当桥宽小于 20m 时宜采用双肋式;桥宽大于 20m 时,根据肋间横系梁、拱上立柱及柱顶盖梁尺寸等合理选用,一般为三肋式或四肋式。对于高速公路较宽的桥梁,通常采用分离式两个双肋拱。箱形拱肋与箱形板拱相比,材料用量少,结构自重轻,水平推力小,同时可减少下部结构工程量。

箱形拱肋之间的横系梁除了具有增强肋拱横向整体稳定性的作用外,还可起到横向分布荷载的作用,要求其具有足够的强度、刚度,并与拱肋固接。肋间横系梁常用钢筋混凝土结构,常用工字形、桁片式和箱形三种断面形式,如图 3.2.24 所示。

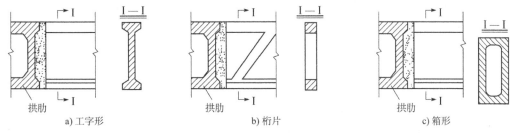

图 3.2.24 箱形肋拱横系梁

箱形拱肋截面高度可取跨径的 1/70~1/50,或采用以下公式估算:

$$h = \frac{l_0}{100} + 700 \qquad (3.2.4)$$

式中:h——拱圈高度(mm);
l_0——拱圈净跨径(mm)。

三、中、下承式钢筋混凝土拱桥

中承式拱桥的桥面系位于上部结构的中部,桥面系结构跨中部分利用吊杆悬挂在拱肋下,两端部分利用立柱或刚架支承在拱肋上。中承式拱桥上部结构主要由拱肋、吊杆、立柱(刚架)、横梁、纵梁(桥面板)等组成,如图 3.2.25 所示。

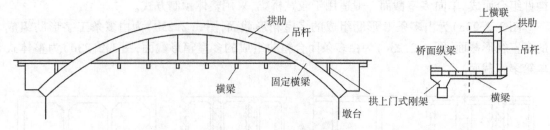

图 3.2.25 中承式拱桥布置图

下承式拱桥的桥面系位于上部结构的底部,桥面系全部利用拱肋上的吊杆悬挂。下承式拱桥上部结构主要由拱肋、悬吊结构和横向联结系三部分组成,如图 3.2.26 所示。

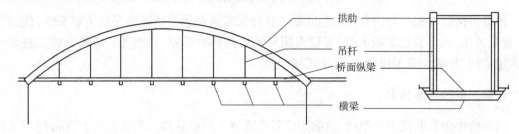

图 3.2.26 下承式拱桥布置图

中、下承式拱桥具有以下特点：

(1)拱肋是主要承重构件,可以充分利用拱式结构的受力特性,发挥材料抗压性能。

(2)可有效降低桥面高程,减小桥头引道纵坡,改善路线线形,并降低工程造价。

(3)对于不等跨连续拱桥,将较大跨径的桥孔做成中承式拱桥,可以有效减小不平衡水平推力。

(4)多孔连续的中、下承式拱桥,整体外形起伏、造型轻巧、美观,可较好地与桥位处景观相协调。

(一)总体布局

中、下承式拱桥拱肋采用位于两个平面内的分离式构造,二者可采用相互平行或相互内倾(相接或用横撑相连,俗称提篮式拱,图 3.2.27)的方式。其中,提篮式拱主要用于大跨径拱桥,可有效提高拱肋的空间结构稳定性。因拱肋恒载受力较均匀,拱肋轴线一般采用二次抛物线形,矢跨比取 1/7~1/4;拱肋沿轴线可采用等截面或变截面,拱脚采用无铰构造形式,以保证拱肋的刚度。

拱肋间通常设置横向联系,以提高分离拱肋的横向整体性和稳定性。横向联系可采用较简单的横撑、K 形撑或 X 形撑,如图 3.2.28 所示。

图 3.2.27 提篮式拱

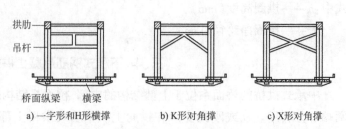

a) 一字形和 H 形横撑　　b) K 形对角撑　　c) X 形对角撑

图 3.2.28 拱肋横向联系

吊杆或立柱是桥面结构与拱肋之间的传力构件,其间距由受力、构造及美观等要求决定,常采用等间距布置,常用间距为4~10m。

桥面构造一般采用两种形式:一种是将横梁与纵梁连接成平面框架,桥面板支承在横梁(或横梁及纵梁)上;另一种可不设纵梁,将桥面板或肋板梁直接支承在横梁上。为避免桥面结构受拱肋变形的影响而开裂,一般在桥面结构与拱肋相交处设置断缝,或在其他位置利用双吊杆、双横梁设置断缝,或采用简支桥面构造设置断缝。

(二)细部构造

1. 拱肋

中、下承式拱桥拱肋为钢筋混凝土结构时,可采用矩形、工字形和箱形截面;拱肋为钢管混凝土结构时,可采用单管圆形、双管哑铃形、桁架式。

矩形截面拱肋构造简单、施工方便,一般适用于中、小跨径的拱桥,拱肋高度为跨径的1/70~1/40,拱肋宽度为肋高的0.5~1.0倍(当不设横撑时应取大值)。

工字形和箱形截面常用于大跨径钢筋混凝土拱肋,拱肋高度可按下式确定:

$$h = \frac{l_0}{100} + h_0 \tag{3.2.5}$$

式中:h——拱肋高度(mm);

l_0——拱的净跨径(mm);

h_0——$l_0 < 100\text{m}$ 时,$h_0 = 600 \sim 1000\text{mm}$;$l_0 = 100 \sim 300\text{m}$ 时,$h_0 = 1000 \sim 2500\text{mm}$。

2. 吊杆

吊杆是悬挂桥面系的受力构件,根据其构造一般分为刚性吊杆和柔性吊杆两类。

刚性吊杆(图3.2.29)普遍采用预应力混凝土制作。一般设计成矩形截面,两端与拱肋和横梁均采用刚性连接方式。吊杆内的预应力筋通常穿透拱肋与横梁,通过锚具锚固于拱肋和横梁内。当钢管混凝土吊杆内预应力筋采用钢绞线时,应在混凝土浇筑后施加张拉力,以避免低应力下锚固夹片失效。

柔性吊杆(图3.2.30)一般采用高强钢丝束或钢绞线制作。为了提高钢束的耐久性,目前普遍采用PE热挤索套防护工艺进行防护。柔性吊杆的锚具可埋入拱肋和横梁内,或外露于拱肋与横梁,应设置防护罩。采用柔性吊杆的拱桥,宜在桥面系设置连续纵梁。

中、下承式拱桥的吊杆长度相差较大,需针对拱脚处的短吊杆受力特点加强设计。一方面,吊杆较短时,其线刚度(EA/l)较大,它相比长吊杆能承担更大的活载及活载冲击力,导致短吊杆内应力与应

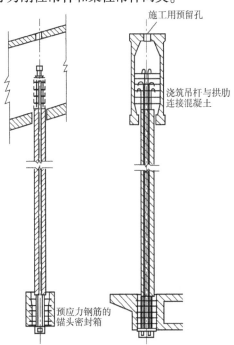

图3.2.29 预应力混凝土刚性吊杆

变幅较大,需适当增大短吊杆的截面面积;另一方面,在温度变化作用下,短吊杆下端随桥面一起发生水平位移,若设计处理不当,短吊杆的上下两个锚点将偏离垂直线,而形成较大的折角,致使吊杆护套破损、钢丝受力不均匀、钢丝腐蚀断裂等病害。为避免出现以上病害,可将短吊杆两端设计成销接方式(图3.2.31),或采取适当的措施(如设伸缩缝、改变局部构造等)减小短吊杆的水平位移。

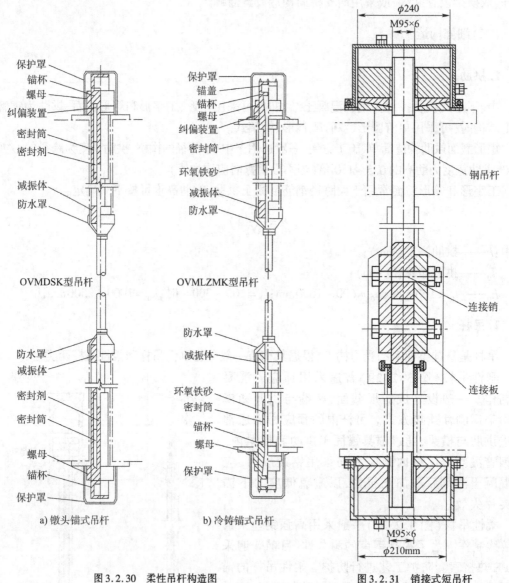

图3.2.30 柔性吊杆构造图　　　　图3.2.31 销接式短吊杆

3. 横梁

横梁是支承行车道板的主要受力构件,根据横梁设置位置和受力的不同,可分为固定横梁、普通横梁和钢架横梁3类。固定横梁是指桥面系与拱肋相交处的横梁,该横梁一般与拱肋刚性连接,截面尺寸和刚度比其他横梁要大;普通横梁是指通过吊杆悬挂在拱肋下面的横梁;钢架横梁是指通过立柱(刚架)支承在拱肋之上的横梁。

由于固定横梁位置的特殊性,要求其既能传递垂直荷载和水平横向荷载,还要传递纵向制动力以及从拱肋和桥面传来的弯矩、力矩和剪力,因此必须与拱肋刚性连接,且要求其外形须与拱肋和桥面系相适应。固定横梁常用的截面形式有工字形、不对称工字形和三角形等,如图 3.2.32 所示。

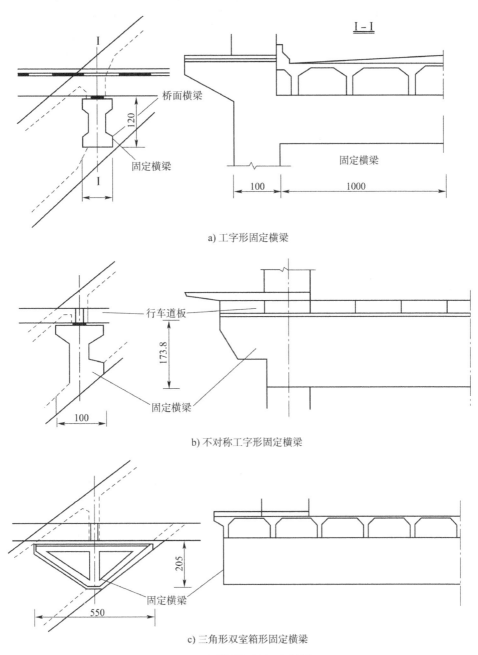

图 3.2.32 固定横梁构造图(尺寸单位:cm)

普通横梁常采用矩形、工字形和土字形等截面,如图 3.2.33 所示。

大型横梁也可以采用箱形截面,其尺寸取决于横梁的跨径(拱肋中距)和承担桥面荷载的长度(吊杆间距),一般为钢筋混凝土构件;当跨度较大时,也可采用预应力混凝土构件,如图 3.2.34 所示。

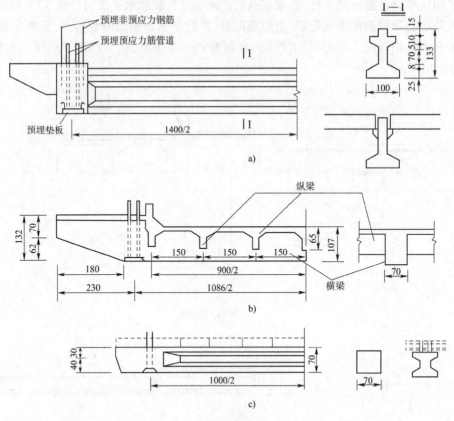

图 3.2.33 普通横梁构造图(尺寸单位:mm)

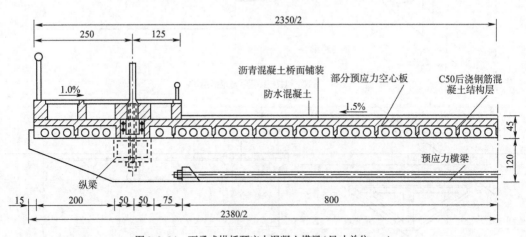

图 3.2.34 下承式拱桥预应力混凝土横梁(尺寸单位:cm)

4. 纵梁

横梁的间距一般为 4~10m,纵梁多采用 T 形、Ⅱ 形小梁,可设计成简支梁结构或连续梁结构,或直接在横梁上满铺空心板、实心板,如图 3.2.35 所示。

5. 行车道系

行车道系由纵梁、横梁、行车道板及其上桥面铺装、人行道、栏杆等组成。桥面板可与纵梁联成整体而形成 T 梁或 H 梁,也可在预制的纵梁上现浇桥面板形成组合梁,还可采用在横梁上安装预制空心板或实心板。桥面板可采用普通钢筋混凝土结构和预应力混凝土结构。

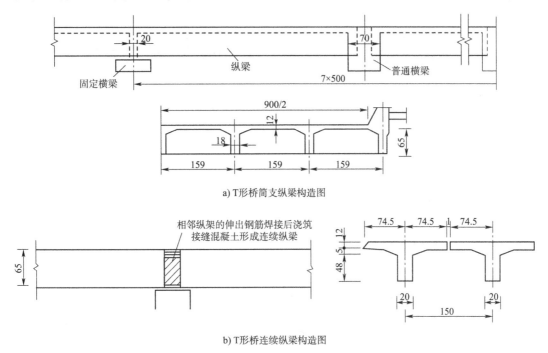

图 3.2.35　纵梁构造图(尺寸单位:cm)

为减小横梁和横向联系的跨径,通常将人行道布置在吊杆的外侧。为保证安全,应在吊杆位于行车道一侧的桥面上设置防撞栏杆,以避免吊杆受到车辆碰撞损坏,导致桥面垮塌事故。

在布置行车道时,必须注意在适当位置设置横向断缝,以避免由于拱肋的变形而使桥面被拉裂。在中承式拱桥行车道系与拱肋交会处,行车道系支承在固定横梁上(该横梁还起横撑的作用)而与拱肋连接在一起,为适应拱肋变形,防止行车道系(行车道板、桥面铺装等)拉伸开裂,需将行车道系设置断缝,断缝可设于跨径中部,也可设于边部。

第四节　组合体系拱桥构造与设计

一、整体式上承式拱桥

钢筋混凝土整体式拱桥,是将主拱圈(拱肋)与拱上建筑组合为一个整体共同承受荷载,主要包括桁架拱桥和刚架拱桥两类。该类型拱桥具有结构受力合理、自重轻、装配式施工、跨越能力大等特点,在我国 20 世纪 80—90 年代公路桥梁中应用较普遍。但后期随着桥梁荷载标准的提高,结构的承载力不足、整体性差、易开裂、养护维修难度大等缺陷不断显现,目前已较少采用。

1. 桁架拱桥

桁架拱桥又称拱形桁架桥,是一种具有水平推力的桁架结构,上部结构主要由桁架拱片、横向联结系和桥面板三部分组成,如图 3.2.36 所示。其中,桁架拱片是桁架拱桥的主要承重结构,其主要由上弦杆、腹杆(斜杆、竖杆)、下弦杆和跨中实腹段等组成。

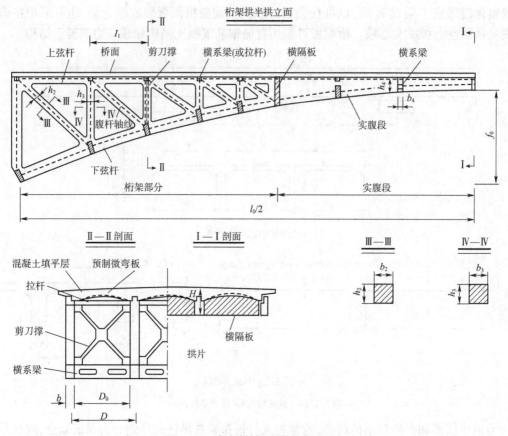

图 3.2.36 桁架拱桥上部结构主要组成

桁架拱内部结构超静定次数高,但外部一般简化为一次超静定结构的两铰拱。由于桁架拱兼顾了桁架和拱式结构的特点,跨中实腹段主要承受轴向压力和弯矩,空腹段除上弦杆外的其他杆件主要承受轴向力,可充分发挥钢筋混凝土材料的受力性能。

1) 拱片结构形式

根据拱片腹杆的布置形式,可分为斜(腹)杆式、竖(腹)杆式、桁肋式和组合式等四种,如图 3.2.37 所示。

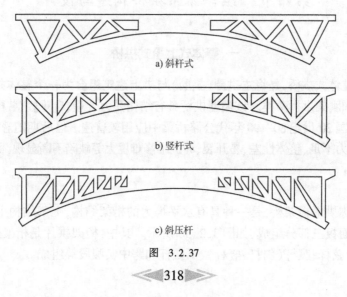

a) 斜杆式

b) 竖杆式

c) 斜压杆

图 3.2.37

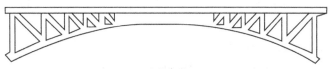

d) 组合式

图 3.2.37 桁架拱片

斜(腹)杆式桁架拱片[图 3.2.37a)],腹杆数量少,杆件总长度最短,材料用量省,整体刚度相对较大。竖杆式桁架拱片[图 3.2.37b)],外形美观,节点构造简单,施工较方便;但整体刚度较小,竖杆与上、下弦杆连接的节点处易开裂,仅适用于荷载等级低、跨径小的桥梁。

桁肋式拱片[图 3.2.37c)],将主拱圈改为桁架结构,具有桁肋自重轻、吊装方便等特点,适宜于无支架施工。但由于桁架在拱脚处固结,基础变位、温度变化和混凝土徐变、收缩引起的附加内力较大,拱脚上弦杆易开裂。

桁式组合拱与前面三种桁架拱的主要区别在于上弦杆断点位置不同。普通桁架拱的上弦杆简支于墩(台)上,上弦杆在墩(台)之间没有断缝(即断点);而桁式组合拱上弦杆在墩(台)顶部至拱顶之间适当位置断开,从断点至墩(台)顶部形成一个悬臂桁架,与墩(台)固结;而跨间两断点之间为普通桁架拱,全桥下弦杆保持连续。桁式组合拱常用于 100m 以上的特大型预应力混凝土拱桥,设断缝对减小由于日照温差引起的附加内力有好处。桁式组合拱桥的组成如图 3.2.38 所示。

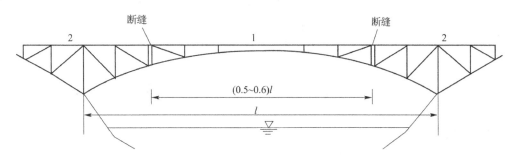

图 3.2.38 桁式组合拱桥的组成
1-桁架拱部分;2-悬臂桁梁部分

2)桁架拱片

从结构布置看,上弦杆和实腹段上缘构成桁架拱片的上边缘,上弦杆轴线与桥面平行;下弦杆的轴线可采用圆弧线、二次抛物线或悬链线。对于多孔桁式组合拱边跨长度与主跨长度之比,宜采用 0.2~0.4;下弦杆可采用二次抛物线,上弦杆断点位置,宜设于距拱顶 0.25~0.30 倍主跨长度处。

桁架拱桥跨中截面高度,可采用以下经验公式确定:

$$h = k\left(200 + \frac{l_0}{700}\right) \tag{3.2.6}$$

式中:h——跨中截面拱肋高度(mm);

l_0——拱的净跨径(mm);

k——荷载系数,对于公路-Ⅰ级取 1.4,公路-Ⅱ级取 1.2。

对于桥墩刚度较小的多跨桁架拱桥,需考虑连拱作用的影响,跨中截面高度通常为跨径的 1/50~1/30。

拱片的数量由桥梁的宽度、跨径、荷载等级及经济指标等综合确定。对于跨径 20~50m 的桁架拱,拱片间距一般取 2.0~3.5m;随着跨径加大,拱片数量可适当减少。

跨中实腹段长度一般取跨径的 0.3~0.5 倍。桁架节间长度与上弦杆局部受力、腹杆受力和桥梁美观有关,一般跨径的桁架拱最大节间长度不宜超过 5m;节间长度由端部向跨中逐节减小,斜杆大致平行并与竖杆保持 30°~50°夹角。

3)杆件截面形式与尺寸

桁架拱片宽度一般取 200~500mm,各杆件一般采用矩形截面。上弦杆与桥面板组合后的高度一般取上弦杆最大节间长度的 1/8~1/6,下弦杆一般取跨径的 1/100~1/80。斜杆和竖杆的宽度一般小于或等于拱片宽度,高度通常取 200~400mm。

桁式组合拱的上、下弦杆和斜杆可分别做成多箱或单室箱形截面。

4)横向联系

横向联系是将各桁架拱片联成整体共同受力,并保证其横向稳定。桁架拱应设置横向联系,其中包括:拱顶实腹段和上弦杆、下弦杆的每一节点处设横系梁;桥端第一根上弦杆节点的横向联系应予以加强;端部设竖向剪刀撑;端节点设水平剪刀撑;跨间其他处,应视跨径大小设置竖向和水平剪刀撑;设有剪刀撑的水平或竖向平面的节点处,均应设横系梁。

桁架拱、桁式组合拱的杆件(包括 K 形撑和剪刀撑),当同一平面内相交时,相交杆件的邻接边缘应设置包络钢筋,且在杆件内有足够的锚固长度。各相交杆件的主钢筋在顺杆件长度方向应伸过节点中心,且应具备足够的锚固长度。节点附近的箍筋应适当加密。

横向联系杆件的截面尺寸主要由构造决定,一般采用矩形截面。

5)桥面结构

桁架拱桥桥面板既承受局部车辆荷载作用,又与桁架拱片形成整体共同受力。桥面结构可采用横向微弯板、纵向微弯板和预应力空心板等形式。

6)桁架拱片与墩台连接

桁架拱片与墩台连接形式包括上、下弦杆与墩台的连接和多孔桁架拱桥桥跨之间的连接,具体连接方式应结合上部及下部结构形式、施工方法及桥梁美观等综合确定。下弦杆与墩台的连接一般在墩台帽上预留深 10cm 左右(或与肋高相同)槽孔,将下弦杆插入并封闭;较大跨径拱桥,由于墩台位移等影响会导致支承面局部承压,引起反力偏心和结构内力变化,宜采用较完善的铰接。

桁架拱上部结构在墩台处的连接以及多跨拱间的连接,可采用悬臂式、过梁式和伸入式等形式,如图 3.2.39 所示。

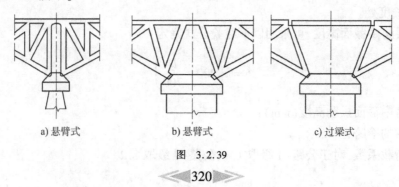

a)悬臂式　　　　b)悬臂式　　　　c)过梁式

图 3.2.39

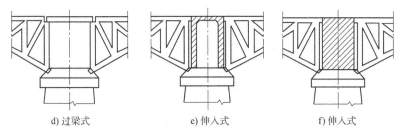

图 3.2.39　桁架拱与墩台连接形式

2. 刚架拱桥

刚架拱桥的上部结构由刚架拱片、横向联结系和桥面等部分组成,如图 3.2.40 所示。刚架拱片是主要承重结构,一般由跨中实腹段主梁、空腹段次梁、主拱腿(主斜撑)、次拱腿(次斜撑)等构成;各拱片通过横向联系形成整体共同受力,其上安装桥面板形成刚架拱桥跨结构。

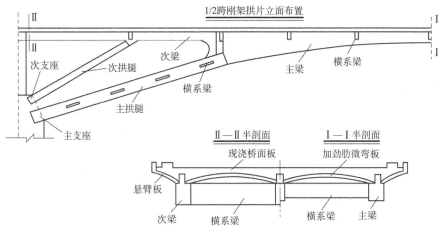

图 3.2.40　刚架拱桥上部结构组成

跨中实腹段和主拱腿的交接处称为主节点,次梁和次拱腿的交接处称为次节点。节点构造一般均按固接设计,并配置相应钢筋。拱腿和斜撑的支座分别称为主支座和次支座,根据构造方式不同,可采用固结和铰接方式。各节点及拱脚处的配筋应加强,箍筋布置宜加密。

1) 总体布置

刚架拱桥的跨径小于 25m 时,可仅设斜腿,不设斜撑;当跨径在 25~70m 之间时,宜加设斜撑;如跨径大于 70m 时,宜再增设一根斜撑。刚架拱实腹段长度,可采用 0.4~0.5 倍计算跨径。刚架拱的拱片中距宜在 2.0~3.5m 之间,拱片之间每隔 3~5m 应设置一根横系梁。

修建在软土基地上或严寒地区的桁架拱桥、刚架拱桥,拱脚附近下弦主钢筋宜适量增加,其箍筋也宜加密。

2) 刚架拱片线形

跨中实腹段和主拱腿构成的几何形状是否合理,直接影响全桥的结构受力,其设计原则是在恒载作用下拱片承受弯矩最小。拱顶实腹段和纵梁拱肋上缘线一般与桥面平行,实腹段下边缘可采用二次抛物线、圆弧线或悬链线,使实腹段成为变截面构件。主拱腿可根据跨径大小和施工方法等不同,设计成等截面直杆或微曲杆。从桥梁美观角度出发,也可采用与主梁同一曲线的弧形杆,但应注意其受压稳定性。

3)横向联系

横向联系是将各刚架拱片连成整体共同受力,并保证其横向稳定。其构造要求同桁架拱桥。

刚架拱片可采用现浇或预制安装方法施工,应根据运输条件和安装能力具体确定,已建桥梁较多地采用预制安装。为了减轻吊装重量,可将主梁和次梁、斜撑等分别预制,用现浇混凝土接头连接。

刚架拱桥属于有推力的高次超静定结构,与桁架拱桥相比具有构件少、刚度大、整体性好、施工方便、桥型美观等优点,广泛用于跨径为25～70m的桥梁。

二、拱式组合桥梁

拱式组合桥梁是由梁和拱两种基本结构组合而成,可以充分发挥梁受弯、拱受压的结构特性及其组合作用。拱式组合桥梁具有外形美观、结构轻巧、无推力或小推力、经济指标好等特点,可适用于不同环境和地质条件,是较大跨径桥梁常用结构形式。

根据拱肋和行车道梁连接方式不同,拱式组合桥梁一般分为有推力的和无推力两种类型。其中,无推力拱式组合体系桥梁(也称系杆拱桥)是外部静定结构,兼有拱桥的较大跨越能力和梁桥对地基适应能力强的特点,应用较为广泛。

1. 组合形式

1)简支拱式组合桥梁

简支拱式组合桥梁(图3.2.41)是一种单跨、简支、下承式的组合桥梁,可采用两种结构形式:第一种由拱肋、纵梁、吊杆及横梁与桥面板等组成,梁与拱共同受力、且由梁承受拱的水平推力;第二种由拱肋、系杆、吊杆及横梁和桥面板等组成,桥面结构悬吊在拱肋上,但拱的水平推力则由与桥面结构分离的系杆承担。

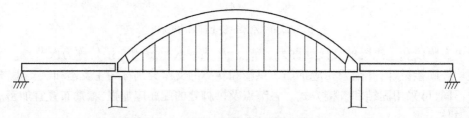

图3.2.41 简支拱式组合桥梁

这类桥梁只用于下承式拱桥,均为无推力的组合体系拱桥。拱肋结构一般为钢管混凝土和钢筋混凝土,桥面上常设置风撑,简支梁拱组合式桥梁外部为静定结构,内部为高次超静定结构,主要承重构件除拱肋外,还有加劲纵梁,它与横梁组成平面框架,由吊杆上下联系,以达到共同受力的目的。

2)连续拱式组合桥梁

连续拱式组合桥梁(图3.2.42)是指三孔或多孔结构连续的组合桥梁。根据桥面在桥梁结构中位置的不同,分为上承式、中承式和下承式三种。

上承式结构由拱肋、立柱、纵梁及横向联系和桥面板等组成,它是一种拱与梁的组合结构,梁与拱共同受力并承担水平推力。

中承式拱可采用两种形式:第一种由拱肋、纵梁、吊杆、立柱及横梁和桥面板等组成,拱和梁共同受力,且由梁承担水平推力;第二种结构由拱肋、系杆、吊杆、立柱及横梁、边纵梁、桥面板等组成,拱悬吊桥面结构,与桥面结构分离的系杆承担水平推力。

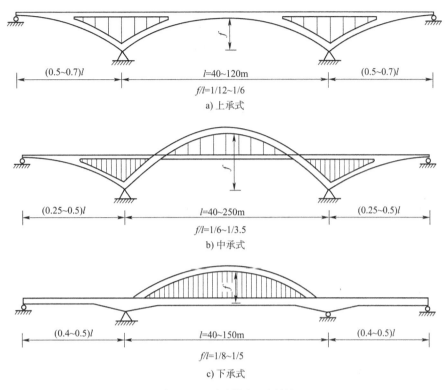

图 3.2.42　连续拱式组合桥梁

下承式拱结构形式与简支拱式组合桥梁相似,边跨采用与中跨截面相似的纵梁。

3)单悬臂拱式组合桥梁

单悬臂拱式组合桥梁(图 3.2.43)是一种三跨、上承式的单悬臂组合桥梁,主要由拱肋、立柱、纵梁、挂孔及横向联系和桥面板等组成。它是一种拱与梁的组合,二者共同受力且由梁承受水平推力。

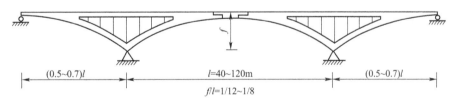

图 3.2.43　单悬臂拱式组合桥梁

2. 主要尺寸拟定

1)上承式拱式组合桥梁

上承式拱式组合桥梁为多肋式拱梁组合结构,拱肋间距一般取 4～6m,拱肋和纵梁之间设置多道横系梁,空腹范围内节间长度和实腹范围内横系梁间距一般取 $l/16 \sim l/10$。

单悬臂结构中跨挂梁高度可按相应跨径的简支梁确定,一般大于其跨径的 1/20;连续结构跨中拱肋截面高度可按下式估算:

$$h = \frac{l}{100} + (500 \sim 800) \qquad (3.2.7)$$

或

$$h = \frac{l}{40} \sim \frac{l}{50} \qquad (3.2.8)$$

式中：h——拱肋高度(mm)；
l——中跨跨径(mm)。

空腹范围内拱肋截面高度可按下式估算：

$$h = \frac{l}{100} + 200 \qquad (3.2.9)$$

空腹范围内纵梁高度可取 $1 \sim 2m$，并满足预应力筋布置要求，总梁宽度与拱肋一致。横梁高度与空腹范围内纵梁相同或略低，宽度按照配筋构造要求确定。空腹范围内拱肋间横系梁尺寸可取 $600mm \times 800mm$，跨径大于 80m 时，尺寸应加大。立柱的厚度可与拱肋相同，宽度一般等于或大于 400mm，拱座顶立柱宽度约为其他立柱宽度的 2 倍。剪刀撑的截面尺寸一般取 $400mm \times 600mm$。

2）中、下承式拱式组合桥梁

按照刚性系杆刚性拱组合设计时，拱肋截面高度可按下式估算：

$$h = \frac{l}{40} \sim \frac{l}{50} \qquad (3.2.10)$$

按照柔性系杆刚性拱组合设计时，拱肋截面高度可按下式估算：

$$h = \frac{l}{30} \sim \frac{l}{50} \qquad (3.2.11)$$

拱肋宽度与风撑设置有关。当桥宽在 20m 左右时，双肋式拱肋的宽度可以拟定为：不设风撑时按刚性拱刚性梁设计的拱肋宽度 $b = (1.0 \sim 1.2)h$，设风撑时 b 值减半。当桥宽大于 20m 或肋数多于 2 个时，拱肋宽度应适当调整。横梁的高度一般取纵梁或吊杆横向间距的 $1/20 \sim 1/10$。

3. 系杆设置

拱式组合桥梁系杆的设置，一方面要考虑系杆与拱肋连接，保证系杆与拱肋共同受力；另一方面要考虑系杆与行车道之间的相互作用，避免桥面行车道因约束系杆受拉而遭到破坏。系杆常采用以下构造形式：

(1)在行车道中设置横向断缝，行车道简支在横梁上，不参与系杆的受力。该形式受力明确，应用较普遍，如图 3.2.44a)所示。

(2)系杆采用型钢或扁钢制作，与行车道完全不接触；同时为防止行车道参与系杆受力，需在行车道内设置横向断缝。该形式的缺点是外露系杆易锈蚀，在温度变化时外露金属系杆和钢筋混凝土拱肋存在温度差别，易产生附加应力，如图 3.2.44b)所示。

(3)采用独立的钢筋混凝土系杆，每个系杆由两部分组成，安放在吊杆两侧自由支承在横梁上。该形式一般尽量把系杆做得矮宽以增加柔性，属于柔性系杆刚性拱范畴，如图 3.2.44c)所示。

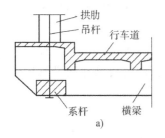 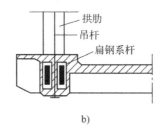 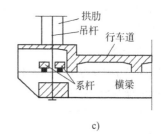

图 3.2.44　系杆构造

(4) 采用预应力钢筋混凝土系杆,预加压力可有效克服混凝土承受的拉力,避免混凝土的裂缝,保证结构耐久性。

刚性系杆为偏心受拉构件,一般设计成箱形或工字形截面。由于截面正负弯矩的绝对值相差不大,钢筋宜靠上下缘对称或接近对称布置。同时,沿截面高度应布置一定数量的分布钢筋,以防止裂缝扩展。

4. 基本力学特征

1) 简支拱式组合桥梁

简支拱式组合桥梁相当于在简支梁上设置加强拱,梁拱结点刚性连接,其间布置吊杆并通过调整吊杆张拉力,使纵梁的受力处于最优状态。一般先按吊杆刚性无限大的假设进行计算,得到恒载状态下的弯矩、轴力和剪力图(图 3.2.45)。从图中可以看出:拱肋主要承担轴压力;系梁主要承担轴向拉力,其弯矩及剪力由节间荷载确定。

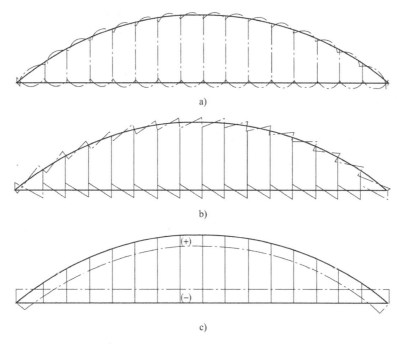

图 3.2.45　恒载状态下的弯矩、轴力及剪力图

2) 上承式连续拱式组合桥梁

上承式连续拱式组合桥梁,上弦加劲梁承受拉弯作用,下弦拱肋承受压弯作用。该桥型是一种用拱肋来加强的连续梁,由空腹范围内上弦产生的拉力,与拱内水平推力组成力矩来平衡

截面内连续梁的弯矩;同时,连续梁中墩附近的高度依靠拱肋加强,使跨中弯矩减小;而中墩位置处的较大负弯矩则靠梁内预应力来平衡。

在跨径布置时应尽可能减小边跨长度,使边跨上基本不出现正弯矩,以避免下弦出现拉应力。同时,为避免负反力的出现,可在梁体端部设置平衡重,或将边跨连续地向外延伸形成五跨连续的梁拱组合体系。

3)中承式连续拱式组合桥梁

中承式连续拱式组合桥梁是目前我国公路桥梁较多采用的组合桥型,一般由三跨组成,分别为两个边跨的半拱和中跨全拱,以及通长布置的加劲纵梁组成。

中承式连续拱式组合桥梁一般根据连续梁的弯矩图来布置加劲梁的拱肋,在负弯矩区通过桥面以下两组拱腿来加强;在中跨正弯矩区,用一组拱肋来加强;连续梁不仅承担弯矩与剪力,还需以轴向拉力来平衡拱的轴向压力,如图 3.2.46 所示。

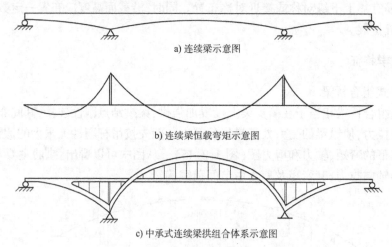

a) 连续梁示意图

b) 连续梁恒载弯矩示意图

c) 中承式连续梁拱组合体系示意图

图 3.2.46　中承式连续梁拱组合体系

连续梁的弯矩是随梁的刚度而变化的,但由于拱的加强,由梁拱所组合而成连续梁刚度发生变化,其弯矩零点位置需进一步调整。但是梁与拱的弯矩、剪力与轴力的内部分配,仍然服从同类型上承式连续组合桥梁的基本原则。

4)下承式连续拱式组合桥梁

三跨下承式连续拱式组合桥梁属于三跨变截面连续梁,当中孔用全拱加强后,通过张拉吊杆可显著减小中跨主梁的正负弯矩,降低主梁的建筑高度;两个边跨由于受到中跨拱的刚度影响,虽然减小了负弯矩,但边跨正弯矩比原来有所增大,因而宜将边跨跨径适当减小,如图 3.2.47 所示。

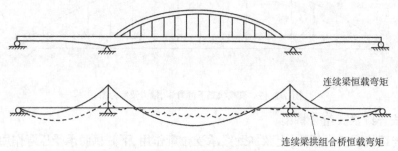

连续梁恒载弯矩

连续梁拱组合桥恒载弯矩

图 3.2.47　下承式连续梁拱组合体系

第五节　钢管混凝土拱桥构造与设计

钢管混凝土是在钢管内灌注混凝土组成的钢-混凝土组合构件，钢管混凝土拱桥是以钢管混凝土拱肋为主要受力构件的拱桥。钢管混凝土拱肋利用钢管对核心混凝土的约束作用，以及钢管的塑性性能，使拱肋具有更高的强度和变形能力，既提高了拱肋的受力性能，又节省了材料用量；同时钢管自身既作为受力构件，又可作为拱肋施工的支架与模板，从而简化拱肋的施工，降低工程造价。钢管混凝土拱桥已成为跨径大于60m的拱桥首选结构形式。

一、结 构 形 式

钢管混凝土拱桥上部结构主要由钢管混凝土拱肋、横梁、纵梁、吊杆（立柱）、系杆索等组成，如图3.2.48所示。

钢管混凝土拱肋主要结构体系有上承式、中承式推力拱[图3.2.49a)、图3.2.49b)]、系杆拱[图3.2.49c)]、下承式刚架系杆拱[图3.2.49d)]和飞燕式系杆拱[图3.2.49e)]等，设计时应根据桥位地形、地质、水文条件和使用要求合理选用。

钢管混凝土拱肋主要有单肋、双肋和多肋的形式，双肋主拱可布置成提篮和平行的形式；桥面梁一般采用横梁体系和纵横梁组合体系；当设有人行道时，一般布置在主拱外侧，对宽度较小的拱桥，也可设置在主拱内侧。

图3.2.48　钢管混凝土拱桥

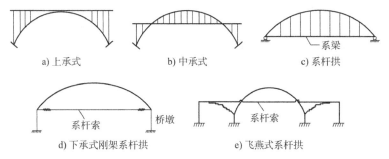

图3.2.49　钢管混凝土拱桥结构体系

钢管混凝土拱桥设计，在保证结构和构件满足强度、刚度和稳定性的前提下，应确保主拱管节点、吊索和系杆索锚点、钢-混凝土组合过渡区等特殊细节构造的耐久性要求；拱座周边尚应考虑排水、冲刷、风蚀等因素对结构耐久性的影响。应考虑吊索、系杆索等构件的检查、维修和更换，以及主拱、桥面系的检修设施等。

二、主要尺寸拟定

钢管混凝土主拱的截面形式可采用单管、哑铃形和桁式（图3.2.50）。其中，单管截面的拱桥跨径不宜大于80m；哑铃形截面的拱桥跨径不宜大于150m；跨径大于150m时，宜采用多管桁式截面；跨径大于250m时，主拱宜采用变桁高截面。

a) 单管　　　　b) 哑铃形　　　　c) 三管桁式　　　　d) 四管桁式

图 3.2.50　钢管混凝土主拱常用截面形式

　　钢管混凝土拱常用的矢跨比：上承式宜取 1/6～1/4，中承式宜取 1/5～1/3.5，下承式宜取 1/5.5～1/4.5。

　　钢管混凝土拱的拱轴线宜采用抛物线或悬链线。当采用悬链线时，其拱轴系数 m：上承式宜为 1.2～2.8，中承式不宜大于 1.9，下承式不宜大于 1.5。

　　飞燕式钢管混凝土拱桥，边跨宜采用钢筋混凝土结构。边、中跨跨径比宜取 0.18～0.30；中跨矢跨比宜取 1/3.5～1/4.5。

　　中承式拱桥的桥道系距拱顶的高度宜在 $(0.55～0.66)f$ 之间选择，f 为拱的计算矢高。提篮式主拱内倾角宜为 5°～10°。

　　钢管混凝土等高桁式截面高度、宽度、钢管直径，可按下列经验公式估算：

$$H = k_1 k_2 \left[0.2 \left(\frac{l_0}{100} \right)^2 + \frac{l_0}{100} + 1.2 \right] \tag{3.2.12}$$

$$B = (0.5～0.6)H \tag{3.2.13}$$

$$D = (0.19～0.23)H \tag{3.2.14}$$

式中：H——主拱截面全高(m)；

　　　B——主拱截面全宽(m)；

　　　D——主拱管外径(m)；

　　　l_0——主拱净跨径(m)；

　　　k_1——荷载系数，对公路-Ⅰ级取 1.0；对公路-Ⅱ级取 0.9；

　　　k_2——桥宽系数，对 6 车道取 1.1，对 4 车道取 1.0，对 2、3 车道取 0.9。

　　对变高桁式拱桥的截面高度，拱顶截面可取 $(0.6～0.9)H$，拱脚截面可取 $(1.4～1.6)H$。

　　对哑铃形截面拱桥的截面高度，可取 $(0.37～0.45)H$，钢管常用直径为 600～1200mm，主管壁厚不宜小于 12mm。

　　中、下承式钢管混凝土拱桥，吊索和拱上立柱宜布置为等间距，可取 $(1/24～1/38)l_0$。上承式钢管混凝土拱桥拱上立柱间距可取 $(1/8～1/15)l_0$。

　　拱座宜根据主拱横向布置选取整体式或分离式形式，主拱采用肋式拱时宜选择分离式拱座。

三、细部构造

1. 单管与哑铃形拱肋

　　当吊索穿过单管拱的主管时，其吊索外套钢管与主管间应设置竖向加劲肋，加劲肋的数量与板厚应满足主管集中受力要求。吊索锚具宜置于主管之外。

　　哑铃形主管之间的连接件，可以采用钢腹板、钢管或二者同时采用。采用钢腹板作为连接

件时,腹板的厚度及加劲肋设置宜满足下列要求:

(1)当 $h/\delta \leq 50$ 时,可不设置中间竖向加劲肋。

(2)当 $140 \geq h/\delta > 50$ 时,应设置中间竖向加劲肋,其间距:$b \leq 950\delta/\sqrt{\tau}$,且不应大于2m。

(3)当 $250 \geq h/\delta > 140$ 时,除应设置中间竖向加劲肋,还应在距受压区(1/5~1/4)h 处设置水平加劲肋。

(4)当仅用竖向加劲肋加强腹板时,则成对设置的中间竖向加劲肋的每侧宽度不得小于 $h/30 + 0.04(\text{m})$。

以上各式中,h 代表钢腹板计算高度(m),焊接板梁为腹板全高,铆接板梁为两翼缘角钢最近铆钉线的距离;δ 代表钢腹板厚度(m);a 代表竖向加劲肋的间距(m);τ 代表验算板段处的腹板平均剪应力(MPa),$\tau = V/h\delta$,V 为板段中间截面处的剪力(MN)。

当采用钢板和钢管作为连接件时,宜将钢管作受力构件,钢板作装饰结构设计。吊索处的加劲肋数量和板厚应满足主管集中受力要求。

2. 管桁构造参数

(1)设有斜支管的Y形、K形、N形节点构造(图3.2.51),应符合以下规定:主、斜支管轴线夹角 θ 不小于30°;主、斜支管轴线交点与主管轴线的偏心距 e_0 不宜大于 $D/4$;K形节点或N形节点支管间的间隙 $g \geq 80\text{mm}$;支管与主管的连接应采用相贯焊接,不应采用肋板加强或插入式节点板的连接形式。

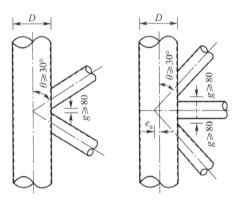

图3.2.51 节点构造参数

(2)设有直支管(平行支管)的管桁构造应符合以下规定:支管中心距离不宜大于主管中心距的4倍;支管面积不宜小于一个主管面积的1/4;支管的长细比不宜大于单根主管长细比的1/2。

(3)几何参数。节间桁高比宜在0.5~1.5之间选择;支管与主管直径比 d/D 一般取0.3~0.8;主管径厚比 D/T 一般取24.0~90;支管与主管壁厚比 t/T 一般取0.25~1.00。

(4)抗疲劳构造要求。当管节点及连接承受反复拉(或拉压)应力时,其节点构造应满足抗疲劳构造要求[可参考现行《公路钢管混凝土拱桥设计规范》(JTG/T D65-06)]。

3. 主拱断面连接构造

(1)主拱采用多管的截面形式时,应按构造设置横断面联结,间距不应大于两个节间长度或8.0m。除吊杆和立杆处,在运输单元的端部也需设置,其数量不应少于两个。

(2) 主拱采用哑铃形截面形式时,腹腔内不宜灌注混凝土,吊索处的加劲肋按传力要求设置。当腹腔需要灌注混凝土时,腹板应按浇筑混凝土时的受力行为作特殊的构造设计。

(3) 在集中力作用下,受弯剪作用的钢管混凝土构件,宜在管内设置环向加劲肋。

4. 主拱接头

(1) 主拱节段接头宜采用焊接对接接头。为满足施工过程受力和无应力焊接的需要,当钢管直径大于 600mm 时,宜采用内法兰盘作临时连接(图 3.2.52);当管径小于 600mm 时,可采用其他临时连接方式。

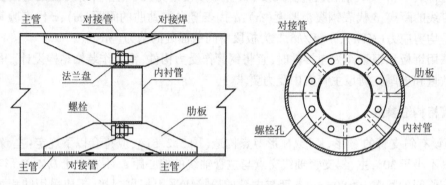

图 3.2.52 内法兰盘构造

(2) 主拱与拱座的连接构造,一般采用预埋钢管插入拱座,预埋管与主拱节段采用焊接对接接头。预埋深度不得小于 $1.5D$,预埋钢管底部应设置垫板,其下应设置不少于三层钢筋网,在钢管周边应设置分布环向钢筋、焊钉或 PBL 剪力键等锚固构造。承压板和管壁间,按构造要求设置带孔加劲肋板(图 3.2.53)。

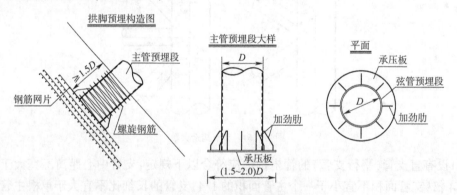

图 3.2.53 主拱与拱座连接构造

主拱施工时,可根据截面形式不同和结构特点的需要,设置或不设置临时铰。对于特大跨径的桁拱,当设置临时铰时,可采用转轴铰或销轴铰的构造形式。

主拱合龙连接宜采用焊接对接接头。为便于主拱快速准确对位合龙,宜单独设置合龙段及满足瞬时合龙的构造要求。

5. 横撑

为保证主拱的横向稳定,拱肋间应设置适当数量的横撑,其构造与拱肋截面相适应。平面布置形式有一字形、K 形、X 形、米字形等,断面可采用单管、多管或哑铃形。

对于上承式和中承式拱桥,拱脚段横向宜设置 X 形横撑;下承式拱的端横梁和中承式拱的肋间横梁除满足受力需要外,还应对结构起到横向连接系作用。

6. 拱上立柱

拱上立柱可采用钢管混凝土、钢或钢筋混凝土结构。钢管混凝土立柱宜采用单管或组合式,盖梁可采用钢筋混凝土或预应力混凝土或钢结构。

钢管混凝土立柱与混凝土盖梁连接时,伸入盖梁长度宜采用 $(1.0 \sim 1.5)D$ 的较小值,并采用 PBL 剪力键或预埋锚筋等形式的钢-混凝土构造连接,如图 3.2.54a)所示;当采用预制盖梁时,可将盖梁底部预埋钢板与钢管混凝土立柱焊接连接,如图 3.2.54b)所示。

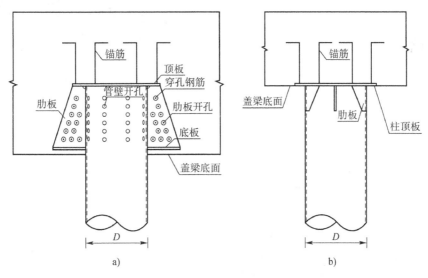

图 3.2.54 钢管混凝土立柱与盖梁连接构造

钢管混凝土拱上立柱的柱脚,分为有垫梁和无垫梁两种。前者通过垫梁上的预埋钢板与立柱焊接连接,如图 3.2.55a)所示;后者采用与主拱直接焊接的连接方式,如图 3.2.55b)所示。

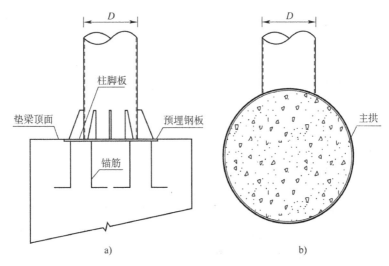

图 3.2.55 拱上立柱与主拱连接构造

钢管混凝土立柱的节段连接宜采用对接焊接接头,当立柱为小偏心受压时,可采用法兰盘螺栓连接。

钢管混凝土墩柱与基础宜采用埋入式连接,其埋入深度应大于1.5D且不小于1.0m,在预埋段应设置分布环向钢筋、焊钉或PBL剪力键等锚固构造。承压板直径(或边长)宜为$(1.5 \sim 2.0)D$,厚度不宜小于25.0mm。桥墩与基础连接方式如图3.2.56所示。

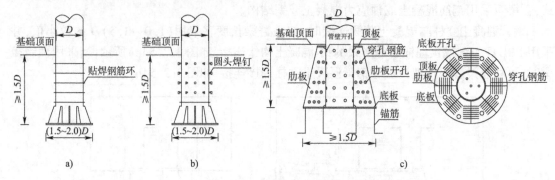

图3.2.56 桥墩与基础连接方式

7. 吊索

吊索应采用平行钢丝或钢绞线的成品索,其钢丝或钢绞线应经过镀锌或环氧喷涂的防腐处理,索体下端或全长范围内宜增设防护性外套管。

吊索锚具形式应结合拱、梁和索体构造选用,锚管的出口端应设置减振器。上下端锚具宜露出结构外,并设置完整的防护及排水构造。

结构设计时要合理安排最短吊索的位置,增加其自由长度,以满足位移需要。当尚不能满足要求时,可采用限值短吊索横梁纵向位移、横梁与桥面系梁(板)间设置滑板支座、增加索体锚固端自由转动幅度等措施。

主拱与吊索连接相关构造细节设计时,应考虑维护及更换吊索所需要的构造措施。

8. 系杆索

吊索应采用平行钢丝或钢绞线的成品索,其钢丝或钢绞线应经过镀锌或环氧喷涂的防腐处理,系杆索不宜外露,应设有防护装置。

系杆锚具形式应结合结构和系杆索的特点选用,锚具宜露出结构外,并便于调整、更换,且需要设置完整的防护及排水系统。

系杆的位置设计应将主拱结构、桥面系高程、锚固位置及更换索体的工艺要求等因素综合考虑。索体支架体系的转轮宜采用非金属或长寿命耐腐蚀材料制作,以保证索体位移需要。

主拱与系杆索连接相关构造细节设计时,应考虑维护及更换系杆索所需要的构造设施。

9. 桥面系构造

钢管混凝土拱桥的桥面系的梁(板)可采用简支或连续结构,一般宜采用连续结构。桥面梁(板)多采用钢筋混凝土、预应力混凝土、钢或钢-混凝土组合等结构。对于特大跨径钢管混凝土拱桥,宜采用钢或钢-混凝土组合等结构。

钢-混凝土组合结构桥面梁(板)有不带钢底板和带钢底板两类,前者可采用预制,后者更适合大跨径钢管混凝土拱桥。

对特大跨中、下承式拱桥,宜采用纵横格子梁结构保证桥面梁的整体性。根据桥面结构限值位移的需要,设置纵向阻尼器等装置。

对中、下承式拱桥,桥面梁与主拱设置的间隙,应满足桥面梁(板)纵向位移要求。吊杆索的行车道侧应设置防撞构造。

四、材料要求

1. 钢材

钢管混凝土承重构件的钢管材料,应根据结构的重要性、荷载等级、应力状态、连接方式、环境条件等因素合理选取强度和质量等级。

管材常用强度等级为 Q235、Q345、Q390 的钢材,其质量应符合现行国家标准的规定。钢管可采用符合国家级相关行业标准的直缝焊接管、螺旋焊接管或无缝钢管。钢材的物理性能指标应按表3.2.1采用。

钢材的物理性能 表3.2.1

指标	弹性模量 E_s(MPa)	剪切模量 G(MPa)	线膨胀系数 α	密度 ρ(kg/m³)
取值	2.06×10^5	0.79×10^5	1.2×10^{-5}	7850

2. 混凝土

钢管混凝土主拱主管内分混凝土宜采用自密实微膨胀混凝土,其强度等级一般为 C30~C80。混凝土轴心抗压强度标准值 f_{ck}、轴心抗压强度设计值 f_{cd}、轴心抗拉强度标准值 f_{tk}、轴心抗拉强度设计值 f_{td}、弹性模量 E_c 应按表3.2.2采用。混凝土的剪切模量 G_c 可按表3.2.2中弹性模量 E_c 的0.4倍采用,混凝土的泊松比 μ_c 取为0.2。

混凝土强度和弹性模量(单位:MPa) 表3.2.2

混凝土强度等级		C30	C40	C50	C60	C70	C80
标准值	轴心抗压强度 f_{ck}	20.1	26.8	32.4	38.5	44.5	50.2
	轴心抗拉强度 f_{tk}	2.01	2.40	2.65	2.85	3.00	3.10
设计值	轴心抗压强度 f_{cd}	13.8	18.4	22.4	26.5	30.5	34.6
	轴心抗拉强度 f_{td}	1.39	1.65	1.83	1.96	2.07	2.14
弹性模量 E_c($\times 10^5$)		3.00	3.25	3.45	3.60	3.70	3.80

混凝土体积稳定性要求在密闭环境下,自由膨胀率稳定收敛期宜在56d内,其值宜控制在 $3 \times 10^{-4} \sim 6 \times 10^{-4}$ 之间;膨胀量应控制在 $1.5 \times 10^{-4} \sim 3.5 \times 10^{-4}$ 之间。

3. 钢管混凝土构件

按照钢管混凝土"统一理论",钢管混凝土构件应具有统一的力学特征和协调变形性,其钢管外径不宜小于100mm,也不宜大于2000mm;壁厚不宜小于6mm;钢管径厚比(D/T)不宜大于90($235/f_{tk}$),其中卷制焊接钢管径厚比(D/T)不宜小于40;常用含钢率 $\alpha_s = 0.04 \sim 0.20$;

约束效应系数 ξ 标准值不宜小于 0.6。

钢管与混凝土强度等级匹配按照表 3.2.3 选用。

钢管与混凝土强度等级匹配表　　　　表 3.2.3

钢材	Q235		Q345					Q390			
混凝土	C30	C40	C40	C50	C60	C70	C80	C50	C60	C70	C80

钢管混凝土设计强度采用轴心组合抗压强度，其设计值 f_{sc} 按下列公式计算：

当 $T \leq 16mm$ 时：

$$f_{sc} = (1.14 + 1.02\xi_0)f_{cd} \tag{3.2.15}$$

当 $T > 16mm$ 时：

对 Q235 和 Q345 钢：

$$f_{sc} = 0.96(1.14 + 1.02\xi_0)f_{cd} \tag{3.2.16}$$

对 Q390 钢：

$$f_{sc} = 0.94(1.14 + 1.02\xi_0)f_{cd} \tag{3.2.17}$$

式中：ξ_0——钢管混凝土的约束效应系数设计值；

f_{cd}——混凝土的轴心抗压强度设计值。

钢管混凝土弹性模量采用组合弹性模量 E_{sc}，其值按现行《公路钢管混凝土拱桥设计规范》(JTG/T D65-06) 有关规定取用。

钢管混凝土构件组合抗剪强度设计值 τ_{sc} 可按下式计算：

当 $T \leq 16mm$ 时：

$$\tau_{sc} = (0.422 + 0.313\alpha_s^{2.33})\xi_0^{0.134}f_{sc} \tag{3.2.18}$$

当 $T > 16mm$ 时：

对 Q235 和 Q345 钢：

$$\tau_{sc} = 0.96(0.422 + 0.313\alpha_s^{2.33})\xi_0^{0.134}f_{sc} \tag{3.2.19}$$

对 Q390 钢：

$$\tau_{sc} = 0.94(0.422 + 0.313\alpha_s^{2.33})\xi_0^{0.134}f_{sc} \tag{3.2.20}$$

钢管混凝土弹性剪切模量采用组合弹性剪切模量 G_{sc}，其值按现行《公路钢管混凝土拱桥设计规范》(JTG/T D65-06) 有关规定取用。

第三章 拱桥计算

第一节 概 述

拱桥的计算包括简单体系拱桥计算和组合体系拱桥计算,需针对不同的结构特点,结合拱的联合作用、活载横向分布、连拱作用等受力特点,采用不同的计算方法。

一、拱桥联合作用有关规定

拱桥属多次超静定结构,当拱上建筑参与主拱圈共同承受荷载作用时,称为"拱上建筑与主拱的联合作用"(简称"联合作用")。研究表明:简单体系上承式拱桥拱上建筑的联合作用较显著,而梁式拱上建筑的联合作用较小。同时拱式拱上建筑的联合作用与许多因素有关,例如:拱上建筑对主拱圈的相对刚度越大,联合作用越显著;拱上建筑抗推刚度越大,联合作用越显著;拱上腹拱采用无铰拱结构时,其联合作用要比有铰拱大。此外,同一拱桥不同截面的联合作用也存在差异,一般情况下拱脚、$L/8$ 等截面的联合作用较大,而拱顶截面的联合作用较小。因此,在拱桥计算时,需根据拱上建筑联合作用程度,结合结构特点选择不同的计算图式进行受力分析。一般情况下,不考虑拱上建筑的联合作用,对主拱圈的受力是偏安全的。

《公路钢筋混凝土及预应力混凝土桥涵设计规范》(JTG 3362—2018)规定:拱的计算可不考虑拱上建筑与主拱圈的联合作用;当考虑拱上建筑与主拱圈的联合作用时,拱上建筑结构的构造应符合计算的预设条件。本规范有关拱的计算规定,均适用于主拱圈裸拱受力而不考虑其与拱上建筑的联合作用。当采用车道荷载计算拱的正弯矩时,各截面的折减系数宜按表3.3.1 取用。

正弯矩折减系数　　　　表3.3.1

截面	跨径 L(m)		
	$L \leq 60$	$60 < L < 100$	$L \geq 100$
拱顶、1/4 拱跨	0.7	直线内插	1.0
拱脚	0.9	直线内插	1.0
其他截面	直线内插		

《公路圬工桥涵设计规范》(JTG D61—2005)规定:拱上建筑为梁(板)式结构的拱桥的计算,不应考虑拱上建筑与主拱圈的联合作用;拱上建筑为拱式结构的拱桥的计算,可考虑拱上建筑与主拱圈的联合作用。当采用公路-Ⅰ级、公路-Ⅱ级车道荷载计算拱的正弯矩时,自拱顶至拱跨1/4各截面应乘以0.7折减系数;拱脚截面乘以0.9折减系数;拱跨1/4至拱脚各截面,其折减系数按直线插入法确定。

二、荷载横向分布有关规定

拱桥是空间结构,当桥上作用活载时,拱圈(肋)横截面将出现内力(应力)不均匀分布,该现象称为"拱的活载横向分布"。拱桥的活载横向分布与结构形式、拱上建筑形式、拱圈截面形式和刚度等许多因素有关。对于上承式的石板拱桥、箱形拱及拱上建筑为横墙式的双曲拱、联合作用较大的拱脚及1/4截面,活载横向分布比较均匀;而联合作用较弱的拱顶截面,活载横向分布影响较大。总体上讲,整体式主拱圈横向受力较均匀,而分离式肋拱桥尤其是中承式、下承式结构以及整体式拱桥(桁架拱、刚架拱)、组合体系拱桥,活载横向分布影响较大。

《公路钢筋混凝土及预应力混凝土桥涵设计规范》(JTG 3362—2018)规定:拱上建筑为立柱排架式墩的箱形截面板拱,应考虑活载的横向不均匀分布。拱上建筑为墙式墩的板拱,当活载横桥向布置不超过拱圈以外时,活载可按均匀分布于拱圈全宽计算。上承式肋拱桥活载可通过拱上排架墩的盖梁和立柱分配于拱肋。

根据结构空间受力特点,双肋拱桥一般可近似采用杠杆原理法计算横向分布系数;对于多肋拱桥的横向分布系数,窄桥时可采用偏心压力法计算,宽桥时可采用弹性支承连续梁法计算。整体式拱桥和组合体系拱桥,活载横向分布系数计算同肋拱桥。

三、连拱作用有关规定

多孔拱桥在荷载作用下,拱与墩的节点会产生水平位移和转角。考虑拱与墩节点产生变位的计算,称为连拱计算(又称连拱作用)。一般而言,桥墩相对拱圈越细柔,拱墩节点的水平位移越大,连拱作用越显著。当桥墩的刚度相对拱圈的刚度接近无穷大时,即可忽略连拱作用。

《公路圬工桥涵设计规范》(JTG D61—2005)规定:多跨无铰拱桥应按连拱计算。当桥墩抗推刚度与主拱圈抗推刚度之比大于37时,可按单跨拱桥计算(即不考虑连拱作用)。

第二节 简单体系拱桥计算

拱桥拱轴线(主拱圈各截面形心间的连线)的形状不仅影响主拱圈内力和截面应力分布,而且与施工安全性、结构耐久性、经济合理性等密切相关。因此,拱桥设计应优选拱轴线,使拱在作用组合下,轴向力的偏心距较小。对大跨径拱桥,如某些截面的结构重力压力线与拱轴线偏离过大,或在结构重力及其所引起的弹性压缩和温度下降、混凝土收缩等作用下轴向力偏心距较大时,应作适当调整,且应考虑拱轴线偏离结构重力压力线引起的偏离弯矩。

悬链线是普通拱桥尤其是大跨径拱桥常用的拱轴线形,本节结合悬链线拱的几何性质,介绍主拱圈内力计算方法。

一、悬链线拱几何性质

(一)实腹式悬链线拱

上承式实腹式拱采用恒载压力线作为拱轴线(不计弹性压缩),该恒载压力线即为悬链线。下面以恒载压力线作为拱轴线,推导悬链线方程。

设实腹式拱的恒载包括拱圈、拱上填充剂和桥面层自重力[图3.3.1a)],其分布规律如图3.3.1b)所示。取图3.3.1所示坐标系,设拱轴线即为恒载压力线,则在恒载作用下拱顶截面的弯矩 $M_d = 0$、剪力 $Q_d = 0$,此时,拱顶截面仅作用恒载轴压力即恒载水平推力 H_g。现对拱脚截面取矩,则有:

$$H_g = \frac{\sum M_j}{f} \tag{3.3.1}$$

式中:H_g——拱的恒载水平推力(不考虑弹性压缩);
$\sum M_j$——半拱恒载对拱脚截面的弯矩;
f——拱的计算矢高。

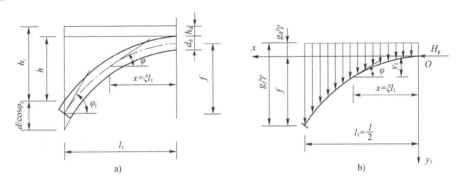

图3.3.1 实腹式悬链线拱轴计算图

对任意截面取矩,可得:

$$y_1 = \frac{M_x}{H_g} \tag{3.3.2}$$

式中:y_1——以拱顶为坐标原点,拱轴上任意点的坐标;
M_x——任意截面以右的全部恒载对该截面的弯矩值。

式(3.3.2)即为求算恒载压力线的基本方程。将上式两边对 x 求导两次,得:

$$\frac{d^2 y_1}{dx^2} = \frac{1}{H_g} \frac{d^2 M_x}{dx^2} = \frac{g_x}{H_g} \tag{3.3.3}$$

式(3.3.3)为恒载压力线的基本微分方程式。为了得到拱轴线(即恒载压力线)的一般方程,必须知道恒载集度的分布规律。

由图3.3.1b)得出,主拱圈任意点的恒载集度 g_x 可用下式表示:

$$g_x = g_d + \gamma y_1 \tag{3.3.4}$$

式中:g_d——拱顶处恒载集度;
γ——拱上建筑材料重度。

由式(3.3.4)得:

$$g_j = g_d + \gamma f = m g_d \tag{3.3.5}$$

$$m = \frac{g_j}{g_d} \tag{3.3.6}$$

式中：g_j——拱脚处恒载集度；

m——拱轴系数（或称拱轴曲线系数）。

由式(3.3.5)得：

$$\gamma = (m-1)\frac{g_d}{f} \tag{3.3.7}$$

将式(3.3.7)代入式(3.3.4)，可得：

$$g_x = g_d + y_1(m-1)\frac{g_d}{f} = g_d\left[1 + (m-1)\frac{y_1}{f}\right] \tag{3.3.8}$$

再将上式代入基本微分方程式(3.3.3)。为使最终结果简单，引入参数 $x = \xi l_1$，则：

$$dx = l_1 d\xi \tag{3.3.9}$$

可得：

$$\frac{d^2 y_1}{d\xi^2} = g_d \frac{l_1^2}{H_g}\left[1 + (m-1)\frac{y_1}{f}\right]$$

令：

$$k^2 = \frac{g_d l_1^2}{fH_g}(m-1) \tag{3.3.10}$$

则：

$$\frac{d^2 y_1}{d\xi^2} = \frac{g_d l_1^2}{H_g} + k^2 y_1 \tag{3.3.11}$$

式(3.3.11)为二阶非齐次常系数线性微分方程。解此方程，则得拱轴线方程为：

$$y_1 = \frac{f}{m-1}(\text{ch}k\xi - 1) \tag{3.3.12}$$

上式即为悬链线方程。将拱脚截面：$\xi = 1, y_1 = f$ 代入式(3.3.11)，得：

$$\text{ch}k = m \tag{3.3.13}$$

通常 m 已知，则 k 值可由下式求得：

$$k = \text{ch}^{-1} m = \ln(m + \sqrt{m^2 - 1}) \tag{3.3.14}$$

当 $m=1$ 时，则 $g_x = g_d$，即表示恒载是均布荷载。不难理解，在均布荷载作用下拱的压力线为二次抛物线，其方程为：

$$y_1 = f\xi^2 \tag{3.3.15}$$

悬链线拱的拱轴系数一般不宜大于 3.5。《公路钢筋混凝土及预应力混凝土桥涵设计规范》(JTG 3362—2018)规定：悬链线拱的拱轴系数宜采用 1.167~2.814。

由悬链线方程式(3.3.12)看出：当拱的矢跨比确定后，拱轴线各点的纵坐标将取决于拱轴系数 m。不同 m 值的拱轴线坐标可直接由《公路设计手册：拱桥》（以下简称《拱桥》）附录表(Ⅲ)-1 查得。

下面介绍实腹式悬链线拱拱轴系数 m 的确定方法。

因为

$$m = \frac{g_j}{g_d}$$

由图 3.3.1 可知，拱顶处恒载集度为：

$$g_d = \gamma_1 h_d + \gamma d$$

在拱脚处 $h_j = h_d + h$，则其恒载集度为：

$$g_j = \gamma_1 h_d + \gamma_2 h_j + \gamma \frac{d}{\cos\varphi_j} \quad (3.3.16)$$

$$h = f + \frac{d}{2} - \frac{d}{2\cos\varphi_j} \quad (3.3.17)$$

式中：h_d——拱顶处填充剂厚度，一般取 $0.3 \sim 0.5 \mathrm{m}$；

h_j——拱脚处填充剂厚度；

d——拱圈厚度；

γ——拱圈重度；

γ_1——拱顶填充剂与路面的平均重度；

γ_2——拱腹填充剂平均重度；

φ_j——拱脚处拱轴线的水平倾角。

从式(3.3.16)和式(3.3.17)中可以看出：这两式中除了 φ_j 为未知数外，其余均为已知数。由于 φ_j 为未知，故不能直接利用公式算出 m 值(拱轴系数 m 决定了拱轴线形，m 未知则 φ_j 未知)，需采用逐次逼近法确定：

(1) 根据跨径和矢高假定 m 值，由《拱桥》附录表(Ⅲ-2)查得拱脚处的 $\cos\varphi_j$ 值，代入公式 $g_j = \gamma_1 h_d + \gamma_2 h_j + \gamma \dfrac{d}{\cos\varphi_j}$ 求得 g_j；

(2) 根据公式 $m = \dfrac{g_j}{g_d}$ 计算 m' 值；

(3) 比较 m' 与 m，如 $m' = m$，则说明假定的 m 值即为真实值；如 $m' \neq m$，则应以 m' 作为假定值(为了计算方便，m 值应按表 3.3.2 所列数值假定)，重新进行计算，直至两者接近为止。

拱轴系数 m 与 $\dfrac{y_{l/4}}{f}$ 的关系表　　表3.3.2

m	1.000	1.167	1.347	1.543	1.756	1.988	2.240	2.514	2.814	3.142	3.500	…	5.321
$\dfrac{y_{l/4}}{f}$	0.250	0.245	0.240	0.235	0.230	0.225	0.220	0.215	0.210	0.205	0.200	…	0.180

当拱的跨径和矢高确定之后，悬链线的形状取决于拱轴系数 m，其线形特征可用 $l/4$ 点纵坐标 $y_{l/4}$ 的大小表示(图 3.3.2)。

拱跨 $l/4$ 点的纵坐标 $y_{l/4}$ 与 m 值有以下关系：

当 $\xi = 1/2$ 时，$y_1 = y_{l/4}$，代入式(3.3.12)得：

$$\frac{y_{l/4}}{f} = \frac{1}{m-1}\left(\operatorname{ch}\frac{k}{2} - 1\right) \quad (3.3.18)$$

因为：

$$\operatorname{ch}\frac{k}{2} = \sqrt{\frac{\operatorname{ch}k + 1}{2}} = \sqrt{\frac{m+1}{2}}$$

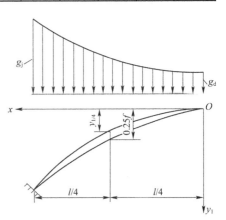

图3.3.2　拱跨 $l/4$ 点纵坐标与 m 的关系

所以：

$$\frac{y_{l/4}}{f} = \frac{\sqrt{\frac{m+1}{2}}-1}{m-1}\frac{1}{\sqrt{2(m+1)}+2} \tag{3.3.19}$$

由上式可见，$y_{l/4}$ 与 m 值成反比。当 m 增大时，拱轴线抬高；反之，当 m 减小时，拱轴线降低。在一般悬链线拱桥中，恒载从拱顶至拱脚逐渐增加（$g_j > g_d$），则 $m > 1$。只有在均布荷载作用下，才会出现 $g_j = g_d$、$m = 1$ 的情况。由式(3.3.19)可得，该情况下 $y_{l/4} = 0.25f$。

在《拱桥》附录的计算用表中，除了可以根据拱轴系数 m 查得所需的表值之外，亦可借助相应的 $\frac{y_{l/4}}{f}$ 查得同样的值。$\frac{y_{l/4}}{f}$ 与 m 的对应关系见表3.3.2。

(二)空腹式悬链线拱

上承式空腹式拱桥，桥跨结构的恒载可视为由两部分组成：拱圈与实腹段自重分布荷载 + 空腹部分通过腹孔墩传递的集中荷载[图3.3.3a)]。由于集中力的存在，拱的恒载压力线不再是一条悬链线，而是一条有转折的、不光滑的曲线。在设计空腹式拱桥时，由于悬链线拱的受力与线形均较好，且有完整的计算表格可用，故多采用悬链线作为拱轴线。

为使采用的悬链线拱轴线与其恒载压力线接近，一般采用"五点重合法"确定悬链线拱的拱轴系数 m。所谓"五点重合法"，是指在拱跨上有5个点（拱顶、两个 $l/4$ 点和两拱脚）的拱轴线与相应三铰拱的恒载压力线重合[图3.3.3b)]。基于此，可根据上述五点弯矩为零的条件来确定 m 值。

由拱顶弯矩为零及恒载的对称条件可知：拱顶仅有通过截面重心的恒载轴力，即拱的恒载水平推力 H_g，而弯矩及剪力为零。

在图3.3.3a)、图3.3.3b)中，由 $\sum M_A = 0$，得：

$$H_g = \frac{\sum M_j}{f} \tag{3.3.20}$$

由 $\sum M_B = 0$ 得：

$$H_g y_{l/4} - \sum M_{l/4} = 0 \tag{3.3.21}$$

则：

$$H_g = \frac{\sum M_{l/4}}{y_{l/4}} \tag{3.3.22}$$

将式(3.3.20)的 H_g 代入式(3.3.22)，可得：

$$\frac{\sum M_j}{f} = \frac{\sum M_{l/4}}{y_{l/4}} \tag{3.3.23}$$

式中：$\sum M_{l/4}$——自拱顶至拱跨点 $l/4$ 的恒载对 $l/4$ 截面的力矩，其余符号意义同前。

等截面悬链线拱的拱圈恒载对 $l/4$ 及拱脚截面的弯矩 $M_{l/4}$、M_j，可由《拱桥》附录表Ⅲ-19查得。

求得 $y_{l/4}/f$ 之后，可由式(3.3.19)反求 m，即：

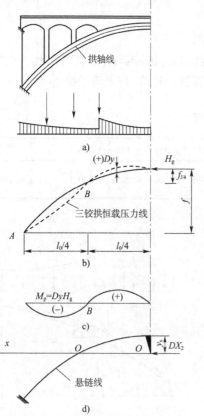

图3.3.3 空腹式悬链线拱轴计算图

$$m = \frac{1}{2}\left(\frac{f}{y_{l/4}} - 2\right)^2 - 1 \tag{3.3.24}$$

空腹式拱桥的 m 值,仍可采用逐次逼近法确定:(1)先假定一拱轴系数 m,并根据假定的 m 值定出拱轴线,作图布置拱上建筑;(2)计算主拱圈和拱上建筑的恒载对 $l/4$ 和拱脚截面的力矩 $M_{l/4}$ 和 M_j;(3)利用公式 $m = \frac{1}{2}\left(\frac{f}{y_{l/4}} - 2\right)^2 - 1$ 推算 m';(4)比较 m' 与 m,如 $m' = m$,则说明假定的 m 值即为真实值;如 $m' \neq m$,则应以 m' 作为假定值,重新进行计算,直至两者接近为止。

应当注意,用上述方法确定空腹拱的拱轴线,仅与相应三铰拱恒载压力线保持五点重合,其他截面处的拱轴线与三铰拱恒载压力线都有不同程度的偏离。大量计算证明:从拱顶到 $l/4$ 点,一般压力线在拱轴线之上,而从 $l/4$ 点到拱脚,压力线则大多在拱轴线之下。拱轴线与相应三铰拱恒载压力线的偏离类似于一个正弦波[图 3.3.3b)]。

拱桥压力线与拱轴线存在偏离会在拱中产生附加内力。对于静定三铰拱,各截面的偏离弯矩值 M_P 可以三铰拱压力线与拱轴线在该截面的偏离值 Δy 表示($M_P = H_g \cdot \Delta y$);对于无铰拱,偏离弯矩的大小,不能以三铰拱压力线与拱轴线的偏离值表示,而应以该偏离值 M_P 作为荷载,计算无铰拱的偏离弯矩值。

由结构力学可知,荷载作用在基本结构上引起弹性中心的赘余力为:

$$\Delta X_1 = -\frac{\Delta_{1P}}{\delta_{11}} = -\frac{\int_s \frac{\overline{M}_1 M_P ds}{EI}}{\int_s \frac{\overline{M}_1^2 ds}{EI}} = -\frac{\int_s \frac{M_P ds}{I}}{\int_s \frac{ds}{I}} = -H_g \frac{\int_s \frac{\Delta y ds}{I}}{\int_s \frac{ds}{I}} \tag{3.3.25}$$

$$\Delta X_2 = -\frac{\Delta_{2P}}{\delta_{22}} = -\frac{\int_s \frac{\overline{M}_2 M_P ds}{EI}}{\int_s \frac{\overline{M}_2^2 ds}{EI}} = -H_g \frac{\int_s \frac{y \Delta y ds}{I}}{\int_s \frac{y^2 ds}{I}} \tag{3.3.26}$$

式中: $\overline{M}_1 = 1$, $\overline{M}_2 = 1$;

M_P——三铰拱结构自重压力线偏离拱轴线所产生的弯矩, $M_P = H_g \cdot \Delta y$;

Δy——三铰拱结构自重压力线与拱轴线的偏离值[图 3.3.3b)]。

由图 3.3.3b)可见, Δy 有正有负,沿全拱积分的 $\int_s \frac{\Delta y ds}{I}$ 数值不大,由式(3.3.25)可知, ΔX_1 数值较小。若 $\int_s \frac{\Delta y ds}{I} = 0$,则 $\Delta X_1 = 0$。

大量计算表明,由式(3.3.21)确定的 ΔX_2 恒为正值(压力)。

任意截面的偏离弯矩为:

$$\Delta M = \Delta X_1 - \Delta X_2 y + M_P \tag{3.3.27}$$

其中, y 为以弹性中心为原点(向上为正)的拱轴线坐标;其余符号意义同前。

对于拱顶、拱脚截面,偏离弯矩为:

$$\Delta M_d = \Delta X_1 - \Delta X_2 y_s < 0 \tag{3.3.28}$$

$$\Delta M_j = \Delta X_1 + \Delta X_2 (f - y_s) > 0 \tag{3.3.29}$$

式中: y_s——弹性中心至拱顶之距离。

空腹式无铰拱桥采用"五点重合法"确定的拱轴线,与相应的三铰拱的恒载压力线在拱顶、两 $l/4$ 点和两拱脚五点重合,而与无铰拱的恒载压力线实际上并不存在五点重合的关系。由式(3.3.28)、式(3.3.29)可知,由于拱轴线与恒载压力线存在偏离,在拱顶、拱脚都产生了偏离弯矩。根据力学分析,拱顶的偏离弯矩 ΔM_d 为负,拱脚的偏离弯矩 ΔM_j 为正,恰好与这两个截面的控制弯矩符号相反。由此说明,在空腹式拱桥中,用"五点重合法"确定的悬链线拱轴线,其偏离弯矩对拱顶、拱脚都是有利的。因此,一般拱桥在设计时不计偏离弯矩的影响对结构是偏安全的。对于大跨径空腹式拱桥,由于压力线与拱轴线偏离较大,实际压力线不再通过以上五点,则应考虑偏离弯矩的影响。

对实腹拱而言,拱轴系数 m 值的大小取决于拱脚处荷载集度与拱顶处荷载集度之比 $\left(m = \dfrac{g_j}{g_d}\right)$。当拱顶填土厚度不变(即拱顶荷载及集度不变)时,要增大 m 值,必须增加拱脚处荷载集度,即增加拱脚处的填土厚度,这样势必需要增加矢高。因此,坦拱的拱轴系数可以选得小一些,陡拱的拱轴系数可以选得大一些。当矢跨比不变时,随着拱上填土厚度的增加,拱顶荷载集度增加的速度比拱脚大。因此,高填土拱的拱轴系数可以选得小一些,低填土拱的拱轴系数可以选得大一些。

对于空腹式拱,由于拱脚至拱跨 $1/4$ 点之间拱上建筑挖空,结构重力对拱脚处的力矩减少,$\sum M_j / \sum M_{l/4}$ 值随之减小,所以,空腹式拱的拱轴系数比实腹式拱的要小。如果拱桥采用无支架施工,裸拱的拱轴系数接近于1。但在拱桥设计时,拱轴系数 m 值并不是根据裸拱重力来选定,而是根据全桥恒载来确定,此时会导致在裸拱自重作用下,拱轴线将与压力线发生偏离。拱轴系数 m 值越大,偏离弯矩就越大。因此,为兼顾裸拱阶段的受力状态,在设计时宜选用较小的 m 值。

(三)拱轴线的水平倾角 φ

将式(3.3.12)对 ξ 取导数,得:

$$\frac{dy_1}{d\xi} = \frac{f\check{k}}{m-1}\mathrm{sh}k\xi \tag{3.3.30}$$

因为:

$$\tan\varphi = \frac{dy_1}{dx} = \frac{dy_1}{l_1 d\xi} = \frac{2dy_1}{ld\xi} \tag{3.3.31}$$

将式(3.3.30)代入式(3.3.31),得:

$$\tan\varphi = \frac{2f\check{k}}{l(m-1)}\mathrm{sh}k\xi = \eta\mathrm{sh}k\xi \tag{3.3.32}$$

$$\eta = \frac{2f\check{k}}{l(m-1)} \tag{3.3.33}$$

由上式可见,拱轴水平倾角与拱轴系数 m 有关。拱轴线上各点的水平倾角 $\tan\varphi$,可直接由《拱桥》附录表(Ⅲ)-2 查出。

(四)悬链线无铰拱的弹性中心

按力法计算无铰拱的内力(恒载、活载、温度变化、混凝土收缩和拱脚变位等)时,为了简化计算,常采用拱的弹性中心法。弹性中心法计算无铰拱内力时,可简化为两种基本结构,即悬臂曲梁[图3.3.4a)]和简支曲梁[图3.3.4b)]。现以简支曲梁作为基本结构,确定悬链线无铰拱弹性中心位置。

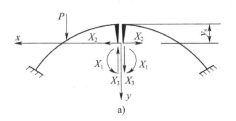
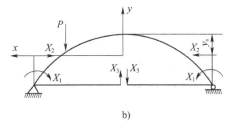

图 3.3.4 拱的弹性中心

由结构力学知,弹性中心距拱顶的距离为：

$$y_s = \frac{\int_s \dfrac{y_1}{EI} ds}{\int_s \dfrac{ds}{EI}} \tag{3.3.34}$$

式中：$y_1 = \dfrac{f}{m-1}(\mathrm{ch}k\xi - 1)$；

$ds = \dfrac{dx}{\cos\varphi} = \dfrac{l}{2\cos\varphi}d\xi$；

其中：

$\cos\varphi = \dfrac{1}{\sqrt{1+\tan^2\varphi}} = \dfrac{1}{\sqrt{1+\eta^2\,\mathrm{sh}^2 k\xi}}$；

则：

$$ds = \frac{l}{2}\sqrt{1+\eta^2\,\mathrm{sh}^2 k\xi}\,d\xi \tag{3.3.35}$$

将 y_1 及 ds 代入式(3.3.34),并注意到等截面拱中 I 为常数,则有：

$$y_s = a_1 f \tag{3.3.36}$$

$$a_1 = \frac{1}{m-1} \frac{\int_0^1 (\mathrm{ch}k\xi - 1)\sqrt{1+\eta^2\,\mathrm{sh}^2 k\xi}\,d\xi}{\int_0^1 \sqrt{1+\eta^2\,\mathrm{sh}^2 k\xi}\,d\xi}$$

系数 a_1 可由《拱桥》附录表(Ⅲ)-3 查得。

【例 3.3.1】 某无铰拱桥,计算跨径 $l=80\mathrm{m}$,主拱圈及拱上建筑结构自重简化为图 3.3.5 所示的荷载作用,主拱圈截面面积 $A=5.0\mathrm{m}^2$,重度为 $\gamma=25\mathrm{kN/m^3}$,试应用"五点重合法"确定拱桥拱轴系数 m,并计算拱脚竖向力 V_g、水平推力 H_g 及结构自重轴力 N_g。

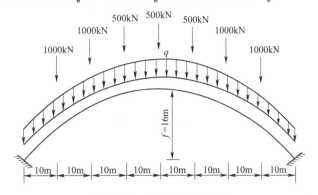

图 3.3.5 【例 3.3.1】结构图

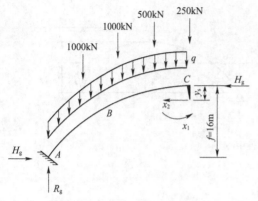

图 3.3.6 【例 3.3.1】半结构图

解:取悬臂曲梁为基本结构,如图 3.3.6 所示。

因结构正对称,荷载也是正对称的,在弹性中心的赘余力 $x_3 = 0$,仅有正对称的赘余力 x_1、x_2。

由式(3.3.19)、式(3.3.23)联立解得:

$$\frac{1}{\sqrt{2(m+1)}+2} = \frac{y_{l/4}}{f} = \frac{\sum M_{l/4}}{\sum M_j}$$

由图 3.3.6 可以得到,半拱悬臂集中力荷载对拱跨 $l/4$ 截面和拱脚截面的弯矩为:

$M_{l/4} = 500 \times 10 + 250 \times 20 = 10000 (\text{kN} \cdot \text{m})$

$M_j = 1000 \times 10 + 1000 \times 20 + 500 \times 30 + 250 \times 40 = 55000 (\text{kN} \cdot \text{m})$

(1)假定拱轴系数 $m = 2.514$,因 $f/l = 16/80 = 1/5$,由《拱桥》表(Ⅲ)-19 查得半拱悬臂自重对 $l/4$ 截面和拱脚截面的弯矩为:

$$M_k = \frac{A\gamma l^2}{4} \times [\text{表值}]$$

$$M_{l/4} = \frac{5.0 \times 25 \times 80^2}{4} \times 0.12619 = 25238 (\text{kN} \cdot \text{m})$$

$$M_j = \frac{5.0 \times 25 \times 80^2}{4} \times 0.52328 = 104656 (\text{kN} \cdot \text{m})$$

所有半拱悬臂荷载对 $l/4$ 截面和拱脚截面的弯矩为:

$M_{l/4} = 10000 + 25238 = 35238 (\text{kN} \cdot \text{m})$

$M_j = 55000 + 104656 = 159656 (\text{kN} \cdot \text{m})$

所以:

$$\frac{1}{\sqrt{2(m+1)}+2} = \frac{35238}{159656} = \frac{1}{4.531}$$

$$\Rightarrow m' = 2.202$$

$$|m - m'| = 0.312 > 半级 = \left(\frac{2.514 - 2.24}{2}\right) = 0.137$$

所以 m 与 m' 不符,需重新计算。

(2)假定拱轴系数 $m = 2.24$,由《拱桥》表(Ⅲ)-19 查得半拱悬臂自重对 $l/4$ 截面和拱脚截面的弯矩分别为:

$$M_{l/4} = \frac{5.0 \times 25 \times 80^2}{4} \times 0.12625 = 25250 (\text{kN} \cdot \text{m})$$

$$M_j = \frac{5.0 \times 25 \times 80^2}{4} \times 0.52354 = 104708 (\text{kN} \cdot \text{m})$$

所有半拱悬臂荷载对 $l/4$ 截面和拱脚截面的弯矩为:

$\sum M_{l/4} = 10000 + 25250 = 35250 (\text{kN} \cdot \text{m})$

$\sum M_j = 55000 + 104708 = 159708 (\text{kN} \cdot \text{m})$

所以:

$$\frac{1}{\sqrt{2(m+1)}+2} = \frac{35250}{159708} = \frac{1}{4.531}$$

$$\Rightarrow m' = 2.202$$

$$|m - m'| = 0.038$$

m 与 m' 之差小于半级,因此取拱轴系数 $m = 2.24$。

(3)由《拱桥》表(Ⅲ)-19 查得半拱悬臂自重对拱脚截面的竖向剪力为:

$$P_k = A\gamma l \times [\text{表值}] = 5.0 \times 25 \times 80 \times 0.55184 = 5518.4(\text{kN})$$

半拱悬臂集中力对拱脚截面的竖向剪力为:

$$P_j = 1000 + 1000 + 500 + 250 = 2750(\text{kN})$$

半拱悬臂荷载对拱脚截面的竖向总剪力为:

$$\sum P_j = 5518.4 + 2750 = 8268.4(\text{kN})$$

由前式可得:

$$\frac{1}{\sqrt{2(m+1)} + 2} = \frac{y_{l/4}}{f} = \frac{1}{4.531} \Rightarrow y_{l/4} = \frac{1}{4.531} \cdot f = 3.531(\text{m})$$

故:

$$H_g = \frac{\sum M_j}{f} = \frac{159708}{16} = 9981.8(\text{kN})$$

$$V_g = \sum P = 5518.4 + 2750 = 8268.4(\text{kN})$$

拱脚截面结构自重轴力:

$$N_g = \sqrt{H_g^2 + V_g^2} = \sqrt{9981.8^2 + 8268.4^2} = 12961.6(\text{kN})$$

二、主拱圈内力计算

拱桥主拱圈内力计算可采用解析法和有限元法。解析法是采用力学方法,并配合使用现成的《拱桥》图表进行计算。下面主要介绍解析法计算主拱圈内力,有限元法将在第六篇作简单介绍。

(一)主拱圈恒载内力

当采用恒载压力线作为拱轴线且认为拱轴是绝对刚性(即不考虑弹性压缩变形)时,拱轴线处于理想状态,在恒载作用下拱内仅产生轴向压力,而无弯矩和剪力。由于主拱圈并非绝对刚性,其在轴向压力作用下将产生弹性压缩变形,必然会使拱轴线与恒载压力线产生偏离,在无铰拱中产生弯矩和剪力,即主拱圈弹性压缩影响。

主拱圈的轴向力主要是由恒载和活载产生,因此,在考虑拱圈弹性压缩对内力影响时,需同时考虑恒载和活载的内力影响。为了计算方便,将恒载和活载的内力计算分为两部分:不考虑弹性压缩影响的内力和弹性压缩引起的内力,二者相加即为考虑弹性压缩影响的总内力。

1. 不计弹性压缩的恒载内力

1)实腹式拱桥

不计弹性压缩影响时,实腹式悬链线拱的拱轴线与压力线完全吻合。此时在恒载作用下,主拱圈各截面只存在轴向力而无弯矩,可按纯压拱的公式计算。由式(3.3.10)可得恒载水平推力为:

$$\begin{cases} H_g = \frac{m-1}{4k^2} \frac{g_d l^2}{f} = k_g \frac{g_d l^2}{f} \\ k_g = \frac{m-1}{4k^2} \end{cases} \tag{3.3.37}$$

恒载作用下,拱脚的竖向反力为半拱的恒载重力,即:

$$V_g = \int_0^{l_1} g_x \mathrm{d}x = \int_0^1 g_x l_1 \mathrm{d}\xi \tag{3.3.38}$$

将式(3.3.8)、式(3.3.12)代入上式积分得:

$$\begin{cases} V_g = \dfrac{\sqrt{m^2-1}}{2\ln(m+\sqrt{m^2-1})} g_d l = k'_g g_d l \\ k'_g = \dfrac{\sqrt{m^2-1}}{2[\ln(m+\sqrt{m^2-1})]} \end{cases} \tag{3.3.39}$$

系数 k_g、k'_g 可由《拱桥》附录表(Ⅲ)-4 中查得。

拱圈各截面轴向力 N 按下式计算,而恒载弯矩和剪力均为零:

$$N = \frac{H_g}{\cos\varphi} \tag{3.3.40}$$

2) 空腹式拱

空腹式拱桥拱轴线与恒载压力线有偏离,在恒载作用下拱顶、拱脚和 $l/4$ 截面会产生恒载弯矩。为了便于计算,将此恒载内力分为两部分:首先不考虑偏离的影响,将拱轴线视为恒载压力线;然后再考虑偏离的影响,按式(3.3.25)~式(3.3.27)计算由拱轴线偏离引起的恒载内力。两者叠加后,即得空腹式无铰拱不考虑弹性压缩的恒载内力。

不考虑拱轴线偏离的影响,空腹式拱的恒载内力亦按纯压拱计算。此时,拱的恒载推力 H_g 和拱脚竖向反力 V_g,可直接由静力平衡条件求得:

$$\begin{cases} H_g = \dfrac{\sum M_j}{f} \\ V_g = \sum P \quad (半拱恒载重力) \end{cases} \tag{3.3.41}$$

求出 H_g 之后,即可利用式 $N = \dfrac{H_g}{\cos\varphi}$ 计算纯压拱各截面的轴向力。此时,拱中的弯矩和剪力均为零。

中小跨径空腹式拱桥可偏安全地不考虑偏离弯矩的影响。但大跨径空腹式拱桥,恒载压力线与拱轴线的偏离较大,应当计入偏离弯矩的影响。计算恒载偏离弯矩影响时,除了计算偏离弯矩对拱顶、拱脚截面的有利影响外,还应计入偏离弯矩对 $l/8$ 和 $3l/8$ 截面的不利影响。尤其是 $3l/8$ 截面,往往成为正弯矩的控制截面。恒载压力线与拱轴线的偏离引起的弯矩 ΔM、轴力 ΔN 及剪力 ΔQ 根据式(3.3.25)、式(3.3.26),按静力平衡条件求得:

$$\begin{cases} \Delta N = \Delta X_2 \cos\varphi \\ \Delta M = \Delta X_1 + \Delta X_2(y_1 - y_s) + H\Delta y \\ \Delta Q = \Delta X_2 \sin\varphi \end{cases} \tag{3.3.42}$$

2. 弹性压缩引起的内力

在恒载轴向压力作用下,拱圈的弹性压缩表现为拱轴长度的缩短。按结构力学的方法,将拱顶切开,取悬臂曲梁为基本结构。弹性压缩会使拱轴在跨径方向缩短 Δl,根据拱顶的变形协调条件(未发生相对变形),可求得赘余力 ΔH [图3.3.7a)],即:

$$\Delta H \delta'_{22} - \Delta l = 0 \tag{3.3.43}$$

式中符号意义同图3.3.7所示。

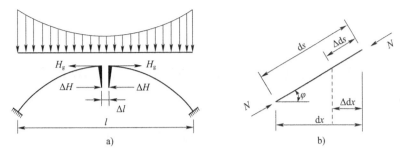

图 3.3.7 拱圈弹性压缩计算图

从拱中取出一微段 ds[图3.3.7b)],在轴力 N 作用下缩短 Δds,其水平分量为 $\Delta dx = \Delta ds\cos\varphi$,则整个拱轴缩短的水平分量为:

$$\Delta l = \int_0^l \Delta dx = \int_s \Delta ds\cos\varphi = \int_s \frac{Nds}{EA}\cos\varphi \tag{3.3.44}$$

将式(3.3.40)代入上式,得:

$$\Delta l = \int_0^l \frac{H_g dx}{EA\cos\varphi} = H_g \int_0^l \frac{dx}{EA\cos\varphi} \tag{3.3.45}$$

单位水平力作用在弹性中心的水平位移(考虑轴向力影响)为:

$$\delta'_{22} = \int_s \frac{\overline{M_2^2}ds}{EI} + \int_s \frac{\overline{N_2^2}ds}{EA} = \int_s \frac{y^2 ds}{EI} + \int_s \frac{\cos^2\varphi ds}{EA} = (1+\mu)\int_s \frac{y^2 ds}{EI} \tag{3.3.46}$$

$$\mu = \frac{\int_s \dfrac{\cos^2\varphi ds}{EA}}{\int_s \dfrac{y^2 ds}{EI}} \tag{3.3.47}$$

$$\overline{M}_2 = -y \tag{3.3.48}$$

$$\overline{N}_2 = \cos\varphi \tag{3.3.49}$$

$$y = y_s - y_1 \tag{3.3.50}$$

式中:E——拱圈材料的弹性模量;
$\quad\ A$——拱圈截面面积;
$\quad\ I$——拱圈截面抗弯惯性矩。

将式(3.3.44)、式(3.3.46)代入式(3.3.43),得:

$$\Delta H = H_g \frac{1}{1+\mu} \frac{\int_0^l \dfrac{dx}{EA\cos\varphi}}{\int_s \dfrac{y^2 ds}{EI}} = H_g \frac{\mu_1}{1+\mu} \tag{3.3.51}$$

$$\mu_1 = \frac{\int_0^l \dfrac{dx}{EA\cos\varphi}}{\int_s \dfrac{y^2 ds}{EI}} \tag{3.3.52}$$

为了便于计算,对于等截面拱,可将式(3.3.47)、式(3.3.52)分别改写为:

$$\mu = \frac{l}{E\nu A \int_s \dfrac{y^2 ds}{EI}} \tag{3.3.53}$$

$$\mu_1 = \frac{l}{E\nu_1 A \int_s \frac{y^2 \mathrm{d}s}{EI}} \tag{3.3.54}$$

以上诸式中，$\int \frac{y^2 \mathrm{d}s}{EI}$ 可由《拱桥》附录表（Ⅲ）-5 查得，ν_1、ν 可由《拱桥》附表（Ⅲ）-8、（Ⅲ）-10 查得。等截面拱的 μ_1 和 μ，可由《拱桥》附录表（Ⅲ）-9、（Ⅲ）-11 查出。

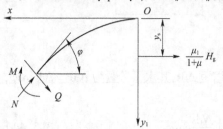

图 3.3.8　弹性压缩产生的内力

3. 恒载作用下主拱圈各截面的总内力

在拱桥计算中，拱中内力符号采用以下规定：弯矩 M 以使拱圈内缘受拉为正，剪力 Q 以绕脱离体逆时针转为正，轴向力 N 以使拱圈受压为正。图 3.3.8 所示 M、Q、N 均为正。

当不考虑空腹式拱恒载压力线偏离拱轴线的影响时，拱圈各截面的恒载内力为：不考虑弹性压缩的恒载内力[仅有按式(3.3.40)计算的轴向力 N]加上弹性压缩产生的内力（图 3.3.8）。

$$\begin{cases} 轴向力：N = \dfrac{H_g}{\cos\varphi} - \dfrac{\mu_1}{1+\mu} H_g \cos\varphi \\ 弯矩：M = \dfrac{\mu_1}{1+\mu} H_g (y_s - y_1) \\ 剪力：Q = \pm \dfrac{\mu_1}{1+\mu} H_g \sin\varphi \quad (-\text{用于左半拱}, +\text{用于右半拱}) \end{cases} \tag{3.3.55}$$

由式(3.3.55)可见，考虑恒载弹性压缩后，不论是空腹式拱还是实腹式拱，恒载压力线将不可能与拱轴线重合。

当考虑拱轴线偏离影响时，拱圈各截面总内力公式为：

$$\left.\begin{aligned} N &= \frac{H_g}{\cos\varphi} + \Delta X_2 \cos\varphi - \frac{\mu_1}{1+\mu}(H_g + \Delta X_2)\cos\varphi \\ M &= \frac{\mu_1}{1+\mu}(H_g + \Delta X_2)(y_s - y_1) + \Delta M \\ Q &= \mp \frac{\mu_1}{1+\mu}(H_g + \Delta X_2)\sin\varphi \pm \Delta X_2 \sin\varphi \end{aligned}\right\} \tag{3.3.56}$$

式中的 ΔX_2、ΔM 分别按式(3.3.26)、式(3.3.27)计算。

但在下列情况下，设计时可不计弹性压缩的影响：

$l \leq 30\text{m}$：$\quad \dfrac{f}{l} \geq \dfrac{1}{3}$

$l \leq 20\text{m}$：$\quad \dfrac{f}{l} \geq \dfrac{1}{4}$

$l \leq 10\text{m}$：$\quad \dfrac{f}{l} \geq \dfrac{1}{5}$

【例 3.3.2】（续【例 3.3.1】）截面抗弯惯性矩 $I = 1.0\text{m}^4$，计算考虑弹性压缩影响后，拱脚竖向力 V_g、水平推力 H_g、结构自重轴力 N_g 以及弹性压缩引起的拱脚截面弯矩。

解: 参考【例 3.3.1】可知,拱轴系数 $m = 2.24$。

(1) 不考虑弹性压缩时 V_g、H_g 和 N_g。

由【例 3.3.1】可知:

$$H_g = \frac{\sum M_j}{f} = \frac{159708}{16} = 9981.2$$

$$V_g = \sum P = 5518.4 + 2750 = 8268.4 \text{(kN)}$$

$$N_g = \sqrt{H_g^2 + V_g^2} = \sqrt{9981.8^2 + 8268.4^2} = 12961.6 \text{(kN)}$$

(2) 由弹性压缩引起的 V_g、H_g 和 N_g。

拱圈在结构自重轴力作用下产生弹性压缩会使拱轴缩短,在弹性中心必有一个水平拉力 H,如图 3.3.9 所示。

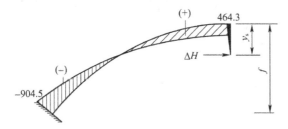

图 3.3.9 【例 3.3.2】图(力单位:kN,弯矩:kN·m)

由式(3.3.36)可知:

$$y_s = a_1 f$$

由《拱桥》表(Ⅲ)-3 查得,$a_1 = 0.339193$,

故:

$$y_s = 0.339193 \times 16 = 5.427 \text{(m)}$$

由式(3.3.51)可知:

$$\Delta H = H_g \frac{\mu_1}{1+\mu}$$

由《拱桥》表(Ⅲ)-9 和表(Ⅲ)-11 查得:

$$\mu_1 = [\text{表值}] \times \left(\frac{r}{f}\right)^2$$

$$\mu = [\text{表值}] \times \left(\frac{r}{f}\right)^2$$

因为:

$$r = \sqrt{\frac{I}{A}} = \sqrt{\frac{1}{5}} = 0.4472 \text{(m)}$$

故:

$$\mu_1 = 11.0501 \times \left(\frac{0.4472}{16}\right)^2 = 0.008632$$

$$\mu = 9.14719 \times \left(\frac{0.4472}{16}\right)^2 = 0.007146$$

所以:

$$S = 9981.8 \times \frac{0.008632}{1+0.007146} = 85.55(\text{kN})$$

$$H_g = -S = -85.55(\text{kN})$$

$$V_g = 0$$

$$N_g = -\sqrt{H_g^2 + V_g^2} = -85.55(\text{kN})$$

$$M_j = -S \cdot (f - y_s) = -85.55 \times (16 - 5.427) = -904.5(\text{kN} \cdot \text{m})$$

$$M_d = -S \cdot y_s = 85.55 \times 5.427 = 464.3(\text{kN} \cdot \text{m})$$

主拱圈各截面弯矩如图 3.3.9 所示。由图中可以看出,主拱圈在拱脚截面主要承受负弯矩,拱顶截面主要承受正弯矩,正负弯矩变化基本位于 $l/4$ 位置。

(3)考虑弹性压缩后 H_g、V_g 和 N_g。

考虑弹性压缩后的内力值,为不考虑弹性压缩的内力值与弹性压缩引起的内力值的总和。

$$H_g = 9981.8 - 85.55 = 9896.25(\text{kN})$$

$$V_g = 8268.4(\text{kN})$$

$$N_g = \sqrt{H_g^2 + V_g^2} = \sqrt{9896.25^2 + 8268.4^2} = 12895.8(\text{kN})$$

4. 裸拱自重内力

拱桥采用早脱架施工(拱圈合龙达到一定强度后就卸落支架)或无支架施工时,须计算裸拱自重产生的内力,以便进行裸拱强度和稳定性验算。

取悬臂曲梁为基本结构(图 3.3.10)。对于等截面拱,任意截面 i 的恒载集度 g_i 为:

$$g_i = \frac{g_d}{\cos\varphi_i} \tag{3.3.57}$$

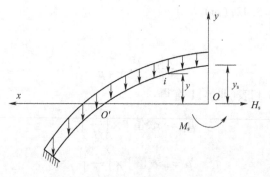

图 3.3.10 拱圈自重作用下受力图

由于结构和荷载均为正对称,故在弹性中心仅有两个正对称的赘余力:弯矩 M_s 和水平力 H_s。由变形协调方程得:

$$\begin{cases} M_s = \dfrac{A\gamma l^2}{4} V_1 \\ H_s = \dfrac{A\gamma l^2}{4(1+\mu)} V_2 \end{cases} \tag{3.3.58}$$

式中:γ——拱圈重度;

A——裸拱圈截面面积;

V_1、V_2——系数,可由《拱桥》附录表(Ⅲ)-15、表(Ⅲ)-16 查得。

由静力平衡条件得任意截面 i 的弯矩和轴向力为:

$$\begin{cases} M_i = M_s - H_s y - \sum_n^i M \\ N_i = H_s \cos\varphi_i + \sin\varphi_i \sum_n^i P \end{cases} \quad (3.3.59)$$

式中: $\sum_n^i M$——拱顶至 i 截面裸拱自重对 i 截面产生的弯矩,可查《拱桥》附录表(Ⅲ)-19 得;

$\sum_n^i P$——拱顶至 i 截面裸拱自重之和,可查《拱桥》附录表(Ⅲ)-19 得;

n——拱顶截面的编号,在设计中 n 常采用 12 或 24。

当拱的矢跨比为 1/10~1/5 时,裸拱恒载压力线的拱轴系数 $m_0 = 1.079 \sim 1.305$,通常比拱轴线采用的 m 值小。计算表明,在裸拱自重作用下,拱顶、拱脚一般都产生正弯矩。拱轴线的 m 与 m_0 差得越多,拱顶、拱脚的正弯矩就越大。因而,采用无支架施工或早脱架施工的拱桥,宜适当减小拱轴系数。

(二)主拱圈活载内力计算

拱圈活载内力计算仍可分两步进行:先计算不考虑拱轴弹性压缩影响的活载内力,然后计入弹性压缩的影响即为总的活载内力。活载内力计算应考虑横向分布的影响,在确定活载横向分布系数后,在内力影响线上按最不利布载计算活载内力。

1. 活载横向分布系数确定

前面第一节已经介绍了拱桥活载横向分布的有关规定,在具体计算时可采用以下方法。

1) 石拱桥、混凝土箱形拱

石拱桥主拱圈横向刚度较大,活载通过拱上建筑传至主拱圈的作用,在横桥向分布比较均匀,可假定活载均匀分布于主拱圈全宽断面上。

对于矩形截面主拱圈,一般取单位拱圈宽度进行计算,则活载横向分布系数为:

$$\eta = \frac{C}{B} \quad (3.3.60)$$

箱形拱一般取单个拱箱肋为计算单元,则活载横向分布系数为:

$$\eta = \frac{C}{n} \quad (3.3.61)$$

式中: η——荷载横向分布系数;

C——车列数;

B——拱圈宽度;

n——拱箱个数。

2) 肋拱桥

双肋拱桥,活载横向分布系数一般偏安全地按杠杆法计算;对多肋拱桥,当拱上建筑为排架式时,可按弹性支承连续梁(横梁)计算活载横向分布系数。

2. 主拱圈内力影响线

要想绘制主拱圈各截面内力影响线,需先确定赘余力影响线,然后根据静力平衡条件和叠加原理，得到各截面内力影响线。

1) 赘余力影响线

为了便于编制主拱圈内力影响线表，在求拱内力影响线时，常采用简支曲梁为基本结构[图3.3.11a)]，赘余力为 X_1、X_2、X_3。根据结构力学原理和弹性中心的特性可知，图3.3.11a)中所有副变位均为零。设图3.3.11a)、图3.3.11b)所示内、外力方向及与内力同向之变位均为正值，则典型方程为：

$$\left.\begin{array}{l} X_1\delta_{11} + \Delta_{1P} = 0 \quad X_1 = -\dfrac{\Delta_{1P}}{\delta_{11}} \\ X_2\delta_{22} + \Delta_{2P} = 0 \quad X_2 = -\dfrac{\Delta_{2P}}{\delta_{22}} \\ X_3\delta_{33} + \Delta_{3P} = 0 \quad X_3 = -\dfrac{\Delta_{3P}}{\delta_{33}} \end{array}\right\} \quad (3.3.62)$$

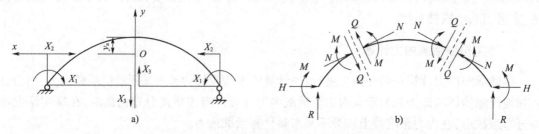

图3.3.11 利用简支梁式结构求解内力计算图

上式中，分母部分为弹性中心的常变位值，分子部分为载变位值。在不考虑轴向力、剪力及曲率对变位的影响时，有：

$$\left.\begin{array}{l} \delta_{11} = \displaystyle\int_s \dfrac{\overline{M}_1^2 \mathrm{d}s}{EI} \\ \delta_{22} = \displaystyle\int_s \dfrac{\overline{M}_2^2 \mathrm{d}s}{EI} \\ \delta_{33} = \displaystyle\int_s \dfrac{\overline{M}_3^2 \mathrm{d}s}{EI} \end{array}\right\} \quad (3.3.63)$$

$$\left.\begin{array}{l} \Delta_{1P} = \displaystyle\int_s \dfrac{\overline{M}_1 M_P}{EI}\mathrm{d}s \\ \Delta_{2P} = \displaystyle\int_s \dfrac{\overline{M}_2 M_P}{EI}\mathrm{d}s \\ \Delta_{1P} = \displaystyle\int_s \dfrac{\overline{M}_3 M_P}{EI}\mathrm{d}s \end{array}\right\} \quad (3.3.64)$$

式中：$\overline{M}_1$——当 $X_1 = 1$ 时，在基本结构任意截面上所产生的弯矩，$\overline{M}_1 = 1$；

$\overline{M}_2$——当 $X_2 = 1$ 时，在基本结构任意截面上所产生的弯矩，$\overline{M}_2 = y_1 - y_s$；

$\overline{M}_3$——当 $X_3 = 1$ 时，在基本结构任意截面上所产生的弯矩，$\overline{M}_3 = \pm x$；

M_P——单位荷载 $P = 1$ 作用在基本结构上时，任意截面所产生的弯矩[图3.3.12a)]。

为了便于计算载变位，在计算 M_P 时，可利用结构对称性，将图3.3.12a)中的单位荷载分解成正对称和反对称两组荷载[图3.3.12b)、图3.3.12c)]，并假设荷载作用在右半拱。

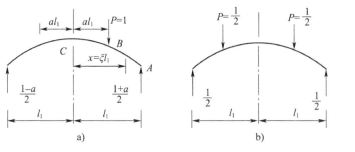 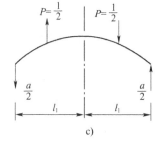

图 3.3.12 常变位与载变位的计算图

由于结构的对称性，在计算载变位 Δ_{1P}、Δ_{2P} 时，只需考虑正对称荷载作用的情况（反对称为零）；而计算 Δ_{3P} 时，则只考虑反对称荷载的情况（正对称为零）。

正对称时：

$$M_P = \frac{1}{2}(l_1 - x) \quad (AB \ 段) \qquad M_P = \frac{l_1}{2}(1 - a) \quad (BC \ 段)$$

反对称时：

$$M_P = \pm \frac{a}{2}(l_1 - x) \quad (AB \ 段) \qquad M_P = \pm \frac{x}{2}(1 - a) \quad (BC \ 段)$$

其中，"-"适用于左半拱、"+"适用于右半拱。

将 $\overline{M}_1 = 1$、$\overline{M}_2 = y_1 - y_s$、$\overline{M}_3 = x^2$ 代入式(3.3.63)、式(3.3.64)计算常变位（单位荷载 $P = 1$ 引起的变形）：

$$\delta_{11} = \int_s \frac{\overline{M}_1^2 ds}{EI} = \int_s \frac{ds}{EI} = \frac{l}{EI}\int_0^1 \sqrt{1 + \eta^2 \mathrm{sh}^2 k\xi}\, d\xi = \frac{l}{EIv_1}$$

$$\delta_{22} = \int_s \frac{\overline{M}_2^2 ds}{EI} = \int_s \frac{(y_1 - y_s)^2}{EI} ds$$

根据弹性中心的特性：

$$\int_s (y_1 - y_s)\frac{ds}{EI} = 0$$

则

$$\left(y_s + \frac{f}{m-1}\right)\int_s (y_1 - y_s)\frac{ds}{EI} = 0$$

有：

$$\delta_{22} = \frac{l}{EI}\int_0^1 \left[\frac{f}{m-1}(\mathrm{ch}k\xi - 1) - y_s\right]\left(\frac{f}{m-1}\mathrm{ch}k\xi\right)\sqrt{1 + \eta^2 \mathrm{sh}^2 k\xi}\, d\xi = \theta\frac{lf^2}{EI}$$

$$\delta_{33} = \int_s \frac{\overline{M}_3^2 ds}{EI} = \int_s \frac{x^2 ds}{EI} = \frac{l^3}{EI}\int_0^1 \xi^2 \sqrt{1 + \eta^2 \mathrm{sh}^2 k\xi}\, d\xi = \gamma\frac{l^3}{EI}$$

以上式中，系数 l/v_1、θ、γ 可分别由《拱桥》附录表（Ⅲ）-8、（Ⅲ）-5、（Ⅲ）-6 查得。

将式(3.3.12)、式(3.3.25)和 M_P 代入式(3.3.64)，计算载变位（单位荷载 $P = 1$ 引起的变形）：

$$\Delta_{1P} = \int_s \frac{\overline{M}_1 M_P}{EI} \mathrm{d}s = \frac{(1-a)l^2}{4EI} \int_0^a \sqrt{1+\eta^2 \operatorname{sh}^2 k\xi}\, \mathrm{d}\xi + \frac{l^2}{4EI} \int_0^1 (1-\xi)\sqrt{1+\eta^2 \operatorname{sh}^2 k\xi}\, \mathrm{d}\xi$$

$$\Delta_{2P} = \int_s \frac{\overline{M}_2 M_P}{EI} \mathrm{d}s = \frac{l^2}{4EI}\left\{(1-a)\int_0^a \left[\frac{f}{m-1}(\operatorname{ch} k\xi - 1) - y_s\right]\sqrt{1+\eta^2 \operatorname{sh}^2 k\xi}\, \mathrm{d}\xi + \right.$$
$$\left. \int_0^1 \left[\frac{f}{m-1}(\operatorname{ch} k\xi - 1) - y_s\right](1-\xi)\sqrt{1+\eta^2 \operatorname{sh}^2 k\xi}\, \mathrm{d}\xi \right\}$$

$$\Delta_{3P} = \int_s \frac{\overline{M}_3 M_P}{EI} \mathrm{d}s = -\frac{(1-a)l^3}{8EI}\int_0^a \xi^2\sqrt{1+\eta^2 \operatorname{sh}^2 k\xi}\, \mathrm{d}\xi - \frac{l^2 a}{8EI}\int_0^1 \xi(1-\xi)\sqrt{1+\eta^2 \operatorname{sh}^2 k\xi}\, \mathrm{d}\xi$$

将上述常变位值与载变位值代入式(3.3.48)后,即得 $P=1$ 作用在 B 点时赘余力 X_1、X_2、X_3 的值。

为了便于计算赘余力的影响线坐标,一般将主拱圈沿跨径方向分成48(或24)等分。当 $P=1$,从图3.3.13a)中的左拱脚($a=-24\times\Delta l$)以 Δl 为步长移到右拱脚($a=24\times\Delta l$)时,即可利用式(3.3.62)算出 $P=1$ 在各分点上 X_1、X_2、X_3 对应的影响线竖标值,连接坐标值即得三项赘余力影响线图形,分别如图3.3.13b)~图3.3.13d)所示。

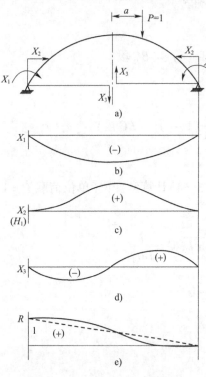

图3.3.13 拱中赘余力的影响线

2)内力影响线

有了赘余力的影响线之后,主拱圈任何截面的内力影响线,均可利用静力平衡条件和叠加原理求得。

(1)水平推力影响线 HL。

由 $\Sigma X=0$ 可知,拱中任意截面的水平推力 $H=X_2$,此时水平推力影响线 HL 与赘余力 X_2 的影响线完全一致的。HL 影响线如图3.3.13c)所示,各点的影响线竖坐标可由《拱桥(上)》附录表(Ⅲ)-12查得。

(2)拱脚竖向反力影响线 VL。

将 X_3 移至两支点后,由 $\Sigma Y=0$ 得:

$$V = V_0 \pm X_3 \tag{3.3.65}$$

式中:V_0——相应简支梁的反力影响线("-"适用于左半拱,"+"适用于右半拱)。

由 V_0 与 X_3 两条影响线叠加,即得到拱脚竖向反力影响线 VL,如图3.3.13e)所示(图中虚线为左拱脚的竖向反力影响线)。拱脚竖向反力影响线总面积 $\omega = l/2$。

(3)任意截面弯矩影响线 ML。

由图3.3.14a)可得任意截面的弯矩为:

$$M = M_0 - H_1 y \pm X_3 x + X_1 \tag{3.3.66}$$

式中:M_0——简支曲梁的弯矩影响线;"-"适用于左半拱、"+"适用于右半拱。

现以拱顶弯矩 M_d 影响线为例,说明利用已知影响线叠加求解未知影响线的方法。

在式(3.3.66)中,拱顶截面 $x=0$,故 $X_3 x=0$,则拱顶截面弯矩 M_d 为:

$$M_d = M_0 - H_1 y + X_1 \tag{3.3.67}$$

拱顶截面弯矩影响线绘制方法如下:首先绘制出相应简支梁跨中截面弯矩影响线 M_0,然后

叠加上 X_1 影响线,得出 $M_0 + X_1$,即影响线图 3.3.14b)中阴影线部分;在图 3.3.14c)中,以水平线为基线绘出 $M_0 + X_1$ 影响线,再将此图与 $H_1 y$ 影响线叠加,图中阴影部分即为拱顶弯矩影响线;再以水平线为基线,绘出 $M_0 - H_1 y + X_1$ 影响线,即 M_d 影响线,如图 3.3.14d)所示。

同理可得主拱圈任意截面 i 的弯矩影响线 $M_i L$,如图 3.3.14e)所示。主拱圈各截面不考虑弹性压缩的弯矩影响线坐标,可由《拱桥》附录表(Ⅲ)-13 查得。

主拱圈任一截面 i 的轴向力 N_i 及剪力 Q_i 的影响线为:

$$N_i = N_{i0} \mp H\cos\varphi_i \mp V\sin\varphi_i \quad (3.3.68)$$
$$Q_i = Q_{i0} \mp H\sin\varphi_i \pm V\cos\varphi_i \quad (3.3.69)$$

式中:N_{i0}、Q_{i0}——简支曲梁在 i 截面的轴力与剪力影响线,等号右边第二、三项的上侧符号适用于左半拱,下侧符号适用于右半拱。

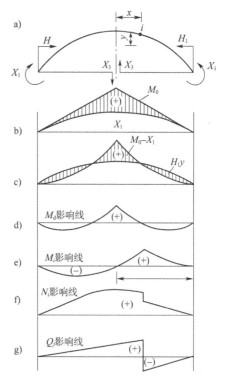

图 3.3.14 拱中内力影响线

图 3.3.14f)、图 3.3.14g)为截面 i 的轴向力影响线和剪力影响线,影响线在 i 处有突变。故当集中荷载作用在截面 i 的左、右两侧时,轴向力 N_i 及剪力 Q_i 均有较大的差异。为简化计算,一般先计算水平推力 H 和拱脚竖向反力 V,按下式近似计算轴向力 N 和剪力 Q:

轴向力:

$$\begin{cases} 拱顶:N = H \\ 拱脚:N = H\cos\varphi_j + V\sin\varphi_j \\ 其他截面:N \approx \dfrac{H}{\cos\varphi} \end{cases} \quad (3.3.70)$$

剪力:

$$\begin{cases} 拱顶:数值很小,一般不计算 \\ 拱脚:Q = H\sin\varphi_j - V\cos\varphi_j \\ 其他截面:数值很小,一般不计算 \end{cases} \quad (3.3.71)$$

3. 活载内力计算

1)不考虑弹性压缩活载内力

拱桥主拱圈属偏心受压构件,一般以最大正(负)弯矩控制设计。计算主拱圈各截面最大内力时,均按在该截面弯矩影响线的最不利位置布载,计算两种最不利荷载工况:最大正弯矩 $M_{\max}$ 及对应的轴向力 N;最大正弯矩 $M_{\max}$ 及对应的轴向力 N。

《公路桥涵设计通用规范》(JTG D60—2015)规定:桥梁结构的整体计算采用车道荷载。因此,在计算汽车荷载产生的最大内力时,需将均布车道荷载满布在影响线同正号区段内,并将集中荷载布置在影响线竖坐标最大位置,如图 3.3.15 所示。

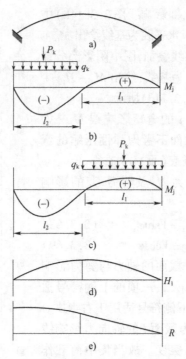

图 3.3.15　求拱脚 M_{max} 或 M_{min} 及其相应 N 的最不利加载图

在对拱桥下部结构计算设计计算时,一般以最大水平推力控制设计。此时需在水平推力影响线上按最不利情况布载,计算最大水平推力 H_{max} 及相应的主拱圈弯矩、轴力、剪力及反力。

2) 活载作用下弹性压缩引起的内力

活载弹性压缩影响的计算与恒载弹性压缩相似,需考虑由活载产生的轴向力对拱轴变形的影响,亦在弹性中心产生赘余水平力 ΔH(拉力),由变形协调条件得:

$$\Delta H = -\frac{\Delta l}{\delta'_{22}} = \frac{\int_s \frac{Nds}{EA}\cos\varphi}{\delta'_{22}} \tag{3.3.72}$$

取脱离体如图 3.3.16 所示,拱脚作用有三个已知力:弯矩 M、竖向反力 V 和通过弹性中心的水平力 H_1,将各力投影到水平方向上,得:

$$N = \frac{H_1 - Q\sin\varphi}{\cos\varphi} = \frac{H_1}{\cos\varphi}\left(1 - \frac{Q\sin\varphi}{H_1}\right) \tag{3.3.73}$$

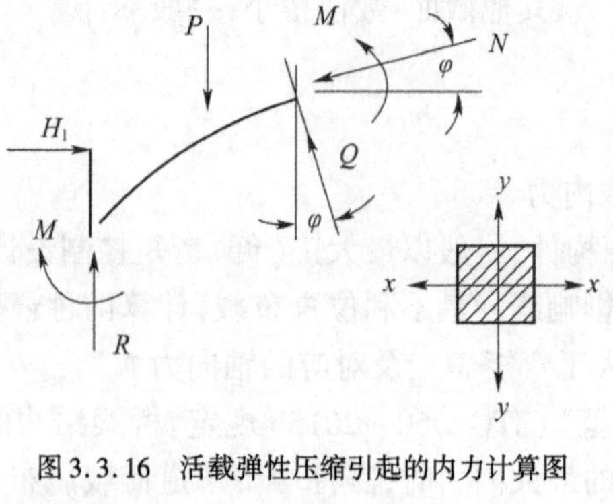

图 3.3.16　活载弹性压缩引起的内力计算图

在上式中第二项的数值很小可近似略去,则得:

$$N = \frac{H_1}{\cos\varphi} \tag{3.3.74}$$

于是：

$$\Delta l = \int_s \frac{N\mathrm{d}s}{EA}\cos\varphi = H_1 \int_0^l \frac{\mathrm{d}x}{EA\cos\varphi} \tag{3.3.75}$$

将上式代入式(3.3.70)得：

$$\Delta H = -\frac{H_1 \int_0^l \frac{\mathrm{d}x}{EA\cos\varphi}}{\delta'_{22}} = -\frac{H_1 \int_0^l \frac{\mathrm{d}x}{EA\cos\varphi}}{(1+\mu)\int_s \frac{y^2\mathrm{d}s}{EI}} = H_1 \frac{-\mu_1}{1+\mu} \tag{3.3.76}$$

考虑弹性压缩后的活载推力(总推力)为(引入规定正负号后)：

$$H = H_1 + \Delta H = H_1 - H_1 \frac{\mu_1}{1+\mu} = H_1 \frac{1+\mu-\mu_1}{1+\mu} \tag{3.3.77}$$

设 $\Delta\mu = \mu_1 - \mu$，并考虑到 $\Delta\mu$ 远小于 μ_1，上式进一步简化为：

$$H = H_1 \frac{1+\mu-\mu_1}{1+\mu} = H_1 \frac{1-\Delta\mu}{1+\mu_1-\Delta\mu} \approx \frac{H_1}{1+\mu_1} \tag{3.3.78}$$

所以活载弹性压缩引起的内力为：

$$\left.\begin{array}{l} \Delta M = -\Delta Hy = \dfrac{\mu_1}{1+\mu}H_1 \\[2mm] \Delta N = \Delta H\cos\varphi = -\dfrac{\mu_1}{1+\mu}H_1\cos\varphi \\[2mm] \Delta Q = \pm\Delta H\sin\varphi = \mp\dfrac{\mu_1}{1+\mu}H_1\sin\varphi \end{array}\right\} \tag{3.3.79}$$

将不考虑弹性压缩的活载内力与活载弹性压缩产生的内力相叠加，即得活载作用下的总内力。不考虑弹性压缩的活载内力可以很方便地利用影响线计算，活载弹性压缩产生的内力可根据 μ 与 μ_1，由式(3.3.79)直接求出。

(三) 主拱圈附加内力计算

在超静定拱桥中，温度变化、混凝土收缩和拱脚变位等都会产生附加内力。在温度变化幅度较大的地区修建拱桥，温度变化产生的附加内力不容忽视，尤其是采用就地浇筑的拱桥，混凝土结硬过程中由于收缩变形易导致主拱圈开裂，影响结构使用性能和耐久性；同时，在软土地基上建造圬工拱桥时，墩台变位(特别是拱脚水平位移)的影响也较严重。

1. 温度变化产生的附加内力

根据拱圈材料的物理性能，当大气温度高于拱圈合龙温度(主拱圈施工合龙时的温度)时，将引起拱圈膨胀；当大气温度低于拱圈合龙温度低时，将引起拱圈收缩。拱圈的膨胀(表现为拱轴伸长)和收缩(表现为拱轴缩短)，都会在无铰拱中产生附加内力。

图3.3.17为无铰拱温度变化引起赘余力计算图示。设温度变化引起拱轴在水平方向的变位为 Δl_t，则在弹性中心产生一对水平力 H_t。根据 H_t 方向的变形协调条件得：

$$H_t = -\frac{\Delta t}{\delta'_{22}} = -\frac{\Delta t}{(1+\mu)\int_s \frac{y^2}{EI}\mathrm{d}s}$$

$$\Delta l_t = a l \Delta t$$

式中：Δt——温度变化值，即最高（或最低）温度与合龙温度之差；温度上升时，Δt 和 H_t 均为正，温度下降时，Δt 和 H_t 均为负；

a——材料的线膨胀系数，混凝土或钢筋混凝土结构 $a=0.000010$，混凝土预制块砌体 $a=0.000009$，石砌体 $a=0.000008$。

由温度变化引起主拱圈任意截面的附加内力为（图3.3.18）：

$$\begin{cases} 弯矩：M_1 = -H_t y = -H_t(y_s - y_1) \\ 轴力：N_t = H_t \cos\varphi \\ 剪力：Q_t = \pm H_t \sin\varphi \end{cases} \quad (3.3.80)$$

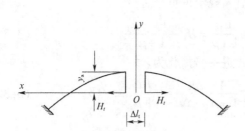

图3.3.17　温度变化引起赘余力计算图　　图3.3.18　温度变化引起拱中的内力计算图

对于箱形拱桥，温度影响计算中还应计入箱室内外温差效应的影响。当无可靠资料时，箱室内外温差可按不低5℃计算。计算方法与箱梁桥相似。

《公路圬工桥涵设计规范》（JTG D61—2005）规定：计算拱圈的温度变化影响时，作用效应可乘以系数0.7。

2. 混凝土收缩产生的附加内力

混凝土结硬过程中的收缩变形，其作用与温度下降相似，通常将混凝土收缩影响折算为温度的额外降低。根据施工方法和桥梁所处环境条件，混凝土收缩影响可按下列建议考虑：

(1)整体浇筑混凝土：一般地区相当于降低温度20℃，干燥地区相当于降低温度30℃。整体浇筑的钢筋混凝土，相当于降低温度15~20℃。

(2)分段浇筑的混凝土或钢筋混凝土：相当于降低温度10~15℃。

(3)装配式钢筋混凝土：相当于降低温度5~10℃。

《公路圬工桥涵设计规范》（JTG D61—2005）规定：计算拱圈的混凝土收缩影响时，作用效应可乘以系数0.45。

《公路桥涵设计通用规范》（JTG D60—2015）规定：计算圬工拱桥考虑徐变影响引起的温差作用效应时，计算的温差效应应乘以折减系数0.7。

3. 拱脚变位产生的附加内力

在软土地基上修建的拱桥以及桥墩较柔的多孔拱桥，拱脚变位是难以避免的。拱脚的变位包括拱脚水平位移、垂直位移（沉降）和转动，每一种变位都会在拱中产生内力。

1)拱脚相对水平位移引起的附加内力

图3.3.19为无铰拱桥仅拱脚发生相对水平位移时，拱圈内力计算图示。拱顶水平位移：

$$\Delta_H = \Delta_{HB} - \Delta_{HA} \quad (3.3.81)$$

式中:Δ_{HB}、Δ_{HA}——左、右拱脚的水平位移,自原位置右移为正、左移为负。

由于两拱脚发生相对水平位移 Δ_H,在弹性中心将产生水平赘余力 X_2。根据变形协调条件,推算 X_2:

$$X_2 = -\frac{\Delta_H}{\delta_{22}} = -\frac{\Delta_H}{\int \frac{y^2 ds}{EI}} \qquad (3.3.82)$$

如两拱脚相对靠拢(Δ_H 为负),X_2 为正,反之为负。

2)拱脚相对垂直位移引起的内力

图 3.3.20 为无铰拱桥仅拱脚发生相对竖向位移时,拱圈内力计算图示。拱顶竖向位移:

$$\Delta_V = \Delta_{VB} - \Delta_{VA} \qquad (3.3.83)$$

式中:Δ_{VB}、Δ_{VA}——左、右拱脚的垂直位移,均以自原位置下移为正,上移为负。

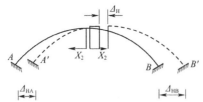 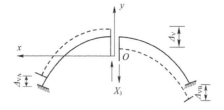

图 3.3.19 拱脚水平位移引起内力计算图　　图 3.3.20 拱脚相对垂直位移引起的内力计算图

由于两拱脚发生相对垂直位移 Δ_V,在弹性中心将产生剪力赘余力 X_3。根据变形协调条件,推算 X_3:

$$X_3 = -\frac{\Delta_V}{\delta_{33}} = -\frac{\Delta_V}{\int_s \frac{x^2}{EI} ds} \qquad (3.3.84)$$

等截面悬链线拱的 $\int_s \frac{x^2 ds}{EI}$ 可由《拱桥(上)》附录表(Ⅲ)-6 查得。

3)拱脚相对角变位引起的内力

图 3.3.21 为无铰拱桥仅拱脚 B 发生转角 θ_B(θ_B 顺时针为正)时,拱圈内力计算图示。

此时在弹性中心除产生相同的转角 θ_B 之外,还会引起相对水平位移 Δ_H 和垂直位移 Δ_V。因此,在弹性中心会产生三个赘余力 X_1、X_2、X_3,建立弹性中心处的变形协调方程:

$$\begin{aligned} X_1 \delta_{11} + \theta_B &= 0 \\ X_2 \delta_{22} + \Delta_H &= 0 \\ X_3 \delta_{33} - \Delta_V &= 0 \end{aligned} \qquad (3.3.85)$$

上式中 θ_B 为已知,Δ_H、Δ_V 可由图 3.3.21b)的几何关系求出。

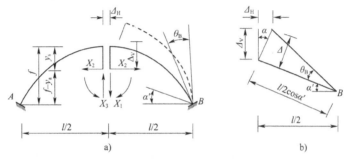

图 3.3.21 拱脚相对角变位引起的赘余力

由 $\Delta = \dfrac{\theta_B l}{2\cos\alpha'}$，$\tan\alpha' = \dfrac{f - y_s}{l/2}$，

可得：

$$\Delta_H = \Delta\sin\alpha' = \theta_B(f - y_s)$$

$$\Delta_V = \Delta\cos\alpha' = \theta_B \dfrac{l}{2}$$

将 Δ_H、Δ_V 代入式(3.3.83)得：

$$\begin{cases} X_1 = -\dfrac{\theta_B}{\delta_{11}} \\ X_2 = -\dfrac{\theta_B(f - y_s)}{\int_s \dfrac{y^2 \mathrm{d}s}{EI}} \\ X_3 = -\dfrac{\theta_B l}{2\int_s \dfrac{x^2 \mathrm{d}s}{EI}} \end{cases} \quad (3.3.86)$$

其中，$\delta_{11} = \int_s \dfrac{M^2 \mathrm{d}s}{EI} = \int_s \dfrac{\mathrm{d}s}{EI} = \dfrac{l}{EI} \int_0^1 \dfrac{\mathrm{d}\xi}{\cos\varphi} = \dfrac{l}{EI} \cdot \dfrac{1}{\gamma_1}$，而 $\dfrac{1}{\gamma_1}$ 可自《拱桥（上）》附录表（Ⅲ）-8 查得。

拱脚变位引起拱圈各截面的内力可按下式计算（图 3.3.22）：

$$\begin{cases} M = X_1 - X_2 y \pm X_3 x \\ N = \mp X_3 \sin\varphi + X_2 \cos\varphi \\ Q = X_3 \cos\varphi \pm X_2 \sin\varphi \end{cases} \quad (3.3.87)$$

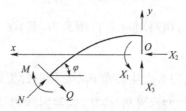

图 3.3.22 拱脚相对角变位引起的拱圈各截面内力

以上公式是假设左半拱顺时针转动 θ_B 推导出来的，若反时针转动 θ_B，则式(3.3.86)中的 θ_B 均应以负值代入。如左拱脚顺时针转动 θ_A，则公式(3.3.86)应改为：

$$\left.\begin{array}{l} X_1 = \dfrac{\theta_B}{\delta_{11}} \\ X_2 = \dfrac{\theta_B(f - y_s)}{\int_s \dfrac{y^2 \mathrm{d}s}{EI}} \\ X_3 = \dfrac{\theta_B l}{2\int_s \dfrac{x^2 \mathrm{d}s}{EI}} \end{array}\right\} \quad (3.3.88)$$

《公路圬工桥涵设计规范》（JTG D61—2005）规定：计算超静定拱桥由相邻墩台引起的不均匀沉降或桥台水平位移引起的作用效应时，其计算作用效应可乘以 0.5 的折减系数。

(四)横向水平力及偏心荷载作用下拱的内力计算

拱桥除承受恒载和活载作用外,还承受风力、离心力、地震力、漂浮物及流水、流冰压力等的横向水平力的作用,使拱圈产生平面外的弯曲和扭转。偏心的垂直荷载也会引起拱的空间扭曲。在较大跨径的拱桥中,上述因素对内力的影响较大,应予以考虑。

1. 横向水平作用引起的内力

当桥梁结构对称且横向水平力又对称于跨径中央时,拱顶截面纵向位置将不会变化(无相对位移)。将拱顶切开,取两个曲线形的悬臂半拱作为基本结构,由于对称关系,拱顶截面不产生水平剪力、竖直剪力和力矩。垂直面内的赘余弯矩 X_b 和赘余推力 X_c 也等于零(图3.3.23)。水平面内的赘余弯矩 X_a 为:

$$X_a = -\frac{\Delta_{ap}}{\delta_{aa}} \tag{3.3.89}$$

式中:Δ_{ap}——在基本结构中,由外荷载引起的沿 X_a 方向的变位;

δ_{aa}——在基本结构中,由 $X_a = 1$ 作用引起的沿 X_a 方向的变位。

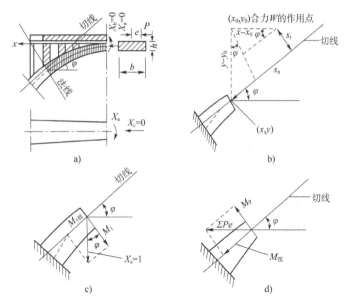

图3.3.23 拱圈横向水平力作用下的内力计算图

$$\begin{cases} \Delta_{ap} = -\int_s \frac{M_P M_1}{EI} ds + \int_s M_{1扭} \theta_1 ds \\ \delta_{aa} = -\int_s \frac{M_1^2}{EI} ds + \int_s M_{1扭} \theta_1 ds \end{cases} \tag{3.3.90}$$

式中: I——平面外拱截面惯性矩;

M_P、$M_{扭}$——基本结构中由于横向外力所引起的弯矩和力矩;

M_1、$M_{1扭}$——基本结构中由于 $X_1 = 1$ 所引起的弯矩和力矩;

θ_1——拱的两个距离为 l 的截面之间,由于单位力矩引起的扭角,对于实体板拱:$\theta_1 = \frac{M_{1扭}}{GI_k}$,$I_k \approx \frac{b^3 h^3}{3.6(b^3 + h^3)}$;

I_k——扭转惯性矩;
G——剪切弹性模量。

由图 3.3.23b)、图 3.3.23c)得知:

$$\left.\begin{array}{c} M_P = Ws_n, M_扭 = Ws_t \\ M_1 = 1 \times \cos\varphi, M_{1扭} = 1 \times \sin\varphi \end{array}\right\} \quad (3.3.91)$$

式中:W——作用在计算截面和拱顶之间桥跨上的横向分力的合力;
s_n、s_t——由计算截面处的拱轴法线和切线至合力作用点的距离。

将求得的各量代入式(3.3.89)得:

$$X_a = \frac{\int_s \frac{Ws_n}{EI}\cos\varphi ds + \int_s Ws_t\theta_1 ds}{\int_s \frac{\cos^2\varphi}{EI}ds + \int_s \sin\varphi\theta_1 ds} \quad (3.3.92)$$

具体计算时,常将桥梁分为拱圈部分、拱上立柱和行车道部分,并用分项总和法代替积分法。

设 x 和 y 为截面的坐标,W 为横向外力的合力,x_0 和 y_0 为合力 W 作用点的坐标,则由图 3.3.23b)得:

$$\left.\begin{array}{c} s_n = (x - x_0)\cos\varphi + (y - y_0)\sin\varphi \\ s_t = (y - y_0)\cos\varphi - (x - x_0)\sin\varphi \end{array}\right\} \quad (3.3.93)$$

拱圈任意截面的内力为:

弯矩:
扭矩:
横向剪力:

$$\left.\begin{array}{c} M_x = X_a\cos\varphi - Ws_n \\ M_{x扭} = X_a\sin\varphi + Ws_t \\ Q_x = \sum_0^x P_w \end{array}\right\} \quad (3.3.94)$$

式中:P_w——每延米桥长的横向力。

拱在横向力作用下的内力亦可近似计算,并只需对拱脚截面进行验算。这时,先把无铰拱看作是两端固定的水平梁[图 3.3.24b)],跨径等于拱的跨径,荷载均匀分布在梁的全长上,求出其支点弯矩 M_1;然后再把拱看作是下端固定的垂直悬臂梁[图 3.3.24c)],悬臂长度等于拱的计算矢高,所受荷载为半跨拱上的横向力,且均匀分布于梁上,作用于行车道上的风力和离心力等则作为集中力加在悬臂端,求出固端弯矩 M_2。拱脚截面上的计算弯矩,为以上两弯矩在拱脚处拱轴切线上的投影之和[图 3.3.24d)],即:

$$M = M_1\cos\varphi_j + M_2\sin\varphi_j \quad (3.3.95)$$

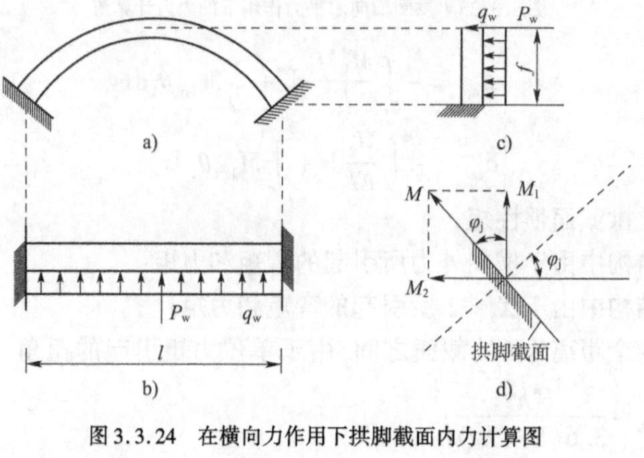

图 3.3.24 在横向力作用下拱脚截面内力计算图

当拱圈宽度小于跨径的 1/20 时,应验算风力的作用;对于弯桥需验算离心力的作用。计算风力或离心力等横向力引起的拱圈内力时,拱脚截面内力可近似按以下假定计算。

(1)把拱圈视作两端固定的水平梁,其跨径等于拱的计算跨径,全梁平均承受风力或离心力。拱脚弯矩计算公式为:

$$M_1 = \frac{P_1 l^2}{12} \tag{3.3.96}$$

式中:P_1——单位长度上的风力,$P_1 = P/l$,或单位长度上的离心力,$P_1 = P'$,其 P 为整孔拱上构造(包括栏杆、侧墙、拱圈等)迎风面上的总风力,风力取值按照《公路桥涵设计通用规范》(JTG D60—2015)规定进行;

l——拱的计算跨径。

(2)把拱圈视作下端固定的竖向悬臂梁,其跨径等于拱的计算矢高 f,悬臂梁平均承受 1/2 拱跨的风力,在梁的自由端承受集中的 1/2 拱跨的离心力。在风力作用下,拱脚弯矩计算公式如下:

$$M_2 = \frac{1}{2} P_2 f^2 \tag{3.3.97}$$

在离心力作用下,拱脚弯矩计算公式如下:

$$M_2 = P_2' f \tag{3.3.98}$$

式中:P_2——单位长度上的风力,$P_2 = P/2f$,P 为整孔拱上构造迎风面积的总压力;

P_2'——集中的离心力,$P_2' = P'/2$,P' 为作用在桥面上的总离心力。

(3)计算上述两项弯矩在拱平面外且垂直于拱脚截面的投影之和(图 3.3.25),即:

$$M_j = M_1 \cos\varphi_j + M_2 \sin\varphi_j \tag{3.3.99}$$

式中:φ_j——拱轴线在拱脚的水平倾角。

2. 偏心作用引起的内力

普通形式的上承式拱桥,在偏心荷载 P 作用下,可简化为一个中心荷载 P 和一个力矩 P_e 的作用[图 3.3.23a)]。其中,力矩 P_e 将使拱圈挠出其平面。如果荷载对称于拱顶的横轴,则基本结构中只有拱顶一个赘余弯矩 X_a。求 X_a 时,外力在计算截面上引起的横向弯矩将为 $\sum P_e$ 的矢量在计算截面的法线上的投影[图 3.3.23d)],即:

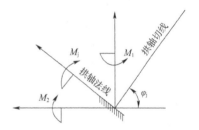

图 3.3.25 拱平面外拱脚弯矩计算图

$$M_p = \sum P_e \sin\varphi \tag{3.3.100}$$

而计算截面上的力矩,为该矢量在切线上的投影,即:

$$M_扭 = \sum P_e \sin\varphi$$

则:

$$X_a = -\frac{\Delta_{2p}}{\delta_{aa}} = \frac{\int_s \frac{\sin\varphi \sum P_e}{EI} \cos\varphi ds + \int_s \cos\varphi \sum P_e \theta_i ds}{\int_s \frac{\cos^2\varphi}{EI} ds + \int_s \sin\varphi \theta_1 ds} \tag{3.3.101}$$

求得 X_a 后,即可按照式(3.3.94)计算任意截面的内力 M_x 和 $M_{x扭}$,此时 $Q_x = 0$。

3. 斜弯曲拱圈应力计算

(1) 斜弯曲和压缩所引起的法向应力为：

$$\sigma = \pm \sigma_x \pm \sigma_y + \sigma_N = \pm \frac{M_{\text{竖}}}{W_x} \pm \frac{M_{\text{横}}}{W_y} + \frac{N}{A} \qquad (3.3.102)$$

式中：$M_{\text{竖}}$——竖平面内的弯矩（竖向弯矩）；
　　　$M_{\text{横}}$——水平面内的弯矩（横向弯矩）；
　　　N——拱圈内的轴向力。

(2) 剪力和扭矩共同作用时剪应力为：

$$\tau = \tau_{\text{扭}} + \tau_{\text{剪}} \qquad (3.3.103)$$

式中：$\tau_{\text{扭}}$——扭矩引起的最大剪应力，$\tau_{\text{扭}} \approx M_{\text{扭}}/W_{\text{扭}}$；
　　　$\tau_{\text{剪}}$——横向剪力所引起的剪应力。

如 τ 超过容许值，则须设置交叉箍筋网。

剪应力 τ 与竖向荷载所引起的法向应力 $\sigma_{\max} = \sigma_x + \sigma_N$ 及 $\sigma_{\min} = -\sigma_x + \sigma_N$ 组合成主应力，即：

$$\left. \begin{array}{l} \sigma_{\text{主压}} = \dfrac{\sigma_{\max}}{2} - \sqrt{\dfrac{\sigma_{\max}^2}{4} + \tau^2} \\[2mm] \sigma_{\text{主拉}} = \dfrac{\sigma_{\min}}{2} - \sqrt{\dfrac{\sigma_{\min}^2}{4} + \tau^2} \end{array} \right\} \qquad (3.3.104)$$

《公路钢筋混凝土及预应力混凝土桥涵设计规范》(JTG 3362—2018) 规定：计算风力或离心力引起的拱脚截面的荷载效应时，可按以下假定近似计算：

(1) 拱圈视作两端固定的水平直梁，其跨径等于拱的计算跨径，全梁平均承受风力或离心力，计算梁端弯矩 M_1。

(2) 拱圈视作下端固定的竖向悬臂梁，其跨径等于拱的计算矢高，悬臂梁平均承受 1/2 拱跨风力，在梁的自由端承受 1/2 拱跨的离心力，计算固定端弯矩 M_2。

(3) 拱的弯矩 M 为上述两项弯矩在垂直于曲线平面的拱脚截面上的投影之和，即前述式(3.3.99)。

三、拱圈内力调整

无铰拱桥在最不利荷载组合时，常出现拱脚负弯矩和拱顶正弯矩过大的情况。为了减小拱脚、拱顶的不利弯矩，可从设计或施工方面，采取措施调整拱圈恒载内力。

1. 假载法

当拱顶和拱脚两个截面中，有一个截面的弯矩很大而另一个截面弯矩较小时，则可采用假载法进行调整。

所谓假载法调整内力，其实质是通过改变拱轴系数来改变拱轴线，使拱轴线与恒载压力线偏离所产生的效应，有利于拱顶或拱脚截面的受力。理论和计算表明：拱脚负弯矩过大时，可适当增大 m 值[图 3.3.26a)]，使拱轴线与压力线发生相对偏离后，拱顶与拱脚截面都将产生附加正弯矩，从而起到减小拱脚负弯矩的效果。反之，则可通过减小 m 值[图 3.3.26b)]，使拱顶、拱脚截面都产生附加负弯矩，从而起到减小拱脚正弯矩的效果。m 的调整幅度，一般为半级或一级。

图 3.3.26 拱轴线随 m 值变化示意图

图 3.3.27 所示的实腹式拱中,设调整前的拱轴系数为 $m(m = g_j/g_d)$,调整后的拱轴系数为 m',则有:

$$m' = \frac{g_j'}{g_d'} = \frac{g_j \pm g_x}{g_d \pm g_x} \tag{3.3.105}$$

式中:g_x——假想减去[图 3.3.27b)]或增加[图 3.3.27c)]的一层均布荷载,被称为假载。

图 3.3.27b)中,减去的假载 g_x 是实际恒载的一部分,此时拱的实际恒载内力为按 $m'(m'>m)$ 算出的恒载内力加上 g_x 所产生的内力。同样,在图 3.3.27c)中,增加的假载 g_x 事实上也不存在,此时拱的实际恒载内力为按 $m'(m'<m)$ 算出的恒载内力减去 g_x 所产生的内力。

假载法调整拱圈内力的机理是:由于拱顶、拱脚两个截面的弯矩影响线都是正面积比负面积大,因而增加一层假载时[图 3.3.27b)],在拱顶、拱脚两截面都产生正弯矩;当减少一层假载时[图 3.3.27c)],在拱顶、拱脚两截面都产生负弯矩。

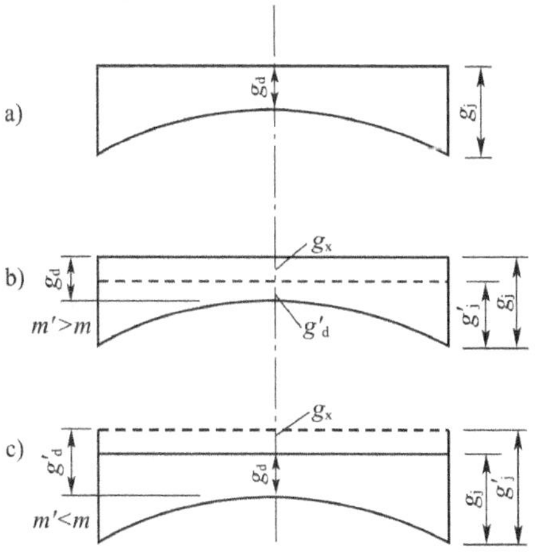

图 3.3.27 实腹拱假载计算图

在拱圈内力调整后,拱的几何尺寸应按 m' 来计算,所有荷载引起的内力也应按 m' 计算。为了便于利用《拱桥》现成表格计算拱的几何尺寸及各项内力,m' 应取表中所列拱轴系数值。按拱轴系数为 m' 计算恒载内力时,因拱轴线与考虑假载后的恒载压力线完全吻合,因而可按纯压拱计算内力。至于假载 g_x 所产生的内力,可以利用内力影响线,将 g_x 满布在 ML、HL 和 VL 上,求得 g_x 产生的内力值($g_x \times \omega$)。

对于空腹式拱桥,拱轴线形的变化是通过改变 $y_{l/4}$ 来实现的。设调整前的拱轴系数为 m,拱跨 $l/4$ 点的纵坐标为 $y_{l/4}$;调整后的拱轴系数为 m',相应点的纵坐标为 $y_{l/4}'$。

假想均布荷载 g_x 可由下式解出:

$$\frac{y_{l/4}'}{f} = \frac{\sum M_{l/4} \mp \frac{g_x l^2}{32}}{\sum M_j \mp \frac{g_x l^2}{8}} \tag{3.3.106}$$

式中,g_x 前正负号取用,当 $m'>m$ 时取"$-$",$m'<m$ 时取"$+$"。

空腹式拱桥恒载内力的计算方法与实腹拱桥相似。在恒载和假载 g_x 共同作用下,不计弹性压缩影响,结构重力引起的水平推力按下式计算:

$$H_g = \frac{\sum M_i \mp \frac{g_x l^2}{8}}{f} \tag{3.3.107}$$

应该指出,通过改变拱轴系数调整主拱圈内力,不能同时改善拱顶、拱脚两个控制截面的内力。例如,增大 m 值,拱脚截面负弯矩减小,而拱顶截面正弯矩则相应增加;反之则拱顶截面正弯矩减小,而拱脚截面负弯矩相应增大。

2. 临时铰法

拱桥主拱圈施工时,可在拱顶、拱脚处先用铅垫板做成临时铰支承;当拱架拆除后,由于临时铰的存在,主拱圈成为静定的三铰拱。待拱上建筑施工完成后,再用高强度水泥砂浆封固临时铰而成为无铰拱。由于拱桥施工期间临时支承铰的存在,主拱圈在恒载作用下为静定三铰拱,主拱圈的弹性压缩以及封铰前已发生的墩台变位均不会在主拱圈内产生附加内力,从而有效减小了拱圈内力。

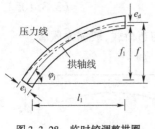

图 3.3.28 临时铰调整拱圈内力示意图

如将临时铰偏心布置,尚可进一步消除日后因混凝土收缩引起的附加内力。设混凝土收缩在拱顶引起正弯矩 M_d,在拱脚引起负弯矩 M_j,为消除这两个弯矩,可将临时铰偏心布置,如图 3.3.28 所示。即将拱顶截面的临时铰布置在拱轴线以下(距拱轴为 e_d),将拱脚截面的临时铰则布置在拱轴线以上(距拱轴为 e_j),为此,在恒载作用下拱顶截面将产生负弯矩 M_d、拱脚截面将产生正弯矩 M_j。偏心距 e_d、e_j 可按下述方法确定。

设置临时铰后,压力线的矢高为(图 3.3.28):

$$f_1 = f - e_d - e_j \cos\varphi_j$$

此时,拱的恒载推力值变为:

$$H'_g = H_g \frac{f}{f_1} \tag{3.3.108}$$

式中:H_g——不设置临时铰拱的恒载推力。

根据需要调整的弯矩值 M_d,可求偏心距:

$$e_d = \frac{M_d}{H'_g} = \frac{M_d}{H_g} \frac{f_1}{f} \tag{3.3.109}$$

采用临时铰调整主拱圈应力,实质上是人为改变主拱圈的压力线,使恒载压力线对拱轴线产生有利的偏离,以消除拱顶、拱脚截面不利的弯矩。大跨径钢筋混凝土拱桥,大多采用千斤顶调整主拱圈内力,即在砌筑拱上构造之前,在拱顶预留接头处设置上、下两排千斤顶,使拱顶产生正弯矩、拱脚产生负弯矩,以消除主拱圈弹性压缩、收缩及徐变产生的内力。

3. 改变拱轴线调整内力

从前面对图 3.3.3 的主拱圈受力分析知道,悬链线拱轴线与三铰拱恒载压力线存在近似正弦波形的自然偏离,可以不同程度地减小拱顶、拱脚截面偏大的弯矩。根据这个原理,在三铰拱恒载压力线的基础上,根据各桥的实际需要叠加一个正弦波形的调整曲线(图 3.3.29),采用逐次近似法调整,使恒载、弹性压缩和混凝土收缩等固定因素作用下,拱顶、拱脚截面的弯矩趋近于零。

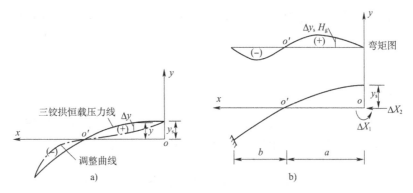

图 3.3.29 改变拱轴线形调整拱圈内力示意图

为了实现上述目的,要求调整曲线的零点通过 o' 点,并使拱轴线与三铰拱恒载压力线具有相同的弹性中心。根据弹性中心的定义,则有:

$$\int_s \frac{y-\Delta y}{EI}ds = \int_s \frac{y ds}{EI} - \int_s \frac{\Delta y ds}{EI} = 0 \qquad (3.3.110)$$

因:

$$\int_s \frac{y ds}{EI} = 0$$

故:

$$\int_s \frac{\Delta y ds}{EI} = 0$$

拱轴线偏离三铰拱恒载压力线在弹性中心的赘余力为:

$$\left. \begin{array}{l} \Delta X_1 = 0 \\ \Delta X_2 = H_g \dfrac{\int_s \dfrac{y \Delta y ds}{EI}}{\int_s \dfrac{y^2 ds}{EI}} \end{array} \right\} \qquad (3.3.111)$$

由图 3.3.29b)知,上式中 y 与 Δy 总是同号的,则 ΔX_2 必为正值(压力)。通过前面分析已知,弹性压缩和混凝土收缩在弹性中心将产生一对水平拉力,通过适当地选取调整曲线竖标 Δy,使按式(3.3.69)算得的水平力 ΔX_2 与弹性压缩等所产生的水平力大小相等、方向相反,即可抵消弹性压缩和混凝土收缩在拱顶、拱脚产生的弯矩值,起到调整内力的作用。

第三节 组合体系拱桥计算

组合体系拱桥在结构构造、受力等方面虽然具有许多优点,但也对结构设计计算提出了更高的要求。组合体系拱桥已无法简单的采用现有图表进行设计计算,需采用有限元法进行结构设计计算。

本节主要介绍整体式拱桥(桁架拱、刚架拱)和组合式拱桥(系杆拱)结构计算的基本假定、计算模型和简化计算方法,有限元法设计计算基本思路在第六篇作简单介绍。

一、整体式拱桥计算

整体式拱桥主要包括钢筋混凝土桁架拱桥和钢筋混凝土刚架拱桥,其主要受力特点是拱上建筑参与拱圈共同作用;在施工方法上则是先形成整体式拱片,再通过安装桥面板形成组合截面。因此,该类拱桥的结构计算,需结合结构受力特点及其施工方法确定计算内容和方法。

(一)桁架拱桥

桁架部分的腹杆与下弦杆主要承受轴向力,与普通桁架的受力相似;桁架部分的上弦杆除承受轴向压力外,还直接承受车辆荷载所产生的局部弯矩;跨中实腹段部分主要承受轴向力和弯矩,与普通上承式拱桥跨中段的受力相似。

从桁架拱桥的施工及受力模式看,拱片安装阶段各拱片单独受力,由其自身承受恒载作用及施工荷载作用;当横向联系及桥面板安装后,则形成整体共同承受恒载及活载作用。为了计算方便,需对结构体系进行基本假定并简化计算模型。

1. 基本假定及计算模型

(1)取单片桁架拱片为计算单元,将空间桁架拱简化为平面桁架。荷载在横桥向的不均匀分布,以荷载横向分布系数来体现。

(2)以各杆件的轴线形成结构计算图线。在桁架与实腹段联结的截面处,按平截面假定,利用刚臂将各杆件计算图线相连。

(3)在进行结构整体内力计算时,假定桁架拱的结点为理想铰接。

(4)考虑到桁架拱片的拱脚在构造上仅插入墩台预留孔中,可假定桁架拱片的拱脚与墩台铰接。

基于以上假定,桁架拱桥就简化为外部一次超静定、内部静定的双铰桁架拱式结构,其简化计算模型如图3.3.30所示。

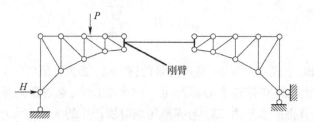

图 3.3.30 桁架拱计算图

2. 水平赘余力 H

桁架拱计算时以水平推力H作为赘余力,选取简支拱形桁架作为力法的基本结构(图3.3.30)。由H方向结构变形协调条件,可得:

$$H = -\frac{\Delta_{HP}}{\delta_{HH}} \tag{3.3.112}$$

式中:Δ_{HP}——外荷载作用下,基本结构在H方向的变位;

δ_{HH}——基本结构在赘余力$\overline{H}=1$作用下,支点的水平变位。

计算Δ_{HP}、δ_{HH}时,桁架部分的杆件只考虑轴向力,实腹段部分只考虑弯矩(轴向力影响很小,可不考虑)。因此:

$$\left.\begin{aligned}\delta_{HH} &= \sum \frac{\overline{N}_H^2 l}{EA} + \sum \frac{\overline{M}_H^2 \Delta l}{EI} \\ \Delta_{HP} &= \sum \frac{\overline{N}_H N_P l}{EA} + \sum \frac{\overline{M}_H M_P \Delta l}{EI}\end{aligned}\right\} \quad (3.3.113)$$

式中：$\overline{N}_H \setminus N_P$——$\overline{H}=1$ 和外荷载作用于基本结构时桁架杆件的轴向力；

$\overline{M}_H \setminus M_P$——$\overline{H}=1$ 和外荷载作用于基本结构时实腹段截面的弯矩；

$l \setminus A$——桁架杆件的长度和截面面积；

$\Delta l \setminus I$——用分段总和法计算实腹段变位时,实腹各分段的长度和截面惯性矩。

3. 内力影响线绘制

将单位荷载 $P=1$ 依次作用于桁架拱上弦各结点与跨中实腹段各分段点,按式(3.3.112)求出相应的 H 值,即得到水平推力影响线 HL；根据桁架结构内部静定结构力学属性,利用静力平衡条件可依次求得各杆件的内力影响线 NL 及实腹段的弯矩影响线 ML。

4. 结构内力计算

桁架拱桥恒载内力,可按式(3.3.112)计算；也在水平推力影响线上加载后得到水平推力,再根据水平推力求解各杆件和实腹段的恒载内力。活载内力计算需根据桥面板参与拱片的共同作用,利用结构各杆件的内力影响线来计算。

(1)恒载内力计算。

桁架拱桥的恒载包括桁架拱片、横向联结系和桥面板等重量。其恒载内力计算需考虑两种情况：一种是恒载全部由裸桁架拱(由预制桁架拱片和横系梁组成的结构)单独承受,另一种是考虑恒载由桥面板参与共同作用的整体桁架拱承受。桁架拱桥的恒载内力需分别按以上两种情况进行计算,从中选取最不利的内力作为设计内力。

(2)活载内力计算。

计算桁架拱桥活载内力时,应考虑桥面板参与桁架拱片的共同作用。桁架拱各杆件轴力影响线,可参照结构力学方法求解。求得各杆件轴力影响线和实腹段的弯矩与轴力影响线后,各构件的活载内力可用设计荷载直接在其影响线上按最不利情况布载求得。对于偏心受压的实腹段,应分别按弯矩和轴力的最不利情况进行加载,对于每一种布载情况,同时计算这两项内力。

应当指出,桁架拱桥的上弦杆除作为整体桁架杆件承受轴向力外,在运营时还直接承受局部车辆荷载产生的弯矩。由于桁架第一间间上弦杆跨径最大,局部荷载产生的弯矩亦为最大,所以常以第一节间上弦杆控制设计。上弦杆的杆端弯矩 M_A 和跨中截面的弯矩 M_C 可用下式进行估算：

$$\left.\begin{aligned}M_A &= -0.7 M_P - 0.06 g l^2 \\ M_C &= 0.8 M_P - 0.06 g l^2\end{aligned}\right\} \quad (3.3.114)$$

式中：M_P——对应简支梁的活载弯矩；

g——恒载集度；

l——上弦杆净跨(即上弦杆扣除结点块后的净长)。

《公路钢筋混凝土及预应力混凝土桥涵设计规范》(JTG 3362—2018)规定：桁架拱可采用

双铰拱支承体系。桁架拱的节点按固接考虑;当按简化计算时,可将节点按铰接计算,但其下弦截面强度,应留有不小于20%的余量。

桁架拱应考虑活载的横向分布。桁架拱的结构自重可按全跨均布计算,由桁架拱拱片承受;但如采用下弦杆合龙后再拼装其他杆件的施工方法,下弦杆应承受合龙前的全部结构自重。桥面板可考虑与上弦杆共同承受桥上活荷载。

上弦杆及与上弦杆在节点处相连的腹杆(竖杆和斜杆),应考虑桥面上局部荷载引起的弯矩。

桁架拱的拱轴线宜采用与结构自重压力线接近的曲线,如采用拱轴系数 m 值较小的悬链线或二次抛物线。

(二)刚架拱桥

刚架拱桥除两个边腹孔纵梁为受弯构件外,其余杆件如拱腿、内腹孔纵梁、斜撑及实腹段,均属于压弯构件,部分具有刚架的受力特点。

刚架拱桥成桥程序一般为:最初的裸拱(预制拱腿及实腹段)→逐步形成裸刚架拱片(拱腿、实腹段、空腹段纵梁、斜撑及横系梁组成)→安装桥面板形成最终的刚架拱桥。在恒载作用下,桥面板最初不参与纵梁、实腹段来承受恒载,在经混凝土徐变内力重分布后逐步参与受力;成桥后在活载及附加荷载作用下,桥面板参与纵梁和实腹段共同受力。

1. 基本假定及计算模型

(1)取单片刚架拱片作为计算对象,将空间刚架拱简化为平面结构。以荷载横向分布系数反映荷载在横桥向的分配,荷载横向分布系数可按弹性支承连续梁简化法或其他方法计算。

(2)以各杆件的轴线形成结构计算图线,在空、实腹交界的截面处利用刚臂将各构件相连。

(3)考虑到拱脚和斜撑脚仅插入墩台预留孔中,故均假定为铰接。

(4)假定斜撑以半铰的方式与空腹段纵梁连接。

基于以上假定,刚架拱桥简化为五次超静定结构。

2. 内力计算

刚架拱桥内力计算方法与桁架拱桥相似,按照力法方程求解赘余力或赘余力影响线,在影响线上最不利布载结算各杆件内力。

(1)恒载内力计算。

刚架拱桥一般采用预制拼装的施工方法,结构将产生徐变内力重分布。恒载内力计算可采用与桁架拱相似的方法,即按两种情况考虑:一种是恒载全部由裸刚架拱(拱腿、实腹段、空腹段纵梁、斜撑和横系梁组成)单独承受;另一种是恒载由桥面板参与纵梁和实腹段共同作用的整体刚架拱承受。分别按以上两种情况进行计算,从中选取最不利的内力作为设计内力。

表3.3.3为刚架拱桥不同阶段的受力图示。裸肋状态下(表3.3.3施工阶段1、2),结构计算图为一次超静定的两铰拱,计算恒载内力时,取主拱脚水平推力为赘余力;求出赘余力之后,利用静力平衡条件即可求解各截面的内力。当桥面恒载作用于裸拱片时,各支承均按铰接处理(表3.3.3中施工阶段3),此时刚架拱为7次超静定结构,利用对称性后实际只有3个未知数。

刚架拱分阶段结构计算图式   表3.3.3

施工阶段	计算模型与荷载	内力
1		裸拱自重产生的内力
2		弦杆和斜撑在裸拱上产生的内力
3		桥面系恒载在裸拱上产生的内力
4		活载和附加力在裸拱、弦杆、斜撑、桥面板组合而成的整体刚架拱桥上产生的内力

图3.3.31为刚架拱桥成桥后的基本结构,其赘余力方向的变形协调方程为:

$$\left.\begin{matrix}\delta_{11}X_1+\delta_{12}X_2+\delta_{13}X_3+\Delta_{1P}=0\\ \delta_{21}X_1+\delta_{22}X_2+\delta_{23}X_3+\Delta_{2P}=0\\ \delta_{31}X_1+\delta_{32}X_2+\delta_{33}X_3+\Delta_{3P}=0\end{matrix}\right\} \quad (3.3.115)$$

式中: $X_i(i=1\sim3)$——刚架拱结构的赘余力;

$\delta_{ij}(i=1\sim3,j=1\sim3)$——单位力在基本结构赘余力方向产生的变位;

$\Delta_{iP}(i=1\sim3)$——外荷载在基本结构赘余力方向产生的变位。

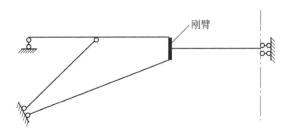

图3.3.31 对称刚架拱的简化计算模型

求出赘余力之后,则不难利用静力平衡条件求解各截面的内力。

(2)活载内力计算。

计算活载内力时,应考虑桥面板参与拱片的共同作用,此时全桥计算图式为七次超静定结构。刚架拱各构件的内力影响线,可按结构力学方法求解;在得到杆件轴力和弯矩影响线后,按照设计荷载等级在内力影响线上最不利布载,即可求得活载内力。由于刚架拱各杆件的受力方式为偏心受压为主,要求构件每个截面的活载内力应至少按两种方式加载:即最大(小)弯矩与对应轴力、最大(小)轴力与对应弯矩。

《公路钢筋混凝土及预应力混凝土桥涵设计规范》(JTG 3362—2018)规定:刚架拱在上弦杆两端应设置活动支座。桥面板可与刚架拱片联合作用承受桥上活荷载。

刚架拱应考虑活载的横向分布,常采用弹性支承连续梁法。

二、组合式拱桥的计算

由拱和梁组合而成的组合式拱桥,传统的力学方法已不适应结构的内力计算,普遍采用平面杆系有限单元法进行计算。下面主要介绍拱梁组合桥结构计算的基本假定、杆件受力特点以及应考虑的施工过程等问题,有关有限元法建模及力学分析在第六篇阐述。

(一)基本假定

(1)下承式简支拱式组合桥看作是一种外部静定、内部超静定的结构,吊杆一般均可看作只承受轴向力的构件。

(2)连续拱式组合桥一般采用三跨连续构造,看作是外部和内部均为超静定。

(二)主要杆件受力分析

(1)系杆拱当其拱肋截面的抗弯刚度与系杆截面的抗弯刚度的比值小于1/100时,拱肋可视为仅承受轴向压力的柔性拱肋;当拱肋截面的抗弯刚度与系杆截面的抗弯刚度的比值大于100时,系杆可视为仅承受轴向拉力的系杆。上述杆件的节点均可视为铰接。

系杆拱当拱肋截面的抗弯刚度与系杆截面的抗弯刚度比值为1/100～100时,系杆与拱肋应视为刚性连接,此时荷载引起的弯矩在系杆和拱肋之间应按抗弯刚度分配。

(2)对于采用柔性吊杆的大跨径中、下承式拱梁组合结构,吊杆在施工阶段的初张力对结构成型状态的影响较大,需合理确定吊杆的初张力。

(3)大跨径钢管混凝土拱桥,钢管中混凝土的收缩、徐变,会使混凝土与钢管之间引起较大的内力重分布,结构分析时应重视该应力重分布问题。

(4)双拱肋的中、下承式拱梁组合拱桥,横梁与纵梁刚性联结,在局部荷载(如单辆汽车)作用下,纵梁对横梁的约束作用接近于两端刚性固结[图3.3.32a)];而在满布车道荷载作用下,横梁的约束则接近于两端铰接[图3.3.32b)]。

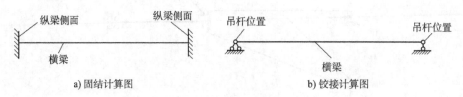

图3.3.32 横梁计算模型

(三)施工过程计算

组合体系拱桥,构造相对复杂,不同的施工方法对结构受力影响较大,需根据不同施工方法进行施工过程计算与验算。下面以钢管混凝土拱桥为例,说明施工过程计算的相关规定。

1. 钢管安装阶段

主拱钢管结构安装阶段,应以主拱安装架设所形成的结构体系为计算模型,验算该体系中构件的强度、刚度、稳定性能和抗风性能。

主拱应按钢结构进行内力计算,并按钢结构进行强度与刚度验算。采用斜拉扣挂法安装主拱时,以主拱、扣挂、锚固体系形成的结构系统作强度、刚度及稳定验算;采用转体法安装主拱时,以主拱、平衡、转动、牵引、锚固体系形成的结构系统作强度、刚度及稳定验算;采用大节段提升法安装主拱时,以主拱、承载、提升体系形成的结构系统作强度、刚度及稳定验算。

主拱安装设计,应进行主拱安装线形的拟合计算,预留结构施工变形量,使主拱合龙,并拆除扣索、支架后达到设计线形。

2. 钢管成拱阶段

主拱钢管结构合龙后,应进行钢管混凝土灌注顺序的优化,其计算原则为:钢管混凝土浇筑过程中,保持主拱主管初应力最小,保持主拱横向偏移量最小;简化主拱钢管混凝土灌注工艺,对哑铃形主拱,腹腔混凝土的灌注应在钢管混凝土浇筑完成后进行。

3. 钢管加载程序

主拱先灌注的主管内混凝土达到设计强度后,才能灌注下一根主管内混凝土。主拱主管内全部混凝土强度达到设计值后即钢管混凝土主拱形成。

钢管混凝土主拱形成后,进行拱上立柱、吊索横梁(或盖梁)、桥面梁、二期恒载的加载程序;加载过程中,保持主拱线形的均衡对称;在主拱满足强度及稳定要求的前提下,钢管混凝土构件的偏心距应满足要求。

4. 其他施工验算

采用斜拉扣挂法安装主拱时,应按不同的施工阶段分别对扣索、扣塔、锚索、锚碇系统进行结构分析和强度、刚度、稳定验算。

采用转体施工法安装主拱时,针对平转,应对扣索(平衡索)、扣(锚)索支撑支架、转盘(轮)体系、牵引体系、锚碇体系、转体过程中主拱等构件进行结构分析和强度、刚度、稳定验算。

采用大节段提升法安装主拱圈,应对提升支架、基础、提升系统等进行结构分析和强度、刚度、稳定验算。

采用龙门架现场节段安装时,拱节段进行转运时,应对龙门架结构、起吊、走移、轨道及基础等进行结构分析和强度、刚度、稳定验算。

第四节 连拱计算

一、基本概念

多孔连续拱桥在荷载作用下,当其中一孔承受荷载时,受载孔拱脚水平推力和弯矩将引起拱墩节点的水平位移和转角[图3.3.33a)],进而导致非受载孔结构产生内力。

多孔连拱结构与桥墩的联合作用称为"连拱作用",考虑拱墩节点变位对结构内力影响的计算称为连拱计算。研究表明:在拱墩节点的两个变位未知数中,节点水平位移 Δ 对拱、墩内力的影响较大;而转角 θ 对拱、墩内力的影响较小。因此,从定性角度出发,可以用节点水平位移的大小来近似地反映连拱影响的程度;但在计算拱、墩内力时,仍不能忽略节点转角的影响。

一般而言,桥墩相对拱圈越细柔,拱墩结点的水平位移越显著。当桥墩相对拱圈的刚度接近无限大时,即可忽略连拱作用时,此时多孔拱桥可各自按拱脚固定的单孔拱桥计算[图3.3.33b)]称为固定拱计算,由此得到的内力称为"固定拱内力"。

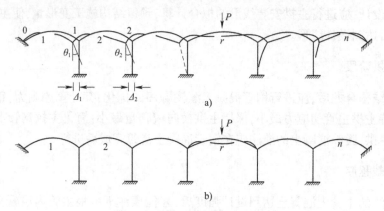

图 3.3.33　连拱与固定拱的变位比较

《公路钢筋混凝土及预应力混凝土桥涵设计规范》(JTG 3362—2018)规定:多跨无铰拱桥应按连拱计算,当桥墩抗推刚度与主拱抗推刚度之比大于37时,可按单跨拱桥计算。

按连拱计算与按固定拱计算的根本区别在于拱墩节点是否产生变位。因此,按连拱计算的内力,可视为按固定拱计算的内力加上连拱作用影响产生的内力。对上部结构而言,连拱影响主要是拱脚水平位移的影响,因而连拱的内力也可视为固定拱内力加上拱脚水平位移产生的内力。

图 3.3.34a)～图 3.3.34g)为 3 孔连拱与相应固定拱的影响线对照图,由图中可看出连拱内力与固定拱内力各自特点:

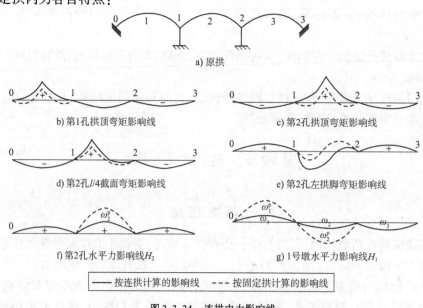

图 3.3.34　连拱内力影响线

(1) 连拱内力影响线与相应固定拱内力影响线不同。

二者除了影响线的荷载长度和最大竖标位置不同外,连拱还具有连续梁影响线的特点。按固定拱计算时,单孔布载单孔受力;按连拱计算时,单孔布载多孔(全桥)受力。

理论与实践证明,在多孔拱桥中,连拱作用影响最大的是荷载孔。距荷载孔越远,拱墩结点变位越小,连拱作用也越小。

(2) 连拱内力与固定拱内力最不利布载图式不同。

计算拱脚、$l/8$ 截面最大负弯矩及跨中其他截面的最大正弯矩时,均以 1 孔(计算截面所在孔)布载不利;计算拱脚、$l/8$ 截面的最大正弯矩及跨中其他截面的最大负弯矩时,以多孔布载不利。计算表明:多孔布载的情况一般不控制设计,控制设计的通常是荷载孔拱脚的负弯矩和拱顶的正弯矩。

对于荷载孔而言,两拱脚均产生向外的水平位移,它的影响是在拱的弹性中心产生一对水平拉力,因而按连拱计算时拱中水平力比按固定拱计算的小,而控制设计的拱脚负弯矩和拱顶正弯矩则比按固定拱计算的大。因此,按连拱设计时需适当加强拱圈,以承受比固定拱更大的弯矩值。

(3) 连拱的墩顶水平推力影响线的正、负面积均比固定拱小。

拱桥桥墩常以墩顶水平推力控制设计,故按连拱计算时桥墩承受的水平力比固定拱小,可减小墩身截面尺寸,节省材料用量。

图 3.3.34a)中,三孔拱桥跨径相等、拱轴线相同,则在图 3.3.34g)中,必有:

$$\omega_1 + \omega_2 + \omega_3 = 0 \text{ 或 } \omega_1 = |\omega_2 + \omega_3| \tag{3.3.116}$$

要证明上式的正确性,只需将图 3.3.34a)中的 3 孔等跨连拱同时布以均布荷载,则因 1 号墩墩顶水平力自相平衡($\overline{H}_3 = 0$)而使上式得以验证。

由式(3.3.116)可知:计算 1 号墩墩顶最大水平力时,以荷载作用在第 1 孔(按 $\overline{H}_1$ 最大布载)为不利。同样,对于任意多孔等跨连拱,计算边墩最大水平力时,以荷载作用在边孔为不利。而计算拱中最大弯矩时,则以荷载作用在中孔不利(当荷载作用在中孔时,两拱脚均产生向外的水平位移,左、右拱脚的相对水平位移为两拱脚水平位移之和;而当荷载作用在边孔时,仅一个拱脚产生水平位移,其位移值比中孔布载时两拱脚的相对水平位移值小)。

不难证明,计算中墩的最大水平力时,不论是等跨还是不等跨,连拱均以多孔按 $\overline{H}_{\max}$ 布载不利。最不利布载情况一般有两种可能性:①墩左各孔布载,墩右各孔无载;②墩右各孔布载,墩左各孔无载。

计算连拱的方法有精确法和简化法(近似法)两大类。结构力学采用的"直接刚度法"属于精确法,计算时每个拱墩结点有两个变位未知数(水平位移和转角)。当连拱孔数在 3 孔以上时,拱墩节点未知数较多,计算较麻烦,必要时可采用简化计算法。

二、连拱简化计算

1. 计算简图

连拱简化计算可根据桥墩的抗推刚度 K'(按下端固接,上端铰接计算)与拱圈的抗推刚度 K 的比值不同,采用表 3.3.4 的 3 种简化计算图式。

连拱简化计算图式			表 3.3.4
简化计算方式		计算简图	适用范围
Ⅰ			$K'/K \leqslant 2/3$
Ⅱ			$2/3 < K'/K \leqslant 7$
Ⅲ			$K'/K > 7$

（1）当 $K'/K \leqslant 2/3$ 时，无铰连拱可按表 3.3.4 第Ⅰ种连拱简化图式计算。此时，由于拱的抗推刚度较大，而墩的抗推刚度较小，在拱墩节点变位中，拱对墩有较大的约束作用，阻碍了墩顶的转动。在这种情况下，拱墩节点采用固接的图式，并假定节点的转角为零。

（2）当 $2/3 < K'/K \leqslant 7$ 时，无铰连拱可按表 3.3.4 中第Ⅱ种连拱简化图式计算，即将墩顶视为铰接，并假定拱脚的转角为零。

（3）当 $K'/K > 7$ 时，无铰连拱可按表 3.3.4 中第Ⅲ种连拱简化图式计算。此时，由于墩顶抗推刚度 K' 比拱的抗推刚度 K 大了许多倍，拱圈已不能制止墩顶的转动，略去墩顶的约束使用，则墩顶呈铰接状态。

从结构力学角度讲，表 3.3.4 中的 3 种连拱简化计算图式有着明显的共性：即在位移法的基本未知数中，只有水平位移一个未知数。因而可用位移法建立统一的计算公式，计算节点变位和拱、墩内力。

2. 连拱内力计算

根据以上分析，连拱的内力可视为固定拱的内力加上连拱作用产生的内力。由于简化计算只考虑了节点水平位移的影响，故连拱作用的附加力仅由拱脚产生的水平位移引起。对于荷载孔而言，两拱脚所产生的水平位移都是向外的，由此引起的附加力将在拱的弹性中心产生一对水平拉力 ΔH（图 3.3.35）。

根据结构力学的方法，计算得到 ΔH 引起的附加内力 ΔN 和 ΔM，与固定拱的内力叠加后即可得连拱的内力。

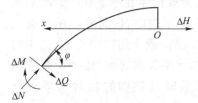

图 3.3.35　连拱作用引起的附加内力

连拱作用（加载孔）引起的附加内力为：

轴向力：$\Delta N = -\Delta H \cos\varphi$
弯矩：$\Delta M = \Delta H y$ （3.3.117）

连拱内力 = 固定拱内力 + 附加内力，即：

水平力：$H = H^F - \Delta H$
轴向力：$N = N^F - \Delta H \cos\varphi$ （3.3.118）
弯矩：$M = M^F + \Delta H y$

式中：H^F、N^F、M^F——按固定拱计算的水平力、轴向力和弯矩。

考虑连拱作用后，桥墩承受的水平力 $\overline{H}$ 为：

$$\overline{H} = \overline{\xi} H^F_{\max} < H^F_{\max} \quad (3.3.119)$$

式中：$H^F_{\max}$——按固定拱计算的活载最大水平力；

ξ——小于1的系数。

上述连拱简化计算的优点是未知数少,计算比较简单,但由于忽略了拱墩结点转角的影响,对拱、墩内力特别是墩顶、拱脚截面内力计算精度有一定影响。

第五节　拱圈强度及稳定性验算

一、设计规范有关规定

1. 设计方法

《公路圬工桥涵设计规范》(JTG D61—2005)规定:圬工桥涵结构应按承载能力极限状态设计,并满足正常使用极限状态的要求。

圬工桥涵结构的承载力极限状态,应按表3.3.5规定的设计安全等级进行设计。

公路圬工桥涵结构设计安全等级　　　　　　表3.3.5

设计安全等级	桥涵结构
一级	特大桥、重要大桥
二级	小桥、中桥、重要小桥
三级	小桥、涵洞

注:重要的大桥和小桥,系指高速公路和一级公路上、国防公路上及城市附近交通繁忙公路上的桥梁。

公路圬工桥涵结构按承载能力极限状态设计时,应采用下列表达式:

$$\gamma_0 S \leqslant R(f_d, a_d) \qquad (3.3.120)$$

式中:γ_0——结构重要性系数,对应表3.3.5规定的一级、二级、三级设计安全等级分别取1.1、1.0、0.9;

S——作用效应组合设计值,按《公路桥涵设计通用规范》(JTG D60—2015)的规定计算;

$R(\cdot)$——构件承载力设计值函数;

f_d——材料强度设计值;

a_d——几何参数设计值,可采用几何参数标准值a_k,即设计文件规定值。

2. 材料主要设计指标

用于砌筑主拱圈的石材强度设计值,应按表3.3.6的规定取用。

石料强度设计值(单位:MPa)　　　　　　表3.3.6

强度类别	强度等级						
	MU120	MU100	MU80	MU60	MU50	MU40	MU30
轴心抗压f_{cd}	31.78	26.49	21.19	15.89	13.24	10.59	7.95
弯曲抗拉f_{tmd}	2.18	1.82	1.45	1.09	0.91	0.73	0.55

用于砌筑主拱圈的混凝土强度设计值应,按表3.3.7的规定取用。

混凝土强度设计值(单位:MPa)　　　表 3.3.7

强度类别	强度等级					
	C40	C35	C30	C25	C20	C15
轴心抗压 f_{cd}	15.64	13.69	11.73	9.78	7.82	5.87
弯曲抗拉 f_{tmd}	1.24	1.14	1.04	0.92	0.80	0.66
直接抗剪 f_{vd}	2.48	2.28	2.09	1.85	1.59	1.32

主拱圈砂浆砌体的轴心抗拉强度设计值 f_{td}、弯曲抗拉强度设计值 f_{tmd} 和直接抗剪强度设计值 f_{vd}，应按表 3.3.8 的规定取用。

砂浆砌体轴心抗拉、弯曲抗拉和直接抗剪强度设计值(单位:MPa)　　　表 3.3.8

强度类别	破坏特征	砌体种类	砂浆强度等级				
			M20	M15	M10	M7.5	M5
轴心抗拉 f_{td}	齿缝	规则砌块砌体	0.104	0.090	0.073	0.063	0.052
		片石砌体	0.096	0.083	0.068	0.059	0.048
弯曲抗拉 f_{tmd}	通缝	规则砌块砌体	0.122	0.105	0.086	0.074	0.061
		片石砌体	0.145	0.125	0.102	0.089	0.072
		规则砌块砌体	0.084	0.073	0.059	0.051	0.042
直接抗剪 f_{vd}	—	规则砌块砌体	0.104	0.090	0.073	0.063	0.052
		片石砌体	0.241	0.208	0.170	0.147	0.120

砂浆砌体其他材料设计指标,应按《公路圬工桥涵设计规范》(JTG D61—2005)有关规定取值。

二、拱圈强度验算

《公路钢筋混凝土及预应力混凝土桥涵设计规范》(JTG 3362—2018)规定:拱桥在施工阶段或成拱过程中,应验算各阶段的截面强度和拱的稳定性。大跨径拱桥应验算拱顶、拱跨 3/8、拱跨 1/4 和拱脚四个截面;对于中、小跨径拱桥,拱跨 1/4 截面可不验算;特大跨径拱桥,除上述四个截面外,视截面配筋情况,还应选择相应的控制截面进行验算。

1. 作用效应组合

拱桥按可能发生的最不利情况进行作用效应组合,分别求出每个最不利组合的内力值及相应的其他内力值,然后进行验算。作用效应组合可按下列方式进行:

(1)验算拱桥各阶段的截面强度和拱的"强度-稳定"时,采用基本组合。其荷载组合工况包括:

工况Ⅰ:由恒载、材料收缩、汽车荷载(包括冲击力)和人群荷载相组合。

工况Ⅱ:在工况Ⅰ的基础上再加上温度变化的影响。

(2)在地震区,还应对地震力作用进行验算,此时采用作用效应的偶然组合。

(3)拱桥在一个桥跨范围内的正负挠度的绝对值之和的最大值,不应大于计算跨径的 1/1000。

有关荷载的取值按照本章第一节有关规定执行。

2. 拱圈强度验算

1)圬工拱桥

(1)拱圈截面承载力验算。

主拱圈为圬工砌体受压构件时,其截面强度满足:

$$\gamma_0 N_d < \varphi f_{cd} A \tag{3.3.121}$$

式中:N_d——轴向力设计值;

f_{cd}——砌体或混凝土抗压强度设计值;

A——验算截面面积;

γ_0——结构重要性系数,对于特大桥、重要大桥为1.1,对于大桥、中桥、重要小桥为1.0,对于小桥、涵洞为0.9;

φ——主拱截面轴向力的偏心距e和长细比β对受压构件承载力的影响系数,按《公路圬工桥涵设计规范》(JTG D61—2005)有关规定计算。

(2)合力偏心距验算。

主拱圈任一截面合力偏心距应满足:

$$e \leq [e] \tag{3.3.122}$$

式中:e——截面轴向力的偏心距;

$[e]$——偏心距限值,应根据不同的荷载组合按表3.3.9选用。

受压构件偏心距限值　　　　　　　　　　　　　　表3.3.9

作用组合	偏心距限值$[e]$	作用组合	偏心距限值$[e]$
基本组合	≤0.6s	偶然组合	≤0.7s

注:1.混凝土结构单向偏心的受拉一边或双向偏心的各受拉一边,当设有不小于截面面积0.05%的纵向钢筋时,表内规定值可增加0.1s。

2.表中s值为截面或换算截面重心轴至偏心方向截面边缘的距离(图3.3.36)。

当验算截面在各种荷载组合下的偏心距e超过表3.3.9限值时,应按下式验算截面承载力:

单向偏心

$$\gamma_0 N_d < \varphi \frac{A f_{tmd}}{\dfrac{Ae}{W} - 1} \tag{3.3.123}$$

双向偏心

$$\gamma_0 N_d < \varphi \frac{A f_{tmd}}{\dfrac{A e_x}{W_y} + \dfrac{A e_y}{W_x} - 1} \tag{3.3.124}$$

式中:f_{tmd}——受拉边缘的弯曲抗拉极限强度;

W——单向偏心时,截面受拉边缘的弹性低抗矩,对于组合截面应按弹性模量比换算为换算截面弹性抵抗矩;

W_x、W_y——双向偏心时,截面x方向受拉边缘绕y轴的截面弹性抵抗矩和截面y方向受拉边缘绕x轴的截面弹性抵抗矩,对于组合截面应按弹性模量比换算为换算截面弹性抵抗矩;

e——单向偏心时,轴向力偏心距;

e_x、e_y——双向偏心时,轴向力在x方向和y方向的偏心距。

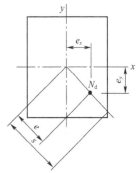

图3.3.36　受压构件偏心距

(3)拱圈正截面抗剪验算。

拱圈受剪时,应按下列公式计算:

$$\gamma_0 V_d < A f_{vd} + \frac{1}{1.4}\mu_f N_k \qquad (3.3.125)$$

式中:V_d——剪力设计值;

A——受剪截面面积;

f_{vd}——砌体或混凝土抗剪强度设计值,按表3.3.7、表3.3.8取用;

μ_f——摩擦因数,采用$\mu_f = 0.7$;

N_k——与受剪截面垂直的压力标准值。

2) 钢筋混凝土拱桥

《公路钢筋混凝土及预应力混凝土桥涵设计规范》(JTG 3362—2018)规定:钢筋混凝土轴心受压构件,当配有箍筋(或螺旋筋或在纵向钢筋上焊有横向钢筋)时,其正截面抗压承载力应符合下列规定:

$$\gamma_0 N_d < 0.90\varphi(f_{cd}A + f'_{sd}A'_s) \qquad (3.3.126)$$

式中:N_d——轴向力设计值,按式(3.3.125)计算;

φ——轴压构件稳定系数,按《公路钢筋混凝土及预应力混凝土桥涵设计规范》(JTG 3362—2018)有关规定采用;

A——构件毛截面面积,当纵向钢筋配筋率大于3%时,A应改为$A_n = A - A'_s$;

A'_s——全部纵向钢筋的截面面积。

主拱圈轴向力设计值可按下式计算:

$$N_d = \frac{H_d}{\cos\varphi_m} \qquad (3.3.127)$$

式中:H_d——拱的水平推力组合设计值;

φ_m——拱顶与拱脚连线与水平线的夹角。

3. 稳定验算

拱桥主拱圈以受压为主,除满足强度要求外,还必须对其稳定性进行验算。拱的稳定性验算分为纵向(面内)和横向(面外)两方面。

《公路钢筋混凝土及预应力混凝土桥涵设计规范》(JTG 3362—2018)规定:当板拱的宽度小于计算跨径的1/20时,应验算拱圈的横向稳定。计算以横系梁联结的肋拱横向稳定时,可将其视为长度等于拱轴线长度的平面桁架,根据其支承条件,按受压组合构件确定其计算长度和长细比。拱的平均轴向力可按式(3.3.127)计算。

1) 纵向稳定性验算

在验算拱圈或拱肋稳定性时,当长细比不大且矢跨比较小时,可将拱圈或拱肋换算为相当稳定计算长度的压杆,以验算抗压承载力的形式验算其稳定性;当长细比超出某一范围后,则以验算临界轴向力的方式验算其稳定性。

《公路钢筋混凝土及预应力混凝土桥涵设计规范》(JTG 3362—2018)规定:在施工阶段,拱的平面内纵向稳定性验算时的构件自重效应分项系数应取1.2,施工时附加的其他荷载效应分项系数应取 1.4;拱的平面内纵向稳定验算的作用效应的分项系数,按《公路桥涵设计通用规范》(JTG D60—2015)取用。

计算平面内纵向稳定时,拱圈的计算长度可按下列规定采用:三铰拱 $0.58L_a$;双铰拱 $0.54L_a$;无铰拱 $0.36L_a$。L_a 为拱轴线长度。

(1)圬工拱桥。

主拱圈的轴向力偏心距满足表 3.3.9 限值且长细比在表 3.3.10 范围内,可将主拱圈换算为直杆,按直杆承载力计算公式验算拱的整体"强度-稳定"。

混凝土拱圈(肋)纵向弯曲系数 φ 表 3.3.10

l_0/b	<4	4	6	8	10	12	14	16	18	20	22	24	26	28	30
l_0/i	<14	14	21	28	35	42	49	56	63	70	76	83	90	97	104
φ	1.00	0.98	0.96	0.91	0.86	0.82	0.77	0.72	0.68	0.63	0.59	0.55	0.51	0.47	0.44

注:b-弯曲平面内拱圈或拱肋截面高度。

主拱圈整体"强度-稳定"验算可按下式进行:

$$\gamma_0 N_d \leqslant \varphi A f_{cd} \tag{3.3.128}$$

式中:φ——轴向力偏心距和长细比对受压构件承载力的影响系数,对于混凝土拱,按表 3.3.10 取值;对于砌体拱圈或拱肋,按下列公式计算:

$$\varphi = \frac{1}{\dfrac{1}{\varphi_x} + \dfrac{1}{\varphi_y} - 1} \tag{3.3.129}$$

$$\varphi_x = \frac{1-\left(\dfrac{e_x}{x}\right)^m}{1+\left(\dfrac{e_x}{i_y}\right)^2} \cdot \frac{1}{1+\alpha\beta_x(\beta_x-3)\left[1+1.33\left(\dfrac{e_x}{i_y}\right)^2\right]} \tag{3.3.130}$$

$$\varphi_y = \frac{1-\left(\dfrac{e_y}{y}\right)^m}{1+\left(\dfrac{e_y}{i_x}\right)^2} \cdot \frac{1}{1+\alpha\beta_y(\beta_y-3)\left[1+1.33\left(\dfrac{e_y}{i_x}\right)^2\right]} \tag{3.3.131}$$

$$\beta_x = \frac{\gamma_\beta l_0}{3.5 i_y} \tag{3.3.132}$$

$$\beta_y = \frac{\gamma_\beta l_0}{3.5 i_x} \tag{3.3.133}$$

式中:φ_x、φ_y——截面 x 轴方向和 y 轴方向纵向弯曲与偏心影响系数;

e_x、e_y——作用(或荷载)设计值产生的轴向力在截面(或换算截面)x 轴方向和 y 轴方向的偏心距,其值应小于表 3.3.8 的限值;

x、y——截面 x 轴方向和 y 轴方向的形心(或换算截面形心)至轴向力偏心侧截面边缘的距离;

i_x、i_y——弯曲平面内拱圈或拱肋截面的回转半径,$i_x = \sqrt{I_x/A}$、$i_y = \sqrt{I_y/A}$,其中 I_x、I_y 分别为截面(或换算截面)绕 x 轴和绕 y 轴的抗弯惯性矩,A 为截面(或换算截面)面积;

m——截面形状系数,圆形截面取 2.5,T 形或 U 形截面取 3.5,箱形或矩形截面取 8.0;

α——与砂浆强度有关的系数,当砂浆强度等级大于或等于 M5 时 α 取 0.002,当砂浆强度小于 M5 时 α 取 0.013;

$\beta_x \backslash \beta_y$——拱圈或拱肋换算压杆在截面 x 轴方向和 y 轴方向的长细比,当 $\beta_x \backslash \beta_y$ 小于 3 时取 3;

γ_β——长细比修正系数,对于混凝土预制块砌体或组合构件取 1.0,细料石、半细料石砌体取 1.1,对于粗料石、块石、片石砌体取 1.3;

l_0——拱圈或拱肋稳定计算长度。拱圈或拱肋纵向稳定计算长度:对于无铰拱 $l_0 = 0.36L_a$,对于双铰拱 $l_0 = 0.54L_a$,对于三铰拱 $l_0 = 0.58L_a$,其中 L_a 为拱轴线的弧长。

(2)钢筋混凝土拱桥。

当拱圈(肋)长细比在表 3.3.11 范围内时,也将其换算为相当计算长度的压杆,按如下承载力计算公式验算稳定性:

$$\gamma_0 N_d < 0.90\varphi(f_{cd}A + f'_{sd}A'_s) \quad (3.3.134)$$

式中:φ——拱圈或拱肋换算压杆的纵向弯曲系数,按表 3.3.11 取用;

f_{cd}——拱圈或拱肋混凝土材料抗压强度设计值;

A——拱圈或拱肋截面面积,当纵向钢筋配筋率大于 3% 时,取混凝土净截面面积;

f'_{sd}——纵向钢筋抗压强度设计值;

A'_s——纵向钢筋截面面积。

钢筋混凝土拱圈或拱肋纵向弯曲系数 φ 表3.3.11

l_0/b	<8	10	12	14	16	18	20	22	24	26	28
l_0/d_i	<7	8.5	10.5	12	14	15.5	17	19	21	22.5	24
l_0/i	<28	35	42	48	55	62	69	76	83	90	97
φ	1.00	0.98	0.95	0.92	0.87	0.81	0.75	0.70	0.65	0.60	0.56
l_0/b	30	32	34	36	38	40	42	44	46	48	50
l_0/d_i	26	28	29.5	31	33	34.5	36.5	38	40	41.5	43
l_0/i	104	111	118	125	132	139	146	153	160	167	174
φ	0.52	0.48	0.44	0.40	0.36	0.32	0.29	0.26	0.23	0.21	0.19

注:b-矩形截面拱圈或拱肋的短边长度;d_i-圆形截面拱圈或拱肋的直径;i-截面最小回转半径。

(3)当拱圈或拱肋换算压杆的长细比超出表 3.3.10 或表 3.3.11 的范围时,可近似采用欧拉临界力验算稳定性,即:

$$N_d \leq \frac{N_{Ll}}{K_1} \quad (3.3.135)$$

式中:N_d——拱圈或拱肋轴向力设计值;

K_1——纵向稳定安全系数,一般取 4~5;

N_{Ll}——纵向失稳的临界轴向力。

$$N_{Ll} = \frac{H_{Ll}}{\cos\varphi_m} \quad (3.3.136)$$

H_{Ll}——纵向失稳的临界水平推力,按下式计算:

$$H_{L1} = k_1 \frac{E_a I_x}{l^2} \tag{3.3.137}$$

E_a——拱圈或拱肋材料的弹性模量;

I_x——拱圈或拱肋截面对自身水平轴的惯性矩;

k_1——纵向失稳的临界推力系数。等截面悬链线和抛物线拱在均布荷载下的 k_1 值分别可按表 3.3.12、表 3.3.13 取用。

悬链线拱临界推力系数 k_1 表 3.3.12

矢跨比 f/l	0.1	0.2	0.3	0.4	0.5
无铰拱	74.2	63.5	51.0	33.7	15.0
两铰拱	36.0	28.5	19.0	12.9	8.5

抛物线拱临界推力系数 k_1 表 3.3.13

f/l	1/10	1/9	1/8	1/7	1/6	1/5	1/4
无铰拱	35.6	35.0	34.1	32.9	31.0	28.4	23.5
两铰拱	75.8	74.8	73.3	71.1	68.0	63.0	55.5

2) 横向稳定性验算

对于中、下承式拱桥及拱圈宽度小于跨径 1/20 的上承式拱桥、肋拱桥、特大跨径拱桥及无支架施工中的拱圈或拱肋,均应进行横向稳定性验算。目前,工程上常用与纵向稳定性相似的方法验算拱的横向稳定性。因此,横向稳定性验算的关键是确定换算压杆的计算长度。

考虑弹性稳定情况的验算式如下:

$$K_h = \frac{N_{L2}}{N_j} \geq 4 \sim 5 \tag{3.3.138}$$

式中:K_h——横向稳定安全系数;

N_{L2}——拱丧失横向稳定时的临界轴向力;

N_j——计算轴向力。

(1) 对于等截面圆弧线形无铰板拱圈或单肋拱,在径向均布荷载作用下,横向稳定临界轴向力可简化为欧拉公式:

$$N_{L2} = \frac{\pi^2 E_a I_y}{l_0^2} \tag{3.3.139}$$

式中:N_{L2}——横向稳定临界轴向力;

I_y——拱圈或拱肋截面对自身竖轴的惯性矩;

l_0——拱圈或拱肋横向稳定计算长度,$l_0 = \mu r$,μ 按表 3.3.14 取值;

r——圆弧拱的轴线半径,其他线形拱按下式近似换算。

$$r = \frac{l}{2}\left(\frac{l}{4f} + \frac{f}{l}\right) \tag{3.3.140}$$

式中:f——矢高;

l——计算跨径。

无铰板拱圈或单肋横向稳定验算 μ 值 表3.3.14

f/l	1/3	1/4	1/5	1/6	1/7	1/8	1/9	1/10
取值	1.1665	0.9622	0.7967	0.5759	0.4950	0.4519	0.4248	0.4061

(2)对于等截面、抛物线形、双铰拱圈或单肋合龙时的拱肋,在竖向均布荷载作用下,横向稳定临界水平推力的计算公式为:

$$H_{L2} = k_2 \frac{E_a I_y}{8fl} \tag{3.3.141}$$

式中:k_2——横向失稳的临界推力系数,可按表3.3.15取用。表中 γ 为截面抗弯刚度与抗扭刚度之比,即:

$$\gamma = \frac{E_a I_y}{G_a I_k} \tag{3.3.142}$$

式中:G_a——拱圈或拱肋材料的剪切弹性模量,可取 $G_a = 0.43 E_a$;
　　　I_k——拱圈或拱肋截面的抗扭惯性矩。

临界推力系数 k_2 表3.3.15

	γ	0.7	1.0	2.0
	0.1	28.5	28.5	28.0
f/l	0.2	41.5	41.0	40.0
	0.3	40.0	38.5	36.5

临界轴向力的计算公式为:

$$N_{L2} = \frac{H_{L2}}{\cos\varphi_m} = \frac{1}{\cos\varphi_m} k_2 \frac{E_a I_y}{8fl} \tag{3.3.143}$$

将其表示成欧拉临界力公式为:

$$N_{L2} = \frac{\pi^2 E_a I_y}{l_0^2} \tag{3.3.144}$$

其中:

$$l_0 = \pi \sqrt{\frac{8fl\cos\varphi_m}{k_2}} \tag{3.3.145}$$

(3)具有横向联系的肋拱桥横向稳定性计算较为复杂。对于双肋拱或无支架施工时采用双肋合龙的拱肋,在验算横向稳定性时,可视为组合压杆(图3.3.37),组合压杆的长度等于拱轴长度 L_a,临界轴向力计算也简化为欧拉公式:

$$N_{L2} = \frac{\pi^2 E_a I_y}{l_0^2} \tag{3.3.146}$$

其中:

$$l_0 = \psi \mu L_a \tag{3.3.147}$$

对于图3.3.37a)所示横向联系,有:

$$\psi = \sqrt{1 + \frac{\pi^2 E_a I_y}{(\mu L_a)^2} \left(\frac{1}{E_c A_c \sin\theta \cos^2\theta} + \frac{b}{a E_b A_b} \right)} \tag{3.3.148}$$

对于图3.3.37b)~图3.3.37d)所示横向联系,有:

$$\psi = \sqrt{1 + \frac{\pi^2 E_a I_y}{(\mu L_a)^2} \cdot \frac{1}{E_c A_c \sin\theta \cos^2\theta}} \quad (3.3.149)$$

对于图 3.3.37e)所示横向联系,有:

$$\psi = \sqrt{1 + \frac{\pi^2 E_a I_y}{(\mu L_a)^2}\left(\frac{ab}{12E_b I_b} + \frac{a^2}{24 E_a I_a} \cdot \frac{1}{1-\chi} + \frac{na}{bGA_b}\right)} \quad (3.3.150)$$

$$x = \frac{a^2 N_{l2}}{2\pi^2 E_a I_a} \quad (3.3.151)$$

式中:I_y——两拱肋对竖轴的组合惯性矩,$I_y = 2[I_a + A_a(b/2)^2]$;

ψ——考虑剪力对稳定的影响系数;

μ——计算长度系数,无铰拱为 0.5,两铰拱为 1.0;

a——横系梁(或夹木)的间距;

b——两拱肋中距,即横系梁的计算长度;

θ——斜撑与横系梁(或夹木或横垂线)的交角;

E_b——横系梁(或夹木)材料的弹性模量;

E_c——斜撑材料的弹性模量;

A_b——横系梁(或夹木)的截面面积;

A_c——斜撑的截面面积,如交叉撑,为其面积之和;

I_a——单根拱肋对自身竖轴的惯性矩;

I_b——单根横系梁(或夹木)对竖轴的惯性矩;

x——考虑节间局部稳定性的系数。

其余符号意义同前或如图 3.3.37 所示。

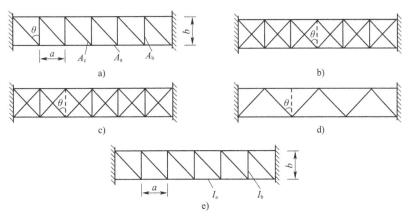

图 3.3.37 组合压杆计算图式

在横向稳定计算长度确定时,对于图 3.3.37e)所示横向联系,先由假定的 x 代入式(3.3.150)计算 ψ,然后由式(3.3.147)计算 l_0,再由欧拉公式计算 N_{l2},最后将此 N_{l2} 代入式(3.3.114)求出 x。若此 x 与原先假定值差异较大,则应重新假定 x 后再试算。经试算得到 x 后就能最终确定横向稳定计算长度 l_0。

(4)除组合压杆法外,还可采用能量方法进行横向联系的肋拱桥的横向失稳临界力分析,该方法进一步考虑了拱肋扭曲效应和矢跨比的效应。

对于圆弧拱,其临界轴力实用表达式为:

$$\begin{cases} N_{L2} = \left[\beta + m\left(\dfrac{l}{d}\right)^2\right]\dfrac{E_v I_v}{l^2} \\ \beta = \left(\dfrac{8k}{1+4k^2}\right)^2 \left[\left(\dfrac{\pi}{a}\right)^2 + k_1\right] \\ m = \dfrac{6}{a}\int_{-a}^{a}\left[k_2 \dfrac{d\cos\varphi \sin^2 \dfrac{\pi\varphi}{a}}{b\left(1+\dfrac{dk_2}{2b\cos\varphi}\right)^2} + \dfrac{2\cos^2\varphi \sin^2 \dfrac{\pi\varphi}{a}}{\left(1+\dfrac{2d\cos\varphi}{dk_2}\right)}\right]\mathrm{d}\varphi \\ k = \dfrac{f}{l},\ k_1 = \dfrac{GT}{E_v I_v},\ k_2 = \dfrac{E_{bt}I_{bt}}{E_v I_v} \end{cases} \tag{3.3.152}$$

式中：$E_v I_v$——拱肋侧向抗弯刚度；

　　　f、l——矢高和跨径；

　　　b、d——肋中距和横系梁平距；

　　　a——拱圈或拱肋半跨对应圆心角；

　　　GT——拱肋抗扭刚度；

　　　$E_{bt}I_{bt}$——横系梁在切平面内的抗弯刚度。

第四章 拱桥施工方法简介

拱桥上部结构施工主要包括主拱圈(拱肋)和拱上结构施工。其中,主拱圈可采用支架就地浇筑施工、预制安装施工法、转体施工、劲性骨架施工、悬臂浇筑及顶推施工等方法。

拱圈施工方法的选用主要涉及结构的材料、体系、构造形式等。例如,圬工拱桥的施工一般采用支架就地砌筑施工法;上承式、中承式钢筋混凝土箱形拱可采用缆索吊装法无支架施工,也可采用劲性骨架施工法、悬臂施工法、转体施工法;下承式拱桥可采用支架就地浇筑施工法;肋拱桥的施工方法多为预制安装施工法,悬臂施工法、转体施工法也是可选择的方法。拱桥施工可根据拱桥的形式、地质地形及施工设备类型等情况进行综合考虑,选择合理的拱桥施工方法。

拱桥施工前应根据结构特点和受力特性,进行施工设计和施工计算,对危险性较大的分部分项工程,应制订专项施工方案;大跨径拱桥应进行施工过程控制,使拱的轴线、内力等满足设计要求;关键工序的施工应避开可能发生的灾害性气候,并应在施工中采取必要的预防措施,以保证结构安全。

第一节 钢筋混凝土拱桥施工

一、就地浇筑施工法

就地浇筑施工主拱圈是在下部结构施工完毕后,在桥位处搭设拱架并在其上依次完成模板安装、钢筋绑扎及混凝土浇筑等施工工序,待混凝土强度达到规定强度后拆除拱架。

1. 拱架

拱架在施工期间用以支撑全部或部分拱圈及拱上建筑的质量,并保证拱圈的线形符合设计要求。因此拱架应专门设计,应遵循安全可靠、结构简单、受力明确、制作和安拆方便的原则。要求拱架具有足够的强度、刚度和稳定性,其抗倾覆稳定系数应不小于1.5。

常用拱架类型有拱式拱架(图3.4.1)和满布式拱架(图3.4.2),前者多用于较大跨径拱圈混凝土现浇施工,后者多用于中小跨径拱圈混凝土浇筑施工。

图 3.4.1 拱式拱架

图 3.4.2 满布式拱架

拱式拱架常采用常备式构件拼设成与拱圈接近的拱形结构，两端支撑在拱座附近，承受拱圈施工荷载。其优点是不受地基影响，可以在大江大河上实现就地浇筑；缺点是技术较复杂，往往需要采用缆索吊装系统进行安装，在拼装过程中的横向稳定性较差，要采取保证其稳定的措施。某拱式拱架采用缆索起重机安装拱架布置如图 3.4.3 所示。

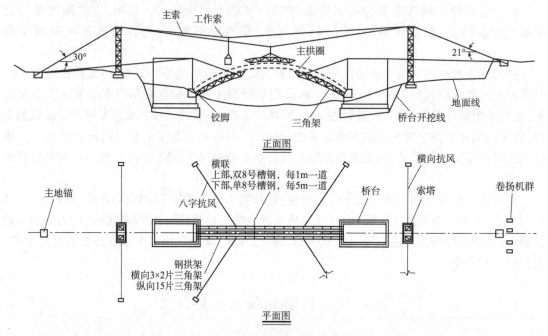
图 3.4.3 缆索吊机安装拱架布置图

满布式拱架又称为落地式拱架，采用钢材或木材拼成较密的支架，将拱圈自身荷载通过支架直接传递到地基。它由拱架、卸架设备、基础三部分组成。其优点是技术简单、施工方便，但是影响桥下通行或通航。

拱架承受荷载后，将产生弹性变形和非弹性变形；当拱圈砌筑或浇筑完毕，强度达到要求而卸落拱架后，拱圈由于受到自重、温度变化及墩台位移等因素的作用，也要产生弹性下沉。为了使拱轴线符合设计要求，必须在拱架上预留施工拱度，以便能抵消这些可能发生的垂直变形。拱架的预拱度包括：拱圈自重产生的弹性变形；拱圈由于温度变化和混凝土收缩产生的弹性变形；墩、台水平位移产生的弹性变形；拱架承重后的弹性及非弹性变形；支架基础非弹性变形。设置预拱度时，拱顶预拱度可根据工程经验或支架预压结果确定，拱脚处为零，其余各点按拱轴线坐标高度比例或按二次抛物线分配。

2. 拱圈混凝土的浇筑

拱圈混凝土浇筑时,为保证在整个施工过程中拱架受力均匀、变形最小,使拱圈的质量符合设计要求,必须选择适当的浇筑方法和顺序。

1) 连续浇筑法

跨径较小(16m 以下)的拱圈或拱肋,全桥混凝土数量也较少,应按拱圈全宽从两端拱脚向拱顶对称地连续浇筑混凝土,并应在拱脚混凝土初凝前全部完成,避免支架变形引起先浇筑混凝土的开裂。

2) 分段浇筑法

跨径较大(16m 以上)的拱圈或拱肋,为避免先浇混凝土因拱架下沉而开裂,并减小混凝土的收缩应力,可沿拱跨方向分段浇筑,各段之间留有间隔槽,其宽度宜为 0.5~1m,槽内有钢筋接头时,其宽度尚应满足钢筋接头的需要。拱段长度一般取 6~15m,划分分段时,应以拱架受力对称、均匀和变形小为原则,宜设置在拱顶、1/4 跨部位、拱脚及拱架节点处。图 3.4.4 为不同跨径的拱圈分段浇筑程序,可供参考。

分段浇筑时,各分段内的混凝土宜一次连续浇筑完成,因故中断时,应浇筑成垂直于拱轴线的施工缝;如已浇筑成斜面,应凿成垂直于拱轴线的平面或台阶式结合面。间隔槽混凝土的浇筑应符合设计规定,设计未规定时,应在拱圈混凝土的强度达到设计强度的 85% 后,由拱脚向拱顶对称进行浇筑;拱顶及拱脚间隔槽的混凝土应在最后封拱时浇筑。

3) 分环、分段浇筑法

为减轻拱架负荷,大跨径箱形截面拱圈的浇筑一般采用分环、分段的方法,即先浇筑底板,然后浇筑腹板,最后浇筑顶板;也可以采用分两环浇筑,即先浇筑底板,然后浇筑腹板和顶板。图 3.4.5 为某拱桥箱形拱圈分三环、九段浇筑示意图。

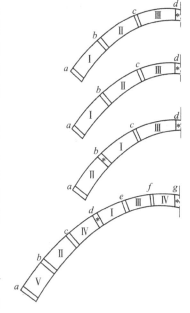

图 3.4.4 拱圈分段浇筑施工

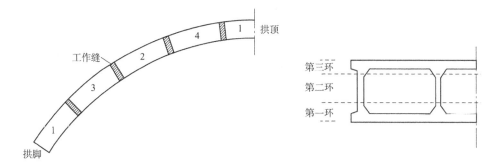

图 3.4.5 箱形拱圈分环、分段浇筑示意图

大跨径钢筋混凝土箱形拱圈采用在拱架上组装部分预制部件然后现浇混凝土的方法进行施工时,组装和现浇均应从两拱脚向拱顶对称进行。箱形拱圈的底板施工时,应按拱架的变形情况设置间隔缝,缝内的混凝土应在底板合龙时浇筑;拱圈的底板、腹板混凝土强度达到设计强度的 85% 后方可安装盖板,铺设钢筋,现浇顶板混凝土。

拱圈合龙的温度应符合设计要求;设计未要求时,宜选择夜间气温较稳定时段的温度。

3. 拱上建筑施工

拱上建筑的施工,应在拱圈合龙、混凝土强度达到要求强度后进行。对于实腹式拱上建筑,应由拱脚向拱顶对称地浇筑,当侧墙浇筑好以后,再填筑拱腹填充剂。对空腹式拱桥,一般是在腹拱墩浇筑完后就卸落主拱圈的拱架,然后再对称均匀地砌筑腹拱圈,以免由于主拱圈不均匀下沉导致腹拱圈开裂。对大跨径拱桥的拱上建筑施工,应严格按设计的加载程序进行,施工中应对主拱圈进行监测和控制。

4. 拱架的卸落

现浇混凝土主拱圈的拱架拆除期限应符合设计规定,设计未规定时,应在拱圈混凝土强度达到设计强度的85%后,方可卸落拆除拱架。

卸落拱架应按照施工专项方案中拟定的卸落顺序进行,遵循对称、均衡原则,要做到纵向对称、横向同时分步卸落;满布式落地拱架卸落时,可从拱顶向拱脚依次循环卸落;拱式拱架可在两支座处同时均匀卸落;多孔拱桥卸架时,若桥墩能承受单向推力,可单孔卸落,否则应多孔同时卸落,或各连续拱分阶段卸落。拱架卸落时,应设专人对拱圈的挠度和墩台的位移等情况进行监测,当有异常时,应暂停卸落,查明原因并采取相应措施后方可继续进行。

二、预制安装施工法

预制安装施工法可用于钢筋混凝土肋拱桥、桁架拱桥、刚架拱桥、钢管混凝土拱桥及钢拱桥等。预制安装施工法又分为无支架施工和少支架施工两种,无支架施工多采用缆索吊装法施工钢筋混凝土肋拱桥;少支架施工时,以支架代替扣索,使拱肋在吊装过程中的稳定性和安全性得到提高,在方便搭设支架时可采用此方法。在峡谷或水深流急的河段上,或在有通航要求的河流上,缆索吊装由于具有跨越能力大、水平和垂直运输机动灵活、适应性广、施工较稳妥方便等优点,在拱桥施工中被广泛采用。下面主要介绍缆索吊装法施工。

缆索吊装施工工序为:在预制场预制拱肋节段和拱上结构,将预制节段移运到缆索吊装设备下的合适位置,由起重索和牵引索将预制节段吊运至待拼桥孔处安装就位,用扣索将它们临时固定,吊装合龙段的拱肋节段,调整轴线,进行接头固结处理,完成拱肋安装,处理横系梁或纵向接缝,安装拱上结构。缆索吊装施工布置如图 3.4.6 所示。

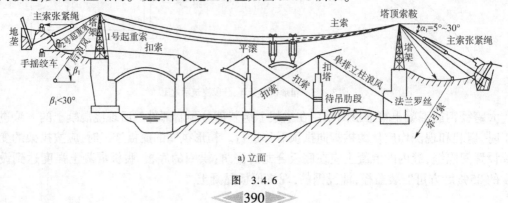

a) 立面

图 3.4.6

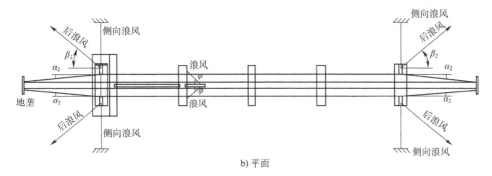

b) 平面

图 3.4.6 缆索吊装施工布置示意图

1. 拱肋节段预制

为便于缆索吊装,拱肋多采用分段预制、分段吊装。对于跨径 30m 以内的拱肋可不分段或分两段预制;在 30~80m 范围时,可分三段;大于 80m 时,一般分五段、七段、九段或更多拱段。拱肋接头理论上宜选择在拱肋自重弯矩最小的位置及其附近。

拱肋预制时宜先在样台上放出拱肋大样,然后制作样板。放样时应将横隔板、吊孔、接头位置准确放出。箱形拱预制时,可先预制横隔板、腹板,然后在拱胎上进行组装,并浇筑底板、顶板和接头的混凝土。混凝土强度达到设计强度的 85% 后,方可起吊运输到存放场地存放。

2. 拱肋安装

施工前应对缆索式起重机进行专门设计,对跨径、起拱线高程、预制拱圈节段长度等进行复核,对安装后形成的拱圈基肋进行稳定性验算。缆索吊装系统应符合以下规定:

(1)主塔和扣塔基础应牢固可靠,周围应设置防排水设施;塔的纵横向宜设置风缆,且风缆的安全系数应不小于 2,塔顶部应设置可靠的避雷装置。

(2)塔顶分配梁应与塔身结构可靠连接;主索鞍在横向应设置支撑,防止倾倒;扣塔上索鞍顶面高程应高于拱肋扣点高程。

(3)主缆宜采用钢丝绳,安全系数应不小于 3,且每根主缆应受力均匀;抗风钢丝绳的安全系数应不小于 2;起吊绳的安全系数应不小于 5;牵引绳的安全系数应不小于 3;地锚的设置应满足主缆可靠锚固的要求,抗拔安全系数应不小于 2,抗滑、抗倾安全系数应不小于 1.4;主缆与地锚连接处的水平夹角应在 25°~35° 之间。

(4)吊装前应按设计荷载进行试吊,检验其安全性和可靠性,检验合格后方可用于正式吊装。

(5)吊装施工时,各扣索的位置必须与所挂拱肋在同一竖直面内;主塔塔顶的最大偏位不得大于塔高的 1/400(塔底为固结)和 1/150(塔底为铰接);扣塔塔顶的最大偏位应根据扣塔和拱肋的强度、刚度和稳定性等经验确定。

全桥拱肋安装应符合以下规定:

(1)拱肋安装时,各段拱肋的高程和线形应根据施工控制的要求确定,且宜从拱脚段开始,依次向拱顶分段吊装就位。扣索的扣挂应稳妥可靠,应使拱肋断面不产生扭斜,且各段拱肋的上端头均应通过扣索的调整使其略高于设计高程。多跨拱桥安装时,应根据桥墩承受不平衡水平推力的能力,经计算确定相邻孔拱肋的安装顺序。

(2)对于肋拱桥,为加强拱肋的稳定性,应紧随拱肋的吊装及时安装拱肋之间的临时横向连接,并尽早安装拱肋间的横系梁。

(3)设有制动墩的桥墩,应以制动墩为界分孔吊装,先合龙的拱肋可提前进行拱肋接头、横系梁及拱波等的安装工作。

(4)采用缆索吊装时,为减少主索的横移次数,可将每个主索位置下的拱肋全部吊装完毕后再移动主索。一般将起吊拱肋的桥孔安排在最后吊装,必要时该孔最后几段拱肋可在两肋之间采用"穿孔"方法起吊。

(5)为减少扣索往返拖拉次数,可按吊装推进方向,顺序进行吊装。

3. 拱肋合龙

拱肋合龙是拱桥无支架吊装中一项关键工作,可根据拱肋自身纵向与横向稳定性、跨径大小、分段多少、地形和机具设备条件等不同情况选用不同的合龙方式。

拱桥的拱圈采取单肋合龙时,单肋的横向稳定必须满足安全验算的要求,且其稳定安全系数应不小于4;当不能满足时,应采用双肋合龙松索成拱的方式施工,且应在双肋合龙后采取有效的横向连接措施,增强其稳定性,使之形成基肋后再安装其他肋段。双肋合龙,即当第一根拱肋合龙并校正拱轴线、楔紧拱肋接头缝后,稍松扣索和起重索,压紧接头缝,但不卸掉扣索和起重索,待第二根拱肋合龙,两根拱肋所有纵、横向接头都可靠连接并拉好风缆后,再同时松卸两根拱肋的扣索和起重索。

各段拱肋在松索过程中,应符合下列规定:

(1)松索的流程应根据施工控制的要求经计算确定,松索前应校正拱轴线位置及各接头高程,使之符合要求。松索应按拱脚段扣索、次拱脚段扣索、起重索三者的先后顺序,并按比例定长、对称、均匀地松卸。

(2)每次松索时均应采用仪器观测,并应控制各接头、拱顶及1/4跨处的高程,防止拱肋接头发生非对称变形而导致拱肋失稳或开裂。每次的松索量宜小,各接头高程变化宜不超过10mm,松索压紧接头缝后应普遍旋紧接头螺栓一次。当接头高程接近设计值时,宜先采用钢板嵌塞接头缝隙,再将扣索、起重索放松到基本不受力,压紧接头缝,拧紧接头螺栓,同时利用风缆调整拱肋轴线的横向偏位,并应观测拱肋各接头、1/8跨及拱顶的高程,使其在允许偏差之内。

(3)大跨径拱桥分多节段吊装合龙成拱后,根据拱肋接头密合情况及拱肋的稳定度,可保留起重索和扣索部分受力,待拱肋接头的连接工序基本完成后再全部松索。

4. 施工加载程序设计

施工加载程序设计的目的就是要在裸拱上加载时,使拱肋各截面在整个施工过程中都能满足应力、强度和稳定的要求,并在保证施工安全和工程质量的前提下,尽量减少施工工序,便于操作、加快施工进度。

对于中、小跨径拱桥、当拱肋的截面尺寸满足一定的要求时,可不进行施工加载程序设计,但应按支架施工方法对拱上建筑进行对称、均匀施工。

对于大、中跨径的箱形拱桥或双曲拱桥,一般应按分环、分段、均匀、对称加载的总原则进行设计。即在拱的两个半跨上,按需要分成若干段,并在相应部位同时进行相等数量的施工加载。

在多孔拱桥的两个相邻孔之间须均衡加载。两孔间的施工进度不能相差太大,以免桥墩承受过大的单向推力而产生过大的位移,造成施工快的一孔的拱顶下沉、邻孔的拱顶上冒,从而导致拱圈开裂。

三、转体施工法

转体施工法是利用桥位处两岸地形地貌预制两个半孔主拱圈(拱肋),通过事先设置在桥台上的转动装置将预制主拱圈(拱肋)旋转至拱轴线位置,并在跨中合龙成拱。转体施工法一般适用于较大跨径的单孔钢筋混凝土拱桥、钢管混凝土拱桥及钢拱桥等,在梁桥、斜拉桥、刚架桥等不同桥型上部结构施工中都有应用。转体施工包括有平衡重平面转体、无平衡重平面转体及竖向转体。

转体施工所需机械设备少,工艺简单,将主拱圈的制作变高空作业为陆地作业,施工安全;可充分利用桥位处地形,克服在高山峡谷、水深流急或有通航要求的河道上搭设支架的困难,方便施工;与缆索吊装、有支架现浇相比施工速度快、造价低,可有效节省投资。

1. 有平衡重平面转体施工法

有平衡重转体施工法是一种在旋转过程中自平衡的转体,一般以桥台背墙作为平衡重和桥体上部结构转体用拉杆(或拉索)的锚碇反力墙,用以稳定转动体系和调整重心位置;台背、拱圈和拱座(上转盘)组成平衡转动体系,绕转盘中心转体,如图3.4.7所示。有平衡重转体施工一般适用于桥梁两岸地形狭窄、岸坡陡峻、悬崖陡壁、深山峡谷的山区单孔大跨径拱桥。

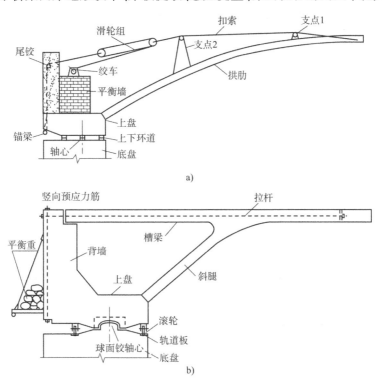

图 3.4.7 有平衡重平面转动体系一般构造图

有平衡重平面转体施工转动体系主要由底盘、上盘、背墙(平衡重)、桥体上部结构、拉杆(拉索)组成。底盘和上盘都是桥台基础的一部分;底盘和上盘之间设有能使其相互灵活转动的转体装置;背墙一般为桥台的前墙,它不仅是转动体系的平衡重,还是转体阶段桥体上部拉杆的锚碇反力墙;拉杆为临时设置在体外的拉杆钢筋(或扣索),对于桁架拱和刚架拱拉杆一般就是上弦杆。

转体施工常用的转体装置有两种,一是环道与中心支承相结合的转盘结构,如图3.4.7a)所示;二是中心支承的转盘结构,如图3.4.7b)所示。为保证转体过程中的稳定性,对跨径较大、转动体系重心较高的拱桥,宜采用前者;对中、小跨径的拱桥可采用后者。

有平衡重平面转体拱桥的主要施工步骤及内容为:
(1)制作底盘、转盘轴及环形滑道;
(2)制作上转盘,试转上转盘到预制轴线位置;
(3)浇筑背墙,浇筑主拱圈上部结构;
(4)布置旋转牵引或顶推驱动系统;
(5)设置锚扣系统,张拉拉杆,使上部结构脱离支架,并且和上转盘、背墙形成一个转动体系,通过配重基本把重心调到轴心处;
(6)牵引转动体系,转体、合龙成拱;
(7)封上下盘,夯填桥台背土,封拱顶,松拉杆,实现体系转换。

2. 无平衡重平面转体施工法

无平衡重转体施工法是把有平衡重转体施工中的拱圈扣索拉力由两岸岩体中锚碇平衡,从而节省了庞大的平衡重,并借助拱脚处立柱下端转盘和上端转轴实现拱体平面转动,如图3.4.8所示。由于无平衡重,大大减轻了转动体系的重量,宜在山区等地质条件较好或跨越深谷激流处建造大跨径桥梁时采用。

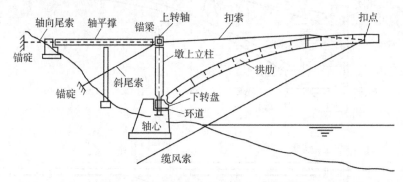

图3.4.8 无平衡重平面转体体系一般构造图

拱桥无平衡重平面转体施工转体系统由锚固体系、转动体系及位控体系组成。锚固体系由锚碇、尾索、平撑、锚梁(或锚块)及立柱组成;锚碇设于边坡岩层中,锚梁(或锚块)支撑于立柱上,平撑(轴平撑、斜平撑)及尾索形成三角形稳定机构,使上转轴为固定点;拱箱转至任意角度,由锚固体系平衡拱箱上扣索中的力,从而省去有平衡重转体施工的庞大平衡重。转动体系由上转动构造、下转动构造、拱箱及扣索组成。位控体系由系在拱箱顶端扣点的缆风索与无级调速自动卷扬机、光电测角装置、控制台组成,用以控制转动体在转动过程中的转动速度和位置。

无平衡重平面转体拱桥的主要施工步骤及内容为:
(1)下转盘、下转盘轴、环形滑道制作;
(2)旋转拱座制作、转盘试转;
(3)立柱、拱体结构施工;
(4)上转轴安装;

(5)锚固体系施工；
(6)转体、合龙成拱；
(7)放松锚扣系统，封固转盘。

3. 竖向转体施工法

当桥位处无水或水很浅时,将拱肋分为两半跨,在桥梁轴线上利用地形搭设简单支架,在其上进行组拼或现浇拱肋,在拱脚安装转动铰,利用扣索的牵引将结构竖向旋转至设计高程,跨中合龙后成拱。

图 3.4.9 是应用扒杆吊装系统对钢管拱肋进行竖向转体施工的示意图。它的主要施工过程是:将主拱圈从拱顶分成两个半拱在地面胎架上完成拼装,经过对焊接质量、几何尺寸、拱轴线形等验收合格后,由竖立在两个主墩顶部的两套扒杆分别将其旋转拉起,在空中对接合龙。拱脚旋转装置采用厚度为 36mm 的钢板在工厂进行配对冲压而成;两个弧形钢板密贴,两弧形钢板之间涂上黄油,以减小摩阻力,如图 3.4.10 所示。

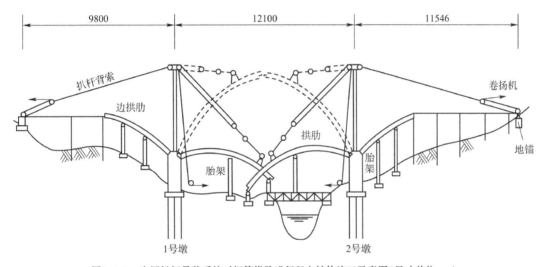

图 3.4.9 应用扒杆吊装系统对钢管拱肋进行竖向转体施工示意图(尺寸单位:cm)

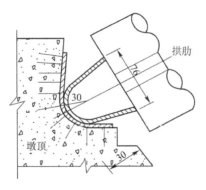

图 3.4.10 拱脚旋转装置(尺寸单位:cm)

四、劲性骨架施工法

劲性骨架施工法(也称埋置式拱架法)是利用先安装的拱形劲性钢桁架作为拱圈的施

工支架,并将劲性骨架各片竖、横桁架包以混凝土,形成拱圈整个截面构造的施工方法。劲性骨架不仅在施工中起到支架作用,同时它又是主拱圈结构的组成部分。近年来,因采用高强、经济的钢管混凝土作为骨架材料,劲性骨架施工法在大跨径拱桥施工中得到了更广泛的使用。

下面以重庆万州长江大桥为例,介绍劲性骨架施工法。该桥为钢管混凝土劲性骨架钢筋混凝土拱桥,主孔净跨420m,矢跨比1/5,桥面总宽为24m;主拱圈为单箱三室箱形截面,拱圈高7m,宽16m,钢管劲性骨架成拱;拱上结构为14孔30m的预应力简支T形梁。主桥总体布置、劲性骨架构造分别如图3.4.11和图3.4.12所示。

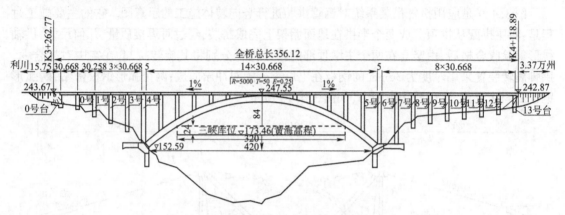

图3.4.11 桥孔布置图(尺寸单位:m;高程单位:m)

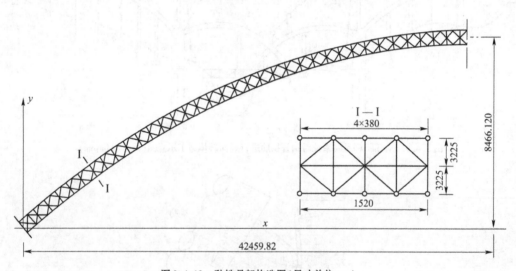

图3.4.12 劲性骨架构造图(尺寸单位:cm)

该桥主要施工步骤如下:场地布置,主桥台施工,主、引桥墩施工,主拱圈钢管劲性骨架加工及运输,劲性骨架安装及控制,主拱圈混凝土施工,拱上立柱和T形梁施工,桥面系施工。

1. 劲性骨架的制作

全桥劲性骨架分为36个节段,由5个桁片组成,每节段长13.0m,宽15.6m,高6.45m。以5个桁段为一组,布置两个65m长的半长线台座,由拱脚至拱顶分别啮合制作两端劲性骨架;在台座上按顺序将各桁片法兰盘用螺栓连接,加横向联系杆件定位,依次组焊桁段;加工完成一个桁段,经验收合格后,将前4个桁段移出台座,将第5个桁段移至台座前端作为基准段;调整台座拱度,啮合制作相邻的另外4个桁段,如此循环加工,直至每个台座剩下拱顶3个桁段,组焊前2个桁段,最后一个桁段留至下一道工序;将每个台座的最后2个桁段移至一个台座上,安装拱顶合龙段"抱箍",在台座上"预合龙",组焊最后2个桁段。

2. 劲性骨架的安装

劲性骨架安装的实质就是用缆索式起重机悬拼一座由36个桁段组成的拱形斜拉桥。缆索式起重机采用万能杆件拼装的单向铰支座双柱式门形索塔,劲性骨架的扣、锚索统一采用36φ5mm碳素钢丝辅以镦头锚,36个桁段以每悬拼3段为一单元,安装一组扣索,如图3.4.13所示。劲性骨架的安装顺序为拱脚定位段、中间段和拱顶段。

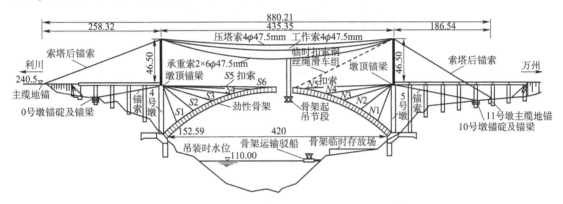

图 3.4.13 骨架吊装、扣、锚体系图(尺寸单位:mm;高程单位:m)

3. 主拱圈混凝土施工

劲性骨架主拱圈混凝土浇筑施工过程实际上是在拱形支架上进行加载的过程。为避免拱架变形导致早期施工的混凝土产生裂缝,拱圈施工中可采取锚索加载法、水箱加载法和斜拉扣挂法等外力平衡法,或采用多点平衡浇筑法的无外力平衡法控制劲性骨架的变形,以保证拱圈混凝土施工的顺利进行。

该桥加载设计中,采用分环多工作面的加载方法,即纵向按"六工作面"(图3.4.14)、横向分8环(图3.4.15)的浇筑方案浇筑拱圈混凝土。主拱圈每层混凝土浇筑完成,就沿全桥形成了一个钢筋混凝土环,在一定龄期将参与骨架受力,承受下一环混凝土的重量和施工荷载。主拱圈完成后即可进行拱上立柱、T梁和桥面系的施工。

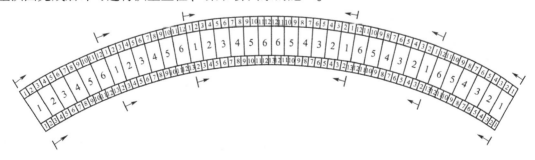

图 3.4.14 纵向浇筑程序图

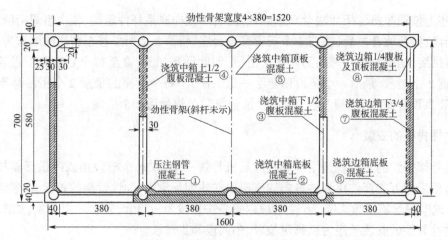

图 3.4.15 横向浇筑顺序图(尺寸单位:cm)

五、悬臂浇筑施工法

悬臂浇筑施工一般适用于较大跨径的钢筋混凝土拱桥。该方法是以两个拱座为起始段，采用专用设备(挂篮)由拱脚向跨中逐段悬臂浇筑拱圈混凝土，并借助扣索和锚索临时固定，在跨中合龙后形成拱圈(拱肋)，如图 3.4.16 所示。

图 3.4.16 拱桥挂篮悬臂浇筑施工图

悬臂浇筑施工时，拱圈的首段可采用支架法或其他适宜的方法浇筑，然后在其上拼装挂篮。悬臂浇筑拱圈的主要工序为：

(1)在两岸分别设置扣锚系统，包括扣塔、锚碇、扣索等；
(2)在两岸拱脚处搭设支架，浇筑第一段拱圈；
(3)安装第一对扣索，分别在第一段拱圈上拼装挂篮；
(4)安装钢筋、模板，悬浇拱圈；
(5)安装第二对扣索，移动挂篮就位；
(6)安装钢筋、模板，悬浇拱圈，如此完成全部悬浇块件；
(7)安装劲性骨架，完成拱圈结构合龙，采用吊架浇筑合龙段混凝土。

1. 拱脚现浇段施工

拱脚第一段采用支架现浇。该段浇筑后用于拼装挂篮，是挂篮悬臂浇筑的起步段，也是在空间位置上决定整个拱桥线形关键块件。浇筑完成后安装第一对扣索，拆除支架。拱脚现浇段施工如图 3.4.17 所示。

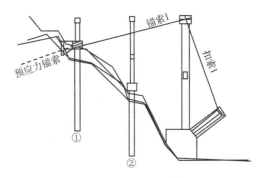

图 3.4.17 拱脚现浇段施工示意图

2. 悬臂浇筑段施工

悬臂浇注施工包括钢筋的绑扎,拱上立柱、挂篮抗剪盒、走行轨道锚筋、拱圈顶板扣索导管等预埋件的设置,挂篮就位,混凝土浇筑,混凝土养护,挂篮行走等工序。

在悬臂浇筑拱圈的施工过程中,应对扣索和锚索系统、拱圈的应力和变形等进行监控,发现问题及时处理。当相应悬浇段混凝土达到强度、扣索索力调整完成后,挂篮可向前行走。

拱桥悬浇挂篮和常规挂篮相比有很大的不同,必须设计一些特殊装置,保证挂篮自身的稳定性,以适应大坡度、变弧线的要求。除应满足常规挂篮要求外,还应符合下列规定:

(1) 挂篮应具有可靠的稳定性和良好的调节性能,应能适应各拱段倾斜角度的变化。

(2) 挂篮的行走轨道应与拱圈弧度相适应,并应与拱圈可靠连接,避免行走时下滑。

(3) 挂篮应设置可伸缩的抗剪装置,抵抗浇筑拱圈混凝土时产生的下滑力,且不影响挂篮的正常行走。底模应设计成可调节式的弧形模板,满足拱圈弧度不断变化的要求。

(4) 后锚系统应稳固可靠,且应适应拱圈弧度的变化,后支点应反顶在拱圈上。

(5) 对拱圈的两个半拱,应各配备一套挂篮,按从拱脚至拱顶的施工顺序,对称浇筑拱圈混凝土。两个半拱的施工进度应保持基本对称、同步,且应符合设计要求。

某拱桥主拱圈悬臂浇筑侧桁式挂篮构造如图 3.4.18 所示。

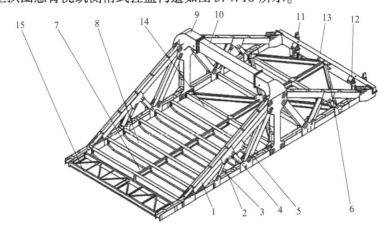

图 3.4.18 挂篮整体结构示意图

1-上弦杆;2-下弦杆;3-前小拉杆;4-前撑杆;5-后大拉杆;6-斜撑;7-小纵梁;8-前横梁;9-挂钩;10-挂钩横向联系;11-抗剪臂;12-行走反力轮;13-后横梁;14-中横梁;15-前平台横梁

3. 合龙段施工

跨中合龙段施工应符合以下要求：

（1）悬臂浇筑最后一个节段后，需对拱圈、扣索、锚索、扣塔的线形、索力、偏位等进行全面观测。

（2）拱圈合龙段因拱圈曲率的原因不便直接利用挂篮，可专门设计吊架。施工时需注意吊架与挂篮的关系，避免相互间的干扰。

（3）合龙段混凝土浇筑应在当天最低温度时段内进行。施工时可先焊接好合龙段一端劲性骨架，待合龙温度满足要求时，及时焊接另一端劲性骨架，实现拱圈结构合龙。然后绑扎钢筋，浇筑合龙段混凝土。

（4）扣索和锚索应在合龙段混凝土强度符合设计规定的强度或达到设计强度的85%后方可拆除。松扣程序为自拱顶向拱脚，两岸对称、分级放松；一个轮次完成后，经监测各项数据无异常，再进行下一级的放松，直至完全松扣。

第二节 圬工拱桥施工

圬工拱桥具有造型优美、原材料取材方便、承载能力大等优点，具有悠久的建造历史，在公路桥涵中占据着一定位置。

圬工拱桥主要施工步骤为：施工准备→基坑开挖→基础与墩台施工→拱架施工→拱圈砌筑→拱上建筑施工→拱架拆卸。其中，关键工序为主拱圈施工，常采用拱架上砌筑的方法，宜采用钢拱架、满布式钢管拱架、组合式钢拱架或木拱架等，具体要求与现浇混凝土主拱圈基本一致。

一、主拱圈的砌筑

1. 砌筑材料

用于拱砌筑圈的拱石应采用粗料石或块石，按拱圈放样尺寸加工成楔形。拱石的厚度应不小于200mm，加工成楔形时其较薄端的厚度应符合设计要求的尺寸或按施工放样的要求确定；其高度应为最小厚度的1.2~2.0倍；长度应为最小厚度的2.5~4.0倍。拱石应按立纹破料，岩层面应与拱轴线垂直，各排拱石沿拱圈内弧的厚度应一致。

拱圈砌缝可用砂浆或小石子混凝土砌筑、填塞。砌筑用砂浆的类别和强度应符合设计要求。

2. 拱圈放样与备料

拱桥的拱石要按拱圈的设计尺寸进行加工。为了能合理划分拱石，保证结构尺寸准确，通常需要在样台上将拱圈按1:1的比例进行放大样，在拱圈大样上划分块数，确定尺寸并依次编号，如图3.4.19所示。根据确定的拱石尺寸制作"样板"，据此加工料石。

划分拱石时应注意：拱圈受力面砌缝应呈辐射状且与拱轴线垂直，这种辐射向砌缝一般为通缝，即上下砌层竖缝可不错开。但相邻两排的各层砌缝应相互错开，错开距离应不小于10cm，如图3.4.20所示。粗料石和混凝土预制块的砌缝宽度一般为10~20mm；块石拱圈的砌缝宽度不应大于30mm,用小石子混凝土砌块石时,砌缝宽度应不大于50mm。

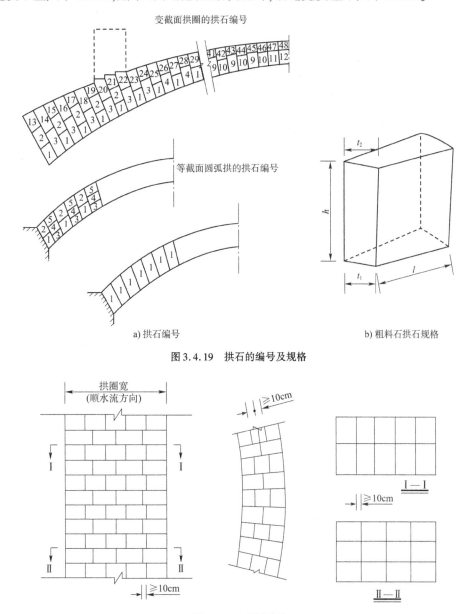

图 3.4.19　拱石的编号及规格

图 3.4.20　拱圈错缝

3. 拱圈砌筑

砌筑拱圈前,应根据拱圈的跨径、失高、厚度及拱架等情况,设计并确定拱圈砌筑的程序。砌筑时,应在适当的位置设置变形观测缝,随时监测拱架的变形情况,必要时应对砌筑程序进行调整,控制拱圈的变形。

1) 连续砌筑

跨径小于10m的拱圈,采用满布式拱架砌筑时,可从两端拱脚起顺序向拱顶方向对称均衡地砌筑,最后砌筑拱顶石;采用拱式拱架时,宜分段对称地先砌筑拱脚和拱顶段,后砌筑1/4跨径段。

预加压力砌筑是在砌筑前在拱架上预压一定重量,以防止或减小拱架弹性和非弹性下沉的砌筑方法。它可以有效预防拱圈产生不正常变形和开裂。预压物可采用拱石,随撤随砌,也可采用沙袋等其他材料。

2) 分段砌筑

对于跨径 10~20m 的拱圈,无论采用何种拱架,每半跨均应分成三段砌筑,先砌筑拱脚和拱顶段,后砌 1/4 跨径段,两半跨应同时、对称地进行,如图 3.4.21 所示。对分段砌筑的拱段,当其倾斜角大于砌块与模板间的摩擦角时,应在拱段下部设置临时支撑,避免拱段滑移。

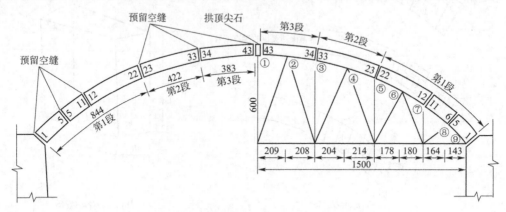

图 3.4.21 拱圈分段砌筑顺序(尺寸单位:cm)

砌筑拱圈时,应在拱脚、拱顶石两侧和分段点等部位临时设置空缝;小跨径拱圈不分段砌筑时,应在拱脚附近设置空缝。空缝的宽度,在拱圈外露面与相应类别砌块的一般砌缝相同,当拱圈采用粗料石时,空缝宽度可取 30~40mm;靠空缝一侧的砌石表面应加工凿平;为保证砌筑过程中不改变空缝形状和尺寸,同时也为拱石传力,空缝可用铁条或水泥砂浆预制块作为垫块,待各段拱石砌筑完成后,且砌缝砂浆强度达到设计强度 85% 后填塞空缝;填塞空缝应在两半跨对称进行,各空缝处同时填塞,或从拱脚向拱顶填塞。

3) 分环分段砌筑

跨径大于 20m 的主拱圈,其砌筑程序应符合设计规定;设计未规定时,当拱圈厚度较厚,且由三层以上拱石组成时,可将全部拱圈厚度分成几环砌筑,每一环可以分成若干段对称均衡地砌筑,砌筑一环合龙一环。当下环砌筑合龙、砌缝砂浆强度达到设计强度的 85% 以上后,再砌筑上环。按此方法砌筑拱圈时,可减轻拱架受力,节省拱架材料。

4) 多跨连拱的砌筑

多跨连拱的拱圈砌筑时,应考虑与临孔施工的对称均匀,以免桥墩承受过大的单向推力。因此,当采用拱式拱架时,应适当安排各孔的砌筑程序;当采用满布式支架时,应适当安排各孔拱架的卸落程序。

4. 拱圈合龙

为防止拱圈因温度变化产生过大的附加应力,拱圈合龙应按设计规定的温度和时间进行。如设计无规定,宜在当日最低气温且温度场较为稳定的时段进行。分段砌筑的拱圈应待填塞空缝的砂浆强度达到设计强度的 85% 后再进行合龙。拱圈的合龙方式有以下 3 种:

(1) 安砌拱顶石合龙。

砌筑拱圈时,常在拱顶预留一合龙口,在各拱段砌筑完成后安砌拱顶石完成拱圈合龙。分段较多的拱圈及分环砌筑的拱圈,为使拱架受力对称、均匀,可在拱跨的两个 1/4 跨处或几处同时完成拱圈合龙。

(2)刹尖封顶法合龙。

对小跨径拱圈,为提高拱圈应力和有利于拱架的卸落,可采用刹尖封顶完成拱圈合龙。即在砌筑拱顶石前,先在拱顶缺口中打入若干木楔,使拱圈挤紧、拱起,然后砌入拱顶石合龙。

(3)预施压力合龙。

封拱合龙前如采用千斤顶施加压力的方法调整拱圈应力,应待砌筑砂浆的强度达到设计规定的强度后方可合龙。采用此方法应严格按照设计规定进行。

二、拱上结构的砌筑

拱架卸架前进行拱上结构砌筑时,拱圈合龙段的砂浆强度达到设计强度的 85% 以上后方可进行;拱架卸架后砌筑拱上结构时,应待拱圈合龙段的砂浆强度达到设计强度的 100% 后进行。

拱上建筑的施工,应对称均衡进行,避免使主拱圈产生过大的不均匀变形。对于实腹式拱上建筑,应从拱脚向拱顶对称进行,当砌筑完侧墙后,再填筑拱腹填充剂。对于空腹式拱一般是在腹拱墩或立柱完成后,卸落主拱圈的拱架,然后对称均衡地进行腹拱或横梁、连系梁以及桥面的施工。较大跨径拱桥的拱上建筑砌筑顺序,应按设计文件要求进行。

三、拱架卸落

浆砌石拱桥拱架,应待砂浆强度达到设计强度的 85% 后方可卸落;跨径小于 10m 的小拱桥,宜在拱上建筑全部完成后卸架;中等跨径的实腹式拱桥,宜在护拱砌筑完成后卸架;跨径较大的空腹式拱桥,宜在拱上小拱横墙砌好后卸架;当需要裸拱卸架时,应对裸拱进行截面强度及稳定性验算,并应采取必要的辅助稳定措施。

思考题

1. 简述拱桥的优缺点。
2. 按照结构受力图式不同,拱桥可分为哪几类?各有什么特点?
3. 按照主拱圈横截面形式不同,拱桥可分为哪几类?各有什么特点?
4. 如何确定板拱桥主拱圈的高度和宽度?
5. 肋拱桥的主要承重结构是什么?其常见的横截面形式有哪些?
6. 箱形拱桥分为几类?如何确定主要承重结构的高度和宽度?
7. 拱桥中为什么要设置伸缩缝和变形缝?两者有什么区别?
8. 拱桥中如何设置防水层?防水层有什么类型?
9. 拱桥中什么时候需要设置拱铰?常用的拱铰类型有哪些?
10. 拱桥设计中需要确定几个高程?该如何确定?
11. 简述不等跨连续拱桥的处理方法。
12. 什么是最理想的拱轴线?什么是设计拱轴线?
13. 我国拱桥常用的拱轴线形有哪些?各适用于什么情况?

14. 我国大跨径拱桥常用的拱轴线形是什么？为什么可以选择这种线形？
15. 拱式组合体系桥的基本形式有哪些？
16. 简述拱式组合体系桥的基本组成。
17. 悬链线拱桥设计中的"五点重合法"的含义是什么？
18. 对于拱脚弯矩 M、水平推力 H 和竖向反力 V，车道荷载分别如何作用，将达到峰值？
19. 中、下承式拱桥拱肋的稳定性如何计算？
20. 中、下承式拱桥桥面系的横梁及纵梁有哪些计算要点？
21. 请阐述柔性系杆拱桥的计算要点。
22. 拱桥有哪些主要的施工方法？
23. 什么是缆索吊装施工、转体施工？

第四篇

缆索承重桥梁

第一章 概述

缆索承重桥梁能够充分发挥高强材料的抗拉性能,减轻结构自重,加大跨越能力。目前,跨径超过600m的桥梁均为缆索承重体系桥梁。

一、分 类

根据缆索系统的布置形状,缆索承重桥梁可分为斜拉桥、悬索桥、悬索-斜拉协作体系桥、索网体系桥等。

斜拉桥的主梁通过斜拉索锚固在主塔上,在斜拉索水平分力作用下,主梁除受局部弯矩外,还承担从跨中向塔根逐渐增大的轴力。斜拉桥基本组成如图4.1.1所示。

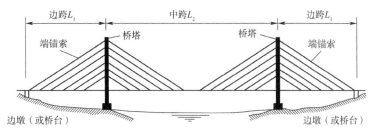

图4.1.1 斜拉桥的基本组成

悬索桥又称吊桥,其主要承重结构为主缆索,支承在索塔上并锚固于桥两端的锚固装置内;主要承受拉力作用;加劲梁通过竖向或倾斜的吊索悬吊在主缆上,主要承受局部受弯和横向受弯。悬索桥的基本组成如图4.1.2所示。

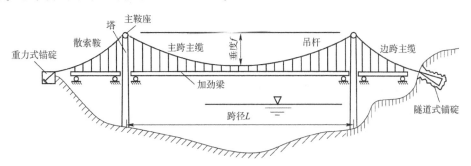

图4.1.2 悬索桥的基本组成

大跨径悬索桥设计的问题之一是如何提高结构刚度,如果在悬索桥上增加一些斜拉索,形成悬索-斜拉混合体系,可以大大提高结构刚度。早期的 Brooklyn 桥为了提高桥梁抗风能力,采用了悬索与斜拉协作体系,除了整跨连续布置的吊杆外,在塔附近区域布置了斜拉索,如图 4.1.3 所示。

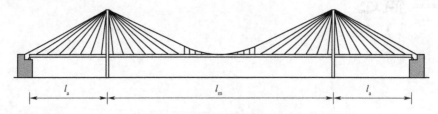

图 4.1.3　Brooklyn 桥的缆索体系

斜拉索与悬索桥吊索具有各自的优势,为了获得斜拉索与吊索的双重效果,且避免上述不利因素,可采用垂直于辐射状基本索的辅助索来形成索网体系,如图 4.1.4 所示。正交辅助索的用钢量只有主索的 1%,却可使整个缆索体系的形状改变,有效减小斜拉索的自由长度,增大其有效弹性模量;同时也可使单根斜拉索的不利振动得以消除。

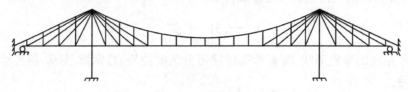

图 4.1.4　索网体系

二、设计构思

缆索承重体系桥梁的基本特征是依靠支承在塔柱上的缆索受拉来承担外荷载,其结构体系可分为主梁、缆索系统、索塔及锚固系统等,如图 4.1.5 所示。

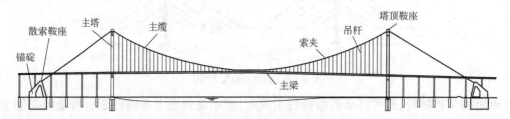

图 4.1.5　缆索承重桥梁的基本构成

缆索承重体系桥梁具有较大的跨越能力,主要基于结构受力体系和高强材料两方面原因。

在结构受力体系方面,梁式桥承受的外荷载弯矩,主要通过主梁上下缘的拉、压应力合力组成的力矩来承担的,在相同材料强度下要获得更大跨径必须增大梁高,但由于受结构自重和经济等因素制约,难以通过无限增大梁高来实现增大跨径目的。图 4.1.6 示出了拱、悬索结构受力形式,拱的拱脚和悬索的塔顶存在水平分力,水平力到计算截面的力矩将抵消垂直荷载弯矩,且矢高 f 越高,拱圈与主缆中所需的力就越小,由此可大幅减小材料的应力;相反,同样的材料可以获得更大的跨越能力。拱的拱脚水平力对拱圈产生轴向压力,容易出现受压失稳现象,因而其跨越能力受到一定限值;而悬索桥的缆索水平力为拉力,不存在失稳问题,可以充分利用材料强度获得更大的跨越能力。

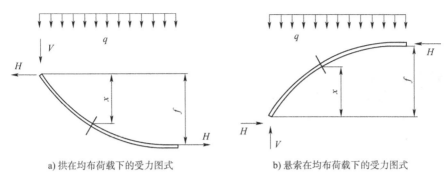

a) 拱在均布荷载下的受力图式　　　　　b) 悬索在均布荷载下的受力图式

图 4.1.6　恒载作用下的拱与悬索结构

在高强材料方面:缆索承重桥梁的缆索一般由高强钢丝组成,高强钢丝的强度是普通钢材的 2~5 倍,可以充分发挥高强材料的性能。

受限于计算水平,现代斜拉桥的发展晚于现代悬索桥,直至 20 世纪 60 年代,随着计算机技术的开发和完善,斜拉桥才得到快速发展。从受力性能上看,斜拉桥中斜拉索直接锚固在索塔上,对主梁的支承效率比悬索桥高。所以,斜拉桥单位跨长材料用量比悬索桥低。但是,随着跨径的增大,斜拉索垂度增大,使斜拉索的刚度降低,锚固效率随之降低,单根斜拉索的振动加剧。同时,随着跨径的增大,主梁中水平力大幅增加,主梁的稳定问题越来越突出。因此,从目前的技术来看,对于超过千米跨度的桥梁,悬索桥比斜拉桥更具有竞争优势。

第二章 斜拉桥

第一节 斜拉桥结构体系

斜拉桥由斜拉索、主梁和塔柱共同形成全桥的受力体系,根据它们之间的不同组合关系,可设计成具有不同受力特点的结构体系。

一、斜拉索的不同锚固体系

根据斜拉索不同的锚固方式,可以分为自锚式斜拉桥、地锚式斜拉桥和部分地锚式斜拉桥。

1. 自锚式斜拉桥

自锚式斜拉桥的拉索全部锚固在主梁与塔柱之间,竖向荷载通过塔柱传递到桥墩及基础中,拉索的水平分力由主梁的轴力来平衡,如图4.2.1所示。无论是双塔三跨式、独塔双跨式或多塔多跨式斜拉桥,一般均采用自锚体系。

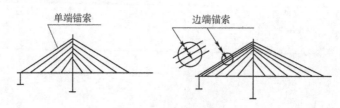

图4.2.1 自锚式斜拉桥

2. 地锚式斜拉桥

地锚式斜拉桥的斜拉索一端锚固在主梁上,另一端锚固在山岩上或通过塔顶改变方向后锚固在河岸的地锚中。当桥位处两岸地基为坚硬的岩石时,可以考虑地锚式斜拉桥方案,此时全桥有一个索塔,塔后拉索集中锚固在地锚中,如图4.2.2所示。

图4.2.3所示为贵州芙蓉江大桥,它是一座独塔的岩锚式斜拉桥,桥跨布置为40m(地锚箱)+49.5m(路基段)+170m(主桥),桥宽29m,其中锚跨有17对索锚固在地基上,18对索锚固在主跨。

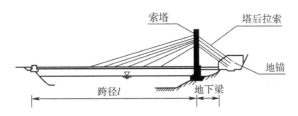

图 4.2.2　地锚式斜拉桥

3. 部分地锚式斜拉桥

在双塔三跨式或独塔两跨式斜拉桥中,由于某种原因边跨相对于主跨很小时,可以将边跨部分拉索锚固在主梁上,而部分拉索布置成地锚式。图 4.2.4 为主跨 414m 的湖北郧阳汉江桥,由于边跨与主跨之比仅为 0.203,故采用了部分地锚式体系。塔后侧的拉索只有 4 根锚于极短的边跨主梁上,另外 21 道拉索全部锚在大体积混凝土桥台上。部分地锚式斜拉桥索塔两侧拉索的不平衡水平分力直接由边跨主梁传递给桥台。

图 4.2.3　贵州芙蓉江大桥

图 4.2.4　湖北郧阳汉江桥

二、主梁的连续与非连续体系

大部分斜拉桥主梁采用连续体系,当主梁与塔墩固结时,形成连续刚构体系,如图 4.2.5 所示。这种体系桥面整体性强,行车平稳舒适,但是常年温差作用下塔柱的弯矩变化较大。此外,对于典型的三跨式斜拉桥,主梁在中跨的跨中区域存在一段受拉区。

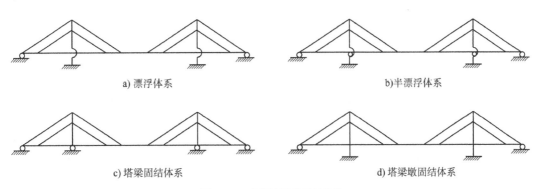

a) 漂浮体系　　　　　　　　　　　　b) 半漂浮体系

c) 塔梁固结体系　　　　　　　　　　d) 塔梁墩固结体系

图 4.2.5　主梁连续体系斜拉桥

为适应主梁在常年温差下的纵向伸缩变形,三跨或多跨斜拉桥也可以在跨中设置挂孔或剪力铰,此时,主梁形成单悬臂梁或 T 形刚构,如图 4.2.6 所示。当设置挂孔时,其跨径不宜过小,以避免当活载作用于悬臂端时产生过大的倾斜,影响行车顺畅。

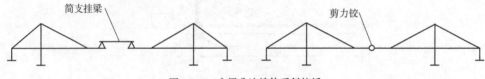

图 4.2.6 主梁非连续体系斜拉桥

三、塔、梁、墩之间的不同结合关系

根据塔、梁、墩之间的不同结合关系,可以将斜拉桥分成漂浮体系、半漂浮体系、塔梁固结体系和刚构体系 4 种体系。

1. 塔墩固结、塔梁分离——漂浮体系

主梁除两端有支座支承外,其余位置均由拉索支承,成为在纵向可自由漂移的多点弹性支承连续梁,如图 4.2.5a)所示。漂浮体系的主要优点是满载时,塔柱处主梁不出现负弯矩峰值,温度及混凝土收缩、徐变引起的次内力较小,主梁各截面的变形和内力的变化平缓,受力均匀;同时地震时主梁的纵向摆动可以起到抗震消能作用。因此,地震烈度较高地区应优先考虑选择这种体系。当采用悬臂浇筑或悬臂拼装施工漂浮体系斜拉桥时,施工期间主梁与塔柱间应设临时固结,以抵抗施工过程中的不平衡弯矩和纵向剪力。

斜拉索在横桥方向的倾角很小,不能提供有效的横向支承,只有端支承给主梁提供横桥向位移约束,这对承受水平荷载非常不利。因此,必须在塔梁交接处对漂浮体系主梁施加一定的横向约束,以抵抗由于风力、地震力等引起的横向水平力。空间动力计算表明:在塔梁交接处施加横桥向约束,可以提高主梁横桥向自振频率,以改善动力性能;但是,横向约束应设为柔性约束,以提高抗震性能。一般是在塔柱和主梁之间通过设置板式橡胶支座或聚四氟乙烯盆式橡胶支座来限制主梁的横向位移,安装横向支座时应预先顶紧以施加横向约束。

现代大跨径混凝土斜拉桥大多采用漂浮体系。美国 Pasco-Kennewick 桥,我国的武汉沌口长江公路桥、重庆长江二桥、铜陵长江大桥、上海南浦大桥和杨浦大桥均采用这种体系。

2. 塔墩固结、塔梁分离——半漂浮体系

漂浮体系斜拉桥在主梁穿过桥塔位置一般通过垂直的 0 号索支承主梁,如果将 0 号索换成支承在塔柱横梁上的竖向支承,则成为半漂浮体系,如图 4.2.5b)所示。半漂浮体系除具有漂浮体系优点外,主梁刚度更大,对限制主梁纵向位移更为有利,同时省去了将施工临时支承换成 0 号索的复杂工序。

半漂浮体系的主梁内力在塔墩支承处出现负弯矩峰值,温度及混凝土收缩、徐变内力也较大,通常须加强支承区段的主梁截面;但是,如在墩顶设置可调节高度的支座或弹簧支座,并在成桥时调整支座反力,可以消除大部分收缩、徐变等不利影响。

我国福州闽江桥采用半漂浮体系,主梁为连续体系,塔梁交界处通过盆式橡胶支座连接。

3. 塔梁固结、塔墩分离——塔梁固结体系

塔梁固结并支承在桥墩上，主梁相当于顶面用拉索加强的一根连续梁或悬臂梁，如图4.2.5c)所示。塔梁固结体系的主要优点是取消了承受很大弯矩的梁下塔柱部分，代之以一般桥墩，使塔柱和主梁的温度次内力消除，并可显著减小主梁中央段承受的轴向拉力。但这种体系存在一定缺点：一是中跨满载时，主梁在墩顶处的转角易导致塔顶产生较大的水平位移，显著增大了主梁的跨中挠度和边跨的负弯矩，为提高结构整体刚度，主梁大多数采用梁高较大的箱形截面；二是上部结构重力和活载反力均由支座传给桥墩，这就要求设置很大吨位的支座，限制了其在大跨径桥梁上的应用；三是该体系动力特性不理想，对于抗风、抗震不利，不宜在大跨径桥梁上应用。法国的伯劳东桥（Brotonne，主跨320m）采用这种体系，主梁布置成连续体系，支座用10块橡胶支座围成圆周，承担超过8.82×10^4kN的反力。我国上海柳港大桥也采用塔梁固结体系，主梁布置成非连续体系，中跨跨中有一孔30m长的简支挂梁形成单悬臂加挂梁的主梁结构体系。

4. 主梁、索塔、桥墩三者互为固结——刚构体系

梁、塔、墩固结，主梁成为在跨内有多点弹性支承的刚构，如图4.2.5d)所示。这种体系的优点是结构刚度大，主梁和塔柱的挠度均较小，不需要大吨位支座，最适合用悬臂法施工。由于塔、梁、墩固结，体系的超静定次数高，减小墩梁中的温度附加内力是该体系需要解决的关键问题。在独塔双跨式斜拉桥中，边墩设置活动支座可以使主梁纵向自由伸缩，因此，该体系得到广泛的应用。在双塔或多塔斜拉桥中，必须在跨中设置可纵向伸缩的铰缝或挂孔，尽量减小桥墩的纵向抗推刚度，以消除或减小温度附加内力。采用双薄臂柔性墩是一种利用减小桥墩抗推刚度来减小温度附加内力常用的方法，如图4.2.7所示。

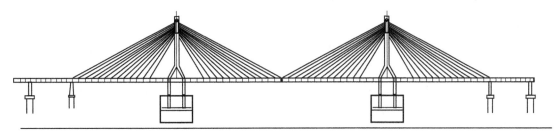

图4.2.7 广州海印大桥示意图

刚构体系动力性能较差，因此，该体系用于地震区时，应认真进行动力分析研究。在塔梁墩固结处主梁负弯矩很大，此区段内主梁截面必须加大。在跨中设置剪力铰或挂孔时，对行车有一定影响，且对养护不利。

我国不对称布置的独塔两跨式混凝土斜拉桥——石门大桥就是采用塔、梁、墩固结的刚构体系，美国日照高架桥（Sunshine Skyway）及我国广州陈村大桥就是采用了柔性墩连续刚构体系以减小温度附加内力。

以上4种结构体系的斜拉桥都有实际桥例，但由于漂浮体系具有刚度充足，受力比较均匀，主梁可做成等截面而简化施工，且抗风、抗震性能也较好等特点，是现代大跨径斜拉桥使用较多的一种体系。表4.2.1是4种结构体系斜拉桥的比较。

4 种结构体系斜拉桥的比较 表 4.2.1

梁塔墩关系	塔墩固结、塔梁分离	塔墩固结、塔梁分离	塔梁固结、塔墩分离	塔梁墩固结
塔墩处主梁设支承情况	无,但必须设横向约束	有,支反力较小或可调节高度的支座或弹簧支座	有,且需设大型支座	无
结构体系	漂浮体系	半漂浮体系	塔梁固结体系	刚构体系
梁塔墩连接处截面内力	主梁内力较均匀,主梁在塔墩连接处无负弯矩峰值	主梁内力在塔墩固结处有负弯矩峰值	塔柱内力较小,但主梁在塔墩固接处出现负弯矩峰值,比塔墩固结、塔梁分离的主梁内力大约 15%	按梁、塔、墩刚度比分配内力,主梁在固结点附近内力相当大
适宜的主梁结构形式	连续体系主梁	以跨中设铰或挂梁的非连续主梁为宜	主梁跨中设铰或挂梁的非连续主梁,或连续体系主梁均可	跨中设铰或挂梁的非连续主梁,或柔性墩连续主梁

四、端锚索及边跨辅助墩作用

斜拉桥边跨最外侧的斜拉索一般应锚固在主梁的边墩支承截面,或接近边墩支承截面,称为端锚索(或尾索、背索等)。端锚索索力直接传递到边墩中,因此锚固刚度比跨内索大,对斜拉桥在活载作用下的受力起着至关重要的作用。同时,通过端锚索索力的调整,可以较大程度地影响斜拉桥的恒载受力状态。

对图 4.2.8a)所示典型三跨斜拉桥,当中跨作用活载时[图 4.2.8b)],主梁向下挠曲,中跨斜拉索的索力增加,有带动塔柱向中跨弯曲的趋势,这一趋势将引起边跨索力的增加。由于端锚索锚固在边墩附近,它比跨内斜拉索具有更大的刚度,因此端锚索索力增大很多,而其他索索力增加不多。端锚索的刚度直接影响塔柱向中跨的偏移量,强大的端锚索刚度,将使中跨主梁的正弯矩和挠度大幅减小。当荷载作用在边跨时[图 4.2.8c)],主梁向下挠曲,除端锚索外,边跨所有索力均有所增加,由于有边墩的支承作用,挠度比荷载作用在中跨时小,而端锚索索力甚至会减小。由此可见,端锚索对结构内力及变形起较大作用的同时,也承担较大的活载应力变化幅度,使疲劳问题突出。

为解决端锚索的疲劳问题,同时进一步加强边跨主梁对中跨主梁的锚固作用,在大跨径斜拉桥边跨设置辅助墩［图 4.2.8d)、图 4.2.8e)],除端锚索外,使多根跨内斜拉索锚固在支承结构上,均具有端锚索的功能,这就分摊了端锚索的应力变化幅度。当活载作用于主跨时,由于边跨多根斜拉索直接锚固在桥墩截面,有效控制了塔顶向中跨的位移,从而使主跨主梁活载弯矩和挠度大大减小;当活载作用在边跨时,辅助墩的支承也使边跨挠度成倍减小。我国修建的闽侯二桥(图 4.2.9)等大跨径斜拉桥均设置了一个或多个边跨辅助墩。

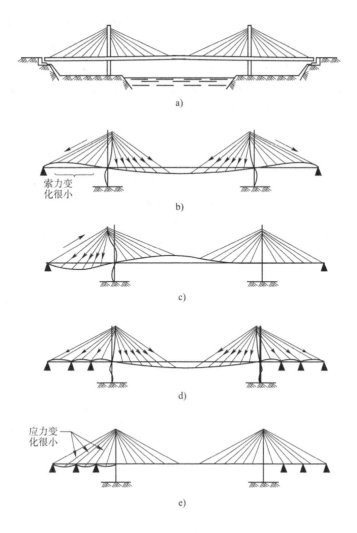

图4.2.8　典型双塔斜拉桥受力示意图

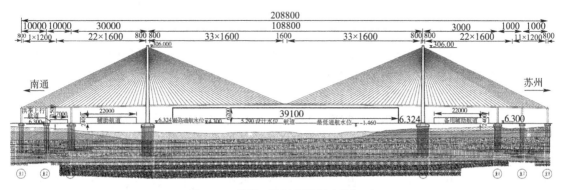

图4.2.9　闽侯二桥立面图(尺寸单位:m)

五、协作体系斜拉桥

对于非对称布置的独塔斜拉桥,当主跨跨径较大时,远离索塔的主梁由于斜拉索倾角很小,支承效率降低,在活载作用下将产生很大的正弯矩。将主梁与变截面连续梁或连续刚构相连,做成所谓协作体系,即将连续梁或连续刚构的主梁伸出较长的悬臂与斜拉桥连成一体。这样做可利用连续梁的负弯矩卸载作用,减小远离塔柱处主梁的正弯矩,减少斜拉索数量,降低全桥的总造价。协作体系斜拉桥主梁的斜拉桥与连续梁结合部位构造及应力分布较复杂,在设计中应做详细分析。我国宁波招宝山大桥(图4.2.10)、美国东亨廷顿桥(East Huntington Bridge,图4.2.11)均采用了这样的体系。

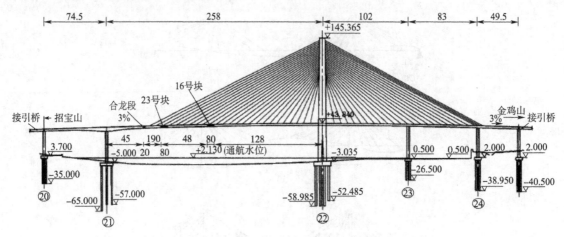

图4.2.10 宁波招宝山大桥结构(尺寸单位:m)

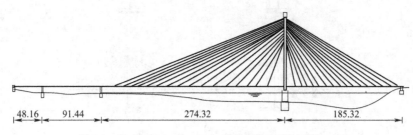

图4.2.11 美国 East Huntington 桥协作体系(尺寸单位:m)

六、多塔斜拉桥

在需要以多个大孔径跨越宽阔的湖泊或海峡时,多塔斜拉桥可作为选择的方案之一。与传统的三跨双塔斜拉桥相比,多塔斜拉桥除边塔外,中塔均没有端锚索的锚固作用。活载作用下中间塔柱将向荷载作用跨挠曲,使荷载跨主梁的弯矩及挠度大幅增加,同时,活载作用下相邻跨主梁也产生向上的弯矩及挠度,如图4.2.12所示。

多塔斜拉桥设计的关键是如何控制中间塔顶在活载作用下的水平位移、减小主梁跨中的弯矩。多塔斜拉桥的桥长一般较长,如何在提高结构刚度的同时保证主梁在常年温差下的自由伸缩是设计中的另一个关键问题。提高全桥结构刚度的措施主要有提高主塔及主梁的抗弯刚度、中塔顶与边塔设置斜向加劲索[图4.2.13a)]、塔顶设置加劲索[图4.2.13b)]及设置交叉索(图4.2.13c)]等。希腊 Rion-Antirion 桥为四塔斜拉桥,主跨达560m,采用分离式四柱的塔柱以提高塔柱的刚度(图4.2.14),在跨中设置挂孔以适应主梁温差伸缩。香港的汀九桥是三塔斜拉桥(图4.2.15)主跨475m,在中塔顶和边塔与主梁交界点之间设置了加劲索,以提高中塔在活载作用下的抗弯能力,并能显著提高施工期间和成桥状态下的抗风能力。

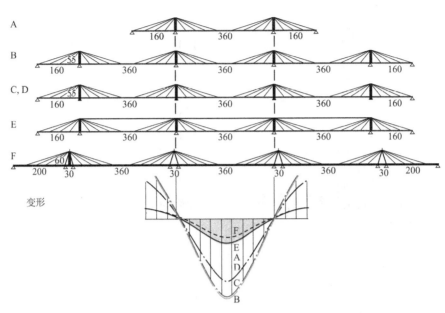

图 4.2.12 多塔斜拉桥的受力(尺寸单位:m)

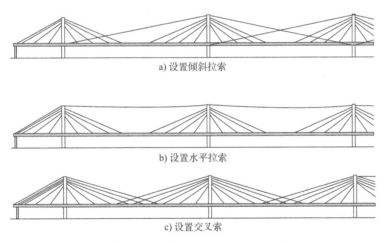

图 4.2.13 提高多塔斜拉桥刚度的措施

图 4.2.14 希腊 Rion-Antirion 桥

图 4.2.15 香港汀九桥三塔斜拉桥

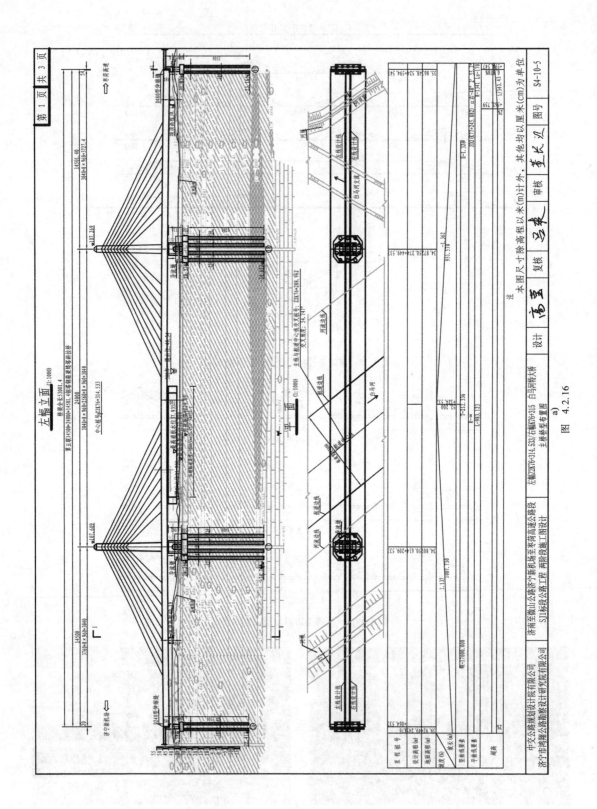

图 4.2.16

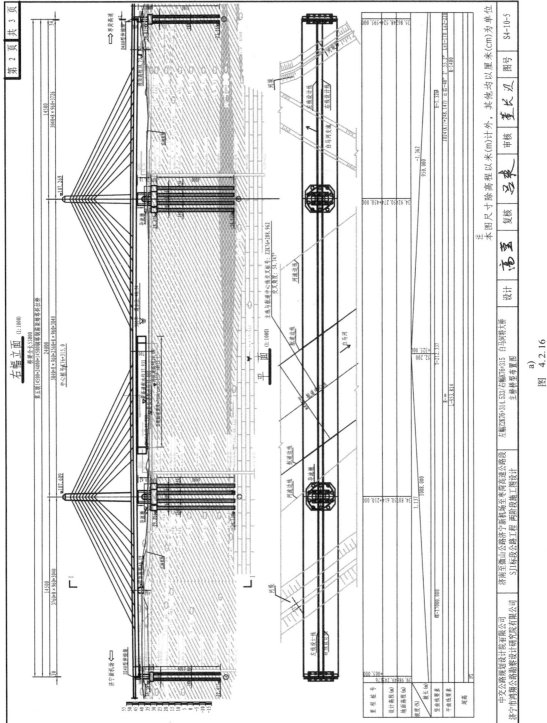

图 4.2.16 a)

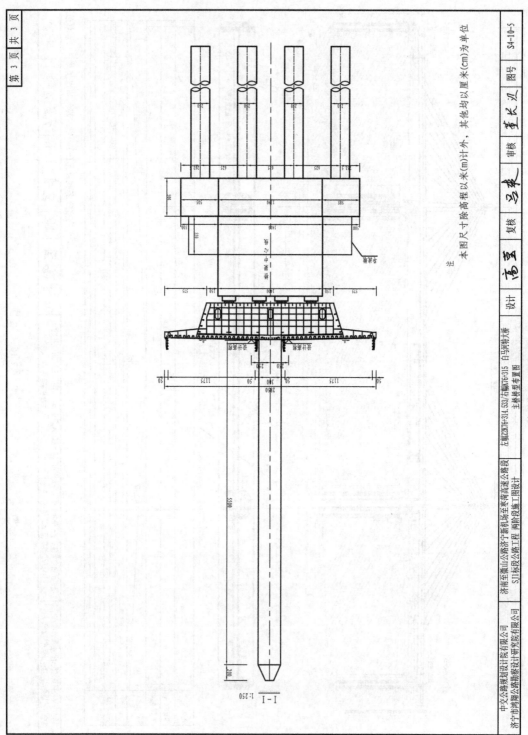

a) 济徽高速公路白马河大河

图 4.2.16

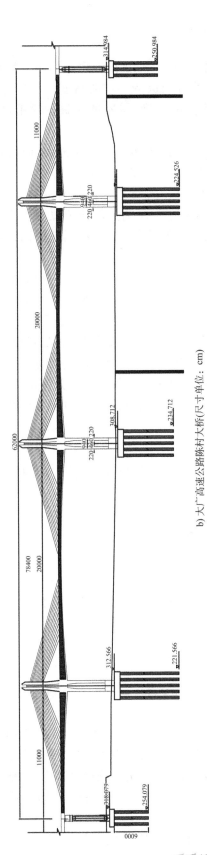

b) 大广高速公路陈村大桥(尺寸单位: cm)

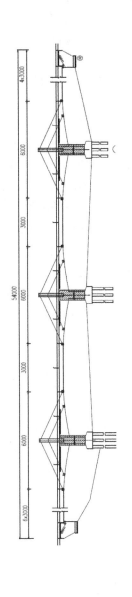

c) 石嘴山黄河公路大桥(尺寸单位: cm)

图 4.2.16 典型部分斜拉桥

七、部分斜拉桥

常规斜拉桥中主梁被视为支承在斜拉索上的连续梁,主梁在恒载作用下只承担局部弯矩,这就要求斜拉索的倾角不能太小,所以塔柱必须保持一定的高度,一般为主跨跨径的 1/7～1/4。如果塔高太低,斜拉索将不能有效支承主梁,需要增加斜拉索用量,从而增加造价。

但是,如果将斜拉索视为布置在连续梁或连续刚构体外的预应力束,而塔柱视为体外预应力束的转向装置,则全桥的体系就变成梁桥。通过改变塔柱的高度和斜拉索的初张力,可以改变斜拉索与主梁承担外荷载的比例关系。当塔柱比较低时,斜拉索只分担部分荷载,其他荷载仍然由主梁内的预应力承担,这就成为所谓的部分斜拉桥。法国工程师形象地将这时的斜拉索称为超剂量预应力斜拉索,因此部分斜拉桥在国外被称为超剂量预应力混凝土桥。

部分斜拉桥中塔高取值比常规斜拉桥矮,一般为主跨的 1/13～1/8,所以,部分斜拉桥也被称为矮塔斜拉桥。由于塔高矮,斜拉索只承担总荷载效应的 30% 左右,其余由主梁承担。同时,斜拉索在活载作用下的应力变化幅度也较小,一般在 50MPa 以下,而常规斜拉桥斜拉索的活载应力变化幅度在 150MPa 以上。在低应力变幅下,斜拉索的疲劳问题可以大幅缓解,进而增大钢丝的容许应力,达到降低造价的目的。因此,这种介于梁桥与索支承桥之间的桥型得到了越来越多的应用。我国建成了漳州战备桥(主跨 120m)等多座部分斜拉桥,芜湖长江大桥是一座公铁两用钢桁架主梁的部分斜拉桥,为了达到 312m 的跨径,用斜拉索承担了部分荷载,同时加强了钢桁梁的刚度。

对于 100～250m 跨径的连续梁或连续刚构桥,采用部分斜拉桥桥型,可以大幅降低梁高,增加这种桥型的竞争能力。由连续梁、连续刚构、T 形刚构派生的部分斜拉桥,如图 4.2.16 所示。

第二节　斜拉桥构造

构成斜拉桥受力体系的三个主要部分是斜拉索、索塔和主梁。斜拉索一般由高强钢材制成,塔柱由混凝土或钢材建造,主梁可采用混凝土主梁或钢主梁,有时为了增大边跨的刚度,采用中跨为钢梁、边跨为混凝土梁的混合主梁。

一、跨径布置

斜拉桥跨径布置根据具体情况应考虑全桥刚度、拉索疲劳强度、锚固墩承载能力等多种因素,可按双孔、三孔或多孔布置。

当采用三孔布置时,中孔为主孔,两侧为边孔,边孔长度一般为中孔的 0.25～0.46 倍。一般来说,较小的边跨使边跨斜拉索对塔顶的锚固作用增大,从而对提高主跨的刚度有利,同时也有利于降低端锚索的活载应力幅。因此,从经济角度考虑,该比例大都为 0.40 左右。在特殊地形条件下可采用更小的边跨中跨比或边跨为地锚形式。当边跨比较大时,应设辅助墩以提高边跨斜拉索的锚固刚度,同时降低应力幅。

当采用单塔双孔布置时,为利用端锚索提高刚度,一般也布置成不等跨径,边孔为主孔跨径的 0.5~1.0 倍。当采用多孔(大于三孔)布置时,边孔长度一般亦为中孔的 0.4 倍左右。表 4.2.2、表 4.2.3 列出了国内外一些斜拉桥的跨径参数。

国内斜拉桥跨径布置及索塔高度等统计资料　　　　　　　　　表 4.2.2

桥名	跨径布置(m)	塔高(m)	边中比	高跨比	辅助墩	附注
上海恒丰北路桥	77 + 73	49.97	0.95	0.65	无	独塔单索面
重庆石门大桥	230 + 200	113.00	0.87	0.49	无	
广东西樵大桥	125 + 110	48.2	0.88	0.39	有	独塔双索面
四川雅砻江大桥	30 + 104 + 120 + 104 + 30	51.6	0.87	0.43	无	
广东南海九江桥	160 + 160	77.5	1.00	0.48	无	
长沙湘江北桥	105 + 210 + 105	53.72	0.50	0.26	无	双塔单索面
广州海印桥	35 + 85.5 + 175 + 85.5 + 35	57.40	0.49	0.33	无	
上海泖港桥	85 + 200 + 85	44.00	0.43	0.22	无	双塔双索面
天津永和桥	120 + 260 + 120	52.00	0.46	0.20	无	
济南黄河桥	40 + 94 + 220 + 94 + 40	51.27	0.43	0.23	无	
安徽蚌埠淮河桥	114 + 224 + 114	53.75	0.51	0.24	有	
四川犍为岷江桥	118 + 240 + 118	57.00	0.49	0.24	有	
海口世纪大桥	147 + 340 + 147	74.8	0.43	0.22	无	
番禺大桥	161 + 380 + 161	100.8	0.42	0.27	有	
武汉长江公路大桥	180 + 400 + 180	91.00	0.45	0.23	无	
湖北郧阳汉江桥	86 + 414 + 86	90.42	0.21	0.22	无	
安徽铜陵大桥	190 + 432 + 190	104.50	0.44	0.24	无	
重庆长江二桥	169 + 444 + 169	115.50	0.38	0.26	无	
大佛寺长江大桥	198 + 450 + 198	126.4	0.44	0.28	无	
湖北鄂黄长江大桥	55 + 200 + 480 + 200 + 55	123.5	0.42	0.26	无	
湖北荆州长江大桥	200 + 500 + 200	111.9	0.40	0.22	无	

国外斜拉桥跨径布置及索塔高度等统计资料　　　　　　　　　表 4.2.3

桥名	跨径布置(m)	塔高(m)	边中比	高跨比	辅助墩	附注
美国东亨丁顿桥	274.3 + 185.3	85.2	0.68	0.31	无	独塔单索面

续上表

桥名	跨径布置(m)	塔高(m)	边中比	高跨比	辅助墩	附注
法国伯劳东纳桥	143.5 + 320 + 143.5	70.5	0.45	0.22	无	双塔单索面
美国日照高架桥	164.6 + 365.8 + 164.6	73.9	0.45	0.20	无	双塔单索面
西班牙卢纳奥斯桥	101.7 + 440 + 101.7	90.0	0.23	0.20	无	多塔双索面
美国 P-K 桥	123.9 + 299 + 123.9	57.0	0.41	0.19	无	
美国达姆岬桥	198.17 + 396.34 + 198.17	92.2	0.5	0.23	无	
挪威斯卡恩圣特桥	190 + 530 + 190	101.5	0.36	0.19	有	
委内瑞拉马拉开波桥	160 + 5 × 235 + 160	42.5	0.68	0.18	无	多塔双索面

二、斜拉索构造与布置

斜拉索是斜拉桥的重要组成部分,除具有高强度性能外,还必须具备抗疲劳性能、耐久性和良好的抗腐蚀性。由于斜拉索与塔柱及主梁组成高次超静定结构,斜拉索的布置及张拉力的大小对斜拉桥的总体受力具有显著的影响。

(一)斜拉索的构造

目前斜拉索索体均为钢索,钢索由高强度钢筋、钢丝或钢绞线按一定的规律编成钢束制成。根据组成钢束的材料,钢索主要类型有:封闭式钢缆索、平行钢筋索、平行钢丝索、平行钢绞线索、单股钢绞缆等,其截面构造如图 4.2.17 所示。

 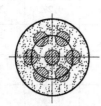  

a) 封闭式钢缆索　　b) 平行钢筋索　　c) 平行钢丝索　　d) 平行钢绞线索　　e) 单股钢绞缆

图 4.2.17　斜拉索截面构造

斜拉索应结合生产、运输和安装等条件选用,目前多为平行钢丝索和平行钢绞线索,下面对其进行简要介绍。

平行钢丝索是将若干根钢丝平行并拢、扎紧而成。按照钢丝的集束方式又可分为平行钢丝股索(简称 PW)、平行钢丝索(简称 PWC)、半平行钢丝索。钢丝采用 $\varPhi 5mm$ 或 $\varPhi 7mm$ 高强钢丝或高强镀锌钢丝,标准强度在 1600MPa 以上。

平行钢绞线索由多股钢绞线平行或经轻度扭绞组成,其标准强度已 1860MPa,因此,用钢绞线制作的钢索可以进一步减轻钢索的重量。钢绞线索可以平行成束,也可以扭绞一定的角度成为半平行钢绞线索。平行钢绞线索也可以在工厂制作好后运至工地,一般将多股钢绞线并拢后再做一定角度的扭转使斜拉索便于盘绕,编索完成后同样在外测热挤 PE 进行保护。

(二)斜拉索的布置

由于斜拉索与塔柱及主梁组成了高次超静定结构,斜拉索的布置对斜拉桥的总体受力具有显著的影响,影响受力的主要因素是索面空间布置形式和索面内的平面布置形式。

1. 拉索在空间的布置形式

由于塔、梁、索之间的连接及支承方式不同,桥面宽度不同,索塔和主梁的形式不同,拉索索面在空间通常布置成单索面和双索面,而双索面又可分为竖直双索面和倾斜双索面,如图 4.2.18 所示。当桥面很宽时也可以布置成三索面甚至四索面,图 4.2.15 所示的香港汀九桥,就是采用四索面将两幅桥面分别悬挂在塔柱的两侧。由于采用单索面时塔柱与桥面相交,因此,其只能用于塔梁固结或塔梁墩固结体系。

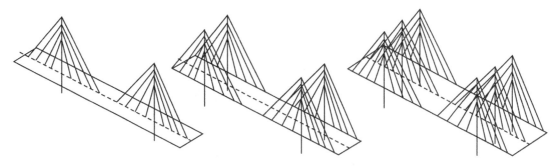

图 4.2.18 斜拉索的布置

从美学和景观方面来看,单索面桥无论从哪个角度观看斜拉索都简洁明了,而双索面桥从侧面的某些角度看会出现斜拉索交错零乱的视觉。但是,采用单索面时,斜拉索对抗扭不起作用,因此,主梁应采用抗扭刚度较大的截面。采用双索面时,斜拉索空间索力可以协助主梁抵抗不对称荷载产生的力矩,使抗扭刚度非常小的边主梁甚至板式主梁截面成为可能。由于上述原因,单索面斜拉桥也不能用于大跨径斜拉桥。

从桥面宽度的利用方面来看,单索面由于斜拉索下端锚固于主梁中心线上,除了构造需要之外还有一个保护斜拉索不受车辆意外碰撞的问题,故桥面中央部必然有一部分宽度不能利用,这部分宽度常用来作为上下行方向车道的隔离带。因此,较窄的双车道桥梁不宜采用单索面。双索面在桥宽方向有两种布置方法,即斜拉索下锚固点位于桥宽之内(一般位于人行道部分)或位于桥面两侧的外缘。前者也有部分宽度无效的问题,后者则必须由伸臂向梁体传递剪力和弯矩。采用双索面时塔柱位于桥面两侧,这就增加了基础的横向宽度,提高造价。

理论和试验证明,双索面对桥面梁体抵抗风力扭振特别有利,因此,在大跨径斜拉桥中得到了广泛的应用,目前建成的所有 600m 跨径以上的斜拉桥均采用斜双索面。

2. 索面形状

斜拉索在索面内的布置形式主要有图 4.2.19 所示的几种基本类型。

扇形与竖琴形相比,索的利用率较高。但扇形布置斜拉索集中交汇于塔顶,塔顶构造细节较为复杂,一般须建造结构复杂的钢锚箱。美国的 P-K 桥是其中最著名的桥梁之一。反之,竖琴形所有斜拉索的斜角相同,塔上锚固点的间距大,且所有斜拉索在梁端与塔端的锚固点结构细节相同,便于施工。因此,跨径不大的斜拉桥多采用竖琴形布置。

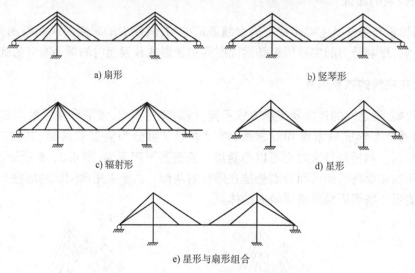

图 4.2.19 斜拉索在索面内的布置形式

半扇形布置则介于两者之间,它的索力的垂直分力虽然小于放射形但大于竖琴形,而水平分力则相反。除此之外,塔上锚固点的间距也同样介于扇形和竖琴形之间,因此,在大跨径斜拉桥中得到了广泛的应用。

景观因素是影响索面形状的重要因素,双索面采用扇形布置时,从桥侧面看两个索面之间的拉索会产生交叉的凌乱感,而竖琴形则不会。

除此之外还有一些特殊的索面布置形式,有些为了建筑景观的特殊要求,如图 4.2.19d)所示;有些是为了特殊的受力要求,如图 4.2.19e)所示。

3. 斜拉索的间距

斜拉索的间距与索力成正比,索距越大,每根索的索力越大,而索的数量比较稀少。早期斜拉桥的拉索布置得比较稀,一方面利用斜拉索为主梁提供弹性支承,另一方面又受制于当时的计算能力。随着计算机的应用,计算能力已经不是设计中的障碍,索距越来越小,斜拉索越来越密,稀索变密索可以说是斜拉桥在 30 多年中的最大变化。

目前的密索体系斜拉索在主梁上的间距为 8~24m(钢梁)或 4~12m(混凝土梁)。由稀索变为密索后,上述各点都可得到缓和。

三、索塔构造与尺寸

索塔通过斜拉索与主梁相连,塔柱自身承担主梁的恒载与活载,同时索塔与斜拉索及主梁共同形成高次超静定结构,因此,还承担温度变化、日照温差、支座沉降、混凝土收缩和徐变等因素引起的次内力。此外,作用在主梁的风力、地震力也通过索塔传到地基。斜拉索传递到塔柱的力主要是垂直分力和水平分力,通常自重作用下塔柱两侧水平力基本平衡,塔柱主要承担轴向压力,但是在活载和次内力作用下塔柱将承担不平衡水平力,从而处于偏心受压状态。

塔柱是整个超静定体系中的偏心受压构件,必须具有足够的强度和刚度来保证体系的稳定,同时塔柱的刚度及与主梁连接形式又影响体系的受力。塔柱是斜拉桥中的高耸结构,造型优美且与周围环境配合协调,桥往往成为该城市的标志建筑。由于上述原因,塔柱呈现了多姿多彩的造型。

索塔的顶部通常有一些附属建筑,如观光厅等旅游设施、避雷针、航空与航道通用的标志灯等,设计时也应予以考虑。

(一)索塔的造型

1. 索塔的纵向造型

索塔在纵桥向的形式有单柱形、A形及倒Y形等,如图4.2.20所示。索塔宜设计成竖直式,也可以根据需要设计成倾斜式。

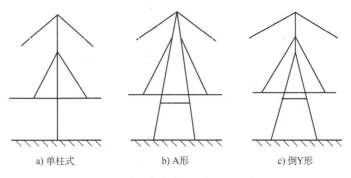

a) 单柱式　　　　b) A形　　　　c) 倒Y形

图4.2.20　斜拉桥索塔的基本形式(纵桥向)

单柱型索塔构造简洁,外形轻盈美观,施工方便,是常用的塔型,目前,国内外大多数斜拉桥在顺桥向均采用单柱型。A形和倒Y形在顺桥向索塔刚度大,有利于抵抗索塔两侧拉索不平衡拉力,能承受较大的顺桥向弯矩,并具有更良好的抗震能力,但由于施工较复杂,这类索塔采用不多,主要用于塔梁墩固结体系或多塔斜拉桥。我国山东济南黄河大桥是一座顺桥向采用倒Y形索塔的混凝土斜拉桥。

2. 塔柱的横向造型

索塔在横桥向的形式有单柱式、双柱式、门式、花瓶式、A形、倒Y形、宝塔式、钻石式等,如图4.2.21所示。

柱式塔柱构造简单[图4.2.21a)、图4.2.21b)],但承受横向水平荷载的能力较差。其中单柱式用于单索面,双柱式则用于双索面。门形索塔在两塔柱之间设有横梁[图4.2.21c)],抵抗横向水平荷载的能力较强,一般用于双索面斜拉桥。为了减小基础的横向宽度,可以在桥面以下将两塔柱靠拢形成花瓶式[图4.2.21d)、图4.2.21e)]。A形、倒Y形、菱形索塔横向刚度大[图4.2.21f)~图4.2.21h)],因两塔柱在索塔上部交汇,故不可能发生塔顶反向的水平位移,增强了斜拉桥的整体抗扭刚度,既适用于单索面,也适用于双索面,但构造复杂,施工难度较大,多用于大跨径斜拉桥中。同样,为了减小基础的横向宽度,可以在桥面以下将两塔柱靠拢形成宝塔式、钻石式[图4.2.21i)、图4.2.21j)]。

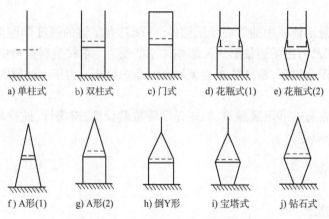

图 4.2.21 斜拉桥索塔的形式(横桥向)

(二)索塔的尺寸布置

1. 索塔的高度

主塔的高度 H 是指从主梁与主塔交界处以上的有效高度,它与斜拉索的倾角有关。桥的有效高度越高,斜拉索的倾角越大,索力垂直分力对主梁的弹性支承效果也越大,但塔柱与斜拉索的长度也要增加,因此,桥塔的适宜高度 H 要由经济比较来决定。根据已有斜拉桥的统计资料,最外侧斜拉索的倾角,无论是双塔三跨式或独塔两跨式斜拉桥,宜控制在 $25°\sim45°$ 间,竖琴形布置较多取 $26°\sim30°$,放射形或扇形布置,倾角在 $21°\sim30°$ 范围内,以 $25°$ 最为普遍。

当跨径的组合为三跨双塔布置时,中跨与边跨之比为 $2.2\sim2.5$,塔高 H 为 $(1/7\sim1/4)l_2$,l_2 为中跨;对于两跨结构,塔高 H 为 $(1/4\sim1/3)l_2$。主塔高度 H 的决定,应根据主塔形状、拉索的布置、主梁断面形式,从结构分析、施工方法、降低材料用量及造价、结合景观的要求来综合考虑。图 4.2.22 显示了塔高的常用比例。

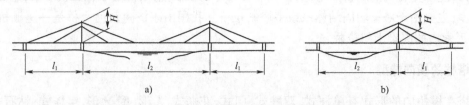

图 4.2.22 塔高的常用比例

景观要求是决定塔高的另一主要因素,一般在城市或宽阔的水面上较高的塔高可以使全桥显得更加雄伟,相比之下我国斜拉桥塔高的取值比国外略高。

2. 塔柱截面尺寸

1) 塔柱的截面形式

塔柱及横梁的截面形状和截面尺寸应根据结构强度、刚度、稳定性计算的要求,并结合拉索在索塔上的锚固构造要求和桥梁美学上的要求来确定。塔柱截面可采用实心和空心两种,而沿塔高又可采用等截面或变截面布置。

塔柱截面基本形状采用矩形,并且一般是长边 L 与桥轴线平行,短边 B 与塔轴线平行,如

图 4.2.23 所示。采用实体塔柱时,斜拉索在塔柱中作交错锚固,因此,塔柱上部的斜拉索锚固区可在塔轴线两侧布置斜拉索锚头的部位各挖一槽口,使截面成为如图 4.2.23b) 所示的形状。实体塔柱一般适用于中、小跨径的斜拉桥,小跨径时可用等截面,中等跨径时可用变截面,一般情况下仅变化长边尺寸 L,而将短边尺寸 B 维持等值。

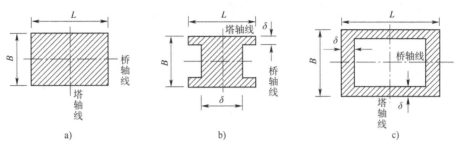

图 4.2.23 塔柱截面基本形状

采用空心塔柱时,斜拉索在塔柱的箱室中锚固,故一般在塔轴线的两侧可以不挖槽口,而是改在箱室内壁增设锚固斜拉索用的锯齿形凸块,为了改善外观常在箱形柱体外面的四周增设一些线条。空心箱形塔柱一般用于较大跨径的斜拉桥,故一般采用变截面,并且较多的是只变化长边尺寸 L,如图 4.2.23c) 所示。

为了增加线条以改善外观,且有利于抗风,塔柱矩形截面的四个角应做成倒角或圆角。具有两根塔柱时,每根在横桥向可做成非矩形的五角形、六角形或八角形截面,如图 4.2.24 所示。

塔柱之间的横梁以及塔柱之间的其他连接构件,其截面形式由塔柱的截面形式决定,一般采用矩形、T 形、工字形实体截面,受力较大时采用矩形空心截面。

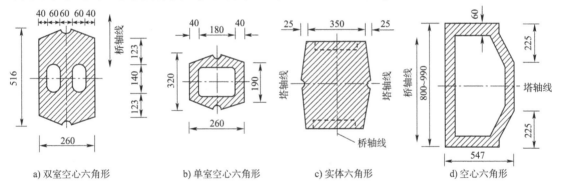

图 4.2.24 塔柱截面形式的变化(尺寸单位:cm)

2)塔柱的截面尺寸

塔柱的截面尺寸应根据塔柱受力、拉索锚固区构造位置以及张拉设备所需的空间等因素决定。表 4.2.4 列出了国内外索塔塔柱截面尺寸,表中还列出了索塔高度 H 和塔柱纵向尺寸 L 的比值,可供设计塔柱截面尺寸时参考。

(三)斜拉索锚固区构造

主塔的拉索锚固是将一个拉索的局部集中力安全、均匀地传递到塔柱的重要受力构造。索塔与拉索的连接处,由于拉索强大的集中力作用,再加上孔洞的削弱及局部受力,因此,该处应力集中现象普遍存在,在设计时应做细致的局部分析,在构造上给予特别加强。混凝土塔柱上斜拉索锚固区通常采用如下构造。

国内外混凝土斜拉桥索塔塔柱截面资料

表 4.2.4

索面	桥名	主跨(m)	索面形式（桥面以上）	塔柱截面形式	塔柱高度 H (m)	截面尺寸(m) L	截面尺寸(m) B	壁厚(m) δ_1	壁厚(m) δ_2	H/L_{ma}	混凝土强度等级
双索面	荆州长江大桥	500	斜腿H形	箱形	150.2	7.0	4.0	80	120	21.5	
	上海南浦大桥	423	斜腿H形	箱形	150	8~10	4.0	70	70	15.0	40
	大佛寺长江大桥	450	斜腿H形	箱形	159.2	8.8~10.2	4.0	90	1.2	15.6	
	番禺大桥	380	倒Y形	箱形	140.3	7.0	4.0~7.0	70~80	100~150	20.0	C50
	海口世纪大桥	340	倒V形	箱形	106.9	7.0	4.0	70	70	15.3	
	武汉长江公路大桥	400	斜腿H形	H形	94.0	5.5	3.5	20	70	19.7	
					94.0	6~7	4.0	100	100~150	13.4	
	美国达姆岬桥	396.3	直腿梯形	箱形	132.6	4.5~9.75	2.21~9.75			13.5	
	美国P-K桥	299	门形	箱形	69.0	3.35	3.05~4.57	41	81	20.6	40
	东营黄河桥	288	斜腿H形	箱形	69.7	3.4	2.8	45	160	20.5	
	天津永和桥	260	斜腿梯形	矩形	55.6	3.0	3.0			18.5	50
	山东济南黄河桥	220	斜腿梯形	箱形	55.6	3.0	3.0	60	60	18.5	
	法国伯劳东纳桥	320	斜腿梯形	矩形	63.4	3.0	2.0			21.1	
单索面	重庆石门大桥	230	单柱形	箱形	70.5	4.8	2.6	40	123	14.7	50
			单柱形	箱形	113.0	9.5	4.0~4.5	60	270	11.9	
	湘江北大桥	210	单柱形	H形	53.7		4.6			10.2	40

混凝土索塔与斜拉索的锚固一般才采用侧壁锚固、钢锚梁锚固、交叉锚固、钢锚箱锚固、鞍座是锚固(骑跨式和回转式)等形式,其截面形式如图 4.2.25～图 4.2.30 所示。

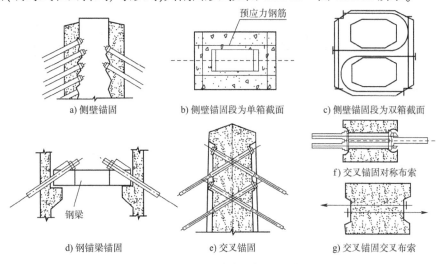

图 4.2.25　混凝土索塔拉索锚固示意图

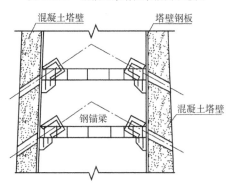

图 4.2.26　混凝土索塔钢锚梁示意图

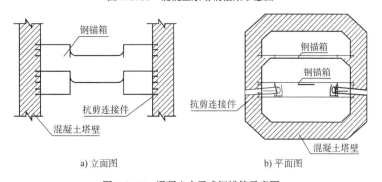

图 4.2.27　混凝土内置式钢锚箱示意图

斜拉索与钢索索塔的锚固宜采用鞍座支承式、鞍座锚固式、锚固梁式、支承板式,如图 4.2.31 所示。

斜拉索锚固区构造应符合下列规定:

(1)在混凝土主梁上应设置锚固段实体构造;锚固区内的构件截面尺寸应满足设置穿索管道及锚下垫板的需要;锚下局部区段内应增设加强钢筋网或螺旋钢筋。其构造与配筋设计应满足现行《公路钢筋混凝土及预应力混凝土桥涵设计规范》(JTG 3362)的要求。

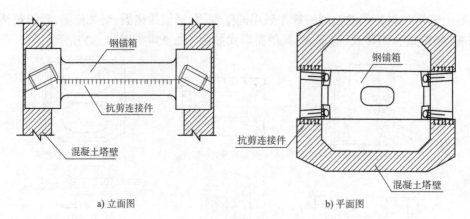

图4.2.28 混凝土外露式钢锚箱示意图

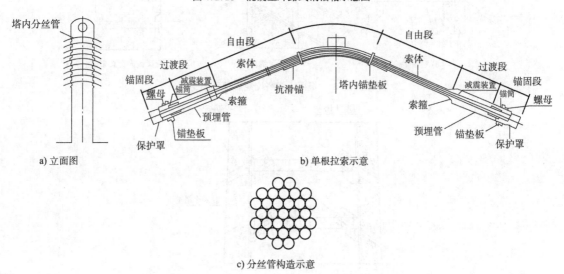

图4.2.29 混凝土索塔分丝管式索鞍锚固示意图

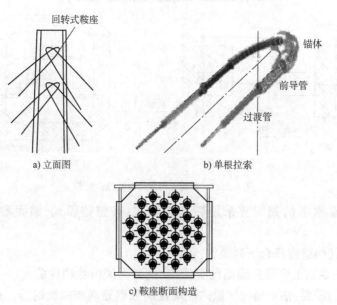

图4.2.30 回转式锚固示意图

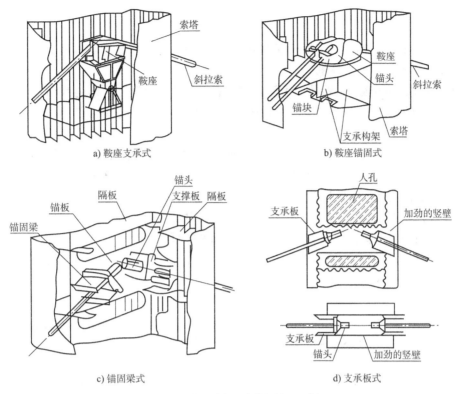

图 4.2.31 斜拉索与钢索塔的锚固示意图

（2）钢主梁上的斜拉索锚固区各构件之间应连接可靠，各构件的最小厚度应不小于10mm。

（3）锚下钢垫板尺寸应根据张拉吨位、张拉机具大小和锚具形式等确定，厚度不宜小于20mm，斜拉索锚管的最小壁厚不应小于10mm。

（4）斜拉索锚管和锚下钢垫板之间应采用加强板加强。

（5）索塔锚固区斜拉索的间距，除应满足计算高度要求之外，还应保证张拉及调索的空间，满足孔洞、管道及千斤顶行程与移动需要的高度要求。

（6）索塔锚固区环向预应力筋曲率半径不宜小于1.5m。

四、主梁构造与截面尺寸

斜拉桥的主梁由于受到斜拉索的支承作用，特别是密索斜拉桥中主梁的受力以压力为主，弯矩较小，因此主梁受力特性已经不同于传统的梁桥，主梁高度可以大幅降低。通过斜拉索力的调整，可以使恒载弯矩减小到很低的程度，引起主梁弯矩的主要因素是活载及温差等附加荷载。影响活载及温度附加荷载弯矩的主要因素是索塔的刚度、主梁与索塔的连接方法、索的面积及索形。在双索面情况下，主梁在两边均有斜拉索支承，主梁横向受力以正弯矩为主，而采用单索面时主梁横向受力基本为负弯矩，同时还要承担不对称活载力矩，因此，索面的空间形式对主梁截面有决定性的影响。综上，主梁的设计必须综合考虑主梁、索塔、拉索三者之间的相互关系。

在大跨径斜拉桥中由于密索体系的采用，主梁相对刚度越来越小，抗风稳定性问题越来越突出，往往成为决定现代斜拉桥主梁截面形状的主要因素。一般而言，主梁截面必须有较好的流线型和较大的抗扭刚度。

(一)主梁的横截面布置

主梁截面形式从早期的斜拉桥到现在有了很大变化,这主要是随着对密索体系受力特点及抗风性能的不断认识而发展的。

主梁可采用混凝土梁、钢箱梁、钢桁架、钢-混凝土组合梁等。主梁的截面形式应根据材料、跨径、索距、桥宽、索面数等不同,并综合结构受力、耐久性、抗风稳定性和施工方法进行选用。

混凝土主梁可采用实心板截面、边箱梁截面(PK 梁)、箱形截面、带斜撑箱形截面和肋板式截面,如图 4.2.32 所示。混凝土主梁的截面形式宜按照如下原则选取:

(1)实心板截面适用于跨径 200m 以下的混凝土斜拉桥。

(2)肋板式截面、边箱梁截面及箱梁截面适用于双索面斜拉桥。

(3)箱形截面或带斜撑箱形截面适用于单索面斜拉桥。

(4)当桥面很宽时,主梁可考虑设为单箱多室截面、肋板式截面及边箱梁截面,必要时适当增加在中间板部分的梁肋数。

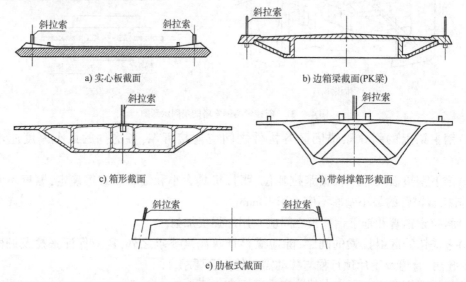

图 4.2.32 混凝土斜拉桥主梁截面形式

希腊 Evripos 桥采用实心板梁截面,其主跨 215m,板厚 45cm;肋板式截面和实心板截面一样,都仅适用于双索面斜拉桥,这是主梁区域轻型化的重要标志之一。肋板式截面已被广泛采用,例如主跨 322m 的铁罗坪大桥和主跨 300m 的绍兴曹娥江大桥。

钢箱梁可采用整体式或分体式箱形截面以及边箱梁截面,钢箱梁典型截面如图 4.2.33 所示。

分体式箱形截面具备扁平钢箱梁的典型构造特征,由顶板、底板、腹板、横隔板组成,不同的是将中分带拉开,形成中央开槽的双箱或多箱梁,沿纵梁间隔一定距离用横梁将分离的纵梁连成一体。我国上海长江大桥、昂船洲大桥、芜湖长江公路二桥及浙江宁波外滩大桥均采用了该截面形式。

钢桁架主梁的截面形式可按如下原则选取:

(1)钢桁架主梁采用矩形、倒梯形等截面形式,其典型截面如图 4.2.34 所示。

(2)钢桁架桥面结构可采用正交异性钢桥面板或混凝土桥面板。正交异性钢桥面板可采用板桁结合或活板桁分离式。

钢桁架由主桁架、横向联结系、平联合桥面板组成。主桁和横梁分别由上下弦杆及腹杆等杆件组成,杆件之间采用高强螺栓连接或焊接。

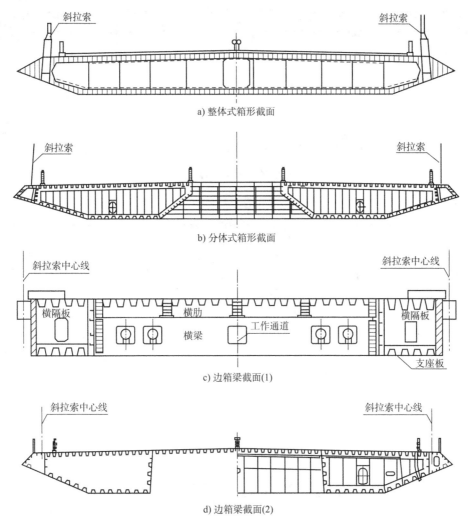

图 4.2.33 钢箱梁斜拉桥典型截面形式

钢桁架由于其运输方便、现场焊接工作量少,在山区斜拉桥额应用中逐渐增加,比如主跨800m 的贵州鸭池河大桥和主跨720m 的都格北盘江大桥,都是有典型代表性的山区钢桁架斜拉桥;钢桁梁的桁高级通透性便于布置双层交通,主跨1092m 的沪通长江大桥、主跨708m 的上海闵浦大桥、主跨504m 的武汉天兴洲大桥及主跨445m 的重庆东水门长江大桥,是布置双层交通的典型钢桁梁斜拉桥。

公路斜拉桥钢桁梁的典型桥面系有钢-混凝土组合桥面系和正交异性桥面性,钢-混凝土组合桥面系虽然自重大,但有利于与桥面铺装结合,易于保证桥面铺装的耐久性,桥面系自身的耐疲劳性能也较好,适用于跨径相对较小的钢桁梁斜拉桥,已建成代表性桥梁有主跨400m 的湖北忠建河大桥;正交异性桥面系自重轻,适合高烈度地区或跨径相对较大的钢桁架斜拉桥,桥面系自身的抗疲劳性能和桥面铺装的耐久性需要重点关注,已建成代表性桥梁有主跨800m 的贵州鸭池河大桥。

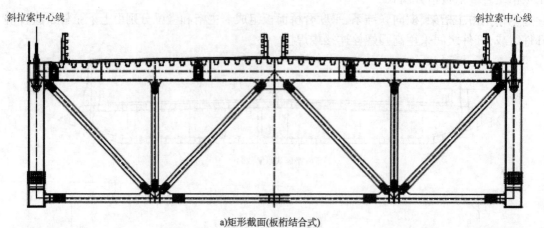

a)矩形截面(板桁结合式)

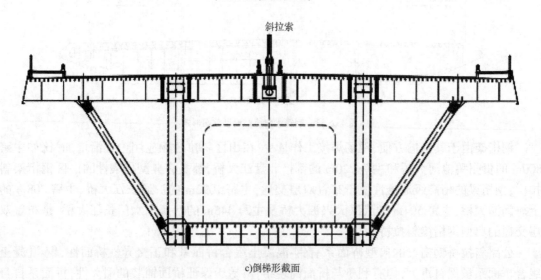

b)矩形截面(板桁分离式)

c)倒梯形截面

图4.2.34 钢桁架斜拉桥典型截面形式

按照桥面系是否参与主桁受力,公路斜拉桥钢桁梁分为板桁结合式和板桁分离式,前者整体刚度大,后者受力更加明确且便于桥面板维护更换。

组合梁主梁截面可采用工字钢或边箱梁加小纵梁截面形式,也可采用扁平流线型箱梁及

钢桁架截面形式,其典型截面如图4.2.35所示。组合梁额构造设计应符合下列规定:

(1)混凝土桥面板厚度不宜小于250mm,混凝土强度等级不宜小于C40。

(2)混凝土接缝、钢梁顶面的剪力键与钢梁顶面应有效的结合成整体,连接构造设计应按现行《公路钢混组合桥梁设计与施工规范》(JTG/T D64-01)的规定执行。

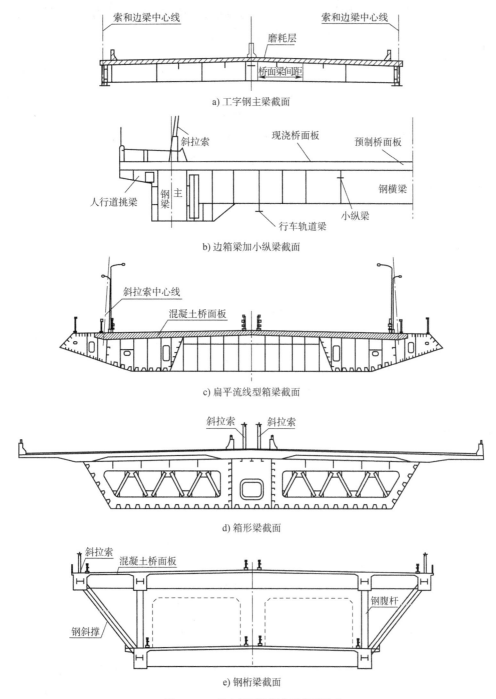

图4.2.35 组合梁斜拉桥典型截面形式

钢梁多数采用两工字形钢主梁。如主跨为605m的福建青洲闽江大桥、主跨602m的上海杨浦大桥则采用边箱梁截面。钢-混凝土组合梁也采用其他结构形式,例如跨径480m的台州椒江二桥采用扁平流线型半封闭钢箱与混凝土桥面板的组合截面;上海闵浦大桥边跨则采用钢桁架主梁与混凝土桥面板的组合截面。

主梁横向联结系采用横隔板(梁),是使主梁成为空间整体结构的重要构造,它能增加主梁的抗扭、抗剪刚度,与主梁连成一体增加截面横向刚度,提高整体性能。

在主梁的斜拉索锚固区,局部应力集中,受力复杂,为使斜拉索的拉力能较好地传递给主梁,需要设置较大刚度的横向联结系。另外,还需根据主梁的横向刚度和桥面板的跨径及索距大小适当加密布置。

在支座处的横隔板(梁)要承受和分布很大的支承反力,因此横隔板(梁)要有足够的强度和刚度。可采用增加混凝土板厚度、施加预应力或设置加劲板等措施予以加强,横隔板预留孔的顶端角隅处法向应力分布与其内折角有关,内折角做得越平,缓转角处的应力就越小。为缓和应力集中现象,通常设承托并在斜方向上加强配筋。

对于钢桁梁,为了使主桁保持空间不变体系,并且能承受水平荷载(横向风力、地震力等),在两桁之间设置纵向水平桁架(上、下平联)形成稳定的空间结构;同时,为了在偏载作用下增加桁梁的抗扭刚度,设置横向联结系。若是有双层交通,由于下层桥面的净空要求,横向联结系由横梁和主桁架的中间竖杆(或斜杆)形成的刚架构成。

对国内已建成或在建的钢-混凝土组合梁斜拉桥的调研结果表明,目前钢-混凝土组合梁额混凝土桥面板厚度一般为250~280mm。

斜拉桥主梁横向连接系构造应符合下列规定:

(1)混凝土梁拉索锚点处和支座处应设置横隔板,横隔板(梁)间距宜采用4~8m,其厚度不宜小于200mm。

(2)钢箱梁拉索锚点处和支座处横隔板(梁)宜采用板式,其余位置处横隔板可采用桁架式,横隔板(梁)间距不宜大于4m,横隔板钢板厚度不宜小于10mm。

(3)钢桁梁横向联结系宜采用桁架斜撑形式。

(4)组合梁的横隔板(梁)拉索锚点处和支座处横隔板(梁)宜采用板式,板式结构的钢板厚度不宜小于10mm。

(二)主梁截面尺寸

1. 主梁高度 h

斜拉桥主梁是弹性支承连续梁,在密索体系时恒载弯矩只与索距有关,而与桥梁跨径无关,只有活载内力与跨径有关,在大跨径桥梁中活载弯矩的绝对值较小,因此,斜拉桥的主梁高部度不像其他体系桥梁的梁高随跨径增大而明显增大,而是与索塔刚度、索距、索型、拉索刚度、主梁的结构体系及截面形式等因素相关,特别是与索距大小有直接关系。对于密索体系且索距沿纵向等距布置时,通常主梁可做成等高度形式以简化施工。

根据国内外斜拉桥的统计资料(表4.2.5、表4.2.6),梁高与主跨 l_2 的比值为1/200~1/50,跨径越大,相对梁高越低。双索面密索体系相对梁高较低,而单索面体系则用较高值。不同的主梁截面形式,梁高的取值会有所不同。如选用实体双主梁截面且取主梁高度等于横梁高度,则主梁高度将取决于横向弯矩的大小,即主梁高度与桥宽和横向索距相关。

表 4.2.5

国内斜拉桥有关资料

桥名	主l_2(m)	主梁宽 B(m)	结构体系	主梁截面形式	主梁高 h(m)	h/l_2	B/h	l_2/B	梁上标准索距(m)	备注
山东青岛大沽河桥	104	10	半漂浮(带挂梁)	分离双箱	1.20	1/87	8.3	10.4		
辽宁长兴岛桥	176	10	半漂浮(连续)	单箱三室	1.75	1/100	5.7		6.0	
上海泖港桥	200	12.5	塔梁固结(带挂梁)	分离双箱	2.2	1/91			6.5	
长江湘江北大桥	210	30.1	双薄壁墩连续刚构	单箱三室	3.4	1/62			6.2	
山东济南黄河桥	220	19.5	漂浮(连续)	双倒梯形箱	2.75	1/80			8.0	
天津永和桥	260	13.6	漂浮(连续)	双实体边主梁	2.0	1/130			11.6	
广东西樵大桥	125	20.42	刚构	双实体四室	2.08	1/60			8.0	
广东石门大桥	160	18.9	刚构	单箱四室	2.5	1/64			8.0	
重庆石门大桥	230	25.5	刚构	单箱三室	4.0	1/58			7.5	
安徽蚌埠淮河桥	224	21.1	漂浮(连续)	双三角形箱	2.5	1/90			8.0	
郧阳汉江桥	414	15.6	刚构(跨中铰)	单箱三室	2.0	1/207			8.0	
武汉长江公路桥	400	29.4	漂浮(连续)	单箱三室	3.0	1/133			8.0	
重庆长江二桥	444	24.0	漂浮(连续)	双倒梯形箱	2.5	1/178			9.0	
安徽铜陵长江大桥	432	23.0	漂浮(连续)	双实体边主梁	2.0	1/216			8.0	
涪陵长江大桥	330	22.1	漂浮(连续)	板式边主梁	2.3	1/143			6.0	
海口世纪大桥	340	30.4	半漂浮(连续)	板式边主梁	2.1	1/162	14.5	11.2	7.2	
番禺大桥	380	37.1	漂浮(连续)	板式边主梁	2.2	1/173	16.9	10.2	6.0	
重庆大佛寺长江大桥	450	30.6	漂浮(连续)	板式边主梁	2.7	1/167	11.3	14.7	8.1	
湖北鄂黄长江大桥	480	27.7	漂浮(连续)	板式边主梁	2.4	1/200	11.5	17.3	8.0	
湖北荆州长江大桥	500	27.0	漂浮(连续)	板式边主梁	2.4	1/208	11.3	18.2	8	

国外斜拉桥有关资料

表 4.2.6

桥名	主跨 l_2(m)	主梁宽 B(m)	结构体系	主梁截面形式	主梁高 h(m)	h/l_2	B/h	l_2/B	备注
委内瑞拉马拉开波桥	235	17.4	刚构(带挂梁)	单室三箱	5.0	1/47	3.47	13.5	双索面
利比亚威得库特夫桥	282	13.0	刚构(带挂梁)	单室箱	3.5~7.0	1/80~1/40	1.9~3.7	21.7	双索面
阿根廷科林特斯桥	245	14.5	刚构(带挂梁)	分离双箱	3.5	1/70	4.14	16.9	双索面
荷兰塔伊尔桥	267	31.5	刚构(带挂梁)	分离双箱	3.5	1/76	9.0	8.5	单索面
法国伯劳东纳桥	320	19.2	塔梁固结(连续)	单室箱	3.8	1/84	5.05	16.7	双索面
美国 P-K 桥	299	24.3	漂浮(连续)	双三角箱	2.13	1/140	11.41	12.3	双索面
西班牙卢纳奥斯桥	440	22.5	刚构(跨中铰)	单室三箱	2.5	1/176	9.0	19.6	双索面
阿根廷巴拉那河桥	330	17.4	刚构	单室三室	2.93	1/113	5.94	19.0	双索面
美国东亨丁顿桥	274.3	12.2	漂浮(连续)	板实边主梁	1.52	1/180	8.03	22.5	单索面
美国日照高架桥	365.8	29.0	刚构(连续)	双实体主梁	4.3	1/85	6.74	12.6	双索面
美国达姆岬桥	396.3	32.2	刚构(跨中铰)	单室箱	1.55~1.88	1/256~1/211	19.3~20.8	12.3	单索面
法国艾龙河桥	400	23.1	塔梁固结	板式边主梁	3.47	1/115	6.7	17.3	单索面
挪威海尔格兰桥	425	12.0	塔梁固结	三角形双室箱	1.2	1/354	10.0	35.4	双索面
挪威斯卡恩圣特桥	530	13.0			2.15	1/247	6.05	40.8	双索面

2. 主梁宽度

主梁宽度主要取决于使用要求与构造要求,即宽度等于行车道、人行道、分隔带、拉索锚固区宽度的总和。但是在大跨径斜拉桥中,抗风稳定性有时成为决定性因素,从提高主梁横向抗风稳定性考虑,主梁全宽 B 与主梁高度 h 的比值宜大于或等于 8,梁宽 B 和主跨 l_2 的比值宜大于或等于 1/30。

3. 横梁、桥面板尺寸

在密索斜拉桥主梁上一般在斜拉索锚固点设置主要横梁,而在两锚点之间设置次要横梁。横梁主要承担横向弯矩,可以按简支梁或悬臂梁进行设计,同时按空间结构进行验算。

一般可以根据桥面局部荷载按常规方法确定横梁和桥面板的尺寸。由主梁所承受的轴向力及构造要求确定主梁截面面积大小,进而确定主梁截面各细部尺寸。

(三)斜拉索与主梁的锚固构造

主梁壁厚较薄,斜拉索强大的锚固力必须通过实体的锚固块分散传递到主梁的顶底板及腹板上。

斜拉索在混凝土主梁上的锚固有三种:在箱梁内锚固、穿过桥面在梁底锚固、在伸到主梁侧边的锚固横梁上锚固。无论哪种锚固形式,一般斜拉索穿过主梁处应设钢套筒,如图 4.2.36 所示。套筒下端设锚垫板,上端伸出桥面一段距离以保护斜拉索不被车辆撞击,套筒上一般要焊接多道剪力环以帮助锚垫板传力。

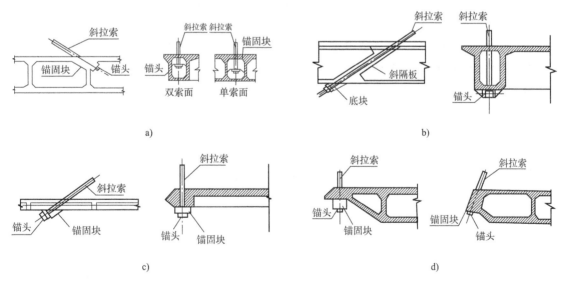

图 4.2.36 混凝土主梁斜拉索锚固基本方式

1. 箱梁内锚固

在箱梁内锚固时,斜拉索锚头一般锚固在横梁与顶板交接处的后方。如图 4.2.36a)所示锚点处的横隔板一般比非锚点处强大,以抵抗斜拉索的锚固力。

法国320m主跨的Brotonne桥直接在主梁顶板设置锚固块，锚点截面不设横梁，只是桥面板局部加厚，同时用一对预应力斜拉杆将斜拉索的锚固力传递到底板及斜腹板。这种锚固受力明确，拉索的水平分力通过锚固块传给箱梁顶板后再扩散到主梁全截面，垂直分力则由加劲斜杆传递给全截面。此后美国的Sunshine Skyway桥也采用这种主梁截面和锚固构造。

2. 穿过桥面在梁底锚固

当斜拉索穿过边箱梁锚固时，一般在锚点处要设置斜横隔板，如图4.2.36b)所示。锚头可以直接突出锚固在底板上，也可以锚固在底板的齿槽内，以使主梁底面平整。

当采用带实心边缘的三角形主梁、实心双主梁或板式主梁时，斜拉索穿过主梁锚固在梁底，其构造如图4.2.36c)所示。由于主梁高度比较小，一般不宜在梁底开槽，而直接将锚头突出锚固在梁底，张拉完成后用保护罩保护锚头。

3. 在锚固横梁上锚固

这种锚固形式是设置横贯主梁全宽的横梁，横梁与主梁浇筑在一起，倾斜设置于主梁内两端悬出主梁外侧，斜拉索锚固在横梁两端。由于横梁悬出主梁加上其局部受力很大，故横梁断面一般比较大，需设置横向预应力筋予以加强。斜拉索通过在横梁端部内的钢管，锚固在梁的下缘，如图4.2.36d)所示。此锚固力大，同时斜拉索不占用桥面，但是锚固横梁材料用量多，且从侧面看景观效果差。

斜拉索与钢主梁的锚固宜采用锚箱式、锚拉板式、耳板式，如图4.2.37所示。斜拉索与钢主梁的锚固构造应符合下列要求：

(1) 锚箱式锚固应设置锚固梁，斜拉索锚固在锚固梁上，锚固梁用焊接或高强螺栓方式与主梁连接。

(2) 锚拉板式锚固硬杂顶板或腹板上连接一块厚钢板作为锚拉板，在锚拉板上开槽，槽口内侧焊接在锚筒外侧，斜拉索锚固于锚筒底部。

(3) 耳板式锚固应在主梁的腹板上伸出一块耳板，斜拉索通过铰连接在耳板上。

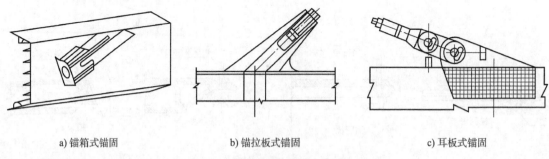

a) 锚箱式锚固　　　　　b) 锚拉板式锚固　　　　　c) 耳板式锚固

图4.2.37　钢箱梁与斜拉索锚箱式锚固示意图

斜拉索与钢桁梁的锚固区宜设置在主梁节点处，锚固可分为节点内置式和节点外置式，具体可采用弦杆内置锚箱式、节点板内置锚箱式、双拉板整体锚箱式、双拉板栓焊锚箱式，如图4.2.38所示。

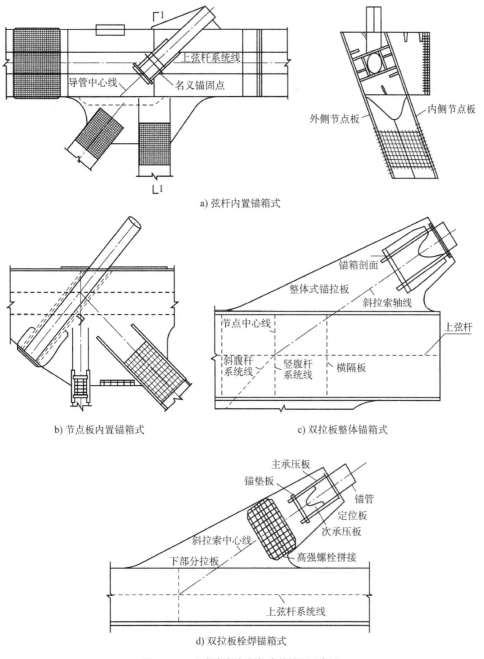

图 4.2.38 钢桁架梁与斜拉索的锚固示意图

第三节 斜拉桥计算

斜拉桥是高次超静定结构,同时也是大跨径的柔索结构,因此,斜拉桥的计算比其他桥型复杂得多、计算量也大得多,以往的手算很难胜任。现代斜拉桥的发展主要得益于计算机技术的发展,可以说它是计算机技术发展的产物。

斜拉桥的结构分析内容大致包括静力分析、稳定性分析和动力分析三大类。

一、静力分析

斜拉桥是一种高次超静定结构,其静力受力特性与一般桥梁有所不同。对于梁式桥,当结构尺寸、材料、二期恒载确定后,结构的恒载内力也随之基本确定,无法进行较大的调整。而对于斜拉桥,在外部体系、结构尺寸、材料、二期恒载等确定后,结构的受力在很大程度上取决于斜拉索的张拉力,索力的大小以及多根索力之间的分配比例,可以组成无数组索力张拉方案和对应的结构内力状态。因此,斜拉桥的设计计算首先要确定其合理的成桥状态,即以成桥时的线性和内力状态为最优,最佳状态时主梁和塔的恒载弯矩很小。

斜拉桥的活载受力性能与恒载有很大区别,恒载的状态可以通过索力进行调整,但是活载内力只与体系、截面、材料有关,而不受索力调整的影响。大跨径斜拉桥主梁的自重集度很大,斜拉索的活载索力增量很小,只占索力的20%左右,但是活载产生的主梁及塔柱弯矩远超过恒载,并成为弯矩的主要部分。同时,活载挠度是体现斜拉桥刚度的主要指标。

除上述恒载、活载外,斜拉桥设计中需要考虑的静力效应主要还有预应力效应、温差效应、混凝土收缩徐变效应等。

当确定了理想的成桥状态后,还必须根据此状态确定各施工阶段的合理状态。按照此状态进行施工,成桥后就可以达到理想状态。

局部计算主要包括横梁及桥面板的计算。

(一)结构分析方法

斜拉桥的内力计算比一般桥梁结构要复杂。在此结构中,主梁如同弹性支承于斜拉索连接点的连续梁。结构分析的方法有以下两大类。

第一类即所谓的古典法,也就是采用杆件结构力学中通常应用的基本方法,如力法、能量法与位移法等。上述方法可以对斜拉桥结构进行线性分析,也可以反复多次迭代来计算一些非线性问题。但是采用古典法计算斜拉桥结构一般通过人工手算的方法来完成,如采用电算,电算程序将很难达到通用性。而且斜拉桥结构比较复杂,在桥跨较大、索又密的情况下,计算工作量相当大,不宜用手算来实现。第二类方法即是利用电子计算机进行结构分析。一是把空间结构简化成平面结构,常采用平面杆系有限元法,将结构离散化,把索以直杆代替,在柔性索中其单元的抗弯刚度记为零,垂度对变形的影响则采用等效弹性模量的方法使它线性化,塔和梁用梁单元进行模拟,按小挠度理论建立结构总刚度矩阵,通过编制相应的程序,然后上机计算。计算基本可变荷载内力时,可按一行车队的荷载加载,再考虑结构的空间效应,即乘以荷载横向分布系数,然后按照规范要求,进行内力组合。二是把斜拉桥作为空间结构来分析,可以采取有限单元法把梁作为空间受力构件,并从梁的轴线伸出刚臂以连接到斜拉索下端的锚固点,或者采取梁单元同时考虑把斜拉索作用的索面单元的空间单元作为有限单元进行计算,更为精确的计算图式可以把主梁作为承受轴力作用的薄板单元,再考虑索作为承受轴力的杆件单元,采用具有多单元功能的空间结构程序来分析。

局部应力分析一般按照圣维南假定,从整个结构中取出需要计算局部应力的块件,在指定边界位移(一般仍假设满足平截面假定)及受力状态的前提下按空间折板结构计算。计算范围在局部受力区以外1倍梁高处割开作为块件计算对象。这样的计算图式一般按弹性阶段受力来分析,但分析结果中的局部应力高峰可能出现很高的数值,这是不符合实际情况的,由于材料塑性影响以及设有网格分布钢筋,故高峰应力将显著削平。因此,采用弹性阶段的计算结果,只能作为布筋或施加局部预应力的参考。在确定预应力的大小后,把预应力作为外力,再进行验算。

(二)斜拉索的垂度效应计算

1. 等效弹性模量

斜拉桥的拉索一般采用柔性索,斜拉索在自重的作用下会产生一定的垂度,这一垂度的大小与索力有关,垂度与索力呈非线性关系。斜拉索张拉时,索的伸长量包括弹性伸长以及克服垂度所带来的伸长。为方便计算,可以用等效弹性模量的方法,在弹性伸长公式中计入垂度的影响。

如图 4.2.39 所示,q 为斜拉索自重集度,f_m 扁为斜拉索跨中的径向挠度。因索不承担弯矩,根据拉索跨中处索弯矩为零的条件,得到:

$$\begin{cases} T \cdot f_m = \frac{1}{8}q_1 l^2 = \frac{1}{8}ql^2 \cdot \cos\alpha \\ f_m = \frac{ql^2}{8T} \cdot \cos\alpha \\ f_m = \frac{ql^2}{8T} \cdot \cos\alpha \end{cases} \quad (4.2.1)$$

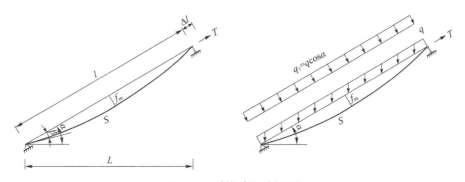

图 4.2.39 斜拉索的受力图式

索形应该是悬链线,但对于 f_m 很小的情形,可近似地按抛物线计算,索的长度为:

$$S = l + \frac{8}{3} \cdot \frac{f_m^2}{l} \quad (4.2.2)$$

用弹性模量的概念表示上述垂度的影响,则有:

$$E_f = \frac{dT}{d\Delta l} \cdot \frac{l}{A} = \frac{12lT^3}{Aq^2 l^3 \cos^2\alpha} = \frac{12\sigma^3}{(\gamma L)^2} \quad (4.2.3)$$

式中:$\sigma = T/A$,$q = \gamma A$;

L——斜拉索的水平投影长度 $L = l \cdot \cos\alpha$;

E_f——计算垂度效应的当量弹性模量。

在 T 的作用下,斜拉索的弹性应变为:

$$\varepsilon_e = \frac{\sigma}{E_e} \quad (4.2.4)$$

因此,等效弹性模量 E_{eq} 为:

$$E_{eq} = \frac{\sigma}{\varepsilon_e + \varepsilon_f} = \frac{\sigma}{\frac{\sigma}{E_e} + \frac{\sigma}{E_f}} = \frac{E_e}{1 + \frac{E_e}{E_f}}$$

即
$$E_{eq} = \frac{E_e}{1 + \frac{(\gamma L)^2}{12\sigma^3} E_e} = \mu E_e \quad (\mu < 1) \tag{4.2.5}$$

斜拉索等效弹模 E_{eq} 与斜拉索水平投影长 L 的关系如图 4.2.40 所示。

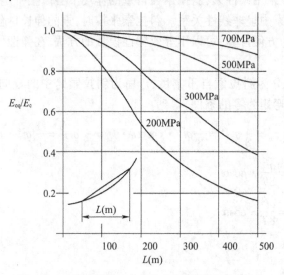

图 4.2.40 等效弹模 E_{eq} 与斜拉索水平投影长 L 的关系

2. 斜拉索两端倾角修正

斜拉索两端的钢导管安装时,必须考虑垂度引起的索两端倾角的变化量 β,否则,将造成导管轴线偏位。一般情况下可按抛物线计算,即:

$$\tan\beta = \frac{4f_m}{l} = \frac{4}{l} \cdot \frac{ql}{8T}\cos\alpha = \frac{q}{2T} \cdot L = \frac{\gamma L}{2\sigma}$$

$$\beta = \arctan\left(\frac{\gamma L}{2\sigma}\right) \tag{4.2.6}$$

当索的水平投影长度很长时($L > 300\text{m}$),按抛物线计算会带来一定的误差,因而应采用更精确的悬链线方程求解。

(三)索力的初拟和调整

1. 恒载平衡法索力初拟

如图 4.2.41 所示,对于主跨,忽略主梁抗弯刚度的影响,则 W_m 为第 i 号索所支承的恒载重力,根据竖向力的平衡,得到:

$$T_{mi} = \frac{W_m}{\sin\alpha_i} \tag{4.2.7}$$

拉索引起的水平力为:

$$F_{mi} = T_{mi} \cdot \cos\alpha_i = \frac{W_m}{\tan\alpha_i} \quad (4.2.8)$$

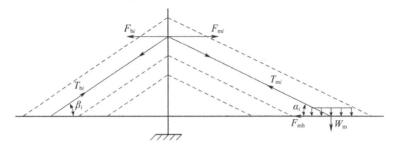

图 4.2.41　索力初拟计算图式

进一步考察边跨,忽略塔的抗弯刚度,则主、边跨拉索的水平分力应相等,得到:

$$T_{bi} = \frac{F_{bi}}{\cos\beta_i} = \frac{F_{mi}}{\cos\beta_i} = \frac{W_m}{\tan\alpha_i \cdot \cos\beta_i} \quad (4.2.9)$$

边跨第 i 号索支承的恒载重力 W_b 可依据 T_{bi} 做相应的调整:

$$W_b = T_{bi} \cdot \sin\beta_i = W_m \cdot \frac{\tan\beta_i}{\tan\alpha_i} \quad (4.2.10)$$

2. 可行域法调索计算

在斜拉桥的设计中,通常先要确定一个合理成桥状态,然后根据拟定的施工工序确定各合理施工状态。所谓合理成桥状态是指斜拉桥在施工完成后,在所有恒载作用下,各构件受力满足某种理想状态,如梁、塔中弯曲应变能最小。斜拉桥合理成桥状态确定的过程实际上就是按施工过程确定各索初张力的过程。合理成桥状态的确定通常可以先不考虑施工过程,只根据成桥状态的受力图式来计算,然后按施工过程将索的张拉程序逐个细化。分析方法有刚性支承连续梁法、可行域法及影响矩阵法等。

1) 刚性支承连续梁法

将斜拉索和主梁锚固点处作为刚性支承点(零挠度)进行分析,计算出各支点反力。利用斜拉索索力的竖向分力与刚性支点反力相等的条件确定斜拉索的成桥状态索力,主梁的恒载内力图即为刚性支承连续梁的弯矩及支承反力产生的轴力图。这种方法的优点是力学概念明确、计算简单,且成桥索力接近"稳定张拉力",有利于减小徐变对成桥内力的影响。但是用这种方法确定的索力可能导致索力跳跃大、不均匀,主梁的恒载弯矩虽然很小,但对不对称结构,则会导致塔的弯矩很大,所得结果将难以应用。只有在边中跨比接近0.5,且索距基本相同时用该方法所得的结果才有意义。

2) 可行域法

从控制主梁应力的角度看,索力过大或过小都有可能造成主梁上、下缘拉应力或压应力超限,因而期间必定存在一个索力可行域,使主梁在各种工况下各截面应力均在容许范围之内。下面介绍可行域法调索计算的过程。

主梁截面的应力控制条件如下。

(1) 拉应力控制条件。

主梁截面上、下缘在恒载和活载共同作用下的上、下缘最大拉应力 σ_{t1}、σ_{b1} 应满足:

$$\sigma_{t1} = -\frac{N_d}{A} - \frac{M_d}{W_t} + \sigma_{tm} \leq [\sigma_1] \quad (上缘) \tag{4.2.11}$$

$$\sigma_{b1} = -\frac{N_d}{A} + \frac{M_d}{W_b} + \sigma_{bm} \leq [\sigma_1] \quad (下缘) \tag{4.2.12}$$

(2)压应力控制条件。

主梁截面上下缘在恒载和活载组合作用下的上、下缘最大压应力 σ_{ta}、σ_{ba} 应满足：

$$\sigma_{ta} = -\frac{N_d}{A} - \frac{M_d}{W_t} + \sigma_{tn} \geq [\sigma_a] \quad (上缘) \tag{4.2.13}$$

$$\sigma_{ba} = -\frac{N_d}{A} + \frac{M_d}{W_b} + \sigma_{bn} \geq [\sigma_a] \quad (下缘) \tag{4.2.14}$$

式中：N_d、M_d——全部恒载（包括预应力）产生的主梁截面轴力和弯矩，轴力以压为正，弯矩以下缘受拉为正；

A、W_t、W_b——主梁的面积、上缘和下缘抗弯抵抗矩；

σ_{tm}、σ_{bm}——其他荷载（除恒载）引起的主梁截面上、下缘最大应力（应力以拉为正，压为负，下同）；

σ_{tn}、σ_{bn}——其他荷载（除恒载）引起的主梁截面上、下缘最小应力；

$[\sigma_1]$、$[\sigma_a]$——容许拉、压应力（带正负号）。

(3)主梁恒载弯矩的可行域。

在以上应力控制条件的关系式中，M_d 是通过调索达到预期的恒载弯矩，是待求值，由式(4.2.11)～式(4.2.14)可得：

$$\left.\begin{aligned} M_d &\geq \left\{-\frac{N_d}{A} - [\sigma_1] + \sigma_{tm}\right\} W_t = M_{dl1} \quad (控制上缘拉应力) \\ M_d &\leq \left\{\frac{N_d}{A} + [\sigma_1] - \sigma_{bm}\right\} W_b = M_{dl2} \quad (控制下缘拉应力) \\ M_d &\leq \left\{-\frac{N_d}{A} - [\sigma_a] + \sigma_{tn}\right\} W_t = M_{da1} \quad (控制上缘压应力) \\ M_d &\geq \left\{\frac{N_d}{A} + [\sigma_a] - \sigma_{bn}\right\} W_b = M_{db2} \quad (控制下缘压应力) \end{aligned}\right\} \tag{4.2.15}$$

在式(4.2.15)中，令 $M_{d2} = \min(M_{dl2}, M_{da1})$（控恒载正弯矩），$M_{d1} = \max(M_{dl1}, M_{db2})$（控制恒载负弯矩），则主梁恒载弯矩可行域（图4.2.42）为：

$$M_{d1} \leq M_d \leq M_{d2} \tag{4.2.16}$$

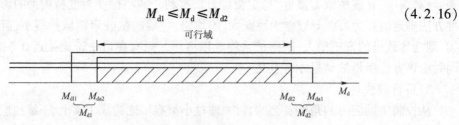

图4.2.42 弯矩可行域

在主梁上施加预应力可增大可行域的范围，调索最终的结果不仅应使主梁恒载弯矩全部进入可行域，而且索力分布应较均匀。

3)影响矩阵法

为了达到通过调索使主梁各截面的恒载弯矩进入上述可行域内的目的，可按下述影响矩阵法计算各拉索的初张力。

按前面所述的恒载平衡法初拟索力 T'_i;依据主梁安装程序和各初拟索力 T'_i,计算各控制截面恒载的内力 M'_d、N'_d 和可变作用引起的应力 σ'_m、σ'_n;按上述应力控制条件,计算各控制截面的恒载弯矩可行域 M_d;将各控制截面当前恒载弯矩 M'_d 与 M_d 中值的差值作为索力调整的弯矩增量目标计算斜拉索恒载弯矩影响系数。模拟主梁安装程序,求出张拉拉索时各截面的 M_{ij}。张拉 j 号拉索时,截面所产生的弯矩 M_{ij} 与张拉力 T_j 之比值,称为拉索 j 对 i 截面的弯矩影响系数,用 $a_{ij}=M_{ij}/T_j$ 表示。

$$\Delta M = M'_d - M_d \tag{4.2.17}$$

建立索力增量影响矩阵(悬臂施工情形):

$$\left.\begin{aligned} a_{11}\Delta T_1 + a_{12}\Delta T_2 + a_{13}\Delta T_3 + \cdots + a_{1n}\Delta T_n &= -\Delta M_1 \\ a_{22}\Delta T_2 + a_{23}\Delta T_3 + \cdots + a_{2n}\Delta T_n &= -\Delta M_2 \\ &\cdots \\ a_{nn}\Delta T_n &= -\Delta M_n \end{aligned}\right\} \tag{4.2.18}$$

将以上公式写作矩阵的形式:

$$\boldsymbol{A} \cdot \Delta \boldsymbol{T} = -\Delta \boldsymbol{M} \tag{4.2.19}$$

则索力调整增量为:

$$\Delta \boldsymbol{T} = -\boldsymbol{A}^{-1} \cdot \Delta \boldsymbol{M} \tag{4.2.20}$$

调整后的索力为:

$$\boldsymbol{T} = \boldsymbol{T}' + \Delta \boldsymbol{T} \tag{4.2.21}$$

控制截面的位置,对于密索体系的斜拉桥宜选在拉索锚固截面,对于稀索体系的斜拉桥则宜选在两锚固点间的跨中。

将新求得的初始索力 T,重新代回第②步继续计算,直到所有控制截面的恒载弯矩全部落入可行域内为止。

需要指出的是,对于拉索一次张拉的情形,合龙段的内力与初始索力大小无关,若合龙段的内力过大,就必须在合龙后对部分拉索做二次张拉。

图 4.2.43 为岳阳洞庭湖大桥布置预应力后,主梁恒载弯矩可行域以及调索后的恒载弯矩图,从图中可见,恒载弯矩全部进入了可行域内。

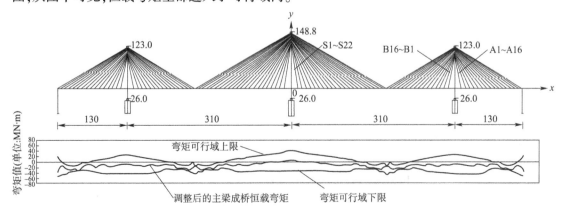

图 4.2.43 主梁恒载弯矩可行域及调索后的恒载弯矩图(尺寸单位:m)

(四)悬臂施工时合理施工状态的确定

斜拉桥采用悬臂法施工时,随着梁体的伸长,拉索的数量逐渐增加,后期梁体悬挂和拉索张拉必然对前期各拉索的索力、梁体高程和应力产生影响。因而在确定了合理成桥状态的索力 T 及成桥状态梁体高程之后,必须以此为目标确定相应的施工阶段各索的初张力 T_p 和梁段初始安装高程。

1. 拉索初张力 T_p 的计算

对于一次张拉的情形,索力的相互影响可用下式表示:
第 1 对索力　　　　$T_1 = b_{11} \cdot T_{1p} + b_{12} \cdot T_{2p} + \cdots b_{1n} \cdot T_{np} + T_{1Q}$
第 2 对索力　　　　$T_2 = b_{22} \cdot T_{2p} + \cdots + b_{2n} \cdot T_{np} + T_{2Q}$
…
第 n 对索力　　　　$T_n = b_{nn} \cdot T_{np} + T_{nQ}$
即:
$$T = B \cdot T_p + T_Q \tag{4.2.22}$$

索力初张力为:
$$T_p = B^{-1} \cdot (T - T_Q) \tag{4.2.23}$$

式中:　　　T——拉索的最终索力;
　　　　　　T_p——施工阶段拉索的初张力;
　　　　　　T_Q——体系转换、二期恒载、徐变等引起的索力变化量;
$b_{ij}(i,j=1,2,\cdots n)$——j 号索的单位张拉索力引起第 i 号索的索力变化量,计算中不仅应考虑新增梁段的影响,还需考虑各种施工设备等临时荷载的影响。

拉索的索力发生变化后,等效弹性模量也发生了变化,在施工模拟计算中,这一因素必须加以考虑。

2. 施工中各梁段高程的确定

梁体各控制点高程在施工过程中的变化情况可用下式表示:
第 1 号梁段高程:
$$H_1 = H_{10} + \delta_{11} + \delta_{12} + \cdots + \delta_{1n} + \delta_{1Q}$$
第 2 号梁段高程:
$$H_2 = H_{20} + \delta_{22} + \cdots + \delta_{2n} + \delta_{2Q}$$
…
第 n 号梁段高程
$$H_n = H_{n0} + \delta_{nn} + \delta_{nQ}$$
即:
$$H = H_0 + \delta + \delta_Q \tag{4.2.24}$$

施工中梁体的初始高程为:
$$H_0 = H - \delta - \delta_Q \tag{4.2.25}$$

式中:　　　H——成桥后主梁各控制点的设计高程;
　　　　　　H_0——施工中主梁各控制点的安装初始高程;
　　　　　　δ_Q——体系转换、二期恒载、收缩、徐变等引起的高程变化量;

$\delta_{ij}(i,j=1,2,\cdots,n)$——$j$ 段梁安装或浇筑、预应力筋张拉及拉索张拉后引起 i 点高程的变化值,当 $i=j$ 时,尚需考虑安装过程中挂篮变形的影响。

在确定了各索的初张力和梁体各控制点的初始高程之后,须作施工模拟计算,以确保施工过程中梁和塔的应力不超限,并确认成桥后恒载弯矩在可行域内。

(五)斜拉桥的活载内力计算

斜拉桥的活载内力常用内力影响线来求解最不利组合活载所产生的最大内力。在求解最大内力时,应对属于同一截面的弯矩、轴力和剪力三条影响线中的任一条施加最不利活载,其余的两条则施加相应的活载。下面叙述斜拉桥影响线的绘制。

1. 直接加载法求杆件内力影响线

求算影响线坐标值的方法很多,最简单的方法就是在主梁上逐点施加单位力而获得影响线。设有一单位力,自左至右沿桥面移动,可将各次分别施加在各节点的单位力与整体结构刚度矩阵 K 和位移列阵 σ 组成位移方程组。解此方程组,即得结构各节点的位移。将此位移代入相应杆件的单元刚度矩阵,解之得杆件内力和支点反力的二维数组。该数组的每一行代表着每加一次单位力所得的有关数据,则数组的每一列,就是相应位移或所求内力的影响线坐标值。

2. 用强迫位移法求斜拉桥杆件内力影响线

从原理上来说,用强迫位移法求斜拉桥某个截面内力影响线时,只需在这个截面所求内力方向上施加单位变位。如求 N 时在 x 方向施加单位变位,求 Q 时在 y 方向施加单位变位,求 M 则施加一单位角变位。斜拉桥杆件由此变位产生的弹性变位曲线,就是所求内力影响线。

按照强迫位移法作影响线:在直接刚度法中只需将某根单元固定,然后作所求力素 S_i,方向上相应的单位位移,产生节点力 $\bar{S}_{ij}^e$,再放松节点,即将 $-\bar{S}_{ij}^e$ 作为荷载作用于结构,建立平衡方程式,以此确定的位移未知量 u_k、v_k 及 θ_k,即为荷载 P_{xk}、P_{yk} 及 M_k 作用于荷重弦的点 K 时对力素 S_i 的影响量,用公式表示如下:

$$S_i = u_k P_{xk} + v_k P_{yk} + \theta_k M_k \quad (4.2.26)$$

或者用矩阵表示:

$$S_i = -[P_{xk}\ P_{yk}\ M_k]\begin{Bmatrix} u_k \\ v_k \\ \theta_k \end{Bmatrix} \quad (4.2.27)$$

上式力与位移方向一致,所以取负号。

当确定杆件轴力 N_{ij} 影响线时,只需令 $\bar{u}_{ij}^e = 1$,而其余位移分量等于零,代入式(4.2.26)或式(4.2.27)得到:

$$\begin{Bmatrix} \overline{X}_i \\ \overline{Y}_i \\ \overline{M}_i \\ \overline{X}_j \\ \overline{Y}_j \\ \overline{M}_j \end{Bmatrix} = \overline{K}_{ij}^e \begin{Bmatrix} 1 \\ 0 \\ 0 \\ 0 \\ 0 \\ 0 \end{Bmatrix}$$

将节点力以结构坐标系表示,并乘以负号作为节点荷载:

$$F_{ij}^e = -T^{-1} \cdot \bar{S}_{ij}^e \tag{4.2.28}$$

以此代入平衡方程式,所得变形即影响量。

(六)温度和徐变次内力计算

1. 温度次内力计算

斜拉桥是高次超静定结构,必须计算温度引起的次内力,温度效应可归结为以下两种情况:①年温差:此时主梁及索塔的整体温度变化量均匀且相等,而拉索的温变幅度更大,这是因为拉索尺寸小且钢材导热性能较混凝土大的缘故。计算以合龙温度为起点,考虑年最高气温和最低气温两种不利情况的影响。②日照温差:在日照作用下,斜拉桥主梁的上、下缘,索塔的左、右侧及拉索的温度变化量均是不同的。一般情况下,索塔左右侧的日照温差均取 ±5℃,其间温度梯度按线性分布。拉索与主梁、索塔间的温差取 ±10 ~ ±15℃。温度效应次内力的计算方法可参考相关内容。

2. 徐变次内力计算

徐变是混凝土应力不变的情况下,其应变随时间而增长的现象。弹性变形 ε_e 与徐变变形 ε_c 的总和 ε 为:

$$\varepsilon = \varepsilon_e + \varepsilon_c = [1 + \varphi(t,\tau)]\varepsilon_e \tag{4.2.29}$$

其中,$\varphi(t,\tau) = \dfrac{\varepsilon_c}{\varepsilon_e}$ 为是加载龄期 τ、观察时刻 t 的混凝土徐变系数。

徐变大小与混凝土的加载龄期、材料组成、结构所处周围环境、持荷时间等因素有关。超静定结构在长期荷载作用下,因混凝土徐变产生的变形受到约束而引起次内力,造成结构内力重分布。在混凝土斜拉桥的梁、塔、索三个构件中,梁和塔会发生徐变,而拉索一般为钢构件,没有徐变问题。徐变的影响将造成主梁缩短和下挠,塔柱缩短和偏移,并造成拉索的倾角和内力发生变化。

斜拉桥的塔柱和主梁一般是分次浇筑或拼装成形的,各段混凝土的持荷时间不同,徐变计算时应考虑这一因素。

(七)非线性问题的计算

斜拉桥属于柔性结构,在荷载作用下变形较显著,用建立在小位移基础之上的经典线性理论计算时,会带来一定的误差。几何非线性理论是将平衡建立在结构变形后的位置上,因而更能反映结构的真实受力状态。一般梁桥结构受力后的变形很小,用线性理论分析误差极小,但用线性理论计算斜拉桥这种相对柔性的结构,所带来的误差常常不可忽略。

几何非线性理论有大位移小应变的有限位移理论和大位移大应变的有限应变理论两种,在非偶然荷载作用下,桥梁工程中的几何非线性问题一般都是有限位移问题。

建立以杆系结构有限元有限位移理论为基础的大跨径桥梁结构几何非线性分析总体方程时,应考虑三方面因素的几何非线性效应:

(1)单元初始内力对单元刚度矩阵的影响,包括单元轴力对弯曲刚度的影响以及弯矩对轴向刚度的影响,通过引入单元初应力刚度矩阵的方法来考虑。

斜拉桥的主梁与索塔一般都是以受压为主的构件。前者以承受斜拉索的水平分力为主，后者以承受斜拉索的垂直分力为主。在考虑非线性影响后，主梁的挠度和索塔的位移将使弯矩有增大趋势。从图 4.2.44 的简单图式可以理解，直杆 AB 中的 m 点产生挠曲位移 δ 后，在轴力 P 和弯矩 M 的作用下，m 点的弯矩变为 $M + \delta P$。对通常跨径的斜拉桥来说，非线性影响并不太大，一般只有百分之几的增幅，可以不予考虑。但是对于跨径较大或刚度较小的斜拉桥来说，就有必要考虑其影响了。

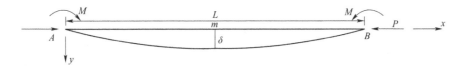

图 4.2.44　轴向受力杆件图式

（2）大位移对结构平衡方程的影响。对于这个问题，有 Total Langrange 列式法和 Update Lagrange 列式法等各种不同的处理方法。前者将参考坐标选在未变形的结构上，通过引入大位移刚度矩阵来考虑大位移问题；后者将参考坐标选在变形后的位置上，让节点坐标跟结构一起变化，从而使平衡方程直接建立在变形后的位置上。

（3）拉索垂度的影响。斜拉索刚度中计入垂度的影响，按前述方法引入 Ernst 公式，通过等效模量法来考虑垂度效应。

有限元方法都是首先作单元分析，建立单元刚度方程和单元刚度矩阵，然后根据平衡、物理和协调三个条件，将单元刚度矩阵汇总为总体刚度矩阵，并引入边界条件，可以得到描述柔性结构受力变形特征的总体刚度方程：

$$(\boldsymbol{K}_\mathrm{T} + \boldsymbol{K}_\mathrm{G} + \boldsymbol{K}_\mathrm{L})\boldsymbol{\delta} = \boldsymbol{P} \tag{4.2.30}$$

式中：$\boldsymbol{K}_\mathrm{T}$——结构弹性刚度矩阵；
$\boldsymbol{K}_\mathrm{G}$——结构初应力刚度矩阵；
$\boldsymbol{K}_\mathrm{L}$——结构大位移矩阵（对于 Update Lagrange 列式法，省略此项）；
$\boldsymbol{\delta}$——结构位移列阵；
$\boldsymbol{P}$——结构荷载列阵。

从式（4.2.30）中可以看出，这是一个非线性方程组，结构的总体刚度矩阵 $\boldsymbol{K}$ 由三个分矩阵组成，其中 $\boldsymbol{K}_\mathrm{G}$ 和 $\boldsymbol{K}_\mathrm{L}$ 与待求的结构位移和内力有关，因此需采用迭代的方法进行求解。对于非线性问题，常用的求解方法是 Newton-Raphson 法，其迭代公式为：

$$\boldsymbol{K}(\boldsymbol{\delta}_n)\Delta\boldsymbol{\delta}_{n+1} = \Delta\boldsymbol{P} \tag{4.2.31}$$

$$\boldsymbol{\delta}_{n+1} = \boldsymbol{\delta}_n + \Delta\boldsymbol{\delta}_{n+1} \tag{4.2.32}$$

式中：$\Delta\boldsymbol{P}_n$——第 n 级迭代的增量荷载列阵，由于 δ 发生了变化，结构总体刚度矩阵 $\boldsymbol{K}$ 一般要在每次迭代后根据计算结果重新形成，以跟踪结构的平衡位置和实际的受力状态，故此计算过程一般由计算机完成。

各刚度矩阵的具体内容和非线性方程组的具体迭代算法可参考其他书籍。

（八）斜拉桥的空间分析

大跨径斜拉桥一般设计为斜拉索面，而且斜拉索在主梁上的锚固点一般也不会通过主梁的扭转形心，当考虑斜拉桥同时受到多个方向的荷载时，只采用平面分析显然是不够的，还需要对斜拉桥进行空间结构分析。使用有限元法对斜拉桥进行空间分析时，需要对结构进行空间静力离散。主梁通常被简化为"鱼刺梁"模型,斜拉索被简化为空间杆单元,桥塔通常被简化为空间梁单元。每根斜拉索采用一个杆单元模拟,主梁和桥塔采用梁单元,在斜拉索和主梁之间使用主从节点。

(九) 塔、梁、索截面计算

1. 塔的截面计算

塔柱一般为偏心受压杆件,塔柱的纵向控制截面一般在塔底,图4.2.45为塔柱纵向弯矩和轴力包络图。塔柱的横向一般应按框架计算,通常在转向点处都必须验算。在塔柱横向计算时还应同时计算横梁,横梁一般为预应力构件,应验算横梁中点及横梁与塔柱交接截面。

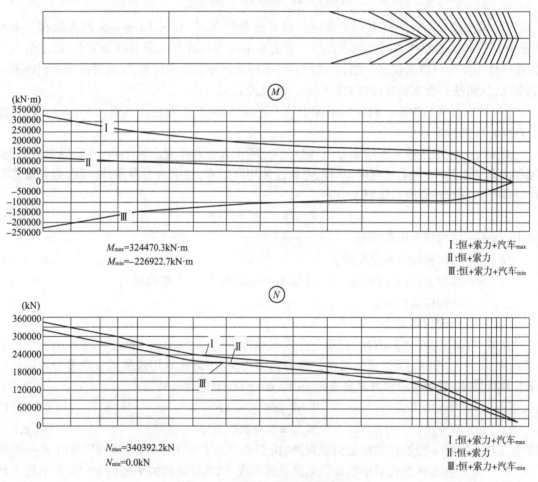

图4.2.45 塔柱纵向弯矩和轴力包络图

2. 主梁截面计算

主梁除跨中局部区段外,大部分为偏心受压构件。恒载作用下的主梁弯矩很小,而活载作用下,主梁在塔根处产生较大的负弯矩,而跨中产生较大的正弯矩,图4.2.46表示了主梁弯矩和轴力包络图。主梁从跨中向塔根斜拉索水平分力产生的轴向力逐渐加大,形成"免费"的预应力,所以主梁一般靠近塔根区段不需要配置预应力筋,而只在跨中局部区段配置预应力筋。

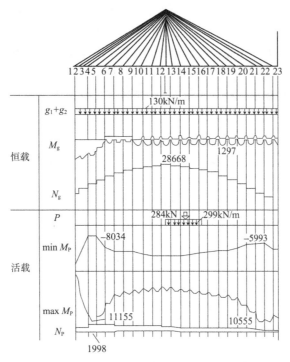

图 4.2.46 斜拉桥主梁恒载内力和活载内力包络图

3. 斜拉索计算

斜拉索为受拉构件,一般用高强钢材制成。由于主梁的刚度较小,斜拉索在活载作用下应力变化幅度较大,这就使疲劳问题成为斜拉索截面计算中的控制因素。目前钢索的疲劳破坏机理研究还很不完善,影响钢索疲劳强度的因素主要有平均应力值、应力变化幅度、应力变化的频率等。斜拉索的疲劳计算,应符合《公路钢结构桥梁设计规范》(JTG D64—2015)的规定。其中部分斜拉桥,试验应力上限应为预应力筋公称抗拉强度f_{ptk}的65%,斜拉索的疲劳应力幅应控制 80MPa。

二、稳定性分析

斜拉桥的主梁及塔柱都是偏心受压构件,必须考虑成桥及施工阶段的稳定性。

当主梁梁高较低时,斜拉桥可能在桥梁面内失稳。如图 4.2.47 所示,当塔柱刚度较大时,失稳形态为主梁的屈曲;当塔柱刚度较小时,失稳形态为主梁与塔柱共同屈曲。

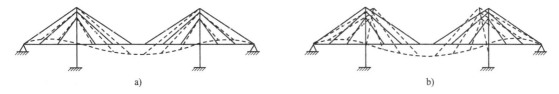

图 4.2.47 斜拉桥立面内失稳形态

当考虑横向力作用时,如风力、汽车偏载时,斜拉桥可能出现面外失稳,表现为塔柱的侧倾及主梁的侧移。

斜拉桥的稳定分析可以进行近似的手算分析,但是现代大跨径斜拉桥稳定分析必须借助于计算机。稳定分析分为弹性稳定分析和弹塑性稳定分析。弹性稳定分析认为材料在达到临界力时仍然处于弹性阶段。而弹塑性稳定分析认为材料在达到屈服极限时退出工作,产生内力重分配,结构在新的内力平衡基础上继续受荷,直至所有构件均达到屈服而使结构丧失承载能力,因此,弹塑性稳定分析被称为极限承载能力分析。弹性稳定分析相对较简单,但有时不能反映实际情况,弹塑性稳定分析计算复杂,目前尚有关键技术问题有待研究。

三、动力分析

斜拉桥的动力分析包括斜拉桥的风振和地震作用的分析,本教材只对风振问题加以分析。

风以一定的速度在桥梁两边绕流而过,形成对桥梁的动压力。沿桥梁表面的动压力分布与桥梁形状及流态有关,动压力分布不匀就形成压力差,其合力就是风对桥梁的作用力。风力对桥梁结构可以形成三种基本振动:竖向弯曲振动、侧向弯曲振动、扭转振动。在实际结构物上可能有几种振动的组合影响,如竖向与扭转振动的耦合,甚至竖向、侧向和扭转振动的耦合。

一般在分析时都将风的作用分为静力作用(又称为常定风力)和动力作用(又称为非常定风力)两种情况来考虑。风的静力作用是指结构受到等速风流和不随时间变化的风向作用,这种情况在实际中是不存在的。自然风的紊流(风速和风向的变化)、绕过物体时产生的涡流等则属于风的动力作用。下面分别对两种作用的影响进行介绍。

(一)静力作用

风的静力作用是假定风流是稳定的均匀流,由于斜拉桥跨径与梁高之比很大,因此近似地假定风的流态沿桥长不变,于是将三维问题简化为二维问题来处理,而在风的作用力中只考虑三个分量,被称为风的三分力。

设有桥梁横截面如图 4.2.48 所示,当风力与桥梁水平线成 α 角的攻角作用时,为方便起见,其作用力的分量可转移到水平线与垂直线上来研究。此时风力被分解为三个分量,即顺风向的阻力或称拉力 F,垂直于桥梁水平面的升力 T,升力对桥梁重心产生的升力矩 M。这三项因素的计算式可表达为:

$$\left. \begin{array}{l} F = \dfrac{1}{2}\rho v^2 C_F A \\ T = \dfrac{1}{2}\rho v^2 C_T A \\ M = \dfrac{1}{2}\rho v^2 C_M AB \end{array} \right\} \quad (4.2.33)$$

式中: ρ——空气密度;

   v——风速;

   A——桥梁单位长度的迎风面投影面积;

   B——桥面宽度;

C_F、C_T、C_M——拉力、升力和升力矩的无量纲系数,它们是攻角 α 的函数,桥梁横截面流线型越好,系数值越小。

分力中升力 T 的危害最大,因为它不仅可将梁向上吸,而且还会产生一个升力矩,当风力增大时,F、T、M 都会增大;当 F 增大时,会发生侧倾失稳;当 C_M 为相当大的负值时,会发生静力的扭转发散失稳。

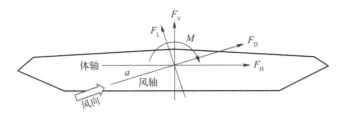

图 4.2.48 风的三分力

C_F、C_T、C_M 系数一般可根据以往类似截面的数据选用,然后用风洞试验修正。

(二)动力作用

空气气流实质上是非常稳定的,其速度和方向随时间而变化。即使是常定风力,通过振动的桥梁其流态也会是非常定的。我们研究的风振问题,就是斜拉桥在非常定的空气动力作用下的振动问题。从振动类型来看,可分为涡流激振和自激振动两类。

1. 涡流激振——共振

当稳定的层流吹向障碍物时,风力将分流绕过其断面而形成交替周期性的涡流脱落,它又被称为卡尔曼涡流街(图4.2.49)。涡流脱落将产生周期性的空气作用力,由这种上下交替的作用力所产生的涡流频率与风速成正比,当风速达到某一程度时,即涡流频率和桥梁的固有频率(弯曲频率 f_B 或扭转频率 f_T)一致时,将发生共振,称为涡流激振。对涡流激振量化计算还没有完善的理论计算方法,主要通过风洞试验选择挠动最小的截面形式,从而减小它的影响。共振是一种强迫振动,仅发生在很窄的风速范围内,高于或低于临界风速时,振动均将急剧减弱。

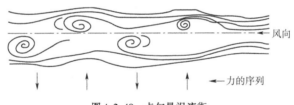

图 4.2.49 卡尔曼涡流街

同样,在紊流风(阵风)作用下也有类似的激振现象。由于阵风是断续的,故形成的振动称为抖动。此外,在斜拉桥的加劲桁架中由于其构件组成较复杂,虽然它接触的不是紊流,但在桁架内部造成紊流,同样产生紊流中所见的反应,这也属于抖振。

由于发生涡振和抖振的风速有一定范围,其振幅也是有一定范围的,故也可称它们为有限振动。

2. 自激振动

自激振动有两种,一是驰振,二是颤振,以后者为主。

驰振是升力的 G_T-α 曲线为负斜率时引起的,它一般形成桥梁的纯弯自激振动。空气力如同负阻尼力一样向桥梁输入能量,当此能量在风速超过临界值时,空气能量超过阻尼的消耗,形成发散性振动,这主要发生在斜拉索和非流线型截面的主梁上。

颤振主要发生在比较扁平但还不够扁平的主梁截面上。这种梁的升力曲线虽然具有正斜率,但升力矩曲线可以是负斜率的,于是产生扭转性的颤振。即使升力矩曲线的斜率也是正的,仍会发生耦合形式的弯扭颤振。在弯扭变形中,主梁从空气中吸取能量,并在超过一定的临界风速时形成发散性的自激振动,超过越多,发散越快,并出现不稳定的现象,因此被称为空气动力不稳定问题。

当风速超过上述任何一种自激振动的临界风速时,振幅就会无限地扩大而导致桥梁破坏。因此,设计者必须尽可能提高桥梁本身的临界风速。为此,首先要选择很好的流线型截面,使 $\eta \geq 0.5$,加大桥梁宽高比($B/h \geq 8$);其次,最好使扭转与竖向挠曲频率之比 $\varepsilon = \dfrac{f_T}{f_B} \geq 1.5$。当然,桥梁的质量越大,则情况越好。

3. 斜拉索的雨振

近期在日本名港西大桥的观测中,首次发现被称为"雨振"的斜拉索风振,这是一种下雨时才能见到的风振现象,如图 4.2.50 所示。下雨时,当风的作用方向与斜拉索的下坡一致时,在斜拉索的表面就会形成上下两条流水通道。雨振即为由于这些流水通道的形成,使斜拉索的截面变为对空气动力不稳定时所发生的振动。在以后的几座斜拉桥上陆续证实发生有这种振动,其最大振幅达到 0.6m 之多。雨振有以下一些鲜明的特征:

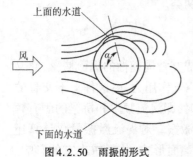

图 4.2.50 雨振的形式

(1)它是在风速为 6~18m/s 的范围内所发生的一种有限振动。

(2)发生的斜拉索振动频率处于 3Hz 以下的范围内。

(3)易受紊流影响,紊流强度达 15% 时有可能不发生雨振。

(4)结构阻尼增加后振幅即减少,如附加有对数衰减率为 $\delta = 0.2 \sim 0.3$ 的结构阻尼后即可止振。

第四节 斜拉桥实例

一、武汉沌口长江大桥

(一)概况

武汉沌口长江大桥是武汉市四环过江通道,项目起于汉洪高速公路止于青菱湖,其中跨江主桥长为 1510m,其跨径组成均为 100m + 275m + 760m + 275m + 100m,于 2017 年建成通车(图 4.2.51)。

(二)设计标准

(1)公路等级:双向八车道高速公路。
(2)设计速度:100km/h。
(3)桥梁结构设计基准期:100 年。
(4)设计安全等级:Ⅰ级。

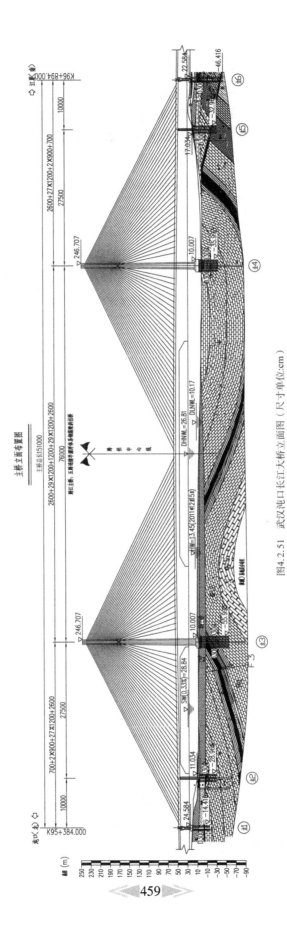

图4.2.51 武汉沌口长江大桥立面图（尺寸单位：cm）

(5)车辆荷载等级:公路-Ⅰ级。
(6)标准横断面:路基标准宽度:41.0m,桥梁标准宽度40.5m。
(7)最大纵坡:1.45%;桥面横坡:双向2.5%。
(8)耐久性设计环境类别:Ⅱ类,环境作用等级Ⅰ-C(桥墩及上构)与Ⅰ-B(承台及桩基)。
(9)抗震设防标准:根据武汉地震工程研究院完成的《武汉市沌口长江公路大桥工程场地地震安全性评价报告》,不同超越概率的基岩水平加速度峰值,见表4.2.7。

工程场地地基基岩水平向峰值加速度 表4.2.7

超越概率	50年63%	50年10%	100年63%	100年10%	100年4%	100年3%
PGA	18.2	53.3	24.2	69.7	104.2	128.1

根据土层地震反应分析结果,确定的场地地表设计地震动参数见表4.2.8。

工程场地地表设计地震动参数 表4.2.8

超越概率	$A_{max}(g)$	β_{max}	α_{max}	$T_1(s)$	$T_g(s)$	γ
50年10%	80.3	2.5	0.201	0.10	0.40	0.90
100年10%	103.4	2.5	0.258	0.10	0.40	0.90
100年4%	143.7	2.5	0.359	0.10	0.45	0.90
100年3%	167.7	2.5	0.419	0.10	0.45	0.90

注:$A_{max}(g)$-设计峰值加速度;β_{max}-反应谱放大系数最大值;α_{max}-地震响应系数最大值;T_1-结构基频对应的周期;$T_g(s)$-设计反应谱特征周期;γ-反应谱下降段的衰减指数。对应于E1设防标准的超越概率为100年10%;对应于E2设防标准的超越概率为100年4%。

(10)依据抗风专题中桥址区域的风参数研究成果,抗风设计标准见表4.2.9。

沌口长江公路大桥抗风设计标准 表4.2.9

阶段	重现期(年)	基本风速(m/s)
运营阶段	100	25.6
施工阶段	20	22.5

(11)设计洪水频率:300年一遇。

(三)设计要点

1. 索塔

索塔采用钻石形,包括上塔柱(含塔冠)、中塔柱(包含上、中塔柱连接段及中、下塔柱连接段)、下塔柱和下横梁,均采用C50混凝土。沌口大桥南、北索塔相对于主跨中心线完全对称,因此其塔柱结构是一致的。其中上塔柱高73.3m,中塔柱高129.3m,下塔柱高31.1m;中塔柱横桥向的斜率为1/5.452,下塔柱横桥向的斜率为1/3.475。索塔横桥向最宽处(下横梁位置),宽58.4m。索塔在桥面以上高度为192.7m,高跨比为0.253。

塔柱采用空心薄壁箱形断面,上塔柱截面为长方形进行2.4m×2.4m的切角后形成的八边形断面,外轮廓尺寸为 9.2m×12.8m,塔壁厚度在斜拉索前侧为 1.30m,侧面为 1.0m;上塔柱锚固区设有钢锚梁用于锚固斜拉索;中、下塔柱均为由长方形一侧进行 2.4m×2.4m 的切角、另一侧进行 1.0m×1.0m 的切角后形成的八边形断面;中塔柱外轮廓尺寸由 9.412m×7.0m 变化到 12.38m×7.0m,斜拉索前侧塔壁厚 1.20m,侧面为 1.0m;下塔柱外轮廓尺寸由 12.805m×9.189m 变化到 13.5m×15.0m,靠近桥梁中心线侧面塔壁厚 1.60m,其余塔壁厚为 1.8m;为保证下塔柱能够抵抗船舶撞击力,下塔柱底部至高程 31.807m 的范围横桥向增设 0.8m 厚隔板对塔柱予以加强。

2. 桥墩及基础

主塔基础采用整体式承台配大直径群桩基础,结合初步设计研究成果及前期评审会议专家意见,承台顶高程确定为 10.007m。承台高 6m,其上设 3m 高塔座。承台采用 C35 混凝土,平面为八边形,长 52.2m、宽 26m;塔座采用 C40 混凝土,为八边形棱台体,底平面长 47.5m、宽 20.5m,顶平面长 43.5m、宽 16.5m。主塔墩桩基采用 32 根直径 3.0m 钻孔灌注桩,按端承桩设计。桩基采用 C30 水下混凝土,平面按梅花状布置,横桥向间距 7.7m,纵桥向间距 5.0m。主 3 号桥塔桩基长 60m,主 4 号桥塔桩基长 40m。

辅助墩采用整体式承台配大直径群桩基础以抵抗船舶撞击力;过渡墩撞击力相对较小,采用分离式基础加系梁形式。主 2 号辅助墩采用矩形承台,承台长 35m、宽 17m、厚 5m,配 18 根直径 3.0m 钻孔灌注桩;主 5 号辅助墩采用哑铃形承台,承台圆端半径 17m、圆心距 19.85m、系梁宽 8m、厚 5.0m,配 14 根直径 3.0m 钻孔灌注桩。过渡墩采用正方形承台,边长 11.5m、高 4m,系梁宽 4m、长 9m,每个承台下配 4 根直径 3.0m 钻孔灌注桩。

武汉沌口长江大桥桥塔示意图如图 4.2.52 所示。

3. 梁

主梁全长采用 PK 断面钢箱梁,箱梁总宽 46m(含风嘴),中心线处梁高 4.0m,顶面设 2.5%的人字形横坡。PK 断面钢箱梁由两个流线型扁平边箱、箱间顶板及横隔板组成。扁平边箱宽 13.49m,净间距 14.75m。武汉沌口长江大桥主梁尺寸示意图如图 4.2.53 所示。

考虑构造及施工架设等因素,主梁划分为 A1、A2、A3、B、C1、C2、D、E、F1、F2、G、H、J1、J2 共 14 种类型、127 个节段。其中,A1、A2、A3 为零号段节段,G、F2、C2、J1、J2 为边跨支架施工节段;B、C1、D、E 悬臂拼装节段;F1 为边跨合龙段;H 为跨中合龙段。主梁节段标准长度 12m、边跨尾索区节段标准长度为 9m。悬臂拼装梁段采用桥面起重机施工,最大起吊质量约 331t;零号块梁段采用浮式起重机吊装,最大起吊质量约 389t;边跨支架梁段在高水位期间利用浮式起重机吊装至辅助墩顶,然后利用支架顶部的滑轨依次向边墩方向滑移就位,该区域梁段最大起吊质量约 431t。此外,临时墩顶梁段(一个 C1 梁段)可根据施工工期安排选择桥式起重机吊装或浮式起重机吊装施工。

4. 斜拉索

采用 1860MPa 平行钢丝斜拉索,全桥共 4×30×2=240 根斜拉索,最长 415.2m,最大规格为 PES7-223,单根最大质量为 29.8t。根据索力的不同,共设置 PES7-109、PES7-121、PES7-139、PES7-151、PES7-163、PES7-187、PES7-199、PES7-211、PES7-223 九种规格。

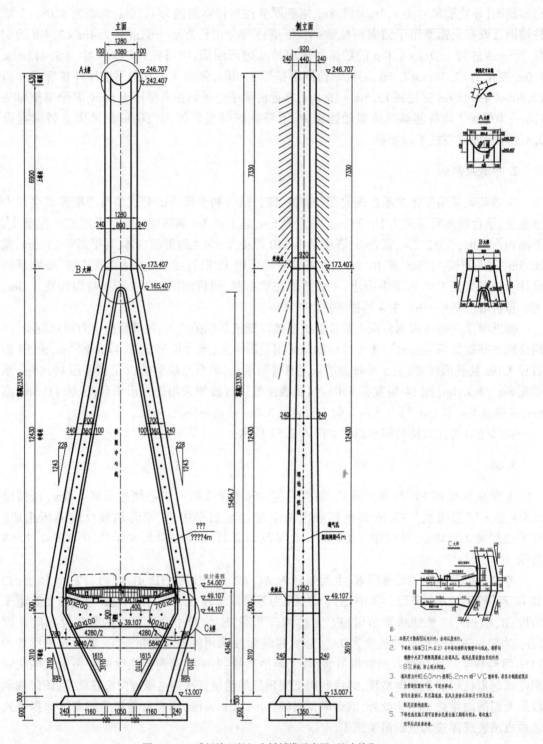

图4.2.52　武汉沌口长江大桥桥塔示意图(尺寸单位:cm)

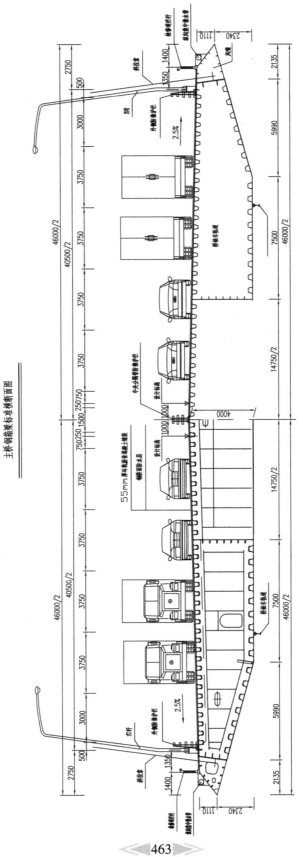

图4.2.53 武汉沌口长江大桥主梁尺寸示意图（尺寸单位:mm）

二、济微高速公路白马河特大桥

(一)概况

济微高速公路白马河特大桥位于济宁市境内,沿线水系属黄河、淮河流域运河水系,全长 530m,主桥主跨采用双塔钢箱梁斜拉桥。主桥采用跨径布置为 145m + 240m + 145m = 530m 的双塔双中央索面矮塔斜拉桥,主梁全宽 28.5m,本桥结构体系采用连续梁体系斜拉索索面按扇形布置,每一扇面由 9 对斜拉索组成,索塔采用矩形钢索塔。

(二)设计标准

(1)设计基准期:100 年。
(2)设计安全等级:一级。
(3)设计行车速度:120km/h。
(4)设计荷载:公路-Ⅰ级。
(5)桥面宽度:主桥:采用整体式断面,桥梁全宽 30m。
(6)引桥:左线:0.5m(护栏) + 11.75m ~ 14.25m(行车道) + 0.5m(护栏)m;右线:0.5m(护栏) + 11.75 ~ 12.3m(行车道) + 0.5m(护栏)。
(7)斜交角度:90°。
(8)计洪水频率:特大桥 1/300,设计水位 40.34m。
(9)河流通航等级:白马河为规划二级航道,航道宽度 70m,设计最高通航水位 37.935m,设计最低通航水位 32.8m,通航净空 7m。

(三)设计要点

1. 墩基础

主墩采用矩形框架墩结构,墩身宽度 14.0m,单个板式墩顺桥向厚 3.0m;板式墩在墩顶采用三道 2.0m × 3.0m 系梁连接。基础采用承台接群桩,承台厚 5.0m,承台下设置 14 根 2.5m 直径桩基。桩基采用钻孔灌注桩。为保护主墩墩身,主墩承台上沿墩身四周设置厚 0.5m、高 5.5m 的导流墩。

过渡墩采用板式墩,墩身宽 17.4m,墩身顺桥向宽 3.0m。基础采用承台接群桩,承台厚 3m,承台下设置 8 根直径 1.8m 桩基。桩基采用钻孔灌注桩。

2. 索塔

索塔采用钢索塔,桥面以上塔高 57m,横桥向索塔等宽 3.0m,顺桥向塔顶宽 5m,塔底宽 7m。索塔采用矩形截面,并在索塔四角各设 50cm 倒角,如图 4.2.54 所示。索塔沿塔高方向分为 10 个节段,最大节段长度 6.6m,单个节段最大质量 60.3t。

济微高速公路白马河特大桥索塔示意图如图 4.2.55 所示。

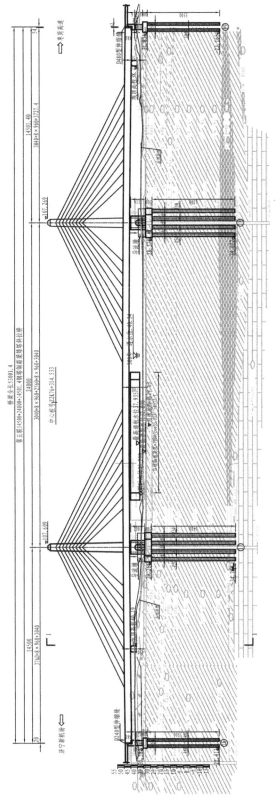

图4.2.54 济徽高速公路白马河特大桥示意图（尺寸单位：cm）

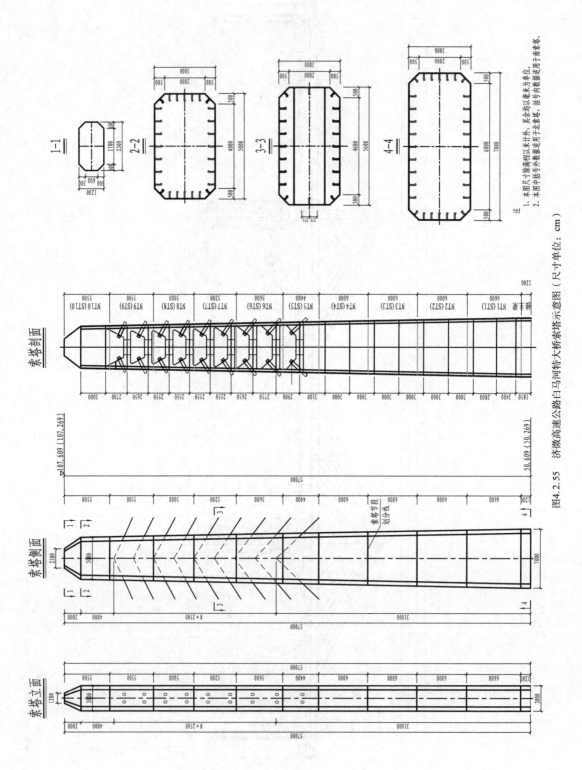

图4.2.55 济徽高速公路白马河特大桥索塔示意图（尺寸单位：cm）

3. 主梁

主梁梁高 4.8m,主梁沿纵向共划分为 56 个梁段,最大梁段长度为 13.0m,采用斜腹板单箱三室断面,桥面板采用正交异性钢桥面板。主梁底板横向宽 17.0m,主梁标准横隔板间距 3.2m,在支座处横隔板适当加密。标准位置横隔板与顶底板垂直,在索塔前后壁板位置横隔板竖直,与索塔前后壁板对齐。

济微高速公路白马河特大桥主梁示意图如图 4.2.56 所示。

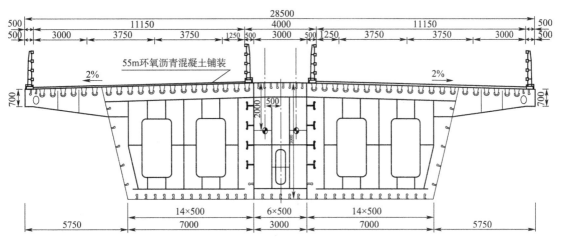

图 4.2.56 白马河特大桥主梁示意图(尺寸单位:mm)

4. 斜拉索

斜拉索采用 φ7mm 镀锌高强度、低松弛钢丝,索体内的各根钢丝不允许有任何形式的接头,抗拉强度为 1860MPa。平行钢丝拉索,技术指标应符合《大跨径斜拉桥平行钢丝斜拉索》(JT/T 775—2016)的要求。钢丝束外缠绕纤维增强聚酯带,然后外挤高密度聚乙烯护套。根据拉索索力不同,分别选用 LPES7-109、LPES7-139、LPES7-187 三种型号。斜拉索为中央双索面,双排布置在主梁的中央分隔带处。每个索塔设有 9 对 18 根斜拉索,全桥共 72 根斜拉索。斜拉索最长 119m。斜拉索在梁端锚固采用扁担梁形式,斜拉索在塔端锚固采用钢锚箱形式。

第三章 悬索桥

第一节 悬索桥结构体系

一、悬索桥结构体系特点

悬索桥的桥面通过长短不同的吊索悬吊在悬索(主缆、大缆)上,使桥面具有一定的平直度。与拱桥不同的是,作为承重结构的拱肋是刚性的,而作为承重结构的悬索则是柔性的。为了避免在车辆驶过时桥面随着悬索一起变形,悬索桥一般均设有刚性梁(又称加劲梁),以保证车辆走过时不致发生过大的局部挠度。悬索桥的主缆一般均支承在两个塔柱上,塔顶设有鞍形支座,主缆的端部通过锚碇固定在地基中。典型悬索桥的组成如图 4.3.1 所示。另外亦有将主缆固定在加劲梁的端部,称为自锚式悬索桥。近年来,主缆一部分锚固于锚碇,另一部分锚固于加劲梁之上,称为部分地锚式悬索桥。

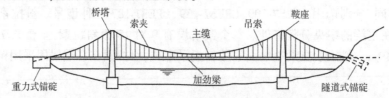

图 4.3.1 悬索桥的组成

悬索桥的加劲梁悬挂在主缆上且其本身的刚度不大,其能够提供活载刚度的原因是重力刚度。柔性主缆的几何形状是由其在外力作用之下的平衡条件决定的,外力包括恒载和活载。如果恒载相当大,则其由恒载所决定的几何形状就不会因相对较小的活载上桥而有多大改变。于是,对活载来讲,桥就有了刚度,这叫作重力刚度(巨大的恒载提供了重力)。桥梁结构刚度一般以活载作用下桥梁的挠度来衡量。对于弯曲刚度假定为零的悬索,重悬索中产生了自相平衡的初始拉力并决定了索的形状,在考虑几何非线性效应时,额外增加活载要与原先的恒载一起使悬索达到新的拉力及形状平衡状态,两个形状之间的差就是活变形量,悬索中初始拉力越大,活载拉力增量及变形量就越小,桥梁刚度就越大。相对于桥梁刚度主要由截面尺寸决定而言,悬索桥的刚度由初始悬索拉力及形状决定,因此称为重力刚度。跨径较小的悬索桥自重较小,重力刚度较小,活载对主缆变形的影响较大。大跨径悬索桥自重大,重力刚度很明显,因此,活载对主缆刚度的影响很小。

如上所述,悬索桥的主要承重构件是缆索系统、主塔和锚碇。随着跨径的加大,这三者的承载力都需要增加。而从技术上讲,加大主缆和塔的截面,加大锚碇尺寸,以提高其承载能力,并无多大困难,同时主缆是受拉构件,不存在失稳的问题。因此可以认为,尽管悬索桥的跨径突破2000m(土耳其恰纳卡莱1915大桥跨径为2023m),但其潜力并未用足,若需要,还可以让跨径再增大许多。当然超大跨径将使结构非线性、风效应等因素的影响更加明显,从而增加了其建造难度。

二、悬索桥的体系类型

1. 地锚式悬索桥与自锚式悬索桥

绝大部分悬索桥,特别是大跨径悬索桥,都是地锚式悬索桥。地锚式悬索桥主缆的拉力由桥梁端部的锚碇传递给地基,因此在锚碇处要求地基具有较大的承载力,最好是有良好的岩层作为地基持力层。

自锚式悬索桥主缆水平拉力直接传递给加劲梁,但水平分力则使加劲梁产生巨大的轴向压力。为了抵抗巨大的主缆水平分力,加劲梁的截面必须增大,因此,自锚式悬索桥的跨径不宜过大,在中小跨径下采用混凝土主梁时具有一定的竞争力。自锚式悬索桥一般必须先架设加劲梁,然后再架设主缆,这也限制其在特大跨径桥梁上的应用。

2. 双链式悬索桥

在小跨径悬索桥中可以采用双链式主缆来提高结构的刚度。加劲梁均匀悬吊在主缆上,如图4.3.2所示。双链可以减小主梁在非对称的半跨布置活载作用下的S形变形,因此提高了全桥的刚度,克服了重力刚度小的问题。但是,双链式悬索桥主缆及吊索的构造比较复杂。

图4.3.2 双链式悬索桥

3. 悬索桥的孔跨布置形式

图4.3.3所示为悬索桥的孔塔布置形式,其中三跨悬索桥是最常见的悬索桥布置形式,如图4.3.3b)所示,它的结构特性也比较合理,迄今为止大跨径悬索桥大部分采用这种形式。

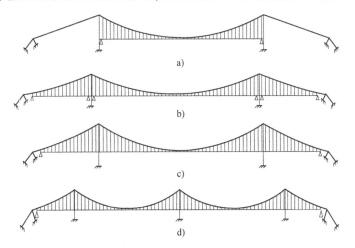

图4.3.3 悬索桥的孔跨布置形式

单跨悬索桥适合于边跨地面较高、采用桥墩来支承边跨的梁体结构是比较经济的情况,如图4.3.3a)所示。单跨悬索桥由于边跨主缆的垂度较小,因此活载刚度较大,但在架设时主塔顶部须设置较大的鞍座预偏量。我国江阴长江大桥主跨1385m,是当时世界上跨径最大的单跨悬索桥。

当只有一岸的边跨地面较高时,可以采用两跨悬索桥的形式。香港主跨1377m的青马大桥是当时两跨式悬索桥的典型代表,如图4.3.4所示。

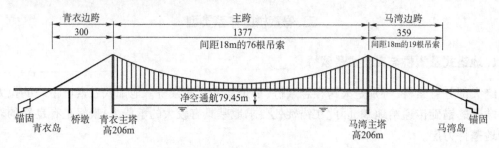

图4.3.4 香港青马大桥结构(尺寸单位:m)

超过三跨的悬索桥必须设置3个以上桥塔,由于相邻跨的主缆不锚固在锚碇中,当其中一跨作用荷载时塔柱将向受荷跨弯曲,使悬索桥的整体刚度减小,因此,大跨径多跨悬索桥比较少见。如果要采用该形式,中间桥塔必须加大其刚度,如采用在桥梁纵向呈A形的4柱立体桥塔。加大中间桥塔的刚度将大幅增加中间桥塔及其基础的造价,因此,需要建多跨悬索桥时可采用两座三跨悬索桥和一个共用的主缆锚碇来布置成一前一后相连的形式,如图4.3.5所示。

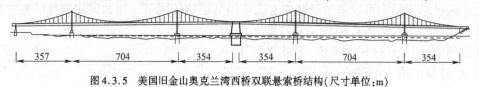

图4.3.5 美国旧金山奥克兰湾西桥双联悬索桥结构(尺寸单位:m)

4. 加劲梁的支承体系

一般三跨悬索桥中加劲梁在塔柱处是非连续的,而是主跨和边跨分别简支在塔柱横梁上,称为三跨双铰加劲梁。但是,目前也有相当多的大跨径悬索桥将全桥设计成连续加劲梁。单跨悬索桥一般均采用双铰式,悬臂式较少见,如图4.3.6所示。

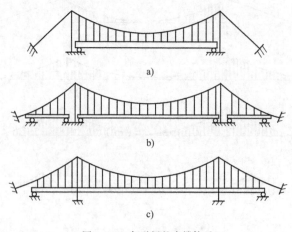

图4.3.6 加劲梁的支撑体系

三跨双铰式加劲梁的布置在受力上较合理,加劲梁的弯矩比较小,对桥塔基础不均匀沉降的适应性也比较好。但采用非连续的双铰加劲梁时,梁端的角变位和伸缩量以及跨中的最大挠度均较大。对于对变位要求较低的公路桥,采用三跨双铰加劲梁较合理,而对于有铁路通过的悬索桥,必须进行连续加劲梁和双铰加劲梁的比较。

第二节 悬索桥构造

一、主要承重构件

悬索桥的主缆系统是主要承重构件,它包含主缆、塔和锚碇。

(一)主缆

1. 主缆结构

早期悬索桥的主缆经历了钢(铁)链缆、钢丝绳缆、封闭钢铰缆等形式,现在大跨径悬索桥的主缆均由高强、冷拔、镀锌钢丝组成。用冷拔工艺制造钢丝,可以使其强度增加,镀锌可以防锈。钢丝直径大都在5mm左右,视缆力大小,每根主缆可以包含几千乃至几万根钢丝。钢丝平行布置,为便于施工安装和锚固,主缆被分成索股编制架设,并在两端锚碇处分散锚固,除锚固区外主缆的其余区段则挤紧成规则的圆形,然后缠以软质钢丝捆扎并进行外部涂装防腐。主缆通常采用空中编丝(AS)法和预制平行索股(PPWS)法成缆。主缆在全桥的布置一般是每桥2根,分别布置在加劲梁两侧吊点之上。另有少数大跨径桥梁也有每桥采用4根主缆的布置形式,即在大桥每侧并排布置2根主缆,共用同一吊点,如美国的维拉扎诺桥和乔治·华盛顿桥。

2. 主缆的截面

主缆的钢丝总数由设计的主缆力决定,但众多的钢丝先分成钢丝索股,然后再由若干根钢丝束股构成一根主缆,主缆的锚固按索股进行。每根钢丝索股含多少根钢丝,则根据主缆的编制方法确定。

采用AS法架设的索股较大,而每根主缆所含股数较少,一般为30~90束,每股所含丝数可以多达300~500根。因而其单股锚固吨位大,锚碇上锚固空间相对集中。

采用PPWS法架设的主缆,钢丝索股先编制成形状稳定的正六边形,其好处是索股合并时没有孔隙。由于施工时整股架设,丝数不能增加太多,因此每股的丝数取61、91、127、169,如图4.3.7所示,而每根主缆总股数多达100~300束,所以锚碇上需要的锚固空间相对较大。

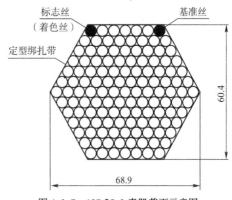

图4.3.7 127Φ5.3索股截面示意图
(尺寸单位:mm)

3. 主缆的防护

在悬索桥中,主缆是主要受力构件,也是不可更换的构件。由于它暴露在自然环境下,因而主缆防护的好坏将直接关系到悬索桥的寿命。

主缆的防护方法如图4.3.8所示。主缆安装完成后,彻底清洗钢丝表面,然后手工涂抹防锈腻子,使它嵌入钢丝缝隙中,再用缠丝机缠绕退火镀锌细钢丝,最后涂几层漆。在施工期间,也可以在镀锌钢丝外涂一道底漆或环氧树脂来保护钢丝。

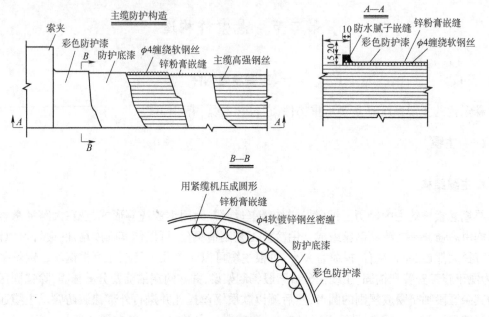

图4.3.8 主缆的防护方法

通过主缆的锈蚀模拟试验发现,主缆锈蚀的原因是主缆中存在潮湿空气。湿气在主缆截面上分布规律不同,钢丝的锈蚀规律也不同。控制主缆锈蚀最重要的一点是不让水进入主缆。为此,日本开发出一种S形截面的缠绕钢丝代替圆断面的钢丝,丝丝相扣,油漆不易开裂,水不能渗入。但是,它解决不了施工期已经大量渗入的水对钢丝锈蚀作用,为此,日本又开发了干空气导入法。经除湿机干燥空气,用管道通过索夹输入主缆,从另外的索夹排出主缆,出入口索夹的距离为140m。主缆内6个月后相对湿度在40%以下,满足防腐要求。这种方法在明石海峡大桥上首先运用,我国的润扬大桥也采用了该措施。

(二)主塔

主塔在悬索桥中用于支承主缆,承受由主缆传来的垂直分力和水平分力。主塔横桥向一般为直立双柱式,以支撑两边的主缆。为了使桥塔在横向能承受主缆和桥面系上全部横向风荷载,往往在塔顶和桥面下设强大的横系梁,连接两根立柱使其形成框架。当主塔较低时采用单层框架式;如图4.3.9所示;当塔柱较高时,可多设几道横系梁,形成多层框架,如图4.3.10所示。

建筑主塔的材料可以采用圬工、钢材及钢筋混凝土。圬工桥塔由条石或混凝土做成,由于石料抗拉强度低,塔柱必须足够粗大以承担弯矩,在大跨径悬索桥上已不再使用,仅在古老的吊桥中还能看见。

早期现代悬索桥主塔大多采用钢结构,做成桁架或框架形式,多数采用桁架式,塔柱截面一般做成箱形截面或多格箱形截面。图4.3.11所示为博斯普鲁斯海峡二桥塔柱截面及水平缝构造。

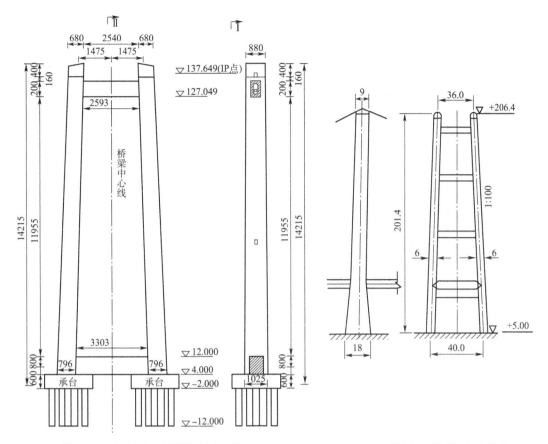

图 4.3.9　山东乳山口桥桥塔(尺寸单位:cm)　　　图 4.3.10　香港青马桥桥塔(尺寸单位:m)

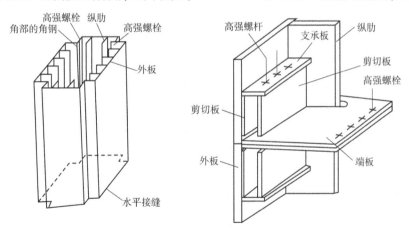

图 4.3.11　博斯普鲁斯海峡二桥塔柱截面及水平缝构造

随着混凝土质量的提高和滑模浇筑混凝土施工方法的使用,高塔柱的施工变得方便可靠,且建造和维修养护费用低、外形可塑造性强,故许多新建桥塔多为钢筋混凝土主塔。英国恒比尔桥是第一座采用钢筋混凝土主塔的特大跨径悬索桥,我国建成的所有大跨径悬索桥均采用了钢筋混凝土主塔。钢筋混凝土桥塔多采用框架式,为了减轻自重,大跨径悬索桥的塔柱多采用空心横面。

连续的加劲梁和塔柱相交处,当采用直立的塔柱时,一般在塔柱下部设孔,让加劲梁穿过,并在塔柱内设专门的支座。当采用斜柱式桥塔时,加劲梁可以顺利通过而在桥墩上支承在独立的支座上。

(三) 锚碇

锚碇是用于固定住主缆端头,防止其向跨内走动的巨大构件。根据抵抗主缆力的方法分为重力式锚碇、重力式岩嵌锚碇、隧道式锚碇、岩锚式锚碇,如图4.3.12所示。

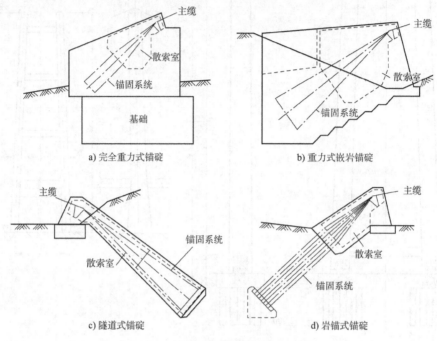

图4.3.12 锚碇类型

重力式锚碇为庞大的混凝土结构,靠其自重实现对主缆拉力的平衡。锚碇后部的混凝土中预埋钢结构锚固架和锚杆,主缆股束通过连接装置与锚杆连接。

岩锚式锚碇和隧道式锚碇则在河岸天然坚固的岩体中开凿隧洞,在隧洞内浇筑混凝土锚体,主缆通过锚杆锚固在混凝土锚体上,拉力通过锚体传递给岩体而达到锚固主缆的目的,因而其混凝土用量比重力式锚碇大为节省,经济性能显著,但是河岸必须具备坚固岩体的天然条件。

主缆与锚碇的锚固根据编缆方式分为两种。采用AS法编制的主缆其钢丝在锚碇前形成环后套在索股靴上,每索股使用一个索靴。索股靴为半圆形,索股嵌绕在索股槽内,用高强锚杆与锚碇混凝土相连。使用PPWS法编制的主缆一般使用锚具将索股锚固在锚碇上。

二、其他特殊构件

(一) 加劲梁

悬索桥主要靠主缆承重,但是主缆系统在竖向活动荷载之下的柔性明显,需要靠增加主梁的刚度来增加桥的刚性,因此,悬索桥的梁称为加劲梁。对于大跨径悬索桥,自重相对于活动荷载很大时,重力刚度发挥作用,加劲作用变得可有可无,主梁只要能承担局部荷载即可,但是为了考虑抗风性能,主梁仍然做成加劲梁。加劲梁有两种形式:桁架梁和扁平钢箱梁。

桁架梁始于美国,因此也被称为美式悬索桥,开始时是全铆钢结构,随后则将工地铆接改为高强螺栓。桥面安装在纵梁和横梁上,再架设到桁架上。在需要双层桥面时,采用桁架梁较为合理。我国第一座高速铁路悬索桥便是采用桁架式加劲梁,在上弦平面的桥面行驶汽车,在下弦平面则通行高速铁路列车,如图 4.3.13 所示。

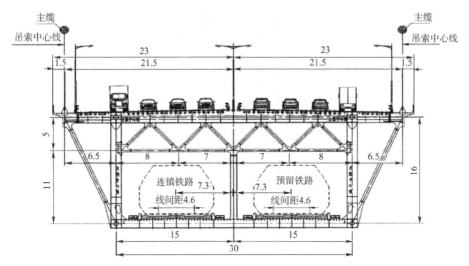

图 4.3.13　连镇铁路五峰山长江大桥加劲桁架梁横截面(尺寸单位:m)

扁平钢箱梁始于 1966 年的英国,因此也被称为英式悬索桥。其风的阻力系数小、抗风性能好,适用于单层桥面。钢箱梁的顶板采用正交异性板,能直接承受活荷载,因此,顶板之上可直接设沥青桥面铺装,不需要另设纵梁和横梁,总体上看,扁平钢箱梁比桁架梁节省不少钢材,现已得到推广。我国建造的大跨径悬索桥均采用了扁平钢箱梁。图 4.3.14 所示为我国南沙大桥的扁平钢箱梁截面。

我国的汕头海湾桥主跨 452m,采用了薄壁预应力混凝土箱梁,是一个工程实践特例。由于主梁自重太大,缆索体系造价大幅提高,且工期长、架设难度大,在大跨径悬索桥中不宜采用。但是对于跨径 200m 以下的自锚式悬索桥,混凝土加劲梁被大量采用。

(二)主索鞍座和散索鞍座

主索鞍座位于主缆和塔顶之间,其功能是支承主缆,并让主缆在这里转向。在活荷载作用于某一跨情况之下,主缆在鞍座两侧的水平分力不平衡,主缆与鞍座间将产生滑动,这将使镀锌钢丝磨耗。为使主缆在鞍座内不滑动,现在通行的做法是将丝股内的钢丝排列在鞍内的那一段改为矩形,因此,鞍槽做成台阶状,而不平衡水平力则凭借塔身的弹性弯曲释放。施工阶段主缆一般要向中跨移动,为适应这一移动,可在鞍座与塔顶间设辊轴支座,待施工完毕后将辊轴封闭。过去,鞍座用铸钢制造,当其尺寸太大时,可以分成几块(2~4块),在吊上塔顶后再用螺栓相连。现在,大都只是让其顶部采用铸钢(它包鞍槽),身部则采用厚钢板,铸钢件可以采用不熔透对接焊相连,如图 4.3.15 所示。

散索鞍座安置在锚碇前端,主缆在此转向、分散后进入锚碇的锚室。散索鞍座的鞍槽形状与塔顶鞍座基本相同。散索鞍座一般也是鞍槽部分采用铸钢件,其他部分用厚钢板焊接。由于温度变化以及活载工况的不同,主缆长度会发生一定的变化,因此散索鞍座应由辊轴来作支承或作成摆柱构件,以适应主缆的长度变化。图 4.3.16 为散索鞍座的构造示意图。如果主缆在锚碇前端无须转向,则只需要喇叭形的散索套,使主缆从挤紧状态过渡到分散状态。

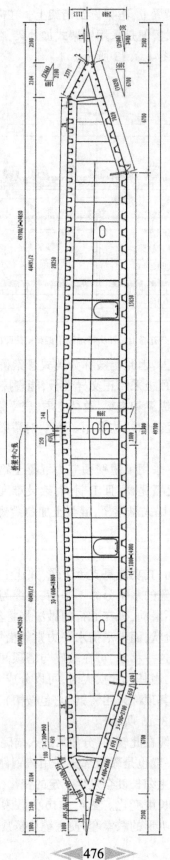

图4.3.14 南沙大桥扁平钢箱梁截面（尺寸单位：mm）

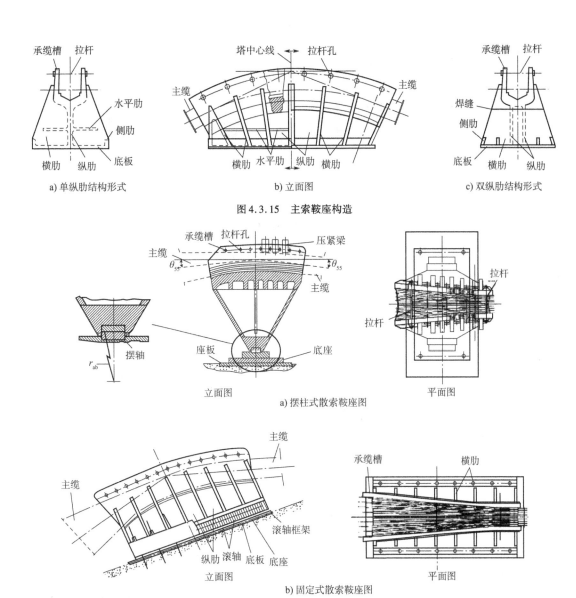

图 4.3.15 主索鞍座构造

图 4.3.16 散索鞍座的构造示意图

(三) 吊索及索夹

吊索通常由钢丝绳或平行钢丝束组成。

在上端,吊索连接在索夹上,索夹紧夹主缆,通过摩阻力阻止吊索在主缆上滑动。吊索与索夹的连接一般可分为骑跨式与销铰式。

骑跨式吊索的上端绕跨在索夹顶部的嵌索槽中,索夹分左右两半用高强螺栓固定在主缆上,下端用锚头与加劲梁体连接,如图 4.3.17a) 所示为四股骑跨式,销铰式吊索的上端用连接套筒销接在索夹下端的耳板上,索夹分上下两半用高强螺栓固定在主缆上,下半圆上有带孔的耳板以便与吊索的套筒销接,如图 4.3.17b) 所示为双股销铰式。

骑跨式由于吊索上方小半径绕在索夹上,因而产生局部挠曲应力,只适用于钢丝绳吊索,美国及日本的悬索桥应用较多。销铰式由于吊索无须弯曲,既适用于钢丝绳索也适用于平行钢丝索,在英国及我国的悬索桥上应用较多。

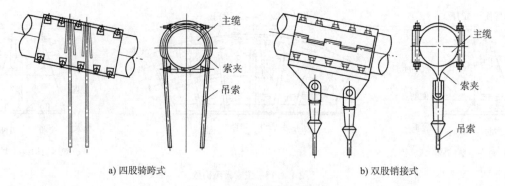

a) 四股骑跨式　　　　　　　　b) 双股销接式

图 4.3.17　吊索与主缆连接

吊索下端用锚头或套筒与主梁连接,其连接一般分为锚头承压式和销接式,如图 4.3.18 所示。

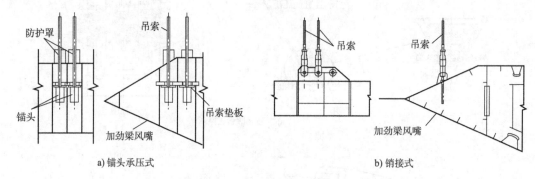

a) 锚头承压式　　　　　　　　b) 销接式

图 4.3.18　吊索与加劲梁连接方式

第三节　悬索桥计算

悬索桥是一个复杂的柔性超静定结构,准确计算悬索桥在计算机出现以前是非常困难的,早期近似计算理论的发展对大跨径悬索桥发展起到了决定性的作用。

悬索桥是柔性结构,计算时必须考虑结构在承受荷载后的变形对内力分布的影响,即几何非线性的影响。计算理论的进步为悬索桥跨径的增大奠定了基础,早期的计算均采用解析法,目前采用数值法。

大跨径悬索桥加劲梁吊装时,某一节段吊装到位后仅在上缘与相邻节段临时连接,节段间是铰接,待所有节段吊装到位、线形调整完毕后再将全梁连成整体,所以加劲梁重力完全由主缆承担,加劲梁只承担自重产生的局部弯矩。因此,自重内力计算只需计算主缆在均布荷载作用下的拉力,这可以简单地通过内外力平衡求解。悬索桥的设计计算难点主要是活载及其他使用荷载作用下的内力计算,此时必须考虑主缆与加劲梁共同受力。

一、恒载内力计算

加劲梁是在主缆及吊杆安装完毕后,才分段吊装就位,在吊装过程中加劲梁只连接上缘,所有梁段全部吊装完成后再连接成整体,所以吊杆、加劲梁等恒载全部由主缆承担,主缆所承担的恒载 q 接近均布荷载,因此,恒载作用下主缆线形接近二次抛物线,如图 4.3.19 所示。主缆线形为:

$$y = \frac{4fx(l-x)}{l^2} \tag{4.3.1}$$

式中：l——跨径长度；
f——矢高。

主缆水平力为：

$$H = \frac{ql^2}{8f} \tag{4.3.2}$$

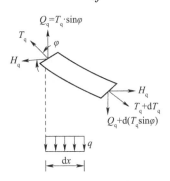

图 4.3.19　恒载作用下的主缆线形

二、活载计算及其他荷载内力计算

在活载作用下，有足够重力刚度的悬索桥主缆与加劲梁共同受力。有两种求解思路：一是不考虑结构体系变形对内力的影响，可按普通结构力学方法计算，称为弹性理论方法；另一种思路则考虑结构体系变形对内力的影响，即考虑大位移几何非线性影响，不能采用普通结构力学方法求解，称为挠度理论。计算机得到广泛应用后，几何非线性问题可以借助数值解法得到精确的数值解，目前常用的数值方法称为有限位移理论。

（一）挠度理论

1862 年提出了悬索桥挠度理论，到 20 世纪初得到应用，从 20 世纪初到 80 年代前后，悬索桥的计算均采用挠度理论。最早采用这一计算理论来进行设计的是 1909 年建成的美国纽约跨越东河的曼哈顿（Manhattan）桥，保持跨径世界纪录 50 多年的金门大桥也建立在此理论基础之上。

采用挠度理论来计算悬索桥时，假定结构在荷载作用下的变形不可忽略，结构的内力平衡建立在变形后的几何形状上。根据这一假定，使用荷载作用时结构的形状将发生改变，不但使用荷载在新形状上达到内外力平衡，而且恒载的平衡状态也随结构的变形而发生改变，恒载与使用荷载共同作用下达到新的平衡位置。因此，挠度理论已经计入了恒载内力对悬索桥刚度的提高作用。采用挠度理论计算时叠加原理不再适用，每种工况不同的使用荷载必须分别与恒载组合后计算内力，而不能单独计算使用荷载内力后再与恒载内力叠加。

图 4.3.20 为悬索桥用挠度理论计算图示，此时主梁弯矩为：

$$M = M_0 - H_q v - H_p(y+v) = M_0 - H_p y - (H_p + H_q)v \tag{4.3.3}$$

式中：H_p——活载主缆水平增量；
H_q——恒载主缆水平力；
v——活载引起的主缆线形变化量。

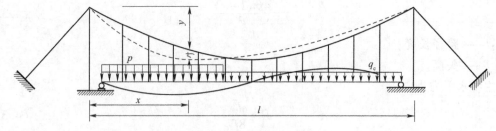

图 4.3.20　挠度理论计算图示

挠度理论采用解析法,在结构比较复杂的情况下,如对具有斜吊杆的吊桥,或者在荷载比较复杂的情况下,用公式很难推导,有时必须作一定的近似假定,根据不同的假定派生出很多分支。因此,在电子计算机出现后,解析法很快被更精确的数值法代替。但是,作为初步设计阶段的估算方法,其仍然是非常适用的。

(二)数值法计算悬索桥

从20世纪80年代开始,电子计算机得到高速发展和广泛应用,结构几何非线性问题可以通过计算机的迭代计算得到精确的数值解。悬索桥的总体计算一般采用空间杆系有限元法,几何非线性问题采用有限位移理论求解。

有限元法放弃将悬索桥看作由承受轴向拉力的主缆与承受竖向弯矩的加劲梁所组合的结构体系,而是将悬索桥看作由多根直线杆件所组成的空间框架结构体系(主缆为多根直杆组成的折线形),通过杆件交叉点(节点)处的变形协调使结构保持整体。变形协调建立在结构变形后的位置上,因此,各种几何非线性问题均被考虑在其中了。上述结构求解建立在有限位移理论基础上,采用迭代方法进行,一般采用拖动坐标法。

采用数值法进行计算时,对组成悬索桥的各构件的位置与组合形状完全没有限制,而是可以任意布置,对主缆与吊索在计算上也不需要加以区别。挠度理论一般只适用于进行结构面内的计算,而数值法可用于结构的立体计算,这就能解决纵桥向设斜吊杆、横桥向吊杆面倾斜等方案的计算问题。因此,非线性有限元的应用使悬索桥的设计突破了计算手段的限制,为悬索桥设计的多样性创造了条件。

三、悬索桥抗风问题

以缆索为主要承重结构的吊桥结构线刚度低,风作用将对结构产生巨大的影响。

与斜拉桥类似,风的作用可以分为静力作用和动力作用。静力作用将悬索桥看作在定常流场中的物体,一定角度(攻角)的风对主梁产生阻力、升力和升力矩(也称为三分力)。

阻力将使主梁侧向弯曲,使悬索桥受到的主要横向力,升力将使吊杆力降低,增加疲劳应力幅,而升力矩使主梁发生扭转,扭转后攻角发生改变,升力矩进一步加大,当风力足够大时可能造成扭转发散。风的静力三分力通过三分力公式计算获得,然后作为静力施加在结构上与其他荷载组合后进行验算。

由于风力和结构的相互作用使结构产生振动,风致振动分为如下类型:涡振(涡激振动)、自激振动(驰振、颤振、耦合颤振)、抖振(阵风随机周期作用)、气流力干扰振动等。对于悬索桥,风致振动现象在主要构件上的表现分别是:

(1)在加劲梁上,所有上述各类现象都可能发生,是抗风设计的关键。

(2)桥塔在成桥状态下,其风振现象不严重,但在施工时则可能发生较严重的风致振动。对于钢塔,在较低风速下会发生涡振,在较高风速下可以发生驰振;对于钢筋混凝土塔,理论上在更高风速可能发生驰振,但涡振一般不太可能发生。

(3)长吊索可以发生涡振,由于吊索直径较小,间距相对较大,一般不会发生如同斜拉索一样的尾流驰振。

(4)主缆由于其内有很大的轴力并连着密布的吊索,所以一般会像斜拉桥的拉索那样产生涡振和弛振。

(5)风动力作用的理论计算很困难,目前往往采用模型的风洞试验和一些理论相结合的方法来解决。

第四节　悬索桥实例

一、乳山口大桥

(一)概况

乳山口大桥于乳山市的西乳山码头附近跨越乳山口海湾,桥位处海域宽度约800m,桥梁总长为2683.4m,桥位区构造形迹主要表现为断裂构造,项目所在海域海床底高程位于 $-1.9 \sim -7.4\text{m}$ 之间。大桥采用双向四车道公路-Ⅰ级标准,设计速度80km/h;设计最高通航水位2.60m,最低通航水位 -2.26m,设计基本风速36.2m/s;通航净空为最高通航水位以上不小于51m,净宽565m。主桥采用193m+666m+51.4m三跨吊全漂浮体系悬索桥,桥梁全宽35.5m(含人行道、检修道、导流板、风嘴)。东引桥采用33×40m预应力混凝土梁,西引桥采用5×40m预应力混凝土小箱梁,引桥宽28.5m。

乳山口大桥立面图如图4.3.21所示。

(二)设计标准

(1)公路等级:一级公路(主干线)。

(2)行车道数:双向四车道。

(3)设计速度:80km/h。

(4)桥梁结构设计基准期:100年。

(5)设计使用年限:主体结构100年。

(6)桥面净空:5m,土线桥梁横断面组成为:2×[0.25m(中央分隔带)+0.75m(护栏)+0.5m(左侧路缘带)+2×3.75m(行车道)+3m(右侧硬路肩)+0.75m(护栏)+1.5m(人行道)]=28.5m。

(7)横坡:2.0%。

(8)设计洪水频率:1/300。

(9)通航水位:设计最高通航水位2.60m,最低通航水位 -2.26m(1985国家高程)。

(10)通航净空:最高通航水位以上不小于51m,净空宽度56.5m。

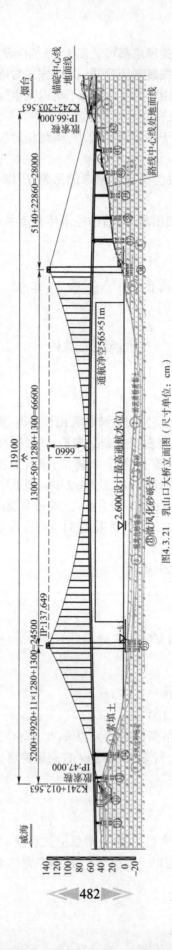

图4.3.21 乳山口大桥立面图（尺寸单位：cm）

(三)设计要点

1. 索塔基础

威海侧索塔基础采用20根直径2.8m的钻孔灌注桩,按照嵌岩桩设计。承台为圆形,直径21.8m、高6m。烟台侧索塔基础采用20根直径2.8m的钻孔灌注桩,按照嵌岩桩设计。

2. 索塔

索塔采用门式造型,索塔设置上横梁以及承台位置处的下横梁。威海侧索塔承台顶面高程 −0.5m,塔顶高程 +141.649m,总高度142.149m;烟台侧索塔承台顶面高程 +4.000m,塔顶高程 +141.649m,总高度137.649m。除索塔上横梁为全预应力混凝土构件外,其他塔柱均为普通钢筋混凝土结构,索塔均采用C55混凝土。上、下塔柱均采用带切角的三角形截面。下横梁采用实心的矩形截面,高8.0m,宽6.0m。上横梁采用矩形截面,高7.0m,宽4.0m。

乳山口大桥索塔示意图如图4.3.22所示。

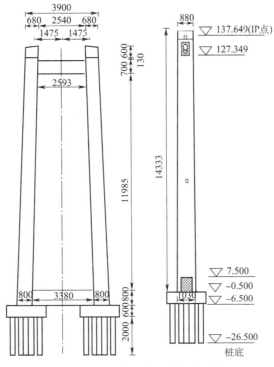

图4.3.22 乳山口大桥索塔示意图(尺寸单位:mm)

3. 梁

采用双塔三跨悬索桥,矢跨比为1∶10,主缆横桥向中心间距为29.5m,吊索顺桥向标准间距为12.8m。加劲梁的约束系统在过渡墩和索塔处均设置横向抗风支座;在两个索塔处设置纵向限位阻尼装置;在两个过渡墩处设置竖向支座。

钢箱梁梁高2.8m。主梁共16种类型,76个梁段。标准梁段长12.8m,设置四道实腹式横隔板,间距3.2m。

乳山口大桥主梁示意图如图4.3.23所示。

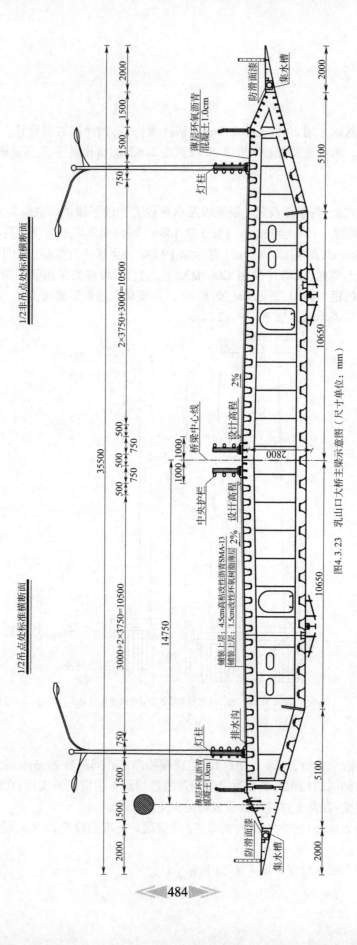

图4.3.23 乳山口大桥主梁示意图（尺寸单位：mm）

4. 缆和吊索

主缆采用公称直径为 5.15mm、公称抗拉强度为 1770MPa 的锌铝合金镀层高强度钢丝,普通吊索、塔旁吊索以及加强吊索采用镀锌钢芯钢丝绳。普通吊索采用公称直径为 60mm 的钢丝绳,公称抗拉强度为 1770MPa,塔旁吊索采用公称直径为 88mm 的钢丝绳,抗拉强度为 1870MPa,加强吊索采用公称直径为 90mm 的钢丝绳,抗拉强度为 1870MPa。

主缆在成桥状态下的中跨垂跨比为 1:10,每根主缆中,从东锚碇到西锚碇的通长索股有 80 股,另在威海侧设置 2 股背索,两根主缆中心距为 29.5m。吊索设置于威海侧边跨和中跨,桥塔侧吊索距桥塔中心线水平距离为 13m,其余吊索水平间距为 12.8m,限位装置处拉索与相邻吊索间距为 13.6m。

乳山口大桥主缆示意图如图 4.3.24 所示。

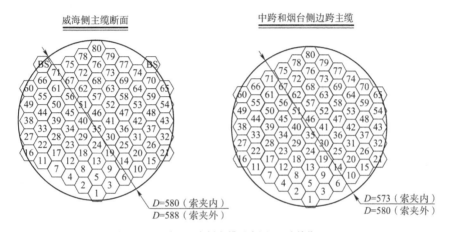

图 4.3.24　乳山口大桥主缆示意图(尺寸单位:mm)

吊索分为四类,第一类是边跨靠近锚碇处的拉索,其下端锚固于过渡墩上,上端与索夹相连接,定义为限位拉索;第二类是受力较大和变形有特殊要求的塔侧长吊索和邻近限位装置吊索,定义为加强吊索;第三类是近烟台侧索塔跨中长吊索,定义为加强吊索;第四类是除限位吊索、塔旁吊索和加强吊索外的吊索,定义为普通吊索。

乳山口大桥吊索示意图如图 4.3.25 所示。

二、济南凤凰大桥

(一)概况

G220 至济青高速公路王舍人互通立交线工程起点位于济南市历城区凤凰路荷花路交叉口,终点位于黄河北岸济阳县 G220 交叉口处。主桥采用公路-Ⅰ级标准,行车速度 60km/h,主桥全宽 61.7m,采用 2% 双向横坡,通航净宽≥130m,通航净空≥8m,最高通航水位为 35.3m,抗震烈度Ⅶ度。主桥采用三塔自锚式悬索桥,跨径布置为 70m + 168m + 428m + 428m + 168m + 70m = 1332m。中跨矢跨比为 1:6.15,边跨垂跨比为 1:15.6,吊杆标准间距 9.0m。塔侧第一根吊杆距桥塔中心线 11.5m。主桥桥塔采用 A 型索塔结构,下塔柱为钢混组合构件,中、上塔柱及横梁均采用钢结构,矩形承台,钻孔灌注桩基础。

济南凤凰大桥结构图如图 4.3.26 所示。

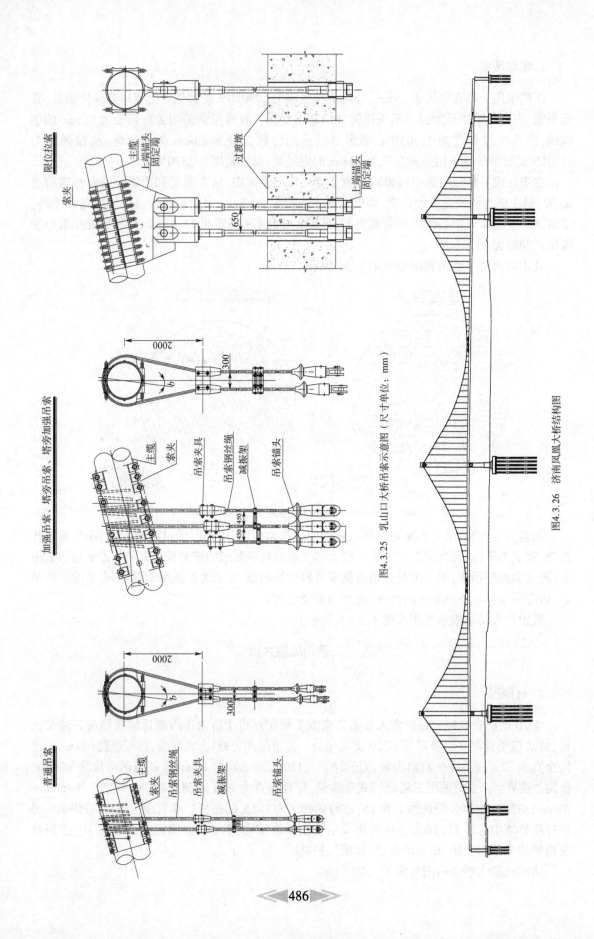

图4.3.25 孔山口大桥吊索示意图（尺寸单位：mm）

图4.3.26 济南凤凰大桥结构图

(二)设计标准

(1)公路等级:一级城市公路兼城市主干路。
(2)设计速度:60km/h。
(3)横向布置:1.75m(人行道)+3.0m(非机动车道)+0.5m(防撞栏杆)+15.5m(机动车道)+0.5m(防撞栏杆)+4.5m(吊索区)+10.2m(远期预留轨道交通)+4.5m(锚区)+0.5m(防撞栏杆)+15.5m(机动车道)+0.5m(防撞栏杆)+3.0m(非机动车道)+1.75m(人行道)。
(4)桥梁横坡:采用双向2%横坡,人行道及非机动车道反向1.5%横坡。
(5)设计洪水频率:1/300,300年一遇洪水位:36.00m。
(6)航道等级:Ⅳ级航道,通航净宽≥130m,通航净高≥8m,最高通航水位:35.3m。
(7)桥梁荷载等级:汽车(公路-Ⅰ级)。
(8)桥梁设计安全等级:桥梁结构安全等级为一级,结构重要性系数1.1。
(9)抗震设计:本工程抗震设防烈度按不低于Ⅶ度(0.10g)进行抗震设防。主桥、跨大堤引桥及水中引桥抗震设防类别A类,其他引桥及跨线引桥B类。
(10)环境类别:环境类别:上部结构Ⅳ类,下部结构Ⅱ类,环境湿度为60%。
(11)风速:地表类别:A类,基本风速(100年重现期)28.6m/s(规范值)。
(12)桥梁设计使用年限:100年。
(13)预留轨道工程:按100km/h的6编组A型车控制。

(三)设计要点

1. 桥塔基础

主桥中塔及边塔基础采用整体式矩形承台,承台平面尺寸为23.2m×33.2m(顺×横),厚5.0m,承台封底厚度2.0m,承台桩基础采用35根ϕ2.0m钻孔灌注桩。主桥辅助墩及边墩采用分离式矩形承台,承台平面尺寸为2.5m×12.5m(顺×横),厚3.0m,承台封底厚度1.0m,每个承台桩基础采用9根ϕ1.8~2.1m变截面钻孔灌注桩。

2. 桥塔

全桥共设三座主塔,两座边塔和一座中塔。主塔结构设计为A形塔,每座主塔包括2个塔柱、2个牛腿、1个下横梁和1个上横梁。两个边塔构造完全相同,因桥面和地面高程不同,边塔和中塔构造不完全相同(个别节段不同)。边塔塔高116.1m,中塔塔高126.0m,塔柱横桥向斜率均为1:20。塔柱按结构形式分为结合段与钢结构段,前承压板顶面以下为结合段,前承压板顶面以上为钢结构段。结合段采用钢-混凝土组合结构,连接件采用剪力钉和开孔板连接件,受拉区拉应力由钢束承担。钢结构段塔柱为五边形截面,除塔顶装饰段为单箱单室,其余为单箱三室截面,索底节段设置格栅,以承担主索鞍局部压力,截面横桥向宽4m,顺桥向宽度随高程增加逐渐变小,线形变化,边塔为7.064~8.311m,中塔为7.064~8.380m。除下横梁和上横梁位置,横隔板标准间距为3m。下横梁为单箱单室截面,高2.53m,宽4.96m;牛腿与下横梁等高等宽,考虑景观需求,牛腿端部带尖角;角度与主塔外侧壁板角度相同;上横梁为单箱单室截面。边塔划分为19个节段,中塔划分为20个节段,连接方式采用焊接。

济南凤凰大桥索塔示意图如图4.3.27所示。

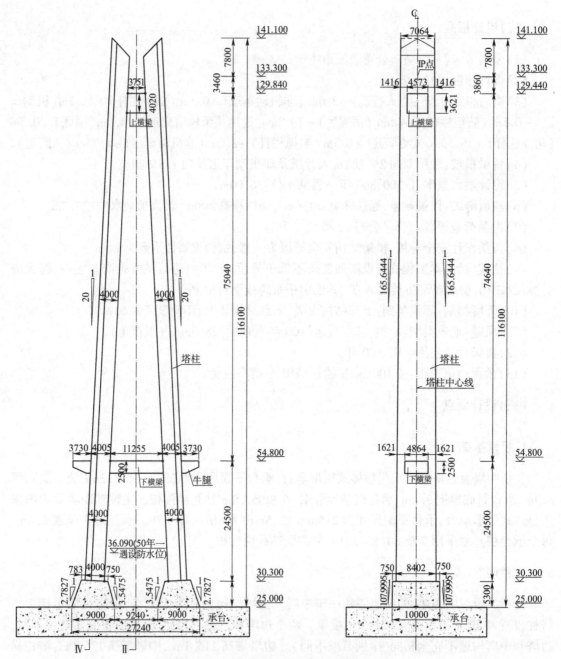

图4.3.27 济南凤凰大桥索塔示意图(尺寸单位：mm)

3. 主梁

主桥主梁为等高钢-混凝土组合梁结构，钢结构梁高4m，机动车道区域及缆吊系统设12cm厚混凝土桥面板，断面全宽61.7m，钢箱梁顶板上设吊索与主梁锚固结构，钢箱梁与混凝土桥面板之间通过剪力钉连接。闭口钢箱梁主梁全桥共分为147个节段；由边中跨钢梁标准梁段、锚跨钢梁段、主缆锚固区钢梁段、塔区钢梁段几部分组成。边中跨共计128个节段，标准节段梁长为9m，全宽为61.7m，道路中心线处梁高4.0m，横隔板处设置人非挑臂。

济南凤凰大桥主梁示意图如图4.3.28所示，主缆及中央扣索如图4.3.29所示。

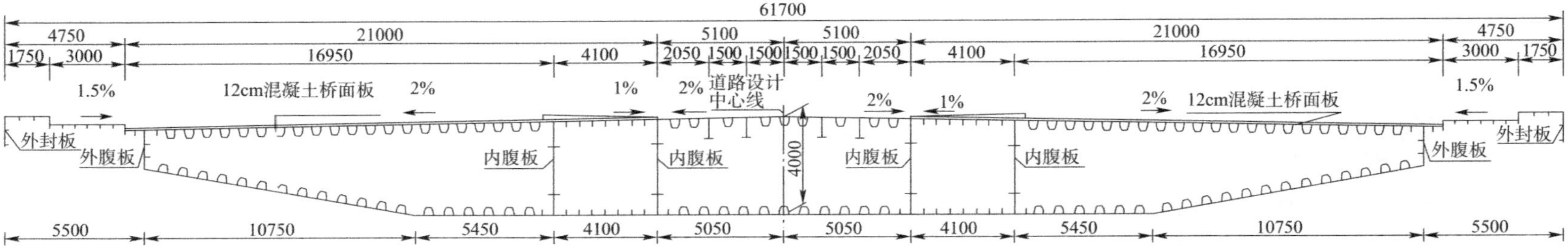

图4.3.28 济南凤凰大桥主梁示意图（尺寸单位：mm）

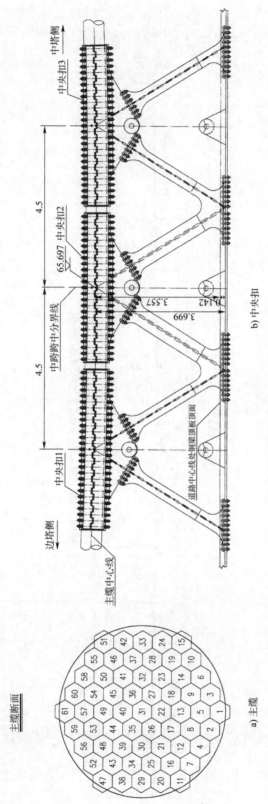

图4.3.29 济南凤凰大桥主缆及中央扣索示意图（尺寸单位：m）

4. 主缆及吊索

主缆跨径布置为 171.5m + 428m + 428m + 171.5m,主缆钢丝采用镀锌铝合金钢丝,抗拉强度 > 1960MPa,钢丝直径为 6.2mm,索股两端采用热铸锚头,锚杯材料为 42CrMo,柔性吊杆采用 φ7.0mm 的镀锌铝合金钢丝,抗拉强度 ≥ 1860MPa,吊杆上下均采用冷铸锚头,锚杯材料为 42CrMo。刚性品杆采用 φ200mm 合金结构钢 42CrMo,抗拉标准强度 1080MPa。全桥共设 252 个吊点(含中央扣),其中中跨设 38 对柔性吊杆,6 对刚性吊杆,3 对刚性中央扣,边跨设 15 对柔性吊杆,1 对刚性吊杆,顺桥向标准间距 9m。

思考题

1. 简述缆索承重桥梁的分类及特点。
2. 与梁桥和拱桥相比,缆索承重桥梁的力学特点有哪些?
3. 根据锚固体系的不同,斜拉桥可分为哪几类? 各自的特点是什么?
4. 塔墩固结和塔梁分离的斜拉桥,其力学特点有何区别?
5. 斜拉桥边跨辅助墩的作用是什么?
6. 多塔斜拉桥设计的关键因素是什么?
7. 常用的斜拉索锚具有哪几种?
8. 悬索桥与斜拉桥相比,哪种结构形式跨越能力更强? 为什么?
9. 自锚式悬索桥和地锚式悬索桥受力特点有什么区别?
10. 悬索桥主缆系统的主要组成部分有哪些?
11. 悬索桥的塔顶鞍座和散索鞍座各自的作用是什么?
12. 斜拉索的修正弹性模量意义是什么? 设计中如何考虑它的影响?
13. 斜拉桥主梁的施工方法和特点有哪些?

第五篇

桥梁墩台与基础

第一章 墩台设计与构造

第一节 概 述

桥梁墩台是桥梁的重要组成部分,其作用是支承上部结构并将上部结构及其自重传递给基础,再由基础传递给地基。桥墩是多孔桥梁中间的支承结构物,除承受上部结构的荷载外,还要承受风力、流水压力以及可能出现的流冰、船只和漂流物的撞击力、地震力等作用。桥台是桥梁与两岸路堤连接处的支承结构物,除承受上部结构的荷载外,还要承受桥台后方路堤填土的土压力,起到支挡和连接等功能,使桥梁和路堤连接平顺、行车平稳。

桥梁墩台主要由墩台帽、墩台身和基础三部分组成,如图 5.1.1 所示。

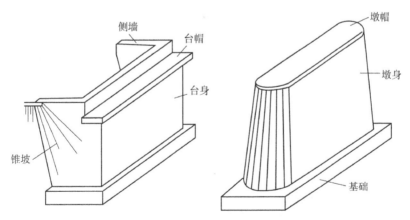

图 5.1.1 梁桥重力式墩台

桥梁墩台不仅本身应具有足够的强度、刚度和稳定性,而且对地基的承载能力、沉降量、地基与基础之间的摩阻力等都提出一定的要求,以避免在上述荷载作用下产生危害桥梁安全和正常使用的变形。

桥梁下部结构的选型在满足"安全、耐久、适用、环保、经济和美观"总原则的前提下,应使上、下部结构的造型协调一致,并尽可能降低下部结构工程造价。

随着桥梁技术的发展,桥梁墩台设计体现在以下几个方面:一是追求结构轻巧新颖、力学上合理平衡与造型美观的统一;其次是城市立交桥、高架桥,较多地采用独柱式、排柱式及其他形式的异形墩,以尽可能地减小截面尺寸,增大桥下空间,既满足城市交通需要,同时提供和谐的城市景观;三是随着山区高速公路的修建,高墩桥梁不断涌现,对桥墩的设计、施工提出新的要求;四是装配式墩台逐渐成为城市高架桥、跨海大桥建设的首选结构形式,如图5.1.2所示。

图5.1.2 桥墩立面形式实例

第二节 梁桥墩台

梁桥墩台主要承受上部结构传递的竖向荷载,可根据不同桥型及桥位处的地形、地质条件,选用重力式墩台、轻型墩台及组合式墩台等。

一、梁桥桥墩

桥墩按其构造可分为实体桥墩、空心桥墩、柱式排架桩墩、柔性墩和框架墩等类型,按墩身横截面形状可分为矩形、圆形、圆端形、尖端形等形式,如图5.1.3所示。墩身侧面可做成垂直式,亦可做成斜坡式或台阶式,如图5.1.4所示。

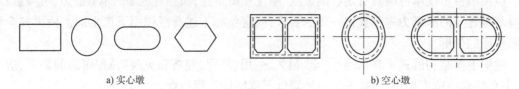

图5.1.3 桥墩类型

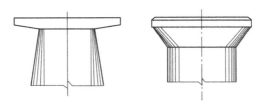

图 5.1.4 桥墩侧面变化

(一)桥墩结构形式

1. 实体桥墩

实体桥墩是由一个实体结构组成,按其截面尺寸和构造不同又可分为实体重力式桥墩(图 5.1.5)和实体薄壁式桥墩(图 5.1.6)。

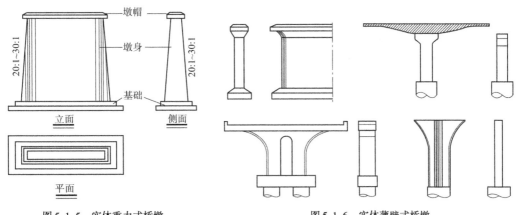

图 5.1.5 实体重力式桥墩　　　　图 5.1.6 实体薄壁式桥墩

1)墩帽

墩帽是桥墩顶部的传力部分,其上设置支座(放置在支座垫块上)支承上部主梁,并将相邻两孔桥上的恒载和活载传到墩身上。墩帽传递较大的集中力,要求应具有足够强度,跨高比不大于 5 的盖梁宜采用强度等级较高的混凝土,并不应低于 C25。在桥面较宽、墩身较高的桥梁中,为节省下部结构材料用量和工程造价,常采用悬臂式或托盘式墩帽,此时一般将墩帽设计为预应力混凝土结构。

墩帽横截面一般采用矩形,截面尺寸(宽度×厚度)根据受力进行结构设计;墩帽平面尺寸(长度×宽度)根据上部主梁结构形式和尺寸、支座尺寸和布置、施工及后期维护等要求确定。

《公路圬工桥涵设计规范》(JTG D61—2005)规定:桥梁的墩帽和台帽厚度,特大、大跨径桥梁不应小于 0.5m;中、小跨径桥梁不应小于 0.4m。在墩、台帽内应设置构造钢筋。设置支座的墩帽和台帽上应设置支座垫石,在其内应设置水平钢筋网。与支座底板边缘相对的支座垫石边缘应向外展出 0.1~0.2m。支座垫石顶面应高出墩、台帽顶面排水坡的上棱。墩、台顶面与梁底之间应预留更换支座时的空间。墩、台帽出檐宽度宜为 0.05~0.10m,避免雨水沿墩台身漫流。

墩帽平面尺寸拟定如下:

(1)顺桥向墩帽最小宽度 b。

①双排支座(图5.1.7):

$$b \geqslant f + \frac{a}{2} + \frac{a'}{2} + 2c_1 + 2c_2 \tag{5.1.1}$$

式中:f——墩帽顶相邻两排支座间的中心距离,满足下式要求:

$$f = e_0 + e_1 + e_1' \geqslant \frac{a}{2} + \frac{a'}{2} \tag{5.1.2}$$

式中:e_0——伸缩缝宽度,中、小桥一般取 $2\sim5$cm;大跨径桥梁可按温度变化及施工放样、安装误差等确定;温度变化引起的变位为:

$$e_0 = l \times \Delta t \times \alpha \tag{5.1.3}$$

式中:l——桥跨计算长度(因桥梁的分孔、联长、固定支座与活动支座布置不同而不同);

Δt——温度变化幅度值,可采用当地最高和最低月平均气温及桥跨浇筑完成时的温度计算确定;

α——材料的线膨胀系数,钢筋混凝土结构取 1×10^{-5};

e_1、e_1'——桥跨结构伸过支座中心线的长度;

a、a'——桥跨结构支座顺桥向宽度;

c_1——顺桥向支座边缘至墩身边缘的最小距离,见表5.1.1及图5.1.8;

c_2——檐口宽度($5\sim10$cm)。

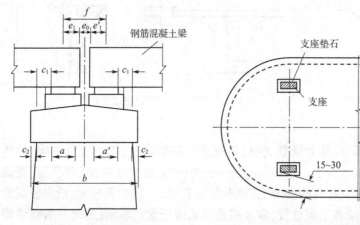

图5.1.7 墩帽顺桥向尺寸　　　图5.1.8 c 值的确定(尺寸单位:cm)

支座边缘至墩(台)身边缘的最小距离　　　表5.1.1

跨径 l(m)	桥向		
	顺桥向(cm)	横桥向(cm)	
		圆弧形端头(自支座边角量起)	矩形端头
$l \geqslant 150$	30	30	50
$50 \leqslant l < 150$	25	25	40
$20 \leqslant l < 50$	20	20	30
$5 \leqslant l < 20$	15	15	20

注:当采用钢筋混凝土或预应力混凝土悬臂墩帽时,可不受本表限制,应以便于施工、养护和更换支座来确定。

②单排支座(图 5.1.9):当墩上仅有一排支座时(如连续梁桥),则 b 可由下式计算:
$$b = a + 2c_1 + 2c_2 \tag{5.1.4}$$
③不等梁高双排支座(图 5.1.10):当桥墩两侧桥孔布置为不等跨时,矮梁一端墩帽宽度应按单排支座设计,而高梁一端应按桥台台帽宽度设计。

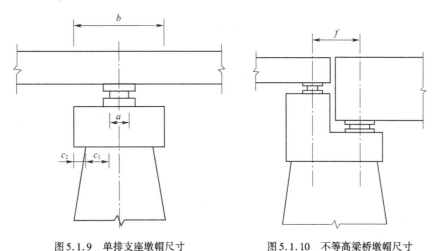

图 5.1.9　单排支座墩帽尺寸　　　　图 5.1.10　不等高梁桥墩帽尺寸

(2)横桥向墩帽最小宽度 B。
①多片主梁墩帽横桥向尺寸(图 5.1.11):
$$B = 桥跨结构两外侧主梁中心距(B_1) + 支座底板横向宽度(a_1) + 2c_1 + 2c_2 \tag{5.1.5}$$
②箱形梁墩帽横桥向尺寸(图 5.1.12):
$$B = B_1(两边支座中心距) + a_1 + 2c_1 + 2c_2 \tag{5.1.6}$$

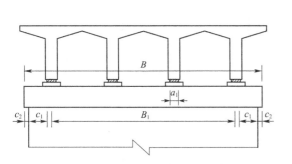 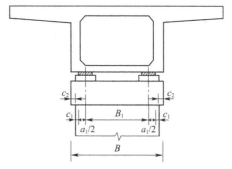

图 5.1.11　多片主梁墩帽横桥向尺寸　　　　图 5.1.12　箱形梁墩帽横桥向尺寸

2)墩身

墩身是桥墩的主体。实体桥墩墩身顶宽,小跨径桥梁不宜小于 80cm(采用轻型桥台的桥梁不宜小于 60cm);中等跨径桥梁不宜小于 100cm;特大、大跨径桥梁视上部结构类型而定。实体桥墩侧坡坡度可采用 20:1~30:1(竖:横),小跨径桥梁的桥墩也可采用直坡形式。

墩身可采用块石、混凝土(重力式桥墩)或钢筋混凝土(轻型桥墩)等材料建造。为了便于水流和漂浮物通过,墩身平面形状可以做成圆端形[图 5.1.13a)]或尖端形[图 5.1.13b)],无水的岸墩或高架桥桥墩可以做成矩形[图 5.1.13c)],在水流与桥梁斜交或流向不稳定时,宜做成圆形[图 5.1.13d)]。对于跨线桥、立交桥等桥下桥墩,应设置防撞设施,以避免车辆对桥梁墩身的撞击。

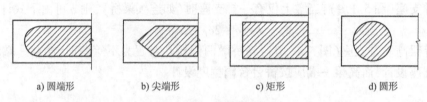

a) 圆端形　　b) 尖端形　　c) 矩形　　d) 圆形

图 5.1.13　墩身平面形状

《公路圬工桥涵设计规范》(JTG D61—2005)规定：具有强烈流冰、泥石流或漂浮物的河流中的墩台，其表面宜选用强度等级不小于 MU60 的石材或 C40 混凝土预制块镶面。镶面砌体的砂浆强度等级不应低于 M20。

累计年最冷月平均温度低于或等于 -10.0℃ 的地区，墩台表面应选用强度等级不低于 MU50 的石料或 C30 混凝土。

2. 空心桥墩

对于某些高大桥墩，为了减少圬工体积、节省材料、减轻自重，并降低对地基承载力要求，可将墩身内部局部挖孔做成空腔体，即空心桥墩。该类桥墩在外形上与实体重力式桥墩并无太大差别，只是自重比实体重力式桥墩要轻，是一种介于重力式桥墩和轻型桥墩之间的结构形式。几种常见的空心桥墩如图 5.1.14 所示。

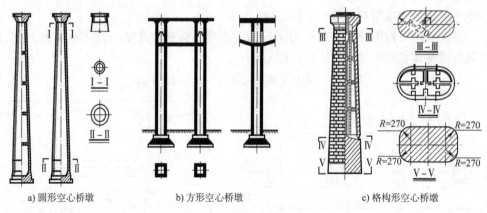

a) 圆形空心桥墩　　b) 方形空心桥墩　　c) 格构形空心桥墩

图 5.1.14　空心桥墩形式

空心桥墩在构造和尺寸上应符合下列规定：

(1) 墩身最小壁厚，对于钢筋混凝土不宜小于 30cm，对于混凝土不宜小于 50cm。

(2) 墩身内应设横隔板或纵、横隔板，以加强墩壁的抗撞能力。

(3) 墩帽下需有一定高度的实心部分以传递墩帽的压力，墩顶实体段以下应设置带门的进入洞或相应的检查设备。

(4) 墩身周围应设置适当的通风孔或泄水孔，壁孔直径宜为 20~30cm，用以调节壁内外温差和平衡水压力。

3. 柱式桥墩

柱式桥墩是由分离的两根或多根立柱，通过上端的盖梁(也可无盖梁)组成整体的轻型桥墩，其构造简单、外形简洁、圬工体积小，是中、小跨径公路桥梁广泛采用的形式之一。

柱式桥墩一般由基础之上的承台(系梁)、柱式墩身(或加系梁)和盖梁组成，常用的形式有单柱式、双柱式、哑铃式及混合双柱式等形式,如图5.1.15所示。柱式墩可配合桩基础(桩柱式)和扩大基础使用,墩身高度大于7m的柱式桥墩和排架桩墩应设置横系梁,以加强横向稳定性和满足结构抗震要求。柱式墩台的柱身间设置横系梁时,其截面高度和宽度可分别取0.8~1.0倍和0.6~0.8倍的柱直径或长边边长。柱式墩宜避免在深水、深基础及漂浮物多、有木筏的河道上采用。

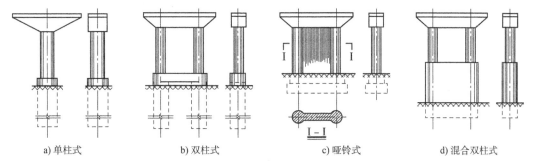

图5.1.15 柱式桥墩

4. 柔性排架桩墩

柔性排架桩墩是由单排或双排钢筋混凝土桩(柱)与钢筋混凝土盖梁连接而成,如图5.1.16所示。其主要特点是可通过一些构造措施,将上部结构传来的水平力(制动力、温度影响力等)传递到全桥的各柔性墩台或相邻的刚性墩台上,以减小单个柔性墩所受到的水平力,从而达到减小桩墩截面目的。柔性墩可以为单排桩墩、柱式墩或其他薄壁式桥墩。

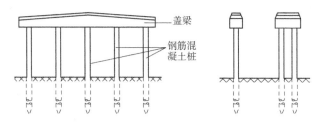

图5.1.16 柔性排架桩墩

柔性排架桩墩适用的桥长,应根据温度变化幅度确定,一般为50~80m。温差大的地区桥长应短些,温差小的地区桥长可以适当加长。当桥长超过80m后,受温度影响大,需设置滑动支座或设置刚度较大的温度适应墩。

在通航河流或有大量漂浮物的河流上采用柔性排架墩时,宜在桥上游设置防护设施。

5. 框架墩

框架墩是采用由构件组成的平面框架代替墩身来支承上部结构,必要时可做成双层或更多层的框架支承体系。该类桥墩在同样桥梁规模情况下,可缩短主梁跨径、降低梁高,使结构轻巧美观;但结构构造复杂、施工较麻烦。图5.1.17为连续梁桥常采用的V形框架墩,图5.1.18为连续梁桥常采用Y形框架墩。

公路箱梁匝道桥的桥墩,宜满足下列要求:

(1)桥墩宜采用横向多支座体系(多柱式或独柱双支座式结构),且支座横向间距尽量拉开;当结构受力满足要求时,可采用墩梁固结。

(2)当建设条件特殊,如在跨越道路中央分隔带的墩位、桥墩必须采用独柱单支座式结构时,应避免采用连续的独柱单支座式结构,每个孔宜设置固结墩。

(3)过渡墩和桥台处宜设置可靠的限位、防落梁构造。

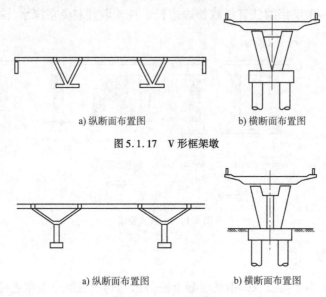

a) 纵断面布置图　　b) 横断面布置图

图 5.1.17　V 形框架墩

a) 纵断面布置图　　b) 横断面布置图

图 5.1.18　Y 形框架墩

(二)配筋设计

(1)配有普通箍筋(或螺旋筋)的轴心受压墩台身,其钢筋设置应符合下列规定:

①纵向受力钢筋的直径不应小于 12mm,净距不应小于 50mm 且不应大于 350mm;全部纵向钢筋配筋率不宜超过 5%。

②纵向受力钢筋应伸入基础和盖梁,伸入长度不应小于规范规定的最小锚固长度。

③箍筋应做成闭合式,其直径不应小于纵向钢筋直径的 1/4,且不小于 8mm。

④箍筋间距不应大于纵向受力钢筋直径的 15 倍、不大于墩身短边尺寸(圆形截面采用0.8倍直径)并不大于 400mm。纵向钢筋截面面积大于混凝土截面面积 3% 时,箍筋间距不应大于纵向钢筋直径的 10 倍且不大于 200mm。

⑤墩身内纵向受力钢筋应设置于离角筋中心距离不大于 150mm 或 15 倍箍筋直径(取较大者)范围内,如超出此范围设置纵向受力钢筋,应设复合箍筋、系筋。相邻箍筋的弯钩接头,在纵向应错开布置。

(2)配有螺旋式或焊接环式间接钢筋的轴心受压墩身,其钢筋的设置应符合下列规定:

①纵向受力钢筋的截面面积,不应小于箍筋圈内核心截面面积的 0.5%。核心截面面积不应小于墩身整个截面面积的 2/3。

②间接钢筋的螺距或间距不应大于核心直径的 1/5,亦不应大于 80mm,且不应小于 40mm。

③纵向受力钢筋应伸入与墩身上下连接构件,其长度不应小于墩身直径且不应小于纵向受力钢筋的锚固长度。

④间接钢筋的直径不应小于纵向钢筋直径的 1/4,且不小于 8mm。

(3)当偏心受压墩身的截面高度 $h \geqslant 600$mm 时,在侧面应设置直径为 10 ~ 16mm 的纵向构造钢筋,必要时应设置复合箍筋。

(4)薄壁式桥墩或肋板式桥台,在墩身表层、桥台的背墙和肋板表层宜设置钢筋网,其截面面积在水平方向和竖直方向均不应小于 $250mm^2/m$(包括受力钢筋),间距不应大于 400mm。

(5)盖梁截面内应设箍筋,其直径不应小于 8mm,间距不宜大于 200mm。盖梁两侧面应设纵向水平钢筋,其直径不宜小于 12mm,间距不宜大于 200mm。

横系梁四角应设置直径不小于 16mm 的纵向钢筋,并设直径不小于 8mm 的箍筋,箍筋间距不应大于横系梁的短边尺寸或 400mm。

(6)在盖梁与墩柱、系梁与墩柱节点,梁的纵向钢筋应符合下列锚固要求:

①墩柱端节点梁上部纵向钢筋伸入节点时,锚固长度应满足最小锚固长度要求,且应伸过柱中心线不宜小于 $5d$(d 为纵向钢筋的公称直径)。

伸入节点锚固的梁下部纵向钢筋,当充分利用该钢筋的抗拉强度时,钢筋的锚固方式及长度应与上部纵向钢筋的规定相同。当不利用该钢筋的强度或仅利用该钢筋的抗压强度时,伸入节点的锚固长度应符合梁下部纵向钢筋的锚固规定。

②墩柱中间节点梁的上部纵向钢筋应贯穿节点,梁的下部纵向钢筋宜贯穿节点。

(7)在盖梁与墩柱、系梁与墩柱节点,柱的纵向钢筋应符合下列锚固要求:

①柱的纵向钢筋应贯穿系梁与墩柱节点,接头应设在节点区以外。

②在盖梁与墩柱节点,柱的纵向钢筋应伸至盖梁顶,自盖梁底算起的锚固长度应满足最小锚固长度的要求。当盖梁的尺寸不足时,柱的纵向钢筋也可采用 90°弯折锚固的方式,此时柱的纵向钢筋应伸至梁的上部纵向钢筋内边。

(8)桩基承台的构造要求除应符合《公路桥涵地基与基础设计规范》(JTG 3363—2018)的有关规定外,尚应符合下列要求:

①桩基承台的厚度不宜小于桩直径的 1.5 倍,且不小于 1.5m。

②当桩中距不大于 3 倍桩直径时,承台受力钢筋应均匀布置于全宽度内;当桩中距大于 3 倍桩直径时,受力钢筋应均匀布置于距桩中心 1.5 倍桩直径范围内,在此范围以外应布置配筋率不小于 0.1%的构造钢筋。

③如承台仅有一个方向的受力钢筋时,在垂直于受力钢筋方向,应设置直径不小于 12mm、间距不大于 250mm 的构造钢筋。

④承台底面内宜设一层钢筋网,底面内每一方向的钢筋用量宜为 $1200\sim1500mm^2/m$,钢筋直径采用 $12\sim16mm$。

⑤承台竖向连系钢筋,其直径不应小于 16mm。

⑥承台的桩中距等于或大于桩直径的 3 倍时,宜在两桩之间,距桩中心各 1 倍桩直径的中间区段内设置吊筋,其直径不应小于 12mm,间距不应大于 200mm。

以上配筋构造要求适用于各类桥梁的柱、墩台和桩基承台,以后不再重述。

二、梁桥桥台

梁桥桥台可分为重力式桥台、轻型桥台及各种组合式桥台。

1. 重力式桥台

重力式桥台的常用形式为 U 形桥台,它由台帽、台身和基础三部分组成,如图 5.1.19 所示。U 形桥台因其台身的前墙和两个侧墙构成的 U 字形结构而得名。

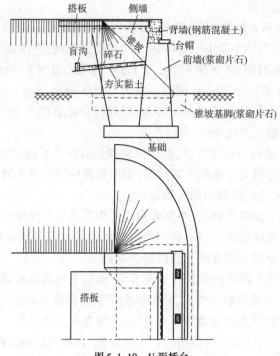

图 5.1.19 U 形桥台

U 形桥台台后土压力主要靠结构自重来平衡,一般采用石砌、片石混凝土或混凝土等圬工材料砌筑,适用于填土高度在 8~10m 以下或跨径稍大的桥梁。其缺点是结构体积和自重大,对地基承载力要求高;此外,桥台两个侧墙之间填土容易积水,冬季易产生冻胀破坏,导致侧墙产生裂缝。因此,U 形桥台台内宜选用渗水性较好的填充剂填筑,并应做好台后排水设施。

桥台顺桥向台帽最小宽度 b 为(图 5.1.20):

$$b = \frac{a}{2} + e_1 + \frac{e_0}{2} + c_1 + c_2 \tag{5.1.7}$$

式中,符号意义见式(5.1.2)。

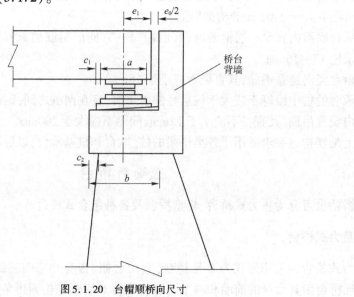

图 5.1.20 台帽顺桥向尺寸

横桥向台帽宽度一般应与路基同宽,特大跨径、大跨径桥梁台帽厚度一般不小于50cm,中、小跨径桥梁也不应小于40cm,并应有 $c_2 = 5 \sim 10 \text{cm}$ 的檐口。台帽可用 C20 以上钢筋混凝土或素混凝土做成,也可用 MU30 以上石料圬工砌筑,所用砂浆不可低于 M5。

U 形桥台前墙正面多采用 10∶1 或 20∶1 的斜坡,侧墙与前墙结合成一体,兼有挡土墙和支撑墙的作用。侧墙正面一般是直立的,其长度视桥台高度和锥坡坡度而定。前墙的下缘一般与锥坡下缘相齐,桥台越高,锥坡越坦,侧墙越长。侧墙尾端应有不小于 0.75m(称耳墙)的长度伸入路堤内,以保证与路堤有良好的衔接。台身的宽度通常与路基的宽度相同。

《公路圬工桥涵设计规范》(JTG D61—2005)规定:U 形桥台前墙顶面宽度不宜小于 50cm,其任一水平截面的宽度,不宜小于该截面至墙顶高度的 0.4 倍。

U 形桥台侧墙顶面宽度不宜小于 0.5m,其任一截面的宽度,对于片石砌体不宜小于该截面至墙顶高度的 0.4 倍;块石、料石砌体或混凝土不宜小于 0.35 倍;如桥台内填充剂为中、粗砂或砂砾,则上述两项可分别相应减为 0.35 倍和 0.3 倍,如图 5.1.21 所示。路基填土与 U 形桥台侧墙的搭接长度不宜小于 0.75m。

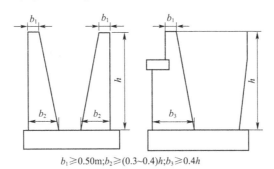

$b_1 \geqslant 0.50\text{m}; b_2 \geqslant (0.3 \sim 0.4)h; b_3 \geqslant 0.4h$

图 5.1.21 U 形桥台尺寸

在非岩石类的地基上修建带八字形翼墙的桥台,台身与翼墙之间宜设缝分开。在非岩石类的地基上,桥台宜每隔 10~15m 设置一道沉降缝。现浇混凝土桥台台身及基础,应根据当地气候条件及施工条件,每隔 5~10m 设置一道伸缩缝。桥台应设置台背排水设施。

2. 轻型桥台

轻型桥台结构轻巧、自重小,对地基承载力要求小,可用于不同的地基条件。《公路圬工桥涵设计规范》(JTG D61—2005)规定:跨径不大于 13m、桥长不大于 20m 的梁(板)式上部结构,其下部结构可采用轻型桥台,但桥孔不宜多于三孔,桥台的台墙厚度不宜小于 0.6m。

轻型桥台一般采用钢筋混凝土材料建造,包括设有支撑梁的轻型桥台、埋置式桥台(桩柱式桥台、肋式桥台)、钢筋混凝土薄壁桥台等形式。

1) 设有支撑梁的轻型桥台

单孔或孔数较少的小跨径桥梁,在条件允许的情况下,可在轻型桥台之间或台与墩之间设置 3~5 根支撑梁。该桥台台身为直立的薄壁墙,台身两侧设置翼墙用于挡土。

轻型桥台上端与梁(板)铰接,下端与相邻桥台(墩)之间设置支撑梁,桥台与支撑梁及上部结构形成四铰框架结构体系,借助两端台后的土压力来保持稳定。梁(板)端铰接钢筋(又称锚栓钢筋)直径不应小于 20mm。支撑梁应设于铺砌层或冲刷线以下,中距宜为 2~3m,采用钢筋混凝土构件,其截面尺寸不宜小于 0.2m(横)×0.3m(竖),四角应设置直径不小于 12mm 的钢筋;如采用混凝土或块石砌筑,其截面尺寸不宜小于 0.4m×0.4m。

轻型桥台的斜交角(台身与桥纵轴线的垂直线的夹角),不应大于5°。轻型桥台下端,两外侧应设置平行于桥轴线的支撑梁,中间应设垂直于桥台的支撑梁。

按照翼墙(侧墙)的形式和布置方式,这种桥台可分为八字形、一字形和耳墙式支撑梁轻型桥台,分别如图5.1.22a)、图5.1.22b)和图5.1.23所示。带耳墙的轻型桥台的边柱除承受由耳墙重力产生的竖直荷载和弯矩外,尚应计算耳墙上水平土压力对桩身所产生的剪力和力矩。耳墙与边墙结合处应加腋。

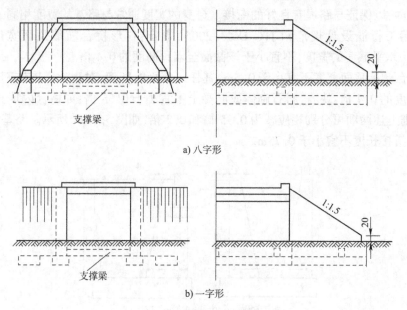

图5.1.22 轻型桥台(尺寸单位:cm)

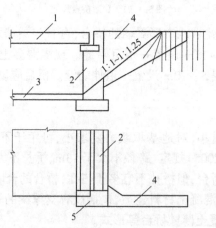

图5.1.23 轻型桥台的支撑和耳墙
1-上部结构;2-轻型桥台;3-支撑梁;4-耳墙;5-边柱

2)埋置式桥台

埋置式桥台将台身埋在锥形护坡中,只露出台帽用以安置支座及上部结构。该种桥台所承受的土压力较小,桥台体积也相应减少;但台前护坡采用浆砌片石作为表面防护,后期易发生水毁、冲蚀而使台身裸露,需进行强度和稳定验算。按台身的结构形式不同,埋置式桥台又可以分为后倾式桥台(图5.1.24)、肋形桥台(图5.1.25)、桩柱式桥台(图5.1.26)和框架式桥台(图5.1.27)等。

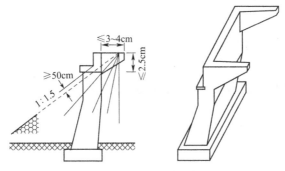

图 5.1.24 后倾式桥台

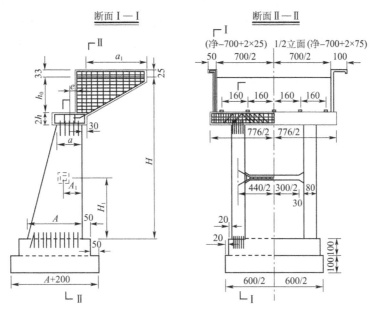

图 5.1.25 肋形桥台(尺寸单位:cm)

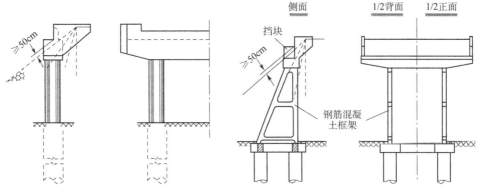

图 5.1.26 桩柱式桥台　　　　图 5.1.27 框架式桥台

后倾式桥台实质上属于一种实体重力式桥台,其工作原理是通过台身后倾使重心落在基底截面的形心之后,以平衡台后填土的倾覆力矩。

肋形桥台的台身是由两块后倾式的肋板与顶面帽梁连接而成。台高在 10m 及 10m 以上时须设系梁,帽梁、系梁和耳墙均需配置钢筋,一般采用 C20 及以上混凝土。图 5.1.25 为后张法预应力混凝土简支梁常用肋式桥台。

桩柱式桥台是桩基础与立柱相连,在立柱顶部设置台帽支承上部结构,台帽下通过石砌挡墙承受台后土压力。根据桥宽和地基承载能力不同,可以采用双柱、三柱或多柱式。桩柱式桥台可用于各种地基条件。

框架式桥台既比桩柱式桥台具有更大的刚度,又比肋形桥台具有更大的挖空率,可更有效地节约圬工体积。框架式桥台结构本身存在斜杆,能够有效抵抗台后土压力;同时通过系梁连成一个框架整体,结构稳定性较好,可用于填土高度在 5m 以下的桥台。

3) 钢筋混凝土薄壁桥台

钢筋混凝土薄壁桥台台身可采用悬臂式、扶壁式、撑墙式及箱式等形式,如图 5.1.28 所示。钢筋混凝土薄壁桥台由扶壁式挡土墙和两侧的薄壁侧墙构成,台顶由竖直小墙和支于扶壁上的水平板构成,用以支承桥跨结构。两侧壁可与前墙垂直(称 U 字形薄壁桥台),也可做成与前墙斜交(八字形薄壁桥台)的形式。钢筋混凝土桥台薄壁桥台可减少圬工体积 40%～50%,同时,钢筋混凝土薄壁桥台由于自重的减轻而减小了对地基承载力要求,可适用于软弱地基;但其构造和施工比较复杂,结构用钢量大。

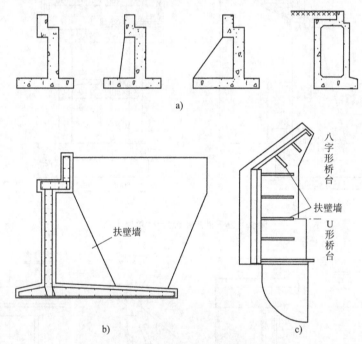

图 5.1.28 钢筋混凝土薄壁轻型桥台

3. 组合式桥台

为使桥台轻型化,桥台本身主要承受桥跨结构传来的竖向力和水平力,而台后的土压力由其他结构来承受,形成组合式桥台。

1) 加筋土组合式桥台

加筋土组合式桥台可分为内置组合式[图 5.1.29a)]和外置组合式[图 5.1.29b)]两种形式。内置组合式加筋土组合桥台的加筋体与台身结合在一起,台身可兼作立柱或挡板,作用在台身所有水平力假定均由加筋体承担,台身仅承受竖向荷载。外置式加筋土组合桥台台身与加筋体分开,台身主要承受上部结构传来的竖向力和水平力,加筋体承受土压力。

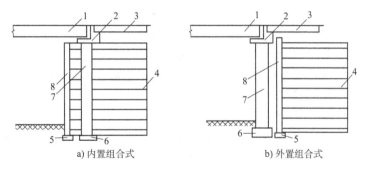

图 5.1.29　加筋土桥台

1-上部结构;2-垫梁或盖梁;3-桥头搭板;4-筋带;5-基础;6-台柱基础;7-台柱;8-面板

　　加筋土组合式桥台加筋体的筋带应选用抗老化、耐腐蚀的材料,筋带的截面面积、长度以及加筋体稳定性,应通过加劲体内部、外部的稳定性分析确定。加筋土组合式桥台属柔性结构,抗震性能较好,一般适用于特殊地形地质条件。

2）桥台与挡土墙组合桥台

　　这种桥台是由轻型桥台支承上部结构、台后设挡土墙承受压力的组合式桥台。台身与挡土墙分离,上端做伸缩缝,使受力明确。当地基承载力较好时也可将桥台与挡土墙放在同一个基础之上,如图 5.1.30 所示。

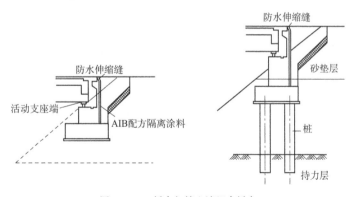

图 5.1.30　桥台与挡土墙组合桥台

第三节　拱桥墩台

　　拱桥墩台一般也分为重力式墩台和轻型墩台两大类,与梁桥墩台的不同是需要考虑承受水平推力作用。

一、拱桥桥墩

1. 重力式桥墩

　　拱桥是一种有推力结构,其墩台除承受竖向荷载以外,还要承受较大的水平推力。多孔拱桥根据抵御恒载水平推力能力的大小,将桥墩分为普通墩和单向推力墩两种。普通墩主要承受相邻两孔结构的竖向反力,一般不承受恒载水平推力,或者当相邻两孔不等跨时只承受不平衡推力。单向推力墩又称制动墩,其主要作用是保证某一桥孔因某种原因遭到毁坏时,能承受住单侧拱跨的恒载水平推力,防止多孔拱桥连续倒塌破坏。

从满足结构强度和稳定性角度考虑,普通墩的墩身结构尺寸和刚度小,而单向推力墩结构尺寸和刚度大。上承式拱桥的桥面与桥墩顶面存在一定高度差,常采用以下几种不同形式:对于空腹式拱桥的普通墩,常采用立墙式、立柱加盖梁式或者采用跨越式[图5.1.31a)、图5.1.31b)];对于单向推力墩常采用立墙式和框架式[图5.1.31c)、图5.1.31d)]。

拱桥实体重力式桥墩由墩帽、墩身及基础三部分组成。拱桥墩身顶部与拱圈结合部位需设置呈倾斜面的拱座[图5.1.31e)],以直接承受由拱圈传来的压力,拱座一般采用C25以上的现浇混凝土、混凝土预制块或MU40以上的块石砌筑。

当桥墩两侧孔径相等时,拱座均设置在桥墩顶部的起拱线高程上,有时考虑桥面的纵坡,两侧的起拱线高程可以略有不同。当桥墩两侧的孔径不等,恒载水平推力不平衡时,可将拱座设置在不同的起拱线高程上[图5.1.31f)]。此时,桥墩墩身可在推力小的一侧变坡或增大边坡,以减小不平衡推力引起的基底反力偏心距。从外形美观上考虑,变坡点一般设在常水位以下,墩身两侧边坡和梁桥的一样,一般为20:1~30:1。

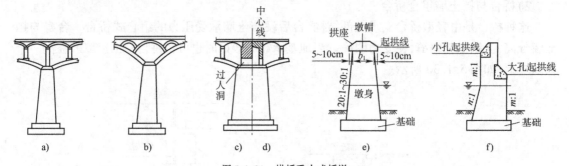

图5.1.31 拱桥重力式桥墩

等跨拱桥的实体桥墩的顶宽(单向推力墩除外),混凝土桥墩可按拱跨的1/15~1/25、石砌桥墩可按拱跨的1/10~1/20拟定,但不宜小于0.8m。墩身两侧边坡可为20:1~30:1(竖:横)。

2. 轻型桥墩

拱桥轻型桥墩按构造形式不同,主要有以下类型。

1)柱式桥墩

拱桥轻型桥墩,一般采用与钻孔灌注桩基础配合使用的桩柱式桥墩,如图5.1.32所示。从外形上看,它与梁桥桩柱式桥墩非常相似。其主要差别是:在梁桥墩帽上设置支座,而在拱桥墩顶部分则设置拱座。当拱桥跨径在10m左右时,常采用2根直径为1m的钻孔灌注桩;跨径在20m左右时可采用2根直径为1.2m或3根直径为1m的钻孔灌注桩;跨径在30m左右时可采用3根直径为1.2~1.3m的钻孔灌注桩。桩墩较高时,应在桩间设置横系梁以增强桩柱刚性。

桩柱式桥墩一般采用单排桩,跨径在40~50m以上可采用双排桩,在桩顶设置承台与墩柱连成整体。如果柱与桩直接连接,则应在结合处设置横系梁。

2)斜撑墩[图5.1.33a)]

采用轻型桥墩的多孔拱桥中,每隔3~5孔应设单向推力墩。当桥墩较矮或单向推力不大时,可采用轻型的单向推力墩。该种桥墩的特点是在普通墩的墩柱上,从两侧对称地增设钢筋混凝土斜撑和水平拉杆,用来提高抵抗水平推力的能力。其优点是阻水面积小,并可节约圬工体积。

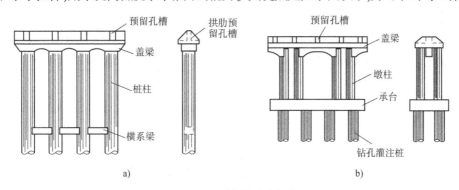

图 5.1.32 拱桥桩柱式桥墩

3)悬臂墩[图 5.1.33b)]

在桩柱式墩上加一对悬臂,拱脚支承在悬臂端。当一孔坍塌时,邻孔恒载单向推力对桩柱身产生的弯矩,被恒载竖直反力产生的反向弯矩抵消一部分,从而减小桩柱身的弯矩,而能够承受拱的单向恒载推力。

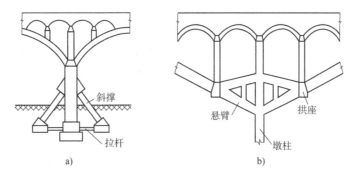

图 5.1.33 拱桥轻型单向推力墩

二、拱桥桥台

拱桥桥台既要承受来自拱圈的推力、竖向力及弯矩,又要承受台后土压力。从结构受力上考虑,其结构尺寸一般比梁桥要大。根据桥位处地形、地质条件和上部结构形式,可选用重力式桥台、轻型桥台及组合式桥台等形式。

1. 重力式桥台

常用的重力式桥台为 U 形桥台,它由台帽、台身和基础三部分组成,如图 5.1.34 所示。拱桥 U 形桥台的构造和特点与梁桥 U 形桥台基本相同,只是在台帽上需设置拱座。拱桥 U 形桥台尺寸可参考梁桥 U 形桥台选用。

2. 轻型桥台

拱桥轻型桥台有八字形桥台、U 形桥台、背撑式桥台以及组合式桥台等。

1)八字形桥台

八字形桥台台身由前墙和两侧八字翼墙构成,两者之间通常留沉降缝分别砌筑,如

图 5.1.35a）所示。前墙做成等厚度和变厚度，变厚度台身背坡坡度一般为 2∶1～4∶1；两侧翼墙顶宽一般为 40cm，前坡坡度为 10∶1，后坡坡度为 5∶1。为了防止基底向河心滑动，基础应具有足够的埋置深度。

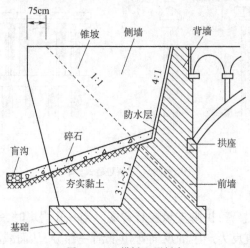

图 5.1.34　拱桥 U 形桥台

2) U 形桥台

U 形桥台是由前墙和两侧墙组成 U 形平面 [图 5.1.35b)]，它与重力式 U 形桥台区别是，后者是靠扩大桥台底面积以减小基底压力，并利用基底与地基的摩阻力和适当利用台背侧土压力，来平衡拱的水平推力。U 形桥台前墙构造与八字形桥台相同，但两侧墙是拱上侧墙的延伸，它们之间应设变形缝，以适应结构变形。

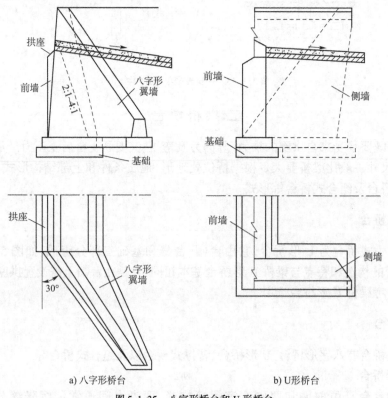

a) 八字形桥台　　　　　　b) U 形桥台

图 5.1.35　八字形桥台和 U 形桥台

3）背撑式桥台

当桥台较宽时，为了保证结构强度和稳定性，可以在八字形或 U 形桥台的前墙背后加一道或几道背撑，构成 Ⅱ 字形、E 字形等水平截面形式的前墙（图 5.1.36）。背撑式桥台顶宽一般为 30～60cm，厚度 30～60cm，背坡为坡度 3∶1～5∶1 的梯形。该桥台比八字形桥台稳定性好，但土方开挖量及圬工体积有所增加。加背撑 U 形桥台可适用于较大跨径的高桥和宽桥。

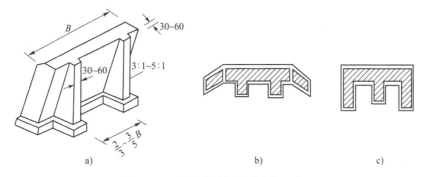

图 5.1.36　背撑式桥台（尺寸单位：cm）

3. 组合式桥台

组合式桥台适用于以桩基或沉井作为基础的中、小跨径拱桥。组合式桥台主要由前台和后座两部分组成，如图 5.1.37 所示。

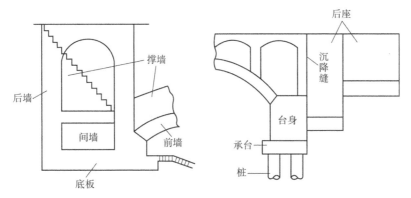

图 5.1.37　组合式桥台

前台桩基或沉井基础用作承受拱的竖向力；台后的主动土压力及后座基底摩阻力平衡拱的水平推力。在计算土侧压力时，其作用分项系数取为 1.0；计算摩阻力时，其作用分项系数取为 0.9。

组合式桥台的前台与后座两部分之间必须密切贴合，其间应设置两侧既密贴又可相互自由沉降的隔离缝，以适应二者的不均匀沉降。后座的基底高程，在考虑沉降后应低于拱脚截面底缘高程。地基土质较差时，后座式桥台应采用措施防止后座的不均匀沉降，避免引起前台向后倾斜，而导致前台或拱圈开裂。

4. 齿槛式桥台

齿槛式桥台由前墙、侧墙、底板、撑墙等部分组成（图 5.1.38）。其结构特点是基底面积较大，可以承受加大的垂直力；底板下的齿槛可以增加摩擦和抗滑稳定性；台背做成斜挡板，利用它背面的原状土和前墙背面的新填土,共同平衡拱的水平推力;前墙与后墙板之间的撑墙可以提高结构的刚度,齿槛宽度和深度一般不小于50cm。该种桥台可适用于软土地基和路堤较低的中小跨径拱桥。

5. 空腹式桥台

空腹式桥台由前墙、后墙、基础板和撑墙等组成(图5.1.39)。前墙承受拱圈传来的荷载,后墙支承台后的土压力。在前后墙之间设置撑墙3~4道,作为传力构件,并对后墙起到扶壁作用,对基础板起到加劲作用。最外边的撑墙可以做成阶梯踏步,供人们上下河岸。空腹可以是敞口的,也可以是封闭的。该种桥台一般是在软土地基河床无冲刷或冲刷轻微、水位变化小的河道上采用。

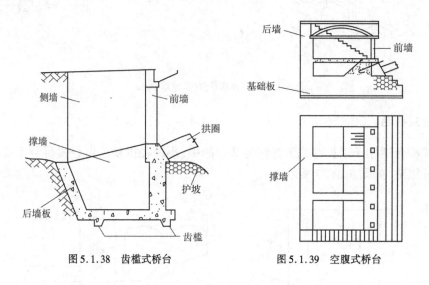

图5.1.38 齿槛式桥台　　图5.1.39 空腹式桥台

第四节　墩台附属结构物

一、锥形护坡及溜坡

为了保护桥台与引道边坡的稳定并防止雨水冲蚀,U形桥台、埋置式桥台、钢筋混凝土桩(柱)式岸墩应在两侧及岸墩向河侧设置锥形护坡(岸墩前的称为溜坡)。桥台侧墙后端伸入桥头两侧锥坡顶点以内不宜小于0.75m。

桥头锥形护坡在严寒地带应采用沙土或其他透水性良好的土填筑;跨越水流桥梁的应采用片石或其他材料铺砌加固;淹没区以外,当护坡高度不大于6m,坡度不陡于1∶1.5时,可用草皮或播种草籽加固。

对于锥形护坡坡脚,应根据水流冲刷、流冰、漂浮物撞击等情况,确定坡脚基础埋置深度和铺砌加固方法。大、中桥应高出设计洪水位(包括壅水及浪高)不小于0.5m,小桥涵高出壅水位(不计浪高)0.25m。采用浆砌或干砌砌体时,其砌体的厚度不宜小于0.30m。

二、破　冰　体

具有强烈流冰河流中的桥墩,应在其迎水面设置破冰棱,如图5.1.40所示。破冰棱应高出最高流冰水位以上1.0m,并应低于最低流冰水位时冰层底面下0.5m。破冰棱的倾斜角宜为3:1~10:1(竖:横)。破冰棱迎冰面应做成尖端形或圆端形。混凝土破冰棱在迎冰表面应埋设钢板或角钢。

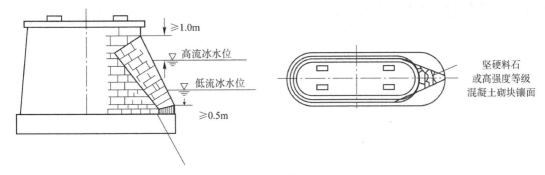

图5.1.40 墩身破冰棱

破冰体与桥墩应构成一体,自基地或承台底至最高流冰水位以上1.0m处,混凝土墩身应避免设水平施工缝,当不可避免时,其结合面应用型钢或钢筋加强。

在中等流冰漂流物地区,在排架式、桩柱式及钢筋混凝土薄壁墩的迎冰面前应修筑破冰体,以保护桥墩构造物免受流冰与漂流物、排筏的直接撞击。破冰体应设在墩身上游,距离墩台2~10m(视冰流速度、桥跨大小而定)处。

三、桥台搭板

桥涵构造物与两端衔接的填土路堤结合段,在建成后期使用过程中易产生较大的沉降差而导致桥头跳车现象发生。桥头跳车产生的原因包括桥梁与路基支承刚度不同、沉降稳定时间不同、桥台台背填筑质量差等。

为减小桥头跳车对高速行车的影响,高速公路、一级公路和二级公路上的桥头宜设置搭板,如图5.1.41所示。桥头搭板为钢筋混凝土结构,搭板厚度和长度与台后路基填筑高度有关,厚度不宜小于25cm,长度不宜小于6m;搭板受力计算按弹性地基板计算。

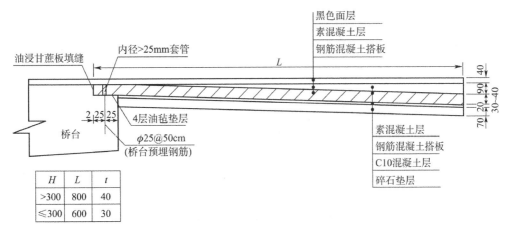

H	L	t
>300	800	40
≤300	600	30

图5.1.41 桥头搭板示意图(尺寸单位:cm)
H-台后填土高度;L-搭板长度;t-搭板厚度

第二章 桥梁墩台计算

第一节 概 述

一、设计程序与内容

桥梁墩台的设计可按以下基本程序进行:选定墩台类型→拟定墩台各部分尺寸→确定墩台各截面作用效应→计算墩台各截面作用效应组合→墩台各截面配筋设计→选取控制截面进行验算。

桥梁墩台类型和截面形状选择主要取决于水流的流向与流速,河流是否有流冰、流木、船舶或泥石流对墩台的撞击,地基的承载能力,是否为地震区及地震烈度等。此外,还与施工方法及材料的选用有关。

桥梁墩台各部分尺寸的拟定,应根据结构受力及桥位处地质、地形等条件确定。各种桥梁墩台除应满足强度和稳定性要求外,尚应满足构造和施工要求。

二、桥墩计算作用及组合

1. 桥墩作用

1)永久作用

(1)上部结构的恒重对墩帽或拱座产生的支承反力,包括上部结构混凝土收缩、徐变影响。

(2)桥墩自重,包括在基础襟边上的土重。

(3)预应力,例如对装配式预应力空心桥墩所施加的预应力。

(4)基础变位影响力:对于以非岩石地基为基础的超静定结构,应当考虑由于地基压密等引起的支座长期变位的影响,并根据最终位移量,按弹性理论计算构件截面的附加内力。

(5)水的浮力:位于透水性地基上的桥梁墩台,当验算稳定时,应计算设计水位时水的不利浮力;当验算地基应力时,仅考虑低水位时的有利浮力;基础嵌入不透水性地基的墩台,可以不计水的浮力;当不能确定是否透水时,则分别按透水或不透水两种情况进行最不利的作用效应组合。

2)可变作用

(1)作用在上部结构的汽车荷载,对于钢筋混凝土柱式墩台应计入冲击力,对于重力式墩台则不计冲击力。

(2)人群荷载。

(3)作用在上部结构和墩身上的纵、横向风力。

(4)汽车荷载引起的制动力。

(5)作用在墩身上的流水压力。

(6)作用在墩身上的冰压力。

(7)上部结构因温度变化对桥墩产生的水平力。

(8)支座摩阻力。

(9)波浪力。

3)偶然作用

偶然作用包括作用在墩身上的船只、漂浮物或车辆的撞击作用。

4)地震作用

除上述作用外,还包括地震作用。

2. 作用效应组合

为确定桥梁墩台控制设计的最不利组合,通常需要对各种可能出现的组合分别进行计算;同时在对汽车荷载作用效应计算时,还需按纵向及横向的最不利位置进行布载计算。在桥墩计算中,一般需验算墩身截面的承载能力、墩身截面上的合力偏心距及其稳定性。

下面分别介绍梁桥和拱桥桥墩可能出现的作用组合。

1)梁桥重力式桥墩

(1)第一种组合:按桥墩各截面上可能产生的最大竖向力进行组合。

将汽车车道均布荷载纵向布置在相邻的两跨桥孔上,并且将集中荷载布置在计算墩处,此时得到桥墩上最大的汽车竖向荷载,但偏心较小。该组合效应用来验算墩身强度和基底最大应力,除了考虑永久作用外,还应在相邻两跨布置汽车车道荷载和人群荷载,如图5.2.1a)所示。

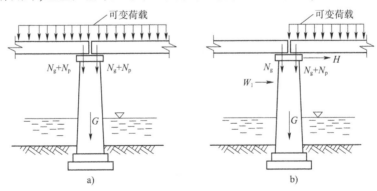

图 5.2.1　桥墩上纵向布载情况

(2)第二种组合:按桥墩各截面在顺桥方向上可能产生的最大偏心和最大弯矩进行组合。

当汽车车道荷载只布设在一孔桥跨上,同时有其他水平荷载如风力、船舶撞击力、水流压力和冰压力等作用在墩身上时,竖向荷载最小,而水平荷载引起的弯矩作用最大,可能使墩身截面产生较大的合力偏心距,对桥墩的稳定性最不利。该组合是用来验算墩身强度、基底应力、偏心以及桥墩稳定性的,组合时除了考虑永久作用外,还应在相邻两孔的一孔上(当为不等跨桥梁时则在跨径较大的一孔上)布置汽车车道荷载和人群荷载,以及可能产生的其他可变作用如纵向风力、汽车制动力和支座摩阻力等,如图 5.2.1b)所示。

(3)第三种组合:按桥墩各截面在横桥方向可能产生最大偏心和最大弯矩进行组合。

作用在桥上的汽车可能是一列或几列靠桥梁横断面一侧行驶,这时会产生最大的横向偏心距;也可能是多列满载,使竖向力较大,而横向偏心较小。

该组合用来验算横桥方向墩身强度、基底应力、偏心以及桥墩的稳定性。组合时除了考虑永久作用以外,一般应将汽车车道荷载和人群荷载偏于桥面的一侧布置,并考虑其他可变作用如横向风力、流水压力或冰力等,或者偶然作用中船只或漂浮物的撞击力等,如图 5.2.2 所示。

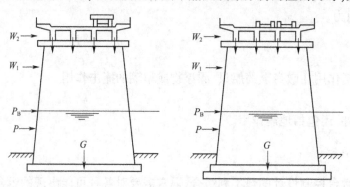

图 5.2.2　桥墩上横向布载情况

2)拱桥重力式桥墩

(1)顺桥方向作用及其效应组合。

对于普通桥墩,应考虑相邻两孔的永久作用,同时在一孔或跨径较大的一孔满布汽车车道荷载和人群荷载及其他可变作用中的汽车制动力、纵向风力、温度影响力等作用及其组合,并由此对桥墩产生的不平衡水平推力、竖向力和弯矩;对于单向推力墩,则只考虑相邻两孔中跨径较大一孔的永久作用效应,如图 5.2.3a)所示。

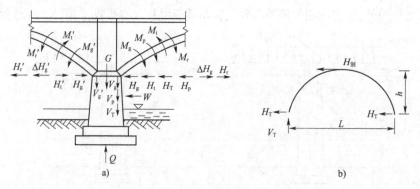

图 5.2.3　不等跨拱桥桥墩受力情况

图 5.2.3 中的符号意义如下:

G——桥墩自重;

Q——水的浮力(仅在验算稳定时考虑);

V_g、V_g'——相邻两孔拱脚处因结构自重产生的竖向反力;

V_p——与车道荷载产生的 H_p 最大值相对应的拱脚竖向反力,可按支点反力影响线求得;

V_T——由桥面处制动力 $H_制$ 引起的拱脚竖向反力,即 $V_T = \dfrac{H_制 h}{l}$,其中 h 为桥面至拱脚的高度,l 为拱的计算跨径[图 5.2.3b)];

H_g、H'_g——不计弹性压缩时在拱脚处由永久作用引起的水平推力;

ΔH_g、$\Delta H'_g$——由永久作用产生的弹性压缩所引起的拱脚水平推力,方向与 H_g 和 H'_g 相反;

H_P——在相邻两孔中较大的一孔上由车道荷载所引起的拱脚最大水平推力;

H_T——制动力引起在拱脚处的水平推力,按两个拱脚平均分配计算,即 $H_T = \dfrac{H_制}{2}$;

H_t、H'_t——温度变化引起在拱脚处的水平推力;

H_r、H'_r——拱圈材料收缩引起的拱脚水平拉力;

M_g、M'_g——由恒载引起的拱脚弯矩;

M_p——由车道荷载引起的拱脚弯矩,由于它是按 H_P 达到最大值时的车道荷载布置计算,故产生的拱脚弯矩很小,可以忽略不计;

M_t、M'_t——温度变化引起的拱脚弯矩;

M_r、M'_r——拱圈材料收缩引起的拱脚弯矩;

W——墩身纵向风力。

(2)横桥向作用及其效应组合。

在横桥方向作用于桥墩上的外力有风力、流水压力、冰压力、船只或漂浮物撞击力或地震力等。对于公路桥梁,横桥方向的受力验算一般不控制设计。

三、桥台计算作用及组合

1. 桥台作用

(1)永久作用。

①上部结构重力通过支座(或拱座)作用在台帽上的支承反力。

②桥台重力(包括台帽、台身、基础和土的重力)。

③混凝土收缩在拱座处引起的反力。

④水的浮力。

⑤台后土侧压力,宜以主动土压力计算,其大小与台后填土压实方式有关。

(2)可变作用。

①作用在上部结构上的汽车荷载,除对钢筋混凝土桩(或柱)式桥台应计入冲击力外,其他各类桥台均不计冲击力。

②人群荷载。

③活载引起的土侧压力。

④汽车荷载引起的制动力。

⑤上部结构因温度变化在支座(或拱座)上引起的摩阻力(或反力)。

与桥墩不同的是,由于桥台主体埋置在土体中,桥台无须计及纵、横向风力,流水压力,冰压力等作业。

(3)地震作用。

2. 作用效应组合

重力式桥台的计算与验算内容与重力式桥墩相似,包括验算台身截面强度、地基应力及桥台稳定性等,但对于桥台只需做顺桥方向的验算。故桥台在进行荷载布置及组合时,只考虑顺桥方向。

1)梁桥桥台荷载布置及组合

为了求得重力式桥台最不利作用效应组合,首先应确定车辆荷载的最不利布置情况。图 5.2.4 为车辆荷载沿顺桥向的三种布载方案:方案一是仅在桥跨结构上布置荷载;方案二是仅在台后破坏棱体上布置车辆荷载;方案三是在桥跨结构和台后破坏棱体上均布置车辆荷载。具体由哪一种荷载组合控制设计,需结合验算的具体内容经过分析比较后确定。

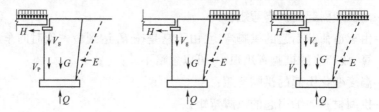

图 5.2.4 作用在梁桥桥台上的荷载

2)拱桥桥台荷载布置及组合

与梁桥重力式桥台相同,先进行最不利布载,再确定各种作用效应组合。对于单跨无铰拱的顺桥向活载布置,一般选用图 5.2.5 和图 5.2.6 的两种方案,即活载布置在台背后破坏棱体上和活载布置在桥跨结构上。

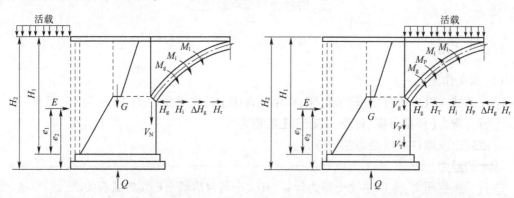

图 5.2.5 作用在拱桥桥台台后的荷载　　图 5.2.6 作用在拱桥桥跨结构上的荷载

图 5.2.4~图 5.2.6 中符号的意义同图 5.2.3。

以上所述的各种作用效应组合是对重力式墩台而言,对于其他形式的墩台,则需根据构造和受力特点进行具体分析,然后参照上述的一般原则,进行个别的作用效应组合。在进行作用效应组合时应注意以下两点:

(1)不论对于哪一种形式的桥墩,均应按承载能力极限状态的设计要求,进行作用效应组合。

(2)在进行作用效应组合时,有些可变作用实际上不可能同时出现或是同时参与组合的概率比较小,则不应同时考虑其作用效应组合。例如在计入汽车制动力时,不应同时计入流水压力、冰压力和支座摩阻力等,具体见《公路桥涵设计通用规范》(JTG D60—2015)有关规定。

第二节　重力式桥墩计算与验算

对于梁桥和拱桥重力式桥墩的计算,虽然其作用效应组合的内容稍有不同,但对某个墩身截面而言,这些外力都可以合成为竖向和水平方向的合力(用ΣN和ΣH表示)以及绕该截面$x\text{-}x$轴和$y\text{-}y$轴的弯矩(用ΣM_x和ΣM_y表示),如图5.2.7所示。因此,它们的验算内容和计算方法基本相同。

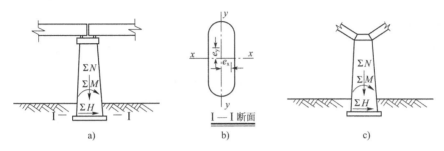

图5.2.7　墩身底截面强度验算

一、截面承载能力极限状态验算

重力式桥墩一般采用圬工材料建造,属轴心受压或偏心受压构件,结构采用以概率论为基础的极限状态设计方法,采用分项系数的设计表达式进行计算。在不利作用效应组合下,桥墩各控制截面的作用效应设计值应小于或等于结构的抗力效应设计值,其表达式为:

$$\gamma_0 S \leq R(f_d, a_d) \tag{5.2.1}$$

式中:γ_0——结构重要性系数,对应于一级、二级、三级的设计安全等级分别取用1.1、1.0、0.9。

S——作用效应组合设计值;

$R(\cdot)$——构件承载力设计值;

f_d——材料强度设计值;

a_d——几何参数设计值,可采用几何参数标准值a_k,即设计文件规定值。

墩台截面强度验算包括下列内容。

1. 验算截面选取

验算截面通常选取墩身的基础顶面与墩身截面突变处。对于悬臂式墩帽的墩身,应对与墩帽交界的墩身截面进行验算。当桥墩较高时,由于危险截面不一定在墩身底部,需沿墩身每隔2~3m选取一个验算截面。

2. 验算截面内力计算

按照各种组合分别对各验算截面计算其竖向力、水平力和弯矩(顺桥向和横桥向),得到相应的纵向力ΣN、水平力ΣH和弯矩ΣM。

3. 承载能力极限状态验算

按轴心或偏心受压构件验算墩身各截面的承载能力。对于砌体和混凝土结构,承载力应按《公路圬工桥涵设计规范》(JTG D61—2005)有关规定验算。如果不满足要求,应修改墩身截面尺寸后重新验算。

4. 截面偏心验算

桥墩承受偏心受压荷载时,各验算截面在各种组合下的偏心距 $e = \dfrac{\sum M}{\sum N}$ 均不应超过第三篇表 3.3.8 规定的限值。

5. 直接抗剪验算

当拱桥相邻两孔的推力不相等时,应验算拱座截面的抗剪强度,按下式计算:

$$\gamma_0 V_d \leq A f_{vd} + \frac{1}{1.4} \mu_f N_k \tag{5.2.2}$$

式中:V_d——剪力设计值;
A——受剪截面面积;
f_{vd}——砌体或混凝土抗剪强度设计值;
μ_f——摩擦因数,取 0.7;
N_k——与受剪截面垂直的压力标准值。

二、桥墩稳定性验算

桥墩稳定性验算一般包括纵向挠曲稳定性验算和整体稳定性验算。

第三篇在介绍拱圈截面承载力验算时,引入了偏心受压构件承载力影响系数 φ,该系数同时考虑了构件轴向力偏心矩和构件长细比的影响,而构件长细比反映了偏心受压构件在非弯曲平面内的稳定性。为此,桥墩纵向挠曲稳定性验算可参照第三篇拱桥主拱圈稳定性验算执行。

桥墩整体稳定性验算包括抗倾覆稳定性验算和抗滑动稳定性验算,可按《公路桥涵地基与基础设计规范》(JTG 3363—2019)有关规定计算。

1. 抗倾覆稳定性验算

图 5.2.8 为桥墩处于临界稳定平衡状态受力图,此时绕倾覆转动轴 A-A 取矩,令稳定力矩为正,倾覆力矩为负,则:

$$\sum P_i \cdot (s - e_i) - \sum (H_i \cdot h_i) = 0 \tag{5.2.3}$$

即:

$$s \cdot \sum P_i - \left[\sum (P_i \cdot e_i) + \sum (H_i \cdot h_i)\right] = 0 \tag{5.2.4}$$

上式左边第一项为稳定力矩,第二项为倾覆力矩。

由此可见,抵抗倾覆稳定系数 k_0 为:

$$k_0 = \frac{M_{稳}}{M_{倾}} = \frac{s \sum P_i}{\sum (P_i e_i) + \sum (H_i h_i)} = \frac{s}{e_0} \tag{5.2.5}$$

$$e_0 = \frac{\sum (P_i e_i) + \sum (H_i h_i)}{\sum P_i} \tag{5.2.6}$$

式中:$M_{稳}$——稳定力矩;
$M_{倾}$——倾覆力矩;

P_i——不考虑其分项系数和组合系数的作用标准值组合或偶然作用标准值组合引起的竖向力(kN);

e_i——竖向力 P_i 对验算截面重心的力臂(m);

H_i——不考虑其分项系数和组合系数的作用标准值组合或偶然作用标准值组合引起的水平力(kN);

s——在截面重心至合力作用点的延长线上,自截面重心至验算倾覆轴的距离(m);

e_0——所有外力的合力 R 在验算截面的作用点对基底重心轴的偏心距;

h_i——水平力对算截面的力臂(m)。

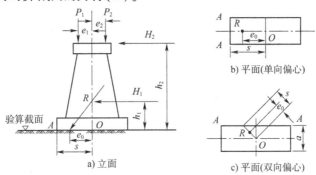

图 5.2.8 墩台基础的稳定验算示意图

注:对于矩形凹缺的多边形基础,其倾覆轴应取基底截面的外包线。

2. 抗滑动稳定性验算

桥涵墩台基础的抗滑稳定性系数 k_c,按下式验算:

$$k_c = \frac{\mu \sum P_i + \sum H_{ip}}{\sum H_{ia}} \qquad (5.2.7)$$

式中:$\sum P_i$——竖向力的总和;

$\sum H_{ip}$——抗滑稳定水平力总和;

$\sum H_{ia}$——滑动水平力总和;

μ——基础底面与地基土之间的摩擦因数,通过试验确定,当缺少实际资料时,可参照表 5.2.1 采用。

基底摩擦因数 μ 表 5.2.1

地基土分类	μ	地基土分类	μ
黏土(流塑~坚硬)、粉土	0.25~0.35	软岩(极软岩~较软岩)	0.40~0.60
砂土(粉砂~砾砂)	0.30~0.40	硬岩(较硬岩、坚硬岩)	0.60、0.70
碎石土(松散~密实)	0.40~0.50		

注:$\sum H_{ip}$ 和 $\sum H_{ia}$ 分别为两个相对方向的各自水平力总和,绝对值较大者为滑动水平力 $\sum H_{ia}$,另一为抗滑稳定力 $\sum H_{ip}$,$\mu \sum P_i$ 为抗滑稳定力。

验算墩台抗倾覆与抗滑动稳定性时,稳定性系数 k_0 和 k_c 分别不应小于表 5.2.2 和表 5.2.3 中所规定的最小值。同时,在验算倾覆稳定性和滑动稳定性时,应分别对常水位和设计水位两种情况考虑水的浮力。

墩台基础抗倾覆稳定性系数限值 表5.2.2

作用组合		抗倾覆稳定性系数限值
使用阶段	永久作用(不计混凝土收缩及徐变、浮力)和汽车、人群的标准值效应组合准值效应组合	1.5
	各种作用(不包括地震作用)的标准值效应组合	1.3
	施工阶段作用的标准值效应组合	1.2

墩台基础抗滑动稳定性系数限值 表5.2.3

作用组合		抗滑动稳定性系数限值
使用阶段	永久作用(不计混凝土收缩及徐变、浮力)和汽车、人群的标准值效应组合	1.3
	各种作用(不包括地震作用)的标准值效应组合	1.2
	施工阶段作用的标准值效应组合	1.2

三、相邻墩台均匀沉降差

当桥梁墩台修建于地质情况复杂、土质不均匀及承载力较差的地基上,以及相邻两跨跨径差别较大,而需计算沉降差或跨线桥净高需预先考虑沉降量时,均应计算其沉降。位于多层土上的墩台基础,其最终沉降量可采用分层总和法计算。

《公路圬工桥涵设计规范》(JTG D61—2005)规定:相邻墩台间均匀沉降差(不包括施工中的沉降)不应使桥面形成大于2‰的纵坡;超静定结构桥梁墩台间的均匀沉降差除满足上述要求外,尚应满足结构的受力要求。

四、基础底面地基承载力和偏心距验算

1. 基底承载力验算

基础地面地基承载力一般按轴心荷载和偏心荷载分别进行验算,当不考虑嵌固作用时,可按下式验算。

(1)当基底只承受轴心荷载时:

$$P = \frac{N}{A} \leq f_a \tag{5.2.8}$$

式中:P——基底平均压应力;

f_a——基底处修正后的持力层地基承载力特征值(kPa);

N——作用频遇组合或偶然组合在基底产生的竖向力;

A——基础底面面积。

(2)当基底偏心受压,承受竖向力 N 和绕 x 轴弯矩 M_x 与绕 y 轴弯矩 M_y 共同作用时,除满足式(5.2.6)外,尚应符合下列条件:

$$P_{\min}^{\max} = \frac{N}{A} \pm \frac{M_x}{W_x} \pm \frac{M_y}{W_y} \leq \gamma_R f_a \tag{5.2.9}$$

式中:$P_{\min}^{\max}$——基底最大、最小压应力;

γ_R——地基承载力容许值抗力系数,根据地基不同的受荷阶段,取 $\gamma_R = 1.0 \sim 1.5$;

M_x、M_y——作用于基底的水平力和竖向力绕 x 轴、y 轴对基底的弯矩;

W_x、W_y——基础底面偏心方向边缘绕 x 轴、y 轴的面积抵抗矩。

注:当基底单向偏心受压,取《公路桥涵地基与基础设计规范》3.0.6 条规定组合下,墩台的水平力和竖向力对基底重心轴的弯矩 M 和基础底面偏心方向面积抵抗矩 W 进行计标。

当偏心荷载的合力作用在基底截面核心半径 ρ 以内时,应验算偏心向的基底应力。当设置在基岩上的桥墩基底承受单向偏心荷载,其偏心距 e_0 超出核心半径时,其基底的一边将会出现拉应力,由于不考虑基底承受拉应力,故需按基底应力重分布(图5.2.9)重新验算基底最大压应力,其验算公式如下:

顺桥方向 $$P_{max} = \frac{2N}{ac_x} \leq \gamma_R f_a \qquad (5.2.10)$$

横桥方向 $$P_{max} = \frac{2N}{bc_y} \leq \gamma_R f_a \qquad (5.2.11)$$

式中:a、b——横桥方向和顺桥方向基础底面的边长;

c_x——顺桥方向验算时,基底受压面积在顺桥方向的长度,即 $c_x = 3(b/2 - e_x)$;

c_y——横桥方向验算时,基底受压面积在横桥方向的长度,即 $c_x = 3(b/2 - e_y)$;

e_x、e_y——合力在 x 轴和 y 轴方向的偏心距。

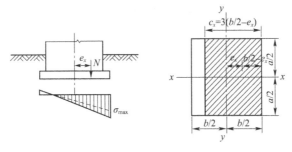

图 5.2.9 基底应力重分布

2. 基底偏心距验算

为了使恒载基底应力分布较均匀,防止基底最大压应力 P_{max} 与最小压应力 P_{min} 相差过大,导致基底产生不均匀沉陷,影响桥墩的正常使用,故在设计时,应对基底合力偏心距加以限制。在基础纵向和横向经其计算的荷载偏心距均应满足表 5.2.4 的要求。

墩台基底的合力偏心距容许值　　表 5.2.4

荷载情况	地基条件	$[e_0]$	备注
墩台仅承受永久作用标准值组合	非岩石地基	桥墩,0.1ρ	拱桥、刚构桥墩台,其合力作用点应尽量保持在基底重心附近
		桥台,0.75ρ	
墩台承受永久作用标准值组合或偶然作用标准组合	非岩石地基	ρ	拱桥单向推力墩不受限制,但应符合表 5.2.2 规定的抗倾覆稳定安全系数
	较破碎~极破碎岩石地基	1.2ρ	
	完整、较完整岩石地基	1.5ρ	

表 5.2.4 中各量须满足以下需求：

$$e_0 = \frac{\sum M}{N} \leqslant [e_0] \quad (5.2.12)$$

$$\rho = \frac{e_0}{1 - \frac{p_{\min} A}{N}} \quad (5.2.13)$$

$$\rho_{\min} = \frac{N}{A} - \frac{M_x}{W_x} - \frac{M_y}{W_y} \quad (5.2.14)$$

式中：ρ——墩台基础底面的核心半径；

W——墩台基础底面的截面模量；

A——墩台基础底面的面积；

N——作用于基础底面合力的竖向分力；

M——作用于墩台的水平力和竖向力对基底截面重心轴的弯矩；

$p_{\min}$——基底最小压应力，当为负值时表示拉应力；

e_0——N 作用点距截面重心的距离。

第三节 桩柱式桥墩计算

桩柱式桥墩的计算包括盖梁计算和柱(桩)身计算。

一、盖梁计算

1. 计算图式

桩柱式墩台通常采用钢筋混凝土构件。从构造上看，桩柱的钢筋伸入盖梁内，与盖梁的钢筋绑扎成整体，可认为盖梁与桩柱刚接成刚架结构，宜按刚架计算。盖梁的计算跨径宜取桩柱中心间距。

2. 作用效应

盖梁的作用效应包括上部结构永久作用引起的支点反力、盖梁自重、活载和施工吊装荷载以及桥墩沿纵向的水平力。

车道荷载的布置根据不同组合确定盖梁最不利受力情况，以求出支点最大反力作为活载对盖梁产生的作用效应。当活载对称布置时，可按偏心压力法(或刚接板梁法、铰接板梁法)计算；当盖梁为多根柱支承时，其内力计算可按考虑桩柱支承宽度对削减负弯矩尖峰的影响。桥墩沿纵向承受的水平力包括制动力、温度力、支座摩阻力以及地震力等。

3. 内力计算

公路桥梁桩柱式墩台的帽梁通常采用双悬臂式，计算时控制截面应选取支点和跨中截面。在计算支点负弯矩时，应采用非对称布置活载与恒载的反力；在计算跨中正弯矩时，应采用对称布置活载与恒载的反力。桥墩沿纵向的水平力以及当盖梁沿桥纵向设置两排支座时，上部结构活载的偏心对盖梁将产生力矩，应予以计入。

4. 配筋设计

盖梁配筋设计应符合《公路钢筋混凝土及预应力混凝土桥涵设计规范》(JTG 3362—2018)的有关规定。其中,当盖梁跨中部分的跨高比 $l/h>5.0$ 时,按该规范中第 5~7 章钢筋混凝土一般构件进行计算;当盖梁跨中部分的跨高比 $2.5<l/h\leqslant5.0$ 时,按该规范中第 8.4.3~8.4.5 条进行承载力验算;盖梁(墩帽)的悬臂部分可按该规范第 8.4.6 条和第 8.4.7 条进行承载力验算。

在此不再赘述结构设计的具体方法。

5. 裂缝宽度与挠度验算

当盖梁跨中部分的跨高比为 $2.5<l/h\leqslant5.0$ 时,钢筋混凝土盖梁的最大裂缝宽度按《公路钢筋混凝土及预应力混凝土桥涵设计规范》(JTG 3362—2018)第 6.4.3 条的公式计算,但其中系数 C_3 取为 $\frac{1}{3}\left(\frac{0.4l}{h}+1\right)$,并不应超过第 6.4.2 条的限值。

当盖梁跨中部分的跨高比 >5.0 时,钢筋混凝土盖梁宜按《公路钢筋混凝土及预应力混凝土桥涵设计规范》(JTG 3362—2018)第 6.5 节的规定进行挠度验算。

二、柱(桩)身计算

1. 作用

桥墩桩柱承受的作用包括上部结构永久作用与盖梁永久作用引起的反力以及柱身自重,按设计荷载等级进行活载横向布置得到的最不利作用效应组合;桥墩承受的支座摩阻力和汽车制动力等水平力。

2. 内力计算

根据作用效应最不利组合确定柱顶竖向反力和水平力设计值,对于单柱式墩,计算弯矩应考虑两个方向弯矩的合力。有关活载横向分布计算同盖梁。

3. 配筋设计

墩柱配筋设计一般按照偏心受压构件进行配筋设计和承载力验算,具体方法和要求同盖梁。

4. 抗裂验算

钢筋混凝土圆形和环形截面偏心受压构件的最大裂缝宽度计算,应符合《公路钢筋混凝土及预应力混凝土桥涵设计规范》(JTG 3362—2018)的有关规定。

有关桩基础的设计计算可参照《基础工程》教材与相应的规范进行。

第四节　柔性排架墩计算

柔性排架墩多用于中、小跨径桥梁。当桥跨结构采用连续构造和变形不够完善的支座

(如油毛毡垫层)时,可近似地按多跨铰接框架结构图式进行计算,如图 5.2.10a)所示。但目前我国公路桥梁中,较多地采用了具有较大摩阻力的板式橡胶支座,该类支座在水平力的作用下,一般发生较小的水平向剪切变形,故它可按在节点处设置水平弹簧支承的框架结构图式进行计算,如图 5.2.10b)所示。下面简要介绍柔性排架墩的受力原理与设计方法。

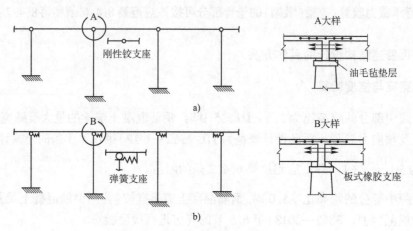

图 5.2.10　梁桥柔性排架墩计算图

一、基本假定

(1)柔性排架墩视为下端固结、上端铰接的超静定梁。柔性墩结构及计算图式如图 5.2.11 所示。

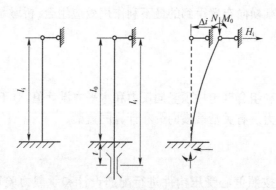

图 5.2.11　柔性墩结构及计算图

(2)外荷载除汽车荷载外,应计入汽车制动力、温度影响力作用,必要时还包括墩身受到的风力;但梁身混凝土的收缩、徐变等次要因素可忽略不计。

(3)计算制动力时,各墩台受力按墩顶抗推刚度分配。在计算土压力时,如设有实体刚性墩台,则全部由刚性墩台承受;如均为柔性墩,则由岸墩承受土压力,并假定此时各个墩顶与上部结构之间不发生相对位移。

(4)计算温度变形时,墩对梁产生的竖向弹性拉伸或压缩影响忽略不计,而只计桩墩顶部水平力对桩墩所引起的弯矩影响。

(5)在计算梁墩之间橡胶支座的水平力剪切变形时,忽略因梁体的偏转角 θ 对它的影响。

二、计算步骤

1. 桥墩抗推刚度 $k_{墩i}$ 计算

桥墩抗推刚度 $k_{墩i}$ 是指使墩顶产生单位水平位移所需施加的水平反力：

$$k_{墩i} = \frac{1}{\delta_i} \tag{5.2.15}$$

当墩柱下端固定在基础或承台顶面时：

$$\delta_i = \frac{l_i^3}{3EI} \tag{5.2.16}$$

式中：δ_i——单位水平力作用在第 i 个柔性墩顶产生的水平位移(m/kN)；

l_i——第 i 墩柱下端固接处到墩顶的高度(m)；

I——墩身横截面对形心轴的惯性矩(m^4)；

E——抗压弹性模量。

当考虑桩侧土的弹性抗力时，δ_i 则按桩基础的有关公式计算。

2. 橡胶支座抗推刚度 $k_{支}$ 计算

由材料力学可知，剪应力 τ 与剪切角 γ 的关系为(图5.2.12)：

$$\tau = G\gamma \tag{5.2.17}$$

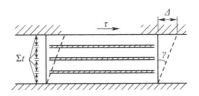

图 5.2.12 板式橡胶支座的剪切变形

根据水平剪切方向力的平衡和变形协调，可得到以下关系：

$$\begin{cases} \sum A_{支} \cdot \tau = H \\ \sum t \cdot \gamma = \sum t \cdot \tan\gamma = \Delta \end{cases} \tag{5.2.18}$$

经整理简化后，则得支座抗推刚度为：

$$k_{支} = \frac{H}{\Delta} = \frac{G \sum A_{支}}{\sum t} \tag{5.2.19}$$

式中：G——橡胶材料的剪切模量；

$\sum t$——橡胶片的总厚度；

$\sum A_{支}$——支座承压面积的总和；

H、Δ——水平力和相应剪切位移。

3. 墩与支座的组合抗推刚度 k_{Zi}

$$k_{Zi} = \frac{1}{\delta_{Zi}} = \frac{1}{\delta_{墩i} + \delta_{支i}} = \frac{1}{\dfrac{1}{k_{墩i} + k_{支i}}} \tag{5.2.20}$$

式中：$k_{支i}$——支座的拉推刚度。

4. 墩顶制动力计算

$$H_{iT} = \frac{k_{Zi}}{\sum k_{Zi}} T \quad (5.2.21)$$

式中：H_{iT}——作用在第 i 墩台的制动力(kN)；
T——全桥(或一联)承受的制动力(kN)。

于是墩顶水平位移 Δ_{iT} 为：

$$\Delta_{iT} = \frac{H_{iT}}{k_{Zi}} \quad (5.2.22)$$

5. 梁的温度变形引起水平力

当温度下降时，桥梁上部结构将缩短，两岸边排架向河心偏移；当温度上升时，桥梁上部结构将伸长，两岸边排架向路堤偏移。因此，无论温度升高或降低，必然存在一个温度变化时偏移值等于零的位置 x_0（称为温度中心）。在求排架的偏移值时，需先求出这个位置（图 5.2.13）。

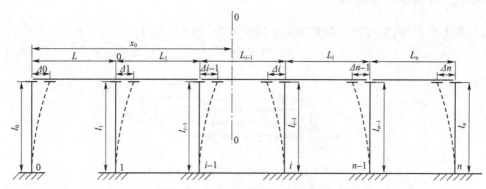

图 5.2.13 温度变化时柔性墩的偏移图示

图中：x_0——温度中心位置 0-0 线至 0 号排架的距离；
i——桩的序号，$i = 0,1,2,\cdots,n$，n 为总排架数减 1；
L_i——第 i 跨的跨径。

如果用 $x_1,x_2,x_3,\cdots,x_i$ 表示自 0-0 线至 1,2,3$\cdots$,i 号排架的距离，则得各墩顶部由温度变化引起的水平位移为：

$$\Delta_{it} = \alpha \Delta t x_i \quad (5.2.23)$$

式中：α——上部结构的线膨胀系数；
Δt——温度升降的幅值。
Δ_{it}、x_i——均带有正负号，以自 0-0 线指向 x 轴正轴为正。

$$x_i = x_0 - (L_1 + L_2 + \cdots + L_i) = x_0 - \sum_{j=1}^{i} L_j \quad (5.2.24)$$

各排架墩顶所受的温度力为：

$$H_{it} = k_{Zi} \Delta_{it} \quad (5.2.25)$$

在温度变化作用下，各墩顶水平力之和必为零，即：

$$\sum_{i=0}^{n} H_{it} = 0 \tag{5.2.26}$$

联立解式(5.2.16)~式(5.2.19),得到:

$$x_0 = \frac{\sum_{i=1}^{n} k_{Zi}(\sum_{j=1}^{i} L_j)}{\sum_{i=1}^{n} k_{Zi}} \tag{5.2.27}$$

当各跨跨径相同(均为 L 时)有:

$$x_0 = \frac{\sum_{i=1}^{n} k_{Zi}(iL)}{\sum_{i=0}^{n} k_{Zi}} = \frac{\sum_{i=1}^{n} i k_{Zi}}{\sum_{i=0}^{n} k_{Zi}} L \tag{5.2.28}$$

6. 由墩顶不平衡弯矩 M_0 产生的水平位移 Δ_{iM}

$$\Delta_{iM} = \frac{M_0 l_i^2}{2EI} \tag{5.2.29}$$

7. 计入 N 和墩身自重 $q_自$ 影响,但不计入支座约束影响的墩顶总水平位移 a

这是一个几何非线性问题,可应用瑞雷王里兹法和最小势能原理求其近似解。即首先假定此悬臂墩的近似变形曲线为(图5.2.14):

$$y = a\left[1 - \sin\left(\frac{\pi x}{2l}\right)\right] \tag{5.2.30}$$

式中:a——待定的最终水平位移,它是一个常数。

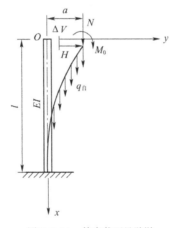

图 5.2.14 等直截面悬臂墩

设此结构由应变能 U 和外力势能 V_E 构成的总势能 $\Pi(U + V_E)$ 为最小,经过变分运算,可以得到此 a 值:

$$a = \frac{H + M_0\left(\dfrac{\pi}{2l}\right)}{\dfrac{l}{8}\left[\dfrac{EI}{4}\left(\dfrac{\pi}{l}\right)^4 - \left(N + \dfrac{q_自 l}{3}\right)\left(\dfrac{\pi}{l}\right)^2\right]} \tag{5.2.31}$$

式中:$q_自$——墩身自重;
  H——作用于墩顶处的水平力,其作用方向与 y 轴一致者为正,反之为负;

M_0——作用于墩顶处的不平衡力矩,若由它引起的墩顶水平位移与 H 的效应一致时,则取与 H 同号;反之,则取与 H 异号。

8. 计入板式橡胶支座约束影响后的桩墩计算

由图 5.2.15b)可以看出:每个桥墩的顶部并非完全自由,而是受到板式橡胶支座的弹性约束。梁体上的水平力通过板式支座与墩、梁接触面的摩阻力传递至桥墩,它既使墩顶产生水平位移,又使板式支座产生剪切变形,如图 5.2.15b)所示。当梁体完成了这个水平力的传递以后,梁体便处于暂时的稳定状态。这时由于轴力 N 和墩身自重 $q_{自}$ 的影响,将使墩顶产生附加变形 δ。于是,板式橡胶支座由原来传递水平力的功能转变为抵抗墩顶继续变形的功能;当墩身很柔时,有可能使支座原来的剪切变形先恢复到零,再逐渐过渡到反向状态,如图 5.2.15c)所示。根据这个工作机理,便可将每座桥墩的受力状态[图 5.2.16a)]分解为两个工作状态的组合。

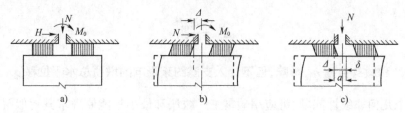

图 5.2.15　板式橡胶支座工作原理

(1)不计几何非线性效应的普通悬臂墩[图 5.2.16b)],它可按墩顶上的各外力先分别计算,然后进行内力或变形的叠加。

(2)将支座模拟为具有刚度为 $k_{支}$ 的弹簧支承,将引起几何非线性效应影响的轴力换算为由桥墩与支座共同来承担的等效附加水平力 $H_{效}$,如图 5.2.16c)所示。该等效附加水平力可按下式计算:

$$H_{效i} = k_{墩i}(\alpha_i - \Delta_{iM}) - H_i \tag{5.2.32}$$

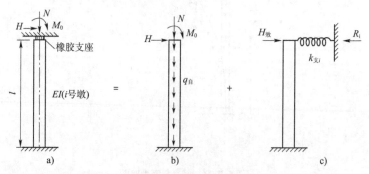

图 5.2.16　考虑几何非线性效应的计算模型

由此可以得到墩顶处的附加水平位移 δ,即:

$$\delta = \frac{H_{效i}}{k_{墩i} + k_{支i}} \tag{5.2.33}$$

由墩顶分担的附加水平力 $H'_{效i}$ 为:

$$H'_{效i} = k_{墩i}\delta \tag{5.2.34}$$

由弹簧支承分担的附加水平力 $H''_{效i}$ 或支反力 R_i 为:

$$H''_{效i} = R_i = k_{支i}\delta \tag{5.2.35}$$

9. 几何非线性效整体分析

当确定出在一种工况下各墩顶处的等效附加水平力 $H_{效i}$ 之后，便可将它们布置到如图 5.2.10b) 所示的图式中进行整体分析。这里要考虑下列三种边界条件：

(1) 当一联结构的两端为固定式桥台并设置板式橡胶支座时，则按图 5.2.17a) 所示的图式进行分析。

(2) 当其两端为柔性温度墩和板式橡胶支座时，则按如图 5.2.17b) 所示的图式进行分析。

(3) 两端设置的是摩阻力更小的聚四氟乙烯滑板支座时，则按如图 5.2.17c) 所示的两端为活动铰支座的图式进行分析。

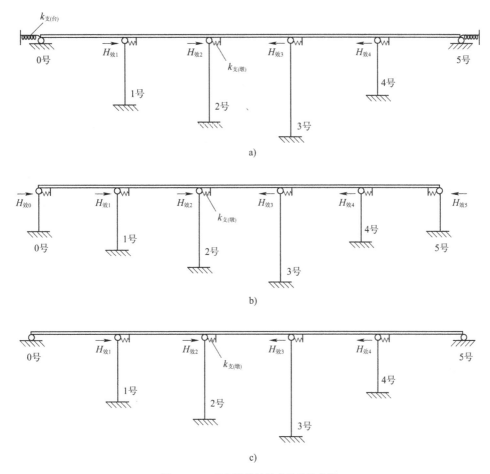

图 5.2.17 几何非线性效应的整体分析

上述任何一种图式均可应用力法或者普通平面杆系有限元法的程序来完成分析，以求得各水平弹簧支承反力。各桥墩所得到的实际附加水平力为 $H_{效i}$ 与弹簧支承反力的代数和。然后，将此实际附加水平力叠加到图 5.2.16b) 中的 H 中去，便可得到该桥墩在考虑几何非线性效应后的内力值。

以上是柔性排架墩的一般计算步骤和方法。对于不同的桥墩，应分别按不同的工况进行最不利作用组合，得到控制设计内力值。工程中有时为了简化分析，也可以偏安全地不考虑橡胶支座弹性抗力的有利影响，即按式 (5.2.31) 得到的结果来确定截面内力。

顺便指出,上述的计算步骤和公式同样适用于设置板式橡胶支座的中、小跨径连续梁。由于连续梁的各中墩均只有一排支座,理论上可以认为墩顶的不平衡力矩 $M_0=0$,并代入相应的公式即可。

三、工程实例

【例 5.2.1】 图 5.2.18 所示为一五孔连续梁桥,单孔跨径 $L=20\text{m}$,桥宽 9m,按单向双车道设计,钢筋混凝土双圆柱式墩($D=1.0\text{m}$),混凝土强度等级为 C30,扩大基础落在基岩上。桥面连续,每座桥墩顶面均布置两排直径为 20cm 的普通板式橡胶支座,每排 12 个支座,而 0 号桥台和 5 号桥台各设置 1 排,橡胶支座 $\sum t=4\text{cm}$、$G=1.1\text{MPa}$。试计算其中的 3 号桥墩在下列荷载条件下的等效附加水平力 $H_{效}$。

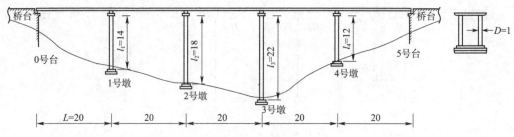

图 5.2.18 连续梁桥总体布置(尺寸单位:m)

作用取值:
(1)温度作用按温降 25°C 考虑。
(2)设计荷载等级:公路-Ⅱ级荷载。
(3)传至墩顶的(恒载+活载)竖向力:$N=3100\text{kN}$。
(4)墩顶因活载引起的不平衡力矩:$M_0=208\text{kN}\cdot\text{m}$(逆时针方向)。
(5)墩身平均荷载集度(包括盖梁):$q_自=40\text{kN/m}$。

解:(1)计算桥墩抗推刚度 $k_{墩i}$。

C30 混凝土弹性模量:$E=3\times10^4\text{MPa}=3\times10^7(\text{kN/m}^2)$

桥墩顺桥向抗弯惯性矩为:$I=2\times\dfrac{\pi D^4}{64}=2\times\dfrac{\pi\times 1}{64}=\dfrac{\pi}{32}(\text{m}^4)$

各墩抗推刚度 $k_{墩i}$:

$$k_{墩1}=\frac{3EI}{l^3}=\frac{3\times 3\times 10^7\times\dfrac{\pi}{32}}{14^3}=3220(\text{kN/m})$$

同理得 $k_{墩2}=1515\text{kN/m}$;$k_{墩3}=829.8\text{kN/m}$;$k_{墩4}=5113.3\text{kN/m}$

(2)板式橡胶支座抗推刚度 $k_支$。

由式(5.2.23)得:

$$k_支=\frac{G\cdot\sum A_支}{\sum t}=\frac{1100\times 24\times\pi\times 0.2^2/4}{0.04}=20734.5(\text{kN/m})$$

(3)各墩组合抗推刚度 k_{Zi}。

按式(5.2.24)得:

$$k_{Z1}=\frac{1}{\dfrac{1}{3220}+\dfrac{1}{20734.5}}=2787.16(\text{kN/m})$$

同理得 $k_{Z2} = 1411.84 \text{kN/m}; k_{Z3} = 797.87 \text{kN/m}; k_{Z4} = 4101.77 \text{kN/m}$

$$k_{Z0} = k_{Z5} = k_{支} = \frac{20734.5}{2} = 10367.3(\text{kN/m})$$

(4)温度影响力计算。

①确定温度偏移值为零位置。

如图5.2.19所示,以0-0线为原点,令0-0线距离0号桥台支座中心的距离为x_0,由式(5.2.32)得:

$$x_0 = \frac{\sum_{i=1}^{5} i k_{Zi}}{\sum_{i=0}^{5} k_{Zi}} = \frac{k_{Z1} + 2k_{Z2} + 3k_{Z3} + 4k_{Z4} + 5k_{Z5}}{k_{Z0} + k_{Z1} + k_{Z2} + k_{Z3} + k_{Z4} + k_{Z5}} L = \frac{76248.03}{29833.14} \times 20 \approx 51.11(\text{m})$$

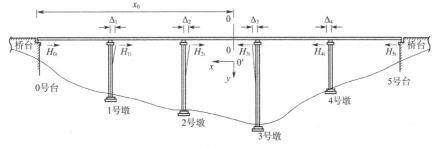

图5.2.19 温度作用下全桥变形示意图(尺寸单位:m)

②求3号墩墩顶位移量。

由式(5.2.28)可算出3号墩至温度偏移零点距离:

$x_3 = 51.11 - 3 \times 20 = -8.89(\text{m})$

混凝土线膨胀系数:$\alpha = 1 \times 10^{-5}$

由式(5.2.27)得3号墩墩顶位移值:

$\Delta_{3t} = \alpha \Delta t x_3 = 1 \times 10^{-5} \times (-25) \times (-8.89) = 2.223 \times 10^{-3}(\text{m})$ (指向左岸)

③3号墩承受的温度影响力H_{3t}。

$H_{3t} = k_{Z3} \cdot \Delta_{3t} = 797.87 \times 2.223 \times 10^{-3} = 1.773(\text{kN})$ (指向左岸)

(5)汽车制动力计算。

①求汽车制动力。

公路-Ⅱ级车道荷载的均布荷载:$q_k = 0.75 \times 10.5 = 7.9(\text{kN/m})$

集中荷载:$P_k = 0.75 \times \left[270 + \frac{360 - 270}{50 - 5} \times (20 - 5)\right] = 225(\text{kN})$

制动力取全桥加载长度上总重力的10%。将车道荷载满布于桥跨方向(图5.2.20)。由于本桥按单向双车道设计,汽车荷载制动力标准值为一个设计车道制动力标准值的两倍,即:

$T = 2 \times [(5 \times 20) \times q_k + 225] \times 10\% = 2 \times [(5 \times 20) \times 7.9 + 225] \times 10\% = 203(\text{kN})$,并不得小于90kN。

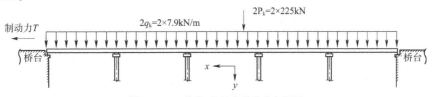

图5.2.20 公路-Ⅱ级车道荷载布置图

经比较,取 $T=203\text{kN}$。

②汽车向左行驶时制动力分配。

按式(5.2.25)计算:

$$H_{iT} = \frac{k_{Zi}}{\sum k_{Zi}}T$$

对于3号墩:当车辆向左行驶时,其制动力方向与降温影响力一致:

$$H_{3T} = \frac{797.87}{29833.14} \times 203 = 5.429(\text{kN})$$

其水平位移为:

$$\Delta_{3T} = \frac{H_{3T}}{k_{Z3}} = \frac{5.429}{797.87} = 6.804 \times 10^{-3}(\text{m})$$

③汽车向右行驶时的制动力分配。

只需将向左行驶的计算值取反号即得:

$$H_{3T} = 5.429(\text{kN})$$
$$\Delta_{3T} = -6.804 \times 10^{-3}(\text{m})$$

(H_{3T}、Δ_{3T} 均带有正负号,以指向 x 轴正方向为正)

(6)3号墩墩顶不平衡力矩 M_0 引起水平位移。

$$\Delta_{3M} = \frac{M_0 l_3^2}{2EI} = \frac{208 \times 22^2}{2 \times 3 \times 10^7 \times \pi/32} = 0.01709 = 17.09 \times 10^{-3}(\text{m}) \quad (\text{指向左岸})$$

(7)不计轴力影响3号墩墩顶水平力 H_3 汇总。

汽车向左行驶: $H_3 = H_t + H_{3T} = 1.773 + 5.429 = 7.202(\text{kN})$

汽车向右行驶: $H_3 = H_t + H_{3T} = 1.773 - 5.429 = -3.656(\text{kN})$

显然最不利的情况为考虑汽车向左行驶的制动力,此时 $H_3 = 7.202\text{kN}$。

(8)计入轴力 N 及墩身自重 $q_{自}$ 影响墩顶水平位移。

3号墩墩顶总水平位移 a_3 可按式(5.2.31)计算(只考虑汽车向左行驶):

$$a_3 = \frac{7.202 + 208 \times \frac{\pi}{2 \times 22}}{\frac{22}{8}\left[\frac{3 \times 10^7 \times \pi/32}{4}\left(\frac{\pi}{22}\right)^4 - \left(3100 + \frac{40 \times 22}{3}\right)\left(\frac{\pi}{22}\right)^2\right]}$$

$$= 0.26272 = 26.72 \times 10^{-3}(\text{m}) \quad (\text{指向左岸})$$

(9)由几何非线性效应产生等效附加水平力 $H_{效3}$:

按式(5.2.29)得3号墩处的等效水平力:

$$H_{效3} = 829.8 \times (0.02672 - 0.01709) - 7.202 = 0.789(\text{kN})$$

按照上述同样的步骤分别计算其他各墩的等效附加水平力 $H_{效i}$ 之后,便可采用图5.2.17a)的计算模型进行几何非线性效应的整体分析,以确定每个桥墩的附加水平力。

第五节　空心薄壁桥墩计算

空心薄壁桥墩一般用于高墩大跨径桥梁中,其结构类型、截面形式等选用,应根据墩高、上部结构形式、桥位处地形、地质等条件及施工方法等综合确定。

空心薄壁桥墩属于壳体结构,其受力与实体墩有一定差别,可视为空间壳体或组合板结构

(按壁厚大小区分)。理论分析和模型试验表明:对于空心高墩,可按悬臂梁式长壳结构图式进行计算。从国内已建成的混凝土和钢筋混凝土空心墩来看,t/D 一般为 $1/8 \sim 1/6$,大于薄壁判别值 $1/10$ 时不必按壳体计算。通常空心墩设计可按一般材料力学方法计算其应力和墩顶位移。

一、承载力和稳定计算

空心薄壁桥墩承载力计算,按钢筋混凝土偏心受压构件验算截面混凝土和钢筋强度和整体稳定性。计算应力时,不考虑应力重分布和截面合力偏心距的要求。

二、墩顶位移计算

空心薄壁桥墩墩顶位移时,应考虑温差产生的位移。此时顶位移应包括外力(如离心力、制动力、偏心作用的竖向力等)引起的水平位移、日照作用下向阳面和背阳面温差引起的位移,以及地基不均匀沉降产生的墩顶位移。

1. 动力作用下位移值 Δ 计算

设计时将墩视为固定在地基上的一等(或变)截面悬臂杆件。

(1)制动力及梁上风力作用下墩顶位移计算[图 5.2.21a)]:

$$y_1 = \frac{Pl^3}{3EI} \tag{5.2.36}$$

(2)风力作用下墩顶位移计算[图 5.2.21b)]:

$$y_1 = \frac{ql^4}{8EI} \tag{5.2.37}$$

(3)弯矩作用下墩顶位移计算[图 5.2.21c)]:

$$y_3 = \frac{M_0 l^2}{2EI} \tag{5.2.38}$$

式中:P——墩顶集中力;

l——桥墩高度;

E——弹性模量;

I——截面惯性矩;

q——均布荷载;

M_0——墩顶集中弯矩。

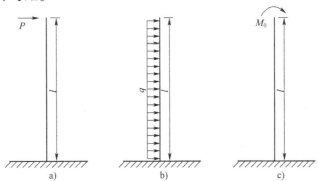

图 5.2.21 墩顶位移计算图

2. 温度位移

日照引起的桥墩温度位移是不可忽视的,但目前对其尚无统一的计算公式。当墩顶无支承约束时,最大墩顶位移 Δ_{max} 按下式计算：

$$\Delta_{max} = \frac{\alpha T_0 H^2}{2 I_0}(bK_4 - bC_4) \tag{5.2.39}$$

式中：H——墩高；

α——钢筋混凝土的膨胀系数,$\alpha = 1 \times 10^{-5}/℃$；

T_0——墩身截面的最大温差；

b——截面宽度；

$K_4 \smash、C_4$——常数；

I_0——墩身截面重心轴惯性矩。

$$C_1 = \frac{e^{-a8} - e^{-a(h-8)}}{a}; C_2 = \frac{e^{-a8} \cdot (1+a\delta) - e^{-a(h-8)} \cdot [1 + a(h-8)]}{a^2}; C_3 = \frac{C_2}{C_1}; C_4 = C_1(n - C_3)$$

$$K_1 = \frac{1 - e^{ab}}{a}; K_2 = \frac{1 - e^{ab}(1 + ah)}{a}; K_3 = \frac{K_2}{K_1}; K_4 = K_1(n - K_3)$$

式中：h——桥墩顺桥向宽度；

a——指数,取 10。

墩顶总的水平位移必须满足墩顶水平位移的容许极限值($\Delta = 0.5\sqrt{L}$)的要求。

第六节 桥台计算

桥台计算与桥墩计算最大的区别是需考虑桥台后方填土压力作用。

一、重力式桥台计算

重力式桥台计算及验算内容与重力式桥墩相似,包括验算台身截面强度、地基应力及桥台稳定性等。

桥台台身承载能力、基底承载力、偏心距及桥台稳定性验算和桥墩相同。当 U 形桥台两侧墙宽度之和不小于同一水平截面前墙全长的 0.4 倍时,可按 U 形整体截面验算截面强度。当 U 形桥台前墙设有沉降缝或伸缩缝时,分隔的前墙和侧墙墙身或基础应分别按独立墙验算截面强度。

二、梁桥轻型桥台计算特点

设有支撑梁的梁桥薄壁轻型桥台,是利用桥跨结构和底部支撑梁作为桥台与桥台(或者桥台与桥墩)之间的支撑形成四铰框架受力体系,以防止桥台受路堤土侧压力作用而向河心方向移动。这类桥台(例一字形桥台)计算主要包括三项内容：①桥台(顺桥向)在侧向土压力作用下,台身作为竖梁进行截面承载能力极限状态验算；②桥台(包括基础)在竖向荷载作用下,横桥向作为一根弹性地基短梁进行截面承载能力极限状态验算；③基础底面下地基应力验算。

1. 桥台作为竖梁时强度计算

通常取单位桥台宽度进行验算,计算步骤为:

(1)计算截面处竖直力 N。

截面处竖直力主要由以下三项荷载组成:①桥跨结构恒载在单位宽度桥台上的支点反力 N_1;②单位宽度台帽的自重 N_2;③验算截面以上单位宽度台身的自重 N_3。即 $N = N_1 + N_2 + N_3$。

(2)土压力计算。

计算土压力时,对桥台最不利作用效应组合是桥上无车辆荷载、台背填土破坏棱体上作用车辆荷载,如图 5.2.22a)所示。

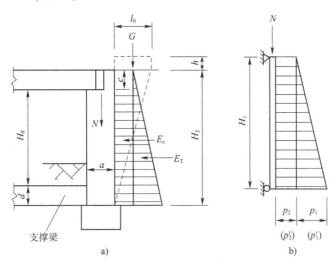

图 5.2.22　土压力及计算图式

①计算宽度为 B 的桥台由填土本身引起主动土压力 E_T。
该主动土压力呈三角形分布,其计算公式为:

$$E_T = \frac{1}{2} B \mu \gamma H_2^2 \tag{5.2.40}$$

$$\mu = \frac{\cos^2(\varphi_\alpha)}{\cos^2\alpha \cdot \cos(\sigma+\delta)\left[1+\sqrt{\frac{\sin(\varphi+\delta)\sin(\varphi-\beta)}{\cos(\alpha+\delta)\cos(\alpha-\beta)}}\right]} \tag{5.2.41}$$

②计算宽度为 B 的桥台由车辆荷载引起土压力 E_c。

当土层特性无变化,由车辆荷载引起的土压力呈均匀分布,其标准值在 $\beta = 0°$ 时可按下式计算:

$$E_c = B\mu\gamma H_2 h \tag{5.2.42}$$

③总土压力标准值 E。

$$E = E_T + E_c \tag{5.2.43}$$

④等代土厚度 h。

$$h = \frac{\sum G}{Bl_0\gamma} \tag{5.2.44}$$

式中:γ——台后填土重度;

φ——土的内摩擦角；

β——填土表面与水平面的夹角；

α——桥台或挡土墙与竖直面的夹角；

δ——台背或墙背与填土间的摩擦角；

$\sum G$——布置在 $B \times l$ 面积内的车轮或履带重；

B——桥台计算宽度；

H_2——计算土层高度；

l_0——后台填土的破坏棱体长度，按以下计算：

$$l_0 = H_2 \tan\theta \tag{5.2.45}$$

式中：θ——当 $\beta = 0°$ 时，破坏棱体破裂面与竖直线间夹角。

(3) 台身内力计算。

①计算图式。

台身按上下铰接的简支梁计算，如图 5.2.22b) 所示。对于有台背的桥台，因上部结构与台背间的缝隙已用砂浆或小石子混凝土填实，具有可靠的支撑作用。因此，台身受弯时计算跨径为：

$$H_1 = H_0 + \frac{1}{2}d + \frac{1}{2}c \tag{5.2.46}$$

式中：H_0——桥跨结构与支撑梁间的净距；

d——支撑梁的高度；

c——桥台背墙的高度。

受剪计算时计算跨径则取 H_0。

②内力计算。

在计算截面弯矩 M 时，轴力 N 的影响可忽略不计，只在强度验算中加以考虑。对于跨中截面，其弯矩为：

$$M = \frac{1}{8}p_2'H_1^2 + \frac{1}{16}p_1'H_0 \tag{5.2.47}$$

在台帽顶部截面的剪力：

$$Q = \frac{1}{2}P_2'H_0 + \frac{1}{6}P_1'H_0 \tag{5.2.48}$$

在支撑梁顶面处的剪力：

$$Q = \frac{1}{2}p_2'H_0 + \frac{1}{3}p_1'H_0 \tag{5.2.49}$$

式中：p_1、p_2——受弯计算跨径 H_1 处土压力强度；

P_1'、P_2'——受剪计算跨径 H_0 处土压力强度。

③截面强度验算。

按《公路钢筋混凝土及预应力混凝土桥涵设计规范》(JTG 3362—2018)有关公式，进行跨中截面抗压强度和支点截面抗剪强度验算。

2. 桥台在本身平面内弯曲验算

轻型桥台是一较长的平直薄墙，在竖向荷载作用下，本身平面内发生弯曲，弯曲的程度与地基的变形系数 α 有关，如图 5.2.23 所示。

当桥台长度 $L > 4/\alpha$ 时,把桥台当作支承在弹性地基上的无限长梁计算;当 $L < 1.2/\alpha$ 时,把桥台当作支承在弹性地基上的刚性梁计算(即不考虑桥台在本身平面内发生弯曲);当 $4/\alpha > L > 1.2/\alpha$ 时,把桥台当作支承在弹性地基上的短梁计算。在一般情况下,轻型桥台的长度大多处于 $4/\alpha$ 和 $1.2/\alpha$ 之间,因此,这里仅介绍按短梁计算的公式。

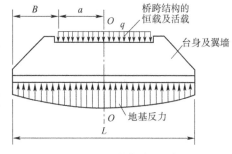

图 5.2.23 桥台受力图式

设梁上作用着一段对称均布荷载,则梁的最大弯矩产生在中点,其计算公式为:

$$M_{1/2} = \frac{q}{2\beta^2}\left(\frac{\mathrm{ch}\beta l - 1}{\mathrm{sh}\beta l + \sin\beta l}\mathrm{ch}\beta a \sin\beta a + \frac{1-\cos\beta l}{\mathrm{sh}\beta l + \sin\beta l}\mathrm{sh}\beta a \cos\beta a - \mathrm{sh}\beta a \sin\beta a\right) \quad (5.2.50)$$

式中:l——基础长度;
　　　a——桥台中心线至分布荷载边缘的距离;
　　　β——特征系数,其计算公式为:

$$\beta = \sqrt[4]{\frac{k}{4EI}} \quad (5.2.51)$$

式中:k——地基土的弹性抗力系数,若无试验资料,可按规范采用;
　　　E、I——桥台的弹性模量和截面惯性矩。

3. 基底应力验算

桥台的基底应力为桥台本身自重引起的应力和桥跨结构的恒载及活载引起的应力之和。桥台自重引起的基底应力可按台墙因自重不致发生弯曲的假定计算,如图 5.2.24 所示。荷载引起基底最大应力可按下式求得:

$$\sigma = \frac{q}{b}\left[\frac{\mathrm{ch}\beta l + 1}{\mathrm{sh}\beta l + \sin\beta l}\mathrm{sh}\beta a \cos\beta a + \frac{1+\cos\beta l}{\mathrm{sh}\beta l + \sin\beta l}\mathrm{ch}\beta a \sin\beta a + 1 - \mathrm{ch}\beta a \cos\beta a\right] \quad (5.2.52)$$

式中:b——基础宽度。

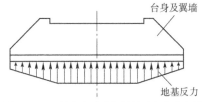

图 5.2.24 桥台自重引起的基础应力分布图

4. 拱桥轻型桥台计算特点

与重力式桥台不同,拱桥轻型桥台在水平推力作用下,将绕基底重心产生一定的转动,桥台路堤对台背和地基对基底均产生土的弹性抗力。因此,整个台身在外力作用下(结构自重和上部结构传递作用力)将由桥台自重、台后填土静止土压力和土的弹性抗力来平衡。

1)基本假定
(1)桥台只绕基底转动而无滑动。
(2)台后计算土压力是由静止土压力和桥台变位所引起的土弹性抗力组成。
(3)桥台刚度较大,它本身变形相对于整个桥台的位移可以忽略不计。

2)静止土压力
如图 5.2.25 所示,任意高度 h_i 处静止土压力强度 $p_{j(i)}$ 的一般式为:

$$p_{j(i)} = \xi \gamma h_i \quad (5.2.53)$$

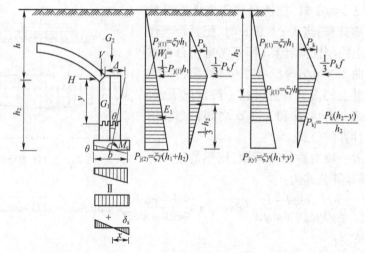

图 5.2.25 弹性抗力强度计算图式

将台口以上土压力转换为等效节点力时,则作用在台口处的集中力(取单位台宽)为:

$$W_j = \frac{1}{3} p_{j(1)} h_1 \tag{5.2.54}$$

作用于台身部分总静止土压力 E_j(单位台宽)为:

$$E_j = \frac{\xi \gamma h_2}{2}(2h_1 + h_2) \tag{5.2.55}$$

式中:γ——土的重度(kN/m^3);

h_i——填土顶面至任意一点的高度(m);

$p_{j(1)}$——台口处的静止土压力强度;

ξ——压实土的静止土压力系数。

对于砾石、卵石,$\xi = 0.20$,对于砂,$\xi = 0.25$;对于亚砂土,$\xi = 0.35$;对于亚黏土,$\xi = 0.45$;对于黏土,$\xi = 0.55$;也可直接采用试验值。

3)土的弹性抗力强度

设台口处土的弹性抗力强度为:

$$\rho_k = k\Delta \tag{5.2.56}$$

相应的桥台绕基底形心的刚体转角为:

$$\theta = \frac{\Delta}{h_2} \tag{5.2.57}$$

距基底重心水平距离为 x 的土的弹性抗力强度:

$$\sigma_x = k_0 \theta x \tag{5.2.58}$$

将式(5.2.56)、式(5.2.57)代入式(5.2.58),得:

$$\sigma_x = \frac{k_0}{k} \cdot \frac{x}{h_2} p_k \tag{5.2.59}$$

台背土抗力对基底形心的力矩:

$$M_{pk} = \frac{1}{2} p_k h_2 \cdot \frac{2}{3} h_2 + \frac{1}{3} p_k f h_2 = \frac{1}{3} h_2 (h_2 + f) p_k \tag{5.2.60}$$

基底土抗力对基底形心的力矩:

$$M_0 = \frac{I_0}{x}\sigma_x = \frac{k_0}{k} \cdot \frac{I_0}{h_2} p_k \tag{5.2.61}$$

由平衡条件可得除土的抗力以外所有荷载对基底形心的力矩为:

$$\sum M_c = M_{pk} + M_0 = \frac{1}{3} p_k h_2 (h_2 + f) + \frac{k_0}{k} \cdot \frac{I_0}{h_2} p_k \tag{5.2.62}$$

则:

$$p_k = \frac{\sum M_c}{\frac{1}{3} h_2 (h_2 + f) + \frac{k_0 I_0}{k h_2}} \tag{5.2.63}$$

式中:$\sum M_c$——作用于桥台 1m 宽度上水平推力 H、垂直反力 V、桥台自重 G_1 及地基以上土重 G_2 及台后静止土压力 W_j 和 E_j 等对基底重心的力矩,向台方向转动者为正;

　　　f——拱的计算矢高;

　　　I_0——基底截面的惯性矩;

h_2、x、θ、Δ——台身高度、水平距离、转角和位移,如图 5.2.25 所示;

k、k_0——台背土和地基土的弹性抗力系数,见表 5.2.5,也可直接采用试验值;当地基土与台背土为同一类土时,则 $k_0/k = 1.25$。

台后土弹性抗力系数 k 值 表 5.2.5

分类	$k(\text{N/mm}^3)$	分类	$k(\text{N/mm}^3)$
流塑黏性土($I_L \geq 1$)、淤泥	0.10~0.20	坚硬、半坚硬黏性土	0.65~1.00
软塑黏性土($0.5 \leq I_L \leq 1$)、粉砂	0.20~0.45	砾砂、角砾砂、圆砾砂碎石、卵石	1.00~1.30
硬塑黏性土($0 \leq I_L \leq 0.5$)、细砂、中砂	0.45~0.65	密实卵石夹粗砂、密实漂卵石	1.30~2.00

注:I_L 为土的液性指数,I_L 越大,土体越接近液态。

4)强度验算

(1)桥台台口抗剪强度可用下式验算(取 1m 桥台宽度计算):

$$\gamma_0 \left(H - \frac{1}{3} P_k f - \frac{1}{3} P_{j(1)} h_1 \right) \leq A f_{vd} + (V + G_2) \mu_f \tag{5.2.64}$$

式中:γ_0——结构重要性系数,取值同前;

　　　μ_f——摩擦因数,取值同前;

　　　A——受剪截面面积;

H、V、G_2——1m 桥台宽度上的水平推力、垂直力及台顶面以上土重。

(2)台身强度验算。

桥台台身强度验算按压弯构件进行,由于验算的最大受力截面不在基础顶面,故精确计算较复杂。为了简化计算,可近似地用最大弯矩截面来代替最大受力截面。

截面最大弯矩的计算,可取拱脚中心为坐标原点,计算各作用力对深度 y 处的截面重心轴的弯矩 M_y,并令 $\dfrac{dM_y}{dy} = 0$,求得最大弯矩截面处位置 y,并计算相应的最大弯矩值。

4. 拱桥组合式桥台计算特点

组合式桥台由前台与后座两部分组成,前台桩基或沉井基础主要承受竖向力,一般采用桩基或沉井基础;拱的水平推力则主要由后座基底的摩阻力及台后的主动土压力来平衡。《公路圬工桥涵设计规范》(JTG D61—2005)规定:在计算土侧压力时,其作用分项系数取1.0;计算基底摩阻力时,其作用分项系数取0.9。

考虑到拱桥桥台一般不宜作水平位移,而组合式桥台前台桩基或沉井的水平位移值均涉及土的特性和土抗力,也难以准确计算。组合式桥台的计算一般按上述受力特点采用静力平衡法进行。该法计算简单,计算结果偏安全,计算时一般取前台桩基或沉井基础承担10%~25%拱的水平推力,无斜桩时取低值。

若计算时有准确的计算参数(如侧向地基系数、竖向地基系数、地基剪切系数等),可将土体视为具有随深度成正比例增长变化的地基系数的弹性变形介质,考虑前后台共同承受拱的水平推力,其分担比例由两者的变形协调原则确定,这一方法被称为变形协调法。该方法适用于按静力平衡法计算时,后座桥台摩阻力和土压力不足以平衡水平力的情形。注意按此方法计算时,组合桥台在地面处的水平位移一般应控制在6mm以内,另外由于计算时允许拱脚产生位移,所以也应计算因拱脚位移引起拱圈的附加内力。

第三章 桥梁墩台施工简介

桥梁墩台施工是桥梁工程施工中的一个重要环节,其施工质量既关系到上部结构制作及安装质量,也对桥梁的使用功能、使用安全有着重大影响。本章主要讲述普通墩台的就地浇筑与砌筑施工、高墩的施工及装配式墩台施工。

第一节 普通墩台施工

一、混凝土及钢筋混凝土墩台施工

就地浇筑混凝土墩台施工主要包括墩台模板制作与安装、钢筋绑扎与安装及混凝土浇筑等工序。

1. 墩台模板

桥梁墩台施工常用模板包括拼装式模板、整体吊装模板、滑动模板和提升模板。

拼装式模板是将各种尺寸的标准模板利用销钉连接,并与拉杆、加劲肋构件等组成墩台所需形状的模板。拼装式模板由于在工厂内加工制造,因此板面平整、尺寸准确、体积小、拆装容易、运输存放方便,应用广泛。

整体吊装模板将墩台模板水平分成若干段,每段模板组成一个整体,在地面拼装后吊装就位。整体吊装模板的优点有:安装速度快,现场拼缝少,提高了施工质量;将模板拼装的高处作业变为地面作业,有利于施工安全控制;模板刚度大,可不设或少设拉杆,可节约钢材并提高混凝土外观质量;结构简单,拆装方便,对建造较高桥墩较为经济。

滑动模板和提升模板主要用于高桥墩的施工,可根据墩台高度、墩台形式、机具设备、施工工期等条件,因地制宜,合理选用模板形式,详见本章第二节。

2. 混凝土浇筑

墩、台身高度超过 10m 时可分阶段施工,节段的高度宜根据混凝土施工条件、模板刚度及稳定性、钢筋定尺长度等因素确定。墩台混凝土浇筑一般采用水平分层浇筑法。为避免龄期差过大产生的收缩裂缝,应采取措施,缩短墩、台身与承台之间浇筑混凝土的时间间隔,间歇期不宜大于10d。

二、石砌墩台施工

石砌墩台具有就地取材、经久耐用等优点。在地质条件好、石料丰富地区建造墩台时,在施工工期许可的条件下,可考虑采用石砌墩台方案。

砌筑用砂浆的类别和强度等级应符合设计规定,砂浆中所用水泥、砂、水等材料的强度应符合相关规定;砂浆的配合比应通过试验确定,砂浆应具有良好和易性,用于石砌体时其稠度宜为50~70mm。

砌筑前应按设计图放出实样,挂线砌筑。形状比较复杂的墩、台,应先做出配料设计图注明块石尺寸;形状比较简单的,也要根据砌体高度、尺寸、错缝等,先放样配好料后再砌筑,如图5.3.1所示。

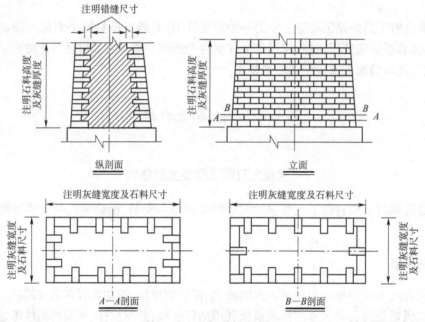

图5.3.1 桥墩配料大样图

砌块在使用前应浇水湿润,砌块的表面如有泥土、水锈,应清洗干净。砌筑基础的第一层砌块时,如基底为土质,可直接坐浆砌筑;如基底为岩层或混凝土基础,应先将基底表面清洗、湿润,再坐浆砌筑。

砌体宜分层砌筑,砌体较长时可分段分层砌筑,但两相邻工作段的砌筑高差不宜超过1.2m;分段位置宜设在沉降缝或伸缩缝处,各段的水平砌缝应一致,且保证石料丁顺相间。

各砌层应先砌外圈定位行列,再砌筑内层,其外圈砌块应与里层砌块交错连成一体。对有流冰或有漂浮物河中的墩台,其镶面宜选用较坚硬的石料(≥MU30)或较高强度等级混凝土(≥C30)预制块进行镶砌。砌体里层应砌筑整齐,分层应与外圈一致,应先铺一层适当厚度的砂浆再安放砌块和填塞砌缝。砌体的外露面应进行勾缝,并应在砌筑时靠外露面预留深约20mm的空缝备作勾缝之用。砌体隐蔽面的砌缝可随砌随刮平,不另勾缝。

各砌层的砌块应安放稳固,砌块间的砂浆应饱满,黏结牢固,不得直接贴靠或脱空。砌筑时,底浆应铺满,竖缝砂浆应先在已砌石块侧面铺放一部分,然后在石块放好后用砂浆填满捣实。用小石子混凝土填竖缝时,应捣固密实。

砌筑上层砌块时,应避免振动下层砌块。砌筑工作中断后恢复砌筑时,已砌筑的砌层表面应加以清扫和湿润。

三、墩台帽和盖梁施工

墩台帽和盖梁是用以支承桥跨结构,其位置、高程及垫石表面平整度等均应符合设计要求。

墩台帽和盖梁的施工应在墩、台身质量检验合格后方可进行。对墩台帽、盖梁施工所采用的托架、支架或抱箍等临时结构(图5.3.2),应进行受力分析计算与验算。支架宜直接支承在承台顶部,当支承在承台以外的软弱地基上时,应对地基进行妥善加固处理,并应对支架进行预压。

图5.3.2 盖梁施工支架模板安装图

在墩台帽、盖梁与墩身的连接处模板与墩台身之间应密贴,不得出现漏浆现象。钢筋安装施工时,应避免在钢筋的接头处起弯,并应保证钢筋保护层厚度。对支座垫石预埋钢筋及上部结构所需要的预埋件其位置应准确。

第二节 装配式墩台施工

对城市繁忙交通地段、海上恶劣施工环境、桥梁长度较长、桥墩数量较多、桥墩高度相对较高、现场无混凝土拌和施工场地或较难布置,混凝土输送管道设备较难布置的桥梁墩台可采用装配式墩台。

装配式墩台可以在预制场预制构件,受周围外界干扰少,构件质量容易保证;但对运输、起重机械设备要求较高。装配式墩、台由于构件接缝的存在,从结构耐久性方面应重视海上桥梁受氯离子侵蚀等问题。

预制拼装桥墩主要包括预制拼装单柱墩和柱式框架墩、预制拼装钢筋混凝土桥墩、预制拼装预应力混凝土桥墩及预制拼装空心薄壁墩和实心墩等形式。图5.3.3为装配式预应力混凝土桥墩示意图。

依据桥型特点、施工条件和所处工程环境等因素,装配式桥墩可采用后张预应力筋连接、灌浆套筒连接、插槽式接缝连接、承插式接缝连接等方式,如图5.3.4所示。

装配式桥墩主要施工工序包括墩身节段预制、节段运输与安装、连接与锚固(接缝灌注)。

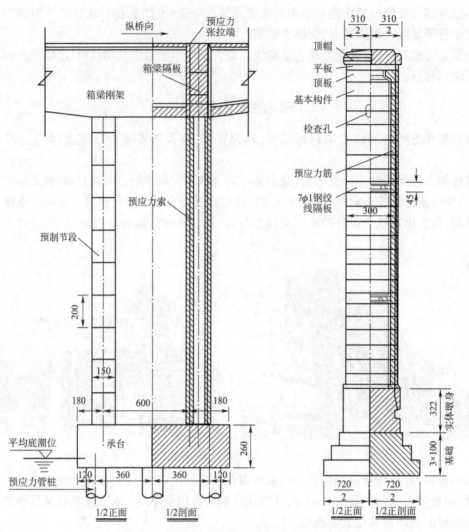

图 5.3.3 装配式预应力混凝土桥墩(尺寸单位:cm)

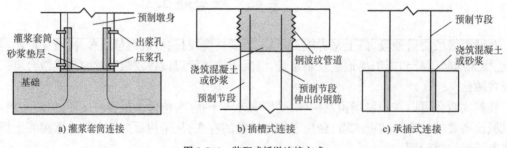

图 5.3.4 装配式桥墩连接方式

第三节 高墩施工

桥梁高度超过 40m 的桥梁,其桥墩一般称为高墩。为保证高墩施工安全,提高墩身施工效益,普遍采用顶升模板施工、翻升模板施工和滑升模板施工。

一、顶升模板施工

顶升模板施工(又称液压爬模施工)属整体提升模板施工法,是靠依附在混凝土结构上的自动爬升的模板体系,其动力来源是本身自带的液压顶升系统。液压顶升系统包括液压油缸和上下换向盒,换向盒可控制提升导轨或提升架体,通过液压系统可使模板架体与导轨间形成互爬,从而使液压自爬模板稳步向上爬升,是高耸建筑物施工时的首选模板体系施工法。

目前,顶升模板施工广泛应用于桥梁高墩、高塔、高层建筑等结构的施工,具有爬升稳定性好、操作方便、安全性高等特点,同时具有施工误差小,可及时纠正施工误差等特点。

1. 模板构造

爬升模板由架体系统、模板系统、埋件系统和液压系统4部分组成,如图5.3.5所示。

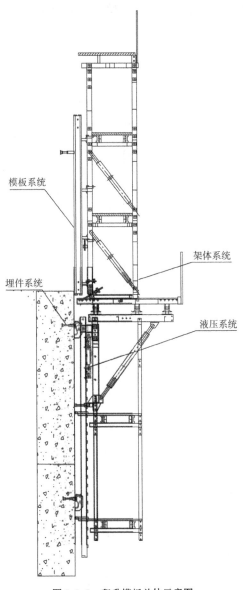

图5.3.5 爬升模板总体示意图

(1)架体系统。架体系统是滑模主要受力结构,主要由后移装置、承重三脚架、附墙撑、横梁构头、吊平台、附墙挂座、导轨及主背楞等组成。

(2)模板系统。模板系统选用要优先选用轻质高强的模板体系,如木梁胶合板模板体系。模板系统主要由胶合板、木梁、槽钢背楞、连接爪及吊钩等构件组合而成。

(3)埋件系统。埋件系统预埋于混凝土内,承受架体系统及模板自重和施工活荷载,需要满足混凝土浇筑阶段和模板爬升阶段的荷载要求,其主要由埋件板、高强螺杆、受力螺栓及爬锥等组成。

(4)液压系统。液压系统包括液压油缸和上下换向盒,如图5.3.6所示。液压油缸是实现模板和架体沿导轨自爬升的动力,换向盒可控制提升导轨或提升架体的转换。导轨和爬模架互不关联,两者之间可进行相对运动。当爬模架工作时,导轨和爬模架都支撑在埋件挂座上,两者之间无相对运动。退模后立即在已浇筑节段的爬锥上安装挂座,并调整上、下换向盒棘爪方向顶升导轨。待导轨顶升就位至新装挂座上后,操作人员可转至下平台拆除位于下平台处的挂座。待解除爬模架上所有拉结之后开始顶升爬模架,爬升过程导轨保持不动,调整上下棘爪方向后启动油缸,爬模架就相对于导轨运动。

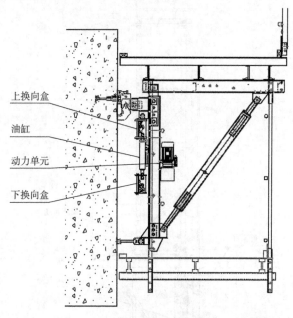

图5.3.6 液压系统组配件

2. 施工要点

(1)爬模组装。爬模系统应按设计图纸在施工现场进行组装,其组装步骤为:埋件系统安装→组装、安装承重三脚架→安装主平台梁→安装后移装置及主平台板→安装后移桁架及围护钢管→安装液压系统→安装导轨及首次爬升。

(2)爬升工艺。配置两层大模板或组合钢模,按一循环一节模板施工。当上一节模板灌注完毕,经过10h左右养生便可开始爬升,爬升就位后拆除下部一节模板,同时进行钢筋绑扎,并把拆下的模板立在上模板之上,再进行混凝土灌注、养生、爬模爬升等工序。按此循环,两节模板连续倒用,直到浇筑完整个墩身。

(3)爬模装置拆除。爬模的拆除是伴随墩顶段施工同时进行的,拆除顺序与安装顺序相反,可按图5.3.7所示顺序进行。

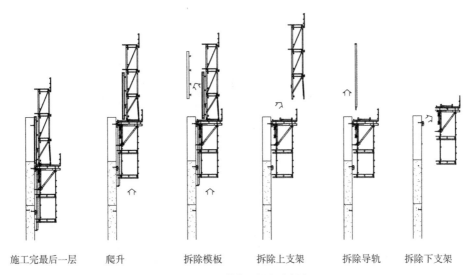

施工完最后一层　　爬升　　拆除模板　　拆除上支架　　拆除导轨　　拆除下支架

图 5.3.7　爬模装置拆除示意图

二、滑动模板施工

滑动模板施工(又称滑升模板施工)属整体提升模板施工法,是将模板悬挂在工作平台的围圈上,沿着所施工的混凝土结构截面的周界组拼装配,并随着混凝土的灌筑由千斤顶带动向上滑升。目前滑动模板的高度已超过百米。滑动模板施工的主要优点是:施工进度快,在一般温度下每昼夜平均进度可达 5~6m;采用干硬性混凝土,机械振捣,连续作业,可提高墩台质量;节约木材和劳力;滑动模板可用于直坡墩身,也可用于斜坡墩身,模板本身附带有内外吊篮、平台与拉杆等,以墩身为支架,墩身混凝土的浇筑随模板的缓慢滑升连续不断地进行,安全可靠。

1. 滑动模板构造

由于桥墩类型、提升工具的不同,滑动模板的构造也稍有差异。滑动模板主要由工作平台、内外模板、混凝土平台、工作吊篮和提升设备等组成,如图 5.3.8 所示。

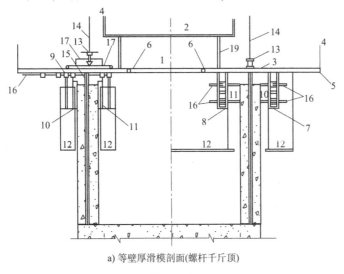

a) 等壁厚滑模剖面(螺杆千斤顶)

图　5.3.8

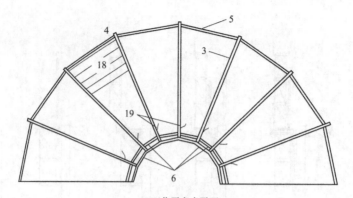

b) 工作平台半平面

图 5.3.8 滑动模板构造示意图

1-工作平台;2-混凝土平台;3-辐射梁;4-栏杆;5-外钢环;6-内钢环;7-外立柱;8-内立柱;9-滚轴;10-外模板;11-内模板;12-吊篮;13-千斤顶;14-顶杆;15-导管;16-收坡丝杆;17-顶架横梁;18-步板;19-混凝土平台立柱

(1) 工作平台。工作平台由外钢环、辐射梁、内钢环、栏杆、步板组成,除提供施工操作的场地外,还用它把滑模的其他部分与支撑顶杆相互连接起来,使整个滑模结构支承在顶杆上。工作平台是整个滑模结构的骨架,应具有足够的强度和刚度。

(2) 内外模板。内外模板采用薄钢板制作,用于上下壁厚相同的直坡空心桥墩的滑模。内外模板均通过立柱固定在工作平台的辐射梁上。用于上下壁厚相同的斜坡空心墩的收坡滑模内外模板仍固定在立柱上,立柱架(或顶梁)通过滚轴悬挂在辐射梁上,并可利用收坡丝杆沿辐射方向移动立柱架及内外模板位置。用于斜坡式不等壁厚空心墩的收坡滑模,其内外立柱固定在辐射梁上,在模板与立柱间安装收坡丝杆,以便分别调整内外模板的位置。

(3) 混凝土作业平台。混凝土平台由辐射梁、步板、栏杆等组成,利用立柱支承在工作平台的辐射梁上,作为堆放及浇筑混凝土的施工操作场所。

(4) 工作吊篮。工作吊篮悬挂在工作平台的辐射梁和内外模板的立柱上,它随着滑模的提升而向上移动,供施工人员对刚脱模的混凝土进行表面修饰和养生等作业。

(5) 提升设备。提升设备由千斤顶、顶杆、顶杆导管等组成,通过顶升工作平台的辐射梁使整个滑模提升。

2. 滑动模板的设计要点

滑动模板整体结构是混凝土成型装置,也是施工操作的主要场所,必须具有足够的整体刚度、稳定性和可靠的安全度。为了保证施工质量与安全,滑动模板各组成部件必须按强度、刚度及稳定性要求进行设计与验算。

(1) 荷载取值。

作用在滑动模板整个结构上的荷载有静荷载与活荷载。工作平台、内外模板、混凝土平台、工作吊篮、提升设备、液压管线等自重都属于静荷载;操作人员、施工机具、平台上堆放的材料及半成品等的重力,以及滑升时混凝土与模板间的摩阻力等属于垂直活荷载;向模板内倾倒混凝土时所产生的冲击力,新浇筑混凝土对模板的侧压力以及风荷载等属于水平活荷载。具体可按有关规范与设计要求分别取值。

(2) 确定支撑顶杆和千斤顶数量。

支承顶杆数量的最小值 n 按下式计算:

$$n = \frac{KP}{N} \tag{5.3.1}$$

式中：K——工作条件系数，液压千斤顶取值为 0.8；
　　　P——滑动模板提升时全部静荷载和垂直活荷载；
　　　N——单根支承顶杆的容许承载能力，按下式取值：

$$N = \phi A [\sigma] \tag{5.3.2}$$

式中：ϕ——纵向弯曲系数，可根据长细比大小确定；支承顶杆的计算长度 L_0 应根据不同的施工情况予以决定，正常提升时，其自由长度 L 取千斤顶上卡头至新浇筑层混凝土底部的距离，并视上卡头处为固结、下端为铰接，$L_0 = 0.7L$；
　　　A——支承顶杆的截面面积；
　　　$[\sigma]$——支承顶杆的抗压容许应力。

提升过程中支承顶杆实际受力情况比较复杂，其容许承载能力应根据工程经验选用。经计算确定的支承杆数量，还应根据结构物的平面和局部构造加以适当调整。

千斤顶大体上与支承顶杆的承载能力相同。即一根支承顶杆上安装一台千斤顶，所需千斤顶数量与支承杆数量相同。千斤顶起重力可按单根支承顶杆容许承载力确定，并考虑一定富余能力。

(3) 确定支撑顶杆、千斤顶、顶升架和工作平台布置方案。

支承顶杆可采用均匀布置、分组集中布置以及分组集中与均匀布置相结合等方式布置。在筒壁结构中多采用均匀布置方案，在平面较为复杂的结构中则宜采用分组集中与均匀布置相结合的方案。

在布置千斤顶时，应使各千斤顶所承受的荷载大致相同，以利同步提升。当平台上荷载分布不均匀时，荷载较大区域和摩阻力较大区段，千斤顶布置数量宜多设。考虑到平台荷载内重外轻，在数量上内侧应较外侧多布置些，以避免顶升架提升时向内倾斜。

顶升架应根据结构形式、建筑平面、平台荷载与刚度等进行布置。筒壁结构顶升架可采用均匀布置方案，间距宜控制在 1.2~2.5m 之间。

工作平台布置必须保证其结构的整体性与足够的刚度，应根据施工对象的结构特点、荷载大小和分布情况、顶升架和千斤顶布置要求，以及垂直运输方式等来确定工作平台布置方案。圆形结构中，工作平台的承重结构、承重桥架或梁宜采用辐射形布置，使平台的刚度好，作用在各顶升架上的荷载比较均匀。方形结构中，工作平台的承重结构可单向或双向布置，单向布置时，承重梁间应设置水平支撑，两端的承重梁应设置垂直支撑，以加强平台的结构整体性和稳定性。

(4) 模板设计。

模板必须具有足够的刚度，才能保证浇筑混凝土和提升过程中，在混凝土侧压力作用下不发生超过允许的变形值。一般条件下，模板在水平荷载作用下，在力作用方向的变形不应超过 1/1000 支点间距。作用在模板上的水平荷载主要是新浇筑混凝土的侧压力，模板按简支板计算。

(5) 顶升架和工作平台设计。

顶升架的构造形式，主要是根据结构水平截面形状、部位和千斤顶的类型确定。一般常采用一字形的单横梁式或双横梁式。顶升架承受提升时的全部垂直荷载，以及混凝土与模板的侧压力等水平荷载，其计算内容包括顶升架立柱间的净宽 W 和立柱设计。

图 5.3.9 为某大桥主墩用滑动模板构造示意图，主墩施工高度为 30~40m。该滑模最大平面尺寸为 18.5m×11.9m，高度 4.6m，按自重、施工卷扬机重力（约600kN）、操作人员荷载、施工机具(600kN)、起吊荷载(90kN)及摩阻力等总计 1540kN 提升力进行设计。选用 84 个 QY3.5 油压千斤顶进行顶升，考虑安全性，每个千斤顶按 20kN 顶升力计，共可顶升 1680kN。

支承顶杆用A3钢ϕ28mm,共计84根。千斤顶共分9组,供油根据滑模各部受力的大小,布置在35个提升架上,由一台油泵给各千斤顶供油。

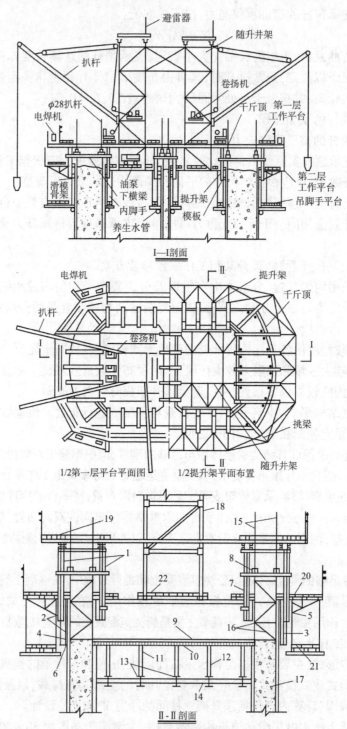

图5.3.9 滑模构造示意图

1-提升架;2-滑模角钢;3-下层模板角钢;4-下层外模;5-上层模板;6-下层接长提升架立柱;7-内模板;8-液压千斤顶;9-下层外模拉杆;10-隔板混凝土底模板;11-底模木横梁;12-底模立柱;13-I25工字钢横梁;14-工字钢平撑;15-支承杆;16-加固支承杆平、斜撑;17-墩身钢筋混凝土;18-随升井架;19-第一工作平台;20-第二层工作平台;21-吊脚手平台;22-随升井架I22工字钢横梁

3. 混凝土浇筑施工要点

(1) 滑模组装。

在墩位上就地进行组装时,安装步骤为:在基础顶面搭枕木垛,定出桥墩中心线;在枕木垛上先安装内钢环并准确定位,再依次安装辐射梁、外钢环、立柱、顶杆、千斤顶、模板等;提升整个装置,撤去枕木垛,再将模板落下就位,随后安装余下的设施;内外吊架待模板滑升至一定高度后及时安装;模板在安装前,表面需涂润滑剂以减少滑升时的摩阻力;滑模组装完毕后,必须按设计要求及组装质量标准进行全面检查,并及时纠正偏差。

(2) 混凝土浇筑。

滑模施工时应浇筑低流动度或半干硬性混凝土,浇筑时应分层、分段对称地进行,分层厚度以 20~30cm 为宜,浇筑后混凝土表面距模板上缘宜有不小于 10~15cm 的距离。混凝土入模时要均匀分布,应采用插入式振动器振捣,应避免直接振捣钢筋及模板,振动器插入下一层混凝土深度不得超过 5cm;脱模时混凝土强度宜为 0.2~0.5MPa,以防在其自重压力下坍塌变形。可根据气温、水泥强度经试验后掺入一定量的早强剂,以加速提升;脱模后 8h 左右开始养生,可通过吊在下吊架上的环绕墩身带小孔的水管来进行。养生水管一般设在距模板下缘 2m 左右。

(3) 提升与收坡。

整个桥墩浇筑过程可分为初次滑升、正常滑升和最后滑升 3 个阶段。从开始浇筑混凝土到模板首次试升为初次滑升阶段;初次浇混凝土高度一般为 60~70cm,分三次浇筑,在底层混凝土强度达到 0.2~0.4MPa 时即可试升。将所有千斤顶同时缓慢起升 5cm,以观察底层混凝土的凝固情况。现场鉴定可用手指按刚脱模的混凝土表面,基本按不动,但留有指痕,砂浆不沾手,用指甲划过有痕,滑升时能耳闻"沙沙"的摩擦声,这表明混凝土已具有 0.2~0.4MPa 的脱模强度,可以继续再缓慢提升 20cm 左右。

初升后,经全面检查设备,即可进入正常滑升阶段。即每浇筑一层混凝土,滑模提升一次,每次浇筑厚度与每次提升高度基本一致。在正常气温条件下,提升时间不宜超过 1h。

最后滑升阶段是混凝土已经浇筑到需要高度,不再继续浇筑,但模板尚需继续滑升的阶段。灌完最后一层混凝土后,每隔 1~2h 将模板提升 10cm 左右,滑动 2~3 次后即可避免混凝土与模板胶合。滑模提升时应做到垂直、均衡一致,顶架间高差不大于 20mm,顶架横梁水平高差不大于 5mm。并要求连续作业,不得随意停工。

随着模板的提升,应转动收坡丝杆,调整墩壁曲面的半径,使之符合设计要求的收坡坡度。

(4) 接长顶杆、绑扎钢筋。

模板每提升至一定高度后,需要穿插进行接长顶杆、绑扎钢筋等工序。为不影响提升时间,钢筋接头均应事先配好,并按要求将接头错开。对预埋件及预埋的接头钢筋,滑模抽离后,要及时清理,使之外露。

(5) 混凝土停工后处理。

在整个施工过程中,由于工序改变,或发生意外事故,使混凝土连续浇筑工作中断时间较长,即需要进行停工处理。停工、复工应采取以下措施:每间隔适当时间(1h 左右)稍微提升模板一次,以免黏结;停工时按规范要求在混凝土表面要插入短钢筋,以加强新老混凝土的黏结;复工时需将混凝土表面凿毛,并用冲洗干净,湿润混凝土表面,浇筑一层厚度为 2~3cm 的 1∶1 水泥砂浆,然后再浇筑原配合比的混凝土,继续滑模施工。

三、翻升模板施工

翻升模板施工(又称翻模施工)采用每节高度为 1~3m 的 2~3 节模板,每次浇筑一节模板高度范围内的混凝土,在浇筑完混凝土后,上一节模板保留不动,将下节的模板拆除并利用塔式起重机等起重设备提升至未拆除模板的上方,并与之连接成一体,用于浇筑下一节段混凝土,如此由下至上依次交替上升,直至达到设计的施工高度位置。翻模施工桥墩法是利用具有一定工作强度的混凝土实体作为固定支撑体;各种材料用塔式起重机机械提升,无须另外搭设脚手架;墩身混凝土采用循环浇筑,施工中保证2节或3节模板循环倒替使用。

由于每次将下面的模板转到上面去,故而称为翻模。每套翻转模板系统由模板、对拉螺杆、护栏及工作平台等组成,如图 5.3.10 所示。模板分节高度及分块大小,根据所采用的塔式起重机起重能力、模板结构及塔柱构造等确定。采用翻模施工时,模板构造简单,构件种类少,混凝土接缝较易处理,施工速度快,能适应各种结构形式的高桥墩,特别是折线形索塔使用翻转模板施工优势显著。

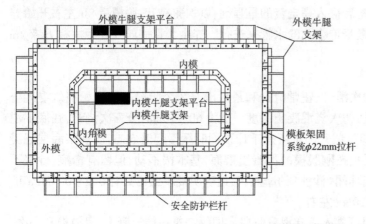

图 5.3.10 翻模施工构造图

思考题

1. 桥梁墩台由哪几部分组成?各起什么作用?
2. 梁桥墩台帽尺寸的拟定应满足哪些要求?
3. 拱桥墩台与梁桥墩台的最大差别有哪些?
4. 梁桥重力式桥墩要验算哪些内容?考虑哪几种荷载组合?
5. 拱桥重力式桥台要验算哪些内容?考虑哪几种荷载组合?
6. 刚性扩大基础验算的内容有哪些?
7. 如何进行盖梁的简化计算?
8. 桥台的活载计算方法是什么?

第六篇

桥梁结构有限元计算方法

第一章 桥梁结构分析的有限元法

第一节 有限元法概述

一、概述

有限元法是结构分析矩阵法的推广。矩阵法是分析含有大量构件的结构系统的分析方法,这些构件在有限个数的节点上相连接,而有限元法是将区域离散成更小的单元,因此,可以适应各种形状及边界。在求解过程中,可以根据应力分布的情况修改单元的划分,使应力梯度大的地方单元划分得密些,因而能适应不同的荷载情况。结构矩阵法的基本思想就是以节点位移或节点内力作为未知数,或者以节点位移和内力混合变量作为未知数,利用在各个结构构件节点上的位移和内力的关系,列出方程组,求解得到问题的解。根据所采用的未知量的不同,矩阵分析法可以划分为位移法、力法或混合法。其中,位移法应用最为广泛。对离散的结构系统列出方程对于具备结构力学知识的人是熟悉的,而大型代数方程组的求解可以交给计算机去完成。传统的结构矩阵分析中结构构件节点力和节点位移之间的关系是精确导出的,而在有限元法中大部分情况是根据单元内近似的形(位移)函数导出这种关系。

有限元法可以解各类力学问题,包括受拉、压的杆,受弯、扭的梁,平面应力、平面应变和平面轴对称问题,板、壳和块体三维受力问题以及流体力学问题等。材料可以是弹性的或者是弹塑性的,也可以是各向同性或各向异性的,还可求解静力的或动力的问题。

二、有限单元法的分析步骤

有限元法的分析步骤可归纳为"化整为零,集零为整",见表6.1.1。

有限元法的分析步骤　　　　　　　　　　　　　　　　表6.1.1

1. 结构离散——将求解区域离散为有限元模型
   (1) 定义材料属性及单元类型;
   (2) 对所选单元划分有限元网格,给节点、单元编号;
   (3) 选定整体坐标系,节点坐标

2. 单元分析——建立单元平衡方程组
(1)在典型单元内选定形(位移)函数,并将它表示成节点位移的插值形式;
(2)用虚功原理或变分法推导单元平衡方程;
(3)求每个单元的单元刚度矩阵

3. 整体分析——形成和求解整体平衡方程组
(1)单元组合集成整体刚度矩阵、节点位移列向量和节点载荷列向量,形成整体平衡方程组;
(2)引入边界条件,求解节点位移;
(3)后处理计算,根据需要计算变形、应力和反力等

三、用于桥梁有限元分析的软件

桥梁结构电算分析是一个综合性的课题,涉及桥梁工程、结构力学、材料力学、弹性力学、结构设计、有限元法、计算机技术等多门课程,在进行桥梁结构电算分析时,必须以相应的设计规范为准绳。

1. 桥梁分析专用程序

目前,桥梁结构基本受力性能的分析一般采用杆系有限元法,基于杆系有限元的桥梁分析专用程序应具备以下基本功能:
(1)模拟施工过程的结构分析。
(2)可按施工过程逐步形成多层组合截面。
(3)可选取结构初始位移和单元初始内力。
(4)方便预应力的施加。
(5)方便单元添加、拆除及体系转换。
(6)能够进行温度、收缩、徐变效应的计算。
(7)活载自动加载。
(8)自动完成各种荷载组合。
(9)正常使用和承载能力极限状态的验算。
(10)输入数据和计算结果的可视化。

2. 通用分析软件

1)桥梁博士(Dr. Bridge)

桥梁博士是由上海同豪土木工程咨询有限公司开发的一款桥梁计算软件系统。该系统是一个集可视化数据处理、数据库管理、结构分析、打印与帮助为一体的综合性桥梁结构设计与施工计算系统。该系统的编制完全按照桥梁设计与施工过程进行,密切结合桥梁设计规范,充分利用现代计算机技术,完全符合设计人员的习惯。对结构的计算是宁繁勿简,充分考虑了各种结构的复杂组成与施工情况,使用方便,计算精确。

2)ANSYS 软件

ANSYS 软件是融结构、流体、电场、磁场、声场分析于一体的大型通用有限元分析软件,它

由世界上位居前列的有限元分析软件公司——美国 ANSYS 公司开发,从 1971 年至今已有 40 多年的历史。

ANSYS 软件主要包括三个部分:前处理模块、分析计算模块和后处理模块。前处理模块提供了一个实体建模以及网格划分工具,用户可以方便地构造有限元模型;分析计算模块包括结构分析(可进行线性分析、非线性分析和高度非线性分析)、流体动力学分析、电磁场分析以及多物理场耦合分析;后处理模块可将计算分析结果以彩色等值线、梯度、矢量、立体切片、透明及半透明(可看到结构内部)等多种图形方式显示出来,也可以将计算结果以图表、曲线形式显示或输出。软件提供了包括梁单元、桁架单元、弹簧单元、索单元、板单元、块单元以及超单元等多种单元在内的 100 多种单元类型,可用来模拟工程中的各种结构和材料。

ANSYS 软件具有单元生死的功能,该选项在桥梁结构分析中可用于模拟桥梁施工过程。单元生的功能相当于架设桥梁构件,单元死的功能相当于拆除桥梁构件。另外,ANSYS 软件还具有编制程序的功能,这就使得多种桥型方案的设计分析,通过模拟变得简单而省力。与传统的常规建模方法相比,使用程序建模可以获得快捷、方便的计算方法和准确的计算结果。随着结构设计专业计算软件(如桥梁博士等)的日渐成熟,目前如 ANSYS 等通用有限元软件主要用来进行结构复杂局部区域的力学性能分析等计算工作。

3)ABAQUS 软件

ABAQUS 软件是国际上最常用的大型通用有限元分析软件之一,可用于分析复杂的结构力学系统,特别适用于分析非常庞大复杂的问题和高度非线性问题。ABAQUS 软件包括一个丰富的单元库,并拥有多种类型的材料模型库,可用于模拟各类工程材料,如金属、橡胶、钢筋混凝土、复合材料等的性能。ABAQUS 软件也是最早提供了用户自定义本构及单元的商用软件之一,并将其发展为主要特色之一,已成为工程领域最为常用的二次开发平台之一。近年来,随着各类新型材料及新结构运用于桥梁工程中,ABAQUS 软件也为新材料新结构的性能分析提供了一种开放式的分析手段。此外,基于 ABAQUS 软件等的扩展有限元(XFEM)技术近年来也在不断发展,逐步推动着精细化数值分析技术(如结构中裂缝演化与发展的精细化模拟)的发展。

ABAQUS 软件有两个主求解器模块 ABAQUS/Standard(基于隐式算法)和 ABAQUS/Explicit(基于显式算法)。ABAQUS 软件还包含一个全面支持求解器的图形用户界面,即人机交互前后处理模块 ABAQUS/CAE。ABAQUS 软件针对某些特殊问题还提供了专用模块来加以解决。

第二节 桥梁结构分析的杆系有限元法

桥梁结构分析,可分为总体分析和局部分析两大部分。

从总体受力来看,桥梁的特点是长而不宽(长宽比一般大于 2,特别是大跨径桥梁),它的受力特性与杆系结构相符,因此,用杆系有限元对其总体受力情况作分析就抓住了事物的主要矛盾。对于局部受力问题,如异形块、墩梁塔固结处、拉索或预应力筋锚固点的局部应力等,一般需用板壳、块体有限元等方法进行分析计算。

杆系有限元分析可归纳为如下步骤:首先是"化整为零",即将结构离散为有限个的梁单元,研究各单元的性质,形成单元刚度矩阵;然后"集零为整",按照结构的几何条件(包括节点处的变形连续条件和支承条件)及平衡条件,将各个单元集合成原来的结构,成总体刚度矩阵,求解得到结构的位移和内力。

一、杆系有限元的基本方法

如图 6.1.1 所示的刚架桥,在对其进行有限元分析时,首先建立结构的总体坐标 oxy,随后对结构作节点和单元的划分。

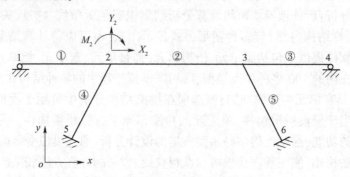

图 6.1.1 平面刚架桥

设定节点位移向量和节点力向量 p 为:

$$d = \begin{bmatrix} d_1 & d_2 & d_3 & d_4 & d_5 & d_6 \end{bmatrix}^T, d_i = \begin{bmatrix} u_i & v_i & \theta_i \end{bmatrix}^T$$

$$p = \begin{bmatrix} d_1 & d_2 & d_3 & d_4 & d_5 & d_6 \end{bmatrix}^T, p_i = \begin{bmatrix} u_i & v_i & \theta_i \end{bmatrix}^T$$

有限元分析的目的,就是建立如下刚度方程组:

$$Kd = P \tag{6.1.1}$$

即在已知节点外力 P 的情况下,通过解方程组,求得节点位移 d,从而求得各单元的内力。其中,K 为总体刚度矩阵。

有限元分析的过程是先将图 6.1.1 所示的结构按图 6.1.2 进行离散化,研究各单元在局部坐标 oxy 下的刚度矩阵,随后根据节点外力平衡和变形协调条件将单元刚度矩阵集合成总体刚度矩阵。

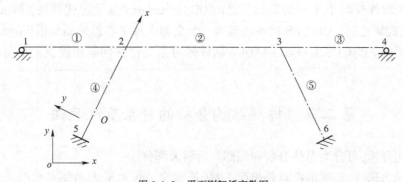

图 6.1.2 平面刚架桥离散图

二、平面梁单元刚度矩阵

从离散的结构中任取一个单元,左、右两端节点编号分别为 i、j,如图 6.1.3 所示。对单元建立局部坐标系:以 i 点为坐标原点,从 i 至 j 的方向为 $\bar{x}$ 轴的正方向,逆时针旋转 90° 为 $\bar{y}$ 轴的正方向。

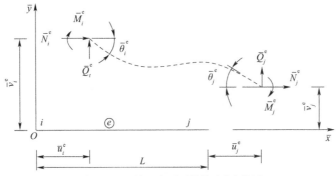

图 6.1.3 局部坐标系下的单元受力分析

对于平面杆系中的梁单元，共有两个节点记 i 和 j，每个节点处有 3 个节点位移和梁端力，节点位移分别为 i 端的 $\bar{u}_i$、$\bar{v}_i$、$\bar{\theta}_i$ 及 j 端的 $\bar{u}_j$、$\bar{v}_j$、$\bar{\theta}_j$，相应的 6 个梁端力分别为 i 端的 $\bar{N}_i$、$\bar{Q}_i$、$\bar{M}_i$ 及 j 端的 $\bar{N}_j$、$\bar{Q}_j$、$\bar{M}_j$（每个符号上方冠以"—"表示这些分量均为局部坐标系中的量值）。正负号的规定如下：转角 $\bar{\theta}$ 和弯矩 $\bar{M}$ 以顺时针方向为正，线位移 $\bar{u}$、轴力 $\bar{N}$、线位移 $\bar{v}$、剪力 $\bar{Q}$ 与局部坐标轴 $\bar{x}$ 和 $\bar{y}$ 方向一致者为正，反之为负，图 6.1.3 中所示的位移和内力方向均为正方向。

用向量形式表示梁端力和节点位移：

$$\bar{\boldsymbol{F}}^e = \left\{ \begin{array}{c} \bar{N}_i \\ \bar{Q}_i \\ \bar{M}_i \\ \bar{N}_j \\ \bar{Q}_j \\ \bar{M}_j \end{array} \right\} \quad \bar{\boldsymbol{d}}^e = \left\{ \begin{array}{c} \bar{u}_i \\ \bar{v}_i \\ \bar{\theta}_i \\ \bar{u}_j \\ \bar{v}_j \\ \bar{\theta}_j \end{array} \right\} \tag{6.1.2}$$

若单元上无其他荷载作用，由结构力学的位移法，根据图 6.1.4 所示的梁端位移正方向，可由叠加原理求得相应的杆端力。

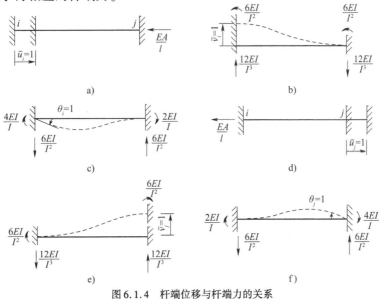

图 6.1.4 杆端位移与杆端力的关系

$$\begin{cases} \overline{N_i} = \dfrac{EA}{l}\overline{u_i} - \dfrac{EA}{l}\overline{u_j} \\ \overline{N_i} = \dfrac{12EI}{l^3}\overline{v_i} - \dfrac{6EI}{l^2}\overline{\theta_i} - \dfrac{12EI}{l^3}\overline{v_j} - \dfrac{6EI}{l^2}\overline{\theta_j} \\ \overline{M_i} = -\dfrac{6EI}{l^2}\overline{v_i} + \dfrac{4EI}{l}\overline{\theta_i} + \dfrac{6EI}{l^2}\overline{v_j} + \dfrac{2EI}{l}\overline{\theta_j} \\ \overline{N_i} = -\dfrac{EA}{l}\overline{u_i} + \dfrac{EA}{l}\overline{u_j} \\ \overline{N_i} = -\dfrac{12EI}{l^3}\overline{v_i} + \dfrac{6EI}{l^2}\overline{\theta_i} + \dfrac{12EI}{l^3}\overline{v_j} + \dfrac{6EI}{l^2}\overline{\theta_j} \\ \overline{M_i} = -\dfrac{6EI}{l^2}\overline{v_i} + \dfrac{2EI}{l}\overline{\theta_i} + \dfrac{6EI}{l^2}\overline{v_j} + \dfrac{4EI}{l}\overline{\theta_j} \end{cases} \quad (6.1.3)$$

式中：l——单元长度；

I——单元截面的惯性矩；

A——单元截面面积；

E——材料的弹性模量。

将式(6.1.3)写成矩阵形式：

$$\begin{bmatrix} \dfrac{EA}{l} & 0 & 0 & -\dfrac{EA}{l} & 0 & 0 \\ 0 & \dfrac{12EI}{l^3} & \dfrac{6EI}{l^2} & 0 & -\dfrac{12EI}{l^3} & -\dfrac{6EI}{l^2} \\ 0 & -\dfrac{6EI}{l^2} & \dfrac{4EI}{l} & 0 & \dfrac{6EI}{l^2} & \dfrac{2EI}{l} \\ -\dfrac{EA}{l} & 0 & 0 & \dfrac{EA}{l} & 0 & 0 \\ 0 & -\dfrac{12EI}{l^3} & \dfrac{6EI}{l^2} & 0 & \dfrac{12EI}{l^3} & \dfrac{6EI}{l^2} \\ 0 & -\dfrac{6EI}{l^2} & \dfrac{2EI}{l} & 0 & \dfrac{6EI}{l^2} & \dfrac{4EI}{l} \end{bmatrix} \begin{Bmatrix} \overline{u_i} \\ \overline{v_i} \\ \overline{\theta_i} \\ \overline{u_j} \\ \overline{v_j} \\ \overline{\theta_j} \end{Bmatrix} = \begin{Bmatrix} \overline{N_i} \\ \overline{Q_i} \\ \overline{M_i} \\ \overline{N_j} \\ \overline{Q_j} \\ \overline{M_j} \end{Bmatrix} \quad (6.1.4)$$

$$\overline{K}^e \overline{d}^e = \overline{F}^e \quad (6.1.5)$$

式(6.1.5)为局部坐标下的单元刚度方程，$\overline{K}^e$ 称为单元刚度矩阵，由位移互等定律可知，这是 6×6 阶的对称矩阵。

三、单元刚度矩阵的坐标变换

在进行整体分析时，必须采用一个统一的坐标系，使得所有的荷载、位移等都以该坐标系为基准。我们称该统一的坐标系为总体坐标系或公共坐标系，用 xoy 表示，同时，还必须把局部坐标点中建立的单元刚度矩阵、节点力向量及节点位移向量转换到整体坐标系中来。

图 6.1.5 示出局部坐标系 $\overline{x}o\overline{y}$ 与总体坐标系 xoy 中各变量的关系。

图 6.1.5 中，$\overline{x}$、$\overline{y}$ 表示单元 e 的局部坐标，x、y 表示总体坐标。

由图示的几何关系可知：

$$\left.\begin{array}{l}\overline{u}_i = u_i\cos\alpha_e + v_i\sin\alpha_e \\ \overline{v}_i = -u_i\cos\alpha_e + v_i\sin\alpha_e \\ \overline{\theta}_i = \theta_i\end{array}\right\} \quad (6.1.6)$$

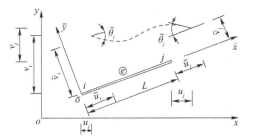 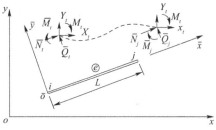

图 6.1.5 局部和总体坐标系之间的转换

同理,对于 j 节点也有如上关系,写成矩阵形式,有:

$$\begin{Bmatrix}\overline{u}_i \\ \overline{v}_i \\ \overline{\theta}_i \\ \overline{u}_j \\ \overline{v}_j \\ \overline{\theta}_j\end{Bmatrix} = \begin{bmatrix}\cos\alpha & \sin\alpha & 0 & 0 & 0 & 0 \\ -\sin\alpha & \cos\alpha & 0 & 0 & 0 & 0 \\ 0 & 0 & 1 & 0 & 0 & 0 \\ 0 & 0 & 0 & \cos\alpha & \sin\alpha & 0 \\ 0 & 0 & 0 & -\sin\alpha & \cos\alpha & 0 \\ 0 & 0 & 0 & 0 & 0 & 1\end{bmatrix}\begin{Bmatrix}u_i \\ v_i \\ \theta_i \\ u_j \\ v_j \\ \theta_j\end{Bmatrix} \quad (6.1.7)$$

即:

$$\overline{d}^e = Td^e \quad (6.1.8)$$

式中:T——坐标转换矩阵,是一个正交矩阵,$T^{-1} = T^T$。

上述坐标变换是按位移导出的,但从图 6.1.5 中可以看出,在两坐标系之间节点力有着与位移相同的关系,即:

$$\overline{F}_e = TF_e \quad (6.1.9)$$

式中:$\overline{F}_e$、F_e——局部和总体坐标系下的单元节点力向量。

将式(6.1.8)、式(6.1.9)代入式(6.1.5),得到

$$\overline{K}^e Td^e = TF^e$$

$$T^T \overline{K}^e Td^e = F^e \quad (6.1.10)$$

$$K^e d^e = F^e \quad (6.1.11)$$

式(6.1.11)便是总体坐标下的单元刚度方程,$K^e = T^T \overline{K}^e T$ 为总体坐标下的单元刚度矩阵。

四、总刚度矩阵的形成和边界条件处理

1. 总体刚度矩阵的形成

整体刚度矩阵形成的过程也就是将离散的结构复原的过程,结构复原后应满足节点力平

衡和节点位移协调这两个条件。

由式(6.1.11)，i-j 单元的刚度矩阵可写成如下形式：

$$\begin{bmatrix} k_{ii}^e & k_{ij}^e \\ k_{ji}^e & d_{jj}^e \end{bmatrix} \begin{Bmatrix} d_i^e \\ d_j^e \end{Bmatrix} = \begin{Bmatrix} F_i^e \\ F_j^e \end{Bmatrix} \tag{6.1.12}$$

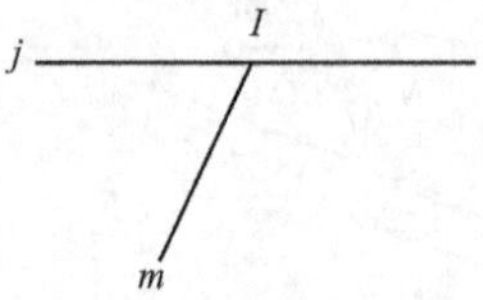

式中：k_{ij}^e——j 端单位位移引起 i 端的梁端力。

如图 6.1.6 所示，考察 i 节点的平衡，则交会于 i 节点的所有梁端力与作用于 i 节点的外力 P_i 应相等：

$$\sum_e F_i^e = P_i \tag{6.1.13}$$

图 6.1.6 交会于 i 节点的各梁单元

式中：$\sum_e F_i^e$——与 i 点连接的所有单元的梁端力。

得到：

$$(\sum k_{ii}^e) d_i + k_{ij} d_j + k_{im} d_m + \cdots = P_i \tag{6.1.14}$$

列出所有节点的平衡方程后，便可得到如下的结构整体刚度方程：

$$KD = P \tag{6.1.15}$$

按照上述原理和方法，具体操作时，可采用"对号入座"的方法把单元刚度矩阵叠加，以形成结构的总刚度矩阵。即将分块矩阵 k_{ij} 放在总体刚度矩阵的第 i 行，第 j 列。

2. 边界条件的处理

式(6.1.15)是一个奇异刚度方程，没有解，K 是奇异刚度矩阵，物理意义上理解为结构中包含着不受限制的刚体位移。因而只有引入边界约束后，式(6.1.15)才能够有解。

对于边界条件的处理，可简单地采用主元素赋大值法，即把总刚度矩阵中与受约束的位移对应的主元素(对角线上元素)赋给一个很大的数，例如 1.0×10^{30}。该方法实际应用较广，物理意义也十分明确。赋大数的含义就是给约束方向提供一个刚度很大的支承。同样原理，当采用弹簧支承时，在相应主元素上叠加一个弹簧刚度即可。对于节点强迫位移的计算，只需将刚度矩阵相应主元素赋大值(如 1.0×10^{30})，同时将荷载列阵相应元素改为赋大值与位移量 δ 的乘积(如 $\delta \times 10^{30}$)即可。

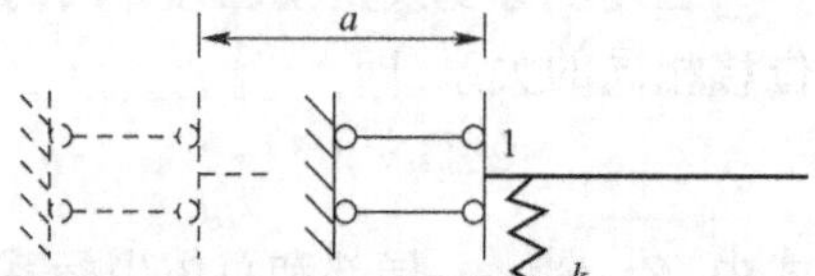

例如，如图 6.1.7 所示的边界条件为：

$U_1 = -a, \theta_1 = 0, v_1$ 向有一个刚度为 k 的竖向弹簧支承。

图 6.1.7 边界条件的处理

总体刚度方程为：

$$\begin{bmatrix} K_{11} & K_{12} & K_{13} & K_{14} & \cdots & \cdots \\ K_{21} & K_{22} & K_{23} & K_{24} & \cdots & \cdots \\ K_{31} & K_{32} & K_{33} & K_{34} & \cdots & \cdots \\ K_{41} & K_{42} & K_{43} & K_{44} & \cdots & \cdots \\ \cdots & & & & & \end{bmatrix} \begin{Bmatrix} u_1 \\ v_1 \\ \theta_1 \\ u_2 \\ \cdots \end{Bmatrix} = \begin{Bmatrix} X_1 \\ Y_1 \\ M_1 \\ X_2 \\ \cdots \end{Bmatrix} \tag{6.1.16}$$

引入上述 1 节点的边界条件后，总刚度方程变为：

$$\begin{bmatrix} 10^{30} & K_{12} & K_{13} & K_{14} & \cdots & \cdots \\ K_{21} & K_{22}+k & K_{23} & K_{24} & \cdots & \cdots \\ K_{31} & K_{32} & 10^{30} & K_{34} & \cdots & \cdots \\ K_{41} & K_{42} & K_{43} & K_{44} & \cdots & \cdots \\ \cdots & \cdots & \cdots & \cdots & \cdots & \cdots \end{bmatrix} \begin{Bmatrix} u_1 \\ v_1 \\ \theta_1 \\ u_2 \\ \cdots \end{Bmatrix} = \begin{Bmatrix} -10^{30} \cdot a \\ Y_1 \\ M_1 \\ X_2 \\ \cdots \end{Bmatrix} \qquad (6.1.17)$$

五、荷载列阵

整体刚度方程[式(6.1.15)]的右边是节点荷载列阵。当外荷载不直接作用在节点上时(如分布荷载、单元集中荷载等,称为非节点荷载),就需要把它们转化为作用在节点上的等效荷载。等效节点荷载与直接作用在节点上的荷载叠加在一起称为"总节点荷载"。

非节点荷载的计算见表6.1.2。

非节点荷载表　　　　　　　　　　　　　　　　　　表6.1.2

荷载类型	荷载图示	节点力计算公式
1		$N_i = N_j = 0$ $Q_i = q \cdot (1 + 2x/l) \cdot (1 - x/l)^2$ $Q_j = q - Q_i$ $M_i = -q \cdot x(1 - x/l)^2$ $M_j = q \cdot x^2(1-x)/l^2$
2		$Q_i = Q_j = M_i = M_j = 0$ $N_i = q \cdot (1 - x/l)$ $N_j = q - N_i$
3		$N_i = N_j = 0$ $Q_i = [qx(1 - x^2/l^2 + x^3/(2l^3)]$ $Q_j = qx - Q_i$ $M_i = -qx^2(6 - 8x/l + 3x^2/l^2)/12$ $M_j = qx^3(4 - 3x/l)/(12l)$
4		$Q_i = Q_j = M_i = M_j = 0$ $N_i = qx^2/(2l)$ $N_j = qx - N_i$
5		$N_i = N_j = 0$ $Q_i = 6q(1 - x/l) \cdot x/l^2$ $Q_j = -Q_i$ $M_i = -q(1 - x/l) \cdot [2 - 3(1 - x/l)]$ $M_j = -q(2 - 3x/l) \cdot x/l$
6	安装误差	$N_i = qEA/l$ $N_j = -qEA/l$ $Q_i = Q_j = M_i = M_j = 0$

续上表

荷载类型	荷载图示		节点力计算公式
7	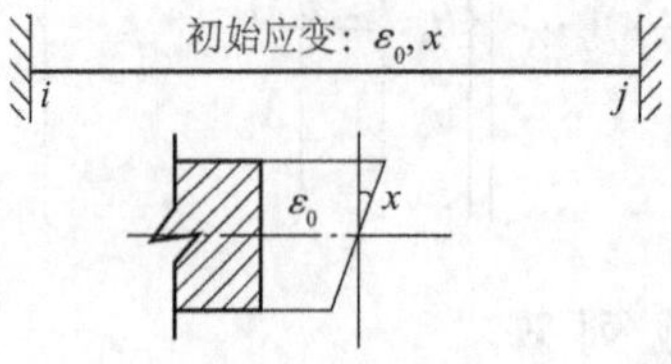 初始应变：ε_0, x		$N_i = -EA\varepsilon_0$ $N_j = -N_i$ $M_i = -EIx$ $M_j = -M_i$
8	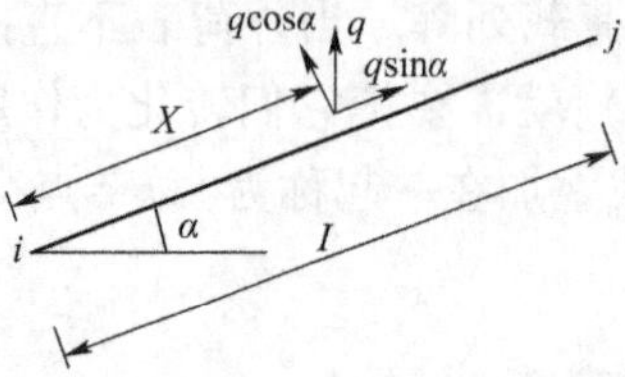 $q\cos\alpha$, q, $q\sin\alpha$	1 2	$q\cos\alpha$ $q\sin\alpha$
9	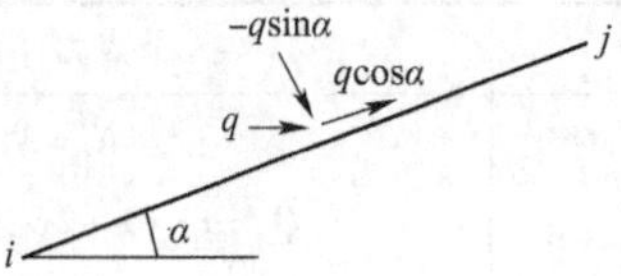 $-q\sin\alpha$, $q\cos\alpha$, q	1 2	$-q\sin\alpha$ $q\cos\alpha$
10	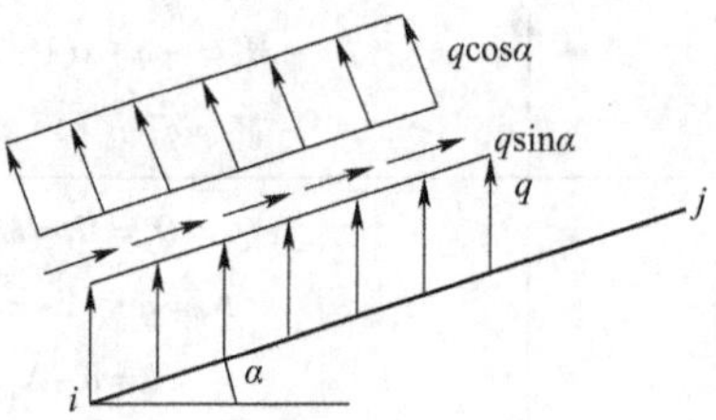 $q\cos\alpha$, $q\sin\alpha$, q	3 4	$q\cos\alpha$ $q\sin\alpha$
11	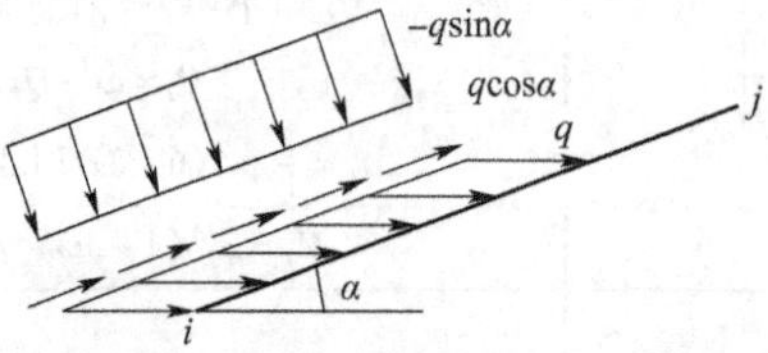 $-q\sin\alpha$, $q\cos\alpha$, q	3 4	$-q\sin\alpha$ $q\cos\alpha$

六、单元内力计算

在求解总刚方程组得到总体坐标系下的节点位移 d 后，就可以利用前面已经导出的有关公式求单元在局部坐标系下的内力。应当注意，单元的内力由两部分组成，一部分是由节点位移引起的，另一部分则由非节点荷载所引起的固端力（与表 6.1.2 中的节点力反号，这与结构力学中的位移法求解杆件内力时相似）。于是有：

$$\overline{F}^e = \overline{K}^e T d^e + P_0^e \tag{6.1.18}$$

式中：$\overline{F}^e$ ——单元节点内力（局部坐标系下）。

第三节　桥梁结构分析的内容和特点

一、桥梁结构分析的主要内容

桥梁结构分析的基本内容可概括如下：

(1) 桥梁一般是分阶段逐步施工完成的，结构的最终受力状态往往与施工过程有着很大的关系，因而结构分析必须能够准确地模拟施工过程，并且能够自动累加各阶段的内力和位移等。施工阶段内应考虑的因素主要有：
① 结构自重；
② 施工临时荷载，如挂篮质量等；
③ 预加应力；
④ 混凝土收缩和徐变；
⑤ 温度变化；
⑥ 静风的作用；
⑦ 结构体系转换；
⑧ 斜拉索或系杆等的初始张力；
⑨ 合龙口的预顶力等。

(2) 计算成桥后在二期恒载、支座不均匀沉降、混凝土长期徐变效应、温度变化等作用下的内力和位移。

(3) 计算各种活载引起的内力和位移，包括影响线或影响面的计算以及对它们进行加载等。

(4) 计算各种偶然荷载(如地震、船舶撞击力)等引起的内力和位移。

(5) 按规范对上述各种荷载引起的内力和位移进行组合，得出最不利的组合情况。

(6) 按规范进行强度、刚度、抗裂性和稳定性验算。

二、桥梁结构分析的特点

1. 逐阶段形成结构体系

桥梁结构在不同的施工阶段，结构布置、边界条件、荷载条件均发生变化。例如，当采用悬臂浇筑法施工连续梁桥时，结构是逐段浇筑混凝土并施加预应力而逐渐接长的。由于结构形成的过程不同，因此其恒载内力也不同。这与结构力学中的连续梁受力有很大差别。下面一简例可说明这个问题。图 6.1.8 所示为一个右端固结、左端铰支的梁，承受满布均布荷载自重)。图 6.1.8 中示出了结构分别按两种不同的施工方法(一次落架和分阶段施工)形成结构体系的内力和变形图。

如果结构是搭架现浇并在永久支承完成后卸架，则其弯矩 M 如图 6.1.8a) 所示。如果结构是逐段悬臂浇筑，最后再安装支座 A，则由于自重 q 及产生的挠度在悬臂施工时就已发生，因此其弯矩如图 6.1.8b) 所示。这时支座 A 的反力为零，因为它是在结构全部荷载和变形已发生后安装的。显然两种情况的内力和变形图完全不同。

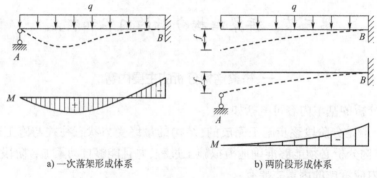

a) 一次落架形成体系　　　　　　　b) 两阶段形成体系

图6.1.8　桥梁结构的最终内力和变形与施工方法的关系

由此可见,在进行桥梁结构分析时,必须根据实际的施工过程,分阶段逐步分析,逐步累加每一分阶段发生的内力和变形,直到全桥结构完全形成。只有这样,才能确保结构分析能够真实反映桥梁的实际受力状况。

2. 活载(移动荷载)效应

桥梁结构分析的另一特点是它要承受移动荷载(如汽车、挂车等)的作用,且活载占了相当大的比重。在做线性分析时,最常用也是最方便的方法是采用影响线加载的方法,即先计算出影响线,然后在其上布置活载,找出最不利荷载位置,并求出与该加载位置对应的内力和位移。对影响线加载的方法有很多,常用的有等效均布荷载法、穷尽法、动态规划法等。等效均布荷载法方便于手算,即将对应各种形状影响线的活载换算成等效的均布荷载,制成表格。在计算机普及的今天,该法已基本被淘汰。

无论采用哪种方法加载,都应注意在同一截面上的不同内力所对应的最不利荷载位置可能不同。例如,最大弯矩和最大剪力不一定是在同一荷载位置发生。因此,加载时应分别按各内力的最不利荷载位置求最大内力及最小内力及其相应的其他内力。例如,先求最大弯矩及其对应的最不利荷载位置,然后求该荷载位置时的剪力和轴力值(不一定也是最大值),称之为与最大弯矩相应的剪力和轴力。这样求出的一组内力都是相应的内力。

3. 预应力效应

在分析预应力混凝土桥梁结构时,必须考虑预加应力的效应,较常用的方法是等效荷载法,即把预加力当作等效的外荷载施加于混凝土结构上后计算由此而引起的内力和位移。该方法概念清晰、简便易行。

预应力的等效荷载具有一般荷载的特性,但它还有一个重要特征,即它是一自相平衡的力系。从结构中截出任何一段含预应力筋的杆件,其上作用的预应力荷载都是自相平衡的。

预应力引起的结构内力由三部分组成,第一部分是直接施加在构件截面上的预加力,称为初内力。例如一水平预应力筋施加在构件截面上的压力为 N_p,该压力至截面形心轴的偏心距为 e,则该截面的预应力初内力为 $M = N_p e$,$N = N_p$;第二部分是在超静定结构上张拉的预应力筋所引起的内力重分布,称为次内力;第三部分是由于施工过程中发生了体系转换,例如悬臂施工法时结构由静定的 T 构转换为连续刚构或连续梁。这样由于混凝土的徐变作用,体系转换前(如合龙前)作用在结构上的预应力荷载会在体系转换后的结构上引起内力重分布,也称为次内力。当采用有限元法逐阶段依次计算并自动累加内力和位移时,这三部分内力会被自动计算出,不必专门分别考虑。

4. 温度效应

温度变化引起的截面应变为:

$$\left. \begin{aligned} \Psi &= \frac{\alpha}{I} \int T(y) b(y) (y - y_c) \mathrm{d}y \\ \varepsilon &= \frac{\alpha}{I} \int T(y) b(y) \mathrm{d}y - \Psi \cdot y_c \end{aligned} \right\} \quad (6.1.19)$$

式中:Ψ——单元梁段挠曲变形后的曲率。

其余符号意义参见第二篇第四章相关内容。

用杆系有限元法求解上述温度变化引起的次内力时,先将单元的两端固定,再参见表6.1.2荷载类型7,此时温度变化引起的单元等效节点荷载$\overline{F}^e$向量为:

$$\overline{F}^e = \left\{ \begin{array}{c} \overline{N_i} \\ \overline{Q_i} \\ \overline{M_i} \\ \overline{N_j} \\ \overline{Q_j} \\ \overline{M_j} \end{array} \right\} = \left\{ \begin{array}{c} -EA(\varepsilon + \psi y_c) \\ 0 \\ -EI\psi \\ EA(\varepsilon + \psi y_c) \\ 0 \\ EI\psi \end{array} \right\} \quad (6.1.20)$$

将各单元的节点荷载向量通过坐标变换成为总体坐标下的节点荷载,并代入总体刚度方程中,即可求得结构因温度而产生的节点位移,继而求得各杆端的因节点位移产生的内力为$\overline{N_i^e}$、$\overline{Q_i^e}$、$\overline{M_i^e}$、$\overline{N_j^e}$、$\overline{Q_j^e}$、$\overline{M_j^e}$。

将两端固定引起的温度杆端力与节点位移引起的杆端力叠加,得到杆端温度总内力为:

$$\begin{cases} \overline{N_{iT}} = EA(\varepsilon_0 + \psi y_c) + \overline{N_i^e} \\ \overline{Q_{iT}} = \overline{Q_i^e} \\ \overline{M_{iT}} = EI\psi + \overline{M_i^e} \\ \overline{N_{jT}} = -EA(\varepsilon_0 + \psi y_c) + \overline{N_j^e} \\ \overline{Q_{jT}} = \overline{Q_j^e} \\ \overline{M_{jT}} = EI\psi + \overline{M_j^e} \end{cases} \quad (6.1.21)$$

计入温度自应力后,高度处的截面纤维层的正应力为:

$$\sigma_T(y) = \frac{N_T}{A} + \frac{M_T}{A} y + e[\alpha T(y) + \varepsilon_0 - \psi y] \quad (6.1.22)$$

杆中任意点的N_T、M_T由两端内力值直线内插得到。

第四节 桥梁结构分析的建模方法

用杆系有限元程序做结构分析时,需将实际结构模拟为杆件系统,因而对所分析结构的力学性能必须有深入的了解,才能正确地将结构模型化,这是结构分析中最重要的一环。

对于常见桥型,如各种梁式桥、拱桥、桁架、刚构以及斜拉桥等,建立它们的离散杆系模型一般没有太大的困难。本节将以桥梁结构中常见但较为复杂的某些局部构造为例,说明模型化工作中的一些处理方法。

一、结构离散化的基本原则

结构离散时应遵循三个基本原则:
(1)计算模型应尽量符合实际结构的构造特点和受力特点,以保证解的真实性。
(2)保证体系的几何不变性,特别是在错综复杂的转换过程中更应注意,同时要避免出现与实际结构受力不符的多余连接。
(3)在合理模拟的前提下,减少不必要的节点数目,以缩短计算时间,减少后处理工作量。

杆系单元的划分,应根据结构的构造特点、实际问题的需要以及计算精度的要求来决定。因此,用来划分单元的节点,应在以下位置设置:
(1)各关键控制截面处。
(2)构件交接点、转向点。
(3)截面突变处。
(4)不同材料结合处。
(5)所有支承点(包括永久和临时支承)。
(6)对于由等截面直杆组成的桥梁结构,除梁、柱等构件的自然交节点处必须设置节点外,杆件中间节点的多少对计算精度并无影响。一般根据验算截面的布置以及求算影响线时单位力作用点的要求,来确定所需的中间节点。
(7)对于变截面杆或曲杆结构,例如拱肋,尽量细分,使折线形模型尽可能接近实际曲线结构的受力状态。
(8)施工缝处。

图 6.1.9 中给出了几种典型桥梁杆件元的划分示例。

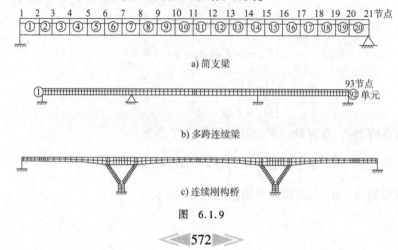

图 6.1.9

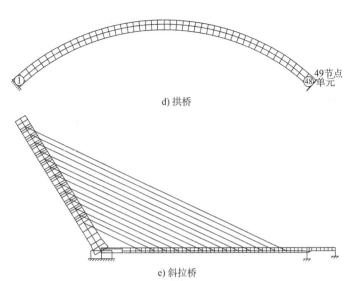

d) 拱桥

e) 斜拉桥

图 6.1.9 几种结构的有限元划分实例

二、局部构造的模拟方法

1. 刚臂的处理

在实际桥梁结构中,经常会遇到下列情况:
(1) 几个构件刚性交汇于同一节点,如图 6.1.10a)、图 6.1.10b) 所示。
(2) 构件轴线偏心交汇,如图 6.1.10c)、图 6.1.10d) 所示;

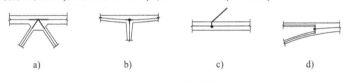

图 6.1.10 刚臂的处理

(3) 不同受力阶段,构件截面具有不同的几何特性(例如组合截面、后张预应力构件钢束孔道灌浆前后等)。

所有这些情况,在建立杆系分析模型时,均须进行适当的处理。对于第一种情况,刚性节点尺寸对单元内力的影响往往不能忽略,在交汇区的杆端应视为刚性部分(刚臂长度范围内的梁体不发生变形);在后两种情况下则应设置刚性联系杆件,以保证计算模型的连续性。

两端带有刚臂的梁单元模型的一般情形如图 6.1.11 所示。

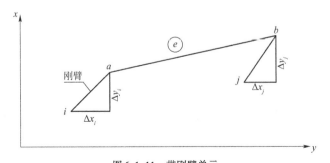

图 6.1.11 带刚臂单元

注:i,j 为结构离散化之后的节点;ab 为梁单元的轴线。

由刚度方程求得的 i、j 节点位移和节点力之后,根据几何关系及平衡条件,不难求得杆端 a、b 的位移及梁端力,带刚臂的单元刚度矩阵也可由前述不带刚臂的杆元刚度矩阵求得。其解析关系式可参见有关文献。

2. 中间铰的处理

在实际桥梁结构中,构件之间常有用铰连接的情形,如两铰拱、三铰拱,带铰或带挂梁的 T 形刚构桥等,可采用主从节点(图 6.1.12)的方法予以处理,位移从属是指位移一致。

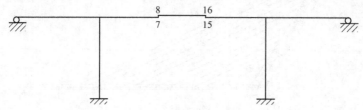

图 6.1.12　主从节点的处理(以 T 形刚构为例)

注:7、15 为 T 形刚构的节点,是主节点;8、16 为挂梁的节点,是从节点;节点 8 从属于节点 7 的水平和竖向位移,节点 16 从属于节点 15 的竖向位移。

3. 支座的处理

桥梁结构分析中,常常要求将上、下部结构联合为整体进行计算。此时,梁式桥的支座也构成了体系的中间铰。当支座是刚性支座(如弧形钢板支座、摆动支座等)时,可采用带刚臂单元和中间铰的方法处理。若支座为简易的油毡垫座,则可假定上下部结构之间不发生相对竖向位移。当采用橡胶支座时,应视支座为弹性约束,用两个弹簧杆来模拟支座,如图 6.1.13 所示。

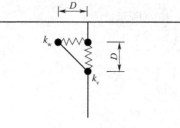

图 6.1.13　支座处理

竖向弹簧刚度根据橡胶支座的实际尺寸,用下式来计算:

$$k_v = \frac{E_0 A_0}{D} \tag{6.1.23}$$

水平弹簧的刚度,则根据橡胶支座的抗剪性能按下式来确定:

$$k_u = \frac{G_0 A_0}{D} \tag{6.1.24}$$

式中:E_0——橡胶支座的弹性模量;
　　　G_0——橡胶支座的剪切模量;
　　　A_0——橡胶支座的平面面积;
　　　D——橡胶支座的橡胶层厚度。

4. 地基与基础的处理

当结构分析需要考虑弹性地基的作用时,可将弹性地基用弹簧杆来模拟。
按照 Winkler 假设:

$$P = Kw \tag{6.1.25}$$

其中,K 为基床系数,它表示单位铅直位移($w=1$)产生的地基应力。用弹簧杆模拟后,将

K 乘以代用的弹簧杆的作用面积,即得弹簧刚度 EA/D(D 为弹簧杆长度)。

当地基与基础间的联系用铅直弹簧杆代替后,为了保证结构的稳定,应适当加设水平连杆,在只有铅直荷载作用的情况下,其内力为零;当有水平荷载作用时(例如土压力),水平连杆的位置应根据结构的受力特性来决定,或更为精确地,按竖直弹簧杆的设置原理来设置水平弹簧杆。

常见的几种考虑弹性地基的基础模型如图 6.1.14 所示。

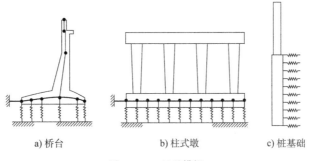

图 6.1.14 地基模拟

5. 组合结构的计算

近几年来,钢-混凝土组合结构在桥梁结构中的应用越来越广泛,组合结构具有可加快施工进度、充分发挥两种材料性能、使结构受力更合理等优势。

组合结构计算时须考虑到两种材料的不同材性(弹性模量不同),按照式(6.1.26)进行截面换算,或直接按不同的材料进行计算。

$$\begin{cases} EA = E_c A_c + E_s A_s \\ EI = E_c I_c + E_s I_s \end{cases} \tag{6.1.26}$$

第二章 有限元计算实例

第一节 连 续 梁 桥

一、连续梁桥的建模要点

建立等截面、变截面混凝土梁桥的杆系有限元模型时,需要注意以下建模原则。

1. 等截面连续梁

(1)梁体单元划分长度一般为 2～3m,每跨划分 8 个单元以上。

(2)支点区域截面因抗剪、布束的需求,箱梁各板件的尺寸需要适当加厚,从跨中截面过渡到支点截面一般会有一个变化段,计算模型中必须反映这一点。

2. 变截面连续梁桥

(1)在确定计算模型时,桥轴线必须为截面中和轴的连线。采用悬浇施工时,单元长度和节点的划分方式主要是根据主梁每段施工长度来确定的,一般取每一悬浇梁段为一个单元;其他梁段的划分可按照等截面相关方法确定。

(2)预应力束应按设计坐标输入,考虑竖弯和平弯。

(3)墩顶 0 号块的节点划分应考虑永久支座、临时固结点的位置。

(4)悬浇结构存在一个体系转换的过程,在转换过程中既要保证结构的几何不变性,又不能增加多余的约束。

二、典型构造和施工阶段模拟

1. 悬臂体系连续梁桥 0 号块的模拟

悬浇施工的连续梁桥,需要进行结构体系的转换,即在合龙之前 0 号块为墩梁临时固结,合龙之后需要拆除临时固结,转化为连续结构体系。因此,在模拟施工阶段时,墩顶和主梁在桥墩中心线上不共用一个节点,而是在这两个节点之间建立刚臂,如图 6.2.1 所示。14～17

为主梁 0 号块单元,相应节点为 14~18;节点 75、77 为梁底临时固结位置,节点 76 位梁底永久支座位置。模拟临时固结时,节点 15 与 75、17 与 77 为刚性连接,节点 75、77 施加竖向约束,节点 16 施加临时水平约束。而在拆除临时固结,转化为永久支承时,拆除以上约束,并在节点 16 与 76 施加刚性连接,节点 76 施加永久数项约束,完成体系转换。

2. 边跨现浇段的模拟

悬浇施工的连续梁桥,现浇段一般都在支架上施工,因此,其边界条件的模拟相对较为复杂,具体的模型过程如图 6.2.2 所示。

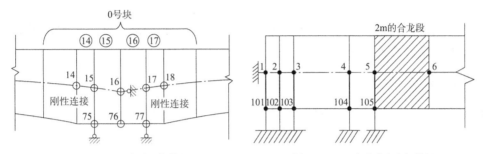

图 6.2.1 墩顶临时固结模拟　　图 6.2.2 现浇段满堂支架模拟

模拟边跨现浇段施工时,节点 101 施加永久竖向约束、1 和 101 之间为刚性连接;节点 1 施加临时水平约束(目的是保证体系不变,在合龙段施工的同时拆除此水平约束);节点 102~105 施加临时竖向约束(仅受压);而 2 与 102、3 与 103、4 与 104、5 与 105 之间施加刚性连接。

3. 体系转换的模拟

悬浇施工边跨合龙,形成单悬臂结构体系。此时,为保持悬臂施工的稳定而采取的墩顶临时固结需要拆除,即释放合龙之前临时锚固处的节点刚性约束,如图 6.2.3 所示。

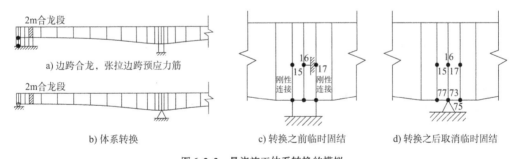

a) 边跨合龙,张拉边跨预应力筋　　c) 转换之前临时固结

b) 体系转换　　d) 转换之后取消临时固结

图 6.2.3 悬浇施工体系转换的模拟

三、分 析 实 例

1. 结构布置

某三跨预应力混凝土变截面连续梁桥,混凝土等级为 C50,跨径布置为 75m + 130m + 75m,设计荷载为公路-I 级。结构立面如图 6.2.4 所示。主梁采用直腹板单箱双室截面,支点和跨中的梁高分别为 8.0m 和 3.5m,梁底曲线为二次抛物线;顶板和底板宽度分别 20.25m 和 12.50m,悬臂长为 4m;箱梁顶板厚度为 28cm,底板厚度由跨中的 30cm 直线变至支点的

219.1cm,腹板厚度:支点截面135cm,跨中截面60cm,在0号块内无变化,如图6.2.5所示。采用对称悬臂浇筑主梁,0号块长度为12m,浇筑节段长度为 4×250cm + 4×300cm + 3×350cm + 3×400cm + 3×450cm,边跨靠近边支点段搭设满堂支架施工,长度为9.0m。边跨和中跨的合龙段长度均为2m。

2. 施工程序介绍

下部结构施工完成后,采用墩旁托架现浇施工上部结构主梁0号块并张拉预应力筋;在0号块上安装挂篮,然后对称悬臂浇筑主梁,一直到最大悬臂阶段;完成边跨现浇段的施工;之后在边跨和龙口安装锁定装置、配重,浇筑混凝土,完成边跨和龙,张拉边跨后期预应力筋;进行体系转换;中跨和龙口采用劲性骨架锁定配重,中跨合龙;张拉中跨后期预应力筋;拆除全部挂篮;作用二期恒载并投入运营。

3. 建模即施工过程模拟

依照桥梁的结构布置和施工顺序,确定全桥共划分23个施工阶段,如图6.2.6所示。本桥有限元模型共划分节点87个、单元86个。

4. 分析荷载

荷载可分为施工阶段荷载和成桥阶段荷载。

1)施工阶段荷载

在本桥中施工阶段荷载如下:

自重荷载:梁体混凝土重度按照26kN/m³,墩顶横隔板、预应力齿块作为荷载施加。

挂篮荷载:重量按照1000kN计,边跨和中跨合龙段挂篮500kN。

压重荷载:在边跨合龙前和中跨合龙前,每测合龙口压重根据实际情况调整。

预应力:考虑预应力损失。

二期荷载:总计120.0kN/m。

收缩徐变:混凝土收缩徐变计算采用《公路桥梁混凝土及预应力混凝土桥梁设计规范》(JTG 3362—2018)进行,混凝土加载龄期按5d计算。

2)成桥阶段荷载

汽车荷载:按照公路-Ⅰ级、四车道考虑,横向折减系数为0.67,冲击系数按照《公路桥涵设计通用规范》(JTG D60—2015)相关规定进行计算。

季节温差:两个工况,升温20℃,降温 −20℃。

日照温差:两个工况,其中竖向日照正温差计算模式采用《公路桥涵设计通用规范》(JTG D60—2015)相关规定,T_1取14℃,T_2取5.5℃;而负温差为正温差乘以 −0.5。

支座沉降:每个桥墩沉降只按照5mm考虑,隔墩沉降。当然,还可以考虑汽车制动力、地震荷载、船撞力、风荷载等。

5. 荷载组合

依据《公路桥涵通用设计规范》(JTG D60—2015)规定,对桥梁结构进行正常使用极限状态和承载能力极限状态下的荷载组合分析。

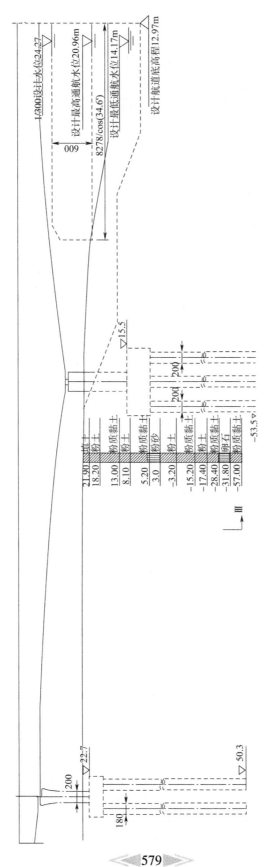

图6.2.4 某三跨连续梁立面布置图（尺寸单位：cm）

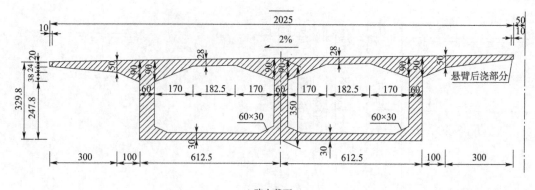

a) 跨中截面

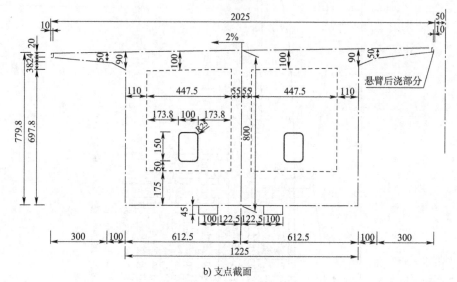

b) 支点截面

图 6.2.5 典型横断面尺寸(尺寸单位:cm)

图 6.2.6 某三跨变截面预应力连续梁有限元模型

6. 计算结果及校核

完成结构分析后，首先要进行计算结果的校核，只有结果正确，才能作为设计、评价结构的依据。

按阶段划分进行分析，得到结构在成桥状态下的内力、应力结果分别如图 6.2.7～图 6.2.12 所示。

结构考虑十年的徐变附加内力、应力结果如图 6.2.13～图 6.2.17 所示。

同时进行成桥状态下在各种作用下的内力分析及汽车作用下的最不利加载分析。根据以上内力计算结果，依据规范规定进行正常使用和承载能力两种极限状态下的荷载组合分析，结果如图 6.2.18～图 6.2.20 所示。

施工步骤	图示
1. 施工主墩墩身及临时支墩,安装0号块支架,临时支墩临时固结,0号块与桥墩、临时支墩临时固结,待混凝土强度达到设计要求后张拉本梁段纵向预应力钢束。	
2. 拼装挂篮并进行预压,以消除非弹性变形;对称浇筑1号梁段,张拉本梁段纵向预应力钢束;张拉0号块横向预应力钢筋。	
3. 移动挂篮,对称浇筑2-17号梁段,张拉本梁段纵向预应力钢束,竖向预应力钢束;张拉本梁段横向预应力钢筋,竖向预应力钢筋(n-1)号梁段横向预应力钢筋。	
4. 安装边跨支架,预压支架,浇筑边跨18号箱梁段,立模绑扎钢筋,张拉边跨18号箱梁段,竖向预应力钢束,竖向预应力钢筋,17号梁段横向预应力钢筋。	

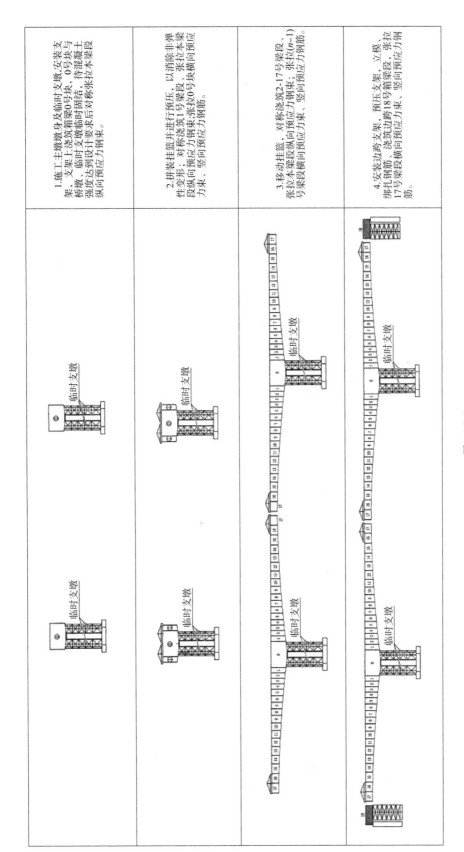

图 6.2.7

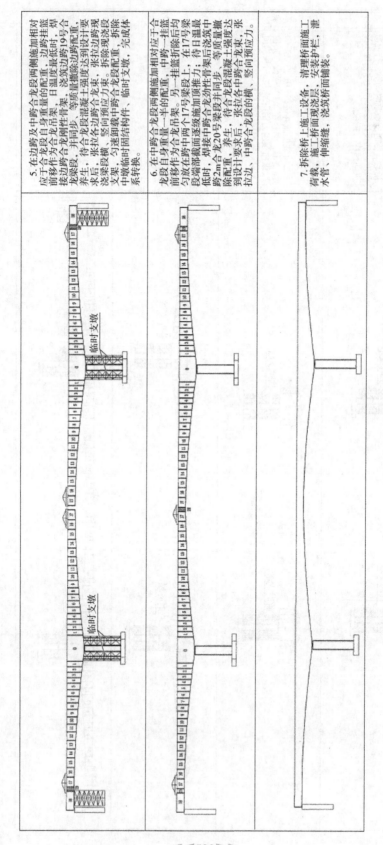

图6.2.7 某三跨预应力混凝土连续梁施工流程示意图

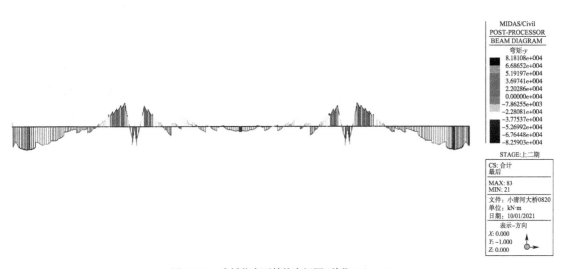

图 6.2.8　成桥状态下结构弯矩图(单位:kN·m)

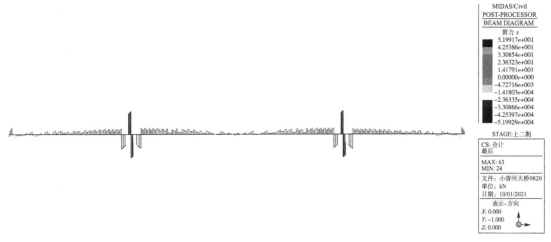

图 6.2.9　成桥状态下结构剪力图(单位:kN)

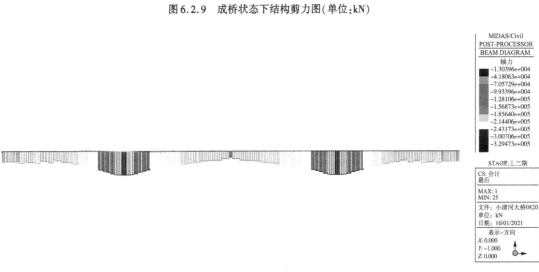

图 6.2.10　成桥状态下结构轴力图(单位:kN)

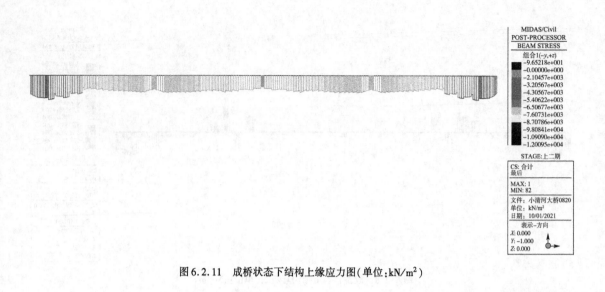

图 6.2.11　成桥状态下结构上缘应力图(单位:kN/m²)

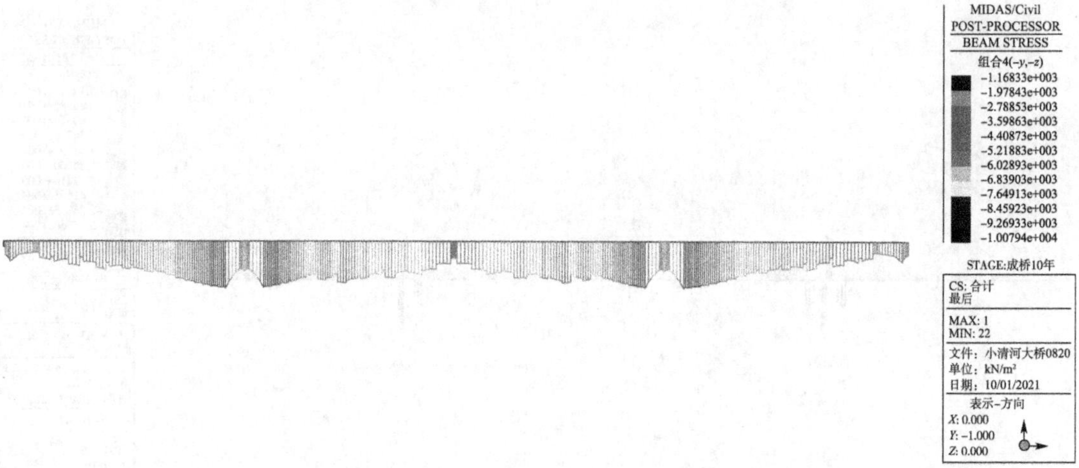

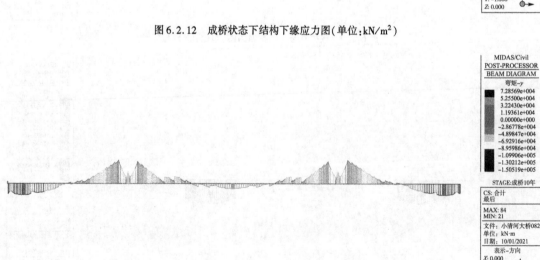

图 6.2.12　成桥状态下结构下缘应力图(单位:kN/m²)

图 6.2.13　成桥十年后结构弯矩图(单位:kN·m)

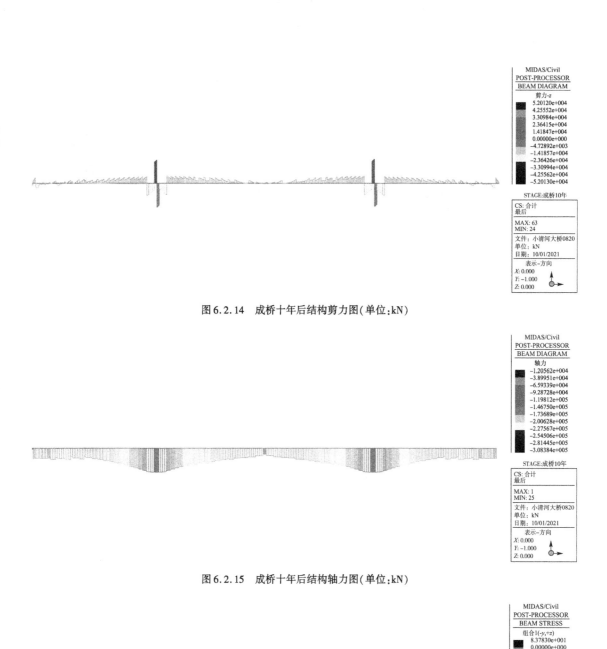

图 6.2.14　成桥十年后结构剪力图(单位:kN)

图 6.2.15　成桥十年后结构轴力图(单位:kN)

图 6.2.16　成桥十年后结构上缘应力图(单位:kN/m²)

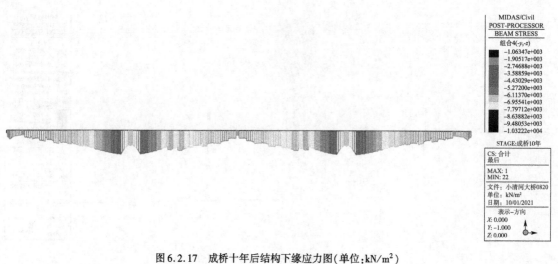

图 6.2.17 成桥十年后结构下缘应力图(单位:kN/m²)

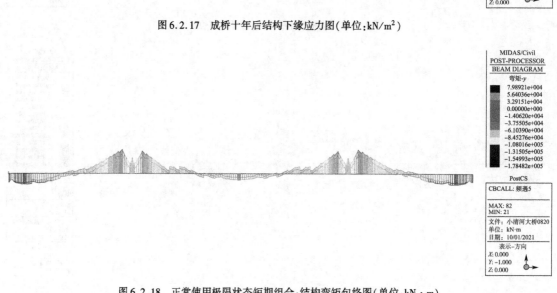

图 6.2.18 正常使用极限状态短期组合:结构弯矩包络图(单位:kN·m)

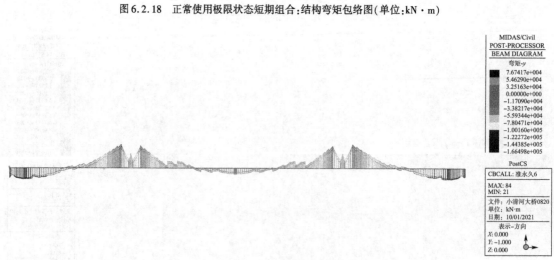

图 6.2.19 正常使用极限状态长期组合:结构弯矩包络图(单位:kN·m)

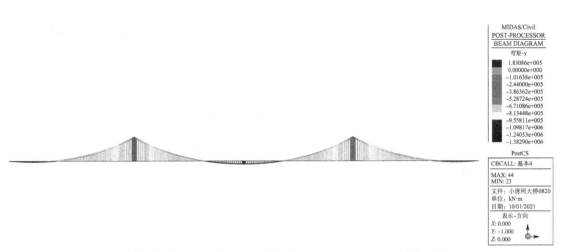

图 6.2.20　承载能力极限状态基本组合:结构弯矩包络图(单位:kN·m)

第二节　拱　　桥

一、拱桥的建模要点

采用杆系模型计算拱式结构,必须考虑结构布置和施工方法的不同,全面、灵活、科学地建立有限元模型,以求准确计算其变形和内力结果,充分体现拱式结构的受力特性。

模型离散化、节点编号和单元的划分应该遵循以下原则:根据拱桥的施工顺序,在结构自然分段点设置节点;较长的自然分段,做适当细分;吊杆与主梁、拱圈相交处设置节点;墩梁相接的位置设置节点;关心内力位移所在截面设置节点。

拱桥电算模型的常用单元有桁架单元和梁单元。较常见的做法是桥面板是由梁格单元来模拟;刚性系杆、横梁、拱圈、横撑、墩、承台、桩等采用梁单元模拟;柔性系杆、吊杆、扣索采用桁架单元来模拟。

二、典型构造和施工阶段模拟

本小节以钢管混凝土拱桥和劲性骨架混凝土拱桥为例加以阐明。

1. 钢管混凝土拱桥

钢管混凝土拱圈是由钢和混凝土两种材料组成的组合结构,其受力特性与一般混凝土结构和钢结构存在很大的区别,特别是在共同受力和收缩徐变性能上。根据钢管混凝土拱桥以受压弯为主的特点,正常使用极限状态计算时,钢管对钢管内混凝土的套箍效应可以忽略,而承载能力极限状态时,忽略套箍效应也偏安全。因此在模拟时,对于钢管混凝土拱圈,一般采用钢管和混凝土(划分节点后,两个节点之间由钢和混凝土两种单元连接)两种单元来模拟,如图 6.2.21 所示。这种模拟方式比较简单,能方便地模拟施工过程,也能很好地反映混凝土和钢之间的徐变内力转移和重分布。

2. 劲性骨架混凝土拱桥

劲性骨架混凝土拱桥在施工过程中主拱圈经历了钢结构、钢-混凝土组合结构、劲性骨架混凝土结构3个不同的受力阶段。以图6.2.22所示的劲性骨架截面为例,其施工过程的模拟见表6.2.1。

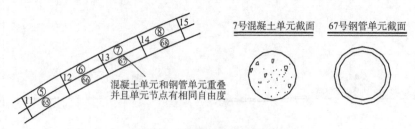

图6.2.21 钢管混凝土拱桥的模拟

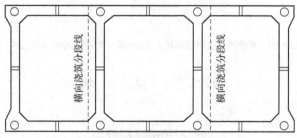

图6.2.22 劲性骨架混凝土拱桥主拱圈截面

劲性骨架施工过程的模拟　　　　　　　　　　　　　　表6.2.1

截面施工顺序	施工状态描述
1	向劲性骨架中灌注混凝土形成钢管混凝土结构,承重结构是钢管
2	浇筑中箱混凝土,此时中箱混凝土不参与受力,承重结构是钢管混凝土拱
3	激活中箱混凝土同时激活其与钢管混凝土之间的弹性连接,使混凝土单元的节点与劲性骨架单元的节点相互耦合,以形成共同受力的整体
4	浇筑两边箱混凝土,此时边箱混凝土不参与受力
5	激活边箱混凝土同时激活其与钢管混凝土之间的弹性连接,形成最终的劲性骨架混凝土结构

三、分析实例

1. 结构布置

某中承式刚性系杆钢箱拱桥采用68m+209m+68m桥跨布置,主跨拱肋理论计算跨径209m,拱轴线为悬链线,矢高48m,拱轴系数$m=1.5$,如图6.2.23所示。边跨采用变截面刚架(拱)构造,主桥三跨构造连续设计。主拱肋及边拱肋均采用等截面钢箱形(2.4m×3.6m),拱脚范围钢箱拱肋内填补偿收缩混凝土,如图6.2.24所示。主梁采用钢-混凝土组合格构梁体系,双边钢箱主纵梁设计,主纵梁标准段为箱形截面(2.4m×3.2m),边跨主纵梁及梁肋结合段根据过渡线形进行变高设计,如图6.2.25所示。次纵梁与横梁均为工字形截面(横梁梁高2.3m,次纵梁梁高1.2m),混凝土桥面板厚度25cm。主纵梁作为刚性系杆,通过施工阶段进行预拉,平衡基础水平力;吊杆采用15-25环氧钢绞线整束挤压成品索。拱座、拱肋、主梁之间相互固结,平顺过渡,整体结构为超静定体系。边跨过渡墩位置,主纵梁下设摩擦摆减隔震支座与过渡墩连接。主拱肋及边拱肋通过型钢组合构造连接,通过PBL剪力件及剪力钉,约束在拱座内部,承台系梁为钢筋混凝土构件。主桥主墩及过渡墩均采用承台群桩基础,桩基按摩擦桩设计。

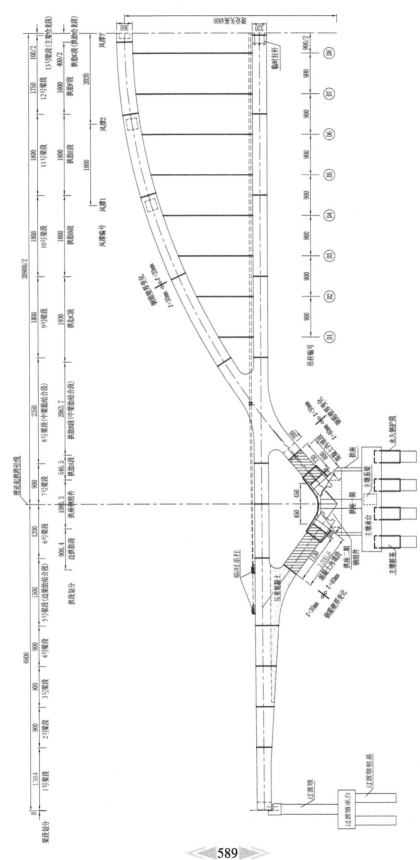

图6.2.23 某钢管混凝土拱桥布置图（尺寸单位：cm）

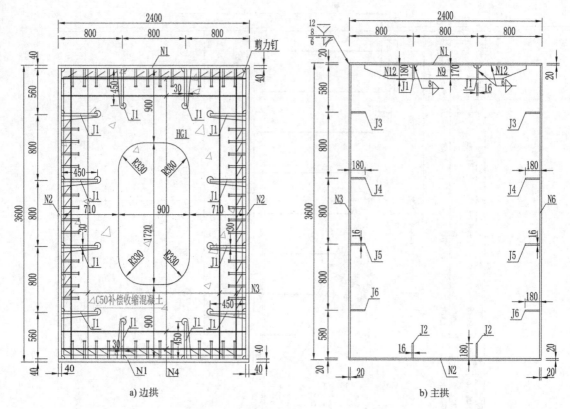

图 6.2.24 典型拱肋断面(尺寸单位:mm)

2. 施工顺序

本桥的施工顺序列于图 6.2.26 中。

3. 结构模型的建立和静力分析

本桥共划分 3028 节点、4814 个单元,其中斜拉索采用只受拉单元模拟。计算模型如图 6.2.27 所示。按施工顺序共划分为 148 个阶段进行模拟。

4. 分析目标

在拟定初始张拉力和施工顺序以合理成桥状态时,确定的具体目标如下。

索力分布:索力分布要均匀,通常短索的索力小,长索的索力大,呈递增趋势,但局部位置应允许索力突变,如短索索力通常会较大。

主梁弯矩:在成桥状态下,主梁的弯矩可行域控制在"可行域"内。

主拱圈:在恒载状态下,主拱圈的弯矩考虑活载和混凝土后期收缩徐变的影响。在活载作用下,尽可能使得主拱圈全截面受压。

5. 分析荷载和荷载组合

分析荷载工况包括各施工阶段的永久作用分析、活载分析、附加荷载(温度作用、支座强迫位移、地震荷载、船撞力、风荷载等),具体如下:

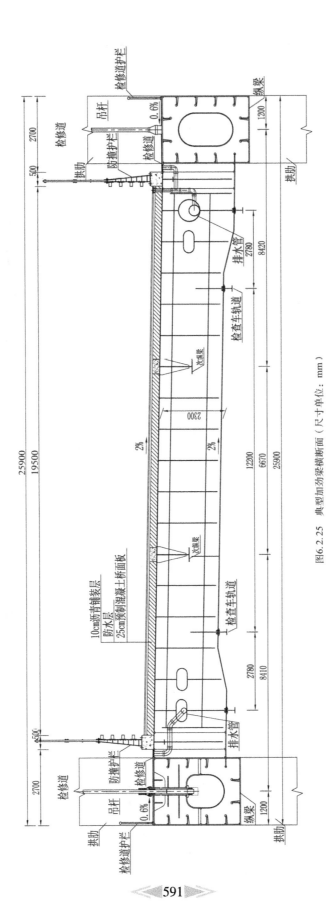

图6.2.25 典型加劲梁横断面（尺寸单位：mm）

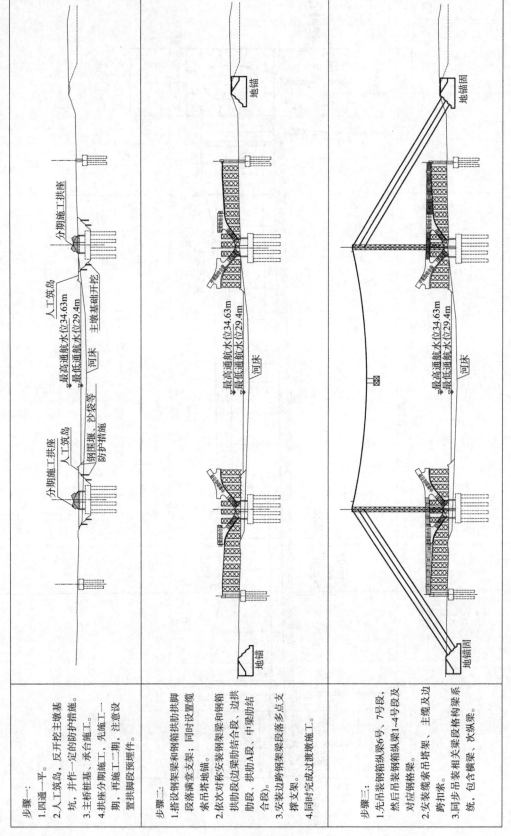

图 6.2.26

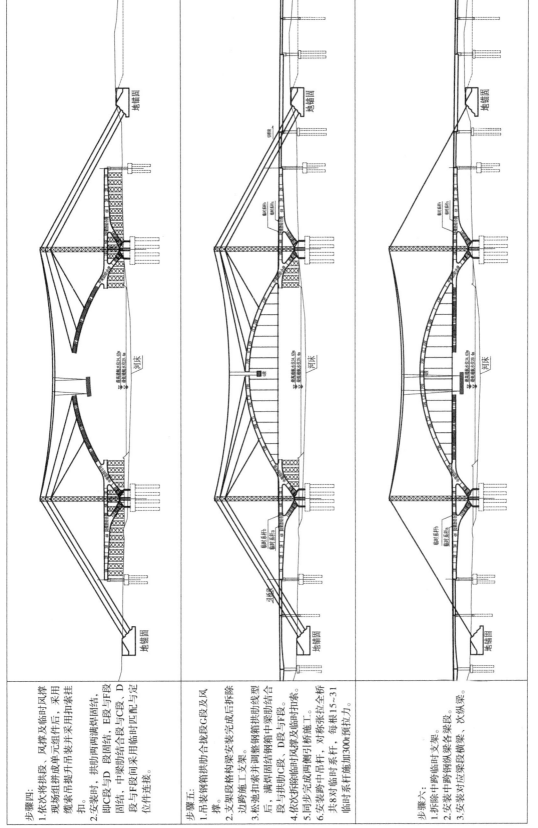

步骤四：
1.依次将拱肋段、风撑及临时风撑现场组拼成单元组件后，采用缆索吊提升吊装并采用抑索挂扣。
2.安装时，拱肋两两满焊固结，即C段与D段固结，E段与F段固结，拱肋固结合段与C段、D段与F段间采用临时匹配与定位件连接。

步骤五：
1.吊装钢箱拱肋合拢段G段及风撑。
2.支架段构架梁安装完成后拆除边跨施工支架。
3.松池扣索并调整钢箱拱肋中梁型后，满焊固结钢箱拱肋中梁合拢段C段、D段与F段。
4.依次拆除临时风撑及临时扣索。
5.同步完成跨两侧引桥施工。
6.安装跨中吊杆，对称张拉全桥共8对系杆，每根15~31临时系杆施加300t预拉力。

步骤六：
1.拆除中跨临时支架。
2.安装中跨钢纵梁各梁段。
3.安装对应梁段横梁、次纵梁。

图 6.2.26

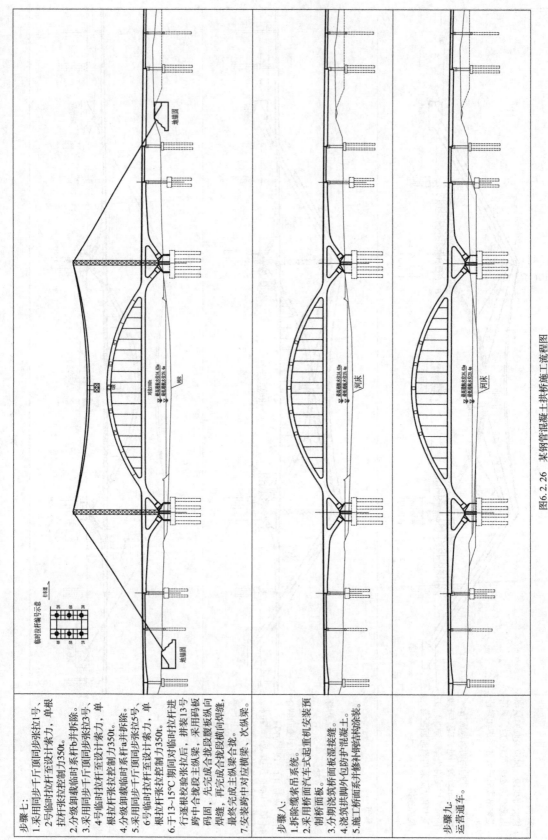

步骤七：
1.采用同步千斤顶同步张拉1号、2号临时拉杆至设计索力，单根拉杆张拉控制力350t。
2.分级卸载临时系杆b并拆除。
3.采用同步千斤顶同步张拉3号、4号临时拉杆至设计索力，单根拉杆张拉控制力350t。
4.分级卸载临时系杆c并拆除。
5.采用同步千斤顶同步张拉5号、6号临时拉杆至设计索力，单根拉杆张拉控制力350t。
6.于13~15℃期间对临时拉杆进行跨中合龙段张拉校验主纵梁，拼装13号码固，先完成合龙段顶板横纵向焊缝，再完成合龙段腹板横纵向焊缝，最终完成主纵梁合龙。
7.安装跨中对应横梁、次纵梁。

步骤八：
1.拆除缆索吊系统。
2.采用桥面汽车式起重机安装预制桥面板。
3.分期浇筑桥面板湿接缝。
4.浇筑拱脚外包防护混凝土。
5.施工桥面泵才修补钢结构防腐涂装。

步骤九：
运营通车。

图6.2.26 某钢管混凝土拱桥施工流程图

图 6.2.27　某钢管混凝土拱桥有限元模型

(1)施工阶段的分析:包括结构自重、预应力、混凝土收缩徐变、二期恒载,当然还有斜拉索的初始张拉力。

(2)整体温度变化考虑体系温度 ±25℃。

(3)除了考虑主梁截面温度梯度之外,还考虑拉索与索塔温差 ±10℃、桥塔日照温差等4种工况。

(4)计入纵、横向风荷载。

(5)支座沉降:考虑各墩沉降,主拱跨径 $L/100$。

(6)线性和非线性分析:对于中小跨径拱桥,一般非线性因素影响较小,而对于大跨径拱桥,斜拉索的垂度效应、大位移效应以及梁柱效应不容忽视,在设计计算中必须考虑。

按此计算模型和荷载条件,对该桥进行了施工阶段、成桥阶段等各种荷载作用下的内力分析。最后,按照《公路钢筋混凝土及预应力混凝土桥涵设计规范》(JTG 3362—2018)规定,对桥梁结构进行正常使用和承载能力两种极限状态下的荷载组合分析,并对结构进行了验算。

6. 计算结果

根据计算模型和荷载条件,分别计算结构在恒载、活载作用下的内力和变形,并根据规范要求进行最不利荷载组合,根据各种计算结果对结构进行验算,以满足规范要求。计算结果主要包括:成桥阶段弯矩和剪力结果,如图 6.2.28 ~ 图 6.2.30 所示;承载能力极限状态和正常使用极限状态内力包络图,如图 6.2.31 ~ 图 6.2.33 所示。

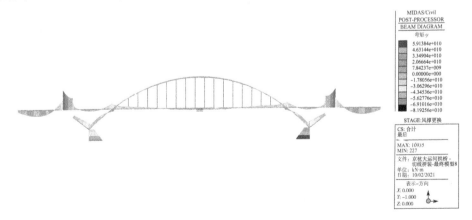

图 6.2.28　成桥状态下结构弯矩图(单位:kN·m)

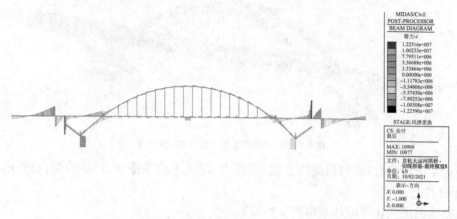

图 6.2.29　成桥状态下结构剪力图(单位:kN)

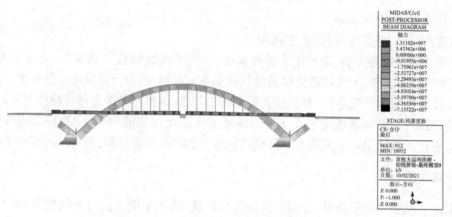

图 6.2.30　成桥状态下结构轴力图(单位:kN)

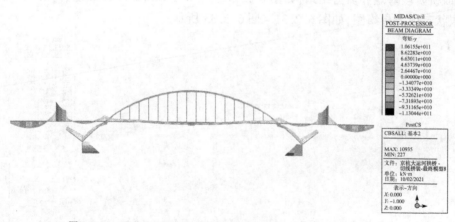

图 6.2.31　承载能力极限状态基本组合:结构弯矩包络图(单位:kN·m)

图 6.2.32　正常使用极限状态长期效应组合:结构弯矩包络图(单位:kN·m)

图 6.2.33　正常使用极限状态短期效应组合:结构弯矩包络图(单位:kN·m)

第三节　斜　拉　桥

一、斜拉桥的建模要点

斜拉桥结构的整体受力分析主要是指施工阶段和成桥阶段的受力分析,目标是获得合理的成桥受力状态,以使得成桥结构受力均匀,并确定合理的施工状态。

1. 合理成桥状态的确定

在主梁和索塔构造以及施工方法已经明确的情况下,对斜拉桥结构进行受力分析,其目标是获得合理的成桥受力状态,以使得成桥结构受力均匀,并确定合理的施工状态。

2. 合理施工状态的确定

斜拉桥成桥后的主梁线形和结构恒载内力与所用的施工方法、安装过程有着十分密切的联系,并在施工阶段随着斜拉桥结构体系和荷载状态的变化而不断变化。为实现所确定的成桥状态,必须确定合理的施工程序,其核心内容就是确定斜拉桥的初始张拉力。

一般来说,斜拉桥的静力计算就是一个结构的设计过程。在进行结构设计时,斜拉索索力是未知的,无法精确确定拉索的面积。计算时先根据初估的拉索面积和结构布置,采用适当方法确定一个初步的成桥恒载状态,并得到相应的成桥索力。此时,可根据斜拉索的安全系数和规格确定斜拉索的面积,再将拉索的面积替换初始值,进行活载内力和其他附加内力计算,确定结构在最不利荷载组合下的受力状态。根据结构最不利荷载组合下的合理受力要求,进一步通过索力调整和预应力布置,重新确定成桥状态,以此为目标来确定施工过程中的控制参数,如斜拉索初始张拉力、立模高程等。

初拉力的确定是斜拉桥设计中比较烦琐的过程,要经过多次试算和调整才能得到满意的结果。施工索力必须满足两个方面的要求,一是施工过程中结构的安全;二是成桥后结构能够尽量接近合理成桥状态。确定合理的施工状态的计算方法主要有倒拆法、考虑非线性因素的倒拆法、倒拆-正装迭代法、无应力状态法及正装迭代法。

3. 几何非线性效应

引起斜拉桥几何非线性的因素主要是拉索垂度效应、大变形效应及梁柱效应,几乎所有的斜拉桥都必须考虑拉索效应,特别是在施工阶段拉索索力偏小,导致拉索的垂度效应明显,须根据 Ernst 公式对斜拉桥进行垂度修正,以计入其不利影响。另外,斜拉桥结构体系的几何非线性表现明显,特别是对于大跨径或超大跨径斜拉桥结构(主跨跨进 300m 以上较为明显),梁柱效应和大变形效应非常明显,在结构计算过程中必须予以考虑。

斜拉桥建模时需要注意以下几点:

(1)整体建模和单元类型的选择。斜拉桥主要有梁、塔、索三大构件。一般而言,在采用杆系结构进行静力分析时,混凝土结构中的塔和梁均可采用平面梁单元或者空间梁单元模拟,结果足够精确。单索面斜拉桥中还需要分析结构扭转对结构受力的影响。对于钢箱梁截面的空间效应,最好采用带第7个畸变自由度的空间梁单元来进行分析。

主梁单元和节点的划分方式主要与主梁的施工方法有关,在横梁相接处、典型断面位置、拉锁锚固点、不同材料相接处、施工缝等位置都需要划分节点。

全桥整体杆系模型必须考虑竖曲线,如图 6.2.34 所示。

(2)桥塔主要采混凝土材料,也有采用钢壳混凝土、钢的情况。对于混凝土缩塔或者钢塔,在整体计算时,可采用梁单元进行模拟,在索塔锚固,单元长度控制在 2~4m;对于钢壳混凝土索塔,一般忽略钢壳与混凝土之间的组合作用,直接采用在两个节点之间形成钢壳单元和混凝土单元来模拟。

(3)斜拉索的模拟可以索单元、等效桁架单元模拟,如图 6.2.35 所示。对于近千米或者超千米的斜拉桥而言,拉索受力具有非常明显的非线性效应,建议使用考虑大变形的单元或者悬链线单元来模拟;对于中小跨径的斜拉桥结构,其斜拉索的模拟建议使用考虑 Ernst 公式修正的等效桁架单元(仅受拉)。值得注意的是,在计算活载效应时,拉索都可采用桁架单元来模拟。

(4)辅助墩的模拟。斜拉桥一般以双塔三跨、单塔双跨的结构布置为主,为了提高主跨的刚度,减小活载作用的变形,可根据结构受力的需要,在边跨内布置一个或两个辅助墩,这样布置可以大大地限制主跨主梁的变形,从而提高结构的刚度。但是从受力上来说,辅助墩受力较为复杂,特别是在活载作用下,辅助墩可能承受较大的拉力,但是不能承受水平力,这样在结构设置上需要设置拉力支座。模拟时必须将辅助墩支座按照单向受压或单向受拉或有一个较小的受拉间隙的支座来模拟。

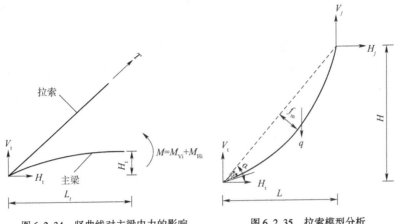

图 6.2.34 竖曲线对主梁内力的影响　　图 6.2.35 拉索模型分析

(5)索梁锚固、索塔锚固的模拟。拉索在梁和塔上的锚固点一般不与主梁、索塔截面的中性轴位置重合,之间都会有一定距离,如图 6.2.36 所示,此时需要在拉索锚固点和主梁、索塔节点之间设置刚臂,以保证内力的顺利传递。

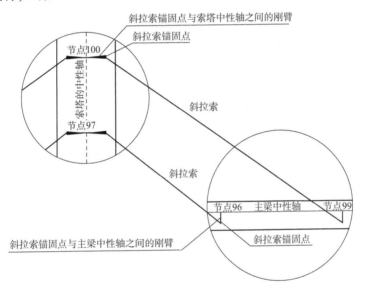

图 6.2.36 拉索在梁、塔上锚固大样图

(6)塔、梁、墩三者关系的模拟。根据塔、梁、墩三者之间的关系,斜拉桥主要分为固结体系、半漂浮体系和漂浮体系。显然,对于这三种不同的体系,塔、梁、墩须采用不同的方法来模拟。

(7)对于单索面斜拉桥结构,一般必须考虑主梁的扭转效应所带来的不利影响。

(8)斜塔桥结构中特别需要注意施工顺序的不同,若为先梁后塔,则模拟时需要仔细考虑索塔施工中的不平衡问题。

二、典型构造和施工阶段模拟

斜拉桥施工阶段分析的类型主要有两类:一类是考虑时间依存性的累加模型,对所有单元根据 Ernst 公式进行修正,来考虑索的非线性,属于小变形分析,适用于大部分中小跨径的斜拉桥。在施工阶段,拉索的应力水平较低,此时拉索弹性模量折减将很小。另一类是考虑非线性的累加,对于索单元按照悬索单元进行大变形分析,适用于千米级的斜拉桥。

斜拉桥一般采用悬臂施工,包括悬臂拼装和悬臂浇筑。挂篮以混凝土湿重作为施工荷载加在节点上,通过荷载的激活与钝化来模拟挂篮的前进。对于非塔梁固结的体系,通过修改不同阶段的边界条件来模拟结构体系转换。

三、分析实例

斜拉桥的建模是非常复杂的,本小节以一座典型的扁平钢箱梁斜拉桥为例,阐述斜拉桥的建模、分析过程。

1. 结构布置

某桥为主跨458m的双塔钢箱梁斜拉桥,桥跨布置为110m + 236m + 458m + 236m + 110m = 1150m。仅在中跨和次边跨布设斜拉索,主梁采用流线型扁平钢箱梁,全宽为41.8m,桥面宽为35.8m。斜拉索采用扇形式布置,在钢箱梁外侧锚固,如图6.2.37~图6.2.39所示。索塔采用横向H形框架,塔柱为钢筋混凝土构件;下横梁为预应力混凝土构件,为底缘呈圆弧形的变高度结构;上横梁剪力撑采用钢结构,采用"中国节"造型;塔柱断面形状考虑了结构受力需要和建筑景观效果的要求。钢箱梁至顶部第一对斜拉索理论锚固点之间的索塔高度h_0与主跨径L之比为$h_0/L=0.246$。索塔基础采用钢管复合桩加现浇承台的形式,辅助墩和过渡墩采用薄壁空心墩,桥墩分为上、中、下三个节段。基础采用钢管复合桩加现浇承台的形式。

全桥采用半漂浮体系。在索塔处设置具有横向水平承载力要求的竖向球型钢支座、纵向活动,设置横向支座,设置带纵向静力限位功能的阻尼装置;在辅助墩处设置竖向的双向球型钢支座,设置横、纵向阻尼装置;在过渡墩处设置具有横向水平承载力要求的竖向球型钢支座、纵向活动,设置纵向阻尼装置。

2. 施工顺序

本桥的施工顺序如图6.2.40所示。

3. 结构模型的建立和静力分析

本桥共划分908节点、725个单元,其中斜拉索采用只受拉单元模拟。计算模型如图6.2.41所示。按施工顺序共划分为148个阶段进行模拟。

4. 分析目标

在拟定初始张拉力和施工顺序以合理成桥状态时,确定的具体目标如下。

索力分布:索力分布要均匀,通常短索的索力小,长索的索力大,呈递增趋势,但局部位置应允许索力突变,如0号、1号索索力通常会较大。

主梁弯矩:在成桥状态下,主梁的弯矩可行域控制在"可行域"内。

主塔弯矩:在恒载状态下,主塔的弯矩考虑活载和混凝土后期收缩徐变的影响。在活载作用下,主塔靠岸侧的弯矩一般会比靠河侧的弯矩大,并且混凝土收缩、徐变的影响往往使主塔往河侧偏。因此,在成桥恒载状态下,塔宜向岸侧有一定的预弯矩,并根据塔的徐变偏量大小适当设置反偏量。

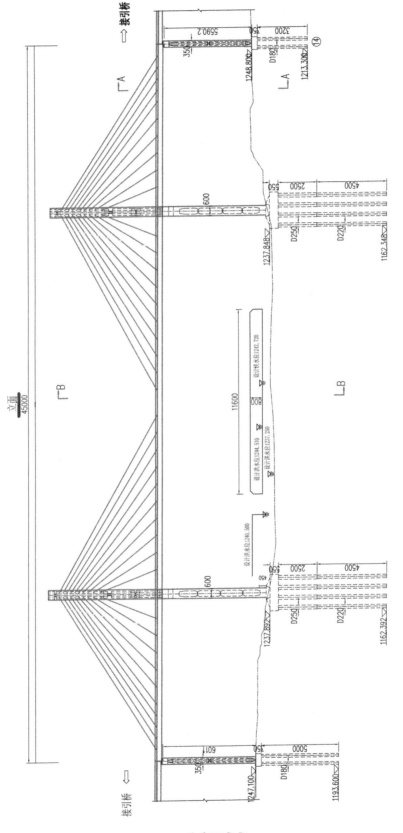

图6.2.37 某桥结构布置图（高程单位：m；其他尺寸单位：cm）

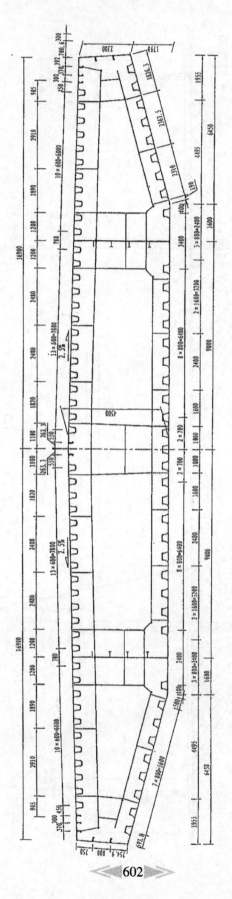

图6.2.38 箱梁典型断面图（尺寸单位:mm）

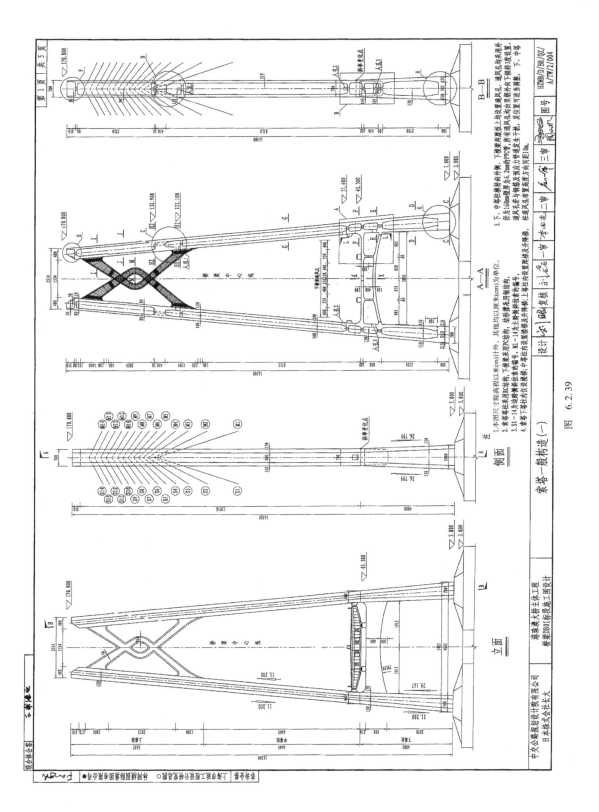

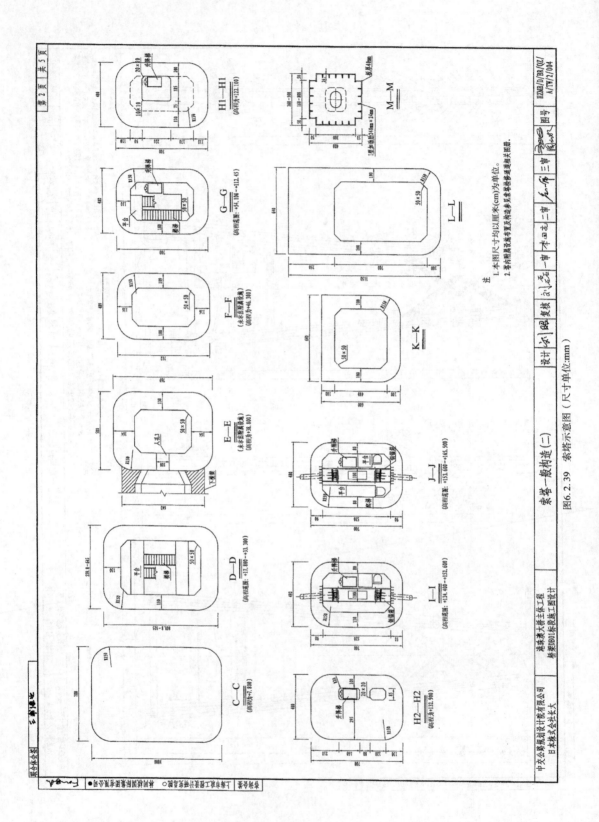

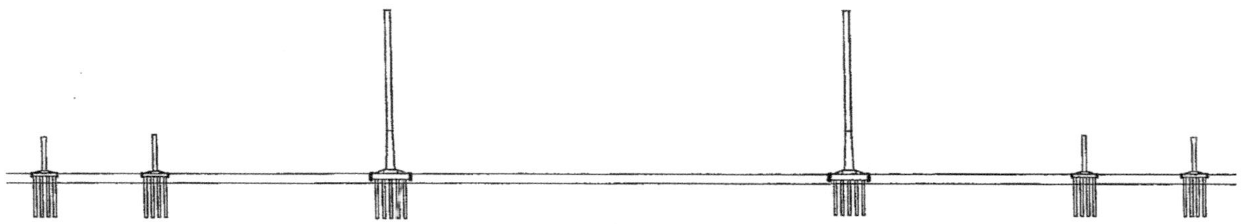

1. 索塔及基础施工，桥墩及基础施工。
   (1) 打入钢管，搭建施工平台，钻孔至设计高程，清孔，下钢筋笼，浇筑混凝土，拆除施工平台。
   (2) 整体吊装钢套箱，安装套箱水下封底，绑扎钢筋，浇筑混凝土，安装套箱其他部分。分层
   (3) 桥墩预制，浮运安装就位，桥墩与桥墩节段之间连接施工。承台。

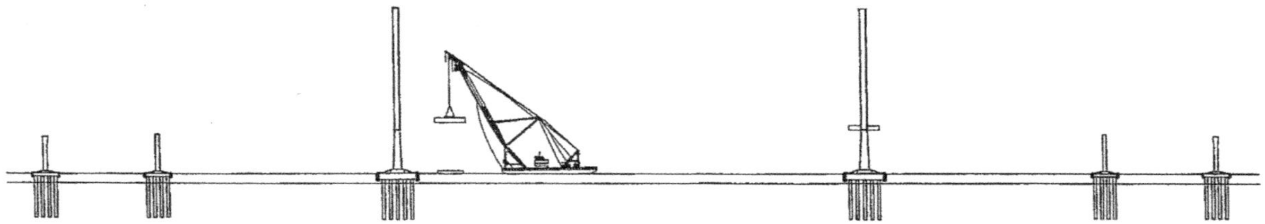

2. 塔区梁段安装
   (1) 工厂拼接索塔处S1、T0、M1三个梁段，形成一个大节段。
   (2) 驳船浮运至桥位处。
   (3) 大型浮式起重机整体吊装S1、T0、M1大节段，其中一侧浮B梁段的风嘴在吊装就位后现场焊接安装。
   (4) S1、T0、M1大节段精确就位，安装索塔、箱梁同临时固结。

3. 中跨M梁段安装
   采用浮式起重机吊装中跨侧前面起重机。
   (1) 桥面起重机临时吊匹M2梁段。
   (2) 桥面起重机之间的临时配连接，完成M2与M1梁段之间的临时匹配连接。
   (3) 精确调整M2梁段，完成M2与M1梁段之间的临时匹配连接。
   (4) 安装M1拉索，并初次张拉。
   (5) 中跨侧起重机前移就位。

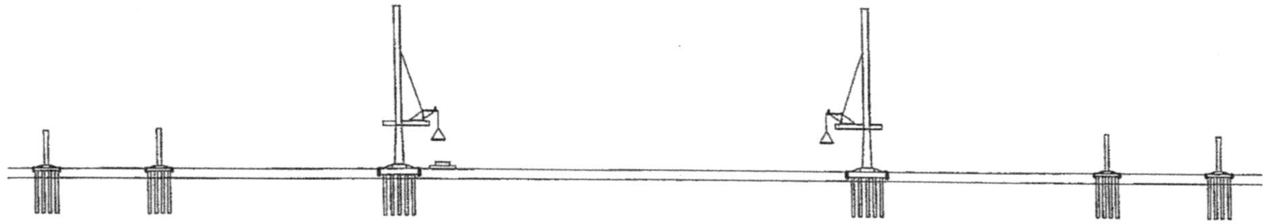

图 6.2.40

4.边跨S2梁段安装
(1) 采用浮式起重机吊装边跨侧桥起重机。
(2) 桥面起重机起吊S2梁段,完成S2与S1梁段之间的临时匹配连接。
(3) 精确调整S2梁段,完成S2、S1梁段之间的工地连接。
(4) 安装S1拉索,并初次张拉。
(5) 边跨侧起重机前移就位。
(6) 第二次张拉S1、M1拉索。

5.对称悬臂吊装边跨、中跨梁段
(1) 采用桥面起重机起吊S3、M3梁段,完成与S2、M2梁段的临时匹配连接。
(2) 精确调整S3、M3梁段,完成与S2、N2的工地连接。
(3) 安装S2、M2拉索,并初次张拉。
(4) 起重机前移就位,第二次张拉S2、M2拉索。
(5) 重复如上步骤,过程中,在S6、M6拉索、抗风索安装时直至S13、M13梁段施工完毕,对称安装临时抗风索,完毕后,对称张拉第二张拉索施加3000kN的张拉力。

6.边跨整体吊装
(1) 工厂并接边跨整体吊装梁段。
(2) 驳船浮运至吊装位处。
(3) 大型浮式起重机整体吊装梁质量约3000t。
(4) 初步调整边跨大支座,安装辅助索,过渡墩永大支座,以反边跨临时纵向约束(施工草位自行考虑)。

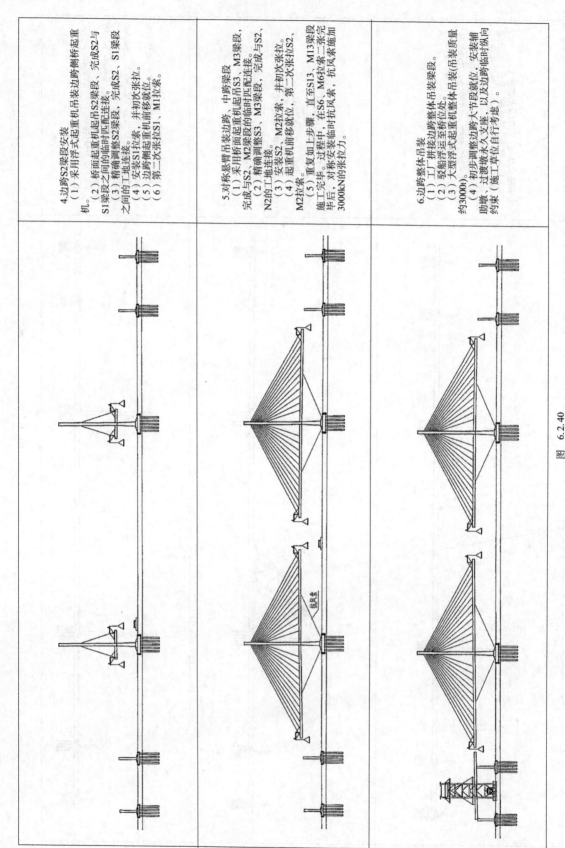

图 6.2.40

7.边跨合龙
(1)采用桥面起重机对称起吊M14梁段及边跨CL梁段。
(2)完成M14与M13梁段的临时匹配连接,完成边跨CL梁段与相邻梁段的临时匹配连接。
(3)精确调整M14、边跨CL梁段及边跨整体吊装M14与M13梁段、边跨CL梁段与相邻梁段的工地连接,实现边跨合龙。
(4)解除边跨梁段的纵向约束及抗风索。
(5)安装并第一次张拉S13、M13拉索。
(6)边桥桥面起重机前移就位,第二次张拉S13、M13拉索。

8.中跨合龙
(1)采用桥面起重机起吊M15梁段,完成M14梁段的临时匹配连接。
(2)精确调整M15,完成与Mi4梁段的工地连接。
(3)安装并第一次张拉S14、M14拉索。
(4)两侧中跨桥面起重机对称前移就位。
(5)根据监控要求,在某一合适温度时第二次张拉M14拉索。
(6)根据合龙方案(施工监控单理同各方共同另行制定),精确调整合龙口尺寸,两侧桥面起重机同步对称起吊中跨CL梁段,完成与相邻梁段处的工地连接。
(7)解除塔梁临时固结,安装索塔处的水入支座。
(8)拆除中跨桥面起重机。
(9)根据监控要求,若有必要,可局部调索。

9.后续工作
(1)附属设施、桥面系、交通工程、景观工程等施工。
(2)成桥静动载试验。
(3)交工验收。

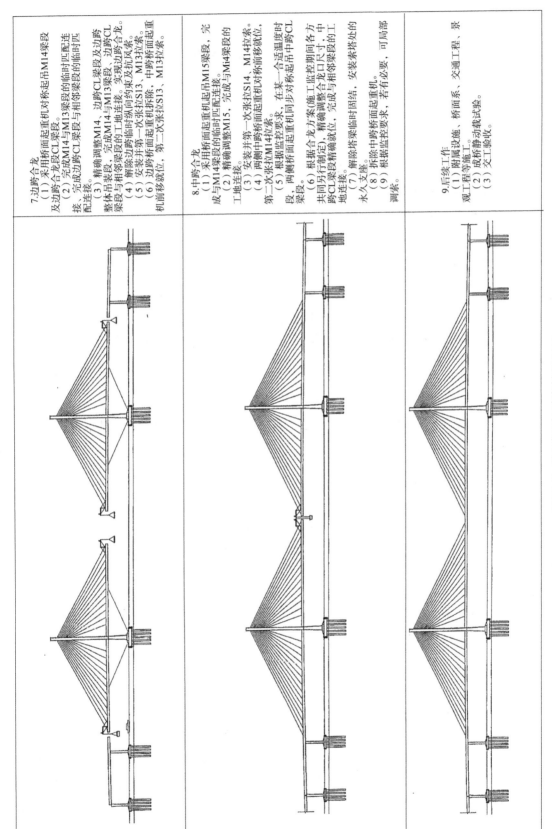

图6.2.40 某双塔双索面斜拉桥施工流程

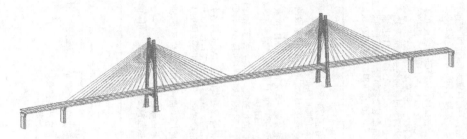

图 6.2.41　某双塔双索面斜拉桥

边墩和辅助墩支座反力:一般应保证边墩和辅助墩支座在恒载下有足够的压力储备,最好在活载下也不至于出现负反力。通常可采用配重来满足,否则就必须设置拉力支座以抵抗负反力。

5. 分析荷载和荷载组合

分析荷载工况包括各施工阶段的永久作用分析、活载分析、附加荷载(温度作用、支座强迫位移、地震荷载、船撞力、风荷载等)。具体如下:

(1)施工阶段的分析:包括结构自重、预应力、混凝土收缩徐变、二期恒载,以及斜拉索的初始张拉力。其中,混凝土重度按照 26.5kN/m^3 考虑,横隔板作为重量考虑,挂篮重量按照 2000kN 考虑。

(2)整体温度变化考虑体系温度 ±25℃。

(3)除了考虑主梁截面温度梯度之外,还考虑拉索与索塔温差 ±10℃、桥塔日照温差等 4 种工况。

(4)计入纵、横向风荷载。

(5)支座沉降:考虑各墩沉降 $L/100$。

(6)考虑若干年后斜拉索的更换,在更换中应能保证结构安全。

(7)线性和非线性分析:对于中小跨径斜拉桥,一般非线性因素影响较小,而对于大跨径斜拉桥,斜拉索的垂度效应、大位移效应以及梁柱效应不容忽视,在设计计算中必须考虑。

按此计算模型和荷载条件,对该桥进行了施工阶段、成桥阶段等各种荷载作用下的内力分析。最后,按照《公路钢筋混凝土及预应力混凝土桥涵设计规范》(JTG 3362—2018)规定,对桥梁结构进行正常使用和承载能力两种极限状态下的荷载组合分析,并对结构进行了验算。

6. 计算结果

(1)成桥索力。

成桥索力计算结果如图 6.2.42 所示。

(2)精力分析结果。

根据计算模型和荷载条件,分别计算结构在恒载及活载作用下产生内力和变形,并根据规范要求进行最不利荷载组合,根据各种计算结果对结构进行验算,以满足规范要求。成桥阶段弯矩和剪力结果如图 6.2.43~图 6.2.46 所示;承载能力极限状态和正常使用极限状态内力包络图如图 6.2.47~图 6.2.49 所示。

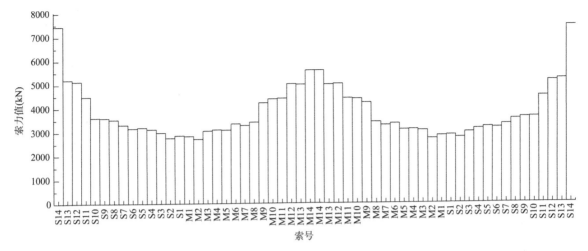

图 6.2.42 成桥索力(单位:kN)

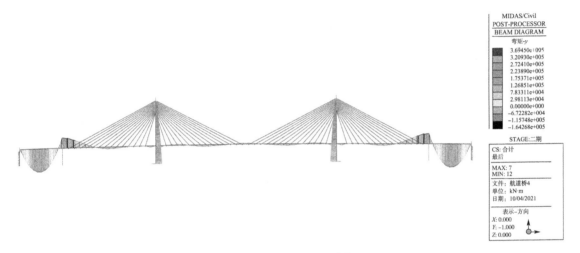

图 6.2.43 成桥时结构弯矩图(单位:kN·m)

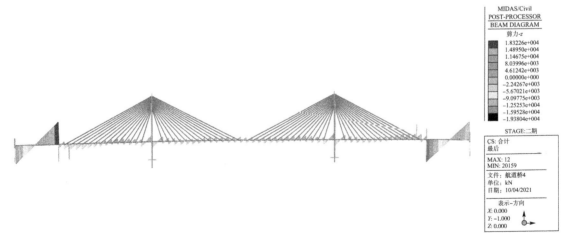

图 6.2.44 成桥时结构剪力图(单位:kN)

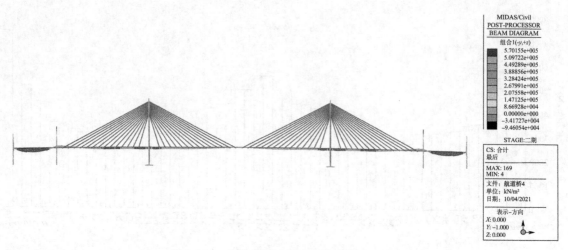

图 6.2.45　成桥时结构上缘应力图(单位:kN/m²)

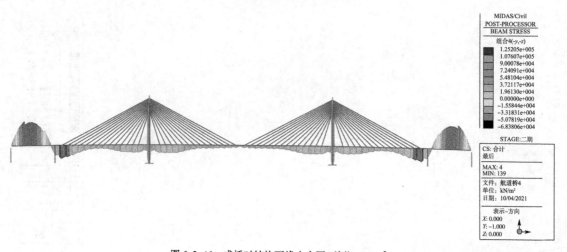

图 6.2.46　成桥时结构下缘应力图(单位:kN/m²)

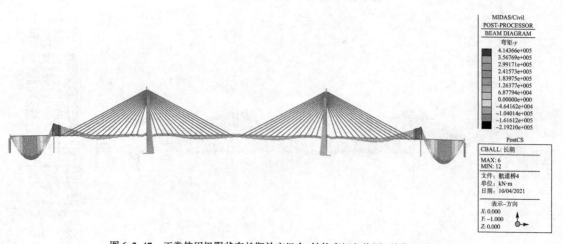

图 6.2.47　正常使用极限状态长期效应组合:结构弯矩包络图(单位:kN·m)

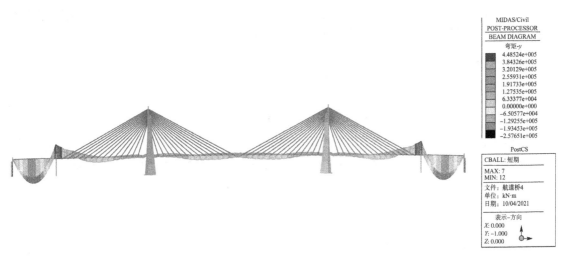

图 6.2.48　正常使用极限状态短效应组合:结构弯矩包络图(单位:kN·m)

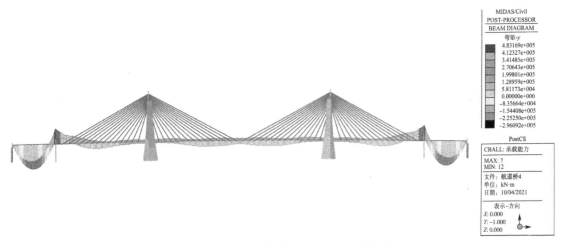

图 6.2.49　承载能力极限状态基本组合:结构弯矩包络图(单位:kN·m)

第四节　悬　索　桥

一、悬索桥的建模要点

悬索桥的设计计算理论经历了弹性理论、挠度理论及有限位移理论三个阶段。现代的有限位移理论是通过有限单元法和计算机技术来实现的,它可以处理任意形式的初始条件和边界问题,不再需要挠度理论中的那些假设,对所分析的对象可以采取符合实际的计算模型,其计算结果也更为精确。

进行悬索桥计算时,一个重要的原则就是构件质量守恒和无应力尺寸不变原理。即:任意施工状态构件的自重恒载不变,在设计温度下,任意施工状态的无应力尺寸等于成桥状态下的无应力尺寸。这是联系结构成桥设计状态与构件施工状态的纽带,是确定施工计算参数的重要依据,是结构能够正装、倒拆分析必须遵循的原理,否则,正装与倒装分析的结果将出现不闭合。事实上,无应力状态法不只适用于悬索桥的施工计算,其他任何类型的桥梁施工计算也要满足,只是由于其他类型的桥梁各施工阶段变位较小,故可忽略。

1. 成桥状态分析

根据结构计算需要和结构特性,将桥梁结构离散成平面梁和索单元计算。塔和梁离散成平面梁单元,主缆和吊杆离散成平面索单元。散索鞍采用平面杆单元模拟。为了计算方便,在全桥模型中,将主塔简化为一个等效刚度的梁单元,单独建立主塔的计算模型。根据主塔的分节段施工顺序进行计算,将主缆的作用力施加在塔顶,以考虑主塔的弹性变形和收缩徐变效应。

2. 空缆状态分析

以迭代完成后的成桥状态的模型为基础,采用倒拆法,进行倒拆施工分析。钝化加劲梁、吊杆以及相应结构的荷载和边界条件,释放主缆在塔顶的水平约束,便可得到空缆线形和内力。

3. 吊杆力的确定

加劲梁吊装时先铰接,吊装完成后,再逐段焊接。因此,在没有二期恒载时,加劲梁基本处于零弯矩状态。铺装二期恒载时,主缆和加劲梁发生较大变形,但由于梁端支座的限制,在靠近塔附近的加劲梁会有较大的弯矩。

成桥阶段吊索的拉力是一期恒载吊索的拉力与铺装二期恒载产生的拉力之和。由于结构的刚度矩阵已经改变,计算成桥阶段吊索拉力时需要采用施工阶段累加模型分析。此时,如果采用独立模型计算就会产生一定的偏差。

4. 主索鞍鞍座对主缆线形的影响

在一般的主缆线形计算中,往往不考虑主索鞍顶面圆弧曲线和主缆切点位置的影响。计算时直接取主缆切线的交点(IP)作为主缆的计算控制点。实际上,鞍座是使主缆沿一定曲线转向的构件,直接约束着主缆的变形,在任何情况下,主缆均应与鞍座相切。鞍座在变位过程中,主缆和鞍座之间存在接触问题,在某一侧原先与鞍座接触的主缆会脱空,而在另一侧原先脱空的主缆会与鞍座接触。这种主缆与鞍座相对位置的变化直接影响到主缆的线形和鞍座的偏位,需要详细分析其影响。

5. 主塔抗推刚度与主缆滑移刚度的比较

悬索桥的内力和线形一一对应,内力一旦确定,线形也随之确定,反之亦然。因此,可以通过调整内力来满足线形要求,或调整线形来满足内力平衡条件。这就需要求出线形变化与内力调整量之间的关系,也就是悬索桥的线形变化刚度。

索鞍顶推过程中,需要在鞍座与塔顶之间作用大小相等、方向相反的相互作用力。在这对力的作用下,塔顶和鞍座产生反向位移,其数值之和就是鞍座在塔顶的相对偏移量。通过相对偏移量和作用力大小就可以得到鞍座在塔顶的滑移刚度,它由主塔抗推刚度和主缆滑移刚度共同提供。分析比较主塔抗推刚度和主缆滑移刚度有助于确定鞍座在塔顶的预偏量和塔顶水平力大小。

二、典型构造和施工阶段模拟

在加劲梁吊装过程中,主要的任务是保证各构件的安全,防止位移及应力超限。

吊装前,主缆中边跨水平拉力相同,索塔处于数值状态。在吊装过程中,中跨主缆的受力不断加大,相应的水平分量也不断变大,而边跨主缆的水平力没有变化。索塔在不平衡力作用下,将发生向中跨的偏移。偏移后,中、边跨的主缆线形发生变化,边跨主缆垂度降低,主缆张力及水平力增加,中跨主缆垂度增加,主缆张力及水平力减小,再加上索塔的抗力,结构达到了新的平衡。随着加劲梁的吊装不断进行,索塔向中跨偏移越来越大,导致索塔的受力处于不利状态,受拉侧(边跨侧)的拉应力可能超过结构的允许值。因此,本桥在主索鞍安装时需要设置一定的向边跨的预偏量,在钢箱梁的吊装过程中,不断地向中跨顶推索鞍,保证索塔的受力处于良好的状态。

在吊装工作开始前,需要按照实际的荷载和施工顺序,根据某一确定的安全性原则,计算出各个吊装阶段的控制数据,如主索鞍分阶段顶推顺序,控制顶推时机和顶推量等。

1. 鞍座顶推初步计算

(1)首先根据索塔设计承载能力及其施工过程中对索塔塔身控制截面应力要求,推算出塔顶在纵向容许最大水平位移。

(2)由于塔柱顺桥向水平刚度与主缆刚度相比非常小,假定主索鞍在塔顶处于自由滑移状态。在计入预定临时荷载情况下,确定主索鞍在各个施工阶段的滑移历程曲线。

(3)根据塔顶偏位控制值和鞍座水平位移历程曲线,初步确定鞍座顶推顺序和顶推量。然后,进行模拟试算并优化,根据保证安全、简化施工的原则,得到一套合理的顶推工艺理论值。

(4)实际施工过程中,跟踪监测索塔塔身控制截面的应力和塔顶纵桥向大的水平变位,并与预定的控制值进行比较,确定出修正调整量。

2. 箱梁吊装过程的精细分析

在主索鞍的顶推过程中,索鞍与塔顶是分离的,在顶推外力和塔、缆自身变形的弹性恢复力作用下,索鞍要与塔顶发生相对位移,多次顶推的总位移量应与索鞍的初始预偏位相等。顶推结束后,索鞍与塔顶需要进行临时固结,以避免出现突然的滑动。因此,对于索鞍与塔顶的边界可以按照如下思路考虑:即在顶推时,解除 IP 点与塔顶的连接,并在 IP 点设竖向支撑,通过施加一对大小相等方向相反的水平力,使得鞍座和主塔塔顶之间产生相对位移。顶推结束后,再将塔顶和鞍座的自由度进行耦合,用刚度无穷大的弹性连接将塔顶和鞍座的 IP 点连接起来,使得塔顶能和鞍座共同变形。

为了精确模拟吊梁时吊索的拉力变化和梁段变形,采用两个索单元模拟实际的双吊索。大跨径地锚式悬索桥梁段吊装顺序一般是从跨中向边跨进行,随着梁段的吊装,加劲梁的线形由下凹逐步转变为上凸。为减小加劲梁和临时连接的受力,吊装前期只将加劲梁顶面临时连接,其底部允许有开口。吊装后期,当底面开口已经闭合,可以将部分箱梁底面进行连接。为了精确计算梁段的受力和变形,计算时在梁段连接处用垂直于梁段的刚臂模拟加劲梁顶面和底面,并用铰接连接顶面,只受压弹性单元连接底面。

三、分 析 实 例

1. 结构布置

某主跨 628m 的单跨悬索桥,其总体布置图如图 6.2.50 所示。主缆分跨为 166m + 628m + 166m,上部结构采用具有良好抗风性能的扁平流线型钢箱梁(图 6.2.51)。主缆矢跨比为 1/10,主缆横桥向中心间距为 26m,吊索顺桥向标准间距为 12m。全桥采用简支结构体系,钢箱梁约束情况为:在两岸索塔各设一对竖向支座、一对横向抗风支座和一对纵向阻尼装置。

索塔采用钢筋混凝土塔柱结构,外形为门形框架。索塔塔柱包括塔冠、上塔柱、中塔柱及下塔柱,塔柱之间设 3 道横梁。塔柱采用矩形空心薄壁断面,索塔均采用 C50 混凝土。上塔柱、中塔柱及下塔柱之间设 3 道横梁,均采用箱形断面,预应力混凝土结构。其中上横梁顺桥向宽为 6.0m,高度为 6.5m,顶、底和腹板厚均为 0.8m。主梁下设置中横梁,顺桥向宽为 6.0m,高度为 6.0m,顶、底和腹板厚均为 1.0m。下横梁顺桥向宽为 6.0m,高度为 6.0 m,顶、底和腹板厚均为 0.65m(图 6.2.52)。

钢箱梁梁段划分。钢箱梁梁段划分须同时考虑吊索受力情况、规格选用以及钢箱梁安装架设时的缆索吊装系统的起吊能力。设计采用 12m 的标准吊索间距,标准梁段长度为 12m。全桥共划分 53 个梁段;标准梁段 51 个,特殊梁段 2 个。梁段最大节段质量约为 146t,最大施工吊装有效质量约为 150t。

全桥共设两根主缆,其中心距为 26m。吊索间距均为 12m。根据吊索的受力特点,并综合考虑材料性能、制造加工、安装维护、后期更换等因素,本桥采用销接式吊索与钢梁连接,吊索采用 1670MPa 预制平行钢丝索股。

吊索纵向间距 12m,横向 26m。每一吊点设置两根吊索,吊索为挤包护层扭绞型拉索,截面为 73 丝 ϕ5.1mm 低松弛镀锌平行钢丝束,钢丝极限抗拉强度为 1670MPa。吊索采用双层 PE 护套进行防护。对于悬吊长度大于 20m 的吊索,需在悬吊长度的中央设置减振架,将一个吊点两根吊索互相联系,减少吊索的风致振动。为减小吊索在锚杯口处的弯折疲劳,吊索锚杯口处设置氯丁橡胶浇制的缓冲器。

2. 施工顺序

本桥的施工顺序列于图 6.2.53 中。

3. 结构模型的建立和静力分析

本桥共划分 443 节点、434 个单元,其中缆索结构采用只受拉单元模拟。计算模型如图 6.2.54 所示。按施工顺序共划分为 148 个阶段进行模拟。

4. 分析内容

悬索桥的结构分析主要包括施工阶段和成桥阶段分析两部分。

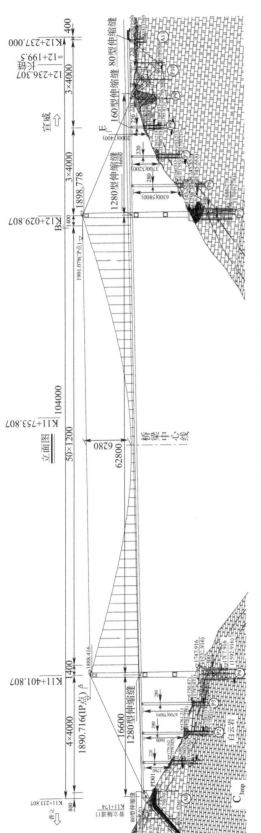

图6.2.50 某悬索桥总体布置图（尺寸单位：mm）

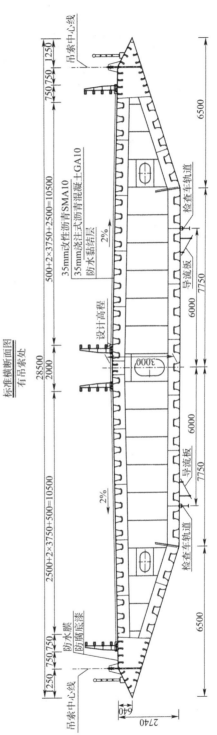

图6.2.51 典型箱梁标准断面图（尺寸单位：mm）

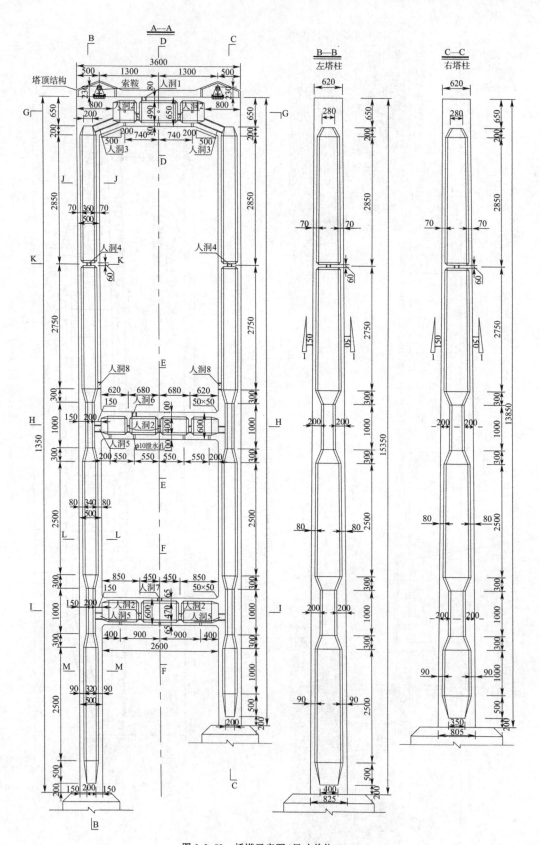

图6.2.52 桥塔示意图(尺寸单位:mm)

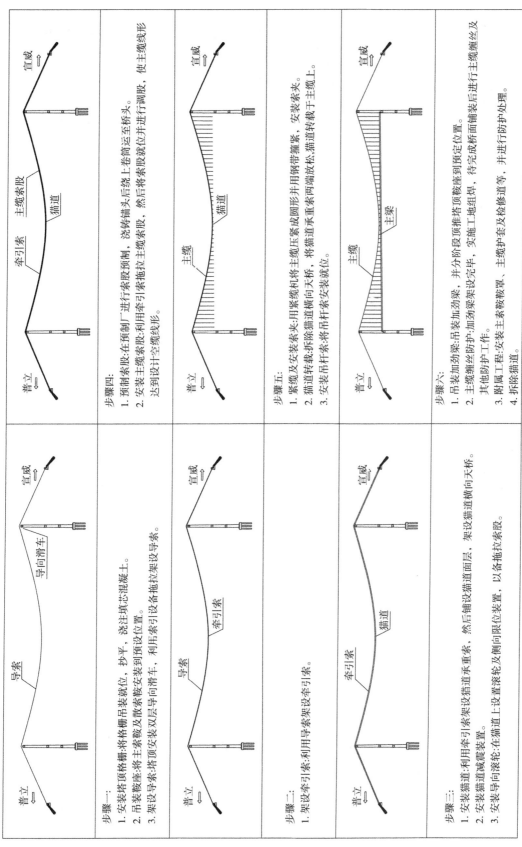

图 6.2.53

步骤一：
1. 在进行箱梁施工时，设置缆索式起重机后锚系统，塔上布置缆索吊机机械座预埋件，安装钢箱梁吊机，安装运梁墩旁托架系统，并完成试吊。
2. 在两岸主塔中横梁处安装缆索吊机机械座预埋件，安装钢箱梁吊机。
3. 在宣威岸引桥主梁上铺设运梁轨道，安装运梁小车。

步骤二：
1. 将制作完毕的27号节段钢箱梁用运梁小车经引桥主梁顶轨道运输至宣威岸主塔墩旁托架上，为了确保钢箱梁能通过主塔，钢箱梁节段采取宽度方向沿纵桥向搁置于运梁小车上进行运输。在主墩支架顶设置水平旋转系统，水平旋转27号节段钢箱梁至设计方向，纵向移动至安装位置，并向宣威岸预偏一定距离后临时固定。
2. 在27号节段钢箱梁运梁轨道，采用运梁小车运输26号节段至宣威岸主墩旁托架顶，水平旋转梁至设计方向后，落梁，26号吊杆索离位至27号梁段进行临时连接固定。

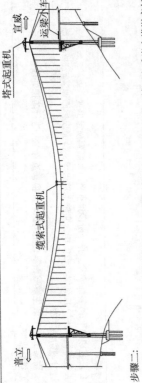

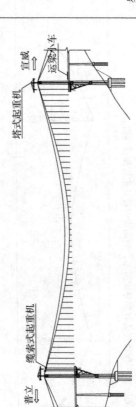

步骤三：
1. 将制作完毕的27号节段钢箱梁用运梁小车经引桥主梁顶轨道运输至宣威岸主塔墩旁托架顶，在梁底设置旋转系统，水平旋转节段钢箱梁至设计方向后安装吊索具，采用缆索式起重机运送梁段至普立岸，并向普立岸节段顶偏一定距离后临时固定。
2. 采用缆索式起重机运送26号节段至普立岸墩旁托架顶，落梁至普立岸节段顶偏一定距离后临时固定，纵向移位至27号节段钢箱梁不与箱梁连接。

步骤四：
1. 将制作完毕的1号节段钢箱梁用运梁小车经引桥主梁顶轨道运输至宣威岸主塔处27号、26号梁段顶，在梁底设置旋转系统，水平旋转1号节段钢箱梁至设计方向，安装缆索吊具吊具缆索式起重机跨中待安装部位，安装连接1号吊杆索。
2. 采用缆索式起重机起吊已安装梁段、运送至27号、26号梁段顶并非旋转方向的2号梁段，从1号梁段顶与1号梁段顶面临时连接，起升梁段与1号梁段顶面临时连接，安装连接2号吊杆索。
3. 按照1号梁段安装方法运送安装2号梁段，与1号梁段顶面临时连接2号吊杆索。

图 6.5.53

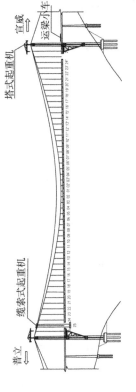

步骤五：
按照2号、2'号梁段安装方法从跨中向两侧索塔依次对称吊装03号(3'号)、4号(4'号)…24号(24'号)梁段，在钢箱梁两端顶面安装顶连接件。

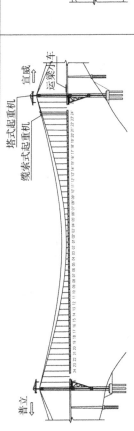

步骤六：
1. 按照2号梁段安装方法运送25号梁段至塔下，起升梁段与25号梁段临时连接，安装连接26号吊杆索。
2. 整体平移26号、27号梁段与25'号梁段临时连接，安装连接26号吊杆索。
3. 拆除26号、27号梁底临时支承，落梁支承于永久支座顶，完成普立岸加劲梁合龙。

步骤七：
1. 按照2号梁段安装方法运送25'号梁段至设计位置，下降梁段与24'号梁段临时连接，安装连接25'号吊杆索。
2. 整体平移26'号、27'号梁段与25'号梁段临时连接，安装连接26'号吊杆索。
3. 拆除26'号、27'号梁底临时支承，落梁支承于永久支座顶，完成宣威岸加劲梁合龙。

步骤八：
1. 全桥加劲梁安装完毕，安装钢箱梁顶、底部连接件，由跨中向两岸依次对称焊接成整体。
2. 拆除缆索吊系统及墩旁托架。
3. 施工护栏、灯柱、伸缩缝、桥面铺装等。

图6.2.53 某悬索桥施工流程图

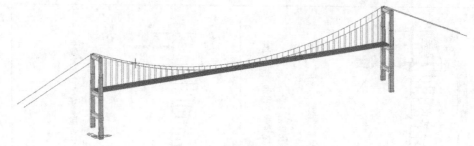

图 6.2.54　某悬索桥有限元模型

1)施工阶段分析的主要内容

悬索桥是分阶段逐步施工完成的,结构的最终受力状态与施工过程有着密不可分的联系,因此,结构分析必须准确模拟施工过程,并且能够自动累加各施工阶段的内力和位移。不同于其他结构类型,在悬索桥施工阶段分析过程中,必须考虑几何非线性的影响。从空缆状态到最后的成桥状态,悬索桥经历很大的变形。施工阶段分析的主要内容有:计算结构自重、施工临时荷载、混凝土收缩徐变、温度作用、静风作用下及结构体系转换时的缆索系统及加劲梁的内力及变形。

2)成桥阶段分析的主要内容

悬索桥在施工阶段局域明显的非线性效应,但在成桥后的主缆缆力很大,后续荷载(车辆荷载、风荷载等)作用下的非线性效应并不明显。为此,将该平衡状态下的主缆和吊杆的张力转化为几何刚度,按照线性分析法计算后续荷载作用,其计算结果有足够的精度。

成桥节段分析的主要内容如下:

(1)计算主缆、加劲梁、桥塔在各种活载、风荷载、温度荷载等作用下的内力和变形。

(2)计算成桥状态下各种偶然荷载等作用下的内力和变形。

(3)按照规范对上述何种内力和位移进行组合,得到最不利荷载组合情况下的内力和位移。

(4)按照规范进行强度、刚度、稳定性和抗裂性验算。

5. 计算结果

根据计算模型和荷载条件,分别计算结构在恒载、活载、附加内力和变形,并根据规范要求进行最不利荷载组合,根据各种计算结果对结构进行验算,以满足规范要求。承载能力极限状态和正常使用极限状态内力包络图如图 6.2.55～图 6.2.57 所示。

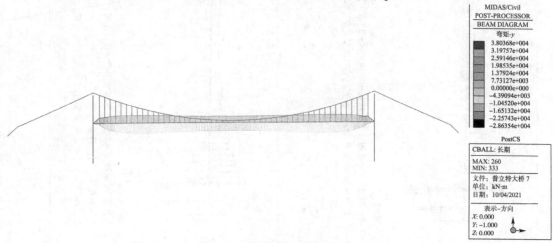

图 6.2.55　正常使用极限状态长期效应加劲梁弯矩(单位:kN·m)

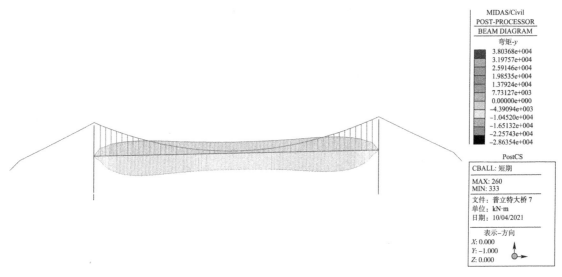

图 6.2.56　正常使用极限状态短期效应加劲梁弯矩(单位:kN·m)

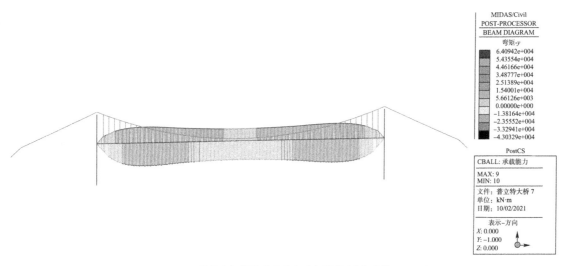

图 6.2.57　承载能力极限状态基本组合加劲梁弯矩(单位:kN·m)

思考题

1. 桥梁结构有限元分析的思路是什么？
2. 结构离散化的基本原则是什么？
3. 结构划分网格时要注意哪些问题？
4. 组合结构如何进行有限元分析？
5. 缆索结构有限元分析时要考虑哪些问题？

附录

附录一 铰接板荷载横向分布影响线竖标表*

说明：

(1) 本表(附表1.1~附表1.28)适用于横向铰接的梁或板，各片梁或板的截面是相同的。

(2) 表头的两个数字表示所要查的梁或板号，其中第一个数目表示该梁或板属于几片梁或板铰接而成的体系，第二个数目表示该片梁或权在这个体系中自左而右的序号。

(3) 横向分布影响线竖标以 η_{ij} 表示，第一个脚标 i 表示所要求的梁或板号，第二个脚标 j 表示受单位荷载作用的那片梁或板号，表中 η_{ij} 下的数字前者表示 i，后者表示 j，η_{ij} 的竖标应绘在梁或板的中轴线处。

(4) 表中的 η_{ij} 值为小数点后的三位数字，例如 278 即为 0.278，006 即为 0.006。

(5) 表值按弯矩参数 γ 给出：

$$\gamma = 5.8 \frac{I}{I_T} \left(\frac{b}{l}\right)^2 \tag{附1.1}$$

式中：γ——刚度参数；

l——计算跨径；

b——片梁或板的宽度；

I——梁或板的抗弯惯矩；

I_T——梁或板的抗扭惯矩。

铰接板(1)　　　　　　　　　　　　　　　　　　　　　附表1.1

γ	η_{ij}			γ	η_{ij}			γ	η_{ij}		
	11	12	13		11	12	13		11	12	13
0.00	333	333	333	0.08	434	325	241	0.40	626	294	080
0.01	348	332	319	0.10	454	323	223	0.60	683	278	040
0.02	363	331	306	0.15	496	317	186	1.00	750	250	000
0.04	389	329	282	0.20	531	313	156	2.00	829	200	-029
0.06	413	327	260	0.30	585	303	112				

---

* 摘自：姚玲森主编《桥梁工程》，人民交通出版社股份有限公司出版。

铰接板(2)　　　　　　　　　　　　　　　　　附表1.2

γ	η_{ij}			γ	η_{ij}			γ	η_{ij}		
	21	22	23		21	22	23		21	22	23
0.00	333	333	333	0.08	325	351	325	0.40	294	412	294
0.01	332	336	332	0.10	323	355	323	0.60	278	444	278
0.02	331	338	331	0.15	317	365	317	1.00	250	500	250
0.04	329	342	329	0.20	313	375	313	2.00	200	600	200
0.06	327	346	327	0.30	303	394	303				

铰接板(3)　　　　　　　　　　　　　　　　　附表1.3

γ	η_{ij}				γ	η_{ij}			
	11	12	13	14		11	12	13	14
0.00	250	250	250	250	0.15	484	295	139	082
0.01	276	257	238	229	0.20	524	298	119	060
0.02	300	263	227	210	0.30	583	296	089	033
0.04	341	273	208	178	0.40	625	291	066	018
0.06	375	280	192	153	0.60	682	277	035	005
0.08	405	285	178	132	1.00	750	250	000	000
0.10	431	289	165	114	2.00	828	201	−034	005

铰接板(4)　　　　　　　　　　　　　　　　　附表1.4

γ	η_{ij}				γ	η_{ij}			
	21	22	23	24		21	22	23	24
0.00	250	250	250	250	0.15	295	327	238	139
0.01	257	257	248	238	0.20	298	345	238	119
0.02	263	264	246	227	0.30	296	375	240	089
0.04	273	276	243	208	0.40	291	400	243	066
0.06	280	287	241	192	0.60	277	441	247	035
0.08	285	298	239	178	1.00	250	500	250	000
0.10	289	307	239	165	2.00	201	593	240	−034

铰接板(5)　　　　　　　　　　　　　　　　　附表1.5

γ	η_{ij}					γ	η_{ij}				
	11	12	13	14	15		11	12	13	14	15
0.00	200	200	200	200	200	0.15	481	291	130	061	036
0.01	237	216	194	180	173	0.20	523	295	114	045	023
0.02	269	229	188	163	151	0.30	583	296	087	026	010
0.04	321	249	178	136	116	0.40	625	291	066	015	004
0.06	362	263	168	115	092	0.60	682	277	035	004	001
0.08	396	273	158	099	073	1.00	750	250	000	000	000
0.10	425	281	150	085	059	2.00	828	201	−034	006	−001

铰接板(6) 附表1.6

γ	η_{ij}					γ	η_{ij}				
	21	22	23	24	25		21	22	23	24	25
0.00	200	200	200	200	200	0.15	291	320	222	105	061
0.01	216	215	202	187	180	0.20	295	341	227	091	045
0.02	229	228	204	176	163	0.30	296	374	235	070	026
0.04	249	249	207	158	136	0.40	291	399	240	055	015
0.06	263	267	211	144	115	0.60	277	440	246	031	004
0.08	273	281	214	133	099	1.00	250	500	250	000	000
0.10	281	294	216	123	085	2.00	201	593	241	−041	006

铰接板(7) 附表1.7

γ	η_{ij}					γ	η_{ij}				
	31	32	33	34	35		31	32	33	34	35
0.00	200	200	200	200	200	0.15	130	222	295	222	130
0.01	194	202	208	202	194	0.20	114	227	318	227	114
0.02	188	204	215	204	188	0.30	087	235	357	235	087
0.04	178	207	230	207	178	0.40	066	240	389	240	066
0.06	168	211	243	211	168	0.60	035	246	437	246	035
0.08	158	214	256	214	158	1.00	000	250	500	250	000
0.10	150	216	268	216	150	2.00	−034	241	586	241	−035

铰接板(8) 附表1.8

γ	η_{ij}						γ	η_{ij}					
	11	12	13	14	15	16		11	12	13	14	15	16
0.00	167	167	167	167	167	167	0.15	481	290	129	058	027	016
0.01	214	192	168	151	140	135	0.20	523	295	113	043	01	009
0.02	252	212	168	138	119	110	0.30	583	295	086	025	008	003
0.04	312	239	165	117	090	077	0.40	625	291	065	015	003	001
0.06	358	257	159	101	069	055	0.60	682	277	035	004	001	000
0.08	394	270	152	088	055	041	1.00	750	250	000	000	000	000
0.10	423	278	146	078	044	031	2.00	828	201	−034	006	−001	009

铰接板(9) 附表1.9

γ	η_{ij}						γ	η_{ij}					
	21	22	23	24	25	26		21	22	23	24	25	26
0.00	167	167	167	167	167	167	0.15	290	319	219	098	046	027
0.01	192	190	175	157	146	140	0.20	295	340	226	087	035	017
0.02	212	209	182	149	129	119	0.30	295	373	234	069	021	008
0.04	239	238	192	137	105	090	0.40	291	399	240	054	012	003
0.06	257	259	200	127	087	069	0.60	277	440	246	031	004	001
0.08	270	276	206	119	074	055	1.00	250	500	250	000	000	000
0.10	278	291	210	112	064	044	2.00	201	593	241	−041	007	−001

铰接板(10)　　　　　　　　　　　　　　　　　　　　　　　　附表1.10

γ	η_{ij}						γ	η_{ij}					
	31	32	33	34	35	36		31	32	33	34	35	36
0.00	167	167	167	167	167	167	0.15	129	219	288	208	098	058
0.01	168	175	179	170	157	151	0.20	113	226	314	217	087	043
0.02	168	182	190	173	149	138	0.30	086	234	356	230	069	025
0.04	165	192	210	179	137	117	0.40	065	240	388	238	054	015
0.06	159	200	227	186	127	101	0.60	035	246	437	246	031	004
0.08	152	206	243	191	119	088	1.00	000	250	500	250	000	000
0.10	146	210	257	197	112	078	2.00	−034	241	586	243	−041	006

铰接板(11)　　　　　　　　　　　　　　　　　　　　　　　　附表1.11

γ	η_{ij}						γ	η_{ij}					
	11	12	13	14	15	16	17		11	12	13	14	15	16	17
0.00	143	143	143	143	143	143	143	0.15	480	290	128	057	025	012	007
0.01	200	177	152	133	120	111	107	0.20	523	295	113	043	017	007	003
0.02	244	202	157	125	102	088	082	0.30	523	295	086	025	007	002	001
0.04	309	235	159	109	078	059	051	0.40	625	291	065	015	003	001	000
0.06	356	255	156	096	061	042	034	0.60	682	277	035	004	001	000	000
0.08	293	268	151	085	049	031	023	1.00	750	250	000	000	000	000	000
0.10	423	278	144	076	040	023	016	2.00	828	201	−034	006	−001	000	000

铰接板(12)　　　　　　　　　　　　　　　　　　　　　　　　附表1.12

γ	η_{ij}						γ	η_{ij}					
	21	22	23	24	25	26	27		21	22	23	24	25	26	27
0.00	143	143	143	143	143	143	143	0.15	290	318	219	097	043	020	012
0.01	177	175	158	139	125	115	111	0.20	295	340	258	086	033	013	007
0.02	202	198	170	135	111	096	088	0.30	295	373	234	068	020	006	002
0.04	235	232	185	127	091	069	059	0.40	291	399	240	054	012	003	001
0.06	255	256	196	121	077	053	042	0.60	277	440	246	031	004	001	000
0.08	268	275	203	115	067	041	031	1.00	250	500	250	000	000	000	000
0.10	278	290	209	109	058	033	023	2.00	201	593	241	−041	007	−001	000

铰接板(13)　　　　　　　　　　　　　　　　　　　　　　　　附表1.13

γ	η_{ij}							γ	η_{ij}						
	31	32	33	34	35	36	37		31	32	33	34	35	36	37
0.00	143	143	143	143	143	143	143	0.15	128	219	287	205	092	043	025
0.01	152	158	161	150	134	125	120	0.20	113	225	314	216	083	033	017
0.02	157	170	176	156	128	111	102	0.30	086	234	356	229	067	020	007
0.04	159	185	201	167	119	091	078	0.40	065	240	388	237	053	012	003
0.06	156	196	222	176	112	077	061	0.60	035	246	437	246	031	004	001
0.08	151	203	239	184	107	067	049	1.00	000	250	500	250	000	000	000
0.10	144	209	255	191	102	058	040	2.00	−034	241	586	234	−042	007	−001

铰接板(14) 附表1.14

γ	η_{ij}						γ	η_{ij}					
	41	42	43	44	45	46	47		41	42	43	44	45	46	47
0.00	143	143	143	143	143	143	143	0.15	057	097	205	282	205	097	057
0.01	133	139	150	157	150	139	133	0.20	043	086	216	310	216	086	043
0.02	125	135	156	169	156	135	125	0.30	025	068	229	354	229	068	025
0.04	109	127	167	193	167	127	109	0.40	015	054	237	387	237	054	015
0.06	096	121	176	213	176	121	096	0.60	004	031	246	436	246	031	004
0.08	085	115	184	231	184	115	085	1.00	000	000	250	500	250	000	000
0.10	076	109	191	248	191	109	076	2.00	006	−041	243	586	243	−041	006

铰接板(15) 附表1.15

γ	η_{ij}							
	11	12	13	14	15	16	17	18
0.00	125	125	125	125	125	125	125	125
0.01	191	168	142	122	107	096	089	085
0.02	239	197	151	117	093	076	066	061
0.04	307	233	156	106	073	052	040	034
0.06	355	254	155	094	058	037	025	020
0.08	392	268	150	084	048	028	017	013
0.10	423	277	144	075	039	021	012	008
0.15	480	290	128	057	025	011	005	003
0.20	523	295	113	043	016	006	003	001
0.30	583	295	086	025	007	002	001	000
0.40	625	291	065	015	003	001	000	000
0.60	682	277	035	004	001	000	000	000
1.00	750	250	000	000	000	000	000	000
2.00	828	201	−034	006	−001	000	000	000

铰接板(16) 附表1.16

γ	η_{ij}							
	21	22	23	24	25	26	27	28
0.00	125	125	125	125	125	125	125	125
0.01	168	165	148	127	111	100	092	089
0.02	197	193	163	127	101	083	071	066
0.04	233	230	182	123	085	060	046	040
0.06	254	255	194	119	073	047	032	025
0.08	268	274	202	113	064	037	023	017
0.10	277	290	208	108	057	030	017	012
0.15	290	318	219	097	043	019	009	005
0.20	295	340	225	086	033	013	006	003
0.30	295	373	234	068	020	006	002	001

续上表

γ	η_{ij}							
	21	22	23	24	25	26	27	28
0.40	291	399	240	054	012	003	001	000
0.60	277	440	246	031	004	001	000	000
1.00	250	500	250	000	000	000	000	000
2.00	201	593	241	-041	007	-001	000	000

铰接板(17)　　　　　　　　　　　　　　　　附表1.17

γ	η_{ij}							
	31	32	33	34	35	36	37	38
0.00	125	125	125	125	125	125	125	125
0.01	142	148	150	137	120	108	100	096
0.02	151	163	168	147	116	096	083	076
0.04	156	182	197	162	111	079	060	052
0.06	155	194	219	173	107	068	047	037
0.08	150	202	238	182	103	060	037	028
0.10	144	208	254	190	099	053	030	021
0.15	128	219	287	205	091	041	019	011
0.20	113	225	314	215	082	032	013	006
0.30	086	234	356	229	067	020	006	002
0.40	065	240	388	237	053	012	003	001
0.60	035	246	437	246	031	004	001	000
1.00	000	250	500	250	000	000	000	000
2.00	-034	241	586	243	-042	007	-001	000

铰接板(18)　　　　　　　　　　　　　　　　附表1.18

γ	η_{ij}							
	41	42	43	44	45	46	47	48
0.00	125	125	125	125	125	125	25	125
0.01	122	127	137	143	134	120	111	107
0.02	117	127	147	158	142	116	101	093
0.04	106	123	162	185	156	111	085	073
0.06	094	119	173	208	168	107	073	058
0.08	084	113	182	227	178	103	064	048
0.10	075	108	190	245	186	099	057	039
0.15	057	097	205	281	203	091	043	025
0.20	043	086	215	310	214	082	033	016
0.30	025	068	229	354	229	067	020	007
0.40	015	054	237	387	237	053	012	003
0.60	004	031	246	436	246	031	004	001
1.00	000	000	250	500	250	000	000	000
2.00	006	-041	243	586	243	-042	007	-001

铰接板(19) 附表1.19

γ	η_{ij}								
	11	12	13	14	15	16	17	18	19
0.00	111	111	111	111	111	111	111	111	111
0.01	185	162	136	115	098	086	077	072	069
0.02	236	194	147	113	088	070	057	049	046
0.04	306	232	155	104	070	048	035	026	023
0.06	355	254	154	094	057	035	023	015	012
0.08	392	268	150	084	047	027	015	010	007
0.10	423	277	144	075	039	020	011	006	004
0.15	480	290	128	057	025	011	005	002	001
0.20	523	295	113	043	016	006	002	001	000
0.30	583	295	086	025	007	002	001	000	000
0.40	625	291	065	015	003	001	000	000	000
0.60	682	277	035	004	001	000	000	000	000
1.00	750	250	000	000	000	000	000	000	000
2.00	828	201	-034	006	-001	000	000	000	000

铰接板(20) 附表1.20

γ	η_{ij}								
	21	22	23	24	25	26	27	28	29
0.00	111	111	111	111	111	111	111	111	111
0.01	162	158	141	119	102	090	081	075	072
0.02	194	189	160	122	095	075	062	053	049
0.04	232	229	181	121	082	057	040	031	026
0.06	254	255	194	118	072	044	028	019	015
0.08	268	274	202	113	063	036	021	013	010
0.10	277	290	208	108	056	029	016	009	006
0.15	290	318	219	097	043	019	008	004	002
0.20	295	340	225	086	033	013	005	002	001
0.30	295	373	234	068	020	006	002	001	000
0.40	291	399	240	054	012	003	001	000	000
0.60	277	440	246	031	004	001	000	000	000
1.00	250	500	250	000	000	000	000	000	000
2.00	201	593	241	-041	007	-001	000	000	000

铰接板(21) 附表1.21

γ	η_{ij}								
	31	32	33	34	35	36	37	38	39
0.00	111	111	111	111	111	111	111	111	111
0.01	136	141	142	129	111	097	087	081	077
0.02	147	160	164	141	110	087	072	062	057
0.04	155	181	195	159	108	074	053	040	035

续上表

γ	η_{ij}								
	31	32	33	34	35	36	37	38	39
0.06	154	194	219	172	105	065	041	028	023
0.08	150	202	237	182	102	058	033	021	015
0.10	144	208	254	190	099	052	028	016	011
0.15	128	219	287	205	090	040	018	008	005
0.20	113	225	314	215	082	031	012	005	002
0.30	086	234	356	229	067	020	006	002	001
0.40	065	240	388	237	053	012	003	001	000
0.60	035	246	431	246	031	004	001	000	000
1.00	000	250	500	250	000	000	000	000	000
2.00	-034	240	586	243	-042	007	-001	000	000

铰接板(22)　　　　　　　　　　　　附表1.22

γ	η_{ij}								
	41	42	43	44	45	46	47	48	49
0.00	111	111	111	111	111	111	111	111	111
0.01	115	119	129	133	123	108	097	090	086
0.02	113	122	141	152	134	106	087	075	070
0.04	104	121	159	182	151	104	074	057	048
0.06	094	118	172	206	165	102	065	044	035
0.08	084	113	182	226	176	099	058	036	027
0.10	075	108	190	244	185	097	052	029	020
0.15	057	097	205	281	202	089	040	019	011
0.20	043	086	215	310	214	082	031	013	006
0.30	025	068	229	354	229	067	020	006	002
0.40	015	054	237	387	237	053	012	003	001
0.60	004	031	246	436	246	031	004	001	000
1.00	000	000	250	500	250	200	000	000	000
2.00	006	-041	243	586	243	-042	007	-001	000

铰接板(23)　　　　　　　　　　　　附表1.23

γ	η_{ij}								
	51	52	53	54	55	56	57	58	59
0.00	111	111	111	111	111	111	111	111	111
0.01	098	102	111	123	131	123	111	102	098
0.02	088	095	110	134	148	134	110	095	088
0.04	070	082	108	151	178	151	108	082	070
0.06	057	072	105	165	203	165	105	072	057
0.08	047	063	102	176	224	176	102	063	047
0.10	039	056	099	185	242	185	099	056	039
0.15	025	043	090	202	280	202	090	043	025

续上表

γ	η_{ij}								
	51	52	53	54	55	56	57	58	59
0.20	016	033	082	214	309	214	082	033	016
0.30	007	020	067	229	354	229	067	020	007
0.40	003	012	053	237	387	237	053	012	003
0.60	001	004	031	246	436	246	031	004	001
1.00	000	000	000	250	500	250	000	000	000
2.00	-001	007	-042	243	586	243	-042	007	-001

铰接板(24) 附表1.24

γ	η_{ij}									
	11	12	13	14	15	16	17	18	19	1,10
0.00	100	100	100	100	100	100	100	100	100	100
0.01	181	158	131	110	093	080	070	063	058	056
0.02	234	192	146	111	085	066	052	043	037	034
0.04	306	232	155	103	069	047	032	023	018	015
0.06	355	254	154	094	057	035	021	014	009	007
0.08	392	268	150	084	047	026	015	009	005	004
0.10	423	277	144	075	039	020	011	006	003	002
0.15	480	290	128	057	025	011	005	002	001	001
0.20	523	295	113	043	016	006	002	001	000	000
0.30	583	295	086	025	007	002	001	000	000	000
0.40	625	291	065	015	003	001	000	000	000	000
0.60	682	277	035	004	001	000	000	000	000	000
1.00	750	250	000	000	000	000	000	000	000	000
2.00	828	201	-034	006	-001	000	000	000	000	000

铰接板(25) 附表1.25

γ	η_{ij}									
	1	22	23	24	25	26	27	28	29	2,10
0.00	100	100	100	100	100	100	100	100	100	100
0.01	158	154	137	114	097	083	073	065	060	058
0.02	192	188	157	120	092	071	056	046	040	037
0.04	232	229	181	121	081	055	038	027	020	018
0.06	254	255	193	117	071	044	027	017	012	009
0.08	268	274	202	113	063	035	020	012	007	005
0.10	277	290	208	108	056	029	015	008	005	003
0.15	290	318	219	097	043	019	008	004	002	001
0.20	295	340	225	086	033	013	005	002	001	000
0.30	295	373	234	068	020	006	002	001	000	000
0.40	291	399	240	054	012	003	001	000	000	000
0.60	277	440	246	031	004	001	000	000	000	000

续上表

γ	η_{ij}									
	21	22	23	24	25	26	27	28	29	2,10
1.00	250	500	250	000	000	000	000	000	000	000
2.00	201	593	241	−041	007	−001	000	000	000	000

铰接板(26) 附表1.26

γ	η_{ij}									
	31	32	33	34	35	36	37	38	39	3,10
0.00	100	100	100	100	100	100	100	100	100	100
0.01	131	137	137	123	104	090	078	070	065	063
0.02	146	157	162	138	106	082	065	054	046	043
0.04	155	181	195	158	106	072	049	035	027	023
0.06	154	193	218	171	104	064	039	025	017	014
0.08	150	202	237	181	101	057	032	019	012	009
0.10	144	208	254	189	098	051	027	014	008	006
0.15	128	219	287	205	090	040	018	008	004	002
0.20	113	225	314	215	082	031	012	005	002	001
0.30	086	234	356	229	067	020	006	002	001	000
0.40	086	240	388	237	053	012	003	001	000	000
0.60	035	246	437	246	031	004	001	000	000	000
1.00	000	250	500	250	000	000	000	000	000	000
2.00	−034	241	586	243	−042	007	−001	000	000	000

铰接板(27) 附表1.27

γ	η_{ij}									
	41	42	43	44	45	46	47	48	49	4,10
0.00	100	100	100	100	100	100	100	100	100	100
0.01	110	114	123	127	116	100	087	078	073	070
0.02	111	120	138	148	129	100	080	065	056	052
0.04	103	121	158	180	149	101	069	049	038	032
0.06	094	117	171	205	163	100	062	039	027	021
0.08	084	113	181	226	175	098	056	032	020	015
0.10	075	108	189	244	185	096	050	027	015	011
0.15	057	097	205	281	202	089	040	018	008	005
0.20	043	086	215	310	214	082	031	012	005	002
0.30	025	068	229	354	229	067	020	006	002	001
0.40	015	054	237	387	237	053	012	003	001	000
0.60	004	031	246	436	246	031	004	001	000	000
1.00	000	000	250	500	250	000	000	000	000	000
2.00	006	−041	243	586	243	−042	007	−001	000	000

铰接板(28) 附表1.28

γ	η_{ij}									
	51	52	53	54	55	56	57	58	59	5,10
0.00	100	100	100	100	100	100	100	100	100	100
0.01	093	097	104	116	123	114	100	090	083	080
0.02	085	092	106	129	142	126	100	082	071	066
0.04	069	081	106	149	175	146	101	072	055	047
0.06	057	071	104	163	201	162	100	064	044	035
0.08	047	063	101	175	223	174	098	057	035	026
0.10	039	056	098	185	241	184	096	051	029	020
0.15	025	043	090	202	280	201	089	040	019	011
0.20	016	033	082	214	309	214	082	031	013	006
0.30	007	020	067	229	354	229	067	020	006	002
0.40	003	012	053	237	387	237	053	012	003	001
0.60	001	004	031	246	436	246	031	004	001	000
1.00	000	000	000	250	500	250	000	000	000	000
2.00	−001	007	−042	243	586	243	−042	007	−001	000

附录二 G-M 法 K_0、K_1、μ_0、μ_1 值的计算用表[*]

G-M 法 K_0、K_1、μ_0、μ_1 值的计算用表如图附图 2.1~附图 2.13 所示。

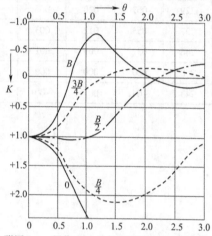

附图 2.1　梁位 $f=0$ 处的荷载横向影响系数 K_0

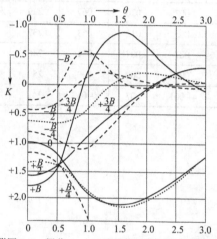

附图 2.2　梁位 $f=B/4$ 处的荷载横向影响系数 K_0

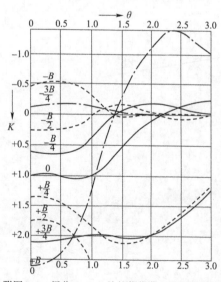

附图 2.3　梁位 $f=B/2$ 处的荷载横向影响系数 K_0

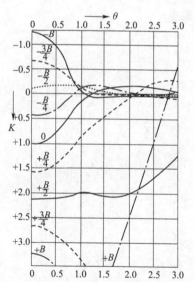

附图 2.4　梁位 $f=3B/4$ 处的荷载横向影响系数 K_0

[*] 摘自:姚玲森主编《桥梁工程》,人民交通出版社股份有限公司出版

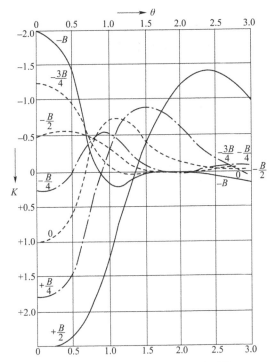

附图2.5 梁位 $f=B$ 处的荷载横向影响系数 K_0

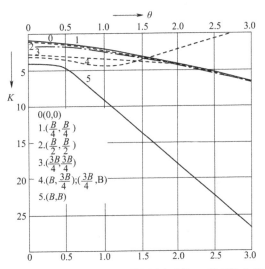

附图2.6 不同梁位处的荷载横向影响系数 K_0（数值较大时）

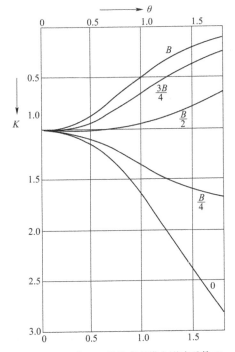

附图2.7 梁位 $f=0$ 处的荷载横向影响系数 K_1

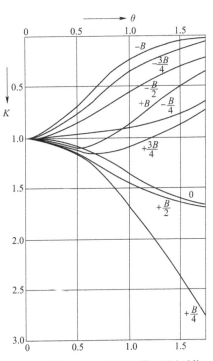

附图2.8 梁位 $f=B/4$ 处的荷载横向影响系数 K_1

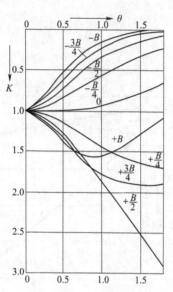

附图 2.9　梁位 $f=B/2$ 处的荷载横向影响系数 K_1

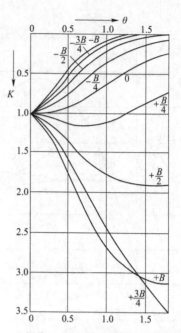

附图 2.10　梁位 $f=3B/4$ 处的荷载横向影响系数 K_1

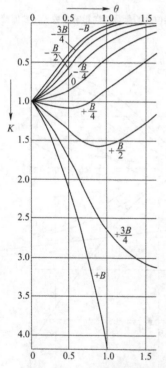

附图 2.11　梁位 $f=B$ 处的荷载横向影响系数 K_1

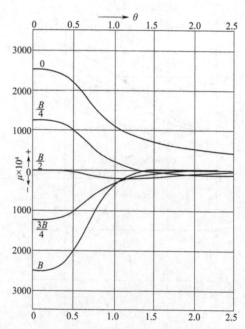

附图 2.12　截面位置 $f=0$ 处的横向弯矩系数 μ_0 ($v=0.15$)

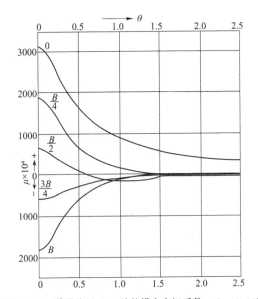

附图2.13 截面位置 $f=0$ 处的横向弯矩系数 μ_1 ($v=0.15$)

参考文献

[1] 交通运输部.公路桥涵设计通用规范:JTG D60—2015[S].北京:人民交通出版社股份有限公司,2015.
[2] 交通部.公路圬工桥涵设计规范:JTG D61—2005[S].北京:人民交通出版社,2005.
[3] 交通运输部.公路钢筋混凝土及预应力混凝土桥涵设计规范:JTG 3362—2018[S].北京:人民交通出版社股份有限公司,2018.
[4] 交通运输部.公路工程水文勘测设计规范:JTG C30—2015[S].北京:人民交通出版社股份有限公司,2015.
[5] 交通运输部.公路工程技术标准:JTG B01—2014[S].北京:人民交通出版社股份有限公司,2014.
[6] 交通运输部.公路桥梁抗风设计规范:JTG/T 3360—2018[S].北京:人民交通出版社股份有限公司,2018.
[7] 交通运输部.公路桥梁抗震设计规范:JTG/T 2231—2020[S].北京:人民交通出版社股份有限公司,2020.
[8] 交通运输部.公路桥涵施工技术规范:JTG/T 3650—2020[S].北京:人民交通出版社股份有限公司,2020.
[9] 交通运输部.公路排水设计规范:JTG/T D33—2012[S].北京:人民交通出版社,2012.
[10] 住房和城乡建设部.内河通航标准:GB 50139—2014[S].北京:中国计划出版社,2015.
[11] 交通运输部准.公路工程结构可靠性设计统一标准:JTG 2120—2020[S].北京:人民交通出版社股份有限公司,2020.
[12] 住房和城乡建设部.城市桥梁设计规范:CJJ 11—2011[S].北京:中国建筑工业出版社,2012.
[13] 住房和城乡建设部.城市道路照明设计标准:CJJ 45—2015[S].北京:中国建筑工业出版社,2015.
[14] 交通运输部.公路交通安全设计规范:JTG D81—2017[S].北京:人民交通出版社股份有限公司,2017.
[15] 高冬光.公路桥涵设计手册 桥位设计[M].2版.北京:人民交通出版社,2011.
[16] 刘效尧,徐岳.公路桥涵设计手册 梁桥[M].2版.北京:人民交通出版社,2011.

[17] 汪晓霞.桥梁方案比选实例探析[J].交通建设与管理,2014(8):36-39.
[18] 邵旭东.半整体式无缝桥梁新体系[M].北京:人民交通出版社股份有限公司,2014.
[19] 周军生,楼庄鸿.大跨径预应力混凝土连续刚构桥的现状和发展趋势[J].中国公路学报,2000(01):34-40.
[20] 姚玲森.桥梁工程[M].2版.北京:人民交通出版社,2008.
[21] 徐光辉,胡明义.公路桥涵设计手册 梁桥(上)[M].北京:人民交通出版社,2011.
[22] 胡肇兹.桥跨结构简化分析——荷载横向分布[M].北京:人民交通出版社,1996.
[23] 江祖铭,王崇礼.公路桥涵设计手册 墩台与基础[M].北京:人民交通出版社,2000.
[24] 交通运输部.公路桥梁板式橡胶支座:JT/T 4—2019[S].北京:人民交通出版社股份有限公司,2019.
[25] 交通运输部.公路桥梁盆式支座:JT/T 391—2019[S].北京:人民交通出版社股份有限公司,2019.
[26] 庄军生.桥梁支座[M].2版.北京:中国铁道出版社,2000.
[27] 邵旭东,程翔云,李立峰.桥梁设计与计算[M].北京:人民交通出版社,2012.
[28] 范立础.桥梁工程(上)[M].3版.北京:人民交通出版社股份有限公司,2017.
[29] 顾安邦,向中富.桥梁工程(下)[M].3版.北京:人民交通出版社股份有限公司,2017.
[30] 邵旭东.桥梁工程[M].5版.北京:人民交通出版社股份有限公司,2019.
[31] 易建国.桥梁计算实例集——混凝土简支梁(板)桥[M].北京:人民交通出版社,1991.
[32] 雷俊卿.桥梁悬臂施工与设计[M].北京:人民交通出版社,2000.
[33] 徐岳,王亚君,万振江,等.预应力混凝土连续梁桥设计[M].北京:人民交通出版社,2000.
[34] 林同炎.预应力混凝土结构设计[M].路湛沁,等,译.北京:中国铁道出版社,1983.
[35] 陈永春,陈国梅.预应力超静定结构的等效荷载计算[J].建筑结构学报,1988(2):45-54.
[36] 周履,陈永春.收缩徐变[M].北京:中国铁道出版社,1994.
[37] 程翔云.梁桥理论与计算[M].北京:人民交通出版社,1990.
[38] 郭金琼.箱形梁设计理论[M].北京:人民交通出版社,1991.
[39] 顾懋清,石绍甫.公路桥涵设计手册:拱桥(上册)[M].北京:人民交通出版社,2000.
[40] 顾懋清,石绍甫.公路桥涵设计手册:拱桥(下册)[M].北京:人民交通出版社,2000.
[41] 王国鼎,钟圣斌.桥梁计算示例集:拱桥[M].北京:人民交通出版社,2000.
[42] 万国坤,项海帆,秦顺全,等.桥梁漫笔[M].北京:中国铁道出版社,1997.
[43] 项海帆,刘光栋.拱结构的稳定与振动[M].北京:人民交通出版社,1993.
[44] 交通运输部.公路桥涵地基与基础设计规范:JTG 3363—2019[S].北京:人民交通出版社股份有限公司,2019.
[45] 蒋望.具有自加劲板的多塔斜拉桥双曲线索塔研究[D].长沙:湖南大学,2012.
[46] 刘士林,梁智涛,侯金龙,等.斜拉桥[M].北京:人民交通出版社,2002.
[47] 苏通大桥建设指挥部.苏通大桥论文集第1辑[M].北京:中国科技技术出版社,2004.
[48] SVENSSON H. Protection of bridge piers against ship collision[J]. SteelConstruction. 2009 2(1):21-32.
[49] 交通运输部.公路悬索桥设计规范:JTG/T D65-05—2015[S].北京:人民交通出版社股份有限公司,2015.

[50] 交通运输部.公路斜拉桥设计规范:JTG/T 3365-01—2020[S].北京:人民交通出版社股份有限公司,2020.

[51] 周孟波.斜拉桥手册[M].北京:人民交通出版社,2004.

[52] 马尔立.公路桥梁墩台设计与施工[M].北京:人民交通出版社,1998.

[53] 交通运输部.公路悬索桥设计规范:JTG/T D65-05—2015[S].北京:人民交通出版社股份有限公司,2015.

[54] 住房和城乡建设部.钢结构设计标准:GB 50017—2017[S].北京:中国建筑工业出版社,2017.

[55] 向忠富,邹毅松,杨寿忠.新编桥梁施工工程师手册[M].北京:人民交通出版社,2011.

[56] 魏红一,王志强.桥梁施工及组织管理(上册)[M].3版.北京:人民交通出版社股份有限公司,2016.

[57] 交通运输部.公路工程质量检验评定标准 第一册 土建工程:JTG F80/1—2017[S].北京:人民交通出版社股份有限公司,2017.

[58] 交通运输部.公路工程施工安全技术规范:JTG F90—2015[S].北京:人民交通出版社股份有限公司,2015.

[59] 沈锐利.缆索承重桥梁[M].北京:人民交通出版社股份有限公司,2021.

[60] Gimsing Christos Georgakis. Cable Supported Bridges:Concept Design[M]. John Wiley &Sons,2012.

[61] 周水兴.桥梁结构电算——有限元分析方法及其在MIDAS/Civil中的应用[M].2版.北京:人民交通出版社股份有限公司,2020.